培文通识大讲堂

Shannon Blanton & Charles Kegley

WORLD POLITICS

TREND & TRANSFORMATION

世界政治

趋势与变革

（第 16 版）

［美］香农·布兰顿　查尔斯·凯格利 ———— 著
夏维勇 ———————————————— 译

北京大学出版社
PEKING UNIVERSITY PRESS

著作权合同登记号　图字：01-2016-9805

图书在版编目(CIP)数据

世界政治：趋势与变革：第16版/(美)香农·布兰顿，(美)查尔斯·凯格利著；夏维勇译．—北京：北京大学出版社，2019.1
（培文通识大讲堂）
ISBN 978-7-301-30027-5

Ⅰ.①世… Ⅱ.①香… ②查… ③夏… Ⅲ.①国际政治—研究 Ⅳ.① D5

中国版本图书馆CIP数据核字（2018）第248436号

World Politics: Trend & Transformation, 16e
Shannon L. Blanton & Charles W. Kegley
Copyright © 2017 by Cengage Learning.
Original edition published by Cengage Learning. All rights reserved.
本书原版由圣智学习出版公司出版，版权所有，盗印必究。
Peking University Press is authorized by Cengage Learning to publish and distribute exclusively this simplified chinese edition. This edition is authorized for sale in the People's Republic of China only (excluding Hong Kong, Macao SAR and Taiwan). Unauthorized export of this edition is a violation of the Copyright Act. No part of this publication may be reproduced or distributed by any means, or stored in a database or retrieval system, without the prior written permission of the publisher.
本书中文简体字翻译版由圣智学习出版公司授权北京大学出版社独家出版发行。此版本仅限在中华人民共和国境内（不包括香港特别行政区、澳门特别行政区及中国台湾）销售。未经授权的本书出口将被视为违反版权法的行为。未经出版者事先书面许可，不得以任何方式复制或发行本书的任何部分。
Cengage Learning Asia Pte. Ltd.
151 Lorong Chuan, #02-08 New Tech Park, Singapore 556741
本书封面贴有Cengage Learning防伪标签，无标签者不得销售。

书　　　名	世界政治：趋势与变革（第16版）
	SHIJIE ZHENGZHI: QUSHI YU BIANGE
著作责任者	[美]香农·布兰顿 查尔斯·凯格利 著　夏维勇 译
责任编辑	徐文宁 于海冰
标准书号	ISBN 978-7-301-30027-5
出版发行	北京大学出版社
地　　　址	北京市海淀区成府路205号　100871
网　　　址	http://www.pup.cn　新浪微博：@北京大学出版社 @培文图书
电子信箱	pkupw@qq.com
电　　　话	邮购部 010-62752015　发行部 010-62750672　编辑部 010-62750112
印　刷　者	三河市国新印装有限公司
经　销　者	新华书店
	720毫米×1020毫米　16开本　31.75印张　500千字
	2019年1月第1版　2019年1月第1次印刷
定　　　价	78.00元

未经许可，不得以任何方式复制或抄袭本书之部分或全部内容。
版权所有，侵权必究
举报电话：010-62752024　电子信箱：fd@pup.pku.edu.cn
图书如有印装质量问题，请与出版部联系，电话：010-62756370

目 录

第一部分　世界政治中的趋势与变革　001
　第1章　探索世界政治　003
　第2章　通过理论透镜诠释世界政治　023
　第3章　国际决策理论　057

第二部分　全球行为体及其关系　089
　第4章　大国关系及其对抗　091
　第5章　世界政治与全球南方　123
　第6章　非国家行为体和对全球共同体的追寻　149

第三部分　正视武装冲突　193
　第7章　武装冲突对世界的威胁　195
　第8章　通过军备和同盟追求权力　231
　第9章　通过国际法和集体安全寻求和平　267

第四部分　人类安全、繁荣与责任　307
　第10章　国际金融的全球化　309
　第11章　全球市场中的国际贸易　345
　第12章　全球化的人口和文化维度　381
　第13章　促进人类发展　409
　第14章　环境保护的全球责任　439

第五部分　思考世界政治的未来　473
　第15章　展望全球趋势与变革　475

参考文献　492

第一部分

世界政治中的趋势与变革

　　这是一个动荡的时代，它既在人们心中激发了焦虑，也点燃了希望。世界的未来会是什么样呢？我们如何去思考全球的未来？本书第一部分将会使你了解，在这个飞速变化的时代关于世界政治的研究状况。它打开了一扇窗，让我们看到许多正在发生的趋势，其中有些趋势的方向还是相反的。第1章审视了我们对全球事件和现实的看法，解释了它们是如何导致对现实的曲解，并提出了超越这些观点局限性的方式。第2章概述了现实主义、自由主义和建构主义这三大理论传统，它们是学者和政策制定者在解释世界政治时最常用的理论。本章还细述了女性主义理论和马克思主义理论对这些主流理论的批评意见。第3章则通过介绍跨国行为体做出国际决策过程的三种方式来增进你对世界政治的理解。

一个没有边界的世界　第一位进入太空的穆斯林宇航员苏丹·阿绍德(Sultan Al-Saud)在回顾他的太空飞行经历时这样评论道:"第一天,我们所有人都指着我们的国家。第三天或第四天,我们指着我们的大洲。到了第五天,我们意识到只有一个地球。"当从外太空来观察时,地球看起来就像是一个没有边界的大陆。然而,当从新闻标题上来观察时,世界政治看起来又大不一样。

第1章
探索世界政治

> 人类的光荣之处在于，它的确在不断地改变世界。人类这种为了不被击垮而斗争的能力卓越非凡且令人振奋。
>
> ——美国作家洛兰·汉斯伯里（Lorraine Hansberry）

人类的未来在何处？ 许多全球趋势正在席卷我们这个不断变化的星球。2015年2月22日，周日，乌克兰人在基辅参加"尊严游行"（Dignity March），以纪念在2014年一次推翻该国亲俄领导人的暴动中死去的抗议者。亲欧洲政府与亲俄叛乱者之间的敌对，反映了在持久的全球主权、领土完整和地缘政治权力问题上的冲突。

设想一下：你刚在一个与世隔绝的热带岛屿上度完两周假，乘兴而返。在新学期开始前，这趟旅行让你得到了应有的休息，但你现在对离开期间发生的世界大事非常好奇。你翻开报纸，新闻标题立马吸引了你的眼球。死亡和毁灭在中东和北非肆虐。战斗和重大人员伤亡仍在持续，向邻国寻求避难的流离失所者人数创下纪录。叙利亚内战仍在继续，基地组织、好战的伊斯兰国（ISIS/ISIL）和其他叛乱团体，在争夺对领土的控制时犯下严重暴行。尽管这个世界看起来很是混乱，但也有希望的容身之处：经过持续近十年的外交谈判，伊朗与其他世界大国之间达成了一项历史性的协议，即伊朗同意限制其核计划，以换取制裁的解除。

在从机场坐车回家的途中，你从收音机中听到全世界的经济状况。希腊的经济状况岌岌可危，其经济危机已经达到1930年代美国经济大萧条的程度。希腊面临着实施紧缩政策以解决失控的债务和拮据的公共财政问题，如果它的经济不能复苏而是走向崩溃，就会对其自身和欧盟产生诸多不良影响。波多黎各的债务危机也暴露出来，它欠下债权人720亿美元。中国的经济增速开始放缓，人们对世界贸易和中国股市下跌有许多担忧。全世界有那么多人正在遭受令人绝望的贫困和被边缘化，对此教皇严厉斥责世界经济秩序，把对金钱不受约束的追求称为"魔鬼的大便"。不过，经济大衰退所产生的许多影响正在逐渐消失，国际货币基金组织（IMF）预期，来年全球经济增长将会加速。你则希望在你毕业找到工作之前情况能够有所好转。

回屋不久，你从网上了解到，一些受欢迎的社交媒体公司正在讨论如何维持一个支持言论自由的全球平台，杜绝机智的好战组织利用它们来推进可怕的恐怖主义宣传和招募新成员。网上也有关于墨西哥毒品卡特尔暴力活动的报道，一名大毒枭从墨西哥监管最严的狱中逃脱。不过也有鼓舞人心的画面：来自冥王星的首次特写照片展示了意料之外的年轻山脉，以及表明有水存在的地形学证据。

最后，在那天深夜收听国家公共电台（NPR）时，你听到了其他一些报道：联合国宣布富国和穷国达成了一个新的国际发展目标：终止贫困和饥饿，确保优质教育得到普及，保护性别平等，促进环境的可持续性。面对世界上所有的冲突和困难，鼓舞人心的是人们能够共同努力改善人类状况。你也听到鉴于美国与古巴两国关系变暖，一家知名游轮公司正着手提供前往这个岛国的旅行。你在心里记下这事，寻思可否安排一次春季度假或海外游学。

上述情形并非猜想。这些事件与 2015 年 7 月间实际发生的事情的记录是一致的。毫无疑问，许多人都在这段时间经历了恐惧和困惑。虽然有些事件的发生令人不快，但这些事件与其他时代相比也并无太大不同。把这些正在发生的事件的信息放到一起，你不禁会注意到：世界事务是重要的，全世界发生的事件有力地影响着你所处的环境和未来。尽管你收到的"新闻"并不真正是新的，因为它们只不过是关于席卷当今世界越来越多混乱的许多昔日事件的翻版，但"希望这个令人沮丧的、混乱的世界能远离我们"这一诱惑却很难抗拒。要是这个不稳定的世界能够一直平静下去，一切都可以预测，万事万物都井然有序，那该多好啊！……遗憾的是，这不太可能发生。你无法逃避这个世界，或者是控制这个世界的混乱，而且你一个人也不可能改变这个世界的特性。

　　我们都是这个世界的一部分。如果我们打算适应全球变化这股劲风，我们就必须应对发现**世界政治**动态特性的挑战。由于全世界发生的事件日益影响着每个人，所以研究全球体系的运作方式，以及种种变化如何重塑我们的政治经济生活，可以使所有人都受益。只有了解我们自己的决定和行为，以及强大的国家政府和非国家跨国行为体的决定和行为是如何促成当今全球状况的，并了解所有的人和群体反过来又是如何深刻地受到世界政治变化的影响，我们才能解决克林顿总统界定的"我们这个时代的当务之急，就是我们能否使变革成为我们的朋友，而不是成为我们的敌人"。

> *教育的目的就是把人们眼前的镜子变为窗户。*
> ——美国政治记者悉尼·哈里斯（Sydney Harris）

1-1　研究国际关系的挑战

　　想要很好地理解全球 70 多亿人所面临的政治动荡，准确地感知我们所处的时代是关键。然而，理解我们生活其中的世界并预测全球未来（以及你的未来）是一项艰巨的挑战。事实上，它可能是你所面临的最困难的任务。为什么这么说呢？某种程度上，这是因为研究国际关系需要考虑到影响人类行为的每一个因素。这是一个连爱因斯坦这样有创造力的科学家都会认为极具挑战性的任务。

在被问到"为什么人们的智力可以延展至如此之远发现原子的结构,却无法设计出政治方法来阻止原子弹毁灭我们"时,他曾暗示解释世界政治是一个多么大的挑战。他答道:"答案很简单,我的朋友,因为政治学比物理学难多了。"

另一部分挑战来自大量令人困惑的新信息和新发展对我们的不断轰炸,以及人们抵制新信息和新观念的倾向。这些新信息和新观念会破坏他们思考世界事务的惯常方式。我们一再从研究中了解到,人们不愿接受那些与他们之前的信念不一致的观念。本书的一个目的就是帮助你去质疑你之前关于世界事务和世界舞台上许多行为体的信念。为了做到这一点,我们会要求你评估关于全球议题的对立观点,尽管它们与你当前的意象存在差异。事实上,我们向你介绍的主流思想学派,你可能会觉得它们没有说服力乃至让人生厌。

为什么要把这些观点全囊括其中?这是因为许多人都把这些观点作为诠释周围世界的基石,这些观点自然也就拥有众多追随者。所以本书描述了一些对世界政治的看法(其中有些看法本书作者也不认同),目的是让你去权衡相互竞争观点中的明智或愚蠢之处。因而,诠释的挑战就是客观地去观察正在发生的全球现实,进而对其做出准确的描述和解释。

为了理解我们对现实的意象如何塑造我们的期望,我们一开始将简要介绍主观意象在理解世界政治中所扮演的角色。接着我们会介绍一系列分析工具,本书就是用这些分析工具来帮助你克服在理解世界政治时会遇到的理解障碍,并使你能够更好地去诠释影响我们这个世界的变化和连续性的力量。

1-2　知觉如何影响关于全球现实的意象?

尽管你可能并没有试图在潜意识中明确定义你对世界的看法,但我们心中都有关于世界政治的意象。无论我们的自我意识处于什么样的水平,这些意象都发挥着同样的功能:它们会夸大现实世界的一些特征,同时忽略其他一些特征,进而简化"现实"。因此,我们都生活在一个由我们的意象所界定的世界中。

我们所持有的关于世界政治现实的许多意象可能都建立在幻觉和错觉之上。它们甚至连物质客体的复杂性和构造都无法完全把握,如地球本身(参见下页专栏)。如果我们不能认识到世界的变化,那么即使我们当前持有的是准确

争 论　眼见为实吗？

许多人都认为"眼见为实"而毫不怀疑他们组织自己认知的方式是否准确。但是，眼睛能看到比视线接触到的更多的东西吗？认知心理学的学生认为是这样的。他们坚持认为，"看"并不是一种严格意义上的消极行为：我们观察到的东西部分受到我们先前已有的价值观和期望的影响（也受到社会灌输给我们的观察事物方式所强化的视觉习惯的影响）。认知心理学的学生认为："所见即所得"，对同一事物进行观察的两个人所看到的东西很可能是不一样的。

这一原理对我们研究国际关系具有重要意义。视角不同，人们看待国际事件、行为体和议题的方式也会有很大不同。激烈的分歧往往来自于相互竞争的意象。

为了理解不同的人们（他们持有不同的视角）即使在看同一事物时也会看到不同的事实所引发的争论，请考虑下面这个事实：客观观察地球上大陆的位置和面积。所有的地图都被扭曲了，因为不可能在一张二维的纸上完美地画出三维的地球。地图绘制者面临的困难可以通过尝试弄平一个橙子皮来理解。要弄平橙子皮，只能是把它撕成碎片，而这些碎片合到一起原本是球形的。

尝试在纸上把地球弄平而不是将其撕成碎片的地图绘制者面临着同样的问题。在纸上呈现三维物体的方法有很多，但所有方法都多少会对原有事物有所扭曲。因此，地图绘制者必须在呈现地球的不完美的方法中进行选择，选取他们认为对准确描绘地球来说最重要的那些世界地理信息，同时对其他部分进行调整。

在地图绘制者中长期存在着一个关于什么才是把地球画下来的"正确"方法的争论；也就是说，如何才能绘制出地球的准确投影。由于地图绘制者各自观察地球的角度不同，他们关于世界地理中什么最重要的观念也有所不同。反过来，他们对手地图的准确性在政治上也很重要，因为它们塑造了人们如何认识什么是重要的事物。

细看下面四幅图。每幅图都画出了地球陆地表面和地域的分布，但是每幅的图像又都不一样。每幅图都是现实的一个模板，是一种抽象，在强调地球某些特征的同时也忽略了其他一些特征。

★ 你怎么看？

- 为什么一些政策含义会与在不同的投影中描绘出来的地球意象相联系？
- 为什么地图上的一些特征会被扭曲？思考除了其他因素，政治、历史、文化和种族主义可能发挥的作用。你能否想出一些方法，使得现代的地图绘制者能对这些地球的投影做出修改？

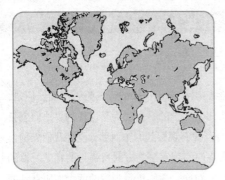

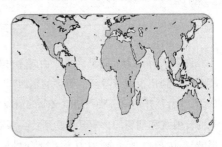

墨卡托投影图 墨卡托投影图得名于佛兰德地图制作者杰勒德·墨卡托（Gerard Mercator）。这种投影图在16世纪的欧洲很有名，反映了经典的以欧洲为中心的世界观。这幅地图没有扭曲方向，对航海者来说很有用。但它的距离具有欺骗性。它把欧洲放在世界的中央，夸大了欧洲大陆相对于其他大陆的重要性。

彼得投影图 在彼得投影图中，每块大陆与其他大陆相比，比例正确，但它扭曲了地球上各块大陆的形状和位置。与大多数地图相比，它使人们注意到欠发达的全球南方，现有超过世界人口3/4的人居住在那里。

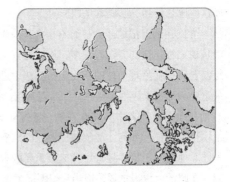

正射投影图 正射投影图把大西洋中部置于中间，通过运用圆形的边，使人感受到地球的曲线。大陆朝向圆形外部边缘的面积和形状被扭曲了，以给人一种球形透视图的感觉。

"倒置"投影图 倒置投影图通过上下颠倒的描绘，即把全球南方置于全球北方之上，给了人们一种不同的地理视角。这幅地图通过将全球南方置于"顶端"，挑战了关于地球上各国和各民族地位以欧洲为中心的现代观念。

- 在考虑意象以及它们在对外政策中所发挥的重要作用时，是否应该就扭曲程度"最小"的地球投影达成共识？对我们每个人来说，使用一幅地图还是使用不同类型的投影图会更好？为什么？

的意象，它们也很容易过时。事实上，世界的未来不仅由世界政治"客观"事实的变化所决定，也由人们归因于那些事实的意义、他们的诠释所立足的假定，以及基于这些假定和诠释（无论其准确与否）的行动所决定。

意象的本质和根源

人们简化自己对世界看法的努力是不可避免的，甚至是必要的。就像地图制作者采用的投影制图法简化了复杂的地理空间，使我们得以更好地了解地球，我们每个人都不可避免地会去制作一幅"大脑地图"（mental map，一种组织信息的惯常做法）去理解大量令人困惑的信息，这些"大脑地图"没有内在的对错之分，而且它们很重要，因为我们倾向于根据世界呈现在我们面前的方式而非世界自身真实状况去做出反应。

我们如何看待世界（并非其真实面貌）决定着我们的态度、信念和行为。我们中的大多数人，包括政治领导人在内，都会寻找那些能够强化我们对世界已有信念的信息，把新的数据吸纳进熟悉的意象中，错误地把我们相信的东西等同于我们知道的东西，并忽视与我们的预期相抵触的信息。我们还会全凭直觉，不经思考，迅速做出感性判断。政治科学家勒博（Lebow, 1981）在反思这种倾向时警告说，与我们其他人一样，"政策制定者为了保持与自身需求相一致也会歪曲事实，即使在……[相关事实] 看起来相对明确的情况下"。

此外，我们还会依靠习得的习惯来看待新信息并做出判断，因为这些"图式"能指导我们的知觉并帮我们组织信息。认知心理学研究表明人类是"分类者"：人们在试图用**图式推理**（schematic reasoning）来理解世界时，会把所看到的东西与记忆中的原型事件和人物的意象相匹配。正是我们大部分人创造了关于人物的特定类型，像心不在焉的教授、阴暗的律师、和蔼的祖母就是"库存"意象的例子。尽管我们遇到的那些教授、律师和祖母与这些刻板意象只是表面相似，但当我们对某人了解甚少时，与这些特征相连的假定的相似性就会塑造我们的期望。

有许多因素都在塑造我们的意象，其中包括我们作为儿童是如何社会化的、我们经历的塑造了我们个性和心理需求的心理创伤事件、对因其专长而受到我们尊重者观念的接触，以及密友、同事等我们频繁交往者所表述的对世界事务的看法。一旦我们获得一种意象，它就会不证自明。接着我们就会试着使那一意象与其他信念保持一致并通过**认知失调**（cognitive dissonance）这一众所周知的心理过程，排斥与对世界的那一意象相矛盾的信息。简言之，我们的大脑会自动挑选、屏蔽和过滤信息；结果便是，我们的知觉不仅依赖日常生活中所发生的事情，还依赖我们如何去诠释和内化那些事情。

知觉对世界政治的影响

我们必须小心，不要自动假定适用于个人的东西也适用于整个国家，而且我们也不应该把领导人如国家首脑的信念等同于其治下人民的信念。尽管如此，领导人却是拥有超乎寻常的影响力，他们关于历史环境的意象经常使他们以特殊方式对待他人，而不顾"客观"事实。比如，苏联在"伟大的卫国战争"（二战）中牺牲了2 600万人，这强化了苏联人长期对外国入侵的担忧，进而导致苏联的一代决策者充满疑虑地观察美国的国防动向并时刻保持警惕。

与其相似，美国的建国者们认为18世纪欧洲的权力政治及其持续不断的战争是腐败的，由此造成此后美国对外政策中两个明显而又看似矛盾的倾向。第一个倾向是美国孤立自身的冲动（从世界事务中脱身），第二个倾向则是根据自己的意象改造世界的决心而不管全球环境何时变得极度危险。前者使美国在一战后拒绝加入国联；后者则产生了美国二战后的全球主义对外政策，使美国在几乎每个议题、每个地方都积极插手其中。大多数美国人都认为他们的国家是道德的，所以他们很难理解为什么其他国家的人们会认为这种国际行动主义是一种傲慢或有威胁的举动；相反，他们从中只看到善的意图。

由于领导人和公民都倾向于忽略或重新诠释与他们的信念和价值观相矛盾的信息，所以相互误解常会加剧世界政治的混乱，尤其是在国家间的关系处于敌对状态时。当冲突各方都从负面角度看待对方，即当**镜像**（mirror images）出现时，不信任和怀疑就会出现。冷战期间莫斯科与华盛顿之间的关系就是这样。双方都认为自己的行动是建设性的、对手的反应则充满敌意，并且双方都错误地认为对方会准确地诠释他们自身政策倡议的意图。例如，心理学家尤里·布朗芬布伦纳（Urie Bronfenbrenner）在1961年到莫斯科旅行时惊讶地发现，俄罗斯人描述美国的词汇与美国人对苏联的描述惊人的相似：双方都认为自己是道德的、热爱和平的，对方则是不能信赖的、侵略性的，并由腐败的政府统治。

镜像是几乎所有**持久对抗**（enduring rivalries，对立集团之间长期持续的竞争）的特性。比如，中世纪十字军东征期间基督教与伊斯兰教之间的敌对状态，以色列于1948年诞生以来与巴勒斯坦之间的敌对状态，以及当前美国与基地组织之间的敌对状态，双方都将敌人的意象妖魔化同时认为自己是善的。自以为是经常使得一方认为自己的行动是建设性的而对手的反应则是负面的和敌对的。

一旦出现这种情况，解决冲突就会变得异常困难。对立双方不仅对特定结果有压过其他结果的不同偏好，而且关键是他们不会从同样的角度去看待潜在的议题。此外使事情变得更加复杂的是，对手所持的镜像往往倾向于自我肯定。当一方预期另一方怀有敌意时，它就可能会使对手采取反抗措施从而证实其最初的预期，进而创造出一个加深敌意、减小和平预期的恶性循环。消除双方的误解可以促进双方之间的谈判，但培育和平靠的不是简单地发展贸易和其他形式的跨国联系，甚或是促使政治领导人聚在一起举行国际峰会，而是要靠从深层改变各自根深蒂固的信念。

尽管我们已经建立起来的对世界政治的意象抵制变化，但变化也还是有可能的。当我们因为坚持错误的假定而受到惩罚或感到不舒服时，有时就能克服旧有的思维习惯。就像本杰明·富兰克林曾经认为的那样，"伤害我们的东西会让我们成长"。戏剧性事件尤其能（有时还会剧烈）改变国际形象。越战导致许多美国人拒绝了他们此前对在世界政治中使用武力的意象；第三帝国的失败和对纳粹在"二战"之前和之间所犯暴行的揭露，使德国人民在接受由胜利的盟国强加的民主未来时愿意直面他们的过去；再举一个距离现在更近的例子，当美国的交战行为超越最初的战斗去解决治理和稳定议题时，美国在旷日持久的伊拉克战争中付出的人员和财政成本，使得许多政策制定者和政治评论员重新检验他们关于"胜利"意义及其潜在影响的假定。

通常，如此令人慌乱的经历会鼓励我们去建构新的"大脑地图"、知觉过滤器和标准，我们会通过它们去诠释随后发生的事件并界定形势。当我们塑造或重塑关于世界政治及其未来的意象时，我们需要批判思考我们的认知所依赖的基础（参见下页专栏）。它们准确吗？它们是基于全面的信息而来的吗？我们应该修正它们以获得对他者更好的理解吗？质疑我们持有的意象是我们所有人在直面当代世界政治时面临的一个主要挑战。

深入探究 自由、安全与价值观

伊斯兰那种遮挡面部的头巾，如尼卡布（niqab）和布卡（burqa），已经成为世界上许多社会中一个备受争议的政治议题。法国和比利时已经禁止在公共场合穿戴全面纱，西班牙、意大利和以穆斯林为主的土耳其也有一些关于何地可以穿戴的限制。2014年7月欧洲人权法院赞同法国出台的禁止穿戴的法律，为法国政府的立场提供了支持，即这样的法律并不会妨碍在宗教场所的宗教自由，但在世俗社会，面部在社会互动中发挥了重要作用，隐藏身份具有潜在的安全风险。然而在加拿大，2015年2月，联邦法院却裁决支持一名巴基斯坦土著妇女。她对加拿大禁止在公民宣誓仪式中穿戴头巾遮挡面部的禁令提出挑战。这在加拿大引发激烈争论，支持她的人认为穿戴全面纱表达了她的穆斯林信仰和文化价值观。

人们的认知显然会随着这样一种遮盖是压抑性的还是解放性的、法律禁止这样的衣着是民主的胜利还是对个人自由的打击而变化。一些妇女说，她们选择穿这种隐藏性的罩袍是为了保护她们的女性身份和向真主表示她们的虔诚。一些人认为，这种遮掩使她们能在公共场所匿名行动，免受性别压力，因而实际上确保了相当大一部分的个人自由。其他人则谴责这种习俗并指出一些案例：妇女被强制穿戴这种罩袍或遭受面部暴力如毁容、殴打或死亡。在这种背景下，这种习俗会引起因恐惧而产生的顺从，否定个人选择，压制妇女心声。这一点在2015年2月变得很明显。当时，伊斯兰国的坎莎旅（Al Khansa，一支全由女子组成的安保部队）由于15名伊拉克妇女没有正确遮挡面部而朝她们脸上泼硫酸。来自摩苏尔的库尔德斯坦民主党官员赛义德·马穆齐尼（Saed Mamuzini）解释道："他们实施了这种惩罚措施，以至于这座城市的其他妇女绝对不会去考虑脱掉罩袍或不穿尼卡布。"

★ **由你决定：**

1. 我们的认知是如何影响我们对布卡或尼卡布的看法的？服装是社会集体意识的一种表达吗？
2. 穿布卡是抑制还是促进了妇女的自由与尊严？
3. 你会在你的国家支持类似禁令吗？为什么？

1-3 理解世界政治的关键概念和术语

如果我们夸大我们知觉的准确性，寻求能够证实我们所相信的信息，我们又如何能避免由我们的先入之见所创造的偏见？如何能避免忽视或否定与我们的直觉背道而驰的证据？

既没有确保准确观察的万无一失的解决之道，也没有方法去保证我们已经建构起了关于国际关系的公正观点。但与此同时，也有大量工具可以提高我们诠释世界政治的能力。当你试图进行一次充满智慧的探索之旅时，一系列智力路线图将会在你诠释和理解世界政治的过去、现在和未来时为你提供指南。为了帮助你进行追寻，本书提出四个关键内容来为你的探究助上一臂之力。

> 相信自己看到的现实是唯一的现实，是所有错觉中最危险的。
> ——奥地利心理学家保罗·瓦兹拉威克（Paul Watzlawick）

引入术语

这部分的主要目标是向你介绍一些学者、政策制定者，以及例行观察国际事务的"热心公众"所使用的词汇。世界各地的人们都在用这些词汇来讨论或辩论世界政治或对外政策，对于这些共同词汇的意义，你需要有充分的了解。一些词汇自古以来就在使用，另外一些词汇则只是在近期才成为外交界、学术界及电视、报纸和网络等媒体所用术语的一部分。这些词汇很可能会在你大学毕业后很长一段时间都会遇到。同时，这些术语也是你未来的雇主和受过教育的邻居希望你知道的。一些术语可能已经成为你工作词汇中的一部分，其他的则可能看起来会显得新颖、难懂、带有学究味和过于复杂。尽管如此，你还是需要知道它们的含义，以便与其他学者、从业者及全球政治的热心观察者进行有效的沟通分析和博学的讨论。学习这些词汇并在你的余生使用它们——不是为了给人留下深刻印象，而是为了聪明地理解和交流。

为了便于你识别这些重要术语，就像你可能已经注意到的，它们在书中被印成了黑体。

区分主要的跨国行为体

这个世界就像一个舞台，在剧中有许多角色。对参与国际事务的主要行为体［有时也叫施动者（agent）］进行识别和分类是很重要的。每个跨国行为体（actor）（无论是个体性的还是集体的，都会有不同程度的影响）的行动都塑造了正在改变世界政治的趋势。但学者们习惯上又是如何区分不同类型的行为体，并将其当作国际事务的参与者来建构关于它们的思想的呢？

当然，基本的单元构件是我们这70多亿人类个体。每天，无论我们是选择乱扔垃圾、抽烟，还是作为父母照顾自己的孩子，我们都会或多或少地影响即将呈现的世界趋势。当然，人们也会加入和参与各种团体。所有这些团体都会将人们和他们在不同集体中的选择结合在一起，进而加总每个团体的**权力**（power）。这样的团体经常互相竞争，因为它们的利益和目标频繁地发生分歧。

世界历史上大多数时期的主要行为体是宗教团体、成员共享族群起源的部落，以及帝国或扩张主义权力中心。当它们有了接触后，为了共同的利益它们有时也会互相合作；但更多时候它们都会为了宝贵的资源而竞争和打仗。八千多年来对这些团体之间和之内国际关系史的记录，为今天国际互动体系的形成提供了先例。

作为独立领土单元之间的关系网络，现代国家体系直到1648年结束欧洲"三十年战争"（1618—1648）的《威斯特伐利亚和约》缔结后才诞生。从那以后，欧洲统治者拒绝承认罗马天主教会的世俗权威，废弃了中世纪教皇的统治体系，代之以在地理和政治上分离的、不承认更高权威的国家。新独立的所有国家的统治者都拥有同样的合法权利：单独控制领土，对国内事务拥有不受限制的控制权，以及管理对外关系和与其他国家缔结条约的自由。**国家主权**（state sovereignty，即在国家之上没有其他行为体）这一概念在今天仍然包含这些合法权利并确定国家为主要行为体。

威斯特伐利亚体系如今仍在影响着世界政治的每个方面，并提供了用于描述国际事务中主要单元的术语。"民族国家"这一术语经常与"国家"和"民族"互换，但在学术上这三者是不一样的。**国家**（state）是一个法律实体，拥有固定的人口、明确的领土范围，以及能够行使主权的政府。**民族**（nation）是人们的集合，他们基于族群、语言或文化相似性来建构他们的现实，主要认为他们自己是同一群体中的一员，并由此来表明他们的身份。因此，民族国家（nation-state）这个术语就意味着领土国家与其内部人们的心理认同之间的趋同（Steward, Gvosdev, and Andelman, 2008）。

不过，在使用这个常见术语时我们应该保持谨慎，因为这种情形相对较为罕见；事实上，在我们这个世界上几乎没有由单一民族构成的独立国家。今天大多数国家的人口都由多个民族构成，而有些民族也不是国家。这些"非国家民族"就是**族群**（ethic groups，如美国的印第安人、印度的锡克人、西班牙的巴斯克人，或者是伊拉克、土耳其、伊朗和叙利亚的库尔德人），由对自己生活的领土没有统治权的人们构成。

1648年以来的世界政治史在很大程度上都是一部国家间互动的编年史，国家依然是世界上占支配地位的政治组织。然而，近年来，国家的至高无上也在很大程度上受到了非国家行为体的严重挑战。国际事务越来越多地受到政府间组织和非政府组织的影响。

政府间组织（Intergovernmental Organizations, IGOs），它超越了国家的边界，其成员是各个国家。由于它独立实行对外政策，因此可以将其视为一个独立的全球行为体。政府间组织是各国为了解决共同问题而有目的地创建的，它包括像联合国（UN）、北大西洋公约组织（NATO）这样的国际组织，它们的权威来自成员国的意愿。政府间组织以永久的制度性组织为特点，它们的规模和目标差别很大。

非政府组织（Nongovernmental Organizations, NGOs），其成员是私人个体和团体，它是非国家行为体中的另一主要类型。非政府组织在范围和目标方面多种多样，它们寻求推进它们的议程，以及在一系列问题（如环境保护和裁军）上施加国际影响。例如，大赦国际、世界自然基金会、无国界医生都是非政府组织，它们为了改变世界和影响国际决策而努力。人们正面看待许多非政府组织，但像恐怖组织和国际贩毒集团等一些非政府组织则被认为是不祥的非国家行为体。

思考世界政治及其未来时，我们要探究所有这些"单元"或行为体的种类。全书各章研究主题不同，我们强调的重点及覆盖范围也会有所变化。但应记住，今天所有的行为体（个人、国家、非国家组织）都在同时行动，它们的重要性和力量取决于正在考虑的趋势或议题。所以不论是现在还是将来，你都应不断追问自己如下问题：在什么议题上，在什么情况下，哪一个行为体表现最积极、最有影响？这将会有助于你像一位国际关系学者那样去思考问题。

区分分析层次

当我们描述国际现象时，我们就是在回答"是什么"的问题：正在发生什么？什么在改变？当我们从描述转向解释时，我们面对的是更加困难的任务，这就是回答"为什么"的问题：为什么发生了特定的事件？为什么发生了全球变暖？为什么贫富差距在拉大？

将一个事件或趋势设想为一些未知过程最终结果的一部分，是解决这些困惑一个很有用的方法。这样会激励我们去思考我们试图解释的现象产生的原因。世界政治中的大多数事件和发展都是同时受到多个决定因素的影响，其中每个因素都在一张复杂的因果联系网上与其他因素相联系。

本书提供了一套分析范畴以帮助解释国际事件和情况发生的多重原因。这种分析上的区别符合学者之间达成的广泛共识，即通过将谜题的多重部分分成不同的类别或层次，国际事件或进展就能得到最好的分析与理解。最传统的方法是，研究者会将注意力集中在三个层面中的一个（或多个）上。图1.1所示的**层次分析法**（levels of analysis），区分了对整个系统而言的个人影响、国家或内部影响，以及全球影响。

为了预测哪个力量会支配未来，我们也应该认识到所有影响都在同时起作用。没有任何趋势与问题会单独出现，所有的趋势与问题都在同时互动。未来受到许多决定因素的影响，其中每个因素都在一张复杂的联系网上与其他因素相联系。总的来说，这些决定因素可能会通过限制任何单一破坏力量来制造稳定。然而，如果互动力量聚合到一起，它们的复合效应就能加快世界政治中的变化速度，推动它朝着本不可能的方向移动。

个人层面的分析涉及人的个人特征，这里所说的人既包括那些负责代表国家和非国家行为体做出重要决定的人，也包括那些其行为会造成重要政治后果的普通市民。例如，我们可以正确地把个人认知对他们的政治态度、信仰和行为产生的影响定位在这个层面上。我们也可探究如下问题：为什么每个人都是全球舞台上的重要部分？为什么学习世界政治与我们的生活和未来相关？

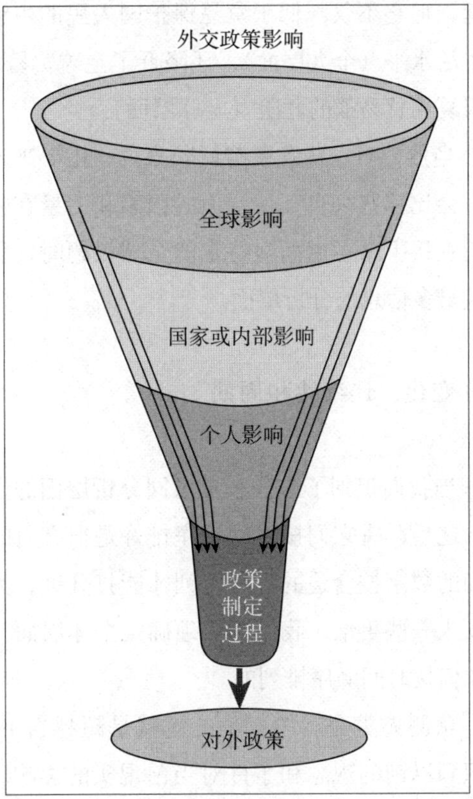

图 1.1 影响的三个层面：塑造对外政策决策和国际关系的主要因素

影响国家对外政策和其他所有全球行为体决策的因素可以归纳为三个基本层面。在全球层面，是国际体系的结构性特征，如内战的盛行和贸易相互依存的程度；在国家层面，是内部或国内的影响，如政府的类型或其市民的意见；在个人层面，是领导人的特点：他们的个人信仰、价值观和个性。这三个层面同时影响决策，但其相对权重通常都是取决于做决策时的议题和环境。

国家层面的分析由管理国家对外政策过程的权威决策单位以及那些国家的内部特征（政府类型、经济和军事实力、民族群体数量）组成，它们一起塑造和约束领导人的对外政策选择。例如，国家做出有关战争与和平的决定，以及执行这些决定的能力的过程，就落在国家层面的分析中。

全球层面的分析涉及国家和非国家行为体之间在国际舞台上的互动，这些互动最终塑造了国际政治的体系，以及作为世界政治特征的冲突与合作水平。富国决定穷国选择的能力就落在全球层面的分析中。联合国维持和平的能力（或无能）也是如此。

全球趋势与议题是这三个分析层面影响的产物，这样的例子在现实生活中随处可见。一个进口国的贸易保护主义政策会增加消费者购买衣物和汽车的成本并会降低制造业国家市民的生活水平。这样的政策由国家政府（国家层面发起，但它不仅降低了贸易保护国人民的生活水平，而且降低了其他国家人民的生活水平（个人层面），还降低了全球贸易水平，同时也会面临遭遇突如其来的报复性贸易战的危险（全球层面）。

当然，对一些发展与议题来说，主要来自一个或两个特定层面的因素和力量，会比那些来自其他层面的因素和力量在分析上有更大的影响力。因此，当我们在接下来各章面对特定的全球议题时，我们会着重强调那些能为观察它们提供最多信息的分析层面。

区分变化、连续性和周期

当我们识别了这些来自不同分析层面的因素（它们合到一起会产生一些后果）之后，将它们按时间顺序排好是很有用的。有密码锁的人都知道，只有将正确的数字按合适的顺序排列才能打开锁。类似地，要解释世界政治中为什么会发生一些事情，我们就必须确定个体层面、国家层面和全球层面的各种因素是如何按时间顺序排列的。

预测人类命运的一个关键就是超越当下时间对我们的限制。重要的是要认识到以前的观念和事件对当前现实的影响。哲学家乔治·桑塔亚纳（George Santayana）警示道："那些记不住过去的人注定要重复它。"类似地，英国前首相丘吉尔也劝告道："回首越深邃，前瞻愈智慧。"因此，为了理解当今世界政治领域发生的急剧变化，也为了预测它们将会如何塑造未来，重要的是从长期视角来观察它们，即研究跨国互动模式如何变化，以及它们的一些基本特征又是如何抵制变化的。

不断发展的外交实践对世界政治的现状有什么启示？世界各地的偶发冲击波是否为21世纪新的世界秩序扫清了道路？或者当今发生的急剧破坏最终将被证明是暂时的，仅仅是历史地震仪上的峰值？我们邀请你跟随我们一起探索这些问题。在探索的开始我们先来讨论一下，世界历史的连续性、变化与周期之间的差异如何能够帮助你确定诠释的方向。

每段历史时期都在一定程度上以变化为标记。然而，当今世界变化的速度似乎更快，其影响也要比以往更为深远。对很多观察者来说，当今一连串的事件意味着世界政治的革命性重构。许多一体化趋势都表明存在这种可能。世界各国在交流和贸易上被拉得更近,产生了全球市场。但与此同时,崩解的趋势则描绘了一幅前途并不那么光明的景象。武器扩散、全球环境恶化,以及族群冲突再现都预示着一场充满混乱的重构。

为了预测哪种力量会主导未来,我们必须认识到:没有任何趋势会单独存在,不同的趋势会通过限制任何一种破坏性力量的影响来产生稳定。而且汇合在一起的趋势也有可能会加快变化的速度,推动世界政治走向本不可能的方向。

世界政治似乎正在经历一个过渡期。整合和瓦解的对立力量都指向**变革**(transformation)到来的可能,但要把真正的历史分水岭从暂时的变化中区分出来是困难的。一个体系向另一个体系的变革时刻并不会立刻被人发觉。不过,对世界史的学生来说,另一个有用的线索是认识到某些时候尤其可能发生变革。

过去,世界政治的主要转折点多发生在参战国众多的战争结束之际,这些战争一般都会破坏或摧毁此前存在的国际安排。在20世纪,一战、二战、冷战导致与过去的根本决裂,引发重要变革,促使国家重新思考它们的利益、目标和优先事项的前提。类似地,不少人都认定2001年9月11日发生的恐怖袭击在世界事务中产生了根本性变革。事实上,"9·11"看起来改变了所有的事情:用小布什总统的话来说就是,"当夜幕降临时,世界已不再是原来的世界"。

但同样重要的是在表面的变化中寻找连续性的可能性。尽管"9·11"之后所有事情都显得有很大不同,但我们还是要思考有多少跟以前一样。记者威廉·多布森(William Dobson, 2006)在"9·11"五周年纪念前夕写道:"世界变化如此之小真是让人惊讶。"历史学家胡安·柯尔(Juan Cole)也指出:"国际贸易与全球化的巨大力量大体上并未受到这场袭击的影响。"数十年前的政治动乱地区依然存在,包括印巴之间、朝美之间,以及以色列与黎巴嫩南部、巴勒斯坦境内的武装分子之间的冲突。柯尔的结论是:"尽管'9·11'袭击早已众所周知且充满戏剧性,但许多塑造国际政治的潜在力量与持久的紧张状态都没有被这场袭击所改变。"

我们经常期望未来会自动产生变化,但却惊奇地发现过去的特定模式却再次出现。头条并不是趋势,趋势也不一定就意味着变革。考虑到即使在快速变化的同时也会一直存在的持续性,假定世界政治正在发生重要变革是危险的。

那么,到底什么样的标准可以帮助我们确定什么时候现有的关系模式会让位于一个全新的全球体系呢?霍夫曼(Hoffmann, 1961)认为,当我们对以下三个问题中的一个有了新的答案时，我们就可以确认出现了一个新的**全球体系**（global system）。遵循这一论点，已有一些证据表明一个新的体系已经出现。

(1) 全球治理体系的基本单位是什么？国家仍是国际体系的一个固定部分，但超国家的制度和非政府行为体也很突出。在国际贸易领域，世贸组织从 1995 年以来开始裁决贸易争端，并对许多国家的政策施加了实质性影响。联合国在解决世界各地的冲突中扮演了重要角色，截至 2015 年 7 月，联合国维和人员正在参与 16 项维和行动。跨国的恐怖主义运动，如伊斯兰极端组织博科圣地，犯下了很多侵犯人权的暴行。同时，国际刑事法院（ICC）作为第一个基于条约的常设全球法院，已经成功地起诉了侵害人权的政治领导人。**(2) 这些单位就彼此而言追求的主要对外政策目标是什么？**尽管很多领域依然存在地缘政治斗争，但领土征服已不再是国家对外政策的主要目标。相反，许多全球议程上的关键议题，包括环境、健康、金融危机等，都是跨国威胁，需要来自国家和其他全球行为体的集体回应。随着 2008 年全球金融危机的扩散，由世界上 20 个主要经济体组成的 G20 峰会呼吁进行国际对话，共同促进金融稳定。而像埃博拉这样的疫情则强调了人们对国际组织、非政府组织和国家及时协调一致应对全球健康威胁的迫切需求。**(3) 这些单位利用其自身军事和经济实力能做什么？**武器技术的扩散深刻地改变了敌人之间可能造成的伤害。**大国**（great power）不再独自控制世界上最致命的武器。大国的繁荣越来越多地取决于全球经济环境，从而削弱了它们作为增长引擎的能力。

近年来行为体（单位）的类型、目标和能力方面发生的深刻变化，显著地改变了国家的权力等级排序，然而，等级制自身却是依然持续存在。划分贫富的经济等级、划分统治者和被统治者的政治等级、划分供应者和依赖者的资源等级，以及使强者弱者对立的军事不对称，所有这些都依旧在塑造国家间的关系，正如它们在过去所做的那样。类似地，国际**无政府状态**（anarchy，即缺乏治理全球的制度）也是永久的，持续的国家不安全依然鼓励备战，以及在没有国际授权的情况下使用武力。因此，变化与连续性共存，这两种力量同时塑造着当代世界政治。

不变与变化之间的相互作用将会决定全球行为体之间的未来关系。这可能也解释了为什么人们常会用**周期**（cycles，一定时期的事件发生顺序，类似于之前时期的模式）来刻画世界政治的特征，因为新兴的国际体系与之前的有很多共同点，所以具有历史眼光的观察家可能会对其有"似曾相识"感（这是一种认为第一次经历的事情在以前就经历过的幻觉）。

准备你的知识之旅

由于国际政治是复杂的并且我们对它的意象也常常不同，所以学者们理解世界政治的方法也有所不同。一些学者通过宏观政治视角来观察世界，这意味着他们是从"鸟瞰"视角来观察国际事务，基于世界行为体在国际体系中所处的相对位置来解释它们的行为。其他学者则采用微观政治视角去"仰望"世界政治，这意味着分析的单位是个人，从这一单位中可以推断出总体行为。

这两种方式对理解世界政治都有很大贡献：前者揭示了全球环境如何对政策选择施以限制；后者则引起人们关注每个跨国行为体的偏好、能力和战略估算如何影响全球环境。通过从宏观政治视角来观察世界政治，我们可以理解在体系中处于相似位置的行为体为何会有相似的行为，尽管它们内部存在差异。通过微观政治视角来观察世界政治，我们则可以明白为什么一些行为体有很大不同或其行为差异很大，尽管它们在全球体系中处于相似的位置。

从这个分析点出发，本书将会相应地考察以下内容：（1）受全球趋势影响的个体行为体的价值观、利益和实力；（2）行为体在它们单独和集体改变现有全球环境的努力中的互动方式，以及这些互动如何塑造最终的全球趋势的轨迹；（3）世界政治中的主要宏观趋势，这些趋势为行动设定了界限。这一分析方法关注的是行为体与其所处环境之间的动态互动，以及行为体如何回应并试图影响彼此的行为。

这里概括的方法可以为你打开一扇窗户，你不仅可以理解当代的世界政治，还可以预测全球未来可能的样子。这种方法的优势是考虑了个人、国家和全球分析层面上相近和遥远的解释因素的相互作用，同时避免停留在特定国家、个人或者从长远来看其意义会削减的突发事件上。本书尝试识别与对全球生活环境产生重大影响的一般模式相一致的行为。因此，我们从把历史和当代事件置于一个更大的、更为持久的理论背景中的视角来探索世界政治的本质，向你提供概念工具，使你能够诠释你人生中随后将会遇到的［世界政治］发展。

这是个小世界 当你开启发现之旅扩展你的世界政治知识时，重要的是要意识到你持有的意象并对周边世界的新经验和诠释保持开放心态。充分利用你能有的机会去学习和了解全球共同体。图中所示是 2015 年 5 月参加荷兰海外学习项目的阿拉巴马大学伯明翰分校的美国学生。

> 世界正处于紧要关头，你们也是一样……往前走，制定好计划……不要停止学习。但要对能够带来新发现的迂回路线保持开放心态。
>
> ——前任联合国秘书长安南

第 2 章
通过理论透镜诠释世界政治

> 热爱实践而又不讲求理论的人,就像一个水手进了一艘没有舵或罗盘的船,他从来都不肯定他在往哪里走。
>
> ——意大利艺术家达·芬奇

理论的挑战 我们生活在一个日新月异的世界中。许多趋势正在展开,其中一些趋势还在朝着相反的方向发展;准确理解世界政治存在一定的障碍。在你开始研究世界政治中的趋势与变革时,你的挑战是从理论上去诠释一个不断变化的世界所具有的意义。

设想你是新任美国总统。你要发表国情咨文，就如何应对近来全球局势及制定何种对外政策发表你的看法。你面临的任务是，既要界定最值得关注的国际事务方面，又要解释它们占据优先性的原因。为了使国民信服你所提出的议题是重要的，你必须将其放入一个更大的世界图景之中。因此，基于你对世界政治的认知，你必须进行理论思考。你必须谨慎，因为你的诠释必然取决于你对国际现实的假定，而国民则可能会发现这些假定是有问题的。你在解释这个世界、预测新的全球问题，以及说服别人支持你的应对政策上的努力，注定会引发争议，因为即使理性的人，他们对现实的看法也往往不同。

面对这类智力挑战，领导人可能会从各种世界政治理论中获益。**理论**（theory）是一套从关于某种现象的假设和证据中得出的结论，包括它的特点、原因、可能的结果和伦理含义。理论可以为我们提供一幅地图或一个参照框架，使复杂而令人迷惑的世界变得可以理解。

2-1 世界政治中的理论及变化

国际关系理论详细说明了在两种或多种因素之间存在关系的条件，并解释了存在如此联系的原因。政治科学家詹特森和拉特纳（Jentleson and Ratner, 2011）解释道："理论通过洞察超越情境和特殊性的东西以获得具有广泛适用性的因素，加深了对特定案例中因果关系模式的理解。"选用哪种理论是一个重要任务，因为每种理论都是依据对国际政治性质的不同假定提出关于原因的不同观点，进而提出一套不同的对外政治建议。

事实上，可以从中进行选择的理论菜单还是很大的。关于世界政治的对立理论有很多，但在哪一个最有用上却没有一致意见。这主要是因为世界始终在不停地变化，没有任何一种理论被证明可以解释每一种全球环境中的国际事件。所以在国际理论的知名度上同样存在着流行时尚；随着时间流逝，这些理论的知名度及其（被认为的）有用性也是起起落落，具体取决于在特定历史时期占主流的全球环境。

世界史就是用理论诠释国际关系的变化史。不拘在任何年代，**范式**（paradigm，看待特定主体如国际关系的支配性方式）都会影响以下判断：主体的哪个特征最重要，需要解决什么谜题，以及应该用什么分析标准来指导研究。随着时间流逝，范式会被修正或抛弃，因为它的主张没能成功反映国际行为的主流模式。这些范式或者说是"一组包含对现实看法的假定、概念、价值观和实践"（Harrison, 2006）最终会被修改以解释国际政治领域出现的新发展。

不过，理论并不只是被用来解释历史事件的被动的主体。在向政策领导人提供世界观时，理论的观点在影响政策选择上扮演了十分重要的角色。对政策制定者而言，理论有三个重要用处（Jentleson and Ratner, 2011）：(1) 诊断价值：通过促进政策制定者识别模式和关注重要因果因素的能力来帮助政策制定者评估他们所面对的议题。(2) 规范价值：提供一个框架将策略和政策回应概念化。(3) 经验吸取价值：促进批判评估，以使政策制定者获得关于政策得失的准确结论。例如，现实主义理论（接下来将会讨论）的洞见，特别是均势的重要性，驱使尼克松总统在 1971 年决定同中国建立外交关系。顺着现实主义路线，尼克松忽略与中国政府在意识形态上的深刻不同，寻求建立基于共同战略利益（尤其是对抗苏联）上的关系。最近，自由主义关于民主扩散的观念与现实主义重视军事力量而蔑视国际制度的观念相结合，塑造了美国对外政策中的**新保守主义**（neoconservative）方法，这也成为美国决定在 2003 年发动伊拉克战争的关键因素。

英国经济学家凯恩斯（Keynes, 1936）有一个著名观点："经济学家和政治哲学家的观念，无论对错，都比普通人理解的要更有影响力。事实上，世界是由少数人统治的。那些自认为不受任何智力影响的实践者，通常都是某些已故经济学家的奴隶。"

简言之，理论与历史事件之间的关系是互动的：理论既会影响世界政治中的事件和行为又会受其影响。现实主义、自由主义和建构主义是决策者和学者用来诠释国际关系最常见的三种理论视角，本章的目的就是比较这三种视角的假定、因果关系主张和开具的政策处方。本章也拓宽了当代国际理论的范围，

> 对实践进行批判反思是理论和实践关系的一个要求。否则，理论就成了简单的"废话、空话、瞎话"，实践则变成纯粹的行动主义。
> ——巴西教育理论家保罗·弗莱雷（Paulo Freire）

介绍了女性主义和马克思主义对世界政治的批判，以及它们提供的理解国际互动的理论透镜。

2-2　现实主义

现实主义（realism）是最古老的主流思想流派，它有着漫长而独特的历史，可以一直追溯到修昔底德关于古希腊伯罗奔尼撒战争的著述。其他对现实主义做出贡献的重要人物包括 16 世纪意大利哲学家马基雅维利和 17 世纪英国哲学家霍布斯。现实主义值得认真研究，因为它的世界观至今仍在持续引导着人们对国际政治的大部分理解。

现实主义的世界观是什么？

就当代国际政治而言，现实主义认为国家是世界舞台上最重要的行为体，因为不存在要对其负责的更高的政治权威。国家拥有主权：它们拥有对其领土和人民的至高权力，没有哪个行为体可以站在它们之上行使合法性和强制力，管理全球体系。现实主义者强调（人类社会）缺少一个不同国家能够寻求保护和解决争议的更高权威，他们将国际政治描述为一个不断的、重复的权力斗争，斗争的结果是胜者支配弱者。由于每个国家最终都要为自身生存负责并对邻国的意图感到不确定，所以现实主义断言，谨慎的政治领导人会建立强大的军队和同盟来加强国家安全。换句话说，国际无政府状态甚至会导致善意的领导人也不得不去实行**自助**（self-help），提高他们自己的军事力量，并适时地与其他国家结盟以威慑潜在的敌人。

不过，现实主义理论并不排除相互竞争的国家在军控和其他有共同利益的安全议题上进行合作的可能性。相反，它仅仅是断言合作会很稀少，因为各国担心的是**相对收益**（relative gains）的不平等分配，或者说是来自合作的好处的不平等分配，而且还存在合作的另一方在协议中作弊的可能性。领导人绝不应该把自保的任务交给国际安全组织或国际法，并应抵制通过全球治理来调节国际行为的努力。

冒着过于简化的危险，现实主义理论观点可被概括为以下几个假定及相关命题：(1) 人类在本质上是自私的并会为了获得支配权和优势地位而与他人竞争。"对利益和贪婪的追求是伦理无法在国家关系（或人际关系）中发挥作用的一个原因。"(Rathbun, 2012) 马基雅维利在《君主论》(Machiavelli, 1532) 中捕捉到了现实主义的人性观，认为人们大体上"是不懂得感恩的、虚伪善变的、渴望趋利避害，当你对他们有用时，他们就会追随你，向你献出他们的鲜血、财产，甚至他们的孩子，前提是要保障他们远离危险，但当危险迫近时他们就会攻击你"。(2) 引申开来，每个国家的主要职责（其他所有国家目标都从属于这个目标）就是获得权力，增进**国家利益**（national interest）。权力是"国际政治中最重要的货币，它既能从别国那里获得，又能防止其他国家必然的窃取行为"(Rathbun, 2012)。"强权即公理"，一个国家的哲学或伦理偏好既非善亦非恶。重要的是它们是否服务于自身利益。修昔底德指出："正义的标准取决于权力掌握在谁手中……强者使用权力做他们想做的事情，弱者只有接受他们不得不接受的事情。"(3) 世界政治就是争夺权力（用霍布斯的话来说就是"所有人反对所有人的战争"），想要根除追求权力的本能是一种乌托邦式的渴盼。在追逐权力的过程中，国家必须取得充分的军事实力威慑潜在敌人的进攻，对他国施加影响；因此，国家会"为维持和平而备战"。经济增长作为一种获取和扩张国家权力和声望的主要方式也很重要，不过它与国家安全的相关性则不如军事力量那样强。(4) 国际无政府状态和信任缺失使自助原则永久化并造成**安全困境**（security dilemma）。当一国增强力量保卫自身时，其他国家就会不可避免地感受到威胁，进而也会以同样的做法做出回应。军备竞赛常被视为安全困境的表现，因为即使一个国家武装自己真的是出于防御目的，但对它的对手而言，在一个自助体系中合乎理性的做法就是，做最坏的打算，并在军备建设中跟上步伐。(5) 如果所有国家都想将其权力最大化，稳定状态就会在**均势**（balance of power）的作用下得到维系，并会在对抗其他国家日益增长的权力或扩张主义行为的同盟的转变中得到促进。因此，国家或许会出于增强自卫能力的目的去寻找盟国，但其忠诚度和可信度则有些可疑，而且对盟国的承诺如果不再符合国家利益就应加以抛弃（参见第8章专栏"深入探究"）。

在强调国际生活冷酷本质的同时，现实主义者也经常质疑让伦理考量进入对外政策考虑之中的做法。他们认为，一些出于战略紧迫性制定的政策，要求国家领导人忽视道德规范。内含于这种"需求哲学"中的是对私人道德和国家理性的区分，前者指导着普通民众在日常生活中的行为，后者则管理着对国家安全和生存负责的领导人的行为。为国家利益支配的行动必须被执行，无论从私人道德角度来看它有多么令人反感。奥巴马总统在接受诺贝尔和平奖的演讲中反思了 2009 年向阿富汗增派美军的决定，他指出，"我正视这个世界，我不能在美国人民面对威胁时无动于衷"。

现实主义的演变

我们已经看到，现实主义的智慧之根可以回溯到古希腊。但它的根源并不局限于西方世界，在印度和中国也同样可以找到。公元前 4 世纪，考底利耶在他撰写的关于印度治国理政的著作《政事论》中就有关于"权力政治"的大量讨论；而古代中国韩非子和商鞅的著作中也有大量的相关讨论。

现代现实主义的兴起是在二战前夕，当时流行的各国利益自然和谐的信念受到攻击。而就在此十年前，这一信念则引领众多国家在 1928 年签署了《凯洛格-白里安公约》，这一公约宣布放弃战争作为国家政策的工具。但因纳粹德

权力政治的现实主义先驱　在《君主论》(1532) 和《利维坦》(1651) 中，马基雅维利（左）和托马斯·霍布斯（右）分别为基于自我利益、谨慎、权力和权宜之计之上的国际决定提供论据，认为这些考虑要超过对其他因素的考虑。这成为逐渐扩大的现代现实主义思想的基础。该思想接受的观点是，作为必要而明智的治国之策，对权力的欲求要在其他之上。

国、法西斯意大利和日本帝国都破坏了该条约,所以英国历史学家兼外交家卡尔(Carr, 1939)抱怨说,普遍关心和平的假定已经让太多的人们"逃避这样一个令人讨厌的事实,即渴望保持现状的国家和渴望改变现状的国家之间存在根本性的利益分歧"。

在反驳他们认为是对外事务中一种乌托邦式的、拘泥于法律条文的方式的努力中,尼布尔(Niebuhr, 1947)、摩根索(Morgenthau, 1948)和其他现实主义者描绘了一幅关于人性的消极图景。在回应17世纪哲学家斯宾诺莎的观点时,他们中的很多人都指出了激情与理性之间天然的冲突;而且与圣奥古斯丁的传统相一致,他们还强调指出,物质欲望使激情吞噬了理性。对他们而言,人类的处境就像是光明与黑暗之间为争夺控制权而进行的长期斗争。

现实主义者关于国际生活的图景在二战后变得更有说服力。美苏之间开始的对抗、冷战扩大为东西方之间更为广泛的斗争,以及有爆发全球暴力危险的周期性危机,所有这一切都支持现实主义所强调的观点,即爆发冲突的不可避免性、合作前景的渺茫,以及不可救药的自私且追求权力的国家之间国家利益的分歧。

这些所谓的古典现实主义者试图通过在分析的个人层面审视对人们动机的假定来解释国家行为,而接下来的一波现实主义理论则强调分析的全球层面。**新现实主义**(neorealism,常称"结构现实主义")认为,人类的认同、动机和行为受到行为体所处的环境推动。换句话说,它"基于环境的塑造力量超过了**能动作用**(agency)的力量这样一种信念"(Harknett and Yalcin, 2012)。

华尔兹(Waltz, 2013)是新现实主义最重要的倡导者,他认为国际无政府状态(而非人性中的邪恶面)解释了各国为何陷入激烈竞争。国际政治最典型的结构特征就是缺少一个中央仲裁者。国家因为易受攻击和缺乏安全所以才会出于自身防御考虑进行结盟以应对潜在的威胁。根据华尔兹的观点,均势会在无政府的环境中自动形成。即使它们分裂了,也会在不久之后恢复。

尽管现实主义者会思考很多共同的主题,但现实主义的不同流派也会强调某些不同的特征。就像表2.1所示,古典现实主义主要关注"国家权力的来源和使用……以及领导人在执行对外政策时遭遇的问题"(Taliaferro et al., 2009)。结构现实主义通常是指防御性现实主义,以区别于它最近的变体,即进攻性现实主义。这两者都是结构现实主义理论,但它们在国家行为和冲突的潜在动机上则有不同观点。**防御性现实主义**（defensive realism）视国家的焦点是通过平衡他国以维持国家安全并在本质上维持现状，**进攻性现实主义**（offensive realism）则视国家的焦点是通过积极地将自身力量最大化来寻求确保国家安全（Harknett and Yalcin, 2012）。依据进攻性现实主义观点，国家陷入永久的斗争中，一定要"时刻准备好进攻，因为它们永远都不知道从长远来看需要多么强大的军事实力来确保生存"（Kaplan, 2012；Mearsheimer, 2001）。吸收了古典现实主义和结构现实主义两者内容的新古典现实主义则强调"体系层面的变量如何'通过单位层面的干预变量，如决策者的认知和国内的国家结构，来进行转换的'"（Rynning and Ringsmose, 2008）。

表 2.1　比较现实主义理论的不同流派

变　量	国际体系观	系统压力	主要的国家目标	理性的国家偏好
防御性现实主义	非常重要	增强力量威慑潜在的侵略者	生存	维持现状
进攻性现实主义	非常重要	强调自身积累大量的力量	生存	改变现状（霸主除外）
古典现实主义	有点重要	既不进攻也不防御	各种（如安全、权力或荣誉）	维持现状或改变现状
新古典现实主义	重要	既不进攻也不防御	各种（如安全、权力或荣誉）	维持现状或改变现状

现实主义思想的局限性

不论现实主义者关于国际政治的本质特征的意象多么有说服力，他们的政策建议都因他们所用的关键术语（如"权力""国家利益"）缺乏准确性而受损。因此，一旦分析超越了国家领导人应当获取权力来服务于国家利益的主张，重要的问题就依然存在：国家权力的关键要素是什么？如何行使权力才能最好地服务于国家利益？武器是提供了保护还是会激起代价高昂的军备竞赛？同盟是加强了一国之防御能力还是会鼓励形成具有威胁性的对抗同盟？

从现实主义的批评者的观点来看，通过逐渐积累力量来寻求安全事与愿违。一国对绝对安全的追求，将会被体系中的其他国家理解为创造了绝对的不安全，结果是每个国家都陷入危及所有国家安全的螺旋上升的对抗措施中（Glaser,

2011)。

现实主义既没有提供在评估其主张时决定哪些历史数据重要的标准，也没有提供在诠释相关信息时要遵循哪些认识论规则（Vasquez and Elman, 2003）。甚至据说是按照它的逻辑提出的政策建议也经常相互冲突。比如，关于美国在越南的干涉行动是否服务了美国的国家利益、核武器是否有助于国际安全等问题，现实主义者自身便分裂成极其不同的派别。类似地，一些观察家用现实主义来解释美国2003年入侵伊拉克的合理性（Gvosdev, 2005），而另一些人则用现实主义来批评这一侵略行为（Mansfield and Snyder, 2005a；Mearsheimer and Walt, 2003）。

越来越多的批评家也指出，现实主义没有对世界政治中重大的新进展做出解释。比如，它没能解释1950年代和1960年代西欧创建了新的商业和政治制度，在这里，对共同利益的合作性追求引导欧洲国家远离了不受约束的权力政治，而在大约三个世纪前自从民族国家诞生后权力政治便一直使欧洲国家处于持续不断的战争中。类似地，批评家们挑战说："像冷战结束、民主扩张，以及全球贸易和国际组织日益增加的重要性……对此现实主义理论都无法做出学术解释。"（Walker and Morton, 2005）其他评论家则开始担心现实主义的一些倾向：忽视伦理原则，忽视其一些政策处方所强加的物质和社会成本，如无限制的军事开支阻碍了经济增长。

尽管现实主义存有缺点，但依然有许多人继续沿用现实主义者建构的话语去思考世界政治，尤其是在全球局势紧张的时代。这可以从下面这一事实看出：以色列总理内塔尼亚胡在2013年3月宣称以色列有"权利和实力"来保卫自己。他的声明极力强调军事安全和国家自身利益，成为以色列对伊朗持续追寻核计划采取单边军事打击可能性的推测依据。

2-3　自由主义

自由主义（liberalism）被广泛视为现实主义最强大的理论挑战者，一些人甚至认为，"有大量证据表明，自由主义理论在一段时间之前就已经超越了现实主义，现在更是占据了'最佳演出'的位置"（Sterling-Folker, 2015；Walker and Morton, 2005）。与现实主义一样，自由主义也有自己的谱系，其哲学根脉可以追溯到约翰·洛克、康德和亚当·斯密的政治思想。自由主义证明了我们的关注是有道理的，因为它处理了现实主义忽视的议题，包括国内政治对国家行为的影响、经济相互依赖的后果、全球规范和制度在促进国际合作方面的作用等。

自由主义的世界观是什么？

在自由主义传统里有几个不同的学派，从这样一个如此多样的理论中得出广泛的结论有可能会误解任何一位作者的立场。尽管如此，仍有足够的共同点来抽象出一些一般性的主题。

自由主义者与现实主义者有几个重要的不同之处。自由主义的核心是对理性和进步可能性的信仰。自由主义者视个人为道德价值观的根基，主张人类应该被当作目的而非手段。现实主义者建议决策者寻求较少的恶而非绝对的善，自由主义者则强调道德原则胜过追求权力，强调制度胜过军事实力。现实主义预期的是在权力和资源上的竞争和冲突，自由主义则期望"国际事务中逐渐增加或潜在的更大合作和进步，一般来说这会由增加的和平和财富来界定"（Rathbun，2012）。所以全球层面的政治也就不再是为了权力和声望的斗争，而是为了共识和互惠互利的斗争。

一些推论给出了自由主义理论的定义。它们包括：（1）强调人类团结，而不是对独立主权国家狭隘的民族忠诚。（2）个体的重要性（他们必要的尊严和基本的平等），以及类似的需要，即把对人权和自由的保护和促进放在国家利益和国家自主性之上。（3）通过教育，利用观念的力量，唤起世界反对战火的舆论。（4）人们生活的环境而不是对权力的内在贪欲，是国际冲突的潜在根源。自由主义者认为，改革那些环境将会增进和平的前景。

各种自由主义思想流派的另一个共同点是，强调进行政治改革，建立稳定的民主制。建立在宽容、妥协和公民自由之上的民主政治文化，据说可以避免把致命的武力作为解决争论的手段。例如，威尔逊总统宣称："民主政府的存在将会使战争更不可能发生。"富兰克林·罗斯福总统后来也赞成这一观点，他断言："民主制的持续维持和改善，构成了国际和平最重要的保证。"

代替武力的外交（diplomacy）提供了一种方法，可以就共同关注的问题达成双方都能接受的解决方案，并使领导人可以以和平的方式坐下来进行协商和妥协。政治不再被视为零和（zero-sum）游戏，因为使用的是说服而非强制，而且依赖司法手段来解决对立的要求成为处理争端的主要方式。

根据自由主义理论，国内使用的解决冲突做法同样适用于国际争端。在民主政治文化中成长起来的领导人享有共同的世界观。他们视国际政治是国内政治的延伸并把规范的适用性推广到管理国际竞争上。民主政府之间的争端很少会升级成战争，因为每一方都接受另一方的合法性，并预期对方会使用和平的方式去解决冲突。这些预期又因民主的透明本质而得到进一步强化。由于开放政体的内部工作可以接受任何人的详细检查，所以采用民主政体的国家很难被妖魔化为诡计多端的敌人。

自由主义理论的第二条主线是强调自由贸易。"商业能够减少冲突"这一思想植根于康德、孟德斯鸠、亚当·斯密、卢梭和其他启蒙运动思想家的著作中。自由主义哲学家休谟（Hume, 1817）曾说："没有什么东西能比许多由商业联系在一起、相邻而又独立的小国更有利于文明和学术的发展了。"这一观点后来被政治经济学中的曼彻斯特学派所接受，并构成安吉尔（Angell, 1910）对"军事征服产生经济繁荣"这一观点著名反驳的基础。

如今，一些研究者主张，在培育和平方面，经济互联甚至比民主都要重要。"不受限制的贸易可以帮助防止争端升级为战争"这一学说依赖以下几个命题。首先，商业往来在物质上创造了和平解决争端的动机：战争会打断至关重要的经济交易从而减少利润。其次，从这些交易中受益最多的世界商业精英们构成一个强大的跨国利益集团，他们在促进争端和平解决上存有利益。最后，国家间的贸易网促进了交流和沟通，弱化了国家自私的一面，鼓励双方避免发生破坏性冲突。理查德·科布登（Richard Cobden）是"自由贸易之使徒"，他反对贸易保护主义，反对规制英国国际谷物贸易的《谷物法》。用他的话来说："自由贸易是什么？为什么要推行自由贸易？因为它可以毁掉把各国分开的壁垒；那些壁垒，在它们后面藏着的是骄傲、复仇、憎恨和嫉妒的情绪，这些情绪不时会烧毁边界，用鲜血淹没整个国家。"

最后，自由主义的第三个共性是倡导全球制度。自由主义者建议用组织来取代严酷无情的均势政治。这些组织建立的原则是，任何地方对和平的威胁即是对所有人的共同威胁。他们把对外政策视为一个新生的全球社会的展现，这个社会中的居民是认识到冲突的代价，分享重大利益，并能在误解、受伤的感情或高涨的民族情绪危及和平关系时，通过制度手段调停争端实现那些利益的行为体。不过，现实主义者则反驳道，"不论是全球化，还是国际制度，都不能对大国强加真正的限制，只因大国有足够的力量去解读主权"（Ziegler, 2012）并且仅仅是在全球制度符合其自身国家利益时才会参与其中。

自由主义的演变

一战之后，当代自由主义理论上升到突出的地位。这场战争不仅在地理范围上超过了以往任何一场战争，把更多的参与者都卷入其中，而且现代科技还使其成为一场机器的战争。旧式武器得以改进并以更多数量被制造出来，更致命的新式武器被迅速开发部署。大屠杀结束时有近2 000万人死亡。

寻求世界秩序的自由主义先驱 作为启蒙运动的产物之一，苏格兰哲学家大卫·休谟（左）试图缓和其现实主义的担忧，即理性"是激情的奴隶"，他赞同自由主义的信念，即制造财富的自由市场和自由贸易能把人们紧密团结起来创造一个和平的市民社会。受到休谟和卢梭的影响，康德（右）在《永久和平论》(1795)中尝试通过倡导全球（非国家）的市民权、自由贸易和民主联合作为实现和平的手段来重新界定现代的自由主义理论。

对像威尔逊总统这样的自由主义者来说，一战是"一场结束所有战争的战争"。因为相信如果各国继续践行权力政治的话，另一场恐怖的战争就会爆发，所以自由主义者打算改革全球体系。这些"理想主义者"（有时现实主义者这样称呼他们）大体上属于如下三类群体之一。第一类群体倡导建立全球制度，遏制那些自私自利且互相猜疑的国家之间不加掩饰的权力斗争。国联就是这种自由主义思想的具体表现。这个组织的建立者希望组织一个**集体安全**（collective security）体系来防止未来的战争，这个体系能够动员整个国际共同体来反对潜在的侵略者。国联的创立者宣称，和平是不可分割的：对国联一个成员的攻击即是对所有国家的攻击。由于没有哪个国家能比其他所有国家联合起来更强大，所以侵略者将会受到威慑，进而战争就可得以避免。

第二类群体呼吁运用法律程序在争端升级为武装冲突之前进行裁决。裁决是一种司法程序，通过把冲突交给一个常设的法庭做出有约束力的决定来解决冲突。战争一结束，几国政府就起草了建立一个常设国际法院（PCIJ）的章程。法院首任主席伯纳德·洛德（Bernard Loder）欢呼说它是文明新时代的先驱。常设国际法院在1922年年初举行了成立大会，并于来年对一个诉讼案做出了第一个判决。法院的自由主义拥护者们坚持认为，常设国际法院将会用一个能够将争端的事实公之于众然后做出公正裁定的司法机构来取代军事报复。

第三类群体遵循圣经里的观点，即国家应"铸剑为犁"，通过裁军避免战争。他们的努力表现在1921—1922年间召开的华盛顿海军会议上。这次会议试图通过限制战舰的数量从而在美英日法意之间限制海军竞争。这个群体的最终目标是通过促进全面裁军来降低国际紧张程度，为此他们在1932年召开了日内瓦裁军会议。

尽管在两次世界大战之间理想主义支配了政策话语和学术讨论，但自由主义的改革项目却是几乎没有一项被认真尝试，更不用说得到实现了。国联没能防止日本入侵中国东北（1931），也没能防止意大利入侵埃塞俄比亚（1935）；重要争端几乎没有一个提交常设国际法院；1932年召开的日内瓦会议最后也以失败告终。随着1930年代末欧洲和亚洲的战争威胁开始集聚，对自由理想主义的热情也就衰退了。

几十年后，自由主义理论在回应现实主义忽视**跨国关系**（transnational relations）时又出现了一次高潮（Keohane and Nye, 1971）。尽管现实主义关注的焦点仍是国家,但1973年前后发生的石油危机表明,非国家行为体能够影响国际事件的走向,甚至偶尔也可与国家进行竞争。这一洞见使得人们意识到,**复杂相互依存**(complex interdependence)(Keohane and Nye,1977;2013)对世界政治的描述有时可能比现实主义的描述要更好,尤其是在涉及国际经济和环境事务时。

与国家间的联系只是局限于高层政府官员之间相反,多元的沟通交流渠道可以把社会联系起来。与安全支配对外政策的考虑相反,关于国家议程的议题并不总是有固定的优先顺序,而且尽管军事力量常被作为治国理政的主要手段,但当相互联系的国家之间在经济上进行讨价还价时,其他手段常会更有效。简言之,现实主义者对政府与政府之间关系的成见,忽视了由往返奔波于国家边界两边公开或私人的交流构成的复杂网络。国家变得越来越相互依存;也就是说,它们之间通过现实主义者所没有捕捉到的方式相互依赖、彼此敏感和易受伤害。

相互依存并不是一个新概念,但它在20世纪后25年的发展使得许多自由主义理论家都质疑现实主义的无政府状态这一看法。自由主义者同意国际体系是无政府状态的,但却认为更合适的概念是"有序的"无政府状态,因为大多数国家都会遵守得到共同认可的规范标准,即使缺乏等级制的强制。当大量的规范促进了共同的期望,在一个特定议题上引导了规范的合作模式时,我们就称之为**国际规制**(international regime)。各种类型的规制既被设计来管理贸易及货币事务中的行为,也被用来管理获取共同的资源,如对渔业的管理。到世纪之交,随着紧迫的经济和环境议题充斥国家日程,大量自由主义"制度主义者"的研究都在探索规制的发展和是什么导致国家愿意遵守规制。

最新历史发展表明,国际关系能够变化而且相互依存的增强还能促成更高层次的合作,受此推动,20世纪最后十年出现了挑战现实主义和新现实主义的**新自由主义**(neoliberalism)。这一新启程有几个标签,其中包括"新自由制度主义"(Grieco,1995)、"新理想主义"(Kegley,1993)和"新威尔逊理想主义"(Fukuyama,1992a)。

与现实主义和新现实主义一样,新自由主义也不是一种一致的思想运动或思想流派。但无论是什么造成了他们之间的不同,所有的新自由主义者都有兴趣去探索,在何种情况下原本独立的跨国行为体之间聚合的和重叠的利益会产生合作。

新自由主义借鉴了自由主义的许多假定。它特别关注民主治理、自由商业企业、国际法和国际组织、集体安全和有伦理的治国之道等能够改善我们这个星球上生活的方式。新自由主义的理论家们认为全球环境中的变化会随着时间流逝通过合作的努力而不断进步，所以他们宣称，自由主义遗产的理念和理想能够以它们在冲突四起的冷战期间无法做到的方式去描述、解释、预测和规定国际行为。

自由主义的局限性

自由主义理论家们都有兴趣去探索行为体之间相似的利益在什么条件下可能导致合作。他们研究了那些通过共同体共识对以前根深蒂固的实践形成的国际禁令，如奴隶制、海盗行为、决斗和殖民主义，他们强调通过制度改革实现进步的前景。对欧洲在1950年代和1960年代的一体化研究，为1990年代自由制度主义理论的出现铺平了道路。贸易、交流、信息、技术、流动劳动人口的扩大，使得欧洲人牺牲了一部分主权独立，在此前各自分离的单位之外创建了一个新的政治经济联盟。这些发展超出了现实主义的世界观，并创造了条件使得建立一种基于自由主义传统的理论的呼吁变得更有说服力。用克林顿总统的话来说就是，"在一个自由而非专制的世界中，纯粹的权力政治谋算已经过时。它不适合新时代"。

然而，尽管当代自由制度主义在21世纪初似乎很有说服力，但是许多现实主义者都抱怨说，它并未超越理想主义的遗产。他们指责说，像国联和常设国际法院一样，今天的制度对国家行为施加的影响力微不足道。国际组织根本无法阻止国家按照均势逻辑行动，计算每一个战略举措将会如何影响其在一个竞争不断的世界中所处的地位。

对自由主义的批判进一步争论说，大多数支持国际制度的研究都是出现在商业、金融和环境领域中，而非国家防卫领域。虽然很难在经济与安全议题之间划出一道清晰的界限，但是也有学者指出，"不同的制度安排"在每个领域都存在，在前者〔经济〕中自私自利的国家之间的合作前景要大于在后者〔安全〕中（Lipson，1984）。现实主义则坚持认为，国家的生存以对安全议题的有效管理为条件。集体安全组织天真地假定：所有成员对威胁有相同的理解并愿冒同样的风险、付出同样的代价去抗击那些威胁。由于贪求权力的国家不可能总是如此看待它们至关重要的利益，所以全球制度也就无法及时对侵略行为做出强有力的回应。在安全议题上，现实主义者总结道，国家会信任它们自身的力量，而不是信任超国家机构的承诺。

对自由主义的最后一个批判是，它把对外政治转变为道义上的十字军。现实主义者认为国家领导人受到战略必要性的驱使，而许多自由主义者则认为道德律令也能够引导和限制领导人。1999年的科索沃战争使得北大西洋公约组织陷入与南联盟的对抗中。在指出南联盟领导人米洛舍维奇镇压生活在科索沃省的少数族群阿尔巴尼亚人时，时任北约秘书长索拉纳、英国首相布莱尔和美国总统克林顿都认为人道主义干涉是一种道德要求。尽管不干涉他国内政一直是国际法的基本原则，但他们认为对南联盟的军事行动是一种义务，因为人权是一种国际权利，凡是侵害人权的政府都将失去国际法的保护。

对许多自由主义思想家而言，主权并非神圣不可侵犯。国际共同体既有一种对弱势群体的**保护责任**（responsibility to protect, R to P），也有使用武装力量阻止公开践踏人权的行为的义务。在解释美国2011年3月在利比亚的军事干涉行动时，这种观点可以在奥巴马总统的声明中找到，他认为美国有责任和道德义务对卡扎菲的部队长期的暴力行为做出回应。他宣称："有些国家可能会对其他国家内部的暴力行为睁只眼闭只眼，但美国不同。作为总统，我拒绝在采取行动之前坐等屠杀和万人塚。"

总之，现实主义者对自由主义的道德必要性观点仍持怀疑态度并认为"国家内部的暴行（包括屠杀平民）并不自动等同于'国际'威胁"（Doyle, 2011）。一方面，他们拒绝承认在文化多元的世界里存在一种普世的道德标准。另一方面，他们则担心采纳这样的标准会产生自以为是、弥赛亚式的对外政策。现实主义者赞同**效果论**（consequentialism）。如果不存在包括必须做出道德选择的许多情况在内的普世标准，政策决策就只能根据它们在特定环境中的效果来做判断。谨慎的领导人认识到，在任何既定情况下相互竞争的道德价值观都可能处于危险中，他们必须在这些价值观中权衡取舍，并要判定追求这些价值观可能会对国家安全和其他重要利益有什么影响。就像美国前外交官和著名现实主义学者凯南指出的，政府的主要义务"是去追求它所代表的国家社会的利益，而不是那个社会中的个体可能会有的道德冲动"。

> 重要的是，我们要清醒地认识到……这并不是一个简单的世界，要么是普遍的善意，要么是普遍的敌意，而是一个复杂的、不断变化的、有时还会让人觉得很危险的世界。
>
> ——吉米·卡特总统（Jimmy Carter）

2-4 建构主义

建构主义（constructivism）作为研究国际政治的一种方法其影响力正在迅速增长。它起源于20世纪法兰克福学派的批判社会理论，影响了这一理论视角发展的当代学者有亚历山大·温特（Alexander Wendt）、弗雷德里希·克拉托赫维尔（Friedrich Kratochwil）和尼古拉斯·奥努弗（Nicholas Onuf）。建构主义值得仔细思考，因为意识到我们对世界的理解是如何在个人层面和社会层面被建构起来的，以及意识到主流观念如何塑造我们关于什么不可以被改变和什么可以改变的信念，能使我们以一种新的和批判的眼光去看待国际关系。

建构主义的世界观是什么？

有时建构主义会被描述为一种哲学观点而非一种羽翼丰满的一般理论，它认为，透过主体间人类行为的棱镜和政治生活的社会建构本质，可以更好地理解世界政治。遵循这一思路，想要彻底理解国际关系也就需要了解这些关系背后的社会背景——行为体的身份、它们的行为规范，以及它们在国际体系中的社会互动。

正如第1章中所描述，我们对这个世界的意象及理解界定并塑造了现实。尽管建构主义者并未将他们的分析局限于个人层面，但他们认为观念、规范和个人言说行动的作用是塑造全球结构（Simão, 2012），并强调意象的主体间性——主流态度如何塑造认知。对建构主义者而言，这强调了施动者作为行为体具有反思它们所处的环境和寻求改变的潜力。观念界定身份，而身份反过来则赋予物质能力和行为以意义。

冷战后那些年间出现了关于主权的新规范，尤其是在发生大规模人权侵犯事件时进行干预的可接受性方面。与自由主义一样，建构主义也认识到，共享观念的演化加强了"保护责任"这一概念的合法性，即使在实践中它使得违背威斯特伐利亚式主权成为必要。从建构主义者的观点来看，这揭示了"主权的关键因素（包括领土、国家认同和权威在内）并不是永恒不变的，而是会随着社会的变化而改变和演化"（Ziegler, 2012）。

类似地，像"无政府状态"这样的概念的含义也取决于潜在的共享知识。正如温特（Wendt, 1992）表述的，"无政府状态正是国家造就的"。例如，盟国间无政府状态的意义，与充满仇恨的敌对国家之间无政府状态的意义是不一样的。因此，英国的核武器与朝鲜手中同样的核武器相比，对美国的威胁就要小得多，因为对彼此共享的盎格鲁－美利坚预期不同于华盛顿和平壤之间的预期。因此，无政府国际体系的本质并不是既定的。"无政府状态"和其他社会建构的概念如"主权"和"权力"，仅仅是我们解释了它们（Wendt, 2013）。

由于处在这些关系下的社会结构是可塑的，行为体的观念和利益也会随着它们互动的本质和它们理解其他行为体的方式发生改变而改变。因此有过对抗历史的国家也能改变它们关系的本质，如果随着时间流逝它们能够建立起和平互动与合作的模式的话。这方面一个突出的例子就是欧盟，构成它的许多成员国在一战和二战中互相交战，但随后在20世纪后半期却发展出一种共同的认同，或者说"我们感"（we-feeling）。国际关系中的一些关键概念，如"战争"和"奴隶制"，也有可能随着时间流逝因为围绕它们的规范共识发生演变而出现类似的变化。

表2.2列举了建构主义者与现实主义者和自由主义者之间的差异。建构主义反对自由主义和现实主义的观点，后两者认为世界政治的基本结构是物质的并强调客观因素（如军事力量和经济财富）如何影响国际关系；建构主义认为，世界政治的基本结构是社会的。自由主义和现实主义认为行为体的偏好是既定的、固定的（现实主义关注权力，自由主义关注和平和繁荣），建构主义则反对理性主义，认为是社会结构塑造了行为，以及行为体的身份和利益。换句话说，现实主义和自由主义"描绘了一个充满无差别的理性行为体（如自私自利的国家）的世界，它们的关系是由物质力量的平衡建构起来的。相反，建构主义……则把行为主体定位在一个社会结构中，这一社会结构既构成那些行为体

又由行为体的互动所构成"（Farrell，2002）。现实主义和自由主义认为"利益"和"认同"是既定的，而这些概念则是建构主义关注的核心。

表2.2　现实主义、自由主义和建构主义理论比较

特　征	现实主义	自由主义	建构主义
核心关切	战争和安全： 脆弱的、自私自利的国家如何在其他国家的意图和实力不确定的环境中生存	制度化的和平和繁荣： 自私自利的行为体学习如何在通过规则和组织化实现集体利益中看到好处	社会群体共享的意义和意象： 观念、意象和认同如何发展、改变和塑造世界政治
关键行为体	国家	国家、国际制度、全球合作	个人、非政府组织、跨国网络
中心概念	无政府状态、自助、国家利益、相对收益、均势	集体安全、互惠、国际规制、复杂相互依存、跨国关系	导致新的理解和规范变化的观念、意象、共享知识、认同、话语和劝导
实现和平的方式	保护主权的自主性，通过军事准备和同盟威慑对手	通过民主化、开放市场、国际法和国际组织实现制度化改革	促进进步的观念和鼓励国家坚持正确行为规则的积极分子
全球展望	消极的： 大国陷入无情的安全竞争之中	积极的： 对人性持合作观和对进步的信仰	不可知的： 全球前景取决于主流的观念和价值观

建构主义思想的演变

华沙条约组织的解散和随后苏联的解体、宗教原教旨主义的兴起，以及1990年代微观民族主义（micro-nationalism）的增长，刺激了建构主义诠释世界政治的学术兴趣。政治学家巴里·布赞（Barry Buzan）在2004年观察到："在长期被忽视之后，国际体系的社会（或社会的）维度正在随着对建构主义兴趣的高涨而重新回到国际关系中并成为时尚。"现实主义和自由主义都没有预见到冷战会和平结束，这两种理论都很难解释冷战为何会结束（参见第4章表4.2）。建构主义者将这归因于现实主义和自由主义的物质和个人取向，并认为变化的观念和身份能对这种系统性变化提供更好的解释。

与现实主义和自由主义一样，建构主义内部也存在几种不同的思想流派。其中最突出的是强调集体身份形成的**社会建构主义**（social constructivism）。温特因在当代把社会建构主义应用于世界政治而广受赞誉，他挑战了现实主义和

自由主义的物质和个人主义基础。对社会建构主义者而言，自我和他者的观念建构至关重要："正是通过良性互动……我们创造了相对持久的社会结构并使其实例化，来界定我们的身份和利益。"（Wendt, 2013）他们从共享观念的分布来看待国际体系的结构，而新现实主义者则是在物质能力分布的背景下去看待国际体系的结构，新自由主义则是在制度化的上层建筑中实力分布的背景下去看待国际体系的结构（参见下页专栏）。根据社会建构主义的观点，我们所有人都受到集体的世界政治观念的影响，这些观念还会因为我们所属参照群体施加的社会压力而被强化。

不过，人们也担心，社会建构主义以牺牲有目的的施动者（如国家或组织的政治领导人）为代价，过分强调了社会结构的作用，而这些领导人的实践则会帮助创造和改变这些结构。社会建构主义倾向于通过把国家描绘成像是一个其决定书写了国际生活的个人来使国家具体化，而建构主义则对"产生作为生产者的国家的实践"谈论不多（Weber, 2005）。建构主义的第二个流派：**面向施动者的建构主义**（agent-oriented constructivism），通过强调个体对身份的影响来弥补这个弱点。

面向施动者的建构主义认为，世界政治中的独立行为体可能在其内部观念或身份方面有所不同。因此，国内或内部的认同对它们在国际舞台上对彼此的认知至关重要。一个行为体可以拥有国内和国际两种身份，这些身份由在国内和国际共同体中各自的对话所塑造。社会建构主义者将这些身份的发展归因于反复的社会实践，并将大多数身份视为共享的或集体的理解，而面向施动者的建构主义者则认为身份无须被普遍共享，并在集体性内允许存在个体或自主的身份。他们将观念的发展部分归功于具有独立和批判思维能力的个体行为者，后者使新想法更容易（重新）建构和改变国际体系。

相应地，面向施动者的建构主义者指出了戈尔巴乔夫的"新思维"对俄罗斯关于国家安全的传统观念构成的挑战。戈尔巴乔夫的"新思维"把"资本主义与共产主义之间存在不可调和的冲突"这一信念，转变为以共同的道德和伦理原则为基础的对外政策的可能性，更强调政治影响、外交关系和经济合作，而非基于军事力量的威胁和摆姿态。面向施动者的建构主义表明，戈尔巴乔夫的"新思维"导致在管理莫斯科与华盛顿之间的关系上出现了新**规范**（norms）。显然，当这些关于国际现实的建构发生变化时，在利益、自我身份和世界意象

争 论 国家会如何应对"僵尸"爆发？

流行文化中有一种流行现象即"僵尸"的出现，通常与"社会骚乱或涉及战争的历史事件相关，并似乎与人类本质上对死亡或传染性疾病的害怕有关"（Horn et al., 2015）。把"僵尸"的爆发视为一个假设的战略威胁进而评估不同的国际关系理论的有效性和适用性，为学生探索不同的国际关系理论在多大程度上能够解释国家和个人回应灾难性的系统威胁提供了一个有趣而独特的方法。

思考如下问题：在一个僵尸爆发的世界上，不同体系的国际关系理论预测的影响会是什么？结果是影响会很小，还是会导致我们所知的人类社会的灭亡？

- **结构现实主义**。由于实力分布不均，结构现实主义预测：一些国家能比其他国家更好地阻止僵尸入侵。均势政治认为，人类国家与其他人类国家联合起来就能抗击僵尸的全球扩散。或者是像政治分析家德雷兹内（Drezner, 2010）认为的，"各国也能利用活死人的威胁获得新的领土，镇压民族统一主义运动，一报宿怨，或者是征服长期以来存在的对手"。

- **自由制度主义**。作为自由主义的一个分支，自由制度主义把僵尸的爆发视为一个跨越国家边界并显然会威胁到全球共同体的问题。因此，谨慎的国家会寻求彼此合作，协调遏制和压制僵尸威胁的努力。全球及区域制度和机构都可作为促进沟通、指导人类做出回应的重要手段。比如，世界僵尸组织（WZO）在编纂回应僵尸爆发的国际规则和程序方面就会有所帮助。

- **社会建构主义**。由于强调规范和观念的发展，社会建构主义看到许多不同的景象。一方面，人类与僵尸之间的关系可能最好地反映了霍布斯式"杀还是被杀"的规范。而另一方面，也可能会出现一个康德式多元主义的反僵尸共同体，"把各国联合起来，打破国家界限，努力建立一个世界国家"（Drezner, 2009）。人类与僵尸之间的敌对关系也会加强群体身份，没被感染的人类会相互认同，正如处于对立面的僵尸一样，它们似乎彼此认为同伴是"食脑者"。

★ **你怎么看？**

- 如果你是国家领导人，你认为哪种理论对你处理僵尸爆发问题最有帮助？为什么？
- 思考我们今天正在面临的"真实的"全球挑战，从恐怖主义威胁到全球变暖再到世界范围的经济衰退。哪些问题对我们的安全影响最大？现实主义、自由主义和建构主义又会如何应对这些威胁？
- 一国应努力实现国际合作还是支配国际社会？利用现实主义、自由主义和建构主义的观点做出你的回应。

（人们如何认识自己、他们是谁、世界上的他者像什么）上所达成的共识也就能改变世界（Finnemore，2013）。

最近出现的第三个建构主义思潮则强调主体间不稳定性的情感来源，并强调了一些人认为早期建构主义者不够重视的心理状态和情感在塑造个体行为体用来推动变革的观念和实践中所起的作用。情感是政治推理的基本要素（它会塑造认知评价和负载价值观的知觉），内在于劝导和争论的过程中（Nussbaum，2013；Graham，2014）。遵循这一思路，建构主义者认为，21世纪初期"两个最重要的政策失败"（美国入侵伊拉克和全球金融危机），如果不考虑决策者无节制的心理状态就无法得到理解，因为"新保守主义的对外决策者和新自由主义的经济学家分别抑制了他们讨厌的有关大规模毁灭性武器和掠夺性贷款的信息"（Widmaier and Park，2012）。

建构主义的局限性

尽管建构主义者为"国际政治研究提供了开创性的视角"（Palan，2000）并共享某些独特的主题，但也有人认为，建构主义本身并非一种理论，而是一个普遍的社会科学框架或"元方法"。理论范式包含一系列关于政治如何运作的假设，而"建构主义则正是一系列关于如何研究政治的假设"，所以它也就与各种范式相兼容（Rathbun，2012）。按照这一论点，建构主义是现实主义和自由主义的补充而非替代。

现实主义者批评建构主义强调规范和价值观，并认为规范只是国家利益或个人利益的表现，而且出于战略原因考虑可以只是表面采用。自由主义者同样挑战说，虽然许多建构主义者在解释世界政治时指向规范和价值观，但建构主义是不可知论的，并没有提供关于国际事务中什么应该是正确的或有道德的核心概念（Hoffmann，2009）。尽管建构主义试图解释变化，但批评者认为，建构主义者仍不清楚是什么因素导致特定观念占据主导地位，而其他观念则被淘汰。杰维斯（Jervis，2005）断言："至关重要的不是人们的思想，而是驱动它的因素。"他进而言之，建构主义者对今天看似不言而喻的观念复制和维持自身的能力充满信心；然而，生活在不同环境中并且可能有不同想法的未来世代则可能很容易就会拒绝这些观念。

影响建构主义思想的先锋　许多建构主义者都受过批判理论的影响，尤其是霍克海默（1947，左）和哈贝马斯（1984，右）的影响。批判理论家们不把世界视为一系列中立的客观"事实"，可以脱离观察发生的环境而被感知，而是认为所有现象都嵌入特定的社会历史语境中，这一语境赋予信息以规范意义。

建构主义常被描述为现实主义的对立面，因为现实主义强调客观物质，而建构主义则关注主体间的观念（以及许多建构主义学者的自由主义规范倾向），但现在更普遍的看法是，现实主义与建构主义的对立并非不可缓和。尽管建构主义者认识到共享的观念并非事先决定而是会随着时间推移而改变，但他们声称，建构主义与现实主义和自由主义范式相混合，可以导致更好地理解国际体系中所发生的变化。例如，现实建构主义就可以观察权力结构塑造规范变化模式的方式。

尽管建构主义方法越来越被视为理解世界政治的重要视角，但仍有人批评它对方法议题关注不够。卢波维奇（Lupovici, 2009）认为"学者们倾向于忽略方法论的维度，对如何进行建构主义研究几乎没有提供指导"。为了克服这一缺陷，学者们已经开始要求提出一个更加系统和统一的框架，结合现有的一些方法，使我们能够"研究建构效应对因果效应的影响，反之亦然"（Lupovici, 2009; Pouliot, 2007）。换句话说，这样一种多元的方法将会帮助我们思考塑造世界政治的物质和观念因素。

尽管有这些批评，但建构主义仍是世界政治中非常流行的理论方法。通过强调社会建构的世界意象对于你对国际事件所做诠释的影响，通过让你意识到它们固有的主体性，建构主义能提醒你留意所有知识的偶然性，以及任何世界政治理论都无法充分捕捉到全球的复杂性。

> 我在华盛顿工作并帮助规划美国对外政策时发现，我借用了现实主义、自由主义和建构主义这三种思想。我发现它们都是有用的，尽管是以不同的方式和在不同的环境中。
>
> ——国际关系学者和美国政策制定者约瑟夫·奈（Joseph Nye）

2-5 其他理论观点：女性主义和马克思主义批判

尽管现实主义、自由主义和建构主义在当今的学术和政策共同体中支配着对国际关系的思考，但是这些学派的思想也受到了挑战。在众多不同挑战者中，最重要的两个就是女性主义和马克思主义。

女性主义批判

从1980年代末开始女性主义便开始挑战传统的国际关系理论。作为一种"批判理论"，当代女性主义学者呼吁"从机械的因果解释转向对历史偶然事件诠释理论的更大兴趣"（Tickner, 2010）。女性主义理论尤其关注主流理论和国际事务实践中固有的性别偏见，并试图揭示性别视角如何渗入世界政治中。随着时间推移，**女性主义理论**（feminist theory）已不再专注于歧视史，转而探索起性别认同如何塑造对外政策决策，以及性别等级制度如何强化那些使得两性之间的不平等持久化的实践。

根据女性主义的批评，关于世界政治的主流文献忽视了妇女的困境和贡献并认为男女在地位、信仰和行为上的差异不重要。与社会建构主义类似，女性主义批判也强调身份在知识建构中的作用，但它则尤为关注性别认同，并认为国际关系研究大量依赖男性经验来解释国际事务，大体上忽视了女性维度。

例如，女性主义学者提克纳（Tickner, 2013）认为："虽然现实主义者声称他们的理论是'客观的'和普世有效的，但他们在分析国际体系中的国家和解释它们的行为时所使用的假定，严重依赖于我们在西方与男性气质相关联的特征……因此，它作为一种世界观，提供给我们的仅仅是现实的局部观点。"这可以从摩根索的古典现实主义描述中看出，即在一种无政府状态下，国家持续追求权力来促进自身利益（Hutchings, 2008）。女性主义挑战了对这种假定的严重依赖，并认为因其"女性"特质而被忽视的特征在国际事务中也发挥着重要作用。

女性主义从四个主要方面挑战了传统国际关系理论的基本要素：（1）基本性别偏见。女性主义指出，主流理论文献的基本假定和对外政策的实践都带有浓重的男性思想传统色彩。理性、独立、力量、保护者和公共被认为本质上是男性特质的特征，而情感、关系、虚弱、受保护和私人则与女性特质相关（Tickner and Sjoberg, 2006）。无论是在描述个人还是在描述国家的特征时，这些特征都被认为是不平等的。"一个士兵，是一个男人，而不是一个女人；与任何其他社会机构相比，军队都更多地将男人和女人分开。当兵是男孩在学校和运动场上社会化的一个角色。一个士兵必须是一个保护者；他必须表现出勇气、力量和责任，压制恐惧感、脆弱和同情心。这样的感觉是女人的特质，在战争时期是不利因素。"（Tickner, 2013；Tickner and Sjoberg, 2007）（2）重构核心概念。女性主义者要求对世界政治中的关键概念，如国家、权力、利益和安全，进行更仔细的研究，并质疑这些观念的"男性"概念化是否塑造了对外政策行为。例如，现实主义把主权的男性气质特征赋予国家，强调等级制的领导人、发动战争的能力、对财富和声誉的渴望，以及与其民众的国内关注分开的国际事务行为。不过，女性主义学者如恩洛（Enloe, 2007）认为，权力关系受到性别塑造战争实践和外交的方式的影响，而关键概念的重构则承认世界政治中其他广泛的议题和结构的相关性，包括社会和经济方面的议题和结构。（3）纳入女性观点。历史上，妇女所起的作用在大多数社会中都被边缘化。为了理解不平等的性别关系如何将妇女排斥在对外政策之外，使不公正和压迫持久化，并塑造国家的利益和行为，有目的地研究女性经验至关重要。西尔维斯特（Sylvester, 2002）对津巴布韦妇女合作社和格里纳姆康芒空军基地妇女和平营活动的研究,则反映了女性主义者对更灵活理解"安全"的承诺,这种理解扩展了以国家为中心的传统概念(保护国家不受外部侵略),把经济威胁和家庭关切也都包含进来。(4)世界政治的科学研究。如前所述,传统的国际关系理论,特别是新现实主义,影响了世界政治的科学研究,它试图通过普遍客观的规律去解释国际体系中的国家行为。女性主义质疑这些方法的真实客观性。著名女性主义理论家斯皮克·彼得森(Spike Petersen)指出,17世纪的科学革命中有一种明显的男性偏见,因为当时科学/推理被认为是一种"男性"特质,情感/直觉则被认为是一种"女性"特质。女性主义不赞同那种唯一的方法论,"理论化是'客观的'"这一观念被许多女性主义者所否定,他们赞成"一种透视的方法,这种方法能够将洞察特定立场的可能性与政治议程联系起来"(Hutchings,2008;Tickner,2005)。

为了和平而抗议 1981—2000年间,成千上万名英国妇女动员起来抗议核扩散和美国的核导弹部署在英格兰伯克郡的格里纳姆康芒空军基地。她们认为和平是女性主义的议题,并通过手拉手用身体在空军基地周围形成14英里长的人链来维护她们的权力。她们不仅认为核武器直接威胁到她们自己和她们的孩子,还抗议数以万亿的钱被用于制造大规模毁灭性武器上,而与此同时,世界上有那么多人缺食少水,卫生保健不充分,学校资金不足。她们持续近二十年的抗议吸引了全球媒体的关注,并在全世界得到上百万人支持。

一些批评女性主义的人对用历史和诠释方法来调查研究问题持怀疑态度。他们认为，女性主义学者更需要提出科学的可以验证的假设（Keohane, 1998）；这将使得更容易评估相互竞争的观点并提升女性主义研究的有效性。其他批评者认为女性主义具有内在的规范偏见和积极的政治议程，并对女性主义学术研究的客观性持怀疑态度。女性主义学者提克纳（Tickner, 1997）认为，女性主义的洞察力与政治行动之间的联系，"使科学方法的支持者们感到不安，他们经常将这种知识主张贴上相对主义和缺乏客观性的标签"。其他人则指责说，女性主义在把妇女视为同质的类型上犯了错（Mohanty, 1988）。并非所有妇女都是相同的或共享类似的生活经历，她们之间可能会存在由社会阶级、种族和文化等因素决定的重要差异。

尽管所有女性主义者都强调性别在研究国际关系中的重要性并对性别解放感兴趣，但女性主义内部也有许多不同理论视角。**自由女性主义**（liberal feminism）是女性主义理论中的一个重要类别，它吸收了自由主义对自由与和平的强调。自由女性主义者反对妇女在国际事务中的边缘化和被排斥。他们认为，妇女与男人一样老练和胜任，她们应该有平等机会参与世界政治。无论在政治、经济还是军事领导职位上，排除妇女都是浪费人才，意味着国家和组织的实力没有发挥出全部的潜力。自由女性主义者呼吁消除妨碍妇女充分参与的法律和社会障碍，进而将国家和国际共同体视为克服对妇女压迫的可能的盟友（或在某些情况下，是反对者）。与女性主义理论的其他变体不同，自由女性主义要求妇女在既有结构中有更多的参与，并认为将妇女纳入领导职位并不能从根本上改变世界政治的实践或国际体系的性质。

观点女性主义（standpoint feminism）认为男女之间存在真正的差异。无论是从生物还是文化的起源来看，妇女在全世界大多数社会中的生活和作用都与男人的生活和作用截然不同，因此妇女有着独特的观点和视角。例如，妇女被认为在养育和社会互动中有更大的天资，因而也有可能在社区建设和冲突解决方面有更多的技能。女性主义的这一流派敦促我们从无数卷入国际事务的妇女（作为照料者、草根积极分子或非正式劳动力的参与者）的个人视角去研究事件。观点女性主义尤其关注女性的从属地位，以及这种情况如何塑造女性视角。妇女的经验——作为没有政治权利或声音的各国公民，或者作为人口拐卖的受害者面临卖淫或奴工的生活，或者在全球各地的工厂里作为廉价和容易剥削的工人——与从男性角度呈现的经验相比，提供了关于全球关系图景一个非常不同的洞见。

后结构女性主义（post-structural feminism）认为，"我们的现实受到我们所用语言的影响"（Tickner and Sjoberg, 2006）。这类女性主义关注性别化的语言和行为渗透世界政治的方式。例如，考虑军事武器和使用武力的阳物崇拜本质——武器的"力量"、目标的"渗透"、具有男性气概的"战士"——它们会引起男性刚强有力和女性顺从柔弱的想象。像理性的/感情的、强的/弱的、保护者/被保护者这样的二分建构同样传达了对男性气概的偏好。后结构女性主义者批判这些语言建构并认为它们在世界政治中产生了真正的效果。他们也担心那些建构这种意义并确定合法知识的人（通常都会是男性）会获得权力。后结构女性主义者认为，虽然妇女通常都被边缘化，无论她们是作为知识的创造者还是作为知识的主体，但是性别的口头意义则完全可以改变。

后殖民女性主义（postcolonial feminism）认为，不仅男女之间存在差异，世界上不同地区的妇女之间也存在差异。后殖民女性主义者认为，诸如文化、族群和地理位置等因素对理解妇女的边缘化和受压迫很重要，"妇女在欠发达世界的经历与西方发达世界中幸运的白人妇女的经历显著不同"（Kaufmann and Williams, 2007）。因此，并不存在一种普遍的方法可以用来理解和克服妇女的从属地位。

重要的是要记住，各种类型的女性主义理论并非相互排斥。相反，"无尽的混合是规律而非例外，因此假定透镜构成互不相连的'盒子'就会歪曲不同观点之间的多样性和范围，特别是许多观点之间都有大量的重合之处"（Peterson and Runyan, 2010）。然而，无论在性别差异议题上采取何种立场，女性主义学者都批评那种忽视性别塑造国际关系的方式的传统理论观点。

女性主义批判继续扩展到一系列议题中，从对外政策到人道主义干涉再到恐怖主义，并扩展到从国家到非政府组织的各种行为体中。"妇女从来没有在世界政治中缺席。"（Wilmer, 2000）但对大部分人来说，她们"在男人们的话语中却依然是不可见的"。为了对抗这种对妇女的边缘化，"我们必须进行更深入的研究，找到性别等级制度强化这些社会建构的边界使得男女之间的不平等持久化的方式"（Tickner, 2010）。

马克思主义批判

在20世纪的大部分时间里，社会主义都是主流国际关系理论的主要替代方案。现实主义者强调国家安全，自由主义者强调个人自由，建构主义者强调观念和身份，而社会主义者则关注阶级冲突和每个阶级的物质利益。**社会主义**设想的最理想社会的特征是公有制和对财产及资源的控制，有益于共同生活的个人利益。这与**资本主义**形成对照，资本主义以生产资料私有制为前提，允许个人通过自由市场进行选择来决定货物和服务的分配。

社会主义思想有许多流派，它们在社会应该拥有或控制财产的程度上，以及在社会是应通过中央政府还是地方一级的人民行使其控制权等问题上存在分歧。不过，马克思被广泛视为最杰出的社会主义理论家。他和他的合著者恩格斯认为，社会主义是通过社会阶级冲突而非建立和谐的共同体而出现的。他们在《共产主义宣言》中宣称："至今一切社会的历史，都是阶级斗争的历史。"

虽然马克思把资本主义视为使工业革命成为可能的经济发展的历史进步力量，但他认为它也是高度剥削性的并产生了两个对立的阶级：拥有生产资料的统治阶级（资产阶级）和通过出卖劳力却仅仅获得一小部分象征性补偿的从属阶级（无产阶级）。工人阶级与他们的劳动产品相疏离，也缺乏对劳动产品的控制。相反，**马克思主义**认为，在由处于从属地位的工人阶级的劳动生产出的**剩余价值**（surplus value）中，统治阶级控制并获得了不成比例的好处。通过工人的劳动，原材料被转化为更有价值的产品。然而由于工人缺乏讨价还价的能力，所以不管产品增值多少，他们都只能为他们的劳动获得固定工资，而公司所有者则不公平地获得了更大部分通过利润增加而实现的剩余价值。马克思主义预测将会出现阶级斗争，有时则会是暴力斗争，在这其中，被压迫的工人阶级寻求获得权力和更大份额的财富。马克思主义对全球南方国家有相当大的影响，在那里存在着显著的不平等，工人阶级忍受着恶劣的劳动条件和低工资。

马克思经济剥削理论的焦点是国内阶级斗争，但阶级之间的对立关系在确定国际关系的特征方面同样起着关键作用。在马克思主义中，人性自身并不被视为国际关系中既定的或主要决定因素，而是被视为"由与他者及与环境的互动所塑造"（Brown, 2012）。这种互动创造了一个掠夺性的国际体系，核心国家受益于边缘国家的屈服。根据马克思和恩格斯的观点，"为其产品寻找不断扩大的世界市场的需求，追逐着地球整个表面上的资产阶级"。通过在全世界的扩张，资产阶级给予"每个国家的生产和消费以世界性的特征"。

在这些观念的基础上，列宁将马克思的分析扩展到对**帝国主义**的研究。他将帝国主义诠释为资本主义发展到垄断取代自由市场竞争的一个阶段。列宁吸收了英国经济学家约翰·霍布森（John Hobson, 1858—1940）的思想，认为先进的资本主义国家将最终面临生产过剩和消费不足的双重问题。它们的回应就是发动战争，在世界上划分势力范围，迫使这些新的外国市场消费剩余货物和资本。欧洲对全球南方的殖民，也被视为资产阶级统治阶级通过分享从剥削殖民地劳动力那里积累的一些利润来安抚自己国内工人阶级的手段。列宁的主张在概念和经验上受到严厉批评，但社会主义者对社会阶级和不均衡发展的关注则刺激了对作为全球现象的资本主义进行理论化的几波新浪潮。

这方面一个突出的例子就是**依附论**（dependent theory）。正如弗兰克（Frank,

富人和穷人 在菲律宾马卡迪拍摄的这张照片捕捉到了全球许多城市（如果不是所有城市的话）中都存在的巨大的不平等。一些人享受着欣欣向荣的繁荣，另一些人则过着绝望的悲惨生活。马克思主义者认为，国内和国际关系都是富人和穷人之间的阶级斗争塑造的。

1969)、萨明（Samin, 1976）和其他人（Dos Santos, 1970；参见第4章）的著作表述的，依附论学者声称，在亚洲、非洲和拉丁美洲，贫困的大部分原因都源自剥削性的资本主义世界经济。他们认为，欠发达国家的经济依赖于将廉价原材料和农产品出口到先进工业国，同时从工业国进口昂贵的工业制成品。著名依附论学者多斯桑托斯（Dos Santos, 1970）把依附描述为一种"形成某种世界经济结构的历史条件，它有利于一些国家，同时则损害了其他国家"。依附论因为建议退出世界经济而受到批评，最终出现的理论努力把个体国家经济的兴衰描述为长期系统范围变化的一部分（Clark, 2008）。

受到马克思主义者和依附论学者影响的**世界体系理论**（world-system theory），从全面的资本主义世界经济内部综合分工的角度来诠释世界政治（Wallerstein, 1988, 2005）。资本主义世界经济出现在16世纪的欧洲并最终扩大到全世界，它在结构上是等级制的，国家占据三个位置之一：中心（强大的一体化国家，其经济活动多样化，且以占有和使用资本为中心），边缘（缺乏强有力的国家机器，并通过不熟练的低工资劳动力生产相对较少半成品货物的地区），或半边缘（既体现中心又体现边缘的生产要素的国家）。在作为整体的世界经济中，中心国家拥有的优势通过从边缘国家和半边缘国家获得的、在中心国家持续的资本积累而永久化。在中心国家内，一个国家可以通过实现在生产、商业和金融方面对其竞争对手的优势而在经济上领先。然而，首要地位很难维持。技术创新的扩散和资本流向竞争对手，加上维持全球秩序的巨大成本，都会侵蚀主导国家的经济优势。因此，除了强调中心对边缘的剥削之外，世界体系理论还呼吁人们注意处于中心等级顶端的霸权超级大国力量的周期性兴衰。

随着冷战结束，以及伴随苏联政权的解体，今天几乎不再有人倡导按照马克思主义原则去组织社会。然而，这些对主流理论的各种激进挑战，通过强调公司、跨国宗教运动和其他非国家行为体所发挥的作用，也在继续增强我们对世界政治的理解。此外，它们也有助于推动主流理论家识别、质疑和澄清他们自己的假定和理论倾向。不过，它们因为过分强调对国际事件的经济诠释而忽略了其他可能重要的解释性因素。一些批评马克思主义的人也指责它带有它试图克服的理论简化倾向，并使关键的政治观念，如革命性的社会变革，变得模糊不清。事实上，国际关系学者达文波特（Davenport, 2013）甚至指出，这是马克思主义理论在当今的主要缺陷之一。

2-6　国际理论与全球未来

为了理解我们这个不断变化的世界并对未来做出合理的预测，我们必须用大量的信息和概念工具武装自己，接受全球思想市场上对世界政治的对立诠释，并质疑这些相互竞争的世界观所依赖的假定。由于有大量（且不断增长）的、有时则是不兼容的对世界政治的理论探索方式，理解世界政治难题这一挑战也就无法还原为任何一个单一的但依然引人注目的解释（Chernoff, 2008）。在过去努力这样做的每一个范式最终都失去了支持者，因为世界事务的发展侵蚀了其持久的重要性。

当你寻求理解不断变化的全球环境时，重要的是要认识到我们对世界政治的理解存在一定局限性，同时对其特征刨根问底。诠释的任务是复杂的，因为世界是复杂的。政治学家帕查拉（Puchala, 2008）从理论上指出了这一挑战："从概念上讲，今天的世界事务可以比作一个拆散的拼图，散落在我们面前的桌子上。每个碎片都是一个大的整体的一部分，但却难以识别。一些碎片描绘了复兴的民族主义，另一些展现了正在扩大的民主；一些描绘了种族灭绝，另一些则描绘了贸易和投资带来的繁荣；一些描绘了核裁军，另一些则描绘了核扩散；一些指出了一个复兴的联合国，另一些则表明联合国仍然软弱无力和无效；一些描述了文化的全球化，另一些则预言了文明的冲突。如何将这些碎片拼到一起？拼好后又会呈现出一幅什么样的画面呢？"

理论可以指导我们把这些拼图拼成一幅精确的画面。虽然像现实主义、自由主义、建构主义、女性主义和马克思主义等理论"并未提供关于特定案例的知识或建议，但它们却提供了一般的路线图、对世界事务的概念化，同时也具有象征性功能，让既定的政策范式变得合法化或对其发起挑战"（Eriksson, 2014）。不过，在评价任何理论诠释全球状况的有用性时，本章的历史综述表明，过度简化或假定某个特定理论在未来仍然有用是错误的。不过，就像美国诗人罗伯特·弗罗斯特（Robert Frost）所言，任何我们坚持足够久的信念都有可能在某一天再次成真。因此，在我们对世界政治的理论探索中，我们必须批判评估我们的印象的准确性，避开因为接受一种世界观就放弃另一种世界观的诱惑，因为没有一种价值观能够保证它们的相对价值是永久固定的。

深入探究 价值观和利益

巴以之间正在进行的争论中,主要导火索之一就是以色列人持续定居在他们在"六日战争"期间获得的土地上。国际社会广泛认为这是占领的领土并认为定居点是对国际法的破坏,践踏了巴勒斯坦人的人权,阻碍了巴以和平进程。巴勒斯坦人认为,这样的行为是为了预先制止或削弱任何为巴勒斯坦人提供主权的协议,犹太人定居点的存在阻碍了拥有一个可行的邻近国家的可能性。以色列则不同意这些观点,它认为大多数定居点不仅是合法的,而且对以色列的安全来说也是必要的。

作为以色列坚定的盟友,美国经常发现它处于这样一种位置:在它追求的战略利益与它的规范价值和偏好之间存在紧张关系。2009年6月,奥巴马总统批评以色列说:"美国不接受持续的以色列人定居点的合法性。"这引发以色列强烈抗议,以色列驻美大使迈克尔·欧伦(Michael Oren)更是抱怨美以关系遭遇"地壳构造上的裂缝",处于35年中的最低点。

尽管不赞同以色列人的持续定居行为,但在2011年1月,美国却又积极反对一场把该议题提交给联合国安理会的运动。时任美国国务卿希拉里再次确认了美国长期持有的应该谈判解决巴以争议的立场,她说:"我们继续强烈相信纽约〔联合国总部所在地〕不是解决长期冲突的地方。"批评家暗示,美国的立场在很大程度上受到保持其在战略上影响关键中东和平问题的能力这一愿望的推动。

★ 由你决定:

1. 是否在任何既定政策中都存在价值观与利益之间的平衡?
2. 有可能消除价值观与利益之间的差异使之一致吗?
3. 你认为这个难题是如何反映在西方国家之间,尤其是美以关系中的?
4. 本章介绍的理论会如何影响你的思考?

现实主义、自由主义和建构主义是当今思考世界政治的主要方式，但这些理论没有一个能够完全令人满意。现实主义经常因为依赖模糊的概念而受到批评，自由主义经常因为做出基于理想主义假定的天真的政策建议而被嘲笑，建构主义则因是一个社会科学框架而非一种"真正的"理论而被指责。就像女性主义和马克思主义批判提出的挑战所表明的那样，这三种主流理论忽略了世界政治中看似重要的方面，从而限制了它们自身的解释力。尽管存在这些缺点，但每个理论在诠释特定类型的国际事件和对外政策行为时也都自有优点，"理论多元化揭示了分析和环境上的差异，这些差异对理解很重要"（Sterling-Folker, 2015）。

由于缺乏一个能够解释世界政治各个方面的单一总体理论，所以我们将会在随后各章吸收现实主义、自由主义和建构主义的思想。当女性主义和马克思主义能够最好地帮助我们诠释所涵盖的话题时，我们也会用来自这些理论传统的批判洞见加以补充。

> 如果你告诉人们说世界是复杂的，那么作为一名社会科学家，你就没有尽到自己的职责。他们早就知道世界是复杂的。你的工作是提取它，简化它，让他们理解什么是唯一的［原因］，或者什么是解释这种强大现象的几个有说服力的原因。
>
> ——政治学家塞缪尔·亨廷顿（Samuel Huntington）

第 3 章
国际决策理论

> 只要可以识别和找出影响政策决定的因素,也就可以去理解、预测和控制国际舞台上的决定和行动。
>
> ——政治学家阿诺德·沃尔弗斯(Arnold Wolfers)

选择和影响 领导人所做的选择及其做出的决定会对他们的国家和周围的世界造成长远影响,这些影响既可能是有意而为也可能是无意使然。图中所示是 2015 年 3 月 19 日基多街头的示威者在抗议厄瓜多尔总统科雷亚的社会、经济和劳工政策,总统被一些批评者视为拉美老式的专制"考迪罗"。总统则为他实施的政策进行辩护,并认为抗议者试图在经济困难之年使他的政府变得不稳定。

你拿到了国际研究的高等教育学位并步入你的职业生涯。你的职位允许你运用业已获得的知识去使世界变得更加美好。作为你在世界卫生组织（WHO）的工作中智慧而有效地运用你的分析能力的结果，现在你得到一项重要任命：在你的专业领域主管和领导一个知名的非政府组织（NGO）。在这个角色中，人们期望你建构这个非政府组织的对外政策。你面临的挑战是：基于你的组织的价值观，就你的非政府组织应该追求的目标，以及最好地实现那些国际目标的方式做出决定。

恭喜！你拥有了决策权。现在你的任务是做出关键选择，这一选择将会决定你的对外政策的成败。作为国际舞台上一个跨国行为体的管理权威，你将会如何做出决定以最好地服务于你的组织的利益和整个世界的利益？

作为一个国际决策者，你的方法将部分取决于你的偏好或优先事项，但在如何做出切实有效的、道德的和成功的对外政策决定上并不存在确切可靠的道路。在你做出明智选择的能力方面，你将面临许多障碍和限制。正如美国前国务卿基辛格警告的，对外政策决定很少是由拥有所有事实的人做出的；决策者"不得不在没有日后分析者可以获得的信息的情况下，在不完整的知识的迷雾中采取行动"。而且你有可能做出的任何选择都必然会付出一定的代价，即对一些你所珍视的价值观做出妥协并削弱其他一些你可能会追寻的目标。事实上，你现在面临的这种挑战，也一直困扰着代表其所领导的跨国行为体并有权力制定对外政策的每个决策者。

3-1　国际事务中的对外政策制定

本章基于历史经验和国际关系理论，探寻所有跨国行为体（在世界政治中发挥作用的个人、团体、国家和组织）的国际决策模式。它不仅覆盖了各国的决策实践，还覆盖了像联合国这样的国际组织，像大赦国际这样的非政府组织，像埃克森这样的跨国公司，像生活在伊朗、伊拉克和土耳其的库尔德人这样的原住民，像基地组织或伊斯兰国这样的恐怖组织等的决策实践。

除此之外，重要的是，思考我们每个人如何成为等式的一部分。某种意义上，我们都是有能力做出有助于世界政治发展方向的自由选择的跨国行为体。

当被一种目标所鼓舞和激励时，个体也能在世界历史的进程中有所作为；事实上，我们每天做出的决定和我们所加入的团体都是我们自身对外政策的反映，无论我们是否意识到我们日常选择的结果。每个人都很重要。就像美国人类学家玛格丽特·米德（Margaret Mead）所说："永远不要怀疑一小群有思想、有责任感的公民能够改变世界。实际上，这是唯一一直不断发生的事情。"

跨国行为体和决策过程

本章打开了一扇窗，描述和分析了跨国行为体做出国际决定的对立方式。你将会了解理论和历史给我们提供的关于这些方法相对优缺点的一些经验教训，并发展出一些工具去批判评估决策的结果和过程。

主要思想流派（第2章）提供了一些关于国际决策的洞见。**新现实主义**回避了个人分析层面对解释的重要性而支持体系层面的解释，**新古典现实主义**则允许通过国家渗透的国际体系和相对物质实力占支配地位。"国家的反应受到许多国内政治和决策因素的影响，这些因素包括认知、国家的动机、政治传统及认同、国内制度和建立同盟，以及对历史教训的认知。"（Kaarbo, 2015）因此，尽管体系层面的因素解释了持久之势，但新古典现实主义学者则仍在期望解释特定对外政策的内部及个人动因（Taliaferro, Lobell and Ripsman, 2009）。

自由主义的各个分支大体上都认为个体和非国家行为体是世界政治中的主要角色并认为他们"比现实主义者更多地关注国内结构和个人差异"（Doyle, 2008）。关于对外政策的解释（例如关于为什么民主国家几乎不可能彼此打仗的民主和平论）则强调舆论、文化价值观和规范，以及制度所起的作用（Dafoe, Oneal and Russett, 2013）。

建构主义的各个分支也处理国际决策问题。一些建构主义者集中关注体系层面的共享规范，另一些建构主义者则关注决策单位中的一些因素。比如，建构主义者提出的文化、身份、观念、话语和角色概念，已被用来解释为什么一些国家的对外政策与现实主义和自由主义的期望相对立。

各种国际关系理论都提出了重要的洞见，但它们也因为在发展"施动者"概念和吸收内部因素方面走得不够远而一直受到批判。不过，也存在利用这些理论做出的解释，它们强调决策单元的重要作用并为理解决策提供了厚实的基础。这些方法使我们能够超越国际关系理论的一般性,在具体案例中更好地去理解对外政策的制定。

为了激发你思考所有类型跨国行为体所做出的国际决定,本书提供了一个分析和解释对外政策制定的框架。

影响对外政策制定的因素

为了建构关于国际决策的理论分析框架,思考影响所有跨国行为体制定对外政策方式的因素或原因是很有用的。有哪些变量或原因影响了对外政策的制定呢?

对初学者来说,重要的是要认识到:没有一种单一的因果关系可以完全解释对外政策的制定;许许多多的影响因素聚集在一起,共同决定生产对外政策"产出"的抉择。基辛格在谈到美国对外政策的制定时指出:"最令外国人感到不安的事情就是,他们有这样一种印象:我们的对外政策可能被任何一位新总统基于其个人偏好而加以改变。"尽管一位总统的个人倾向可能会影响决策,但所有领导人也都会被各种各样限制他们自由选择的环境所限制。美国前总统顾问约瑟夫·卡里法诺(Joseph Califano)曾说:"每位总统都是历史力量的囚徒,他必须关注这种力量而不管他在政策目标上有何偏好。"所以为了了解国际决策是如何做出的,我们必须跳出单一因素的解释,思考多种原因。

有鉴于此,识别影响所有类型跨国行为体在规划其对外政策上所做选择的各种变量很有用。类似于第1章介绍的**层次分析法**(图1.1),我们可以建构一个在对外政策制定过程中对决策的决定因素进行分析的框架,它涉及个人、内部和全球分析层面上三组主要因果变量。

·**决策制定者**。主管国际行为体的领导人的个人特征在他们制定国际决定时很重要,因为他们个人的价值观、个性、信仰、智慧和先前经验会使他们在全球议题中倾向于采取特定类型的态度。政治学家沃尔弗斯(Wolfers, 1962)解释道,领导人是有影响力的,因为"行为体的外部因素只有当它们能够影响到决策者的心灵和意愿时才会变成决定因素。一个人以一种特定方式做出的行动决定,必然代表了任何政策行为前因的最后一环。例如,一系列地理条件只有当特定的个体能够察觉并诠释这些条件时才会影响一个国家的行为"。

尽管全球环境和行为体集体内部特征的变化也可能会影响特定对外政策选项的成本和收益并激发选择的需要，但这些都是以领导人的知觉为媒介。建构主义理论认为，领导人头脑中的观念和期望是知识过滤器，通过它，客观现实得到诠释。所以在任何一种关于为什么会做出这种国际决定的解释中，都很有必要考虑到领导人的观念和意象会如何影响选择。

·**内部影响**。全球舞台上的每一个行为体都由其自身特质所界定，而其特质又决定了行为体的对外政策选择。个人决策者是很重要，但若就此认为做出对外政策的领导人是推动国际决策的唯一源泉则是错误的。做出决策的跨国行为体的内部特征（如财富、军事力量和舆论），在很大程度上决定了个体决策者可以选择的范围。

所有被组织起来在国外活动的跨国行为体都是由个体集合而成。这些团体行为体如何进行管理、它们为了做出对外政策决定所遵循的过程和程序，都是它们建构并决断最终决策的内部因素。组织的规模、它相对于与之互动的其他行为体的权力、它拥有的财政资源和行为体内的意见分布，都会影响它在应对全球状况变化时做出对外政策选择的能力。

·**全球因素**。全球状况为国际决策提供了限制和机会，为行为体的内部特质和个体领导人的偏好能在多大程度上解释最终做出的选择进行了区分。世界不断变化的状态（发生在行为体之外的每一件事）影响着国际行为体的决定。普遍的全球状况界定了决策的局势，刺激了做出决定的需要，限制了行为体的政策选项。正如约翰·亚当斯在做国务卿时指出的，"我知道政策没有改变，只有环境在改变"。

从本书强调的任一全球趋势中我们很容易看到世界状况的变化如何改变了全球议程上的议题，如全球变暖、核扩散、国际贸易、国际恐怖主义、国内动荡等。全球状况中的所有变化已经对国际行为体的决策造成了重要影响。尼克松总统认为，全球状况的变化可被当作国际决策的催化剂，他说："世界已经改变了。我们的对外政策也必须随之改变。"

这一三部分分析框架鼓励你根据因果条件思考各种现象，解释为什么会做出特定的决策。每个范畴都包含许多因素，并与另外两个范畴涵盖的影响因素一起，告诉你当你在解释为何一个特定行为体会做出特定决策时应该注意什么。这三个范畴的因素被认为是塑造决策过程的"输入"。它们最终导致对外政策的

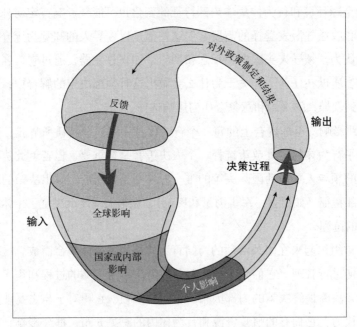

图 3.1　国际决策和"因果关系漏斗"　这里的"因果关系漏斗"显示的是影响跨国行为体的对外政策选择的决定因素或事实。这一建构区分了对外决策过程中的三种影响，政策"输入"借此塑造会产生政策"输出"的决定。

决定和结果，或者说是对外政策的"输出"，而它反过来提供的反馈则可能会在随后影响"输入"本身（图 3.1）。

这种对诠释的组织是解释性的。这一框架可以为我们在被问到"为什么"会做出对外政策决定时提供寻找答案的线索。每个政策决定都可被视为在漏斗中发生的多重前因事件的结果。这样一来这一模型也就规定了各种先于并推动决策的条件。

我们的分析框架同样暗示了在对外决策过程从输入到输出的转变过程中有一个时间顺序。这也就是说，发生在时间 t 的对外政策的决定因素在后来的时间（t+1）产生决定，这导致在更晚的时间（t+2）影响所有因果要素的政策输出。这些政策结果在一个后来的时间（t+3）对输入因素本身产生影响，因为当对外政策决定改变了影响随后（t+4）决定的条件时，它们就对这些因果因素施加了"反馈"。例如，某个时间（t）的一组因素导致美国政府决定在 2003 年 3 月（t+1）入侵伊拉克（t+2）。当入侵提高了它当初意图终结的国际恐怖主义的程度时,这个决定对美国国内外的舆论施加了一个痛苦的负面"反馈"影响。这一反应后来(t+3)反过来转变了全球状况和美国社会内部的态度,从而引起对最初决策的修正(t+4)。

因而,这里提出的模型是动态的。它既可被用来解释过去的决策和行为,也能解释那些结果对后来决策的影响。这种回溯国际决策的决定因素和后果的方法,为作为分析者的你提供了一面透镜,通过它你可以从历史视角去观察和解释跨国行为体的对外政策,因为这个模型没有与任何时间段或行为体相关联。

> 在对我们外交政策的阶段性理解中存在严重的危险,即(事态)发展所具有的更大的重要性将会完全丧失在千变万化的不相关事件中。连续性变得模糊不清,因果关系无法识别。
>
> ——美国前助理国务卿乔治·鲍尔(George Ball)

3-2 跨国行为体的决策模型

有了"因果关系漏斗"这一分析框架,在更深层次上探求国际决策时,你在知识上就已被武装起来了。在吸收主要国际关系理论的洞见和回应它们的缺点这一基础上出现了两种思想流派:理性选择方法和认知心理学方法,它们强调个体决策者和塑造对外政策的各种因素。理性选择方法总体上强调偏好和结果,认知心理学方法则倾向于把焦点集中在过程的作用,以及框架、信念和信息处理如何影响决策上。为了更好地告诉你如何分析国际决策的原因,下面我们就来审视这些思想流派学者提出的决策模型,深入理解理性选择、领导人的政治心理和领导能力,以及官僚政治。

作为理性选择的决策

现实主义认为对外政策的制定主要是由国际行为体适应一个其本质特性没有变化的无政府全球体系的压力所构成。相应地,它假定所有决策者使用的对外政策制定方法在本质上都是相似的:"如果他们遵循了[决策]规则,我们对他们就无须再了解什么了。本质上，如果决策者的行为是理性的，了解理性规则的观察者就可以在头脑中预演政策制定的过程，而且如果他还知道政策制定者的目标，那他就既可以预测决定，又可以理解为何会做出特定的决定。"（Verba，1969）

现实主义者认为每个领导人的目标和相应的对外政策选择的方法都是相同的，所以每个行为体的决策过程都可被视为一个**单一的行为体**（unitary actor）——一个同质的或整块的单元，几乎没有或者没有会影响它做出选择的内部重大差异。从这个假定出发，可以预期国际行为体能够通过理性计算不同选择的成本和收益而做出决定。我们把理性，或**理性选择**（rational choice），界定为一种有目的的、目标导向的行为，它体现在决策者"从自私自利的视角考虑所有可能的成本和收益，并做出一个深思熟虑的……决定"中（WDR，2015）。学者们把理性描述为涉及以下知识步骤的一系列决策活动：

· **识别和界定问题**。当政策制定者察觉到外部问题并试图客观界定其显著的特征时，就需要做出决定。客观性要求提供关于其他行为体的行动、动机和实力，以及全球环境的特征及其趋势的所有信息。理想状态下，对信息的搜寻是穷尽了的，所有与问题相关的事实都收集到了。

· **选择目标**。接下来，那些负责做出对外政策选择的人们必须决定他们想要实现什么。这个释人疑惑的简单要求常常很难满足。它要求识别所有价值观（如安全和经济繁荣）并按照从最偏好到最不偏好的顺序进行等级排序。

· **确定备选方案**。理性同样要求一份穷尽了所有可行政策选项的详尽汇编清单，并评估与每一备选方案相关的成本。

· **选择**。最后，理性要求选出一个最有可能实现既定目标的备选方案。出于这一目的，政策制定者必须基于对每个选项成功的可能性的准确预测来进行严格的成本-收益分析。

政策制定者往往会将其自身行为描述成一个理性决策过程的结果，旨在做出可能"最好"的决定，并运用**效果论**的逻辑对所采取的决定可能产生的结果进行评估。

例如，围绕2011年5月2日本·拉登死后美国在阿富汗应该维持多大程度的卷入的辩论就体现出对理性决策的追求。那些呼吁美国应该采取撤军和退出战略的人认为，本·拉登之死应该推动对战争进行重新评估，部分原因是这个恐怖分子头目是在巴基斯坦被一小支特种部队发现的,而不是由派驻阿富汗的10万人组成的地面部队找到的,由此引发的质疑就是,美国巨大的资源投入,包括冒着美国士兵丧命的风险,是否是打击恐怖主义威胁最有效的方式。而且在批评者看来,既然本·拉登已死,阿富汗也就应该有能力为自身安全承担更多责任。美国前参议院对外关系委员会主席理查德·卢格(Richard Lugar)认为:"人们很难得出结论认为我们在阿富汗的巨大支出代表了我们军事和金融资产的理性分配。"这句话折射出深思熟虑的理性选择信息,以说服怀疑者相信所有选项的成本和收益都经过了仔细考量。

然而,就像美貌一样,理性通常都是存在于旁观者眼中,而讲道理的、思维清晰的人则总是不同意对外政策目标的事实和智慧。众议院议长约翰·博纳(John Boehner)批评了来自共和党立法者同侪的减少美国在阿富汗卷入程度的呼吁,他认为本·拉登之死证明了阿富汗应该再次委托美国在那里实施反叛乱战略并继续坚定地保持优势(Fahrenthold and Kane, 2011)。博纳说:"这场反恐战争对美国人民的安全和保障至关重要,我们依然面临复杂而危险的恐怖主义

"如何做出对外决策?" 这是本书作者之一凯格利在采访基辛格时提出的问题。基辛格认为,"对外政策的许多纠结之处来自于,需要在相互竞争有时则是相互冲突的必要选择中确立优先次序"。

威胁。保持警惕是很重要的。"

这场辩论揭示了，尽管所有跨国行为体都渴望能够做出理性选择，但却很难决定什么时候理性选择的标准得到了满足，或者那些理性选择在实践中是什么样的。理性选择的方法"是有影响力的，也是有用的，但在很多场合它也有缺陷：它忽略了关于行为的心理和社会影响"（WDR, 2105）。由此也就引出了一个问题：什么阻碍了理性？

> 决策者在选择一种行动路线之前是否了解每个选项的优缺点并明智而审慎地权衡过它们，是值得怀疑的。
>
> ——决策理论家丹尼尔·卡纳曼和乔纳森·任逊
> （Daniel Kahneman and Jonathan Renshon）

理性选择的障碍 尽管在众多危机中显然用到了理性，但理性选择常常更多的是一个理想化的标准，而非对真实世界行为的准确描述。西奥多·索伦森（Theodore Sorenson）是肯尼迪总统最亲密的顾问之一，曾参与过古巴导弹危机的决策，他不仅记述了肯尼迪政府中的决策者试图按照理性进行决策时所遵循的步骤，还记述了实际决策如何常常偏离这些步骤。他描述了与前述理性模式相一致的八个决策步骤：(1) 对事实达成一致；(2) 对总体政策目标达成一致；(3) 准确地界定问题；(4) 讨论所有可能的解决方案；(5) 列出每种解决方案可能带来的后果；(6) 建议选择其中一个选项；(7) 传达所选择的选项；(8) 付诸实行。不过，他也解释了遵循这些步骤进行决策的难处所在，因为"无法按顺序进行每一个步骤。对事实可能存疑或有争论。几种政策可能都不错，但可能又相互冲突。几种手段可能都不好，但都是开放而有吸引力的。价值判断可能不一致。公开的目标可能不够精确。什么是对的，什么是可能的，以及什么是符合国家利益的，对这些问题可能有多种解释"（Sorensen, 1963）。

尽管理性选择有一些优点，但是想要在对外决策中实现理性选择却是面临着巨大的障碍。事实上，**有限理性**（bounded rationality）要更为常见。由于存在许多限制因素，典型情况就是决策者做出近似理性的决策。

致使在对外决策上出现失误的一些常见障碍来自人，比如对外政策制定者在智力、能力、心理需求和雄心壮志方面的欠缺。另外一些障碍则是组织性的，因为大多数决策都需要决策团体对行为体最大的利益和最明智的行动路线达成一致。然而，达成一致远非易事，因为有着不同价值观的理智的个人，经常会在目标、偏好，以及各种备选方案可能导致的结果等问题上意见不一。因此，我们绝对不能低估阻碍理性决策的因素。

对实际决策过程的详细研究揭示了另外一些阻碍因素。可供准确认识紧急问题的信息常常是不充分的，导致做出的决策建立在不完整的信息和模糊的记忆基础之上。伊拉克战争和阿富汗战争的美军司令戴维·彼得雷乌斯（David Petraeus）将军在其1987年在普林斯顿大学完成的博士论文中引用了凯格利和维特科普夫（Kegley and Wittkopf, 1982）的话，"面对手头关于紧迫问题的不完整信息，决策者向过去求教"并依赖历史类比"是不足为奇的"。可供利用的信息经常都是不准确的，因为政治领导人所依靠的官僚组织为了提出建议，经常会对信息进行筛选、分类和重组。

使问题变得更加严重的是决策者易受**认知失调**（cognitive dissonance）的影响：他们在心理上倾向于排除那些与他们偏好的选择不一致的信息，相反，他们会寻找能够为他们的选择进行辩护的与已有信念相一致的信息。在认知失调的最顶端，他们倾向于把决策的基础建立在"第一印象或直觉，或者我们称之为想象的'是什么'和'可能是什么'的不确定的混合物之上，[尽管]与专家们的直觉相比，有大量数据表明正式的统计分析是更好的预测方式"（Brooks, 2005；Gladwell, 2005）。把自己看作"政治专家"的那些人习惯性地在判断和预测上出错（Tetlock, 2006），而领导人则倾向于信任此前的偏见，与之前的事件做出错误的类比（Brunk, 2008），并在感情的基础上做出决策（McDermott, 2013）。正如所谓的"行为主义国际关系"对决策和**博弈论**（game theory）的研究表明的那样（Mintz, 2007），领导人处理信息和避免偏见的能力是有限的；只关注防止损失的领导人往往也倾向于"一厢情愿"和"轻举妄动"，由此常会导致做出非理性的决定。这些智力倾向解释了，为什么政策制定者有时会几乎不关注警告、忽视关于危险方面的信息并重复他们过去的智力错误。

为了更好地理解大多数领导人做出政策决定的方式，罗伯特·普特南（Robert Putnam）发明了**双层博弈**（two-level games）这个短语。他挑战现实主义的假设，认为领导人应该同时在国际和国内两个领域制定政策，并应使其决定与"博弈"规定的要求相协调："在国家层面，国内各种集团会向政府施加压

公路旅行外交 奥巴马总统强调了一种意愿，即与所有国家领导人进行对话是美国外交承诺的一个重要组成部分。图中所示是 2015 年 4 月，奥巴马和古巴主席劳尔·卡斯特罗在巴拿马举行了半个世纪以来两国领导人之间的首次个人会晤。"我们的政府之间将继续存在差异，"奥巴马说，"但与此同时，我们也认同我们能够继续采取行动促进我们的相互利益。"

力，要求政府采取有利于自己的政策，进而获得相应的利益；而政治家则通过在这些集团中建立联盟来寻求权力。在国际层面，各国政府都在寻求使自己的能力最大化，以应对来自国内的压力，同时使对外政策所造成的不利后果最小化。只要各国是独立的主权国家，处于核心地位的决策者就不能忽视任何一种博弈。"（Putnam, 1988）

大多数领导人都必须满足国内政治和对外政策常常不相容的要求，而对这两组目标做出理性的回应则几乎是不可能的。国内政策经常会在国外产生许多影响，对外行为通常也会对行为体的国内状况产生很大影响。而这也就是许多领导人在考虑政策决定时可能会混淆这两者的原因所在。

然而，批评者认为双层博弈模型走得并不够远并认为它可以通过吸收**建构主义**的观点而得到改进。这些批评者争论道，在假定国际谈判者有明确的自身利益，代表特定的国内和国家的利益，并且寻求使这些利益最大化时，双层博弈依然在很大程度上依赖于理性主义；它并没有探索这些利益是怎样构成的。"国内那些基于意识形态、利益竞争、整个政治制度中的权力角逐之上的内部分裂是否会严重到使得理性决策成为不可能呢？"（Kanet，2010）

国家由有着各种不同信仰、价值观、偏好和心理需求的个体来管理，这种差异造成了关于目标的分歧，所产生的备选方案几乎没有通过有序的理性过程来决定的。而且，这些个体深受在他们自己的决策共同体和文化中被社会接受的共享理解的塑造。为了更加全面地理解国际决策，重要的是不仅要考虑国内利益和认同，也要考虑"国内和国际行为体之间的互动过程，通过这个过程，利益和认同被创造出来并被改变"（Deets，2009）。

然而，几乎不存在可以让人充满自信的对外政策决定的基础。决策常常都是围绕着在各种价值观之间进行选择这一困难任务来进行，因此选择一个选项也就意味着牺牲其他选项。事实上，许多决定都趋向于产生意料之外的结果。尤其是在对外政策领域，由于风险高，存在大量不确定性，决策者无法迅速搜集和消化大量信息，这也就限制了他们做出明智选择的能力。

由于决策者有着超负荷的**政策议程**（policy agendas），而且决策时间有限，因此他们很少会穷尽所有的政策选项。基辛格认为（Kissinger，1979）："几乎没有时间留给领导人去思考，他们处于一场紧急事务不断获得重要性的无休止的战斗中。每一个政治人物的公共生活都是一场在环境的压力下获得决策要素的战斗。"所以在选择阶段，决策者很少会做出价值最大化的决定。

把理性和认知心理学方法整合到对外政策中的**多元启发理论**（poliheuristic theory）认为，领导人可以通过一种两阶段非补偿性的政策制定过程来进行决策（Mintz and DeRouen，2010）。在第一个阶段，领导人运用认知启发或心理捷径，简化决定或去除一些选项。在第二个阶段，他们通过就像决策的理性选择流派所描述的那样进行分析计算，来评估留下来的备选方案。

在政策制定过程的第一个阶段，多元启发理论预测，个体将会彻底抛弃那些会对他们造成一种潜在的重要风险的选择。这种风险规避行为被称为非补偿性原则，而损失和收益则是根据国内政治的考虑来衡量的。然后，政策制定者通过理性计算来评估留下的政策选择，挑选使净收益最大化的备选方案。

思考一下英国首相布莱尔领导下的工党政府关于加入欧元所做出的里程碑式的政策决定。尽管在原则上有义务使英国成为欧盟的一个重要伙伴，但布莱尔政府排除了迅速加入单一货币的选择并设置了一系列经济判断标准，从而在根本上为无限期推迟加入欧元提供了掩护。多元启发理论暗示，由于国内存在大量反对加入欧元的意见，布莱尔政府迅速抛弃了"早期成员"的选项，随后仅仅评估"经济判断标准"或"取消成员"这两个选项（Oppermann, 2014）。

尽管考虑了无法做到理性的影响因素，但多元启发理论仍然认为，个体在特定范围内有能力通过理性选择过程做出决定。建构主义挑战了这一基本前提，认为人的主观性和目的性以不断变化的意义语境为条件，因此在政策制定中必然会存在不确定性。但无论如何多元启发理论都挑战了"决策者的行为是理性的"这一观念，并提出，领导人不是在做出最佳选择，而是倾向于选择"满意的"备选方案。

基于特韦尔斯基和卡纳曼（2002 年诺尔贝经济学奖得主）的实验，**预期理论**（prospect theory）同样挑战了决策中的理性选择观念。预期理论观察人们在不确定的条件下做出选择时会如何感知和错误感知风险，并认为存在使人们违背理性决策的一致的、可预测的偏见。人们根据他们潜意识中的收益和损失来认知备选方案："那些面对收益的人倾向于风险规避，那些直面损失的人则偏向风险偏好"（McDermott et al., 2008）。事实上，"证据表明，个人对损失的估价是收益的两倍"（Elms, 2008）。

预期理论对决策的一个启示是，人们倾向于被"现状"所吸引（Grunwald, 2009）。与世界各地的人们一样，领导人同样倾向于高估确定性和"内心宁静"，即使它们是有害的。他们并不权衡选择的结果，并会更多关心改变可能会带来的损失而非潜在收益。这种成问题的结果还会因为另一个常见的决策错误而恶化——决策者目光短浅地通过关注短期选择而非长期选择来框定决定的倾向。例如，美国领导人，比起考虑从更深的全球一体化和共享治理中可能获得的利益，经常更多地关心由于联合国或国际刑事法院这样的国际组织拥有更大的权威而导致的主权和权力的损失。

预期理论对决策的另一个启示是，当领导人冒着风险开始大胆地开辟一个对外政策的新方向时，如果之后被证明是错误的话，他们将很难承认并纠正那些选择。正如批评者悲叹小布什总统拒绝承认伊拉克战争的决策错误一样（Draper, 2008；Goldsmith, 2008），领导人往往倾向于长时间坚持失败的政策，直到它们的缺点变得极为明显。同样的批评也曾针对过约翰逊和尼克松政府让美国陷入不受欢迎的越战的泥潭。

当然，预期理论呈现的悖论是："如果人们不被相信能为自己做出正确选择的话，那他们又怎么能被相信能为我们做出正确的决策呢？"然而，当背离理性的决策可能问题重重时，非理性却可能产生"好"的决定。沿着这些思路，一些根据实验得出的文献暗示，人们倾向于把公平感吸收进他们的决策中，哪怕这与他们自己理性的自私自利相矛盾。正如行为主义经济学家艾瑞里（Ariely，2008）的研究所揭示的那样："人们被证明想要表现得慷慨大方，并且他们想要保持他们的尊严——甚至当这样做实际上并没有什么意义的时候也是如此。"

决策者试图展现出某种形象，但更常见的是，理性的程度"几乎与官员们进行思考的世界没有关系"。尽管制定理性的对外政策更多只是一种理想模式，并不合乎现实情况，但我们仍然可以假定：政策制定者都会追求理性决策，而且他们偶尔可能也会比较接近于理性决策。事实上，作为一项工作建议，用理性来描述决策过程应该如何进行，以及影响决策过程发挥作用的关键因素，对我们来说是很有用的。

领导人的作用和影响

历史的进程取决于政治精英所做的决定。领导人及其领导风格塑造了制定对外政策的方式，以及由此产生的世界政治中行为主体的行为。拉尔夫·爱默生（Ralph Emerson）概括了个体领导人推动历史的观点，他说："严格来说，没有历史，只有个人传记。"

作为世界历史推动者的领导人　这种决策的**历史缔造者模式**（history-making individuals model）把世界领导人看成创造全球变革的人。历史上充满了政治领导人有重大影响的例子，他们出现在不同时代不同地点不同的环境中，在塑造世界历史方面发挥了重要作用。戈尔巴乔夫戏剧性地揭示了个人改变历史进程的能力。许多专家都认为，若不是戈尔巴乔夫的远见、勇气，以及他坚定地推行革命性、系统性的变革，冷战就不会结束，共产党在莫斯科的领导就不会终止，苏联也不会走上实行民主和自由企业制度之路。

我们期望领导人能够发挥领导作用，并且我们假定新的领导人会有不同的领导方式。当我们习惯性地把领导人的名字与政策连到一起时，我们就强化了这种观点：似乎领导人与重大的国际发展同义；当我们把对外政策中的大多数成败都归因于当时负责那些事务的领导人时，我们也强化了这一观点。在21世纪，把美国的对外政策等同于"（小）布什主义"就是一个新近的例子。

并非只有公民认为领导人是国家对外政策进而也是世界历史的决定性因素。领导人自身也在努力塑造一种形象，强调他们自身的重要性，同时也把非凡的力量加诸其他领导人身上。他们对其对手个性的假设，反过来也会有意无意地影响到他们自己的行为。

领导人对其所处职位的反应是不一样的。所有领导人都受到法律和传统引导的**角色**（role）或期望的影响，角色或期望促使决策者根据人们对角色的主导期望去行事。大多数领导人都会根据他们所处职位的通行规则做出服从性的行为；当他们与他们的前任占据相同的职位时，他们往往也会像他们的前任那样行事。不过，其他一些领导人由于个性或偏好使然则会更加大胆和有抱负，他们会通过重新树立新的角色形象来努力摆脱角色对他们的束缚。

在寻求对人格角色更严格的理解时，出现了这样一种共识，即人格特质可被归纳为五个宽泛的类别：外向型、宜人型、尽责型、情绪稳定型和开放型。把成千上万的个体的人格特质包括进来的这种分类，即我们熟知的大五人格模型（图3.2），与跨性别、文化、族群和时间相吻合。它们提供了关于领导人动机的洞见，并可用来预测他们的行为（Gallagher and Allen, 2013；Mandak and Halperin, 2008）。

在世界政治中，"所有领导人都面临着在不确定性下进行决策这个问题。特定领导人的人格可以告诉我们关于他或她将会选择怎样来应对这种不确定性的大量信息"（Gallagher and Allen, 2013）。例如，研究表明，高度外向和开放而相对较低的责任感与更大可能的接受风险有关（Kan and Simas, 2010）。这就可以很好地帮助我们去理解冲突的根源，因为接受风险的领导人更有可能推行战争边缘政策和使用武力。

领导者驱动的国际决策解释所揭示的挑战之一是，历史的推动者和撼动者常会果断地推行非理性的政策。人格可能发挥了作用，因为它会通过影响在特定情境中被认为是可接受的选项而影响到理性行为者的优化过程。例如，"接受风险的领导人可能会认为使用武力是执行他们对外政策的一个备选选项，而规

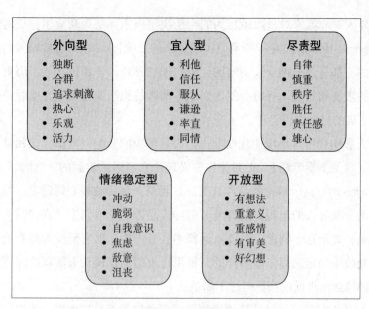

图 3.2　大五人格标志　大五人格因素呈现了包括许多层面的宽广的维度。高度外向的人开朗，享受别人的相伴。非常尽责的人偏好于有计划的行为，而高水平的开放则反映了创造性和知识上的好奇心。情绪稳定与一个人对压力的承受和控制感情的能力有关。在宜人因素上获得高分的人倾向于合作与移情（参见 Gallagher and Allen, 2013；McCrae and Costa, 2003）。

避风险的领导人则不会认真考虑这样的行动"（Gallagher and Allen, 2013）。希特勒就是一个经典个案，他推行军事征服欧陆的政策，这一冷酷无情的决定给德国带来了巨大的灾难。

我们怎样使现实主义的逻辑与这类行为相符呢？现实主义通过假定"个体领导人仍然受到巨大的限制，不管个体之间存在什么差异，政治结果都是无差异的，确切的原因是环境压力施加了决定性影响"（McDermott, 2013），而认为领导人并不重要。现实主义认为，生存是所有国家最重要的目标，所有领导人都会进行理性计算以促进他们国家的自我利益。但现实主义却无法解释领导人的选择为什么最终没有达到预期目标。即使是国家对外政策制定过程中的缺陷也不容易解释，为何领导人有时做出的决定会与冷酷的成本－收益计算所预测的有如此大的背离。

对个人领导力的限制　历史缔造者模式可能很有吸引力，但我们必须谨记,领导人并非国家对外政策行为的全能决定因素。艾森豪威尔总统的顾问休斯(Hughes, 1972)认为:"所有[美国过去的总统],从最有冒险精神的到最谨小慎微的,都有过一种令人不安的经验:他们发现,各种由法律、历史和环境所限定的限制和约束,有时会使他们原本清晰的想法变得模糊,或者是使他们原本很明确的目标变得含混。"

个人影响会随着环境变化而变化,而且环境的影响经常都会比领导人的影响更大(参见下页专栏)。正如建构主义理论家所乐意看到的,"伟人" v. **时代精神**(*zeitgeist*)这一辩论就与此有关。这场持久争论的核心问题是:特定时代是否有助于领导人的出现,或者著名领导人是否无论他们生活在何时何地都会产生影响。关于这个问题,可能永远都不会有答案,但它至少提醒我们,影响一国对外政策制定的因素是多样的。单用历史缔造者模式去解释跨国行为体如何对外部挑战做出反应会显得过于简单。

问题并不在于政治精英是否能领导或者他们能否发挥作用。他们显然两者都能做到,但是领导人并不拥有完全的控制权,他们的影响力受到严重限制。"尽管领导人常会迅速把对外政策的成功归功于自己,而公众也常会因政策失败而责难他们,但却几乎没有领导人会独自制定对外政策。"(Breuning, 2007)正如基辛格(Kissinger, 1985)所警告的那样:我们一定不要过分依赖个性或个人的政治偏好:"[有]一种深远的、令美国人为之着迷的信念,即相信对外政策是精神病学的一个分支,国家间的关系就像人与人之间的关系一样。但是,[平息国家之间延续已久的冲突]并不是那么简单。紧张情势……必定有某些客观原因,除非我们可以消除这些原因,否则任何个人的关系都不可能解决这些问题。我们[不要]……通过把议题简化为个性之争来帮助我们自己。"

因而,相关的问题并非领导人的个性是否很重要,而是在什么样的条件下他们的个性才重要。玛格丽特·赫尔曼(Margaret Hermann, 1988)观察到,领导人的影响至少受到六个因素的限制:(1)他们的世界观是什么,(2)他们的政治风格像什么,(3)是什么推动他们获得他们所处的位置,(4)他们是否对外交事务感兴趣,以及是否接受过相关培训,(5)当领导人开始其政治生涯时,对外政策的氛围是怎样的,(6)领导人怎样适应其现有职位。世界观、政治风格和动机告诉了我们一些关于领导人个性方面的情况,其他特征则提供了关于领导人以前的经历和背景的信息。

争 论　领导人重要吗?

一些理论家（如现实主义的支持者）接受理性假定，认为任何领导人都会以同样的方式回应一项选择：局势会使对任何选择的现存成本和收益的反应结构化。但是，这种假定符合事实吗？关于人们的知觉和价值观如何影响他们看待选择的方式，我们又知道些什么？政治心理学和建构主义告诉我们，相同的选项对不同的领导人可能会有不同的价值。这是否意味着不同的领导人会以不同的方式回应类似的局势呢？

想想尼克松总统的例子。1971 年，美国人在白宫外面的街头抗议尼克松对越南不道德的大规模轰炸。他对这一察觉到的威胁的反应是不听人民的呼声，但没有成功，因为它已经发生了。尼克松抱怨道："没有人会知道它对一位坐在白宫工作到深夜而成千上万的示威者则在街上指责你的总统来说意味着什么。甚至戴上耳塞都无法阻止噪音。"

在早些年间 1962 年一个阴雨的下午，肯尼迪总统面临着一场类似的公民抗议。美国人聚集在白宫门前举行"禁止核弹"的示威。他的反应是分发咖啡壶和甜甜圈，邀请抗议领袖进来陈述他们的要求，他相信一个民主国家应该鼓励不同的意见和辩论。

尼克松认为抗议者是威胁，肯尼迪则把他们看作是机会。这一比较表明，领导者的类型会在决定选择何种方式去回应相似的局势上有所不同。然而，比每个总统对待抗议者的措施更重要的是，他实际上是否基于抗议而改变了他的决策。虽然肯尼迪热情地招待了抗议者，但他并未禁止核武器；事实上，肯尼迪时期的军事开支不断增长，吞噬了联邦预算的一半。许多人可能会抗议说，不能指望肯尼迪独自消除核武器——当时的时代精神受到对苏联的恐惧以及对国家安全的强烈关心的支配。然而，1971 年的抗议者则要更符合时代精神。尽管他们单独可能没有劝服尼克松改变他的越南政策，但对战争的广泛抗议和不满，以及美国难以获胜的前景，最终促使尼克松下令逐渐撤回美国军队，从而结束了美国对越南战争的参与。这些结果表明，领导人会被时代精神，或者被他们所处时代推动国际关系的更大的力量所俘获。

★ 你怎么看？

·肯尼迪和尼克松对行动路线的选择反映了作为个体的他们是谁了吗？或者说，任何总统在他们所处的时代也会做出类似的选择？

·理性选择理论家会如何理解尼克松和肯尼迪的行为？

·理性选择方法在解释他们的决定时有何局限？

·继续思考，还有哪些超越时代精神的因素，包括国内因素和国际因素在内，可能影响了肯尼迪和尼克松关于他们各自军事活动的决定？

当领导人的权威性和合法性被民众广泛接受，或者是当领导人免受民众广泛的批评时，一般来说，领导人的个性对他们国家外交决策的影响会增加。而且特定环境还会增强个人的潜在影响。其中包括把领导人从认识形势的传统方法中解放出来的新情况、包含许多不同因素的复杂局势，以及没有社会制约的情况，这时允许进行自由选择，因为界定可行方案范围的规范并不明确。

领导人的**政治效能感**（political efficacy）或自我意象（个人对其自身控制政治事件能力的信念），与公民对领导的相对需求一起，也会影响个人价值观和心理需求管理决策的程度。例如，当舆论强烈支持一个强大的领导人时，当国家元首有一种要求赞美的特殊需求时，对外政策将更可能反映领导人的内在需求。因此，德皇威廉二世的自恋人格据说满足了德国人民对一个象征性的强有力的领导人的欲求，反过来德国大众的偏好也在威廉二世统治期间影响了德国所追求的对外政策，该政策终结于一战（Baron and Pletsch, 1985）。

领导人的性别也会影响他们的决策。**女性**主义认为，男性和女性倾向于用不同的方式去看待诸如战争、和平、安全，以及军事力量的使用等议题，而这则可能会影响他们做出决定的方式和与他们周围的世界互动的方式。同样，**社会建构**主义认为，女性与男性作为不同的社会化经验的产物有着不同的价值观。"与男性相比女性更倾向于通过她们的关系来定义自己，所以她们的行动和言辞……可能更倾向于维护和保护这些关系。相反，男人则倾向于关注最后的收益，这使个人偏好和目标的实现"成为他们决策的核心（Boyer et al., 2009）。因此，性别也有可能影响决策过程，即使就最终的决策结果而言它并没有发挥作用。

其他因素无疑也会影响到领导人能在多大程度上塑造他们国家的选择，例如，当领导人相信其自身利益和福祉处于危险中时，他们就会倾向于根据他们的私人需求和心理驱动来做出回应。不过，当环境稳定，当领导人的自我（ego）不与政策结果相纠缠时，他们的个性影响就会不那么明显。领导人行使权力的时机也很重要。当一个人第一次行使领导职务时，这一角色的正式要求最不可能限制他或她所能做的事。对处于"蜜月期"的新当选领导人来说尤其如此。在这段时期，他们相对自由，不受批评，压力不大。而且，当一个领导人在一个戏剧性事件（比如，一边倒的选举，或者前任遇刺）之后行使职务时，他或她几乎可以自由地制定政策，因为"在这段时期，来自选区的批评统统被搁置一旁"（Hermann, 1976）。

国家危机是增强领导人控制对外决策能力的一种强有力的环境。危机决策是典型的高层领导排他的集中决策。关键信息往往没有，而领导人则认为自己应对结果负责。毫不奇怪，伟大的领导人（如拿破仑、丘吉尔、富兰克林·罗斯福）通常都是出现在极端动荡的时期。一场危机可以把领导人从正常情况下会抑制他或她控制事件或策划对外政策变化的能力的约束中解放出来。

> 摆在我桌子上的事情没有一件是可以完美解决的。你做出的任何决定都会有30%～40%的机会无法发挥作用。你必须了解这一点并对你的决策方式感到自在。
> ——奥巴马总统

对外政策决定的官僚政治

要做出正确的选择，领导人必须寻求信息和建议，并必须确保他们的决定产生的行动得到正确执行。那么谁能在这些任务中提供帮助呢？

在当今世界，面临关键的对外政策选择时，各国领导人必须依靠大规模的组织获取信息和建议："在对外政策的制定和执行中，机构和个人是重要的。"(Kanet, 2010) 就连没有大的预算和复杂的对外政策官僚机构的跨国行为体，也很少会在没有得到许多个人和行政机构的建议和帮助下做出决定去应对不断变化的全球环境。

官僚机构的效率和理性 根据德国社会学家韦伯的理论研究，人们普遍认为官僚机构通过把不同的责任和任务分配给不同的人而提高了效率和合理性。它们界定规则和标准操作程序，明确任务要如何执行；它们依靠记录系统来收集和存储信息；它们在不同的组织之间划分权力，以避免重复劳动；它们经常通过雇用和晋升最有能力的个人来导致精英主义。

官僚机构也允许进行前瞻性规划，确定长期需求和达到这些需求的手段。与其角色要求注意危急时刻的领导人不同，官僚既能思考未来也能思考现在。多个组织的存在也会导致多个对立选择的**多元建言**（multiple advocacy），从而增加考虑所有可能的政策选项的机会。

官僚机构的局限 从我们对**官僚制**（bureaucracy）的描述中可以看出，这是另一个理想化的决策过程。然而，在得出官僚决策是现代幸事的结论之前，我们应该强调指出，前面的命题只告诉了我们官僚决策*应该*如何发生，而没有告诉我们官僚决策*实际*如何发生。实际做法和由此产生的对外政策选择表明，官僚制既会产生负担也会产生好处。

考虑一下1962年发生的古巴导弹危机，这可以说是二战后最具威胁性的危机。美国决策者在精心策划回应时所使用的方法，常被视为近似于理性选择的理想。然而，从另一个决策角度来看，导弹危机则揭示了组织和在组织语境中的决策制定有时是如何妥协的，而不是促进了理性选择。

格雷厄姆·艾利森（Graham Allison, 1971）在其著名的关于导弹危机的《决策的本质》一书中提出了广为人知的**官僚政治模式**（bureaucratic politics model）。这一决策模式强调组织在**政策网络**（policy networks）中对决策者的选择施加的限制，以及在决策过程中关键参与者与官僚机构中协调一致的**小集团**（caucuses）之间发生的"扯皮"。

官僚政治模式强调大规模的官僚机构如何通过设计**标准操作程序**（standard operating procedures，SOPs，在执行指定的任务时要遵循的已确立的方法）来促进决策过程。审议可选政策的参与者也常会界定议题并支持能够满足其所在组织需要的政策备选方案并不奇怪。"屁股决定脑袋"这句人们最喜欢引用的格言就反映了这些官僚的需要。思考一下，为什么职业外交官一般都会赞同用外交方法解决政策问题，而军官通常则支持采用军事解决方案。

结果，"朝着不同方向使劲的不同团体产生了一个结果或更好的结果——不同个体相互冲突的偏好和不平等的权力的混合物——它与任何个人或团体想要的结果都截然不同"。因而，决策本身并不是一个价值最大化的过程，而是一场"为什么有必要识别游戏和玩家，显示联合、讨价还价和妥协，以及传达一些混乱的感觉"的激烈竞争（Allison, 1971）。

内部人之间的争斗，以及围绕对外决策方向进行争斗而形成派系，几乎是每个跨国行为体（尤其是在决策过程中接纳许多人参与的民主的行为体）行政管理中的常有现象。以美国为例。在重要的对外政策选择上，主要顾问之间经常出现分歧。例如，尼克松和福特总统时期，基辛格经常与国防部长施莱辛格和拉姆斯菲尔德就越战的战略相争；卡特总统时期，国家安全顾问布热津斯基反复与国务卿万斯就伊朗人质危机发生冲突；里根总统时期，国防部的温伯格与国务院的舒尔茨在大多数政策议题上都是出了名的头撞头。

这样的冲突并不一定就是坏事，因为它们迫使双方都要更好地解释其观点，进而就会给予国家元首在做出决定之前权衡相互竞争的建议的机会。不过，顾问之间的争斗也可能会导致瘫痪或草率的决定，产生不良后果。2002年秋天这种可能性变得非常明显，当时小布什政府内部围绕总统的目标就"如何和为什么"发动针对萨达姆的战争而出现严重分歧。当主要官员公开辩论外交与入侵的智慧，以及如何最好地实施入侵时，分歧变得极为明显。类似地，这种紧张状态也明显地体现在美国前助理国务卿乔治·保尔的警告中，他说，制度机器的本质产生了导致美国在越战中失败的决定："过程是政策的制定者。"

官僚机构除了会对政治领导人的政策选择产生影响，还具有其他几个影响决策的特点。一种观点认为官僚机构只关心自己的小圈子，并认为国际行为体对外决策官僚机构中的每个行政单位都在寻求实现自身目标，增强自身权力。组织需要（如大规模的人员和预算）位于行为体的需要之前，有时也会鼓励为了官僚机构的利益而牺牲行为体的利益。

典型的官僚机构会被驱使去扩大它们的特权和使命范围，寻求承担其他单位的职责和权力。官僚机构远非中立或公正的管理者，它们只是执行来自领导人的命令，它们经常采取的政策立场是增加它们自身相对于其他机构的影响力。而且，与认为决策是由单一行为体做出的理性选择理论相对，官僚机构及其人员可能会不同意领导人的价值观和优先事项。就像布热津斯基（Brzenski, 2010）警告的那样，一个行为体的对外政策重点很可能会被无情的官僚稀释或搁置，因为"那些不赞同所倡导的政策的官员很难是好的执行者"。

2001年9月11日发生的恐怖袭击提供了一个可以说明官僚政治这些特点的生动事例。许多人都认为"9·11"袭击是"珍珠港事件"以来最严重的情报失误。被警醒的美国公民提出了这样一个问题：为什么那么多机构搜集了大量袭击世贸中心和五角大楼的信息和警告，却没有及时阻止灾难发生？为什么那些分散的情报没有被整合起来？为什么那些警告被忽略了？

大部分分析家最初接受的答案是，美国混乱的情报系统由于官僚机构责任的交叉划分而瘫痪了。它们互相争夺影响力而没有分享可能发现和阻止基地组织阴谋的重要情报。问题在于沟通不畅和没有沟通；有关袭击的信号没有及时送达行政部门手中。事情为什么会是这样？里根政府时期的助理国务卿阿布拉莫维茨（Abramowitz, 2002）提出了自己的解释，他写道："当今华盛顿的对外政策制定过程有三个特征：负荷过多，内部争斗，短期目标排斥长期目标。"这些问题存在于每一届政府中，但在激烈的意识形态观点产生影响时，这些问题就会变得更加糟糕。

随着"9·11"造成的恐怖不断持续，人们对在2001年9月11日以前谁做了什么去破坏"基地"组织这个恐怖主义网络行动的兴趣和关注也持续了下来。国会成立了一个两党委员会，调查哪些方面出现了错误，以便对美国政府进行国家安全决策和打击恐怖主义的方式进行必要的修正。"9·11"委员会（The 9/11 Commission, 2004）提出了一系列新的解释，来说明为什么会错失那么多本可阻止"9·11"灾难发生的机会。

该委员会并没有把责任集中在国家情报机构如中情局（CIA）和联邦调查局（FBI）的不足和内斗上。相反，它指出了对白宫不作为的抱怨越来越多（Mann, 2004），以及白宫对美国情报机构在"9·11"之前报送的警告的不重视或忽视。这些警告表明，潜在的恐怖主义攻击真实存在而且正在日益逼近。在这个案例中，美国政府没能很好地保护其公民的生命，这可能更多地要归咎于美国的领导层不愿听取国家安全机构的警告，而不是归咎于官僚机构之间的争斗带来的严重影响。

而且还要考虑到每位美国总统都必须努力去管理上百个互相竞争的机构及其下属部门，这些机构和部门习惯上由于害怕损害"消息源和获得消息的手段"而不愿彼此共享情报。每个机构都在和它的对手竞争，并都参与了转嫁责任和寻找替罪羊。此外，正如联邦调查局特别探员柯琳·罗利（Coleen Rowley）证实的："官僚机构中有一个相互保护的约定。中层管理者会避免做出决定，因为他们害怕只要犯一个错就可能会毁掉自己的职业前途，同时，严格的等级制度也不鼓励特工挑战其上级。有句口头禅是这样说的：'大事件，大问题；小事件，小问题；没事件，没问题。'不作为是成功的关键这一观念反复出现。"（Toner, 2002）

我们还能发现官僚政治的另一个特征：在大机构里工作的专业人员的自然倾向是调整他们的世界观和信念以适应他们工作单位主流的世界观和信念。正如建构主义者解释的，每个官僚机构都会发展出一种共有的思维模式，或者是居于主导地位的认识现实的方式，近似于小团体中常常出现的**群体思维**（groupthink）特征（Janis, 1982）。学者们经常引用群体思维来作为一个管理政

集体决策 政策决定经常是在小群体中做出的。图中所示为奥巴马总统与他的内阁成员和顾问开会,听取国务卿约翰·克里讨论移民问题。

策决策的过程,这将导致更高风险的选择。反过来这则会导致更加极端的政策(最终就是惨痛的失败);而个人在没有同侪群体压力的情况下就可能不会做出这样的决策。制度化的思维模式或者社会建构的共识并不鼓励创新、异议和独立思考;它鼓励的是依赖标准操作程序和尊重先例,而不是探索新的选项以适应新的挑战。这样产生的政策决定很少会偏离传统的偏好。

不过也有研究表明,辩论和批评会刺激而不是抑制想法。心理学教授查兰·内梅特(Charlan Nemeth)解释道:"有一种盲目乐观的观念,即一起工作时最重要的事情是保持积极,和睦相处,而不是伤害任何人的感情。""那恰好错了。也许辩论不那么令人愉悦,但它却总是更有效率。"

在你未来的工作中,你可能会直接观察到你的雇主做出理性决定的努力。你也一定会在组织中获得关于官僚制管理优缺点的第一手资料。很多学生(在进入职场前)都会发现,这里所描述的关于实际应用的理性选择的好处和官僚政治的陷阱并不是学者凭空想象的。相反,这些决策的特性和倾向都是来自那些已经进入决策地位的专业人士的真实经历。

第3章　国际决策理论　081

在对国际行为体对外政策的决定因素进行分类时，第 1 章介绍的分析框架（图 1.1）有助于我们描述对决策过程的多重影响。除了个体决策者这一层面，国家内部和全球分析层面也会影响对外政策的决定。为了从合适的视角去认识决策，下面我们将会考虑来自对外政策比较研究的洞见，以帮助我们更好地去了解对外决策是如何形成的。

3-3 对外决策的国内决定因素

内部或"国内"的影响是指那些存在于国际行为体层面，而非全球体系的影响。尽管非国家行为体也有影响其决策的内部属性，但我们在这里只关注国家，因为它们是世界舞台上最重要的参与者，其对外政策决定的意义也最为重大，而且影响它们决策能力的因素也可以说是不同于许多影响其他国际行为体的决策的因素。为了说明内部因素的影响，我们应该考虑国家属性的变化，比如说军事实力、经济发展水平和政府类型上的差异，可能会如何影响不同国家的对外政策选择。

军事实力

现实主义的主张"国家的内部实力塑造了其对外政策优先顺序"得到这样一个事实的支持，即战备状况会强烈地影响它们后来对武力的使用。尽管大多数国家都会追求类似目标，但我们应该意识到，实现这些目标的能力也会因为军事实力不同而有所不同。

由于军事实力限制了一个国家审慎的政策选择范围，所以它们作为中介因素就会影响领导人的国家安全决策。例如，1980 年代，利比亚领导人卡扎菲通过支持反美和反以色列的言论和各种恐怖活动一再激怒美国。卡扎菲之所以能够这样做，是因为在利比亚不存在限制他个人突发奇想的官僚机构和被动员的公众。然而，与他愤然以对的更具军事实力的国家领导人相比，卡扎菲无疑会受到外部世界更大的限制。与美国相比有限的军事实力也排除了他威胁要使用武力这类好战行为。

相反，萨达姆通过艰苦的努力逐步增强伊拉克的军事力量，到 1990 年时他已建立起世界上第四大军队。因此，入侵科威特夺取油田也就成为一个可行的对外政策选项。然而最终的事实证明，即使伊拉克拥有强大的军事力量，但在由美国领导的具有巨大优势的军事联合体面前也是无济于事。1991 年的海湾战争迫使萨达姆投降并退出征服的领土。12 年后美国入侵伊拉克并最终推翻了萨达姆政权。由此可以得出一个教训：国家对自己和对手军事实力的判断会引导它们做出是战是和的决定。

经济条件

一个国家的经济和工业发展水平也会影响它能追求的对外政策目标。一般来说，经济越发达的国家越有可能在全球政治经济中发挥积极作用。富裕国家的利益远远超出它们的边界并拥有追求和保护这些利益的手段。并非巧合的是，拥有工业实力并广泛参与国际贸易的国家往往也是军事强国——部分原因是，强大的经济是军事力量的一个先决条件。

尽管经济发达国家在全球范围内活动更积极，但这并不意味着它们享有的特权环境就会影响它们采取冒险政策。富裕国家往往是"满意的"国家，在革命性的变化和全球不稳定状态中会损失甚多。因此，它们通常都会认为维持现状要更有利于自身利益，并且往往会形成国际经济政策来保护和扩大它们在全球等级制顶峰中令人羡慕的地位。

生产力水平和繁荣程度也会影响处在全球等级制底层的贫穷国家的对外政策。一些经济弱国通过遵守它们所依赖的富国的意愿来应对它们的处境。其他国家不愿屈从，进行反抗，有时它们也能成功地抵制大国和强大的国际组织控制自己行为的努力（尽管它们处于不利的讨价还价的地位上）。

对各国国际政治行为的经济基础进行的概括往往被证明是不准确的。虽然各国在全球体系中的发展水平有很大不同，但它们并不是独自确定对外政策。相反，各国领导人对其国家经济资源提供的机遇和制约因素的看法，很可能会对他们的对外政策选择产生更大的影响。

政府类型

影响一国国际行为的第三个重要属性是其政府类型。虽然现实主义认为所有国家都会采取相似的行动以保护自身利益,但一国的政府类型明显限制了它能有的重要选择,其中包括是否使用武力威胁。在这里,存在着位于光谱一端的**宪政民主**(constitutional democracy)(代议制政府)与位于光谱另一端的**专制统治**(autocratic rule)(威权或极权政府)之间的重要区别。

在既不是民主的("开放的")也不是专制的("封闭的")政治制度中,政治领导人在没有有组织的国内政治利益群体和有时市民大众支持的情况下也能长久执政。但在民主制度下,那些利益群体就会超出政府本身之外。舆论、利益集团和大众传媒是民主制度决策过程中更明显的一部分。类似地,选举过程在民主社会也能比在威权政权下更有意义地框定选择。在威权政权中,真正的选择是由少数精英关起门来做出的。而在民主国家公众的意见和偏好则可能是重要的,因此谁被允许参与及其行使参与权的程度差异,也是对外政策选择方面至关重要的决定因素。

主张国内刺激而不仅仅是国际事件是对外政策的根源这一观点并不新鲜。比如,在古希腊,现实主义历史学家修昔底德就观察到,通常发生在希腊城邦中的事情要比城邦之间的互动更多地塑造了它们的外部行为。他补充说,希腊领导人频繁地集中他们的力量在自己的政体中影响政治气候。同样,今天的领导人有时也会为了国内政治目的而制定对外政策——例如,有意采取大胆的或侵略性的行为以转移公众对经济困难的注意力,改善对领导人决策的舆论,或者影响选举结果。这有时也被称为"替罪羊"现象,或**战争转移理论**(diversionary theory of war)(Gallagher and Allen, 2013;DeRouen and Sprecher, 2006)。

有些人认为国内政治侵入对外政策制定是民主政治制度的一个劣势,这会削弱它们果断处理危机或与不那么民主的对手和盟国进行有效谈判的能力(参见下页专栏)。民主制受到惯性的支配。它们在议题上推进缓慢,因为决策制定中涉及许多迥然不同的元素。而且,正如自由主义所描述的,民主国家的官员要对舆论负责并且必须回应来自各种国内利益集团(被动员起来影响国家对外政策未来方向的团体,特别是在对它们非常重要的议题上)的压力。

深入探究 民主治理——对外政策的一个障碍？

现实主义预期，为了保护它们的国家利益，合乎理想的情况是，国家应该实施不受意识形态和国内政治约束限制的对外政策。依照这一思路，民主国家可被看作是相对"弱"的国家，因为它们依靠公众的支持，而且它们的政治权力不集中。不过自由主义理论家则反驳说，正是这些限制才有助于实现和平，因为它们可以阻止领导人做出冲动的对外政策选择。

在2011年3月19日由美国领导的对利比亚袭击之后的美国，就可以看到这种民主治理与有效的对外政策之间的紧张关系。作为联合国安理会授权的联合行动的一部分，美国军事力量参加了一系列对利比亚防空设施和政府军的空袭。尽管面对由利比亚领导人卡扎菲政权带来的对和平与安全的威胁并得到国会许多议员的支持，但奥巴马总统也面临着来自两党成员的强烈批评，他们表达了愤怒之情，因为奥巴马在指派美国军事力量执行任务之前没有首先寻求国会的批准。他们认为奥巴马已经超越了他的宪法权威，而这种操作的好处就是可以避开一个法律问题：总统或国会，谁有权决定美国是否可以参加战争。

奥巴马反驳说，对他而言，他的行动不仅符合国家利益，而且作为美国总统和军队总司令，他有权授权进行袭击。此前美国历史上有一长串在没有事先得到国会批准之前总统授权的军事行动，这些行动包括杜鲁门决定加入朝鲜战争和1999年克林顿下令轰炸科索沃，奥巴马的决定不过是距今最近的一例。尽管如此，奥巴马后来还是从国会寻求支持决议以继续维持美国在利比亚的军事行动，他说："我一直认为，在国会的参与、协商和支持下……采取军事行动会更好。"

★ **由你决定：**

1. 民主统治的性质是有助于还是会阻碍那些政府实现它们对外政策目标的能力？
2. 你能提出哪些论点和证据来支持你的结论？
3. 你是否认为威权政府能更好地执行有效的对外政策？为什么？

想要让政策发生重大变化，可能需要爆发一场足以引起人口中大部分人关注和行动的危机。正如法国政治社会学家托克维尔在1835年认为的那样，民主国家可能会倾向于"冲动而不是谨慎"，因为一旦它们认识到外部危险，就会对这种感知到的危险反应过度。"民主国家的人民总会发现有两件事情是困难的，"托克维尔沉思道，"开始一场战争和结束一场战争。"

相比之下，威权政府可以"更加迅速地做出决策，确保国内服从其决定，其对外政策也可能更一致"（Jensen, 1982）。但是这样也有一个代价：这些政府"通常在创新对外政策方面效率较低，因为下属普遍不敢提出问题"。总之，权力集中和镇压公众反对可能都是有利有弊。

3-4 对外政策的全球影响

国家的内部属性会影响它们的对外政策。然而，国家在其中运作的全球环境也会塑造行动的机会，设定一种生态环境，限制一些对外政策选择而促进其他对外政策选择。对外政策的全球（或"外部"）影响包括所有发生在一国边界之外，影响政府官员和他们管理的人民所做选择的行动。诸如军事同盟和国际贸易水平等因素深刻地影响着决策者的选择。为了认识外部因素的影响，这里我们简要评论一下国际环境的两个其他方面（全球权力分配和地缘战略位置）如何影响国际决策。

全球权力分配

权力可以按照许多方式进行分配。它既可以集中在一国之手，比如在古代地中海世界处于巅峰的罗马帝国，也可以分散在几个对立国家之间，比如在"三十年战争"后的1648年国家体系的诞生，当时少数对立大国拥有相近的力量。学者们用**极**（polarity）这一术语来描述全球体系成员之间的权力分配。正如我们将会在下一章进一步解释的那样，单极体系有一个占主导地位的权力中心，两极体系包含两个权力中心，多极体系则有三个或更多的权力中心。

与权力分配密切相关的是国家之间的联盟模式。**极化**（polarization）是指各国簇拥在大国周围的程度。例如，中小国家与两个支配性大国之一结为同盟的体系就是一个高度两极化的体系。冷战期间围绕美苏两个大国形成的同盟网络就体现了这样一个体系。如今，随着新的大国兴起、老的大国持续衰落，而且注意力也从大西洋转移到了太平洋，必须重新思考国际体系的本质"（Mead，2010）。中国作为世界政治中一个活跃的参与者发挥着越来越重要的角色，以及美国对亚洲发展的关注，就反映了全球政治权力的转变。

极和同盟极化会通过影响国家拥有的决策范围来影响其对外政策。例如，就像第 4 章和第 8 章中讨论的，当权力在单极体系中集中在单个国家手中时，与一个以共享的权力分布为特征、对手可能会阻碍其行动的体系相比，它可以更容易地选择使用武力和干预他国事务。然而，当同盟是一个严密的军事集团时，每个同盟的小国成员都将被迫遵守同盟领袖的命令。

相反，当同盟是松散的、成员流动变化时，较小的国家就可以更容易地选择巧妙制定独立于大国意愿的对外政策。当然，你也可以想出其他例子来揭示全球体系的结构特性如何影响决策范围。它们会表明，极和极化对对外政策的影响，取决于既定国家所处的地缘战略地位。

地缘政治因素

一些对一国对外政策行为最重要的影响，源于其在国际体系中相对于其他国家所处的位置，以及这一位置所具有的地缘战略优势。例如，自然边界的存在可能会深刻地引导政策制定者的选择。以美国为例，它在早期的大部分历史中都是安全的，因为大洋将其与欧洲和亚洲的潜在威胁分离开来。有海洋作为防止外国干涉的壁垒这一优势，再加上邻国没有军事强国，使美国在 150 多年中发展成为一个工业巨人并且安全地推行孤立主义的对外政策。再以多山的瑞士为例，其易于防守的地形使得保持中立成为一个可行的对外政策选项。

同样，保持独立于大陆政治一直是英国对外政策中一个持久的主题。英国是一个岛国，在自然环境上与欧洲相脱离，这为英国与欧陆大国之间的争端分离开提供了缓冲。维护这种保护性的盾牌长期以来一直是英国的优先事项，而这也有助于解释，为什么伦敦在过去 20 年中对接受欧盟的全面一体化会表现得如此犹豫不决。

然而，大多数国家都不是孤立的；它们的边界上有许多国家，从而否定了它们不卷入世界事务这一选项。德国位于欧洲地理中心，在历史上已经发现其国内政治制度和对外政策偏好均由其地缘战略地位决定。例如，20世纪德国在管理制度方面尝试了六种重要的激进变化，每种制度都在追求不同的对外政策：(1) 威廉二世的帝国，(2) 魏玛共和国，(3) 希特勒的独裁；以及二战后的两个继任者：(4) 资本主义的联邦德国，(5) 社会主义的民主德国；最终则是 (6) 冷战后统一的德国，现在它正致力于自由民主和欧盟的全面一体化。这些政府中的每一个都专注于与邻国的关系，并用非常不同的对外政策目标回应德国在欧陆中部的位置所带来的机会和挑战。然而，孤立主义的不参与大陆事务绝对不是一个现实的地缘战略选项。

历史上有许多地理因素影响国家对外政策的例子。这就是为什么地缘政治理论有价值的原因所在。现实主义思想的**地缘政治**（geopolitics）学派和一般的政治地理学都强调地理因素对国家权力和国际行为的影响。早期地缘政治思想的阐述是阿尔弗雷德·马汉（Alfred Mahan, 1890）的《海权在历史中的影响》，书中认为对海洋的控制塑造了国家权力和对外政策。拥有大量海岸线和港口的国家享有竞争优势。后来的地缘政治学家，如麦金德（Mackinder, 1919）爵士和斯皮克曼（Spykman, 1944）认为，地形、大小（领土和人口）、气候和国家之间的距离，再加上位置，是个体国家对外政策强有力的决定因素。地缘政治视角背后的潜在原则不言而喻：领导人对可用的对外政策选项的认知，受到界定他们国家在世界舞台上所处位置的地缘政治环境的影响。

全球行为体（包括国家和非国家行为体）能够回应外部挑战和内部政治同时对它们的领导人所施加的要求吗？当前世界政治中正在发生的变革和趋势，是全世界每天无数决策的产物。有些决定比其他决定更重要，而行为体如何彼此回应则会对整个世界政治产生深远影响。为了更好地理解这一点，第二部分我们将会从第4章开始研究世界舞台上大国相互竞争的动力，第5章将会研究全球南方国家，第6章则会研究非国家行为体。

第二部分

全球行为体及其关系

莎士比亚写道:"全世界是一个舞台,所有的男男女女都只是演员而已。"将这句话运用到世界政治上,活跃在全球舞台上的不单是人们,各种机构、团体和国家也在扮演着不同的角色。第二部分指出了当今世界政治中的主要行为体,描述了它们扮演的角色、追求的政策和面临的困境。

第二部分这三章分别关注全球行为体的一个主要类型。第4章为你概述大国,也即军事和经济实力最强大的行为体。第5章对比了大国和比大国弱小、经济欠发达的南半球国家,它们的命运由其他国家强力塑造。

第6章探讨联合国和欧盟这样的政府间组织,以及诸如绿色和平组织和大赦国际这样的非政府组织扮演的角色,这些组织的成员均致力于全球变革。一扇探索其他非国家全球行为体活动的窗户也已为你打开,其中包括跨国公司、族群和宗教运动。

为变革而游行 像国家和国际组织一样，人们也是跨国行为体。动员起来的公众经常利用游行示威来表达他们的异议，吸引全球关注他们的事业。图中所示是 2015 年 5 月布隆迪的抗议者质疑选举过程的真实性和时任总统恩库伦齐扎寻求第三个任期的决定——批评者认为这违反了结束 1993—2003 年内战的和平协定。据联合国报道，超过 11 万人因为担心类似于内战的暴力冲突重现而逃离本国，早先那场内战曾造成 30 万布隆迪人死亡。

第 4 章
大国关系及其对抗

> 凭借其所控制的巨大资源，大国乃至超级大国拥有特殊的权利和责任……即使它们的巨大力量可能会诱使它们过度扩张和忽视它们的义务。
>
> ——政治学家罗伯特·杰维斯（Robert Jervis）

朋友还是敌人？ 二战后美苏站在一个十字路口。已经做出的决定和已经采取的行动决定了它们是盟国还是对手。事实上，如果两国领导人做出其他选择，变成冷战的热核僵局也就不会发生。图中所示是俄罗斯总统普京和美国总统奥巴马。在 21 世纪，美国和俄罗斯继续影响着世界政治，也影响着彼此。

谁是第一？谁正在逼近领头羊？如果最强者的支配地位受到严重挑战，这对未来意味着什么？这些都是体育迷在一周比赛结束后排名靠前队伍的名次发生变化时经常会问的同类问题。世界领导人也会采用美国前国务卿迪安·腊斯克（Dean Rusk）所称的"足球场外交法"。世界上有许多人都习惯于对各国进行比较，询问哪些国家最大、最强、最富有，军事上最厉害，并会评估相对于其他国家而言哪些国家正在崛起、哪些国家又在衰落。

在进行这样的排序时，这两个群体都是在通过现实主义的透镜来看待世界政治。他们用赢家和输家来区分参与古老的霸权角逐的全球竞争者。他们密切关注处于国际权力顶层国家的排名变化，观察"大国"之间的对抗和斗争。而且他们还认为这种冲突是永恒的。正如历史学家汤因比著名的历史周期理论所解释的那样："在一个接一个重复发生的循环周期内，反复发生的一系列相同事件中最明显的中断是一场大战的爆发。在大战中，一个走在所有竞争对手前面的国家表现出可怕的夺取世界统治权的企图，以至于促使其他所有国家结成一个反对它的联盟。"

汤因比的结论是现实主义的核心。二战后最著名的现实主义理论家摩根索（Morgenthau, 1985）认为，理解世界政治的出发点就是要承认："所有历史都表明，积极参与国际政治事务的国家一直在准备着，要么是积极卷入以战争形式表现出来的有组织的暴力活动中，要么是从中恢复元气。"战争与和平的周期是20世纪世界政治的标志。这个世纪爆发了三场全球性战争。一战和二战是两场血与火的战争；冷战虽然较少使用破坏性武器，但却同样激烈无比。这三场全球性战争中的每一场都引发了世界政治的重大变革。

本章我们将要探究大国之间过去对抗的原因和结果。通过理解这三场围绕世界领导权而进行的斗争的原因和影响，你将会更好地预测在21世纪大国之间能否避免下一场全球性战争。

> 这个世纪好的领导可能是也可能不是变革性的，但十分肯定的是需要谨慎地理解不断变化的环境。
>
> ——国际关系学者和美国决策者约瑟夫·奈

4-1 追求世界领导权

大国对抗一直是世界政治的特征。正如汤因比认为的,有一种很强的可能性就是,历史模式是周期性的。**长周期理论**(long-cycle theory)详细地阐述了这种对世界政治的理解,并为我们提供了一个分析不断演化的大国对抗的框架。根据长周期理论,世界领导权的转移通过一系列独特的阶段表现出来,在这其中,全球性战争时期之后是国际规则制定和制度建设的相对稳定时期(参见表4.1)。周期的变化伴随着主要国家相对权力的变化,这会改变它们彼此之间的关系。过去五个世纪,每一场全球性战争过后都会出现一个**霸主**(hegemon)。凭借自身无与伦比的权力,霸主会重新塑造全球体系的规则和制度以维持其超群的地位。

霸权总是会对世界领导者强加一种额外的负担。霸主必须在维护自身优越地位的同时,承担维持政治和经济秩序的成本。随着时间流逝,全球参与的重担就会损耗其力量,因为每个先前的霸主都会过度扩张。随着挑战者的出现,在上一次全球性战争之后谨慎制定的和平协定就会受到攻击。历史上,这样的权力斗争为另一场全球性战争,一个霸主的消亡和另一个霸主的出现设置了舞台。现实主义认为,"从任何一个大国的观点来看,其他所有大国都有可能成为其潜在的敌人……这种恐惧的基础是,在一个大国有能力互相攻击并有动机这么做的世界中,任何一个决意生存的国家都至少必须怀疑其他国家,不愿意信任它们"(Mearsheimer, 2001)。表4.1总结了大国500年来的周期性兴衰、它们之间的全球性战争,以及它们随后恢复秩序的努力。

表 4.1 1495—2025 年大国争夺世界领导权的对抗历史

时 间	寻求霸权的主要国家	反对霸权的其他大国	全球性战争	全球性战争后的新秩序
1495—1540	葡萄牙	西班牙、瓦卢瓦法兰西、勃艮第、英格兰	意大利战争和印度洋战争,1494—1517	《托德西里亚斯条约》,1517
1560—1609	西班牙	尼德兰、法兰西、英格兰	西荷战争,1580—1608	1608 年休战协定;新教同盟与天主教联盟形成

时间	寻求霸权的主要国家	反对霸权的其他大国	全球性战争	全球性战争后的新秩序
1610—1648	神圣罗马帝国（西班牙和奥匈帝国的哈布斯堡王朝）	主要是新教国家（瑞典、荷兰）和德意志公国以及天主教法兰西形成的不断变化的临时联合对抗教皇统治的其他地区	"三十年战争"，1618—1648	《威斯特伐利亚和约》，1648
1650—1713	法国（路易十四）	联合省、英格兰、哈布斯堡帝国、西班牙、德意志主要邦国、俄国	大联盟战争，1688—1713	《乌得勒支条约》，1713
1792—1815	法国（拿破仑）	英国、普鲁士、奥地利、俄国	拿破仑战争，1792—1815	维也纳和会和欧洲协约，1815
1871—1914	德国、土耳其、奥匈帝国	英国、法国、俄国、美国	一战，1914—1918	《凡尔赛条约》创立国联，1919
1933—1945	德国、日本、意大利	英国、法国、苏联、美国	二战，1939—1945	布雷顿森林体系，1944；联合国，波茨坦，1945
1945—1991	美国、苏联	英国、法国、中国、日本	冷战，1945—1991	北约/和平伙伴关系，1995；世贸组织，1995
1991—2025？	美国	中国、欧盟、日本、俄罗斯、印度	冷和平或霸权战争，2015—2025？	一个维持世界秩序的新安全规制？

批评者们指出，长周期理论家在经济、军事或国内因素是否会导致周期的产生上意见不一。他们也不同意该理论宿命论般的语调，在他们看来该语调暗示着：全球的命运超出任何决策者的掌控。大国的兴衰必然会像重力法则那样——升上去的必定落下来吗？

尽管如此，但长周期理论表明，你应该思考大国相对力量的变化如何影响世界政治。按照我们的体育比赛的比喻，谁是冠军？冠军在全球运动场上有挑战者吗？这吸引我们关注霸权的转移、全球体系中主导国家的兴衰，以及由此引出的这种长周期能否被打破这一问题。为了强调世界领导权斗争的重要性，以及它们对世界政治的趋势和变革的影响，本章要求你考察20世纪的三场大国战争，以及这些冲突给21世纪提供的教训。

强权即恐怖　图中所示为抵制美国全球优势的一个例子：巴基斯坦人在一个反美集会上焚烧美国国旗，抗议美国无人机对巴基斯坦部落地区的袭击。美国中情局局长约翰·布伦南（John Brennan）为无人机袭击巴基斯坦进行辩护，声称定向清除的空袭保护了生命并防止了潜在的恐怖袭击。然而，巴基斯坦的示威者则指控说在空袭中有很多平民被杀害，其中也包括许多无辜的孩子们。

4-2　一　战

1914年6月在萨拉热窝，一个塞尔维亚民族主义者为了寻求使本民族从奥匈帝国的统治下解放出来，刺杀了奥匈帝国的哈布斯堡皇储斐迪南大公，一战就此爆发。这一刺杀在接下来五个星期内触发了一系列的大国行动和反行动，击碎了世界和平。这场战争涉及欧洲大多数国家，并在北美、亚洲和近东形成联盟，成为历史上最具毁灭性的战争之一。到欧洲20世纪第一场主要战争结束时有近1 000万人丧生，三个帝国崩溃，一些新国家诞生，共产党则开始了在苏联为期70年的统治，世界地缘政治地图得以重画，进而也为希特勒纳粹德国的兴起铺平了道路。

一战的原因

如何解释这场灾难性战争的爆发呢？有多种答案。最流行的是结构现实主义的解释，即一战是无意中发生的，而非某国高明策划的结果。新现实主义者相信，这是一场由涉事国未能控制的不确定因素和环境因素促成的战争，是一场人们既不希望也没有预料到的战争。不过，一些修正主义历史学家则认为，这场战争是蓄意选择的结果："[这是] 一场悲剧和不必要的冲突……因为如果各国能够表现出谨慎或共同的善意，导致其爆发的一系列事件就有可能在第一次武装冲突发生前五个星期的危机期间的任何一个时点被打断。" (Keegan, 1999)

结构主义 建构在全球分析层面上的**结构主义**假定，无政府的全球体系内部不断变化的权力分配，是决定国家行为的首要因素。考察一战前夕的国际环境，许多历史学家假设，大国针对彼此结盟的方式创造了一种引发武装冲突的环境。大国此前重整军备的努力，以及它们之间的同盟和由此产生的反同盟，与军事动员和军备竞赛造成的压力一起，形成了把欧洲政治家拖向战争的动力。

这种结构主义解释集中关注 19 世纪，当时英国主宰着世界政治。英国是一个在气质、传统和地理上与大陆事务分离的岛国。英国的海军力量让它掌控了世界上的航线，并控制了从地中海延伸到东南亚的广袤帝国。这种支配地位有助于威慑侵略行为。然而，德国对英国的权力提出了挑战。

1871 年统一后，德国经济繁荣并利用其增长的财富创建了令人生畏的陆军和海军。伴随着不断增强的力量而来的是更大的野心和对英国优越地位的憎恨。作为欧陆居于支配地位的军工大国，德国试图争夺在国际关系中的位置和地位。正如威廉二世在 1898 年宣称的那样，德国"在老欧洲狭窄的边界外有伟大的任务"。德国崛起的力量和全球抱负改变了欧洲的地缘政治格局。

但是，德国并非世纪之交新出现的唯一大国。俄罗斯也在扩张并成为德国的威胁。德国唯一的盟国奥匈帝国实力的衰落增加了德国对俄罗斯的担忧，德国对斐迪南大公遇刺事件的强烈反应便显示了这一点。德国害怕一场长期战争会发生不利于自己的均势变化，它相信打赢一场短暂的、地域性的战争还是可能的并有望获得更为有利的结果。因此，德国支持奥匈帝国无限制地攻击塞尔维亚。

尽管德国推算的逻辑很清晰：一场胜利的战争将会支持奥匈帝国并牵制俄国的影响，但结果却证明这是一个严重的误判。法俄联合起来保护塞尔维亚，很快英国也加入进来，反对德国，保护巴尔干的中立。1917年4月，随着美国对德国的潜艇战做出回应加入冲突，这场战争在范围上真正成为全球性的。

我们再一次从全球分析层面观察到，**均势**（balance of power）的动态变化是一个因果因素：历史的趋势是形成对立的联合，从而使得军事力量的分布"被平衡"，以防任何一个单一大国或集团严重威胁别国。而这也恰恰正是发生在斐迪南大公遇刺前十年里的情形。欧洲的军事联合走向极化，德国、奥匈帝国和奥斯曼帝国组成的三国同盟，反对英法俄组成的三国协约。按照这种结构主义解释，在俄国动员军队以应对奥匈帝国对塞尔维亚的攻击之后，各种交叉的同盟义务就把一个又一个欧洲大国拖入了战争。

民族主义　作为一种在国家分析层面上对一战起源的备选诠释，许多历史学家认为，**民族主义**（nationalism）的增长，特别是在东南欧的增长，创造了一种舆论氛围使得战争成为可能。美化民族遗产特殊性的群体开始鼓吹他们的国家优于其他所有国家的地位。民族主义情绪的加强，很快就唤起了长期受压抑的族群偏见，这一偏见甚至也出现在领导人中间。例如，俄国外交大臣谢尔盖·萨佐诺夫（Sergei Sazonov）声称他"鄙视"奥地利，而威廉二世则宣称"我讨厌斯拉夫人"。

国内的动荡局势激起了这些民族主义的热情，使得人们很难从另一种观点去看待事情。奥地利人坚信他们正在维护自己国家的荣誉，因而无法理解俄国人为什么会给他们贴上"侵略者"的标签。德国人对其他民族感情的不敏感，妨碍了他们去理解俄罗斯人自尊心的力量，俄罗斯人对若允许德奥摧毁它所保护的弱小的塞尔维亚而蒙羞的惧怕，以及俄罗斯人愤怒的强度。由于每一方都轻视他国的民族性和族群特质，作为战争替代选择的外交手段自然也就难以维持。

蓄意选择　在个人分析层面上，决策理论提供了关于一战起源的第三种诠释。从理性选择理论（它强调领导人会在仔细评估能最好地实现他们自身及国家利益的备选选项的相对有用性后做出决定）的观点来看，这场战争是德国的精英分子偏爱与法俄交战以巩固德国在欧陆的地位、确立德国的世界大国地位并把国内的注意力从内部问题上转移开的结果。决策的理性选择模式表明，最好是把一战看作相互对抗的大国有意识地互相竞争全球权力的产物。预期理论提供了同样的洞见，强调领导人为了避开损失可能会接受风险。这种诠释认为，是聚集在柏林王宫前的人们把欧洲推向战争的边缘，"德国企图在俄国变得越来越强大并实现与德国平起平坐之前（预期这将会在1917年实现）保住它的地位"（Levy, 1998b）。

关于引发一战的决策的理性也是有疑问的，历史缔造者模式指向在1914年对许多重大决定负有责任的德皇所起的作用。威廉二世对自己有着不切实际的幻想并经常忽视内阁大臣的忠告。当他做决定时，"它们经常是出于虚荣心和个人感情而非理性计算的结果。德皇也有极大的能力以他想要的方式去看待世界；毫不夸张地说，他有一种把黑的说成白的倾向"（Cashman and Robinson, 2007）。

正如这些对立的诠释所表明的，人们对一战的起因仍有争议。结构主义解释强调权力的全球分配，国内诠释看到的是国家内部的因果因素，决策解释则把注意力指向特定领导人的计算和目标。所有这些理论都可以部分帮助我们理解引发世界上第一场真正全球性战争的续发事件。

一战的结果

一战改变了欧洲的面貌。战争过后，奥匈帝国、俄罗斯帝国和奥斯曼土耳其帝国这三个多族群帝国崩溃，在它们原来的领土上出现了波兰、捷克斯洛伐克和南斯拉夫等独立的国家。此外也诞生了芬兰、爱沙尼亚、拉脱维亚和立陶宛等国。战争还帮助爱尔兰共和国在1920年从英国独立出来，帮助布尔什维克在1917年推翻俄国沙皇的统治。列宁领导下共产主义的兴起引起了政府和意识形态的改变，这将为未来70年带来地缘政治上的后果。

尽管代价沉重，但由英法俄三国和（后来加入的）美国与意大利组成的联盟，还是击败了三国同盟（德国、奥匈帝国、土耳其和它们的盟国）支配世界的威胁。战争还为建立一个能够防止另一场战争的新的全球体系奠定了基础。"历史上第一次，大众与和平的缔造者们共同确信，战争是国际关系中的核心问题。以前，霸权、一个特定国家的侵略行为或革命一直是问题。1648年、1713年和1815年，和平的缔造者们试图解决过去的问题并建立防止这些问题重现的秩序。但在1919年这种期望变得更高了。战争的根源与战争本身相比已不再重要。有必要更多地关注未来而不是过去。问题不仅仅是建立和平，而且是建立一个能够成功管理未来所有国际冲突的和平的国际秩序。"（Holsti，1991）

一战的其中一个结果就是宣告了对战争和把大国竞争、军备、秘密同盟和均势政治合理化的现实主义理论的厌恶。此前四年令人震惊的人力和物力损失，使许多在1919年齐聚巴黎参加凡尔赛和会的代表重新评估他们坚信的治国之道。用新的方式建立世界秩序的时机已经成熟。由于对现实主义的幻想破灭，许多人都转向用自由主义作为指导来管理全球的未来。

一战后的十年是自由理想主义的一个高峰。威尔逊总统关于世界秩序的观点出现在他1917年1月的"十四点"演讲中，是根据自由主义原则重建全球体系这一信念的基石，这场"大战"（人们当时对一战的称呼）将会成为"终结所有战争的战争"。威尔逊的主要提议是建立国联，据称它可以保证所有国家的独立和领土完整。他的其他建议包括加强国际法，在民族自决的基础上解决领土争端，促进民主制，裁军，以及自由贸易。

然而，一旦和会开始，狭隘的国家利益便重又浮出水面并削弱了威尔逊的主张，因为许多欧洲领导人都感到他们被那位自负的美国总统所冒犯。"上帝对十诫很满意，"愤世嫉俗的现实主义者、法国总理克莱蒙梭咆哮道，"威尔逊却必须有'十四点'。"

随着会议谈判的推进，无情的权力政治开始占据上风。最后，代表们只愿支持"十四点"中符合他们国家利益的部分。经过无数次争吵，威尔逊的国联终于被写进与德国的和约中。条约中剩下的部分是惩罚性的，旨在剥夺德国的大国地位。类似条约后来也强加于奥匈帝国和德国的其他战时盟国。

《凡尔赛条约》的出台是出于报复的欲望。简言之，德国的军事力量被急剧削减；它被禁止拥有重炮、军用飞机或潜水艇，它的军队被禁止越过莱茵河。德国也丧失了西部靠近法国和比利时、南部靠近新生国家捷克斯洛伐克、东部靠近新生国家立陶宛和芬兰的领土。在海外，德国丧失了其所有殖民地。最后，条约中最具羞辱性的条款是，德国被确定要对战争负责并要就损失支付沉重的金融赔偿。听闻条约中严厉的条文后，据说流亡的德皇宣称："结束战争的战争导致结束和平的和平。"

4-3 二 战

一战的失败和《凡尔赛条约》带来的耻辱并没有消除德国称霸的野心。相反，这种野心变得更强了。于是20世纪第二次大国战争的条件也就又成熟了，由德意日这三个轴心国对抗一个看似不可能走到一起的由四个国家组成的"大联盟"，尽管后者的意识形态并不相容——苏联奉行共产主义，英法美则走的是资本主义民主政治道路。

世界的命运取决于各国付出巨大努力抵挡轴心国威胁的结果。盟国最终取胜，但也付出了惨重代价：每天有2.3万人丧生，全世界至少有5 300万人死于持续六年的战争中。为了理解这场毁灭性冲突的根源，我们再次研究在不同的分析层面上发挥作用的因果因素。

二战的原因

1918年德国投降后，一个立宪会议在魏玛起草了一份民主的宪法。许多德国人都对魏玛共和国没有热情。新政府不仅让人们联想到《凡尔赛条约》带来的耻辱，还要忍受对法国1923年占领鲁尔工业区的不满，以及各种各样的政治反叛和1929年的重大经济危机。到1932年议会选举时，有超过一半选民选择支持极端主义政党而蔑视民主治理，这些政党中最大的是纳粹（德国国家社会主义工人党）。由此也就开始了通往二战漫长而不幸的道路。

通往战争之路的直接原因 1933年1月30日，纳粹领导人希特勒被任命为德国总理。之后不到一个月时间，帝国议会大厦就神秘被烧。希特勒利用火灾使紧急状态法令合法化。该法令允许他限制公民自由，打压共产主义者和其他政治对手。清除掉重要的国会反对派后，纳粹议员就通过了一份授权法案，压制宪法并赋予希特勒独裁权力。

在《我的奋斗》(1924)里，希特勒强烈要求德国收回在《凡尔赛条约》中被割去的疆域，吞并德国人生活的邻国土地并对东欧进行殖民统治。然而在执政的第一年他却装出一副和平主义者的形象，在1934年与波兰签订了一份互不侵犯条约。接下来的一年里，最初在《我的奋斗》中勾画的目标爬上了希特勒对外政策议程的顶端。希特勒彻底忽略了《凯洛格-白里安公约》里禁止使用军事力量作为解决国际冲突手段的规定。1935 年，他否定了《凡尔赛条约》里的军事条款；1936 年，他下令军队进入非军事化的莱茵兰地区；1938 年 3 月，他吞并了奥地利；1938 年 9 月，他要求控制苏台德地区，这是捷克斯洛伐克一个有日耳曼民族居住的地区。为了解决苏台德的日耳曼人问题，在慕尼黑召开了一个会议。希特勒、英国首相张伯伦、法国和意大利的领导人都出席了会议，具有讽刺意味的是，捷克斯洛伐克却没有被邀请。张伯伦和其他人相信绥靖（appeasement）能阻止德国进一步扩张便同意了希特勒的要求。

然而，绥靖政策非但没让德国感到满足，反而刺激了它的胃口，以及刚刚形成的德日意法西斯联盟的胃口。该联盟的目标是改变国际关系现状。在东半球，日本经济在 1930 年的大萧条中深受影响，它逐渐从西方的自由主义和巴黎的解决方案中醒悟过来。和德国一样，日本也把军国主义作为全球扩张的关键所在。德国对国家扩张的帝国主义追求，创造出"强权即公理"的氛围，在这一氛围下，日本的民族主义者引导他们的国家走上了帝国主义和**殖民主义**（colonialism）道路。1931 年，日本侵略中国东三省并于 1937 年全面侵华。与此同时，意大利于 1935 年吞并阿比西尼亚（今埃塞俄比亚），1939 年侵略阿尔巴尼亚。此外，德国和意大利又一道干涉 1936—1939 年的西班牙内战，支持佛朗哥将军领导的法西斯主义势力，苏联则支持反法西斯主义力量。

在 1939 年德国占领了捷克斯洛伐克的剩余领土后，英法组成联盟来保护下一个可能的受害者波兰；它们也开启了与莫斯科的谈判，希望能说服苏联加入它们的联盟，但是谈判失败了。1939 年 8 月 23 日，法西斯主义者希特勒与共产主义者斯大林签署了互不侵犯条约，承诺互不攻击对方，这一消息震惊了整个世界。确信不会受到英法干涉的希特勒开始入侵波兰。然而，英法为了捍卫"保卫波兰"的荣誉，两天后便对德宣战。二战由此开始。

战争迅速扩大。希特勒接下来将他的军队转向巴尔干、北非和西线。德国的机械化军队入侵挪威，长驱直入丹麦、比利时、卢森堡和荷兰。德军绕过法国东部前线的防御屏障马其诺防线继续向前挺进。德国迅速的、几乎兵不血刃的胜利迫使英国从法国的敦刻尔克海滩撤出了近 34 万名强大的远征军。巴黎自身也在 1940 年 6 月沦陷。六周内法国投降，尽管德军在数量上要少于法国及其盟国的军队。之后数月，德国空军连续猛烈轰炸英国，试图迫使英国也投降。

然而，纳粹军队并未入侵英国，而是在1941年6月对苏联这一前盟国发动了突袭。这一举措后来被证明是一个重大的战略失误。

与此同时，东方的局势也变得日趋紧张。美英法认为日本的帝国主义扩张对它们在这一地区的利益是一个威胁。为了阻止日本实现它的全球扩张野心，美国禁止向日本出售战略原材料，如废铁、钢材和石油。

自然资源匮乏的日本将美国视为严重的国家安全威胁。1940年9月，日本与德国和意大利缔结了三国同盟条约，承诺在遭到未参战的大国如美国的攻击时，三个轴心国将会互相援助。日本继续它的侵略扩张，并于1941年7月进入印度支那（今老挝、越南和柬埔寨）南部。作为回应，美国冻结了日本在美国的资产并要求日本人撤出东南亚。出于将美国逐出太平洋对日本的国家利益至关重要的判断，同年12月7日，日本对珍珠港发动突袭。这次袭击过后，德国迅速向美国宣战。日本的袭击和德国的挑战结束了美国的冷漠和孤立主义，促使罗斯福总统与英苏结成联盟一起对抗法西斯分子。

三个分析层面的潜在原因　结构现实主义强调极是国际体系的一个决定性特征，并在全球分析层面上视世界权力分布中**多极**（multipolarity）的再现为二战爆发的关键因素。由于在主权国家数量增加的同时大国数量减少，一战后的全球体系处于危险之中。1914年欧洲只有22个主要国家，到1921年这个数目几乎翻倍。对《凡尔赛条约》、俄国革命和法西斯主义兴起的憎恨，国家数量的增加，民族主义反叛和危机的重现，这些因素交织在一起，使得"两次大战之间的年代成为自'三十年战争'以及法国大革命和拿破仑战争以来国际关系最为暴力的时期"（Holsti, 1991）。

1930年代国际经济体系的崩溃也促发了战争。英国发现自己不再能在**世界政治经济**（political economy）中扮演一战前那种领导者和规则制定者的角色。尽管美国在逻辑上是英国的继承者，但因它拒绝行使领导权，这也就加速了战争的爆发。1929—1931年的大萧条"推动美国召开1933年世界货币和经济会议。会议的失败加剧了世界经济的低迷状态，加速了诸如关税和配额这样的贸易保护主义壁垒的盛行，并促发了革命"（Calvocoressi, Wint and Pritchard, 1989）。这种令人沮丧的国际环境，加上恶化的国内经济环境，使得德国和日本试图通过在国外推行**帝国主义**来寻找出路。

在国家分析层面上，集体心理因素也导致二战的爆发。这些因素包括：让世界为战争做好准备的军事宣传支配了平民话语;在横扫欧洲的超民族主义大潮中,每个国家都在讲述自身神话般的历史,同时诋毁其他国家的历史;以及民主治理的消亡。在二战后的纽伦堡审判中,当纳粹官员因在大屠杀中犯下的战争罪而被起诉时,纳粹高级官员戈林对纳粹宣传的成功进行了反思。"人们是不想要战争的。但是决定一国政策的是国家领导人,而命令人民对领导人来说则是一件简单的事情,不管是民主国家,还是法西斯独裁,还是议会制国家,还是共产主义专政,都是如此。……领导人总是能让人民听命于自己。办法很简单。领导人只要对自己的人民说国家将被袭击,并谴责和平主义者缺乏爱国精神把国家置于危险之中。在任何国家,都是这种模式。"

在国内,德国民族主义激发了潜在的**民族统一主义**,并且通过收回在以前战争中被他国拿走的省份,以及吸纳在奥地利、捷克斯洛伐克和波兰的德国人而使得德国的边界扩张合理化。**法西斯主义**(fascism,纳粹政权的意识形态,它所高举的旗帜是祖国、民族主义、帝国主义和反犹主义)的兴起,推动了这种帝国主义追求的复兴,并且宣扬一种极端的现实主义,强调权力政治,为德国及与德国结盟的其他轴心大国的武力扩张进行辩护。"一切为了国家,没有任何东西在国家之外,也没有任何东西能凌驾于国家之上。"这就是意大利独裁者墨索里尼对法西斯政治哲学的理解。在定义上,这一哲学赞同极端的现实主义观点,即国家有权通过武力来管理人类生活的方方面面。

在个人分析层面上,领导人的重要性也凸显出来。如果没有希特勒和他制定的武力征服世界的计划,战争也就可能不会发生。二战的发生主要源于德国的侵略。为了宣扬德国人是一个"优等民族"和推行反犹主义和反共产主义,希特勒选择了发动战争以创立帝国,他相信,通过消除德国的敌人,这个帝国可以一劳永逸地解决欧洲大国间历史上竞争和不稳定共存的问题。"'千年帝国'的广阔前景是……一个大大扩展并将持续扩展的德国核心,它深入俄罗斯腹地,包括许多仆从国和地区,如法国、低地国家、斯堪的纳维亚、中欧和巴尔干,它们将为核心部分提供资源和劳动力。在德国的帝国主义政策中,没有教化的使命。相反,'劣等民族'只应被教会做仆人的工作,或者正如希特勒曾经嘲笑的那样,只需教育他们能够认识路标以免被德国汽车撞倒。'劣等民族'中的'最劣等民族'波兰人和犹太人则应该被灭绝……对希特勒来说,政策目标是摧毁现有体系并在种族政策的基础上重建一个体系,这个体系由一个大大扩张了的德国所管理，具有清晰的等级制和剥削秩序。主权的遗迹可能还在，但只是覆盖在整体秩序上的遮羞布。德国在战争期间的占领政策把被占领国家变为卫星国、总督辖地和奴工的供应地，这是希特勒设想的世界新秩序的具体实践。它们并不是根据军事需要而临时准备或计划出来的。"(Holsti, 1991)

二战的影响

面对在苏联遭遇的灾难性失败，以及盟国对国内的大规模轰炸，德国的"千年帝国"在1945年5月宣告破灭。同年8月，美国在日本广岛和长崎相继投下两颗原子弹，迫使日本结束其征服战争。同盟国对轴心国的胜利，重新分配了权力，安排了边界，形成了新的地缘政治格局。

苏联从波罗的海国家爱沙尼亚、拉脱维亚和立宛陶，从芬兰、捷克斯洛伐克、波兰和罗马尼亚吞并了近60万平方公里的领土，恢复了一战后俄罗斯在1918年《布列斯特－立陶夫斯克条约》中失去的领土。波兰是苏联扩张主义的牺牲品，但它从德国那里获得了领土补偿。德国自身则被分成几个占领区并最终为冷战时期东德和西德的分裂奠定了基础。最后，亲苏政权在整个东欧执掌政权。在远东，苏联从日本手中取得千岛群岛的四个岛屿。朝鲜半岛也以北纬38度线为界分为苏占区和美占区。

随着轴心国的失败，一个全球体系结束了，但新全球体系的关键特征却仍不明晰。虽然创立了联合国取代了以前不被信任的国联，但世界事务的管理仍在胜利者手中。而胜利也只不过是放大了它们对彼此的不信任感。

"三巨头"（丘吉尔、罗斯福、斯大林）1945年2月在**雅尔塔会议**上碰面，设计了一个新的世界秩序。但他们达成的含糊不清的协议掩盖了暗中的分歧。德国在5月无条件投降后，"三巨头"（此时美国由杜鲁门代表）于1945年7月在波茨坦再次会晤。但这次会议并未达成协议，同盟国的团结开始破灭。

战争所带来的后果使得美苏成为当时仅有的两个依旧强大且有能力强制推行它们意愿的大国。其他主要战胜国（尤其是英国），战争已经耗尽了它们的国力并使它们从世界权力等级秩序的顶端滑落下来。战败的轴心国也从大国行列中跌落下来。因此，美国和苏联各自控制了一半人类的命运。相比之下，其他所有国家都是侏儒。

在这种氛围下，出现了关于 20 世纪是否会变成"美国的世纪"或"苏联的世纪"的意识形态辩论。因此，二战可能最重要的产物就是它所造成的**变革**。在一小段间歇之后，全球权力的分配从**多极**变为**两极**（bipolarity）。1949 年之后，在众所周知的**冷战**（Cold War）中，华盛顿和莫斯科利用刚成立的联合国彼此竞争，而不是维持和平。作为 20 世纪第三次也是最后一次大国之间的战争，冷战及其教训依然在影响着当今的地缘战略格局。

> 美国应该带头以西方的方式去管理世界。
> ——杜鲁门总统

4-4 冷 战

20 世纪发生的第二场大战（在参与者数量和毁灭数量上均无可比拟）产生了一个由两个超级大国主导的全球体系，它们的核武器彻底改变了战争威胁在世界政治中扮演的角色。美苏之间争夺霸权领导地位的竞争便是在这种情况下出现的。

冷战的原因和演化过程

20 世纪第三次霸权争夺战的起源是有争议的，因为历史证据提供了不同的解释。有几种假定的原因比较重要。在全球层面的分析中，首先是由现实主义提出的原因：冷战产生于权力和领导地位上发生的转移。这种转移推动美苏争夺国际等级秩序的最高位置，使得它们之间的对抗也就无法避免。"当双方超越它们的核心同盟寻求战略优势时，冷战就开始影响国家和全球政治运动的轨迹。"（Freedman, 2010）当时的环境给了每个超级大国恐惧和与其他潜在的全球领导者进行斗争的理由，并鼓励每个参与竞争的超级大国在自己的**势力范围**（sphere of influence）内或者是在世界特定地域开拓并建立起自身具有支配性的影响力。

第二种解释是在国家层面的分析上，认为冷战仅仅是超级大国互相蔑视对方所宣称的政治及经济信仰的延伸。美国对苏联的敌意源自1917年的布尔什维克革命。这场革命产生了一个批判资本主义和帝国主义的马克思主义政府。美国对马克思主义的恐惧刺激了相反的意识形态即反共产主义的出现。在每一个地方，共产主义都成为叛国和非美活动的同义词。而且，根据共产主义有内在的驱动力"撞倒"一个接一个国家的**多米诺理论**（domino theory），苏联共产主义具有扩张主义的天性。于是美国也就开始了一项传教士般的"十字军东征"，试图遏制并最终从地球上消除赞同无神论的共产主义威胁。

苏联的政策同样受到资本主义与共产主义不能共存这一信念的强化。因此，苏联的政策目标是推动历史进程，取得共产主义的最终胜利。然而，苏联的计划者们并不相信这种历史结果的确定性。他们感到由美国领导的资本主义国家试图包围苏联，把共产主义扼杀在摇篮中，因而苏联有责任进行抵抗。结果，意识形态上的不相容也就排除了妥协这个选项。共产主义理论家列宁描述了他所认为的困境，他说："只要资本主义和共产主义存在，我们就不能和平相处，要么是一方要么是另一方将获胜——哀乐要么为苏维埃共和国要么为世界资本主义唱响。"

第三种解释植根于个人分析层面的决策中，认为冷战由于超级大国对彼此动机的错误认知而加剧。在这种建构主义观点中，利益冲突和意识形态的重要性排在误解之后。猜忌中的行为体倾向于只看到其自身行动中的优点和对手行动中的恶意。这种把对手视作自身完全的对立面或镜像的倾向，使得敌对几乎不可避免。而且，当对对手恶意目的的认知被社会建构起来并被接受为真理后，自我实现预言就会出现，而未来也就可能会受到其预测方式的影响。因此，由于以猜忌的态度看待彼此，每个竞争对手都以敌对的方式行事，从而也就助长了人们怀疑的行为。

除了那些植根于不同利益、意识形态和意象的因素，无疑还有其他因素共同导致美苏之间激烈的霸权竞赛。为了理清各种因素的相对因果影响，我们必须评估自1945—1948年酝酿期之后爆发的冷战在44年持续期内的变化。在其很长历史内的三个阶段，冷战的特征是变化的，而且出现了几个独特的模式，不仅提供了关于冷战背后动力的洞见，也揭示了其他大国竞争的性质。

对抗时期，1947—1962年 二战之后美苏之间也曾有过一段短暂而谨慎的亲密时期，但这种友谊随着两个巨人之间至关重要的利益冲突而迅速消失。在这个关键时刻,当时美国驻苏联大使馆的外交官乔治·凯南(George Kennan)向华盛顿发回了著名的"长电",评价苏联行为的根源。这封"长电"在1947年发表在当时颇有影响力的《外交》杂志上,凯南用了匿名"X",他认为苏联领导人永远都会对他们维持权力以反对苏联国内外势力的政治能力感到不安。他们的不安全感会产生出一种激进的、也许是侵略性的苏联对外政策。然而,美国有能力向苏联施加压力,迫使苏联的领导能力逐渐软化并导致苏联权力的终结。凯南总结道:"在这样的环境中,显然,美国任何对苏政策中的主要因素都必须是长期的、耐心的,并且要坚定而警惕地遏制其扩张倾向。"

不久之后,杜鲁门总统就将凯南的评估作为美国战后对外政策的基石。部分是由于土耳其和希腊发生的暴力事件的刺激(杜鲁门和其他人都认为它们是共产主义者挑起的),杜鲁门宣称他相信"美国必须采取支持自由人民的政策,他们正在抵抗少数武装分子或外部压力的征服企图"。最终,这一被称为杜鲁门主义(Truman Doctrine)的声明,规定了美国未来40年采取的政策,尽管凯南反对这一政策。被称为**遏制**政策的这一战略,力图通过包围苏联和进行军事打击的威胁来恐吓苏联,从而防止苏联影响力的扩张。

接下来很快就是一系列看似无休止的冷战危机。其中包括1948年共产主义者在捷克斯洛伐克发动的政变,同年6月苏联封锁西柏林,1949年共产党人建立中华人民共和国,1950年朝鲜战争爆发,以及时断时续的台海危机。苏联最终在1949年打破了美国对原子弹的垄断。此后,大规模杀伤的风险使得克制成为必要并改变了大国争斗的条件。

由于相对而言苏联在战略上仍然逊于美国,赫鲁晓夫(在1953年斯大林去世后掌权)开始推行与资本主义和平共处的政策。尽管如此,苏联仍在不时谨慎地在看来有机会的地方扩大其权力。结果,斯大林逝世后的时期出现了许多冷战对抗,匈牙利、古巴、埃及和柏林更是成为对抗爆发的焦点地区。

1962年,苏联秘密在古巴部署导弹,这是对超级大国管理它们之间争端能力的最大考验。两个超级大国怒目而视,相持不下。幸运的是,其中一方(苏联)眨眼了,危机宣告结束。这次痛苦的经历既减少了两个超级大国动用军事手段进行冷战的热情,也加深了它们对核战争自杀性后果的认识。

从共处到缓和时期,1963—1978年 相互毁灭威胁的增加,以及美苏军事实力不断接近,使得共存或不存成为二择一的选择。在美利坚大学1963年的毕业典礼上,肯尼迪总统警告说:"如果全面战再次爆发——无论以何种方式——我们两个国家都将是主要目标。一个具有讽刺意味但也是确切的事实是,两个最强大的国家也是最容易被毁灭的国家……我们两个国家都陷入了一个危险的恶性循环中,对其中一方的怀疑种下了另一方怀疑的种子,新的武器招致对抗性武器的出现。简言之,美国及其盟国以及苏联及其盟国,在实现正义而真正的和平及终止军备竞赛上,拥有共同而深刻的利益……因此,让我们不要再对我们的分歧视而不见。让我们直接去关注我们共同的利益,以及那些可以解决分歧的方式。如果我们现在不能结束我们之间的分歧,那么,至少我们也要使世界变得安全,具有多样性。"

肯尼迪发出了美国政策转变的信号,即美国希望与它的对手进行谈判;苏联很快就对此做出回应,表达了对更深层次合作关系的兴趣。这一转变在1968年尼克松当选总统后又向前迈进了一步。在基辛格的建议下,尼克松总统采取了一种新的与苏联拉近关系的做法,1969年他正式将其命名为缓和(detente)。基辛格解释道,缓和是一项对外政策战略,旨在创造"一个竞争者可以调节和约束他们的分歧,最终从竞争转向合作的环境"。沿着这些路线,美国**联系战略**(linkage strategy)的目标是通过持续的相互回报式的交换来塑造超级大国之间的关系,减少发动战争的动机。合作互动变得比敌对关系更加普遍。访问、文化交流、贸易协定、军控谈判和合资技术企业取代了威胁、警告和对抗。

从新的对抗到和解时期,1979—1991年 尽管两个超级大国小心地培育着缓和的关系,但缓和状态却并未持续太久。1979年苏联入侵阿富汗导致缓和关系终结时,卡特总统将局势定义为"自冷战开始以来最严重的战略挑战"。为了报复,他宣布美国愿用军事力量保护本国从波斯湾开始的石油供应线,他中断了对苏粮食出口并组织了一场世界范围内对1980年莫斯科奥运会的抵制行动。

在那之后,美苏关系急剧恶化。里根总统和他的苏联对手(先是安德罗波夫,之后是契尔年科)互相发表了接二连三的对抗演说。里根宣称,苏联"是当前所有不安定状态的根源",并把苏联描述为"现代世界的邪恶中心"。随着谈论战争的次数增加,两国的战争准备也出现升级。疯狂的军备竞赛重新开始,付出的代价则是出现了国内经济问题。超级大国还把对抗扩大到新的地方,如中美洲,并重启公共外交(宣传),在全世界吹捧各自体制的优点。

里根承诺,美国支持反共产主义的反叛者推翻苏联支持的阿富汗、安哥

缓解紧张局势：美苏缓和　图中所示是，美国联系战略的设计师之一尼克松总统和他的国务卿基辛格一起，在签署了《第一次限制战略武器条约》（SALT）后与苏联总书记勃列日涅夫握手。

拉、尼加拉瓜政府。此外，美国的领导人还模糊地谈起，如果发生常规战，美国将会通过运用包括威胁"首先使用"核武器在内的"占优势的"军事战略，进行一场核战争的"取胜能力"。这些动议和反动议导致双方关系恶化。苏联新任领导人戈尔巴乔夫在1985年总结了超级大国关系令人担忧的状态，他焦虑地说："局势太过复杂，非常紧张。我甚至愿说它将一触即发。"

然而，危险局势并没有被引爆。相反，随着戈尔巴乔夫倡导"新思维"以实现与敌对国家利益的**和解**或恢复友好关系，出现一个更具建设性时期的前景也变得更加明确。他试图解决苏联与西方资本主义国家之间的分歧，以使本国经济和国际地位不再恶化。

作为这种新思维的基石，戈尔巴乔夫推行"公开化"和"改革"。前者意味着更大的开放性和个人自由，后者则是指政治和经济体制重组。戈尔巴乔夫赞同这些原则，开始着手进行国内改革，促进民主化和向市场经济转变，并宣称他的愿望是结束冷战。"我们认识到，我们被历史的、意识形态的、社会经济的和文化的深刻分歧所分开，"他在1987年第一次访问美国时指出，"但今天的政治智慧并不在于利用那些分歧为对抗、敌对和军备竞赛制造借口。"苏联发言人格奥尔基·阿尔巴托夫（Georgi Arbatov）详细地向美国人阐述道："我们打算做一件会让你们感到震惊的事情——我们打算剥夺你们作为敌人的资格。"

现实主义的许多支持者都认为大国争霸不可避免，在战略上屈服或接受失败是不可能的。但令他们惊讶的是，苏联人做了他们许诺的事情：他们开始像盟友而非敌人那样行事。苏联同意结束对古巴卡斯特罗政权的援助和支持，从阿富汗撤军，并宣布单方面削减军事开支。戈尔巴乔夫还签署了两份新的裁军协议：大量削减战略武器库的《削减战略武器条约》（START）和减少苏联在欧洲驻军的《欧洲常规武装力量条约》（CFE）。

1989年柏林墙被推倒，到1991年，当苏联解体、接受资本主义自由市场原则并推行民主改革时，冷战真正结束。几乎让每个人都为之震惊的是，苏联默许了共产主义的衰落、德国的统一，以及其东欧盟国集团华沙条约的解体。东西方之间持久对抗的结束，以及70年意识形态争端的结束，是一个重大的历史变革事件，其中自由主义似乎取得了胜利。"通过不断的努力，建立多边机构、同盟、贸易协定和政治伙伴关系等广泛的体系，把各国拉进了美国的轨道。这有助于加强全球规范与规则，削弱19世纪那种势力范围、追求地区支配权和攫取领土的合法性。"（Ikenberry, 2014）

冷战的结束暗示了与20世纪两次世界大战的教训完全不同的东西，两次世界大战表明大国对抗注定要以武装冲突的方式结束。事实上，意想不到的结果削弱了对传统现实主义理论充分性的信心，该理论认为没有大国会不经战斗就接受失败让对手称霸。冷战是不寻常的；它以和平方式结束，这是各种因素聚合的产物，这些因素在冷战演变的不同阶段有助于把全球性的对抗转变为稳定的乃至合作的关系（参见表4.2）。这表明，相互对抗的大国有时也可能无须战争就可以调和它们之间相互竞争的分歧。

冷战的影响

尽管美苏被固定在地缘战略竞争中，而且这种状况还因敌对的意识形态和相互的错误认知而变得更加糟糕，但这两个大国还是避免了一场致命的摊牌。

表 4.2　对冷战结束原因的不同诠释

分析层面	理论视角		
	现实主义	自由主义	建构主义
个人	权力政治	领导人作为历史上的推动者	对领导力的外部影响
	"那些主张核威慑和强大军事能力的人们极其强调力量的地位,认为是力量最终导致苏联领导人选择不那么好战和对国际政治不太危险的方法。"——美国总统顾问理查德·珀尔(Richard Perle)	"[冷战的结束可能]主要是因为一个人——戈尔巴乔夫。如果不是他,变革……就不会开始。"——美国国务卿詹姆斯·贝克(James Baker)	"里根的'强硬'政策和强化军备竞赛[并未说服]共产党人'放弃'。正相反,这项政策使改革者的生活和所有渴望民主变化的人们的生活变得更困难……[共产党强硬]保守派和反动派受到显著的影响。"——苏联美国和加拿大研究所主任阿尔巴托夫
国家	经济管理	草根运动	观念和理想
	"苏联共产主义利用的黩武思想,摧毁了苏联经济,从而加快了苏联帝国的自我毁灭。"——美国国防部副部长弗雷德·艾克尔(Fred Iklé)	"正是人类结束了冷战,只是你们没有注意到。不是武器、技术、军队或者运动。就是人类。甚至不是西方人,尽管实际上是这样,而是我们在东方不共戴天的死敌,他们走上街头,面对子弹和警棍说'我们已经受够了'。"——作家约翰·勒卡雷(John Le Carré)	"冲突的根源是社会制度冲突,也是想要领导世界的意识形态偏好冲突。在这种情况下,相互的安全在很大程度上是无法实现的。直到苏联对外政策发生根本变化之前,冷战真正结束是不可能的。"——政治学家罗伯特·杰维斯
全球	遏制	国际舆论	跨境传染效应
	"赢得冷战的遏制战略体现了现实主义者的机智……遏制的重点首先在于防止莫斯科获得位于其边界附近的工业权力的关键核心,同时避免运用军事力量'击退'共产主义。"——政治学家斯蒂芬·沃尔特(Stephan Walt)	"[全世界]在战壕中服役的成千上万的人们带来的变化都[对冷战的结束]有部分贡献。"——政治学家大卫·柯特赖特(David Cortright)	"共产主义衰落的急剧阶段先在苏联之外开始,并蔓延到苏联本身。到1987年,戈尔巴乔夫明确表示,他不会干涉苏联集团各国的内部实验……一旦共产主义在东欧解体,苏联的替代选择便要么是内战要么是解体。"——政治记者丹尼尔·克伦伯特(Daniel Klenbort)

苏联领导人接受了他们帝国衰败的现实，进行了历史上最急剧的、和平的权力收缩。冷战的结束以深刻而多样的方式改变了世界事务的面貌。1991年苏联解体后并未马上出现一个挑战者对抗美国的霸权地位。但却出现了许多新的安全威胁，从朝鲜和伊朗这样渴望拥有核力量的国家到恐怖主义网络如基地组织。进入动荡的21世纪，有着明确对手的两极冷战世界已经消失，取而代之的是一个关系复杂的世界，在这个世界中，分辨敌友这个问题正在变得越来越重要。

4-5　后冷战时代

世界政治中迅速的、意料之外的变化，给全球的未来带来了不确定性。对乐观主义者来说，东欧剧变后的迅速变革"迎来了一代人相对的政治稳定"（Zakaria, 2009），并标志着"作为终极政府形式的西方自由民主制度的普世化"（Fukuyama, 1989）。对悲观主义者来说，这些海量的变化并不意味着历史的终结，而是争夺霸权统治和相互竞争的观念和意识形态敌对的重新开始。

两个群体都在冷战结束后的几年里认识到，两极被**单极**（unipolarity，一种霸权的权力分配，只有一个占主导地位的超级大国）所取代。然而，随着时间流逝，其他大国开始就增加其自身在世界政治中的影响力和知名度而进行争夺。这种新的竞赛推动了关于**多极**（multipolarity）是否更好地描述了今天正在出现的权力分配的辩论。让人感兴趣的是，当大国在后冷战时代的世界政治中遇到新的和困难的挑战时，这对它们之间的关系可能意味着什么。

美国的"单极时刻"

单极是指权力集中于一个单一的占有优势的国家。随着冷战结束，美国独自站在国际等级秩序的顶点。至今它仍是唯一一个拥有充足的军事、经济和文化资源，能在它所选择的世界任一地区扮演决定性力量的国家。它的军事力量不仅比其他任何国家都要强，而且比其他所有国家的总和都要强，美国2015年的国防开支超过了其他所有国家国防开支的总和。

支持美国军事力量的是它那令人畏惧的经济力量。美国以不到全球5%的人口占了全球国内生产总值的近 1/5、全世界研发投入资金总额的 1/3。而且，美国继续有效地行使其巨大的**软权力**（soft power），因为它是全球信息和流行文化的中心，其价值观通过信息和文化交流传播到世界各地。这种罕见的军事、经济和文化权力汇合在一起的情况，赋予美国一种非同寻常的能力，可以按照它的意愿去塑造全球未来。这就是为什么美国在全球权力金字塔顶部的独特超级大国地位允许它采取独立行动而不用担心受到弱国阻挠的原因。比起与他国协调一致，一个强大和占支配地位的霸权国，无须通过全球性组织来有效地处理国际关系中的问题，就可"单独行动"，即使面对国外尖锐的批评也有能力"单独行事"。

这种**单边主义**（unilateralism）源自一种想要灵活控制大国外交关系行动的愿望，要么是想独立于其他大国的控制之外，要么是想不受来自其他大国的压力。单边主义包含孤立主义，这是一种发挥霸权领导作用的企图，一种**选择性接触**战略，它将其外部参与集中于重要的国家利益之上，或者是一种在大国争议双方中巧妙扮演一个"平衡者"角色的努力（但仅当在其他大国争议方之间有必要保持军事平衡时）。

然而，单边主义也需要付出代价。单独行动也许便捷有效，但它也削弱了在美国急需其他国家合作支持的议题（如打击恐怖主义）上得到国际社会援助的程度。在极端情况下，单边主义会导致全球领导人扮演国际恶霸的角色（在国际社会恃强凌弱），并试图管理世界。基辛格认为，压倒性力量"几乎会自动唤起其他社会寻求发出更大的声音……并降低最强者的相对位置"。世纪之初代表美国对外政策的（小）布什主义强调自私的单边主义，导致 2003 年到 2008 年间出现了一波反美浪潮，这"似乎超出了对有争议的对外政策决定的反应，而是对它们不受约束的阐述和单方面实施的反应。对世界舆论来说，对外政策制定过程的合法性要远比决策结果更重要"（Fabbrini, 2010）。

美国作为一个超级大国、单一的"极"或权力中心，没有一个真正的挑战者，这种地位使得它注定要承担起沉重而巨大的责任。尽管在当今世界上美国可能拥有无可匹敌的地位，但从长远来看，单极不可能持久。事实上，随着**帝国过度扩张**（imperial overstretch），内部资源与外部义务之间的差距让此前每一个领导性的大国都会变得脆弱。纵观历史，霸主反复把自己的安全利益设定得比其他国家要广，结果由于超出它们的控制而从权力顶峰滑落。

从单极到多极：其他国家的崛起？

用军事手段维持美国帝国的过高的成本最终戳破了"美国霸权的气泡"（Sanger, 2005；Rachman, 2012）。自从"9·11"恐怖袭击以来，美国的国防开支增加了一倍多，而且根据通货膨胀调整后依然保持在二战以来的最高水平。美国前国防部长罗伯特·盖茨（Robert Gates）表达了对美国军力结构与现有威胁不成比例的担忧。"当美国的战舰比其后13支海军（其中11支属于盟国和伙伴国家）加起来还要大时，难道美国拥有的和正在建造的军舰数量真的会使美国处于危险之中吗？美国在2020年新型隐形战斗机拥有数量只是中国的20倍难道真是一种可怕的威胁吗？"

将巨大的国家资源分配给军事准备所带来的权衡问题，反映在艾森豪威尔总统的警告中："国防开支的问题在于，弄清楚你应该走多远而不会从内部摧毁你试图从外部保卫的东西。"然而，并不仅仅是扩张性军事承诺本身带来的财政成本，使人担心美国在国际体系中维持其主导地位的能力；到2008年金融危机爆发时，美国在世界上的主导优势也受到进一步侵蚀。2008年的金融危机始于美国并扩散到全球金融体系。

尽管美国的军事规模继续保持在世界首位，但其他指标则显示出一种相对衰落的信号。例如，2000年美国经济占全球经济的31%，但到2010年这一比例已经降至23.5%，预计到2020年将会进一步减少至16%（Debusmann, 2012）。伴随多年不断扩大的赤字，美国现已成为世界上最大的债务国，对其他国家负债超过6.1万亿美元，其中超过1/3的债权都为中国和日本持有（U. S. Treasury Department, 2015）。由于这些债务，经济学家史蒂文·科恩（Steven Cohen）和布拉德福特·德龙（Bradford DeLong）（引自Thomson, 2011）争论说："美国由于不明智的（过于频繁的）借款、预支未来而陷入了曾经强大但缓慢衰落的国家经历的大家过于熟悉的模式。"他们得出美国正在慢慢侵蚀其自身超级大国地位的基础这一论断。

预见到"其他国家崛起"将会成为新世界的主要特征，现实主义的政治记者法里德·扎卡里亚（Fareed Zakaria）将变革的意义归于后冷战时期全球所有国家都经历的经济增长，以及随后出现的被很多人认为是自大萧条以来最糟糕的衰退所带来的经济挑战："其他国家的崛起在本质上是一种经济现象，但我们所见证的经济变革并不仅仅只是钱的问题。它还具有政治、军事和文化方面的影响。由于国家变得越来越强大富有，而且由于美国正在为重新赢回世界的信心而斗争，我们有可能看到更多的挑战和来自新兴国家更大的自信。"

人们日益认识到，国际体系中的权力分布正在变为政治学家亨廷顿在2005年所描述的**单极–多极**（uni-multipolar）形式。根据这种观点，虽然美国依然是世界上唯一的超级大国，但其他国家已经不再那么容易被控制。大国对抗的潜在可能性增加了，因为其他国家（特别是那些欧洲和亚洲的国家）开始抵抗和挑战美国的霸权（参见下页专栏）。尽管美国的参与仍是处理重大国际问题的关键，但跨国问题的解决也需要其他主要国家的联合行动。单极体系在解决多方面的安全威胁时的这种局限性，通过"9·11"恐怖袭击以及随后的反恐战争被揭示出来："美国在面对非威斯特伐利亚威胁时的脆弱性，要求重新思考如何将'安全'概念化并使其具有可操作性。即使美国依然是到目前为止世界上最重要的军事力量，但小布什政府初期可见的单边行动很快就被自愿联盟所取代，并越来越依靠国际社会在像阿富汗和伊拉克这样遥远的地区促成持久的长期和平。"（Simão, 2012）

日益增加的对美国支配地位的限制，以及"经济和政治权力方面发生的变化，对世界秩序具有重大意义。一个日渐虚弱的美国不太愿意甚至没有太大能力在解决世界经济和政治危机方面发挥主导作用"。如果美国的帝国过度扩张与美国的主要挑战者日益增长的经济和政治影响的某种组合改变了当前全球权力的分配的话，许多学者和决策者都预言将会出现一个有两个以上的权力支配中心的多极全球体系。

4-6 展望未来：大国的未来会怎样？

有一种不断加深的感觉，即全球权力分配的变化正在进行中。2012年据美国国家情报委员会推断："尽管单极时刻已经结束，但因为其权力的多面性及其领导地位的遗产，美国将极有可能继续保持强国之首的地位至少到2030年。"著名对外政策专家盖尔布（Gelb, 2009）拒绝接受下面这个观点，即我们正在进入一个时代，在这个时代中美国将不再比其他大国更重要，他争论说："全球

深入探究：中国是否对美国的霸权构成严重挑战？

如今许多人都看到美国的力量日益受到经济制约，并质疑美国是否有资源继续作为国际安全和其他全球公共物品的提供者。而与此同时，随着中国在国际舞台上迅速崛起，许多人也开始猜测中国在未来的国际体系中所扮演的角色。"美国仍是当今世界唯一的超级大国，但它正在受到中国崛起的力量的挑战，正如古罗马受到迦太基的挑战、英国在一战之前的年代里受到德国的挑战那样。"（Feldman, 2013）美中关系是未来全球秩序中最重要的双边关系吗？中国会成为美国最重要的竞争者并取而代之成为超群的世界大国吗？

一些人认为，世界最终将会处于中国的领导下。他们设想的是，中国与全球南方不断扩大的经济联系，有可能"会征服西方市场并最终控制一个新的世界秩序"（引自 Anderlini, 2013）。中国持续的军力增长，伴之以经济扩张，也表明了中国的全球抱负。

不过，其他人则相信中国依然只是一个"局部大国"，因为即使中国有大国的风采，但它却缺少影响国际事务的能力。而且，一些人认为，"在中国未来的发展充满了相当大的不确定性的同时，美国在未来数十年内都几乎肯定拥有军事优势，因此完全有能力承担接纳这种崛起的成本，而不是与中国对抗并通过自我实现预言的方式冒险将中国变为一个挑战者"（Maull, 2015）。

然而，可以确定的是，中国作为全球性大国不可能很快消失，那么这对中美关系意味着什么呢？两国将会面临一场令人联想到冷战的敌对的地缘政治对抗吗？抑或是双方将会继续互相接触，同时尝试和平地管理对方造成的战略威胁？

也许美国和中国将会走上一条与之前的全球权力斗争不同的道路。尤其是，如果"不是统治，而是一种经济制度解释了国家间和平"的话（Mousseau, 2013），两个国家间的关系将会以"经济和平"为特征。正如哈佛法学院教授费尔德曼（Feldman, 2013）所言："世界主要大国与其主要挑战者在经济上的相互依存程度史无前例。中国需要美国继续购买它的产品，美国则需要中国继续借钱给它。在可以预见的未来，它们的经济命运是结合在一起的。"

★ **由你决定**：

1. 美国继续在国际政治中发挥核心作用有多重要？如果美国不发挥这种作用，美国应该更狭隘地界定其利益吗？那些利益应该包含什么？

2. 你认为中国是否对美国的霸权构成严重挑战？如果是的话，这给美国带来了什么问题？

3. 走向多极体系是否反映出美国力量的衰退或者其他国家的崛起？或者说，你是否认为我们正在看到朝向由美国和中国支配的两极格局转变？

权力的形状是明显的金字塔状——美国单独居于顶端，第二个层次是主要的国家（中国、日本、印度、俄罗斯、英国、法国、德国和巴西），下面还有数个层次。现在甚至连最小的国家都在国际金字塔体系中占有一席之地，尤其是它们有足够的力量去抵抗强国。但在所有国家中，只有美国才是一个在全球范围都有影响力的真正的全球性大国。"

其他学者从略微不同的角度看待世界，注意到了一个重大转变，其特征是其他大国在一个所谓"后美国"世界中的上升，在这其中其他许多国家和非国家行为体会帮助定义和指导我们如何应对全球挑战。"在政治军事层面上我们依然处于单一超级大国的世界中。但在其他每个方面（工业方面、金融方面、教育方面、社会方面、文化方面），权力的分配正在变化，正在摆脱美国的主导。"（Zakaria, 2009）当我们考虑对繁荣来说重要的多个维度时，美国和它的许多西方盟友依然占据最高层，尽管它们已不再是世界上唯一最繁荣的国家。

很难预测未来大国间将会出现什么样的分裂或伙伴关系，因为很难预测什么将会成为矛盾的下一个轴心。经过冷战后多年的衰落，俄罗斯开始寻求恢复其在大国间作为全球领导者的正确位置（参见下页专栏）。同时，它与美国的关系也由热转冷。在全球的反恐战争、进一步削减核武器和俄罗斯加入世贸组织方面，合作还是很明显的。然而，围绕以下问题也出现了紧张关系："阿拉伯之春"，推翻利比亚独裁者卡扎菲，美国认为是非民主的选举把普京送回总统宝座，以及俄罗斯在格鲁吉亚和乌克兰所采取的行动。

尽管如此，美国和俄罗斯仍在就重要的全球问题进行对话接触。比如，尽管俄罗斯在乌克兰制造了不和谐的事端，俄罗斯外交部长谢尔盖·拉夫罗夫、总统普京和美国国务卿约翰·克里依然于 2015 年 5 月就一系列问题进行了会谈，会谈内容从伊朗和也门问题到利比亚和叙利亚问题再到伊斯兰国和乌克兰问题。"世界已经改变，"俄罗斯参议院外交事务委员会主席米哈伊尔·马格洛夫（Mikhail Margelov）说，"它已不再是一个两极世界。我们正面临着很多威胁，很多同样的威胁。我们不得不进行合作。"

中国作为经济强国的地位已经引起一些人预测全球权力正在从美国转移到中国。2014 年，以**购买力平价**（PPP，它消除了各国价格水平的差异）衡量，中国的国内生产总值（GDP）已经超越美国成为全球最大的经济体。尽管其人均财富并未超过美国，但中国在全球国内生产总值中所占的份额已经使美

争 论 ——一个复苏的俄罗斯？

经历过冷战后一段时间的衰落之后，近年来俄罗斯开始想方设法展示自己的形象："不仅是独立国家联合体（CIS）地区中最重要的地区大国，而且是欧洲和亚洲一个非常重要的地区大国，同时还是一个与美国在全球议题上竞争的对手。"（Nygren, 2012）然而，关于俄罗斯在现代时期的权力范围，以及它是否会再次成为执意削弱美国领导地位和现有世界秩序基础的地缘政治敌人，也存在不少争议。

世界政治长期以来都是以大国对抗为特征，长周期理论设想了世界领导地位的转变，这部分是由主要全球行为体相对力量的变化所促成。一些人认为俄罗斯"抵制冷战的政治解决"（Mead, 2014）并通过破坏维持现状的关系和规范，寻求推翻美国作为全球霸主的地位。俄罗斯坚定地在横跨欧亚大陆的事务中表达自己的意见，正如我们看到的入侵乌克兰、挑战美国在叙利亚的目标、关心伊朗的核计划，而这些努力都被视为俄罗斯试图控制该地区并威胁统治世界的秩序。

其他人则反驳说，尽管俄罗斯可能会挑战美国的全球领导地位，但它"不是在崛起，恰恰相反，它正在经历着现代时期对任何大国来说最大的地缘政治收缩"（Ikenberry, 2014）。它在克里米亚、亚美尼亚和格鲁吉亚的对抗行动，在很大程度上受到地缘政治脆弱性的驱动，因为西方国家已经进入其后院。从2009年开始，随着波兰、匈牙利和捷克共和国加入北约（2004年到2009年间允许苏联集团的9个前成员加入，另有6个前苏联加盟共和国参与北约的和平伙伴关系计划），俄罗斯意识到它的势力和安全范围都在缩小。美国的力量远超俄罗斯，二战后形成的自由主义国际框架继续是全球经济和解决全球问题的机制的基础。而且，俄罗斯自身最重要的利益也"深深地融入世界经济及其治理制度中"（Ikenberry, 2014）。

关于俄罗斯对外政策及其对其他地区的影响的辩论仍在持续，重要的是我们不要本能地去坚持使用冷战的棱镜，而是要有意去寻找一个客观而务实的透镜，通过它来评价俄罗斯的行为。"如果它的利益和雄心是合法的，西方国家最好的做法就是尝试让俄罗斯成为塑造全球体系的平等贡献者。然而，如果莫斯科怀有修正主义计划的话，它可能是对西方利益的威胁，那它就必须被遏制或者是从根本上加以改变。"（Tsygankov, 2014）

★ 你怎么看？

- 在解释俄罗斯的对外政策上，现实主义可以提供什么样的洞见？自由主义和建构主义又会提出什么样的诠释？
- 如果你是俄罗斯总统，你会采取什么方式去应对当前世界政治吗？
- 我们正在见证第二次冷战的开始吗？

国和欧盟黯然失色，以至于出现了我们正在进入"亚洲世纪"的猜测（Fogel, 2010）。根据一些估计，中国经济到 2050 年将会达到 61 万亿美元，分别远远超过后面两个最大的经济体：美国（41 万亿美元）和印度（42 万亿美元）。尽管在近期内由于从出口导向型增长向内需拉动型增长转变中国经济增速有所放缓，但分析者预测，到 2020 年中国经济增长将会再次加速，因为它将其生产能力推向了印度尼西亚、越南和菲律宾（PWC, 2015）。正如基辛格（Kissinger, 2012a）提醒我们的："中国不会将自己视为一个崛起的大国，而是会将自己视为一个复兴的大国……它并不会把一个强大的中国对经济、文化、政治及军事事务施加影响这一前景视为是对世界秩序一种不自然的挑战——而是会将其视为一种回归正常的事务状态。"

图 4.1 是对 2030 年和 2050 年最大经济体相对规模的一个估算，它为这些辩论提供了一种更广阔的背景。预测结果显示，到 2050 年最大经济体的排序与今天相比将会有显著不同。以购买力平价计算，中国在全球 GDP 中所占的份额将会由 2014 年的 16.5% 增加到 2030 年的 20%，并在 2050 年趋向稳定的 19.5% 左右，并自始至终都是世界上最大的经济体。在这段时期，印度也将经历重大的经济增长，以购买力平价计算在全球 GDP 中所占的份额将会由 2014 年的不到 7% 上升到 2050 年的 13.5% 左右。同时，以购买力平价计算的美国和欧盟在全球 GDP 中所占的合计份额预计将会由 2014 年的 33% 下降到 2050 年的 25%。

全球经济强国的转变速度是不同的，但趋势的总体方向却是清晰的。全球许多南方国家（特别是在亚洲）在全球经济中的重要性正在不断上升。在"很多方面，这是回到了前工业革命时代，当时中国和印度在很大程度上因为其庞大的人口规模以及在当时相对有效的农业部门而在世界 GDP 中占主导地位"（PWC, 2015）。外交关系委员会中的高级研究员科兰兹克（Kurlantzick, 2010）指出："亚洲确实在世界上正在增加其经济足迹，但它在军事实力、政治和外交影响力，甚至是在大多数经济稳定措施方面依然远远落后于美国。亚洲的增长是其目前实力的源泉，但也有很大的局限性——不断加剧的不平等、灾难性的人口统计，以及不断滋长的骚乱，都可能会破坏其发展。"

未来，任何一对大国之间都可能会出现普遍的敌对状态。例如，全球两大争夺霸权的主要竞争对手美中之间的竞争就有可能升级，如果美国用遏制手段阻碍中国崛起，或者中国危及美国的安全利益的话。但这并不一定就会发展为武装对

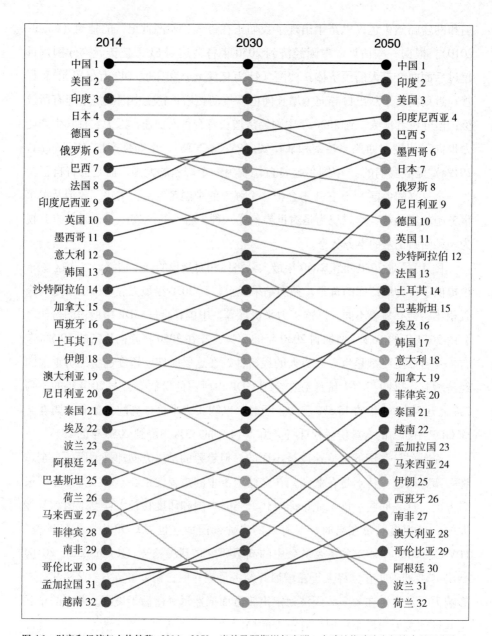

图 4.1 财富和经济权力的转移，2014—2050 当前及预期增长表明，全球地缘政治和经济力量平衡发生了重大变化。尽管美国仍是世界上最强的经济体之一，但根据购买力平价计算的 GDP，它在 2014 年就已被中国超越。到 2050 年，排在前五位的经济体可能包括美国以及中国、印度、印度尼西亚和巴西等新兴市场经济体。欧元区的增长预计依然疲软，那些发达市场的排名预计在未来几十年中将会出现下降。

抗，相反，彼此之间的合作还可能会增加。在经济和军事领域可能会出现非常不同的政治类型的大国关系。有一种可能性就是，随着全球贸易扩大了在相互依存不断变紧的网络中的各国经济一体化程度，经济对抗不断增加。不管怎样，许多相同关系的安全合作可能性也很高。在这些情况下，如果大国建立国际规则和机构来管理它们易变的、动机复杂的关系的话，**极化**（polarization）的危险就有可能被控制。这种合作潜力反映在前中国国防部长梁光烈的主张中："中国参与国际安全合作，不是要建立自己的势力范围、对外扩张……中国军队参与国际安全合作，不是要损害国际体系，而是要成为国际体系的参与者和建设者，向国际社会提供更多的公共安全产品，使世界各国共享安全利益。"

一个新的全球霸主？ 中国在过去20个世纪中有18个世纪都是世界上最大的经济强国。对西方来说，似乎很难想象会出现全球经济重心在亚洲这样一个世界。但经济学家福格尔（Fogel, 2010）提醒我们："这不会是第一次。"图中所示是美国国务卿约翰·克里与中国外交部长王毅在握手。克里概述了"太平洋梦"的愿景，"未来几十年，与此前相比，亚洲国家在经济和安全议题上的彼此关系以及和美国的关系将会变得更加紧密"（Taylor, 2013）。

今天盛行的矛盾是，许多对大国既是最积极的贸易伙伴，也是最大的军事对手。但关键问题是，未来的经济合作能否帮助降低军事竞争的可能性。我们今天所面临的世界性机遇和挑战要求一种多边的方式，要求各个大国同心协力去解决全球性问题。

沿着这条路线发展的一种可能性是，大国间形成协调或达成合作协议，联合管理全球体系以防国际争端升级为战争。出现在1815年到1822年顶峰时期的欧洲协调，是昔日大国努力追求实现和平之路的一个缩影。在"9·11"之后努力建立一个强大的力量联盟来发动一场全球反恐战争，则是通过集体行动形成协调的多边主义的最新例子。一些决策者也建议今天的大国与次强国家联合建构一个真正的**集体安全体系**。1919年国联的建立是在多极条件下利用多边途径实现和平的最佳例子，尽管俄罗斯在2008年入侵格鲁吉亚并在2014年入侵乌克兰，但一些人相信，俄罗斯承诺与北约合作，是一种通过强国联盟来维护和平的集体安全努力的代表。

当然，我们不会知道未来是什么样的。模式和实践可能改变，决策者可能会从之前的错误中汲取教训并避免重蹈覆辙。大国如何去应对一个权力和责任有着更广泛分布的新全球体系的最终出现至关重要。显然，大国对和平或战争的选择将会决定世界的命运。下一章我们将会把注意力从世界体系中心那些富有的、强大的和商业活跃的大国，转向全球南方那些更贫穷、更弱小和经济上不能自立的国家，以及全球东方的新兴大国。

第 5 章
世界政治与全球南方

> 一个建立在多数人贫困和少数人繁荣基础上的全球人类社会,其特点是财富的岛屿被贫困的海洋所环绕,是不可持续的。
>
> ——南非前总统姆贝基

变革之风 在一个大国主导的世界里,全球南方国家面临的机遇和挑战在某种程度上由它们在全球等级制中所处的位置所决定。在半个多世纪的敌对关系之后,美国对古巴政策的软化被支持者和反对者视为一个改变两国关系游戏规则的因素。图中所示为 2015 年 1 月 16 日在古巴哈瓦那一个古巴人穿着印有美国国旗图案的衬衫。

地球以赤道为界划分为南北两个半球。这条人为的分界线除了便于绘图师在地图上标出距离与位置，当然是没有意义的。不过这一划分也代表了一种描述区隔富国与穷国之不平等的流行方式。大体上这两类国家位于赤道的两边。

北半球大多数人们的生活与南半球非常不同。这种不平等是巨大的，并且在许多地方正在变得愈发明显。代表**全球北方**（Global North）与**全球南方**（Global South）的权力和财富上的分裂引出了道德和安全问题。正如公元前5世纪古希腊哲学家柏拉图忠告的那样，"不应该有极端的贫困或者过多的财富，因为它们都可能产生大恶"。贫困和不平等贯穿整个有记录的人类历史，但在今天其程度则达到了极端状态。穷国发现它们自己在全球等级制度中被边缘化，处于从属地位。大国和陷入贫困的劣势国家之间显著的不平等的原因与后果是什么？这是你在本章将要思考的中心问题。

5-1 殖民起源和影响

很多分析家都在全球分析层面上追溯今天国家间不平等的根源，因为他们认为全球体系内置于其自身的属性解释了大多数贫困国家难以缩小与富裕国家之间差距的原因。他们认为当今盛行的这一世界状况是一个更长的历史模式的一部分，今天管理国际政治的规则是在欧洲"三十年战争"后由1648年的《威斯特伐利亚和约》创建的。这些规则是由世界舞台上最强大的行为体（当时的大国）制定的，以满足它们狭隘的自我利益，维持它们在全球体系中的支配地位，防止较弱的国家加入它们的行列（Kegley and Raymond, 2002）。

正如建构主义所认为的，国家间不平等的起源和持续部分来自于下面这个事实：今天的现代全球体系最初是并依然是社会建构的现实，它由最强的国家建构，是最强的国家的建构，也是为了最强的国家的建构。大国设计全球体系并非为了追求平等，大国遵循现实主义主张的总是追求自我利益的指示。因此，它们并没有建立一个防止弱小国家和处于劣势的国家受害的全球体系。

所以一个好的起点就是要考虑这个体系的遗留问题。很多分析家都把**殖民主义**（colonialism，欧洲征服原住民并攫取他们的领土，作为欧洲排他性的收益）的历史看作是问题的根源。他们指出全球南方几乎所有独立的主权国家都曾是殖民地，今天的不平等就是过去殖民化的产物。

冷战期间，人们用**第三世界**（Third World）这个术语来区别在冷战中处于任一边的、数量越来越多的新独立但经济欠发达的前殖民国家，其中大部分国家都有殖民地的历史。但是，这个术语很快就被用来指代那些没能像欧洲、北美和日本等工业化大国构成的**第一世界**（First World）那样实现经济增长的国家。所谓的**第二世界**（Second World）则由苏联及其盟国组成，其特征是采用共产主义意识形态的计划经济政策，而不是依靠自由市场的力量。

第二世界和第三世界这样的术语带有过时的冷战色彩。今天更流行的术语是全球北方（指此前众所周知的第一世界）和全球南方（指大多数位于南半球的欠发达国家）。除此之外，这些当代的术语在很大程度上也符合**大国**（great powers）和**小国**（small powers）之间的区分。在全球南方国家之间，还有一个区分是**新兴大国**（emerging powers）或**中等大国**（middle powers），它们寻求在国际事务中扮演更加自信的角色，拥有足够的资源去实现它们的目标，并且在世界政治中的影响力也是越来越大，尤其是在全球经济中。

把一些特定国家归入这些类别中并不容易。尽管新闻记者、政策制定者和学者经常使用全球南方这个概念，但在这一国家类别中也存在相当大的多样性。比如说，它包含了诸如加纳和海地这样的低收入国家，那里的大多数人口试图通过温饱型农业实现生存；诸如巴西和马来西亚这样的中等收入国家，那里生产工业制成品；还包括一些诸如科威特和卡塔尔这样的国家，它们靠石油出口所获得的收入可以与全球北方国家相媲美。

全球南方国家在其他方面也有不同。它们的队伍既包括印度尼西亚（一个群岛国家，有着超过 1.75 万座岛屿，分散在一片面积比美国还要大的广阔的海洋区域中）和东帝汶（一个大致与康涅狄格州一样大的岛国），也包括有着 1.74 亿人口的尼日利亚和只有 170 万人口的几内亚比绍。除了这些地理上和人口统计学上的不同，全球南方国家在政治上和文化上也有很大不同，比如从民主的哥斯达黎加到独裁的缅甸。

全球南方作为一个可识别的国家群体的出现显然是一种当代现象。尽管大部分拉美国家在二战之前都是独立的，但直到二战后其他全球南方国家才获得这样的地位。1947 年，英国允许印度和巴基斯坦独立，此后**非殖民化**（decolonization，将殖民地人民从依附地位中解放出来）速度加快。从那以后，大量新独立的主权国家都加入了全球共同体，几乎所有新国家都是从英国、西班牙、葡萄牙、荷兰和法国在400年前殖民主义时代建立的帝国中分离出来的。

今天，殖民地几乎没有了，非殖民化进程也基本完成。然而，殖民地的影响却是依然存在。现在盛行的大多数族群的民族冲突都有殖民地根源，因为帝国列强在它们的领地内部或者之间划分边界时几乎没有考虑过原住民的民族身份。同样，富裕的全球北方与贫困的全球南方之间在财富上的不平等，部分也源于殖民地时期的不平等和剥削关系。

刚果就是一个殖民经历如何侵蚀一个前中世纪大国的例子。葡萄牙在刚果进行的持续四个世纪的奴隶贸易夺走了当地1 300多万人的生命。从1885年起，比利时国王利奥波德二世又对刚果进行了数十年的进一步剥削。利奥波德二世至少应该间接为1 000万人的死亡负责，因为他把刚果变成一个劳动营，并通过野生橡胶的丰收来积累个人财富。尽管刚果在1960年实现了独立，但和平和繁荣却并未跟随而来。相反，殖民统治被暴力的内部分裂所取代。1965年获取权力的蒙博托建立了一个威权国家，他通过恐惧和镇压来控制人民，直到1997年被赶下台。在其统治期间，蒙博托延续了剥削这一殖民遗留。根据透明国际公布的数据，他从他的国家盗用了超过50亿美元，这使他成为过去20年来最腐败的非洲领导人。

欧洲帝国主义的第一波

欧洲建立帝国的第一波始于15世纪晚期，当时荷兰、英格兰、法兰西、葡萄牙和西班牙为了攫取商业利益，运用海军力量去征服领土。科技创新使得欧洲探险家的冒险成为可能，而商人则紧随其后，"迅速抓住机会扩大生意，增加利润。接着，欧洲各国政府都意识到了增强它们自己的力量和增加财富的可能性。商业公司得到政府的特许和资助先行一步，随后政府便以军事及海上远征来确保其对海外领土的政治控制"（Cohen, 1973）。

在这一"古典帝国主义"时期，指导殖民地和殖民者关系的经济战略是**重商主义**（mercantilism），这种经济哲学呼吁政府对经济生活进行管制，以增加国家的权力。欧洲的统治者们相信，权力源于对以黄金和白银来衡量的国家财富的占有，而发展采矿业和工业以获得贸易顺差（出口超过进口）则是变富的最佳办法。"从这个角度考虑，殖民地是最理想的选择，因为它们提供了排除经济竞争的机会；它们保证了殖民者可以独占未开发的市场和廉价的原材料资源（以及在一些情况下，直接的贵金属资源）。每个国家都下定决心要尽可能多地垄断这些海外商业机会。"（Cohen, 1973）各国纷纷接受现实主义者提出的"追求全球权力的竞争性欲望是正当的"观点，把通过战争占领外国领土视为政府积极管理经济这一做法再自然不过的副产品。

到 18 世纪末，欧洲列强的触角尽管还很脆弱，但事实上已经扩展到世界上每一个角落。不过，它们建立的殖民帝国则开始崩溃。英国的 13 个北美殖民地在 1776 年宣布独立，西班牙在南美的大部分殖民地也于 19 世纪初纷纷赢得自由。在到 1825 年为止的半个世纪里，世界上有近 100 对殖民关系宣告终结。

由于欧洲殖民帝国的解体，对重商主义哲学的信奉也逐渐衰落。正如自由主义政治经济学家亚当·斯密（Smith, 1776）所主张的那样，国民财富的增长并不是靠贵金属的积累，而是来自贵金属所能买到的资本和货物。斯密"看不见的手"（invisible hand）的观念认为，不受规制的国内和国际市场有利于国民财富的增加，这成为古典自由主义经济学理论的主要思想基础。在斯密和其他自由贸易理论家之后，自由放任经济学（主张政府对市场的干预应该最小化）被广泛接受。因此，欧洲列强继续谋求殖民地，但它们推行帝国主义政策的理由则开始改变。

> 我憎恨帝国主义。我厌恶殖民主义。我对它们最后为了生存的激烈斗争的后果感到担心。我们下定决心，我们的国家不应该是世界上一个小角落的玩物。
> ——印尼前总统苏加诺

欧洲帝国主义的第二波

从 1870 年代开始直到一战爆发，随着欧洲（后来还有美国和日本）积极侵占新的殖民地，帝国主义的第二波席卷世界。1800 年，欧洲人控制了全球 1/3 领土，到 1878 年时变为 2/3，到 1914 年时则是 4/5。19 世纪最后 20 年中，非洲处于七个欧洲列强（比利时、英国、法国、德国、意大利、葡萄牙和西班牙）的控制之下，而且除了中国、日本和暹罗（泰国）未被完全征服，所有的远东及太平洋国家都被欧洲列强占领了。不过，外国列强则把中国划分为若干商业区域，各自控制自己的势力范围并从中攫取利润。日本自己则侵占了朝鲜和中国台湾岛。

在别的地方，美国的扩张也超出了北美大陆范围：它在1898年的美西战争中获得波多黎各和菲律宾，它向西把其殖民地范围延伸到夏威夷，从新生的巴拿马国家（美国一手炮制的产物）手中"永久"租借巴拿马运河区，并对几个加勒比岛国尤其是古巴行使了相当大的控制权。最大的帝国主义列强英国则创立了一个帝国，覆盖了地球陆地面积的1/5，控制了地球上约1/4的人口。英帝国主义者骄傲地宣称，英国是一个"日不落帝国"。

为什么大部分列强，以及那些意欲成为强国的国家，会参加这场昂贵的且常常是邪恶的、控制其他民族和领土的竞争？如何解释这种新帝国主义？

答案之一就存在于全球经济的本质中。随着工业革命爆发，资本主义开始发展，它强调自由市场、生产资料私有和财富积累。马克思和列宁之后的激进理论家自称是共产主义的追随者，他们认为帝国主义之所以会进行侵略式竞争，是因为资本家需要为他们的剩余产品找到利润丰厚的海外市场。在分享对资本主义世界经济的批判视角的同时，世界体系理论将世界性的劳动分工视为（工业化的）"中心"地区剥削（非工业化的）"边缘"地区，而殖民化则为帝国主义控制外国领土提供了手段。相比之下，自由主义经济学者并不认为新帝国主义是资本主义的产物，而是视其为对某些可以纠正的失调的反应。尽管有这些不同，但这三种视角却有一个共同信念，即经济学能解释新帝国主义：帝国主义根源于发达资本主义社会的物质需求，它们需要廉价的原材料和额外的市场来消费越来越多的产品。

另一种解释则强调纯粹的政治因素是第二波帝国主义的根源。英国自由主义经济学家霍布森（Hobson, 1902）认为，彼此竞争的帝国之间互耍手段图谋权力和威望，一直是欧洲均势体系中大国行为的特征。霍布森还认为，帝国主义的海外扩张不过是欧洲内部为统治地位进行的竞争在全球的扩展，这种竞争的背后是**现实政治**（realpolitik，实用政治）的理论假设，即所有国家都有难以抑制的想要获得更多权力的渴望。

到19世纪初，英国从欧洲长久的冲突中脱颖而出，成为世界上最强大的国家。然而，到 1870 年时英国的霸权已开始消退，德国成为一个强大的工业化国家，美国也是。可以理解，面对来自新兴的中心国家越来越强的竞争，英国试图捍卫自己在全球的优势地位。它维持现状的努力有助于解释帝国主义扩张的第二波，特别是在非洲的扩张，在那里帝国主义列强以牺牲当地人民的利益为代价瓜分了非洲。

20 世纪的自决和非殖民化

1919 年结束一战的凡尔赛和约拥抱自由主义（liberalism，一套理论思想，强调通过观念、理想和制度来实现进步、繁荣与和平的重要性），从而使得舆论氛围断然转为反对帝国主义。改革计划的一部分还包括威尔逊总统所拥护的民族自决原则。该原则倡导给予原住民决定哪一个政府可以代表他们进行统治的道德权利。

威尔逊总统和其他自由主义理论家认为，自由选择会产生新的国家和政府，这些国家和政府对其领土边界感到满意，也就很少会倾向于发动战争。然而，事实上，在民族群体之间重划国家边界的尝试，几乎都是在饱受战争折磨的欧洲进行的，在那里，前奥匈帝国的领土上出现了六个新国家（奥地利、捷克斯洛伐克、匈牙利、波兰、罗马尼亚，以及族群分裂的南斯拉夫）。欧洲还做了其他一些领土方面的调整，但"民族自决应该扩展到欧洲海外帝国"这一主张却并未得到真正的支持。

一战中战败国的殖民地并未像历史上典型的做法那样，简单地在战胜国之间进行分配。相反，在国联的主持下，德国和奥斯曼帝国控制的领土被委托给其他国家在它们最终实现自治之前进行"委任统治"。许多这样的领土决定都导致后来在全球发生的冲突。比如，国联要求在巴勒斯坦建立一个犹太民族之家和把对西南非洲（纳米比亚）的控制权转交给由占人口少数的白人统治的南非。

国联委任统治体系暗含的原则产生了这样一种思想："殖民地是一个托管物，而不仅仅是一件宗主国可以随意剥削和对待的财产，仿佛殖民地人民没有他们自己的权利一样。"（Easton, 1964）这创立了一个重要的先例：二战后，战败国的领土被置于联合国的托管体系下，没有被其他国家所吞并，而是被许诺最终可以实行自治。由此，对民族自决的支持获得了动力。

非殖民化进程在1947年开始加快，当时英国同意印巴独立。为了控制有争议的克什米尔地区，1965年和1971年这两个新独立的国家之间爆发了战争；2002年，这两个已经拥有核武器的国家之间再次发生了武装冲突。越南和阿尔及利亚在1950年代和1960年代初期也发生了暴力冲突，因为法国人试图重新控制它在二战前的殖民地。与其相似，1960年比利时允许它的非洲殖民地刚果独立，但刚果一独立就马上爆发了流血冲突；紧接着则是葡萄牙人与整个1960年代横扫非洲大陆的非殖民化风潮相对抗的努力宣告失败。

尽管发生了这些政治动乱，但大部分地方的非殖民化过程不仅异常迅速，而且也相当和平。而这则很可能是因为下面这一事实，即二战消耗了许多殖民国家的经济和军事力量。世界体系分析家们认为，帝国成本的逐渐增加也削弱了对殖民帝国的支持。不管潜在原因是什么，殖民主义都已变得很是不得人心。在一个渐渐由东西方对抗所支配的世界上，冷战中对政治盟友的竞争，刺激着

自由与自决 一战爆发时，世界上只有62个独立的国家。随着2011年7月从苏丹分离出来，南苏丹作为世界上最新的国家出现，使得全世界国家的数量达到195个（根据美国国务院的统计）。图中所示是苏丹总统巴希尔（左）和南苏丹总统基尔（右）在巴希尔访问南苏丹的朱巴时一起聆听南苏丹国歌。

超级大国去共同游说支持海外帝国殖民地获得解放。非殖民化"胜利了",部分"是因为西方[把]遏制共产主义作为优先于永保殖民主义的选项"(Claude, 1967)。

随着旧秩序崩溃,以及从奴役中新获自由的国家的领导人发现自由并未自动转化为政治自主、经济独立或国内繁荣,富裕的全球北方与新兴的全球南方国家之间的冲突也就开始了。

5-2　今天的北方和南方:分离的世界

全球南方在今天有时也被描绘成一个"动乱的区域"或"动荡的轴心",主要原因是,与和平民主的全球北方相比,全球南方世界的大部分人民都生活在贫困、战争、暴政和无政府状态中。在全球南方最穷的国家,独裁统治和令人沮丧的财政前景持续存在,从而增加了这些国家爆发内战和彼此发生武装冲突的可能性。事实上,过去60年间,超过90%的国内和国家间冲突,以及90%的死亡都发生在全球南方(参见第7章)。

自1980年代以来,民主制得到了迅速而广泛的传播,成为大部分全球南方国家偏爱的治理模式,它们将其作为促进经济发展与和平的一个手段。由于全球北方的历史表明"经济和技术发展会带来一系列社会、文化和政治变革……并且它们也会带来大众对民主制度和精英一方必须做出更负责行为的要求"(Inglehart and Welzel, 2009),全球南方资本主义市场经济的持续扩张似乎也加速了民主化进程。

即便如此,持续扩大的自由民主共同体也并未得到任何保障,一些人认为民主是失败的,即使选举变得更加普遍。在很多地方,民主只是"表面上的"。牛津大学经济学家科利尔(Collier, 2009)指出:"在世界人口最底层的十亿人中举行的普选中,尽管投票者通常有很多理由去抱怨,但现任者却是'赢得了'很高比例的票数:74%。在制约因素尤其弱的选举中,现任者甚至会'赢得'更高比例的票数:88%。通过某种方法或其他方式,这些社会中的现任者非常擅长赢得选举。"

而且,许多南方国家内部都极为缺乏充分发展的、建立在企业家精神和私人企业基础之上的市场经济。事实上，全球金融危机加重了全球南方国家一些人对"自由市场政策既未带来重大经济增长，也未减少地区间日益扩大的不平等"的失望，使得人们重又对马克思的激进观点萌发兴趣，马克思很可能会认为，"在一个由竞争市场、商品生产和金融投机组成的世界里"，危机"是固有'矛盾'"的副产品。

世界上 81.7% 的人都是穷人，这一事实既是资源分布不均的反映，也是资源分布不均的原因。为了衡量这些差距，世界银行把**欠发达国家**（developing countries）中的"低收入"和"中低收入"经济体（其国民总收入平均为 3 510 亿美元）与**发达国家**（developed countries）中的"高收入"经济体（其国民总收入平均为 7 100 亿美元）区别开来（WDI, 2015）。

数字可以勾绘出图画并建构意象，关于全球北方与全球南方之间不同的数据揭示了残酷的差异和不平等。当我们对比中低收入国家与高收入国家在一些关键指标上的差异时，我们会发现其中存在巨大差距。如表 5.1 所示，人们在地球上生活的地方也在影响着他们如何生活。全球北方的发达国家比几乎所有全球南方国家所处的南半球的形势都要更好且其生活质量也要更高。

如果我们把关注的焦点转向低收入欠发达国家中最贫困国家的情况，这幅画面将会变得更加暗淡。超过 8.487 亿人（占全球总人口的 11.9%）生活在 36 个处于全球等级体系最底层的**最不发达国家**（LLDCs）中。在这些国家中，经济交换的典型情况是用一种农产品换取另一种农产品的实物交易，而不是使用货币（WDI, 2015）。有时被描述为"第三世界中的第三世界"的这些国家是最贫困的，它们那几乎没有增长的经济加上快速的人口增长，日益加重了它们的社会和环境负担。而且这些国家并未兴起或者重新兴起来打破它们贫困的锁链，它们落后于其他全球南方国家。

贫困和边缘化的骇人规模在整个全球南方非常显著，只有一部分国家开始逃离这一困境。对大部分全球南方国家来说，未来都是黯淡的，而且它们无法获得对免于恐惧和匮乏的自由来说最基本的机会和选择。当我们考虑到 21 世纪几乎所有人口增长都发生在全球南方、最贫困的国家与全球化市场的运作没有联系时，很难想象如何才能缩小南北差距，如何才能防止在贫困的土壤中滋生恐怖主义和内战。

对如此众多的全球南方国家来说，难以言语、令人绝望的悲惨图景提出了

表 5.1　发展的两个世界：国际阶级划分

特　　征	发展中的全球南方	发达的全球北方
国家/经济体的数量	140	75
人口（百万）	5 818.7	1 306.4
年均人口增长率，2010—2020 年	13%	0.7%
人口密度（每平方公里的人数）	74	25
议会中的女性（占全部议席的百分比）	21%	26%
陆地面积（千平方公里）	80 385.9	53 938.8
人均国民收入（PPP）	$8 444	$40 788
GDP 年均增长率，2010—2020 年	5.0%	1.4%
外商直接投资净流入（占 GDP 的百分比）	3.0%	2.0%
出口——货物和贸易（10 亿美元）	$6 997	$16 486
进口——货物和贸易（10 亿美元）	$6 980	$15 781
接受的工人汇款（百万）	$324 529	$135 695
流出难民数（千人）	11 303.9	138.9
获得改善的卫生设施（占人口的百分比）	57%	96%
营养不良的普遍程度（占人口的百分比）	13%	0%
健康支出（占 GDP 的百分比）	5.8%	12%
每百人因特网用户数	29	78
出生时的预期寿命（岁）	69	79
城市生活人口（占总人口的百分比）	47%	80%
每百人手机用户数	87	121
人均电力消费（千瓦小时）	1 646	8 906
武装部队（千人）	20 286	6 921

资料来源：根据 WDI（2015）数据整理而来。

一个基本的理论问题：为什么全球南方会在这个历史性的时刻遭受如此可怕的贫困？

5-3　为什么这些差异持续存在？

全球南方为什么会在富裕和发展的相对水平上落后全球北方那么多？为什么甚至是在全球南方内部，发展经验上的差异也是如此之大？

全球南方显而易见的多样性使人得出这样的结论：欠发达可以由一组因素来解释。一些理论家主要用国家内部原因来解释大多数欠发达国家经济的欠发达。其他理论家则用国际原因来解释，比如欠发达国家在全球政治经济中所处的地位。下面我们就来简要地讨论一下这些思想流派。

欠发达的内部根源

自由主义经济发展理论中的**现代化**（modernization）学说，最初出现于二战结束初期。他们认为，发展的主要障碍是全球南方国家自身内部的特征。为了克服这些障碍，大多数古典理论家都建议富国向这些国家提供不同的发展"缺失要素"，比如通过对外援助或私人对外直接投资来产生投资资本。

这些自由主义理论家预言，一旦积累了足够的资本来推动经济增长，经济增长带来的好处就将最终"滴漏"到社会的主要部分。不仅仅是少数特权阶层，每个人都会开始享受日益富裕的生活。罗斯托（Rostow, 1960）是一名经济史学家和美国的政策制定者，他通过经济发展的阶段来设想国家。他预测，开启发展之路的传统社会，将会不可避免地依靠自由市场，经历不同的经济发展阶段，并最终"起飞"，变成类似资本主义全球北方的大众消费社会。这一理论认为，尽管富国可能变得更富，但随着全世界整体收入增加，更大的可能性是，前工业化国家将会增长得更快并最终缩小它与富裕国家之间的差距。

全球南方国家拒绝了这种预测以及建立在此基础上的政策。南方国家的领导人并不接受古典自由主义的观点，即北方变得繁荣是因为它们只关注努力工作，创新发明新产品，以及在教育上的投资。而且到1970年代中期，很明显，来自全球北方富裕国家的援助并未给全球南方带来预期中的繁荣和民主。全球南方国家接受了另一种对立的理论，把它们发展的缺失归咎于欠发达国家与全球北方在全球政治经济中的领导地位之间的国际联系。

欠发达的国际根源

尽管古典理论认为大多数欠发达国家欠发达的原因是国家的内部条件所致，但**依附论**则着重强调国际因素，尤其是全球南方对支配性大国的依附。正如第 2 章中指出的，依附论建立在列宁对帝国主义所做的马克思主义批判基础之上但也有所超越，它对近数十年来的变化做出了解释。它的核心命题是，资本主义世界经济的结构建立在居于支配地位的核心国家与处于附属地位的边缘国家之间的劳动分工之上。作为殖民主义的一个后果，构成边缘国家的全球南方国家被迫扮演经济角色，出口廉价原材料并进口成品。尽管古典自由主义理论者主张，遵循相对优势的生产专业化将会在一个自由市场中增加收入并进而帮助缩小世界上富国与穷国之间的差距，但依附论理论家坚持认为，只要欠发达国家继续专业化生产常常有大量竞争的供应商和需求有限的初级产品的话，全球不平等就不会减少。

对全球南方国家来说，打破它们的依附地位，追求自己的工业发展，仍然是其对外政策中最大的优先事项。为此，一些国家（尤其是拉美国家）通过**进口替代工业化**（import-substitution industrialization）战略来追求发展，这一战略旨在鼓励国内企业生产传统上从国外进口的产品。政府（经常是独裁政权）深入参与管理它们的经济，并且在一些案例中还会成为企业的拥有者和经营者。

进口替代工业化战略最终也失去了支持，部分原因是制造商常常发现它们仍然必须依靠全球北方国家的技术来为它们的国内市场生产商品。现在的偏好是**出口导向工业化**（export-led industrialization），这基于这样一种领悟："使富国变富的不是它们不进口（事实上，富国进口各种产品），而是它们成功地生产出口产品，可以比［全球南方的］原材料索要更高的价格。"（Sklair, 1991）

依附论理论家也认为全球南方国家容易被**跨国公司**（multinational corporations, MNCs）和其他外部力量进行文化渗透，使全球南方社会到处充斥着与它们的本土文化不一样的观念和价值观。一旦这样的渗透发生，把剥削者和被剥削者捆绑起来的固有的不平等交换就将由被渗透的社会的精英来维持，他们会为了个人利益而牺牲国家福祉。拥有特权的少数人以牺牲他们的社会为代价从依附中获利的观点，强调了许多欠发达国家的双重特质。

二元论（dualism）指的是存在两个相互分离的经济和社会部门，它们各自运行。二元社会的典型特征是，在一个城市的、发展中的或发达的部门之外，存在一个农村的、贫困的和被忽略的部门，而这两个部门之间则几乎没有互动。跨国公司制造了二元状况，它们通过扩大工资差别，扩大城乡经济机会上的差异，使少数高收入雇员优越于其他人。

尽管依附论在全球南方有巨大的吸引力，但它并不能轻松地解释许多人所称的新兴工业化国家（NICs）的快速经济发展。今天，新兴工业化国家居于最大的制成品出口国行列，并且是信息处理产业的领导者。它也没有很好地解释古巴、缅甸和朝鲜这样的国家持续发展的缺失，这些国家关注其自身内部经济增长而几乎没有参与全球贸易。无论如何，近来现代化理论的复兴，使得人们再次关注起内部特征（如社会和文化条件）可能会如何影响政治和经济的发展（参见下页专栏）。

5-4　缩小中的差距？全球南方在一个大国世界中的前景

全球北方与全球南方之间巨大的政治、经济和社会差异表明，全球南方国家正在变得日益脆弱、不安全和无防备能力，而且这些情况是国内外一系列因素的产物。考虑到阻碍全球南方安全和繁荣的多重问题，你可以问问自己：如果你是一个全球南方国家的元首，你会如何去解决这些巨大的挑战？通过考虑全球南方国家追求它们目标的不同途径，尤其是它们与全球北方的关系，无疑将会有助于你做出选择。

技术和全球交流

"经济增长与研发之间、工业创造与政治稳定之间，以及研究的培育与播下欠发达国家中产阶级的种子之间存在重要关系。"（Battelle and R & D Magazine, 2013）谈及技术能力，全球北方与全球南方之间存在长期的不同："20 年前，北美、欧洲和日本几乎产生了全世界的科学。它们是技术知识上的贵族，管理着一个持续了数个世纪之久的体制。它们花费最多，出版最多，获取专利也最多。它们生产的东西会反馈给它们的工业、军队和医学复合体，推动创新、生产力、权力、健康和繁荣向前发展。"（*The Economist*, 2010b）

而不出所料，全球南方国家则一直都无法根据它们自己的资源去发展自身技术，并一直都要依靠强有力的全球北方的跨国公司（见第 6 章）来传授技术知识。这意味着研发支出都是致力于解决全球北方的问题，技术上的发展很少

争 论　关于发展的各种理论——回归现代化理论？

随着时间的流逝，至少部分取决于它们解释和预测当前世界事件的能力，发展理论被感知到的有效性和可信性已经减弱了。在其全盛时期的 1960 年代，经典理论开出的药方是，各国为了发展应该模仿工业化民主国家的道路。然而到了 1970 年代，这样的努力显然没有带来广泛的繁荣或民主。比如，许多拉美国家都遭遇了威权统治和令人绝望的贫困。依附论在那时开始流行，它关注全球资本主义体系（而非全球南方国家的内部问题），认为这是持续欠发达的原因。然而，这种理论解释的重要性也受到了质疑，尤其是从那些取得成功的国家的经验来看，这些国家通过参与全球市场、推行出口导向战略而取得了有意义的增长。

由于两种观点都不再流行，批评者们暗示，现代化理论已死。然而，冷战结束后，出现了现代化理论一个有细微差别的版本并逐渐变得可信。在回应诸如共产主义的低潮和东亚国家的经济成功时，其核心假设是为世界市场生产能够推动经济增长；投资人力资本的回报和升级劳动力以生产高科技产品会带来更高的回报，并扩大受过教育的中产阶级范围；一旦中产阶级壮大且能明确有力地表达要求，就会迫切要求实行自由民主制——对发达的工业化社会来说这是最有效的政治体制。

和现代化理论的早期化身一样，这个更近的版本也认为经济增长会引起政治、文化和社会中重要而可预测的变化。不过，它在许多方面提供了更深入的理解。

- 历史是重要的。一个社会的信仰、价值观和传统塑造了它更大的世界观和与现代化力量的接触。
- 现代化不是西化。全球东方工业化的成功质疑了早期种族中心主义的假定。
- 现代化不是民主化。人均国民生产总值增加并不会自动带来民主。
- 现代化不是线性的。现代化有多个拐点，因为现代化的各个阶段往往与社会中的特定变化相联系。

★ 你怎么看？

- 自由主义、建构主义和马克思主义视角是如何反映在不同的现代化理论中的？
- 新现代化理论对性别平等的兴起有何影响？对政治改革和民主化呢？
- 新现代化理论表明中产阶级的兴起对一国发展为民主国家非常关键。对国内和国际决策者来说，这如何能成为一个重要的政策视角？

会考虑到全球南方的需要。不过，尽管全球北方仍然致力于进行全球研发，但却发生了地区性转移。美国的全球研发份额从2009年的34%减少到2014年的31%。欧洲在此期间的份额从26%减少到22%。同一时期，亚洲则有所进步，其所占地区份额从33%扩大到了40%。单是中国一个国家就从10%增长到了18%（Battelle and R & D Magazine, 2013）。

全球南方国家一直致力于它们自己的技术创新。全球南方新兴的跨国公司获得了进步，并用创新产品和大胆的收购使富裕世界既有的跨国公司感到不安。尽管如此，技术在地理上并未得到平等分布：电脑连接上网的密度在全球南方是最低的。

随着因特网在全球贸易和通信中的重要性不断扩展，批评家们担心，获取**通信技术**（communications technology）的**数字鸿沟**（digital divide）无法足够快地缩小，全球南方的小企业家将会处于不利地位。目前，全球北方（尤其是美国，那里的网络最为发达）依然是**信息技术**（information technology, IT）革命中占主导地位者和主要受益者。不过，媒体和电信行业中的大多数增长预计都将会发生在全球南方。

不安全与战争武器

全球南方必须面对一个致命的问题，即当暴力、恐怖主义和无政府状态盛行时，它们是否敢于从大国和主要国际组织那里寻求帮助。寻求援助是有风险的，因为哪里有外部卷入，哪里就有受外部影响的趋势，其中一些影响可能并不受欢迎。在外部卷入与外部干预之间存在一条细微的界线。除此之外，还有一个问题：当全球南方国家发生暴力、种族清洗和恐怖主义时，大国之间却是依然没有达成共同的原则，指导大国做出决定在什么时候、什么地点、出于什么原因，以及如何集体性地参与其中。

面对国内外看似无休止的冲突，加之渴望根据自身情况解决军事不安全问题，所以也就毫不奇怪，全球南方国家加入了世界其他国家寻求获得现代战争武器的行列，在一些例子中（如印度、朝鲜和巴基斯坦）还包括寻求核武器。结果，军事开支的负担（用军费支出占国民生产总值的比例来衡量）在那些最无力承受的国家中反倒是最高的。在全球南方，最为典型的做法就是，军事开支通常超出了健康和教育方面的支出；面临着国内族群、宗教或部落冲突的贫困国家，更愿牺牲经济发展方面的开支去获得武器。

全球南方国家很少能自己生产武器。相反，大部分全球南方国家都在增加军事开支来购买全球北方制造的武器。因此，在应对一个权力世界的过程中，全球南方显然在武器采购上增强了对富裕国家的依附，而这些富裕国家的军事和经济统治力量则正是历史上全球南方国家所一直害怕和憎恨的。

经济秩序改革

尽管全球南方国家中也有一些国家在全球经济一体化和繁荣中获益，但其他国家却似乎无法利用所谓的全球化好处，尤其是它们更容易受到全球经济衰退的影响。如何应对支配和依附这一问题，仍是全球南方关注的一个主要问题。

新兴的全球南方国家诞生于它们对规则制定没有发言权的政治经济秩序中。为了掌控它们的经济未来，它们开始在联合国协调行动；在联合国，它们不断增加的数量和投票权，使它们比在其他地方可能拥有更大的影响力。1960年代，它们成立了一个联盟，即77国集团（G-77），并运用它们的投票权召开了联合国贸易和发展会议（UNCTAD）。联合国贸易和发展会议后来成为联合国常设组织，全球南方通过它来表达自己关于发展议题的利益。十年后，77国集团（当时其成员国超过了120个）再次利用其在联合国的数量优势，推动建立国际经济新秩序，取代二战以来由美国和其他资本主义大国支持的国际经济体制。受到石油输出国越来越大的讨价还价权力的推动，全球南方试图迫使全球北方放弃那些被视为使全球南方的依附持久化的实践。

毫不奇怪，全球北方拒绝了全球南方的许多提议，尽管一些议题（如债务减免）仍然出现在全球议程上。今天，关于全球治理与国家主权之间适当交集的争议仍在持续，因为全球北方希望国际货币基金组织对其成员的宏观经济政策承担更公开的监督责任，而全球南方则反对其发挥更大的作用。2009年，七个拉美国家同意设立"南方银行"，部分目的就是想要通过向该区域内的大型基础设施项目提供资金直接与世界银行竞争，并规避全球北方的干涉。"金砖国家"（巴西、俄罗斯、印度、中国和南非）也同意建立一个新发展银行并将于2016年投入运行。"金砖国家"逐渐上升的经济力量，提升了它们在世界银行

从贫困走向富裕 要么是通过自由市场和积极的贸易，要么是通过对丰裕的自然资源的资本化，许多以前贫困的全球南方国家一下子变得富足起来。迪拜（左图）和科威特（右图）是两个主要例子，上升的石油价格创造的繁荣正在把这两个阿拉伯王国转变为繁华地区。在迪拜，世界最大的购物商场的建设，以及世界最大的水族馆和一个五层的水下酒店，显示了其财富。科威特享受了类似的好运，已动工和预期到 2020 年将会完工的项目总价值达 1 880 亿美元。

和国际货币基金组织中的话语权；与此同时，全球南方国家间的合作也有很大扩展。这些对布雷顿森林体系（参见第 6 章）的不满，导致"金砖国家"开发出了全球发展融资的替代方案。

对外援助和汇款

拉近全球南方与全球北方距离的途径之一就是对外援助的分配。在敦促富裕国家帮助最穷的国家时，中国前国家主席胡锦涛宣称："发达国家有责任和义务继续给予援助，[履行它们的] 债务减免承诺，保持和增加对欠发达国家的援助，并有效帮助欠发达国家保持金融稳定和经济增长。"

对外援助（foreign aid）有很多形式，一些援助为彻底的资金赠予，一些为利率优惠的贷款，还有一些则为技术分享。大多数对外援助都是双边的（bilateral）——这被称为政府开发援助（official development assistance，ODA），意即资金直接从一个国家流动到另一个国家——但因现在有越来越大比例的援助都是通过像世界银行这样的全球政府间组织这个渠道来进行，因此也被称为"多边援助"（参见第 6 章）。

援助的目的也与形式一样多种多样。通常所说的对外援助目标，不仅包括通过经济发展减少贫困，还包括人的发展、环境保护、减少军费支出、促进经济管理、发展私有企业、增加妇女权利、促进民主治理和人权，以及人道主义救灾和援助难民。安全目标也突出地出现在经济和军事援助的动机中。比如，美国一直把以色列和埃及作为主要捐助对象，以象征友谊，维持均势，促进中东和平。安全也是美国在"9·11"事件后对外援助预算翻倍的主要动机，即为盟国在全球进行反恐斗争提供资金。

发展将会有利于实现其他目标比如培育盟友之间的团结并促进商业利益、自由市场或民主化，这一假设仍是大多数捐助者援助项目的基础。美国通过推出"世纪挑战账户"（MCA），决心从2006年起，每年至少提供50亿美元来援助17个"治理公正，投资于它们的人民，鼓励经济自由"的国家。这代表美国自1948年"马歇尔计划"以来发展援助的最大增幅。"南-南"对外援助也出现了史无前例的增长，巴西、印度和中国正在成为低收入国家更大的捐赠国。

自1970年以来，对外援助分配总量的普遍趋势一直在逐渐增加。然而，对外援助占捐助国国民总收入的百分比却是停滞不前（OECD，2015）。部分由于全球经济衰退，很多捐助国都没有满足它们设定的政府开发援助水平目标。

许多捐助国都对许多全球南方受赠国缓慢的增长率感到失望，并怀疑它们的援助项目的有效性，尽管有很有利的证据证明，对外援助已经发挥了积极影响。批评者们尤其对那些他们认为是深植于许多全球南方国家文化中阻碍发展的意识感到不满，这种文化在对贫困不满的同时也在谴责资本主义核心精神中的利润动机、竞争和消费主义。捐助国尤其不满于寻求援助的国家并不认可西方国家勤奋工作、经济竞争和企业创新的核心价值观，这些价值观被认为对进步和繁荣来说至关重要。

与这一观点相呼应的是，捐助国日益坚持受援国想要接受援助就必须满足"附带条件"。捐助国还坚持把发展援助与援助国的收益"绑在一起"，比如要求从捐助国进行采购，尽管据世界银行估计这一要求使得援助的价值减少了15%～30%，降低了援助的效率，并且破坏了全球北方宣称要促进的同样的自由市场原则。

在这个双层博弈的顶层，全球南方国家则抱怨说，全球北方的捐助国在过去40年中一直承诺要拿出它们国民生产总值的0.7%作为对外援助，但却只有一部分国家兑现了这一承诺。尽管有证据表明，当援助项目设计得当，并且持续交付给民主治理正得到改善的国家时，更多的援助确实促进了发展，但这种抱怨依然是正确的（Sachs, 2005）。最近，许多全球南方国家的领导人也加入到对全球北方国家援助的批评中，他们把这些援助诠释为新殖民主义和新帝国主义的工具，并对国际货币基金组织和其他多边机构强加的受援条件标准感到不满。正如卢旺达总统卡加梅在2009年5月解释的那样："我们感激来自外部的援助，但它应该支持我们想要自己实现的东西。"

更多的钱（超出对外援助全球总额的两倍）主要还是通过在全球北方工作的移民劳工忠诚地寄给他们家人的**汇款**（remittances）像漏斗一样流入全球南方经济。不像私人资本流动对经济衰退那般敏感，全球汇款自1970年代开始每年都在稳定增长。过去14年中，汇款翻了四倍，从2000年的1 320亿美元增加到2014年的5 830亿美元，2017年则有望增加到6 360亿美元。据世界银行（World Bank, 2015）估计，2014年全球汇款总额中有4 360亿美元流向了欠发达国家，而更可能发生的情况则是汇款的真正数额要远远大于官方公布的数据，因为钱和商品常常都是通过非正式网络寄出去的。

这些收到的钱在许多发展中经济体里是家庭（和国家）收入的重要来源，在某些情况下还会占到接受国GDP的一个非常重要的比例。比如，在黎巴嫩和塔吉克斯坦，汇款在某些年份超过它们GDP的20%。世界银行发展前景小组主任汉斯·蒂默（Hanns Timmer）解释道："汇款在帮助人们摆脱贫困方面的角色一直为人熟知，但仍有充分证据表明，移民和汇款正在帮助这些国家实现进步……获得教育、安全饮用水、卫生设施和医疗保健。"

贸易和直接投资

欠发达国家长期以来都在呼吁通过"贸易而非援助"来改善它们的全球地位，它们借助新兴工业化国家和全球东方的经验来证明这个观点，即进入全球北方的市场对全球南方的经济增长至关重要。那些要求减少壁垒促进贸易的吁求得到了响应：2015年，全球南方和全球北方之间及其内部的自由贸易协定数量激增到400多个双边或多边协定（WTO, 2015）。事实上，许多全球南方国家都从"良性循环"中获益匪浅，此间贸易的增长导致国内条件改善，从而进一步促进了贸易增长。我们不妨来看看下面一些通过地区经济协议促进增长的最新发展：

- **美洲** 中美洲-多米尼加共和国自由贸易协定（CAFTA-DR）旨在尽力赶上北美自由贸易协定，并创造一个自由贸易区，包括美国、多米尼加共和国、危地马拉、萨尔瓦多、尼加拉瓜、洪都拉斯和哥斯达黎加。旨在使美国和中美洲市场自由化的这一协定，是第一份在非常不平等的贸易伙伴（排除美国，该自由贸易协定成员合起来的国内生产总值刚刚超过美国GDP的1%）之间签署的主要的"次区域"协定（WDI, 2015）。南锥共同市场（"南方共同市场"）是南美洲最大的贸易集团，目标是在该区域实现完全的经济一体化。其正式成员包括阿根廷、巴西、巴拉圭、乌拉圭和委内瑞拉，而玻利维亚、哥伦比亚、厄瓜多尔、秘鲁和智利则保持着准会员资格的地位。

- **亚洲** 亚太经合组织（APEC）是一个创建于1989年的非正式论坛，它致力于推动自由贸易和区域经济一体化。此外，东南亚国家联盟（ASEAN）首先由文莱、印度尼西亚、马来西亚、菲律宾、新加坡和泰国在1967年创立，现在还包括越南、柬埔寨、老挝和缅甸。各国同意建立一个自由贸易区。最近，跨太平洋伙伴关系（TPP）（文莱、智利、新加坡和新西兰是2005年的最初签署国，随后澳大利亚、加拿大、日本、马来西亚、墨西哥、秘鲁、美国和越南相继加入）为一个分布广泛的群体深化了贸易和投资，一年的GDP几乎达到28万亿美元（占全球GDP约40%），占世界贸易的1/3。

- **中东** 美国-中东自由贸易区（MEETA）包括了美国与巴林、以色列、约旦、摩洛哥和阿曼的协定。这是2003年由美国发起的，并且有许多国家可能很快就会成为成员国，如阿尔及利亚、科威特和也门。由海湾阿拉伯国家建立的海湾合作委员会（GCC）在1981年作为区域共同市场创立，同时它还包括一个防务委员会。它包括了基于共同的伊斯兰信仰的有着相似政治制度的国家，其创建国包括巴林、科威特、阿曼、卡塔尔、沙特阿拉伯和阿联酋。

- **撒哈拉以南非洲** 南部非洲发展共同体（SADC）是该地区12个地区性自由贸易区中最大的。它包括15个南部非洲国家，旨在促进社会经济合作。在非洲西部地区，西非国家经济共同体（ECOWAS）作为区域经济和贸易联合体建立于1975年。

这些地区性政治经济团体抱有的极高的期望会实现吗？过去，政治意愿和共同的愿景已被证明是成功的地区性贸易规制中必不可少的元素。经济互补性则是另一个基本要素，因为自由贸易区的目标是刺激内部成员国之间有更多贸易往来，而不仅仅是刺激自由贸易区与其他贸易区之间有更多贸易往来。

为了提振全球经济，全球领导人承诺为贸易提供资金，抵制保护主义措施，援助全球南方。然而，迄今为止，在最近的全球化时代中，南北差距并未缩小。许多全球南方国家的状况都未得到很大改善：进入市场依然很难，因为在这些低增长的全球南方国家，国内压力集团游说政府减少进口与它们自己的行业进行竞争的其他国家的产品。而且，一些国家继续遭受着贸易赤字的消极影响（在最不发达国家，平均的贸易赤字超过国内生产总值的15%），这样的不平衡会在南方国家抑制经济增长，鼓励依附（WDI, 2015）。贸易可能要好过援助，但政治障碍常会妨碍自由贸易。

在全球南方，另一个逃离贫困和经济增长停滞状态的核心策略一直是：吸引更大份额的**外商直接投资**（foreign direct investment, FDI）。事实上，"进入全球南方的FDI的增长速度比贸易还要快并超过对外援助成为欠发达国家最重要的资金来源"（Blanton and Blanton, 2012a），而且它对潜在的东道国来说很有吸引力，因为它有助于资本的形成，推动进入国际市场网络，为生产技术、技能和组织实践在国家间的转移做好准备。

然而，这种经济增长策略一直都是批评家们的靶子。他们质疑跨国公司（和私人投资者）对当地或国内企业的资本投资是否真的是一种金融疗法。这种战略总是会引起争议，因为有许多潜在成本（外部性），而且它还允许受国外控制的公司在东道国内设立以盈利为目的的企业。谁将是最终的受益者，是外国的投资者，还是接受投资的国家？全球南方的普通人会受益吗？或者是他们会被公司和精英剥削？这样的政策包含大量风险，而且它们还可能会在这些相互竞争的价值观和目标之间引发冲突。

这一战略的主要危险是，外国投资有可能导致外国控制，以及侵蚀主权政府在其领土范围内管制经济的能力。另外一个危险则是，跨国的外商投资者可能不会把获得的利润投资到当地，而是会把利润用作新的投资，投资到其他国家，或者是作为红利支付给全球北方富有的股东。而且长期以来还一直存在这样的担心，即可能发生"底部竞争"（race to bottom）：一国政府为了提高自身对外商投资者的吸引力而限制其国内民众的劳动权利和人权。

尽管存在这些风险，但许多欠发达国家都已放松了限制，以便吸引外国投资者，并在更多地强调提供税收和现金诱惑，以及建立合资企业的机会。这也

交新朋友 小国的财富正逐渐与主要大国的财富相融合。据 IMF 报告,中国的投资已经带动了撒哈拉以南非洲的经济增长——2015 年其增长率预计为 4.5%——而且中国当前是非洲最大的贸易伙伴,贸易额超过 1 660 亿美元(IMF,2015)。"通过对一个以政治和社会风险闻名的大陆的大量投资,中国已帮助许多非洲国家发展了它们新生的石油部门,与此同时它也通过有利的贸易协议从石油中获利。"(Alessi and Hanson,2012)图中所示是坦桑尼亚达累斯萨拉姆的病人离开一家中国人开设的医院。

刺激了最近一波资本投资流向全球南方的浪潮。

由于全球南方的经济规模相对较小,这种新的注入欠发达国家的外商投资带来的影响是很大的。它为新兴市场扩大经济发展速度扫清了障碍,但与此同时遭受竞争威胁的当地工业则对其进行抵制,而批评者也抱怨说投资造成了收入不公。虽然有这些担心和后果,但欠发达国家正在加强对外国投资资本的争夺,以便把它们自己从依附和贫困中解放出来。而且外商直接投资还是把农业劳动转变为全球南方城市地区服务工作(现在占欠发达国家人口的 40%)的主要原因,这使得数百万人在摆脱贫困的同时也承担起了全球北方外包的技术性工作(WDI,2015)。

债务管理和政府腐败

对外援助、贸易和外商直接投资对全球南方未来发展的贡献，以及缓解全球南方贫困的前景，也将取决于其他许多因素。一是许多全球南方国家面临的债务水平在多大程度上可被控制。据世界银行估计，到 2014 年年初，全球南方国家的债务超过 5.5 万亿美元，这等于它们国民总收入的 23%（IDS，2015）。此类债务将会影响全球南方国家的经济健康和未来增长。

但是，国家债务并不是唯一消耗一国经济和政治资源的因素；腐败也会破坏一国基本的制度结构，并会煽动一种恐惧和不信任的文化。为了私利滥用被委托的权力在四个维度上造成了巨大的成本：(1) 政治维度。腐败是民主治理和法治的障碍。当公共官员利用他们的职位谋取个人利益时，也就削弱了政府的合法性和民众对问责制的期望。(2) 经济维度。国民财富因为腐败行为而被耗尽。经常出现的情况是，公共资源从教育和医疗等领域基础设施的发展中流失。普遍存在的腐败现象会危害市场结构和阻碍投资。(3) 社会维度。破坏公共信任的结果就是造成了普遍的腐败，削弱了公民社会。普通公民普遍的冷漠和脱离社会，增强了公共官员利用自身职位和国家财产谋取个人利益的机会。贿赂成为社会生活中的常态。(4) 环境维度。环境法规常被忽视，并且环境项目往往容易因为私人利益而被利用。因此，腐败会频繁地导致一国内部出现明显的环境退化。

虽然全球北方也并非就对公共腐败免疫，但在许多全球南方国家这却是一个普遍存在的问题。"设备很差的学校、假药和由金钱决定的选举仅仅是公共部门腐败的一些后果。贿赂和幕后交易不只是会从最脆弱的人群那里偷取资源——它们还会破坏正义和经济发展，并摧毁公众对政府和领导人的信任。"（Transparency International，2015）在 2011 年突尼斯的"茉莉花革命"之后，上台执政的本·阿里家族腐败行为的广度和范围被媒体曝光。据监察团体全球金融诚信组织的一份报告，"突尼斯由于腐败、贿赂、回扣、贸易错误定价和犯罪活动等所造成的非法资金损失，在 2000 年到 2008 年之间平均每年超过十亿美元"（*The Economist*，2011h）。对一个国民生产总值一年仅有 800 亿美元的国家来说，这个数字是惊人的，并且对其公民福祉也会有巨大的影响。

5-5　全球南方的未来

记住全球南方兴起为全球舞台上一个行为体背后的历史趋势是有益的。那些把自己视为全球南方成员的国家有一些共同的重要特征：大多数国家都曾被其他种族的人殖民过，都经历了不同程度的贫困和饥饿，并因现有世界体系是由那些控制过它们且可能继续控制它们的富裕国家所支配而感到无助。在二战以后的非殖民化进程中，新兴国家发生了相当大的变化，但它们在许多方面却也依然如旧。

世界上大中小国家之间的关系无疑将会继续发生变化，但具体会如何变化则依然不确定。不过，全球南方发展的未来肯定会部分取决于全球北方的行动（参见下页专栏）。全球北方朝着孤立主义对外政策的向内转向，有可能会导致一种对全球南方"仁慈的忽视"状况。

相反，也有可能出现一个"南－北－东"合作的新时代，致力于找到解决共同问题的办法，这些问题的范围从商业到环境再到安全关切。韩国外交通商部副部长金胜瀚指出："虽然在动员合作方面大国是有用的，但它们的努力并不足以协调所有涉及其中的行为体。解决当今复杂的挑战将会要求'中等大国'扮演一个更大和更积极的角色。"

尽管这两种可能的要素都是显而易见，但全球南方与全球北方的关系仍然被大国所支配。这种支配部分是通过像联合国和世界银行这样由大国创建的强大国际组织来实现。与此同时，政府间组织也为全球南方的小国和中等国家提供了一个机会对世界政治施加影响。为了理解世界政治和国际事务变化的根源，重要的是去理解这些有影响力的政府间组织作为全球舞台上的行为体所产生的影响。为了让你的理解变得全面完整，你还需要研究数千个非政府组织，它们作为非国家行为体的存在和压力也在改变着国际政治，这一点无论是对全球北方还是对全球南方来说都是如此。下一章我们就来讨论这些行为体。

> 如果不承认欠发达国家的地位和参与的话，也就不存在多极世界。
>
> ——中国前总理李鹏

深入探究：从冷战进入？古巴的外交与发展

1959年，菲德尔·卡斯特罗领导了一场革命，推翻了威权统治的独裁者巴蒂斯塔，并在古巴建立了一个共产主义政府。随着他掌握大权，政府没收私有土地，对上百家私人公司包括美国公司在当地的几家子公司进行国有化，对美国产品征收重税，使得美国在古巴的出口只有两年前的一半。进一步激起美国愤怒的是古巴在1960年代与苏联结盟，并允许苏联在其领土上部署导弹（由此导致后来的古巴导弹危机）。许多古巴人前往美国避难，而诸如"人权观察"这样的组织则指责古巴政府全面镇压政治异议，"利用短期拘留、毒打、公开否认、旅行限制和强制流亡来推行政治一致性"（HRW，2013）。

美国对卡斯特罗将私有财产国有化这一做法的回应是，对药品和食品除外的所有商品进行贸易限制，1962年肯尼迪总统更是将这些制裁永久化。当古巴与苏联结盟后，美国更是断绝了与古巴的外交关系并采取了推翻卡斯特罗和刺杀卡斯特罗的举措。1982年，美国将古巴放到了恐怖主义的资助国名单上，因为古巴支持像安哥拉、埃塞俄比亚、哥伦比亚和西班牙的武装革命和左翼游击队。

古巴与美国这个超级大国之间的关系在四十多年中一直都很紧张，因为古巴人在很大程度上把他们的贫困状况及在国际社会中受到限制的外交地位都归因于美国的政策和行动。然而，2015年这两个国家开始走向关系正常化——这是一个对古巴来说具有重大意义的转变，并且对其人民来说有可能迎来财富和福利的增加。在恢复外交关系之外，美国也终止了对汇款、旅行和银行关系的限制，并允许美国旅行者带回少量的雪茄和酒。古巴从美国的恐怖主义名单上被移除，古巴人不仅认为这份名单不公平，而且认为它削弱了古巴参与全球经济的能力。现在古巴已能更好地与外国银行（包括美国的银行以及世界银行和其他全球金融机构）做生意。两个国家还计划在诸如人口拐卖、打击毒品和环境保护等跨国议题上展开合作。这些历史性举措象征着一个新的未来，为这两个分属全球南方和全球北方国家的特殊关系绘制不同的路线提供了机会。

★ 由你决定：

1. 美国与中国、俄罗斯和越南一直有着长期的外交和经济关系。它对待古巴的方式为什么不一样？
2. 现实主义、自由主义和建构主义各自会如何解释古巴和美国关系的变化？
3. 全球南方国家（如古巴）的前景由国内及国际因素决定。与美国关系的变化将会如何影响古巴的安全和繁荣？

第6章

非国家行为体和对全球共同体的追寻

> 一种新的权力在国家、市场和公民社会之间的重新分配正在进行,它终结了始于1648年《威斯特伐利亚和约》的权力在国家手中的不断积累。
>
> ——国际关系学者杰西卡·马修斯(Jessica Mathews)

人民权力 图中所示是国际红十字委员会的成员在2012年叙利亚休战期间,本着全球共同体的工作精神为平民百姓送去食物和药品。国际红十字委员会的发言人比昂·法诺迪(Bihan Farnoudi)解释说:"必需品短缺,甚至是在可以获得补给时人们也得不到这些东西,因为他们害怕离开他们的家园。"

你是人类中的一员，你的未来在很大程度上将会被人类合作解决整个世界面临的许多共同问题的能力所决定。但是这个世界会如何应对这一挑战呢？

数个世纪以来的答案主要是依赖于主权领土国家。现实主义假设，国家依然是世界舞台上最具影响力的行为体。各国对外政策的决定和互动，超过其他因素，在世界政治中引起趋势和变革。然而时至今日，自由主义理论则假设，国家对全球命运的非凡权力正在被侵蚀，因为我们的世界正在变得越来越复杂并相互依存，也因为非国家行为体不断增多并在国际共同体中谋求更大的影响力。此外，一个新的概念**负责任的主权**（responsible sovereignty，它要求国家不仅要保护它们自己的人民，还要跨界合作，保护全球资源和应对跨国威胁）正在受到全球领导者的关注——它是一项"对自己的人民和其他国家负有必要的义务与责任"的原则，并可使政府间组织和非政府组织发挥更大的作用，因为它不同于传统的主权诠释，即不干涉他国内政。

所以有个关键问题需要考虑：预计的国家主权权威的衰落，是否将会最终被证明是解决全球性问题的方法？反过来，削减个体国家依赖**自助**（self-help）方式应对问题的能力，是否将会最终被证明是祸因？

本章提供的信息和视角有助于你评估这个问题。更具体地说，它将会使你能够面对和评估由世界领导人让-弗朗索瓦·里沙德（Jean-Francois Rischard，前世界银行欧洲副总裁）提出的理论假设，他认为："有一点是确定的，那就是全球复杂性［正在引发］全球治理危机，必须通过新的全球合作方式和大胆地背离过去可信的观念来加以解决。"

全球性问题通常需要全球性解决方案。大量令人印象深刻的非国家行为体正在世界舞台上越来越多地展示它们的政治实力，努力策划全球变革。本章探讨两大类非国家行为体：作为跨国行为体执行独立对外政策的国际组织，以及由联合起来组成公民联盟施加国际影响的个人组成的非政府组织。为了介绍这一讨论，我们首先从这两类非国家行为体的常见特征出发。

> 追求国际安全就意味着每个国家需要无条件地放弃行动自由，即主权，而且，无疑没有任何其他道路能够通往国家安全。
>
> ——爱因斯坦

6-1 世界政治中的非国家行为体

非国家行为体有两种主要类型：政府间组织（intergovernmental organizations, IGOs）和非政府组织（nongovernmental organizations, NGOs）。两者之间的区别在于，政府间组织是一个成员为国家的国际组织，而非政府组织则是由个体组成的联盟。在20世纪，这两种类型的数量急剧增加：1909年，有37个政府间组织和176个非政府组织；到1960年，数量增加到154个政府间组织和1 255个非政府组织；到2012年年初，数量已升级到262个传统政府间组织和8 382个传统非政府组织。这还不包括被《国际组织年鉴》（2012/2013, vol.5）收录在内的707个非传统政府间组织和4 566个非传统非政府组织（如国际基金和基金会）。

政府间组织

各国创立政府间组织的目的在于解决问题。政府间组织常被认为比非政府组织更重要，这在某种程度上是因为政府间组织的成员是强大的国家政府，并且它们存在的时间也要更为长久。政府间组织会定期召开会议，并且它们还制定有决策规则，设有常设秘书或总部职员。

政府间组织在规模和目标方面大不相同。只有34个政府间组织符合"洲际组织"的条件，只有36个是"全球成员"的政府间组织（如联合国）。占总数73%以上的其余组织都是涵盖范围有限且只限于特定地区。每一种次类型中的组织之间的差异都是很大的，特别是有着单一目的和成员限制的政府间组织。例如，北大西洋公约组织（NATO）主要是一个军事联盟，而像美洲国家组织（OAS）则是为了促进经济发展和民主改革。不过，绝大多数政府间组织还是将它们的行动主要集中于特定的经济和社会问题上，如管理贸易和运输。

政府间组织的增加创造了一个复杂的、重叠的、能互相合作处理范围广泛的全球问题的国际组织网络。它们在贸易、国防、裁军、经济发展、农业、卫生、文化、人权、艺术、非法毒品、旅游、劳工、性别不平等、教育、债务、环境、犯罪、人道主义援助、民间危机救助、电信、科学、全球化、移民和难民等诸多不同的问题上相互支持。

非政府组织

非政府组织这个术语适用于所有的非国家和非营利组织,它作为一个中间人,在资源和目标群体之间搭建起一座跨国桥梁。因此,人们也习惯性地认为非政府组织是一个促进各国之间或者各国之内谈判的跨社会组织,它希望能在几乎每一个国际公共政策议题上为实现全球治理的目标而达成协议。非政府组织通过形成致力于政策变化的"跨国倡导网络"来连接全球社会。根据建构主义的观点,它们的行动受到利益和价值观的激发。

同政府间组织一样,非政府组织的特点也有很大不同。例如,一些是只有几百名成员的小组织;其他的则是大型组织,其中最大的组织之一"大赦国际"在2015年包含了超过150个国家和地区的300万名成员。2013年,国际协会联盟把主要的"传统的"非政府组织进行分组,有近6%被分为"全球的",有超过15%被分为"洲际的",占大部分的则是近79%"面向地区的"。就功能而言,非政府组织在一个边界日益消失的全球化世界中,事实上涉及政治、社会和经济行为的每个方面,从地球科学到族群团结、医疗、语言、历史、文化、教育、神学、法律、道德、安全和国防。"非政府组织并不是一个同质的群体。围绕NGO积累起来的长长的缩写可以揭示这一点。人们经常谈及NGOs、INGOs(国际非政府组织)、BINGOs(商业国际非政府组织)、RINGOs(宗教国际非政府组织)、ENGOs(环境非政府组织)、QUANGOs(准非政府组织,如至少部分由国家创立或支持的非政府组织),以及其他许多类型的非政府组织。事实上,非政府组织的所有这些类型以及更多的类型,都与联合国保持着咨商性的关系。在非政府组织中……有联合国系统学术委员会、全印度妇女会议、加拿大化学品制造商协会、国际关怀协会、世界基督教女青年会、世界自然基金会、阿拉伯银行联合会、国际妇女争取和平与自由国际联盟、世界能源理事会、世界工会联合会和世界退伍军人协会。因此,很难对联合国下的非政府组织进行归纳。"(Stephenson, 2000)

一般而言,社会建构的且为全世界普遍接受的非政府组织的形象是非常正面的——其所追求的大多数目标也是社会中大部分人的目标,因而不会引起多少反对。这种观点反映在世界银行对非政府组织的定义中,即"从事解除痛苦,促进穷人利益,保护环境,提供基本社会服务,或者从事共同体发展行动的私人组织"。例如，像大赦国际、国际商会、国际红十字会、救助儿童基金会、世界自然基金会这些非政府组织就得到广泛支持。不过，其他一些非政府组织就比较具有争议性，因为它们联合人们采取集体行动的方式可能会伤害他人，如恐怖主义组织、国际贩毒团伙或跨国海盗。

许多非政府组织都会与政府间组织进行正式互动。比如，有超过3 000个非政府组织积极地与广泛的联合国体系中的不同机构进行协商，在成百上千座城市拥有办公室，并会召开与各国派遣代表参加的政府间组织会议相平行的会议。非政府组织与政府间组织之间的这种伙伴关系使得它们能够进行合作（或者共同游说），追求共同的政策和计划。随着政府间组织与非政府组织在数量上和影响力上的增加，一个需要考虑的关键问题是："全球社会"是否会推翻传统的以国家为中心的全球体系？如果会推翻的话，这种结构变革是会使全球治理民主化还是会破坏全球治理？

6-2 重要的政府间组织

让我们继续分析世界事务中的非国家行为体，研究最重要和最有代表性的政府间组织：联合国、欧盟及其他许多地区性组织。在我们这样做的同时，你也可以问问自己：政府间组织的活动是否足以处理对人类福祉的严重威胁，这些政府间组织是否正在削弱各国的持续自治，以及如果是这样的话，国家权力受到侵蚀将会被证明是有益的还是有害的。

联合国

联合国（UN）是最知名的全球性组织。它与其他大多数政府间组织的区别在于它的成员几乎覆盖全世界，包括来自全球北方和全球南方193个独立的成员国。与最初1945年成立时只有51个成员国相比，联合国的成员国几乎增长了三倍，但接纳新成员国的程序从一开始就受制于政治冲突。这些冲突表明了该组织能在多大程度上反映五大国之间的关系状况。五大国创立了联合国并通过在安理会行使否决权来管理它。原则上，任何接受联合国目标和宗旨的主权国家均可加入联合国，但大国常会从现实主义方面考量，认为国家应该把自身国家利益放在对全球共同体的关心之上，并以此作为接纳新成员的决策依据。特别是在冷战时期，美苏两国均阻止与自己对手结盟的国家加入联合国。

联合国的议程　和平与安全在推动大国创建联合国及其前身国联的思想中占有重要地位。这些制度形式的灵感来自于自由主义信念，即对战争和其他全球性问题的管理，最好是通过在国际舞台上对全球无政府状态加以控制。国联试图防止一战的灾难再次发生，它通过建立在集体安全之上的体系来取代均势体系，以任何国家的侵略行为都将受到来自其他成员国集体报复的原则为指导，形成了维持和平的规则。但当国联在1930年代没能阻止德意日的侵略扩张后，它就崩溃了。

二战期间，美英苏三个盟国开始计划创建一个新的国际组织（联合国）以维持战后和平，因为人们相信和平不可能单靠任一大国的行为就能维持。《联合国宪章》第1条规定了联合国的目标是：维持国际和平及安全；发展各国间以尊重民族平等权利和自决原则为基础的友好关系；促成国际合作以解决经济、社会、文化或人道主义性质的国际问题并促进和鼓励对所有人人权和基本自由的尊重；以联合国作为协调各国行动的中心以实现上述共同目的。

联合国超过70年的发展历史表明，无论是全球北方国家还是全球南方国家，都成功地运用了该组织来推行它们自身的对外政策目标。这一纪录已经导致与联合国"六项基本价值观"相一致的300多份条约和公约得到批准。这"六项基本价值观"是：国际自由、平等、团结、宽容、尊重自然，以及一种共有的责任感。尽管联合国在未曾预见的美苏冷战中陷入瘫痪时，人们对联合国能力的信心迅速削弱，但在后冷战时期，联合国又从瘫痪中解放出来，回归其最初的使命。

目前，联合国管理着一个持续增加的紧急军事及非军事问题议程以满足全球的需求，并随着时间推移逐渐演变成一个巨大的管理机器。为了缩小雄心壮志与实际成就之间的差距，联合国将其管理机构扩展到全球每个角落，以实现其作为国际合作先锋的主要目标。为了评估联合国履行其越来越多责任的能力，下面我们就来看一下联合国是如何组织起来的。

组织结构　联合国的局限性可能就植根于它为实现广泛目标而组织起来的

方式。根据《联合国宪章》，它的结构包含以下六个主要机构：(1) 大会。作为联合国主要议事机构，根据一国一票方案，所有成员的代表人数相等。决定由简单的多数投票做出，所谓的重要问题则需要2/3多数通过才能决定。不过，它通过的决议仅仅是建议。(2) 安理会。《联合国宪章》赋予安理会处理对国际和平与安全构成的威胁这一主要职责，它包括五个常任理事国（美英法俄中），它们拥有否定实质性决定的权力，以及由联合国大会选出的十个非常任理事国，它们任期两年。(3) 经济及社会理事会。负责协调联合国的社会和经济计划、功能委员会和专门机构，其54名成员由大会选出，任期三年。这个机构在处理经济发展和人权议题上表现尤为积极。(4) 托管理事会。负责监管没有实现自治的区域的行政。1994年，当最后的托管领土获得独立后，托管理事会暂停运作。(5) 国际法院。国际法院是联合国主要司法机构，它由大会和安理会选出的15名独立法官组成，法官任期九年。法院的职权仅限于处理国家间的争端，其管辖权基于争端各方的同意。国际法院还就大会、安理会或其他联合国机构提出的法律问题发表没有约束力的咨询意见。(6) 秘书处。在秘书长的领导下，秘书处由国际公务员履行联合国行政和秘书职能。

联合国创始国希望安理会能够成为该组织的主要机构，因为建立联合国的原意是维护和平，而且它的常任理事国是二战时获胜的同盟大国。《联合国宪章》只允许它们发起行动，尤其是在使用武力上。不过，大会只能提出意见。

尽管联合国创始国的意图如此，但大会已经承担起更广泛的职责，因为全球南方国家（在一国一票的规则下获得日益增长的数量优势）引导联合国卷入了它们所特别关注的问题。目前，全球南方国家组成了一个占联合国成员国3/4的联合，试图抵抗全球北方的控制。这一联合推动联合国解决经济和社会问题，并在联合国没有尊重全球南方的特殊利益时进行抗议。

大会的权力日益增长可能并不足以确保全球南方对联合国议程的控制，安理会最初的五大常任理事国继续处于支配地位，美国这个**霸权国**也仍然处于突出地位。美国抵制了2005年把安理会扩大到24个成员国的建议，因为这将削弱美国的权力，美国宣布，它不支持其他国家也拥有五大常任理事国的否决权。在联合国内保持权力的一个类似举动是，中国在2008年拒绝了印度争取常任理事国地位的要求，这使许多国家都感到意外。

预算争议 全球北方和全球南方在认知优先事项方面的差异，很清楚地表

潘基文，2007—2016，一个具有全球声誉、只做正确事情的世界上最受欢迎的领导人之一。

科菲·安南，1996—2006，他有着一种稳重的魅力，但伊拉克战争和"石油换食品"丑闻给他的第二个任期抹上了污点。

布特罗斯-加利，1992—1996，在混乱的任期过后被美国所抛弃的尖酸刻薄、不善交际的埃及人。

德奎利亚尔，1982—1991，他悄然引导该组织摆脱了冷战时期的瘫痪状态，重返正轨。

瓦尔德海姆，1972—1981，一个高效的官僚，瓦尔德海姆现在被记住主要是因为他的纳粹历史。

吴丹，1961—1971，温和的吴丹为人低调，但因从西奈半岛撤回维和部队而受到抨击。

哈马舍尔德，1953—1961，联合国最高效的领导人。哈马舍尔德在刚果的一次维和行动中去世。

赖伊，1946—1952，这位粗鲁的政治家帮助创建了该组织，但在任期间几乎毫无作为。

现在对联合国预算的激烈争论中。这种争议集中在成员国如何解释《联合国宪章》中的下述规定："本组织之经费应由各会员国依照大会分配限额担负之。"

联合国预算由三个不同部分组成：核心预算、维和预算和自愿项目预算。各国对它们认为合适的自愿项目和一些维和行动提供捐款。核心预算与其他维和行动取决于评估款额（参见图6.1）。

决定评估款额的精确机制非常复杂，但从历史上看，评估款额一直是根据各国的支付能力来分配。所以拥有最多资源的美国贡献了联合国日常预算中的22%，其2015年净贡献额超过6.54亿美元。联合国最穷的18%的成员国（35个成员国）分别支付的份额则很小（0.001%），每国每年只交27 136美元，其总支付额不到联合国2015年预算的1%。20%最富裕国家支付了联合国2015年预算的94%以上。虽然这种模式在许多富裕国家受到攻击，但它仍是目前所

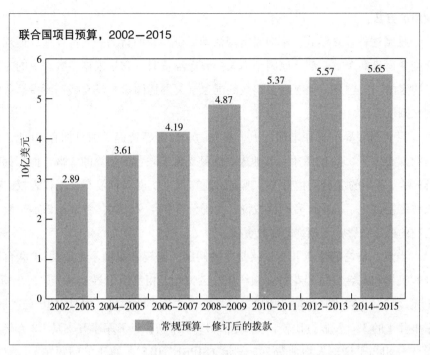

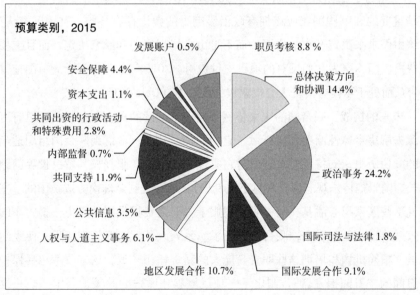

图6.1 联合国的预算优先顺序 联合国大会批准了2014—2015财年55.3亿美元的预算计划，2015年修订为56.5亿美元（见上图）。虽然预算的常规部分反映了预算的整体下降，并继续反映出上一年的财政约束，但分配给特殊政治任务的金额已从十年前占预算的6.7%增长到近25%。在多种多样的预算类别中（见下图），政治事务所占比例最大，占项目预算的24.2%。

使用的方法。

抵制这种预算模式、不向联合国活动提供经费的行为一直都存在。但现在它则变得日益严重，部分原因是当大会分摊经费时，它是根据多数表决的方式来决定的。问题是，拥有最多票数的国家（欠发达国家）没有钱，而最繁荣的国家则没有票数。

巨大的差异一直在增加：十个最大的联合国经费提供国只拥有 10 票，但它们却支付了 65% 的费用；其他成员国只支付了联合国预算的 35%，但却拥有 183 票。富裕的成员国指责说，现有的预算程序使得一种没有公正代表权的税收体制制度化了。批评者则反驳说，为了公平和正义，大国会员应该承担起与它们的财富和影响力相称的财政责任。

当然，争论的焦点并不仅仅是钱的问题，毕竟它是微不足道的。"联合国及其机构和基金会每年花费金额约 300 亿美元，相当于世界上每个居民出资 4 美元。与大多数政府的预算相比，这是一个非常小的数目，同时它也不到世界军事开支的 3%。"通过比较，至少在 2015 年年初，世界军事开支是 1.8 万亿美元——相当于全球人均消费 245 美元（SIPRI, 2015）。真正的问题在于，对什么是重要的和哪些国家应该拥有政治影响力的舆论存在分歧。贫困国家认为，应该由需求来决定开支的水平，而不是由富裕国家的利益来决定，而且主要的会费提供国不愿为它们反对的项目支付费用。2015 年 6 月，五个成员国拖欠会费，从而处于可能会失去大会投票权的危险中（UN, 2015）。

未来的挑战 联合国的未来依然不确定，持续的现金流危机使它没有可用资源去解决全球性问题和履行赋予它的职责。然而，考虑到联合国组织适应挑战的成功历史，支持者们有理由对它实现其创立者大胆授权其解决世界问题这一长期前景抱持乐观态度（参见下页专栏）。尽管受到全球南方成员国的一些抵制（这些国家担心潘基文秘书长会屈服于主要会费提供国的压力，损害小国利益），但自 2006 年以来，联合国进行了一系列改革，改变管理流程，使吸纳新成员、精简机构和培训这些职责与庞大的新责任相一致。这些改革包括保护报道丑闻的"丑闻揭发者"，制定了一项反欺骗和腐败的政策，制定了防止维和人员性骚扰的统一行为标准，以及要求高级官员进行范围更广的财务公开。这些大规模的改革还砍掉了秘书处 1/3 的行政成本，从占核心预算的 38% 降至 25%，并把节约下来的资金用作贫困国家的发展基金。

> **深入探究** 联合国与叙利亚内战

由于在一定程度上受到"阿拉伯之春"的鼓舞,2011年3月,叙利亚反叛者和忠于叙利亚总统巴沙尔·阿萨德的力量开始进入敌对状态,示威者走上街头,抗议对进行反政府涂鸦的青年学生进行监禁和施以酷刑。然而,在军队向骚乱人群射击之后,这场抗议活动也就变成一场关于阿萨德统治合法性的武装冲突。叙利亚政府军与各种反对势力之间的战斗仍在继续,截至2015年3月,据联合国估计,自进入敌对状态以来,至少已有22万人丧生。据联合国估计,另有超过1 100万人因暴力冲突而流离失所:760万人在国内无家可归,400万人逃离叙利亚。

尽管有相当多的国际组织关注叙利亚冲突,但在联合国内,特别是在安理会成员国之间,对于应该在多大程度上介入叙利亚冲突却是存在分歧。美国和许多西方国家谴责叙利亚政府对抗议者的残酷回应并要求阿萨德下台。它们支持联合国在解决暴力冲突中发挥更大作用。许多支持者都认为联合国的干预得到了《联合国宪章》的支持,《宪章》把保护人权作为全球社会的责任。2005年全体成员一致通过的"保护的责任"原则呼吁,如果一国不能保护其公民免受战争犯罪、种族清洗、种族灭绝和反人类罪,国际共同体就应出手进行干预。

然而批评干预的人则认为,出于非人道主义原因而采取的行动与以主权原则为基础的《联合国宪章》相矛盾,《宪章》禁止破坏任何国家的政治独立和领土完整。尽管中俄美及其他国家一道呼吁开启结束叙利亚内战的和平进程,但它们都反对联合国的行动,认为这干涉了主权国家的内部问题。俄罗斯明确批评联合国的决议,比如联合国人权理事会通过的谴责站在政府一方的外国战斗人员的干预这一决议,俄罗斯外交部长拉夫罗夫认为,该决议是"令人厌恶的、片面的"。

联合国无力阻止叙利亚的暴力事件,这一僵局引发了人们对联合国效能的怀疑。它还突出了一国对其领土的主权权威、保护和提供本国人民之迫切需要的责任,与为国际社会的干预提供理由之间的紧张关系。

★ **由你决定**:

1. 在发生人道主义危机时,主权原则是否应该被"保护的责任"替代?如果是这样的话,谁应该介入?

2. 你认为安理会的结构反映了当今世界各国的权力分配吗?它应该被改变吗?联合国安理会有做出这些决定的权威和合法性吗,尤其是考虑到可能会出现政治僵局?

3. 你认为联合国应该出兵干预叙利亚吗?

联合国很可能会继续是不同成员国之间和半球集团之间激烈争论的场所，这一事实注定会削弱联合国解决新的全球问题的能力。联合国经常因为失败而受到指责，而真正的失败则属于它的成员国，特别是那些全球北方的成员国。"那些大国很少愿意给它提供足够的资源，让它集中注意力脚踏实地去完成它们给它设定的雄心勃勃的任务。"（Fukuyama, 2008）而且，联合国往往面临着个别国家难以解决的、非常困难的任务。前秘书长吴丹发现："联合国通常面临的重大问题是各国政府无从下手的问题。联合国是最后的底线，是最后可以求助的地方，所以联合国经常被指责未能解决各国政府已经发现不能解决的问题，这并不奇怪。"

归根究底，联合国不会超越成员国赋予它的授权和权力。然而，正如支持者指出的，联合国仍是"围绕有争议的当代挑战进行政权谈判和规范推广的首选论坛"（Thakur and Weiss, 2009）。从建构主义视角来看，联合国合法性的基础是它是各国共同意志的代表，"在某些情况下，联合国甚至声称代表人类的集体意志"（Ellis, 2009），尽管建构主义者认识到，确定那种意志是什么只能是一个不断变动的和激烈争论的问题。

联合国的定位是制定具有全球相关性和适用性的政策，这表现为联合国人权委员会成功地通过决议羞辱人权侵犯者，联合国对艾滋病病毒/艾滋病等全球流行病的防治等活动，以及联合国在促进建立信任措施方面的作用（不仅仅是防止冲突，更是鼓励成员国积极讨论并解决它们的不满）。尽管饱受诟病，但联合国的存在却是非常必要的。"只有一个全球性组织能够应对全球性挑战，"前任联合国秘书长安南说，"当我们集体行动起来，我们就会变得更加强大，不太容易遭受个人灾难。"

其他重要的全球性政府间组织

在联合国之外，还有数百个其他政府间组织也在积极参与国际事务。下面我们就来简单了解一下这种政府间组织中最重要的三个组织：世贸组织，世界银行和国际货币基金组织，它们都是其所关注的国际政治经济领域内的专业性组织。

注意，这些政府间组织都是大国为了满足自己对稳定的国际经济秩序的要求而创建的，为此大国甚至自愿牺牲主权。有人可能会问了：既然这种让步会降低控制自身命运的部分能力，为什么各国还会放弃它们独立自主权的一部分？主要原因是，多边合作能让合作国家获得如果它们不合作就得不到的利益。**国际规制**（regimes）和进行全球治理的权威性政府间组织的创立可以带来好处。没有多边合作，通常不可能解决共同的问题。在许多问题上，任何单个国家都无法单边解决，无论这个国家在军事上或经济上有多么强大。

世界贸易组织　想到1929年大萧条带来的困苦情形，美国在二战后积极寻求创建国际经济制度和机构，希望通过促进世界贸易来防止经济陷入萧条。拟设立的一个机构就是国际贸易组织（ITO），它在联合国的总体框架内最初被视作一个专门机构。在对预期的国际贸易组织进行的谈判不断被拖延的同时，许多人要求立即采取行动。这些呼吁导致1947年召开了日内瓦会议，23个国家同意了许多两国间的关税减让。这些条约被写进《关贸总协定》（GATT）的最终备忘录中，最初的想法是这是国际贸易组织生效前的临时安排。

当关于国际贸易组织的最终协议显然难以达成时，《关贸总协定》也就为旨在减少关税和其他贸易壁垒的持续多边谈判提供了一个机制。接下来几十年举行了八轮谈判以促使贸易自由化。在非歧视原则下，《关贸总协定》给予每个成员国相同的"最惠国"待遇。

1995年1月1日，《关贸总协定》被世贸组织（WTO）取代。虽然它并不是二战后一开始所设想的国际贸易组织，但它却仍是最具雄心的关税削减机构。与《关贸总协定》不同，世贸组织是一个拥有正式决策程序的成熟的政府间国际组织。世贸组织被委托管理组织内贸易伙伴间的争议，它拥有执行贸易规则和裁决贸易纠纷的权力。

世贸组织现在力求超越现有的在各成对国之间和特定的区域或自由贸易集团内部的自由贸易协定矩阵，并用一个一体化的和全面的、世界范围内自由的或不受约束的贸易体系来取代它们。这一自由主义议程对一些国家构成了威胁。它们抱怨的核心是世贸组织削弱了传统法规，这种法规禁止干涉主权国家内部事务，包括在国家领土管辖范围内管理经济事务。然而，应该记住的是，世贸组织是成员国自愿出让一部分决策自由的主权而达成协议的结果，这些国家相信，这种主权的联合是一种理性选择，与损失相比将会获得更大收益。然而，世贸组织被批评的原因是，人们普遍认为"世贸组织与民主不相容。走向世贸组织意味着远离民主"(Dingwerth, 2014)。就像在联合国内部一样,世贸组织的许多政策都是由最强大的成员国通常在不包括世贸组织全体成员在内的非正式会议期间协调制定的。

世界银行 1944年7月在新罕布什尔州布雷顿森林举行的联合国货币和金融会议上,44个国家创立了世界银行(又称国际复兴开发银行),最初设立它的目的是为了支持二战后欧洲的重建工作。在接下来的十年中,该银行将重心从重建转向发展援助。由于全球南方国家往往难以借款来为促进经济增长的金融项目提供资金,因此世界银行向它们提供比它们通常可以从商业银行获得的更低利息和更长还款期的贷款。最近,世界银行设定了到2030年在全世界消除极端贫困的目标。它力求"在全球范围将赤贫人口比例减少到3%,其目标人群是生活在欠发达国家底层40%的民众"。到目前为止,这一宏伟目标得到了捐助国的赞扬。

在日常行政管理中,世界银行的最终决策权归属于理事会,理事会由世界银行行长和188个成员国任命的理事和副理事组成。理事和副理事通常由一国财政部长或级别相当的一名高级官员担任。董事会每年在位于华盛顿哥伦比亚特区的世界银行总部举行会议,为24名负责银行日常运行的执行董事设定政策方向并委派职责。世界银行股份最多的五个国家(美德日法英)任命自己的执行董事,剩余的执行董事要么是任命的(沙特),要么是由他们的国家选出的(中国、俄罗斯和瑞士),要么是由国家集团选出的。这种加权投票制度承认成员国股份持有的差异,保护为世界银行的资源做出更多贡献的大国的利益。如果一国经济状况随时间而变,其配额就会被调整,其拥有的股份和投票权也会相应改变。

多年来,世界银行的自我形象和业务已经发生了变化:从一个严格的金融性政府间组织,转变为现在协助各国的发展规划和培训。2012年7月,世界银行行长金墉宣称,他的义务是要看到世界银行"提供更大的成果来支持可持续增长;优先采用基于证据而非意识形态的解决方案;增强欠发达国家的声音;借鉴专家意见和民众经验"。

世界银行在解决贫困方面取得的成功,部分应该归功于引入了减贫战略(PRS)计划,其中包括来自穷人自身的投入。现在,由于设定了2030年这一减贫目标日期,世界银行积极寻求创新方法来解决这一紧迫问题。最近金墉赞

针对全球化制度象征的愤怒　近来抗议者把两个强大的政府间组织（世界银行和国际货币基金组织）的高层会议作为目标。图中所示是 2015 年 5 月 21 日发生的这样一次抗议，它是对世贸组织总干事阿泽维多访问菲律宾的一个回应。抗议者批评经济全球化的冲击和菲律宾世贸组织成员国的身份，许多人都认为这导致大量进口粮食和农产品的涌入。

扬了印度一种更好地下发工资的、新的便携式 ATM 方案，他说："在很大程度上，我们必须考虑如何将这项技术整合进可以增加获得金融服务的大规模努力中。"（World Bank，2013d）世界银行也越来越多地参与为私人借贷机构融资的财团安排，同时坚持将民主改革作为经济援助的条件。此外，针对世界银行项目（从肯尼亚的公路建设到莱索托的大坝建设）中出现的贿赂、回扣和挪用的指控，此前的三任世界银行行长（沃尔芬森、沃尔福维茨和佐利克）都坚持推行反腐败改革。

世界银行无法满足欠发达国家对金融援助的所有需求。不过，世界银行的缺陷已被国际货币基金组织（另一个负责借贷的政府间组织）部分抵消了。

国际货币基金组织　二战之前，国际共同体缺乏管理跨国货币兑换的制度机制。在 1944 年的布雷顿森林会议上，美国是创立国际货币基金组织（IMF）的一个主要推动者。国际货币基金组织是一个真正的全球性政府间组织，它旨在促进国际货币合作和有序的兑换安排，以保持兑换的稳定。而且，国际货币基金组织有时还是经历金融危机的国家可以求助的最后贷款人。

国际货币基金组织是联合国系统内16个专门机构之一。国际货币基金组织的每个成员国在理事会中都有代表，理事会每年召开会议来决定总的政策。日常事务由一个有24位成员的执行董事会负责，执行董事会由一名总裁领导，他同时也是这个拥有近2 000名雇员的机构的行政领导。

国际货币基金组织从它的188个成员国获得运营资金。各成员国的缴款根据一个配额体系来确定，这个体系包括国家的国民收入、货币储备和其他影响每个成员国认缴能力的因素。通过这种方式，国际货币基金组织像一个信贷协会一样运作，它要求每个成员国都要认缴一笔共同资金，这样等到它们需要时就可从中提款。国际货币基金组织的投票根据国家的货币贡献加权，从而给予富裕国家更大的话语权。

国际货币基金组织对其贷款附加严格的条件（参见第10章专栏），这引发了相当多的批评，因为国际货币基金组织的贷款项目与缓慢的经济增长（Vreeland, 2003）、侵犯人权行为的增加（Abouharb and Cingranelli, 2007），以及劳动权利实践的恶化（Blanton et al., 2015）有关。诺贝尔经济学奖得主、世界银行前首席经济学家约瑟夫·斯蒂格利茨（Joseph Stiglitz）抱怨说，这些政策产生了令人失望的结果，因为它们固守自由市场教条，忽视了这些国家独特的社会文化背景。由于全球南方的多样性，未来的发展战略应该避免华而不实的主张和一刀切的政策。在一国能够取得很好效果的政策，换到另一国可能就会显得不切实际或不可取。

6-3　地区性政府间组织

联合国、世贸组织、世界银行和国际货币基金组织内部单个国家之间和国家群体之间的激烈竞争，提醒我们看到一个基本原则：政府间组织是由加入其中的国家所控制的。这种情况严重地制约了政府间组织超越国家间竞争、独立追求组织目标的能力。由于这一原因，从现实主义角度来看，全球性的政府间组织常被视为其成员国对外政策的工具和辩论的舞台，而非独立的非国家行为体。当国家控制了像联合国这样全球性的国际组织时，国际合作的前景就变得黯淡了，因为就像现实主义强调的那样，国家害怕那些会损害它们至关重要国家利益的多边组织。而这样一来也就限制了政府间组织为推动全球变革而做出多边决策的能力。

一个相反的假设来自自由主义理论，它认为大国之间的合作是可能的，而且国际组织的存在还会有助于促成大国之间的合作。从这个角度来看，"一个相互联系和跨国威胁并存的现实世界其实很简单：你不得不与他人合作以让他人与你合作"。这一观点被广泛地运用于地区性政府间组织，其中最有名的是**欧盟**（EU）。欧盟是全球和平的国际合作最成功的范例，也是其他地区性政府间组织模仿的范例。它产生了一体化的**安全共同体**（security community），有着单一的经济。

欧盟

严格来说，欧盟并不是一个独立的、集体管理欧洲内外事务的超国家组织。欧盟与其他许多欧洲的政府间组织共存，它被嵌套于这些政府间组织中并与这些政府间组织一道做出决策。在这些政府间组织中，欧洲安全与合作组织（OSCE）和欧洲理事会是地区性机构，它们主张欧洲国家是平等的伙伴和开放边界线，它们的目标是管理地区安全，通过民主化来促进少数族群的人权。即使在这个相互重叠的欧洲政府间组织网络中，欧盟也仍是表现最突出的，它是一个强大组织如何从一个单一目标的非国家行为体转变成一个多目标的非国家行为体的例子。

欧盟扩张和政治一体化　建构主义认为，观念会产生影响。宏大的观念经常来自痛苦的经验和危机，比如毁灭性的战争。而这也正是二战后发生的事情——欧洲的领导人构想了一个大胆的计划，通过根除战争的诱因来破除战争的诅咒。他们的改革方案是，通过一个新的超国家机构，超越个体的欧洲国家来寻求欧洲的**政治一体化**（political integration），以此带来不亚于国际关系变革的变化。赞成一体化的理由包括经济增速加快的可能性，规模经济刺激的竞争力，以及由于规则一致、相互依赖和信任增加而可以减少冲突。

欧洲一体化的进程始于 1951 年的欧洲煤钢共同体（ECSC）、1957 年的欧洲原子能共同体（Euratom）和 1957 年的欧洲经济共同体（EEC）。它们起初只关注贸易发展。自 1960 年代末以来，三者共享一个共同的组织结构，并在经过一系列步骤扩大其自身使命后变成"欧洲共同体"。它的成员增加了，地理覆盖范围也扩大了。经过一系列扩张浪潮，到 1997 年其成员国达到 15 个：比利时、法国、德国、意大利、卢森堡和荷兰（创始"六国"）；丹麦、爱尔兰和英国（1973 年加入）；希腊（1981 年）；葡萄牙和西班牙（1986 年）；奥地利、芬兰和瑞典（1995 年）。2004 年，欧盟在其扩张道路上达到一个新的里程碑，当时它正式允许 10 个新成员加入（捷克共和国、斯洛伐克、爱沙尼亚、匈牙利、拉脱维亚、立陶宛、马耳他、波兰、斯洛文尼亚和塞浦路斯的希腊控制部分）。这一大胆的扩张增加了 7 500 万人口，创造了世界上最大的自由贸易集团并通过消除欧洲的分界线改变了欧洲的面貌。随着这一扩大进程继续进行，保加利亚和罗马尼亚在 2007 年加入，克罗地亚在 2013 年加入，从而使得欧盟拥有 28 个成员国。

欧盟的进一步扩张是可以想象的，因为目前正在进行接纳另外八个可能成为新成员的国家的程序。土耳其于 2005 年开始进行加入谈判，并可能在 2015—2020 年间被接纳。西巴尔干地区的其他国家（阿尔巴尼亚、塞尔维亚、黑山、科索沃和前南斯拉夫的马其顿共和国、波斯尼亚和黑塞哥维那）也正在为将来加入欧盟进行游说。2009 年，可能会增加获取北极资源通道的冰岛申请在 2011 年加入欧盟；然而，入盟谈判由于鲭鱼捕捞的争议和金融改革的敏感问题而陷入僵局。

欧盟的扩张不仅仅是一个扩大成员国的程序；它已成为一项对外政策，因为这一进程试图将外部申请国转变为成员国。欧洲法教授埃利翁（Hellion, 2010）指出，扩张程序使欧盟"行使规范性权力，并按照它自己的意象来组织大陆"。因为有这样的变革性效应，欧盟的扩张难逃争议也就不足为奇。近年来，民族主义也已缓慢地进入这一进程，法律和政治障碍使人们对欧盟向渴望成为其成员的国家承诺的诚意和可信度产生了怀疑。"它还可能损害条约规定的完整性，与欧盟法律的基本原则相冲突，特别是《里斯本条约》重申的欧洲（再）统一的目标。"

持续扩张和一体化面临众多挑战。首先，拥有众多穆斯林人口的国家土耳其加入欧盟这一前景，引发了关于欧洲身份的这一基本疑问。正如建构主义理论家所指出的,身份塑造了施动者如何设想他们的利益,这些利益又相应地决定了他们的行动。土耳其和可能距离更为偏远、文化差异更大的国家加入欧盟,将会对许多人,特别是欧盟中六个创始国的人们构想欧洲的方式产生重大影响。

这些民族主义倾向反映在修改申根规则的呼吁中,因为有成千上万的北非人在 2011 年"阿拉伯之春"的抗议和暴力活动期间寻求庇护,并有许多叙利亚难民逃往欧洲寻求安全。移民危机威胁到申根无边界区的可行性,申根区被视为一项伟大的统一项目,因为它允许人们在欧盟内部自由行动。意大利、法国和比利时要求在特殊情况下"修订规则,以便各国政府更容易实施边境管制"(*The Economist*, 2011a),因为每个国家都试图控制北非非法移民在它们的国家之间流动。

欧盟向东扩张还受到下面这样一个事实的挑战,即这 12 个最新成员国的经济总量不到整个欧盟的 10%,并且与之前 15 个欧盟成员国相比拥有更差的经济和更少的人口。因此,这些新成员国拥有不同的需求和利益,进而也就使得在政策决定上达成协议变得格外困难。这一点在 2010 年表现得非常明显,因为希腊与欧盟和国际货币基金组织进行了为期三年的经济紧急救助一揽子协议的谈判(这是第一次为欧元区国家采取的紧急救助措施),作为紧缩政策的交换。这笔交易在希腊国内引发了 20 年来第一次致命的暴力抗议活动。

还有人则担心一些国家的经济状况不佳及政府赤字不断增加和这可能会对欧盟其他成员国造成的负担。欧洲北部的许多成员国的反欧元情绪正在上升,这些国家对遭受危机打击的欧元区国家的资金援助越来越多,而这些资金则都由纳税人负担。2014 年年初,欧洲人民意调查机构"欧洲晴雨表"的调查结果表明,只有 35% 的欧洲人支持欧盟。而仅仅是在七年前这一比例还为 52%。如果德国、法国和其他北欧国家联合起来反对较小、较不发达的新成员国,"俱乐部中的俱乐部"就有可能将欧盟分成两个对立的联盟。欧盟也可能会受到英国全民公投结果的负面影响,公投预期在 2018 年之前举行,公投结果将会决定英国是否继续留在欧盟。(2016 年的公投结果使英国开始启动"脱欧"谈判。——译注)然而,单一的、统一的欧洲理念依然令许多欧洲人激动不已,这些人受到自一千八百年前罗马治下的和平崩溃以来欧洲各民族和国家征战不断的幽灵的困扰。

欧盟的组织和管理　随着欧盟的发展和权威的扩大,它的主要治理机构也发生了变化。欧盟的主要机构包括部长理事会、欧盟委员会、欧洲议会和欧洲法院。

欧盟的核心管理机构是部长理事会，它代表欧盟成员国政府并保留最高决策权。理事会负责为**欧盟委员会**（European Commission）制定一般性的政策指引，它由28名委员组成（每人来自一个成员国）。委员由欧盟成员国政府提名，与欧盟委员会主席协商且必须得到欧洲议会批准。欧盟委员会总部设在布鲁塞尔，其主要职能是为欧盟提出新的法律和政策，监督欧盟条约的谈判，执行欧洲理事会的法令，管理欧盟的预算（与大多数国际组织不同，其收入的部分来源并不受其成员国控制）。

欧洲议会代表欧洲的政党和舆论。它自欧洲开始走向政治统一以来就一直存在，尽管它在创立之初是被任命的而非选举产生的且没有多少权力。不过，现今情况已不再是这样。欧盟成员国的公民现在通过直接选举来选择欧洲议会。在布鲁塞尔雄伟的玻璃房总部和奢侈的斯特拉斯堡宫殿，它的600多名代表以与民主国家立法机构相同的方式辩论各种问题。欧洲议会与部长理事会分享权力，但随着时间推移，欧洲议会的影响越来越大。当选代表与理事会一起通过法律，批准欧盟的预算，监督欧盟委员会并可否决欧盟委员会的决定。

随着欧洲一体化程度不断加深，位于卢森堡的欧洲法院的重要性和权力也在增加。成立法院的目的是裁决欧盟各国政府之间，以及欧盟各国政府与欧盟新成立机构之间的要求和冲突。欧洲法院为其各成员国法院解释欧盟的法律，裁决欧盟各机构内部的法律问题，审理并裁决涉及公民个人的案件。欧洲法院的决定是有约束力的，这使得它不同于其他大多数国际法庭。

欧盟的决策挑战　关于欧盟应该在何种程度上变成一个单一的、真正统一的超国家，一个"欧洲联合国家"，始终存在不同意见。对诸如共享主权（pooled sovereignty）这样一个进程应该走多远和走多快的争论也仍在继续，为了进一步整合欧洲国家所做的一些努力也遇到了阻力——丹麦在1992年拒绝了《马斯特里赫特条约》，爱尔兰在2001年拒绝了《尼斯条约》，法国和荷兰则在2005年否决了《欧盟宪法》。2007年10月，成员国领导人同意了《里斯本条约》的最后草案。《里斯本条约》是作为一项制度性条约提出的，它通过设立一名全职主席和一名对外政策主管在整体上代表欧盟各国政府，从而简化了欧盟的决策过程。它还在若干领域舍弃了国家的否决权，更改成员国的投票权重，并赋予欧洲议会更多权力。

虽然《里斯本条约》的支持者认为，如果想要继续进行扩张让欧洲成为一个能够平衡其他主要大国的统一的全球性大国，制度改革就很关键，但欧盟内部的抵制则表明许多国家都对现状感到满意。这些批评者仍然不愿进行更深层次的政治一体化和进一步限制个体国家对自身利益的追求，并且不愿关注欧盟决策在何种程度上是民主的。条约生效需要得到所有成员国的批准，最初预计能在2008年年底之前达成。然而，爱尔兰首先在全民公投中否决了该条约，导致人们猜测没有足够的人支持一个联合的欧洲，不过这一决定又在2009年10月随后的全民公投中被推翻。在捷克共和国最后一个批准该条约后，《里斯本条约》于2009年12月1日成为法律。比利时人范龙佩成为欧盟第一位全职主席，他于2010年1月4日走马上任。

未来各国仍将会讨论这些议题，也只有时间能告诉我们这些问题将会如何得到解决。即便如此，欧盟仍是国际历史上一个了不起的成就。谁能想到，在历史上大部分时间里互相交战和竞争的各国，竟会搁置它们相互冲突的意识形态和领土野心，建立一个以统一和联合决策为基础的"欧洲性"认同呢？

其他地区性政府间组织

自欧洲于1950年代首先迈向一体化以来，在世界上其他地区，特别是在全球南方国家之间，已经成立了超过12个地区性政府间组织。大多数地区性政府间组织的目标都是为了刺激区域内的经济增长，但也有许多地区性政府间组织已经从原来的单一目标扩大到追求多重政治和军事目标。主要的地区性政府间组织包括：(1) 亚太经合组织（APEC）论坛。该组织成立于1989年，由12个国家组成，没有一个明确的目标。它的成员现已增至21个国家（包括美国）。2015年5月，在菲律宾长滩岛，亚太经合组织举行了贸易部长和经济领袖会议，进一步讨论如何促进地区经济一体化，实现共同发展和共同繁荣，确保包容性可持续增长，并培养亚太合作伙伴关系对该地区公司和工人的巨大潜力。(2) 东南亚国家联盟（ASEAN）。该组织成立于1967年，由五个创始成员国组成，目标是促进地区经济、社会和文化合作。1999年，它在十个东南亚成员国之间建立了自由贸易区，以抗衡外部的日本、中国、美国和其他大国，从而使东盟能够作为一个集团参与国际贸易竞争。在2015年于马来西亚举行的东盟峰会上，该集团侧重于深化经济一体化，不仅要解决降低关税问题，还要解决其他障碍，如基础设施、通信技术和工人的技能水平。(3) 阿拉伯经济统一委员会（CAEU）。该组织成立于1964年，由1957年促进其18个北非和中东成员国之间的贸易和经济一体化的协定发展而来。2015年6月，该组织召开会议，讨论诸如何提高阿拉伯纺织品行业的竞争力，如何升级与该地区陆上和海上运输相关的物流服务等问题。(4) 加勒比共同体（CARICOM）。该组织成立于1973年，是为了促进其15个国家和领土成员的经济发展和经济一体化而建立的共同市场。通过强调该地区易受外部冲击（如全球金融危机）的影响，它制定了一个五年战略计划，概述了2015—2019年间要实现的深化加勒比地区的团结、活力和繁荣的具体目标。(5) 西非国家经济共同体（ECOWAS）。它成立于1975年，其目标是促进15个成员国之间的地区经济合作。现如今，该组织有一个更为宏大的议程。为了到2020年能够实现其部分构想，该组织也强调地区和平、善治、更大的人类安全和发展、环境保护。它的主席詹姆斯·贝霍（James Gbeho）阁下强调指出，本组织致力于"扩大并加强制度，改革安全体系使其更好地响应民主管理和人权；并且确保更大的分权，坚持法治原则和反腐败原则"。(6) 北大西洋公约组织（NATO）。这最初是为了在西欧威慑苏联而于1949年成立的一个军事同盟。它的成员国现已扩大到28个国家，其使命也扩大到促进民主化和在欧洲传统的领土之外监控内战和恐怖主义。(7) 南部非洲发展共同体（SADC）。该组织成立于1992年，目标是促进15个成员国之间的区域经济发展和一体化，以及缓解贫困状况。该组织设定的2020年战略目标包括：提高地区内的贸易和经济自由化水平，可持续的食品安全保障，更大的人类发展，性别平等和控制流行病。

　　正如上述例子表明的，大多数政府间组织都是在地区性而非全球性的基础上建立起来的。建立这些政府间组织的各国政府通常都是关心一个或两个主要目标（比如在区域内实现贸易自由化或实现和平），而不是试图通过集体行动来同时解决它们共同面临的所有问题。

　　大多数地区在追求欧盟水平的制度一体化时经历的实质性困难表明，要在以前分裂的共同体之外建立新的政治共同体可谓困难重重。许多地区性政府间组织有时也会失败且往往缺乏效率，究其因则各种各样。单是两个或更多国家选择合作互动远远不够。政治一体化的机会由于以下原因而变小：缺少地理接近性、稳定的经济增长、相似的政治体系、热情的领导人引导的支持性舆论、文化的同质性、国内政治的稳定、相似的历史经验和国内社会发展、具有支持性商业利益的兼容经济体系、对共同外部威胁的共同看法、官僚机构的兼容性，以及之前的合作努力（Deutsch, 1957）。

最根本的阻碍是：国家领导人不愿做出政治上代价高昂有可能削弱他们在国内的个人吸引力和政府主权的选择，所有的政府间组织都受限于此。虽然如此，但地区性的合作冒险行动表明，许多国家都接受这样一个事实，即它们不可能单独解决它们集体面临的许多问题。政府间组织不断扩大的相互依存网络正在破坏国家的权力并改变它们在全球舞台上相互联系的方式。由于国家明显管理不了很多跨国政策问题，所以通过政府间组织来解决集体问题这一形式很可能将会继续存在下去。

不过，政府间组织并非唯一能够引发世界政治潜在变革的非国家行为体。另外的主体是非政府组织。这些非政府组织包括跨国人道主义组织、跨国公司、跨国宗教和族群群体，以及全球恐怖主义及犯罪网络。与政府间组织一样，它们的数量越来越多，声音越来越大，不容忽视，这也使得它们在世界政治舞台上影响力越来越大。下面我们就来评估它们的行为和全球影响。

> 世界上190多个国家现在与大量强大的非主权国家和至少部分（通常在很大程度上）独立的行为体共存，这些行为体的范围从公司到非政府组织，从恐怖主义团体到毒品卡特尔……主权实体曾经享有的近乎垄断的权力正在被侵蚀。
> ——外交关系委员会主席理查德·哈斯（Richard Haass）

6-4 非政府组织的主要类型

越来越多的人都发现，他们可以通过加入非政府组织影响国际决策。他们可以通过选择加入一个或更多的非政府组织成为国际决策者。这些成千上万的"跨国活动家"通过各种策略影响国家政府和政府间组织的政策。其结果就是，非政府组织的行动主义正在超越什么是地方和什么是全球之间的传统区别。

今天，一小部分越来越活跃和自信的非政府组织受到最多关注并引发最多争议。为了评估非政府组织是否正在以及如何促进全球变革，我们将会考察四种最活跃的非政府组织非国家行为体，它们是包括族群民族和原住民在内的非国家民族（nonstate nations）、跨国宗教运动、跨国公司团体，以及议题倡议团体。

非国家民族：族群团体和原住民

现实主义者经常要求我们把全能的国家描绘成一个统一民族的自主统治者，也就是说它是一个**单一行为体**。但事实上，这种建构是一种误导。大多数国家的内部都是分裂的并深深受到来自外部的渗透。几乎没有一个国家是紧密团结在一起并能作为拥有共同目标的单一实体行动。

尽管国家无疑仍然是最引人注目的全球行为体，但正如建构主义强调的，**族群民族主义**（ethnic nationalism，即人们忠诚于一个特定的种族民族团体并认同它）降低了那些假定存在一个单一国家的理论的相关性。许多国家都是分裂的、多族群的和多文化的社会，由各种政治活跃团体构成。这些团体寻求的或者是完全独立，或者是更大程度的区域自治和在国家内外政策上拥有更大的发言权。认同民族主义的人很可能会宣誓他们效忠的不是统治他们的国家和政府，而是一个政治上活跃的族群团体，其成员彼此认同，因为他们认为自己是因血缘、语言和共同文化而联系在一起。

族群性（ethnicity）是社会建构的，在这个过程中，一个族群或种族的群体成员学会把自己看作是群体成员，并进而把他们的身份理解为在出生时就由他们所继承的成员资格决定了。当他们的身份被其他族群认可时，这种认知就会被深深地强化。因此，族群性在旁观者眼中是一种被建构的身份。"身份，或者更确切地说，各种身份（identities）产生于群体或个人所处的具体历史和社会背景中。这些身份（即使是多元的）通常很容易由其所有者协商，并会因特定环境而改变。尽管如此，身份也有其持久不变的一面，而不论环境如何以及在特定时间哪种身份最普遍。"（Townsend-Bell，2007）

据估计，世界上较大的国家中有3/4都包含具有政治重要性的少数民族，而且自1998年以来，已有构成世界人口18.5%（超过1/6）的284个少数民族群体被认定为处于受到他们所居住国家迫害的"风险"中。由于他们认为自己

保护原住民 原住民群体经常看到他们的权利和福祉沦为由国家政府决定的进步和发展这一更大的国家利益的牺牲品。图中所示是,当地原住民社区的代表在巴西圣保罗举行抗议,反对在巴西亚马逊河的欣古河上修建贝洛蒙特大坝。由于担心大坝对他们的土地和生计的影响,"对缺乏协商感到沮丧并对他们的权利受到侵犯感到愤怒,巴西的原住民诉诸直接行动,他们占领大坝,封锁铁路线,收回神圣的土地,绝食抗议和自杀"(Watson, 2013)。

受到政府持久性且有组织的歧视性待遇,所以他们动员起来集体保卫自己免遭政府的歧视(Minorities At Risk, 2015)。像这样的族群分裂挑战了现实主义的"弹子球"(billiard ball)国际关系概念,这一概念把国际关系视作统一的国家之间同质的互动。

原住民是族群和文化群体,是一个地理区域内的土著。在大多数情况下,原住民都是在政治上拥有主权,在经济上自给自足,但现在由国家政府控制。今天据估计有 3.7 亿原住民,约占世界总人口的 5.2%,他们分布在 70 多个国家(International Work Group for Indigenous Affairs, 2015)。

独特的非国家民族的数量通常由全世界已知的语言来衡量,因为每种语言都提供了一种族群和文化认同。萨丕尔和沃尔夫在 1930 年代认为,不同的语言反映了不同的世界观并预先安排了操该语言者的不同思维方式。根据这一指标,原住民文化正在逐渐消失。"一些专家认为,到本世纪末世界上 90% 的语言都将消失或者是被占支配地位的语言取代。"(*Vital Signs*, 2006—2007)这意味着原住民处于危机之中,其中多数都濒临消亡。

尽管原住民生活在世界上许多国家中,但他们也展示了跨国性的一面,因为他们在地理分布上跨越了现有的国家边界。当原住民跨过边界从祖先的故土迁移出去时,这种流散就增加了。有些原住民的成员今天生活在世界上不止一个国家;比如数目颇为可观的库尔德少数民族,他们散布在土耳其、伊拉克、伊朗和叙利亚,但却至今仍然没有一个能够称之为家园的主权国家。

作为这些分裂的结果,在全球范围内,我们可以识别出足足 11 个单一的跨国文化认同或"文明"。尽管这些结果并不确定,但是世界政治的一些可能性正在向我们发出警报。亨廷顿(Huntington, 1996)悲观地预测:这些普遍的文化认同中有一些互相之间可能会发生**文明的冲突**(clash of civilization),尤其是在西方文明与伊斯兰文明之间。

这一预测在 2001 年 9 月 11 日得到应验,当时"基地"组织的恐怖分子网络袭击了美国,以发泄伊斯兰极端主义者对西方的愤怒。"最近发生的事件揭示了族群、种族[及文化]冲突并没有消失,也没有变得不重要……最近的全球变化进程经常掩盖在'全球化'这个术语之下,它们正在迅速改变族群[和文化]冲突产生的环境,这些冲突将不再是纯粹地方性的——如果说它们曾经是的话。"(Hall, 2004)由于这一原因,下面我们就从族群非政府组织转向考察宗教运动作为非政府组织运作的方式。

跨国宗教运动

理论上,宗教似乎是实现全球统一与和谐的一种自然的世界性力量。但在历史上却有数百万人死在宗教的名义下。教皇乌尔班二世在 1095 年最早证明,与穆斯林的侵略作战的"十字军东征"是正当的,但 11—14 世纪之间的战争却使数百万基督徒和穆斯林丧生,而且双方在残暴方面不相上下,[因为两种宗教都赞成]战争是一种自我净化行为这种意识形态。而在"三十年战争"期间,天主教徒与新教徒之间的宗教冲突则杀死了将近 1/4 的欧洲人。

在全世界 70 多亿人中,许多人都在某种程度上与**跨国宗教运动**(transnational religious movements）有关。在最抽象的层面上，宗教就是一个群体共享的一种思维体系，它能为其成员提供一个虔诚的对象和一套行为准则，成员则可据此从道德上判断他们的行为。这一定义指出了世界上有组织宗教的共性，但世界上的主要宗教在它们所拥护的神学教条和信仰方面也有很大差异。

它们最盛行的地方所处的地理位置也广为不同，它们参与指导国际事务的政治努力的程度和信徒的人数也有很大不同。2010—2050 年间，世界人口中佛教徒的比例预计将会从 7.1% 下降到 5.2%。印度教徒的比例将会保持稳定（15%），犹太教徒（0.2%）和基督徒（31.4%）的比例也将保持稳定。在所有主要宗教团体中，预计只有伊斯兰教信徒在世界人口中所占的百分比会增加：从 23.2% 增长到 29.7%（PEW, 2015）。

这些差异的存在使得想要归纳宗教运动对世界事务的影响是要冒风险的。那些对宗教运动进行比较研究的人们注意到，信仰体系为宗教信徒提供了认同的主要源泉，这种对宗教的认同和虔诚起源于人们的自然需求——找到一套可以用来评价生活的意义和选择的结果的价值观。这种人类的需求有时会引导某种宗教信条的信徒认为自己宗教的价值观优于其他宗教的价值观，而这则常会不幸地导致宗教不宽容。

大多数有组织宗教运动的支持者都相信他们的宗教应该是普世性的，也就是说，应该为全世界每一个人所接受。为了证实他们所信仰宗教运动的天然优越性，许多有组织的宗教都会积极劝诱不信教者改变他们的信仰，并发动狂热的宗教战争以打败不信教者和其他宗教的信徒。皈依通常是通过传教行为这样的劝说而实现的。但有时皈依也会通过刀剑来实现，而这样一来也就败坏了一些国际宗教运动的名声（参见下页专栏）。

在评估宗教运动对国际事务的影响时，小心地把教义的崇高理想与宗教团体领导人的行为区分开是很重要的。这两个领域是不一样的，每个领域都只能根据它们自己所设定的标准才能得到公正的评判。大规模的宗教运动有时会滥用它们的宗教原则，但对它们的行为进行谴责并不意味着原则本身也要受到谴责。例如，印度教对不同的宗教采取宽容的意识形态，告诉我们有许多通往真理的道路，并且接受在不同人口中存在的多元文化。类似地，佛教积极宣扬和平主义，就像早期基督教所做的那样，后者禁止基督徒在罗马帝国军队服役（而等到 4 世纪教会与国家结盟后又只有基督徒才能服役）。

争 论　宗教运动是战争的根源还是跨国和谐的源泉?

"9·11"之后,由于基地组织这个全球恐怖主义网络在这次袭击中所发挥的组织作用,关于宗教对国际冲突的影响的争论也随之加剧。结果是,恐怖主义的宗教根源(Saiya and Scime, 2004)和全球南方对民主的抵制(Shan, 2004)引起大量关注,作为非政府组织的全球行为体的宗教实体也引起大量关注。

很难理解暴力的宗教根源,因为大多数人都把宗教等同于和平、怜悯和宽恕,而非仇恨或褊狭。2014年,教皇弗朗西斯呼吁宗教领导人谴责利用宗教来为暴力辩护的极端分子,他说:"以上帝之名杀人是一种严重的冒渎行为。以上帝之名进行歧视是野蛮的。"世界各主要宗教运动都宣称尊重和敬畏生命的尊严,并认为不论种族和肤色所有人都是神平等的创造物。这些都是高尚的理想。

然而在宗教冲突和政治暴力的时代,宗教非政府组织在国际事务中的作用也是有争议的。有人认为宗教上的敌意来自下面这个事实,即普世主义的宗教常由采纳排他主义和教条主义观点的机构来管理。具有讽刺意味的是,各宗教赞成的德行都会成为反对不信仰该宗教者的武器。为了信仰不可动摇的教条,信仰者拒绝把他们希望是真实的东西与他们或其他宗教认为是真实的东西区分开。这种被建构起来的现实激发了一种使暴力、掠夺和征服合法化的伦理(GIT, 2014)。在一定程度上,他们倾向于把外人视为有威胁的竞争对手,这些对手对其他神的忠诚和效忠挑战了他们自己的宗教所宣称的世界范围内的普适性。简言之,宗教运动经常是褊狭的,它们不尊重多样性和人们自由信奉其他宗教信仰的权利。

然而,接受宗教团体要为无情的恐怖主义袭击负责的刻板印象也是危险的。异教和无神论社团认为没有高高在上的神,但却同样有漫长的发动针对外部敌人和自己人民的暴力战争的历史。与此同时,许多宗教也巧妙地完成了缔造和平的使命;事实上,大多数宗教机构在过去几个世纪中一直都是和平共处的。因此,对你来说,重要的是去客观衡量宗教非政府组织对世界事务产生影响的证据。

★ 你怎么看?

- 既然世界上所有重要的宗教运动都支持普世主义理想,那么为什么同是这些宗教却也日益被批评为排他主义、仇恨、恐怖和战争等国际冲突的根源?
- 鉴于许多战争都是打着宗教的名义来进行,现实主义会如何看待宗教运动对世界政治的影响?
- 哪些全球行为体更适合应对带有暴力色彩的非政府组织给全球共同体带来的挑战?国家(或者是政府间组织)能否做出有效应对?为什么?

跨国宗教与各国政府之间的关系，是全球共同体中的一个重要问题。在一些国家，这两个领域在政治上是分离的，法律保护宗教自由，国家几乎或完全不支持任何特定的既有宗教。但在其他许多国家，宗教与国家却是紧密相连，而且几乎无法分离开来。在这样的国家即在**神权政治**（theocracy）中，宗教机构顺从地使宗教服从国家控制以获取生存和发展，并接受国家的补贴以巩固其政治影响。在这些国家，国家与教会通过结为联盟来互相保护和保存。

然而，最麻烦的是激进的宗教运动。它们在全球范围内愤怒地、好战地、狂热地致力于推进它们的事业（Kifner, 2005）。极端**好战的宗教运动**（militant religious movements）的领导人相信，那些与他们的信仰不一样的人必须受到惩罚，并且妥协是不可接受的。在这种观点下，激进的宗教运动有一些共同的信仰和认知：(1) 他们认为，现存的政府当局是腐败的和非法的，因为它是世俗的，并且它在支持宗教权威或宗教认可的社会及道德价值观方面不够严格。(2) 他们攻击政府在处理社会上不良现象时的无能表现。在许多例子中，这些宗教运动都是在地方层面自己取代政府并推行教育、健康和其他社会福利项目。(3) 他们赞成一套特别的行为和观点，相信政治权威必须在所有的政府和社会行为中对此加以反映、促进和保护。这通常意味着政府及其所有的对内、对外行为都必须处在信徒的掌控中，或者处在他们的密切监督下。(4) 他们是普世主义者，与族群运动不一样，他们倾向于把他们的观点视为每个信徒都要接受的一部分。这往往会给他们一个跨国家的动机，从而把他们关于政治权威合法性的观点置于一个更为广泛的行动背景中。在一些情况下，这意味着国际性的边界在宗教信仰的宣传中并不被承认为边界，即使这意味着他们将会诉诸暴力。(5) 他们是排他主义者，对于与其冲突的关于合宜的政治和社会秩序的观点，他们一概束之高阁，如果不是全部排除的话。在任何一个这种观点支配社会和政治思想的社会中，任何没有宗教信仰的人都会被视为二等公民（Shultz and Olson, 1994）。

好战的宗教运动趋向于激发五种特殊类型的国际活动。第一种是**民族统一主义**（irredentism），即一个占统治地位的宗教（或族群）要求归还以前曾经占有现今则被另一个国家所控制的邻近区域领土的努力，这种努力常会采取武力方式。第二种是**分裂主义**（secession）或**分离叛乱**（separative revolts），即一个宗教上（或族群上）的少数群体进行反叛，要求从一个已经得到国际社会承认的国

教皇外交 宗教团体是全球舞台上不可否认的重要的非国家行为体。图中所示是教皇弗朗西斯在梵蒂冈会见联合国秘书长潘基文。在提到与教皇讨论共同关注的问题时,潘基文评论说,教皇"大声说出对穷人的承诺,他有深厚的谦卑感,他充满激情和同情地想要去改善人类的状况"。

家中分离出来的努力。第三种是好战的宗教倾向于煽动移民,即鼓动宗教上的少数群体离开原来的国家以逃避迫害。他们的离开无论是武力强迫的还是自愿选择的,结果都是一样,也就是好战的宗教所带来的第四种结果:移民带来了**离散**(diasporas),或者是创造出居住在东道国但依然与祖国保持在经济、政治和感情上的联系的共同体(Sheffer, 2003)。最后,正如我们将在本章后面看到的那样,好战的宗教运动造成的第五种影响是国际恐怖主义,这体现为支持国外的极端主义教友。自2000年以来,宗教极端主义与政治、民族主义或分离主义运动相比,特别是在中东、非洲和亚洲,一直是恐怖主义活动背后的主要推动者。

总之,跨国宗教运动不仅能把人们团结到一起,也能将人们分开。通过全球化,宗教成为变革性的社会力量,它们创造了信仰者的跨国共同体,"双重忠诚"于不止一个国家;宗教信徒的移民则让更多信仰在彼此之间直接接触并形成超越边界的全球网络(Beyer, 2013)。尽管有这种结果,但跨国宗教也在彼此竞争,而这一竞争则倾向于分裂人类并滋养分裂国家的分裂主义行为。

跨国公司

跨国公司（multinational corporations，MNCs，成立于一个社会，通过在海外直接投资而发展到其他社会的商业企业）是非政府组织的第三种主要类型。二战以来，随着世界政治经济全球化的发展，跨国公司的活动范围和潜在影响力都有显著增长。跨国公司拥有巨大的资源和权力，因而它们激起人们强烈的敌意和热情的接受。由于倡导自由主义的自由贸易并积极促进世界政治的全球化，跨国公司既因带来了自由贸易和全球化好的一面而获得声誉，也因其造成的代价而遭到批评。这使它们成为极具争议的非国家行为体，特别是在全球南方，那里的人们经常将它们视为自身受剥削和贫困的原因。

过去，跨国公司的总部几乎都是设在美国、欧洲和日本，它们共同的实践是在全球南方的工厂、销售企业和矿业做短期投资。21世纪初，所有跨国公司的雇员约有80%都是在欠发达国家工作。欠发达国家工人工资更低，有助于公司在全球北方的母公司总部提高企业利润——但如今情况已不再是这样。"越来越多的跨国公司都把关键商业职能的运作和控制从本土办公室转移出去……越来越多的公司都设立了地区总部，或是在其他地方重新定位特定的总部功能。"（Hindle，2004）

这种可能将会持续下去的朝向工资和成本较低但技术充足地区的管理业务**外包**（outsourcing），加速了全球经济联合成无缝的一体化网络的过程。外包和企业重组被认为是促进无边界商业，提高企业成长和盈利能力，以及更好地利用全球北方和全球南方技术人员的关键。然而，关于离岸劳动力转移对全球北方工人构成的威胁也存在广泛争议，因为"就连受过高等教育的技术和服务业专业人员……都在与印度、中国和菲律宾大批饥饿的大学毕业生相竞争，后者愿为1/5的工资付出双倍努力"（Engardio，Arndt and Foust，2006）。

最近的全球经济衰退更是加速了经济的这种结构性转变，前美国劳工部长赖希（Reich，2010）指出："各公司已经利用衰退在积极削减工资总支出，这种削减是它们以前所不愿意做的。外包迅猛增加。各公司发现，新的软件和计算机技术使亚洲和拉美的许多工人几乎与美国人一样有生产力，而且互联网的存在也使得更多的工作被有效地转移到其他国家而不会失去对它们的控制。"

这种外包现在受到全球南方欠发达国家的热烈欢迎；在这些曾经抵制跨国

公司统治的国家，业务外包成为促进经济增长的一种手段。然而，财富和权力依然高度集中；强者似乎变得更强。全球南方 100 家最大跨国公司控制的资产，是全球北方 100 家最大跨国公司所控制资产的 20%（Oatley, 2012）。

跨国公司是影响力越来越大的非政府组织，因为世界上巨大的生产、贸易和服务企业已成为生产全球化的主要推动者。表 6.1 展现了它们在世界政治中的重要性，该表根据公司年销售额和各国国民总收入来排序。数据显示，世界上最大的 35 个经济体中只有 4 家跨国公司。然而，在后面 35 个经济体中则有 12 家跨国公司。全部加起来，跨国公司占到前 70 名经济体的 23%。

部分由于它们的全球影响力和经济力量，跨国公司还卷入了当地或东道国的内部政治事务，这同样引起了争议。在一些事例中，跨国公司还卷入了母国的内部政治事务，积极游说政府采取更加自由的贸易和投资政策，以增强它们企业盈利的能力。特别是在金融危机期间，人们也关心劳工权利受到寻求最大化经济回报的企业的伤害。

在跨国公司干涉东道国政治的例子中，最臭名昭著的一例就发生在 1970 年代初期的智利。当时国际电话电报公司（ITT）为了保护它获利颇丰的智利电话公司的利益，试图阻止具有马克思主义倾向的阿连德当选总统；而在阿连德当选后，它又积极迫使美国政府破坏智利经济。最终，阿连德总统被一个军事独裁政府推翻。近来在 2003 年美国占领伊拉克之后，跨国公司巨人哈里伯顿公司在重建伊拉克的基础设施中获得的巨额利润及其行为也遭到广泛指责，人们认为这家跨国公司以牺牲美国纳税人的利益为代价，利用形势中饱私囊。

这种全球渗透促使最大的跨国公司在全球市场上去推动国与国之间以及它们与国家之间关系的变化。例如，跨国公司最近已在采取措施进行"社会责任革命"，通过"制造产品和提供服务来产生利润，同时也帮助世界解决挑战，如气候变化、能源安全、医疗保健和贫困问题等。这不再仅仅是关于公共关系的问题。企业在绿色方案中看到了巨大的利润"（Piasecki, 2007）。想想沃尔玛，其年销售额超过 4 850 亿美元（比 26 个国家的国民生产总值之和还多）并拥有超过 200 万名员工（Rothkopf, 2012），它已提出"可持续发展 360"倡议，向遍布世界各地的沃尔玛每星期吸引的 1 亿名客户售卖环境友好型产品。

为了履行企业的社会责任，许多部门中的跨国公司都对潜在东道国的人权状况越来越敏感，并对跨国公司自身可能对人权产生的影响也越来越敏感。同

表 6.1 国家（地区）与公司：根据经济规模和收入排名

排名	国家/公司	GNI/收入（10亿美元）	排名	国家/公司	GNI/收入（10亿美元）
1	美国	16 992.4	36	泰国	361.2
2	中国	9 196.2	37	南非	356.4
3	日本	5 100.4	38	英国石油公司	352.8
4	德国	3 836.4	39	丹麦	347.5
5	法国	2 855.1	40	中国石油	333.4
6	英国	2 657.9	41	马来西亚	302.3
7	巴西	2 203.2	42	新加坡	290.8
8	意大利	2 145.8	43	以色列	284.2
9	俄罗斯	2 016.6	44	中国香港	279.4
10	印度	1 852.0	45	大众集团	268.5
11	加拿大	1 799.8	46	芬兰	268.1
12	澳大利亚	1 521.0	47	智利	266.1
13	西班牙	1 383.4	48	埃及	264.6
14	韩国	1 316.2	49	丰田汽车	252.2
15	墨西哥	1 234.1	50	巴基斯坦	244.3
16	荷兰	855.4	51	希腊	242.2
17	印度尼西亚	841.5	52	葡萄牙	222.3
18	土耳其	812.8	53	嘉能可国际	220.9
19	沙特阿拉伯	748.4	54	道达尔	211.4
20	瑞士	717.4	55	哈萨克斯坦	206.6
21	瑞典	599.3	56	阿尔及利亚	206.3
22	阿根廷	599.3	57	苹果	199.4
23	挪威	520.9	58	爱尔兰	197.4
24	比利时	519.5	59	三星电子	195.9
25	波兰	506.7	60	伯克希尔哈撒韦公司	194.7
26	尼日利亚	499.0	61	捷克共和国	194.1
27	沃尔玛	485.7	62	雪佛龙	191.8
28	委内瑞拉	431.1	63	秘鲁	191.7
29	奥地利	427.9	64	卡塔尔	190.3
30	中国石化	427.6	65	罗马尼亚	183.8
31	荷兰皇家壳牌集团	420.4	66	乌克兰	181.0
32	埃克森美孚	376.2	67	越南	164.2
33	阿联酋	372.6（2012）	68	孟加拉国	162.1
34	伊朗	369.3	69	通用汽车	155.9
35	哥伦比亚	364.2	70	菲利普斯66	149.8

来源：国民总收入（GNI），世界银行，2015世界发展指数；跨国公司收入，福布斯。

全球南方更尊重人权的国家发展商业伙伴关系，对投资者来说往往可以降低政治风险并可拥有一支更富有生产力的劳动力队伍（Blanton and Blanton，2009）。此外，由于积极的非政府组织增强了监督（它们会监测和公布涉及侵犯人权的企业），所以跨国公司意识到，与侵犯人权者联系过密可能会损害企业形象——以及潜在的共同价值观（Spar，1999）。

国内事务与国际事务之间界限的模糊，增强了作为非国家行为体的跨国公司在内外政策交点上发挥政治作用的潜力。由于跨国公司经常针对国家领导人几乎无法控制的方面（如投资）做出决定，所以跨国公司越来越大的影响力似乎削弱了全球体系的主要组织原则——只有国家才应拥有主权。跨国公司令人畏惧的金融资源比官方统计的数据要大得多，这就是为什么许多国家都在担忧主张自由参与国际竞争的跨国公司正在剥夺它们的主权。事实上，在有些方面，国家正在失去对国民经济的控制权，因为跨国公司互相合并，并在这个过程中终止与任何母国或地区的联系。

"谁拥有谁？"这个问题可能再也没有答案可言。许多跨国公司现在都是**全球整合企业**（globally integrated enterprises），它们在不同国家生产同样的商品以至于它们横向的组织不再把它们与任何单一国家拴在一起。控制企业相互关系产生的网络、合资企业和共享的所有权，对任何特定的国家目标来说几乎都是不可能实现的。从1988年至2008年，跨国企业的数量增长到8.2万多家母公司，它们控制了位于世界各大洲的81万家外国子公司。这进一步削弱了国家识别它们试图加以控制的跨国公司的能力，并有助于它们认识到跨国公司正在变得"没有国籍"。当没有一个国家能够宣称某个跨国公司是"我们的公司"时，任何一个单一的国家又如何能够管理这样的跨国企业巨人呢？

"过去40年来，从事国际生产的企业数量增加了约11倍"（Oatley，2012），跨国公司在世界政治中相应也发挥着越来越大的作用。这正迫使主权国家面对许多挑战。它们将会怎样做出应对？为了评估未来，需要对关于跨国公司和其他类型非政府组织的当代思想进行理论检验。

议题倡议团体

随着市民越来越多地参与到非政府组织中，在影响他们生活环境的全球性机构中获得发言权和发挥影响，全球舞台上的议题倡议团体活动已经上升到前所未有的水平。"从最简单的形式来看，议题倡议涉及三个方面：界定问题（如社会问题、环境问题、经济问题等），确定并倡导一个具体的解决方案，以及激发行动。"（Hannah, 2009）绿色和平组织、大赦国际和无国界医生只是一些非政府议题倡议团体的例子，它们试图积极影响和改变全球环境。

现在许多人都将非政府组织视作一种在国际事务中使个人能够引导变革的媒介。比较清楚的一点是，跨国行动者的网络正在加速形成非政府组织，并通过它们的压力提供教育服务，从而明显地促进了全球**市民社会**（civil society）的形成。非政府组织跨国行动的增长"导致权力从中央政府手中分散出去"（Nye, 2007），而且这些跨国社会运动网络正在通过重塑国际行为的价值观来改变国际文化（Juris and Khasnabish, 2013）。

一个日益增长的趋势是，一些有声望的人想要促进变革而建立议题倡议组织，从而推进他们关注的议题。西恩·潘（Sean Penn）创立的"J/P 海地救援组织"为灾民提供临时住房和医疗；艾丽西亚·凯斯（Alicia Keys）与人共同创立"让孩子活着"组织，为非洲的艾滋病孤儿提供医疗支持；唐·钱德尔（Don Cheadle）与乔治·克鲁尼（George Clooney）、马特·达蒙（Matt Damon）、布拉德·皮特（Brad Pitt）、大卫·普雷斯曼（David Pressman）和杰瑞·温特劳布（Jerry Weintraub）一起创建了反种族灭绝倡议组织"我们不会坐视不管"。名人作为"名人政治家，其作用就像自由外交官，采用问题专家的态度，研究政策"（Avlon, 2011）。乔治·克鲁尼在关注南苏丹的政治暴力和独立努力中扮演了重要角色，他还不断提高人们对苏丹种族灭绝和强奸问题的关注度。作为联合国特使，安吉丽娜·朱莉（Angelina Jolie）关注人道主义和难民问题，2015 年她在联合国安理会发表了慷慨激昂的演讲，呼吁干预叙利亚内战，帮助数百万叙利亚难民。记者尼古拉斯·克里斯托夫（Nicholas Kristof）发现："事实是，公众关注的焦点是救生——无论是种族灭绝、疾病还是饥饿……明星都能引起关注，然后产生政治意愿就某个问题做一些事情。"

即便如此，关于非政府组织的压力对全球政策制定的影响，研究得出的一些结论却是削弱了人们抱有的信心，即非政府组织施加的压力能够引发国际关系中的深远改革乃至变革：

名声的力量 八年多来乔治·克鲁尼一直在苏丹参与打击种族灭绝和酷刑的活动,并致力于帮助南苏丹人民获得独立。他说:"名人可以帮助新闻媒体关注它们已经放弃责任的地方。我们不能制定政策,但我们却可以比以往任何时候更能'鼓励'政治家。"图中所示是他在与南苏丹一个偏远村庄的人们进行交谈。

- 利益集团的行为,即使受到限制,也会对全球政策的制定构成始终存在的约束。单一议题的非政府组织利益集团要比目标广泛的大组织会更有影响力。不过,它们的影响也会随着议题的变化而不同。
- 一般说来,议题倡议组织在军事安全领域的影响力相对较弱,因为国家依然控制着国防政策,相对来说较少受到外部非政府组织的压力。
- 相反,议题倡议组织在其他诸如保护濒危物种或者是防止气候变化这样的跨国议题上的影响力最大,无论大国小国都同样关心这些问题。
- 各国政府与非政府组织之间的影响是相互的,但与非政府组织对政府对外政策施加的影响相比,政府官员操纵跨国利益集团的可能性则要更大。
- 有时议题倡议团体也会寻求政府的不作为并维持现状;比起使国际关系发生重大变化的努力来说,这种努力通常要更为成功。所以非政府组织常被视为政策延续而非政策转型的代理人。

非政府组织改变全球政策努力的这些特点表明，单是存在这样的团体，以及单凭它们是以说服为目的而组织起来的这一事实，并不能保证它们就能渗入全球决策的过程中。整体上来说，非政府组织参与了，但却没有真正的权力；卷入了，但却没有产生真正的影响，因为任何一个组织施加影响的能力，都会被其他反对那种影响的抵消性力量的趋势所抵消。也就是说，当任何利益集团联盟积极推动政策走向一个方向时，其他非国家行为体意识到它们的利益受到了干扰，就会站出来推动政策走向相反的方向。结果，全球政策的制定就像拉太妃糖：每一个非国家行为体都试图把政策拉向自己的方向，同时对抗其他行为体的拉力。

结果往往就是，达成共识相当困难，联合推动历史往特定方向迅速发展的能力受到限制，国际共同体对许多全球性问题的看法没有朝任何一个方向发展。其结果通常是出现一个持续不断的战场，对重要的全球问题没有一个永久性的解决方案。希望把环境保护作为全球优先问题的人与把经济增长置于环境保护之前的人之间的辩论和竞争，就是这方面的一个例子。

> 当他们团结起来时，即使弱者也会变强。
>
> ——德国哲学家席勒

6-5 邪恶的非国家行为体

跨国恐怖主义组织和全球犯罪组织是否应被正确地视为全球舞台上像非政府组织那样的非国家行为体的一个特定类型呢？从宽泛的定义上来说，非政府组织就是人们之间跨国的非政府联系，所以这些团体可被视为非政府组织一种恶毒的类型。然而，其他人则认为，考虑到它们的非法活动和暴力活动，这些团体并不符合我们对非政府组织的预期。无论我们如何对这些团体进行分类，它们显然都是非国家行为体，因为它们的行为超越了国界并对全球福祉构成了一种威胁。

跨国恐怖主义组织

几个世纪以来，**恐怖主义**（terrorism）一直困扰着世界政治，历史学家布特（Boot，2013）认为，这种非常规战争远比传统战争要古老得多。一些人把恐怖主义的起源与公元前1世纪西卡里狂热分子联系到一起。那些狂热分子把犹太教高级神职人员作为暴力活动的目标，因为他们认为这些神职人员与罗马人合作，违背了犹太教的宗教法规。然而，今天的恐怖主义可以说与过去相比大有不同。人们现在认为恐怖主义（GTI，2014；Sageman，2004）：（1）由次国家或跨国的非国家行为体精心策划，没有得到国家的批准，方式是消除恐怖主义与国家间公开宣布的战争之间的传统边界。（2）在国际上，旨在实现宗教、政治、社会或经济目标，伴随以由行凶者有意策划的事件，且处在国际法的范畴之外。（3）以暴力或暴力威胁为特征，企图强制、恐吓或向直接的受害者之外的听众传达信息。恐怖分子已经将其采用的策略从戏剧性的暴力行为转移到引起媒体关注对目标财产和平民非战斗人员的毁坏——即为了给尽可能多的人们灌输恐惧而进行毁灭和杀戮。（4）在新技术重新定义的距离限制的意义上，全球的国界已不再是恐怖主义的障碍。当今许多恐怖主义组织都是通过在广泛的恐怖组织网络中进行前所未有的沟通和协调来计划它们的行动。

"9·11"事件挑战了关于恐怖主义的传统观点，即它是一种罕见且相对遥远的威胁。世贸中心、五角大楼和宾夕法尼亚州的那些受害者所遭遇的恐怖，迫使世界面对一个严峻的新现实：恐怖分子能在几乎任何地方发动灾难性攻击，即使他们手中没有复杂的武器。像基地组织这样的团体不仅拥有全球影响力，而且秘密的、智慧的和精心的计划还可以弥补他们火力上的不足。"美国充满了恐惧，"兴高采烈的本·拉登宣布说，"在美国没有人会感到安全。"

可以说，"9·11"是一个象征性的分水岭，它是一种新的致命的恐怖主义的典型。以前，恐怖主义被视为政治戏剧，一出可怕的戏剧，行凶者希望很多人观看，而不是很多人死亡。然而现在的恐怖分子却是似乎有一种想要杀死尽可能多的人的欲望。在灼热的仇恨的驱使下，消灭敌人对全球恐怖分子显得更加重要，而不是为自己的事业赢得同情。

表 6.2　一些恐怖主义非政府组织：它们的主要地点和目标

名　称	主要地点	目　标
基地组织	一个在若干国家拥有分支机构的全球网络，并与逊尼派极端主义网络相联系；高度集中在阿富汗、巴基斯坦边境地区、索马里和也门	在全世界建立泛伊斯兰统治，与结盟的伊斯兰极端主义团体合作，推翻它认为是"非伊斯兰"的政权，并将西方人和非穆斯林驱逐出伊斯兰国家
博科圣地	主要是尼日利亚，但也活跃在乍得、喀麦隆和尼日尔	在尼日利亚建立一个伊斯兰国家，反对西化
伊拉克和叙利亚伊斯兰国（ISIS）/伊拉克和黎凡特伊斯兰国（ISIL）	主要在伊拉克和叙利亚	扩大其在伊拉克和叙利亚之外的影响，在中东和非洲国家建立一个伊斯兰国家
哥伦比亚革命武装力量（FARC）	哥伦比亚，在委内瑞拉、巴拿马和厄瓜多尔也有一些活动	用马克思主义政权取代当前的政府
真主党	在贝卡谷地、贝鲁特南部郊区和黎巴嫩南部；在欧洲、非洲、南美、北美和亚洲设有分支机构	增加其在黎巴嫩的政治权力，反对以色列和中东和平谈判
哈马斯	主要是在被占领区和以色列	在以色列地区建立一个伊斯兰的巴勒斯坦国，并让国际社会接受其在加沙的统治
巴斯克祖国和自由组织（ETA）（埃塔）	主要在西班牙北部和法国西南部的巴斯克自治区	在巴斯克自治区基于马克思主义原则建立独立的家园
真爱尔兰共和军（RIRA）	北爱尔兰、爱尔兰和英国	建立一个包括北爱尔兰和爱尔兰在内的统一的爱尔兰国家
泰米尔伊拉姆猛虎解放组织	斯里兰卡	建立一个独立的泰米尔国家。2009年5月19日，斯里兰卡政府宣布结束25年的内战，打败了曾被认为是世界上最凶狠的恐怖主义力量
光辉道路	秘鲁	破坏秘鲁现有制度，并以共产主义的农民革命政权取而代之

来源：改编自国防信息中心。

上表列举了一些现今有名的恐怖主义非政府组织。你可以看到，各种团体的主要目标是多样化的。有些组织，如哥伦比亚革命武装力量和埃塔，侧重于世俗的、非宗教的目标，比如族群自决或推翻政府。其他组织，其中最著名的是基地组织、博科圣地和伊斯兰国，则由宗教信仰驱动，有着范围更为广泛的目标。这些组织的结构化方式也存在不同，其中一些具有等级制结构，而新的团体则倾向于把遍布全球的单个组织网络化。例如，基地组织不具有等级制的指挥结构，而是具有分散的水平结构。虽然领导层向散布世界各地小而分散的组织提供了意识形态上的支持，但领导者并不以基地组织的名义直接计划和发动大多数袭击。

使得属于基地组织和伊斯兰国这样的组织的新恐怖分子比起以前的恐怖分子更为致命的是他们的宗教狂热主义，这使得他们能够在两个层面上设想恐怖行动。在一个层面上，恐怖主义是惩罚那些被认为做错事的有罪者、改变政治现状的手段。在另一个层面上，恐怖主义本身就是一种目的，是在善恶之间的末世对立中为自身利益而执行的圣礼。只有在第一个层面上运作时，大多数世俗的恐怖主义团体才不太会运用自杀式袭击。在这两个层面上，宗教恐怖主义团体都在烈士的死亡中看到了世俗的利益和超验的意义（Bloom, 2005）。

尽管恐怖分子被普遍描述为执意要死亡和毁灭的"疯子"，但恐怖主义问题专家佩普（Pape, 2003）指出，就连"自杀式恐怖主义也遵循一种战略逻辑。即使许多自杀式袭击者是不理性的或者是狂热的，但招募和指导他们的领导却不是这样"。注意考虑你的价值判断如何影响你对任何团体（包括这种你可能会认为属于非国家行为体的危险类别）的身份和目的的诠释。"一个人眼中的恐怖分子是另一个人眼中的自由战士"这一陈腐观点，源于对许多人关于客观现实定义的先验和主观看法。

跨国犯罪组织

与恐怖分子一样，跨国犯罪组织也对21世纪的全球安全构成严重挑战并且预计还将继续扩散，因为就像恐怖主义、跨国犯罪和腐败中心主任路易斯·谢利（Louise Shelly）解释的，"这些犯罪集团是全球化的主要受益者。它们利用日益增加的旅行、贸易、快速的货币流动、电信和计算机链接，快速扩张"。它们跨越多个国家使用有系统的暴力和腐败来进行非法活动，这些活动通常包括网络犯罪，洗钱，盗版，海盗行为，人口拐卖，走私毒品和武器，贩运身体器官、濒危物种、环境资源或核材料。由于恐怖分子需要大量资源来实施行动，恐怖主义组织与跨国犯罪组织之间经常会有交集，恐怖分子经常会卷入一系列国内和跨国犯罪中。

俄罗斯黑手党是一个著名的犯罪网络，它包括在近60个国家运作的200个俄罗斯团体。另一个有名的犯罪网络则是"咱们的事"（La Cosa Nostra），它以意大利黑手党而闻名。1920—1990年间，该组织是世界上最突出的国际有组织犯罪集团。美国有针对性的执法大大降低了该组织在美国的活动频率，尽管它在意大利和其他地方仍很活跃。日本的山口组（Yakuza）则是另一个有组织犯罪集团，它大量参与全球人口拐卖。

国际犯罪活动对合法商业活动的经济增长构成威胁，特别是在易受国际有组织犯罪影响的新兴国家。国际有组织犯罪集团也对国内政府机构造成了损害。美国政府的国家司法研究所（National Institute of Justice, 2012）认为："跨国犯罪集团的活动削弱了经济和金融体系，侵蚀了民主。这些网络经常会折磨那些反对它们的且不够强大的政府，并因毒品走私等为它们带来巨额利润的非法活动而繁荣昌盛。在开展非法活动时，它们破坏了世界各国的和平与稳定，它们往往会用贿赂、暴力或恐怖手段去实现它们的目标。"

刑法学教授尤里·沃罗宁（Yuri Voronin）指出："跨国犯罪集团正在变得越来越强大和普遍，它们的流动性也越来越大。任何国家的手段和资源都不足以重挫它们。"为了中止跨国有组织犯罪集团的国际活动，有必要将国家的回应整合进地区的和国际的战略中：(1)国家之间进行合作。传统上，各国都对主权采取了现实主义的做法，谨慎保护自己的领土。然而，联合国毒品和犯罪问题办公室前主任安东尼奥·科斯塔（Antonio Costa）警告说："如果警察的职责以边界为限而罪犯则能自由穿越边界的话，主权就已经被侵犯了。"为了解决这个问题，各国必须从事执法合作和跨界情报共享。(2)破坏犯罪市场。单是驱逐国际犯罪集团是不够的，因为新的团体很快就会填补空缺。所以有必要破坏驱动有组织犯罪的市场。(3)加强法治。犯罪集团往往会在腐败猖獗、不稳定和缺乏发展的地区蓬勃发展。加强法律不仅可以为打击犯罪组织提供更坚实的基础，而且首先会使一个地区不太有利于进行跨国犯罪活动。(4)金融实践的监督和信誉。跨国犯罪集团的动机是金钱。为了破坏其现金流，对政府和金融机构来说，重要的是共同努力监管和阻止非正规资金转移，这些集团常会通过不动产的循环、离岸银行业务和银行隐私惯例来保护它们犯罪所得的利润。

随着人员、信息和贸易产品的流动，世界相互依存加深，跨国交易增加，这使得世界政治可能会越来越多地受到政府间组织和非政府组织这两类非国家行为体的行为的影响。许多组织都在努力改善人类状况，但像恐怖主义和跨国犯罪组织这样的非国家行为体却是在瞄准其他行为体的脆弱和不幸之处下手。如果我们想要成功地应对全球化的这一"黑暗面"，全球合作就是必要的。否则，各国和其他组织打击恐怖主义和国际犯罪的努力，也就只不过是将问题从一个国家转移到另一个国家。

6-6 非国家行为体和世界政治的未来

自1648年威斯特伐利亚和会开始，非国家行为体的增多及其不断增加的重要性，可能会挑战国家在确定全球体系架构及规则时紧紧行使的主权："主权平等观念反映了各国政府60年前做出的一个有意识的决定，即如果它们拒绝干涉他国内部事务的权利，它们的状况将会更好。如今那一选择已不再有意义。在快速全球化的时代，遥远国家的内部发展同样会影响我们自己的福祉乃至我们的安全。这是'9·11'教给我们的东西。今天对国家主权的尊重应以国家在国内的行为方式，而不仅仅是在国外的行为方式为条件。主权负有保护公民免遭大规模暴力的责任，并有义务防止威胁他国的内部发展。我们需要建立一个可以反映国家如何在内部组织自己的国际秩序。"

跨国非国家行为体真能以直接挑战国家对其内外政策的主权控制的方式展示其自身力量吗？如果是这样，是否正如一些人预测的那样，威斯特伐利亚国家体系的支柱开始崩溃了呢（Kegley and Raymond, 2002）？

当你思考这些问题时，请牢记一个明确的教训：认为政治只是关于领土国家之间的互动、每个国家在其边界内行使至高无上的主权的观点是有误导性的。一种未来类型的双重全球体系可能正在进入我们的视野，它同时受到国家间关系的持续重要性，以及非国家行为体之间多重的跨界交易和通信渠道不断增加的影响力的推动。

关于推动世界政治趋势进程的自由主义观点和建构主义观点正确吗？是否因为非国家行为体"增加了接触国际体系的渠道"，所以它们就"模糊了国家和其国民的关系与公民和国家对国际体系的依赖之间的界限"（Keck and Sikkink,

2008）进而为世界政治潜在的转型铺平道路了呢？这种变化将会导致一个混杂的或两层的世界，其中统治国家的政府的影响和权威下降，而非国家行为体的相对权力则会上升。

即便如此，怀疑论者依然反驳道，非国家行为体并未成为"国家权力和进程的严重对手"，因为它们转变政策制定的支配过程和企业资本主义的目标并未取得成功（Price, 2003）。事实上，一直有观点认为，政府间组织和非政府组织能够"帮助国家保持——在某些情况下甚至还会加强——它们的内部和外部控制、自主性和合法性"（Weir, 2007）。在现实主义理论看来，引导全球命运的关键选择最终仍会由最强大的国家做出。

这些推测并未解决国家占据主导地位的时代是否会因非国家行为体影响力的增加而终结这一问题。全球行为体之间的关系，以及世界政治中更广泛的发展，是国家、跨国组织和个人做出的无数决定的结果。在下一部分中，我们将会更加仔细地研究在面对武装侵略时出现的议题。在第 7 章，你将会研究对安全的恶意威胁的全球性质和后果。在第 8 章和第 9 章，我们将会衡量现实主义通往安全的道路和自由主义通往和平的道路这两种相互对立的观点。此外，你也将会思考建构主义、马克思主义和女性主义等替代理论在面对为武装冲突的严重威胁找到解决办法这一挑战时提出的洞见。

第三部分

正视武装冲突

　　当你思考世界政治时，第一个浮现在你脑海里的意象是什么？对很多人来说，世界政治就是关于武器、同盟，以及对竞争对手和全球舞台上的其他行为体使用武力。事实上，这种观点是可以理解的，因为敌人的攻击对幸存者来说是最危险的直接威胁，而防止这样的死亡和毁灭，则是获得其他所有重要价值观的一个先决条件。但若我们打算控制武装冲突并降低其发生频率和破坏程度的话，就要求国家和非国家行为体的实践发生变化。

　　在本书第三部分，你将有这样的机会去探索关于怎样最好地减少武装冲突的许多有争议的想法和理论观点。第7章关注国家间的战争、国内战争，以及国际恐怖主义对国际安全构成的军事威胁。在第8章，我们将会通过现实主义实现国家及国际安全的方法这一透镜，从军事力量的角度来审视对国家利益的追求。在第9章，你将会思考处理国际争端的自由主义思想，这些思想提供了在战场上打仗之外的选择。

战争及其备选方案 高度重视权力的现实主义者强调必须为战争做好准备,并建议这应放在一国关切的最顶端。自由主义者和许多建构主义者则强调一条体现进步思想和合作行为的和平之路。他们动员起来,施加压力,积极遏制军备竞赛、战争和世界贫困,以及其他问题。图中所示是一群游行示威者聚集在韩国首尔,呼吁世界各国寻求用非暴力方法解决冲突。

第7章
武装冲突对世界的威胁

> 建设是长年累月、缓慢艰巨的工程。然而，一旦粗心的过失便足以将它毁于一旦。
>
> ——英国前首相丘吉尔

武装冲突的全球影响 虽然现在国家间很少有战争发生，但国家内部的武装冲突和涉及非国家行为体的武装冲突却是持续存在并造成巨大的人员伤亡。图中所示的是，抗议者表达他们对2015年1月在讽刺杂志《查理周刊》总部发生的一起恐怖袭击事件的悲痛和愤怒，这是五十多年来巴黎发生过的最致命的恐怖事件。这次事件之后，"我是查理"成为号召世界各地的普通人在面对恐怖主义威胁时保护公民社会的一个口号。然而不幸的是，仅仅过了11个月，巴黎就遭到了更加严重的袭击，超过100人在多次恐怖袭击中丧生。

在2001年那个平静的夏天，全球北方对普遍的和平自鸣得意，全球北方许多有思想的观察家都注意到经济巨人之间的国家间战争消失了，他们提出疑问：战争是否已经过时？当国际恐怖分子在9月11日摧毁了纽约世贸中心之后，那种情绪立刻被击得粉碎。"9·11"袭击和美国在阿富汗的战争；世界上其他地方发生的恐怖袭击，如2004年在马德里，2005年在伦敦，2011年在莫斯科和2015年在巴黎；美国领导的在伊拉克的军事斗争；2006年以色列和黎巴嫩真主党的战争；以及失败国家爆发的内战浪潮，使人们之前对持久和平的所有希望都破灭了。虽然2011年人民的抗议和示威活动在阿拉伯世界的大部分地区带来了民主化可能发生的希望，但与国家当局的暴力冲突和反示威却使这样的改革陷入瘫痪，并加大了对无处不在的暴力的担忧。

即使只基于这些事件也可以理解，为什么会有许多人认为武装冲突是世界政治的本质。普鲁士战略家克劳塞维茨在《战争论》中提出了他那著名的格言：战争仅仅是外交的延续，是国家间交流的一种形式，虽然是一种极端的形式。这一深刻见解强调了现实主义者的信念，即**战争**（war）是跨国行为体用来解决它们之间冲突的一个政策工具。然而，战争却是解决冲突最致命的工具，而且战争的开始通常也就意味着说服和谈判已经失败。

在国际关系中，当行为体围绕不可调和的利益产生的互动和争议增加时，**冲突**（conflict）就会有规律地发生。本质上，冲突并不必然是威胁，因为战争与冲突是不同的。冲突可被视为是不可避免的，当双方意识到它们之间的分歧并试图按照自己的喜好去加以解决时就会发生。一些冲突只要人们进行互动就会发生，另一些冲突则可能会由宗教问题、意识形态问题、族群问题、经济问题、政治问题或领土问题引起，所以我们不应该视战争为异常。我们也不应该把冲突看作必然具有破坏性。冲突也能促进社会团结，带来具有创造性的思想、学习和交流；所有这些因素对解决争议和培养持久合作的习惯都是至关重要的。然而，当双方拿起武器来解决不可调和的分歧或者是想要一雪前耻时，冲突的成本的确会变得很致命。一旦出现这种情况，暴力就会发生，我们也就进入了战争状态。

本章提供了各种信息和观点，以便你能在你所处的世界里探索**武装冲突**（armed conflict）的本质：它的原因、不断变化的特点和发生的频率。你将被迫面对这些军事威胁造成的道德困境——什么时候拿起武器是道德的或不道德的？本书突出讲解了当今三种最常见的武装冲突形式：国家间的战争、国家内部的战争和恐怖主义。你将有机会去评估那些寻求解释世界政治中这三种类型武装冲突的原因的主要理论。

> 战争只有对死去的人来说才是真正结束了。
> ——西班牙裔美国哲学家桑塔亚纳

7-1 什么导致武装冲突？

纵观历史，人们一直在努力解释：为什么人们会参与有组织的暴力？战争起源的原因清单（Cashman，2014；Vasquez，2009）普遍赞同，战争源于不同分析层面之上无数的原因。有些原因直接影响到战争的可能性；其他一些原因则是间接的，它们创造了大量直接因素中任何一个都可能会引发暴力的背景。武装冲突最常被引用的原因有三大类：与人性和人类个体行为相联系的侵略特质，使一些国家可能发动武装冲突的有害的国家属性，以及全球体系中鼓励争端军事化的不稳定状况。

第一个分析层面：个人的人性

"在最基本的层面上，冲突源于个体的行为和他们与其周围环境的重复互动。"（Verwimp, Justino and Bruck, 2009）某种意义上，所有的战争都是发端于国家领导人或跨国非国家行为体（如恐怖主义组织）领导人的决定。领导人的选择乃至他们的情绪最终决定了武装冲突是否会发生。"人们很难找到没有由政府最高权威指挥决定的战争的例子。"（Cashman, 2013）因此，解释为什么会发生战争一个很好的出发点就是考虑武装冲突与个体领导人所做选择之间的关系。对这一分析层面来说，人性是问题的核心所在。

战争的反复爆发使一些人如精神病学家弗洛伊德认为，侵略是人性的一个本能部分，这种本能来自人类的遗传程序和心理结构。动物行为学家如洛伦茨（Lorenz, 1963）等则把智人列为最致命的物种，并认为人类是为数不多的从事种内侵略（intraspecific aggression，习惯性地杀死同类）的物种之一，而其他大多数物种则是进行**种际侵略**（interspecific aggression，除极特殊情况外，只杀死其他物种——某些同类相食的热带鱼是个例外）。现实主义理论家同样认为，所有人生来就有无可逃避的获取权力的动力，正是这一本能导致竞争和战争。所以他们接受达尔文的进化论和自然选择理论所揭示的社会学假定。生命使适者生存的斗争成为必需，自然选择则排除了干扰成功竞争的特征。对现实主义者来说，**和平主义**（pacifism）只会适得其反，因为它违背了基本的人性，他们认为人性是侵略的、贪婪的、追求权力的。此外，通过排除军事行动，和平主义也拒绝了现实主义用来确保国家安全的主要政策工具。

许多人根据经验上和逻辑上的理由质疑这些理论。如果侵略真是源自人类本性不可避免的冲动，那么为什么不是所有人都表现出这种由遗传决定的行为呢？大多数人（至少表面上）都会在道德上拒绝杀戮，视杀戮为邪恶。事实上，在某些基本的、遗传的层面上，人类是为共识而非冲突而生的。或者就像某些国际关系理论家如福山（Fukuyama, 1999）认为的那样："如果人们生活在一个没有道德规则的社会里，他们就会强烈地感到不舒服。"

自由理论和行为社会科学研究表明，遗传学并不能解释为何个体只在特定时候才会变得好战。强调生物学对人类行为影响的社会达尔文主义的解释受到挑战，因为它无法说明人们为什么会进行合作并根据道德原则行事。威尔逊（Wilson, 1933）认为，达尔文"适者生存"的现实主义理论忽略了一个事实，即"道德意识必须具有适应性价值；如果没有的话，自然选择就会对具备诸如同情心、自制或公平的愿望这样无用特点的人们不利，因为这些特点只会有利于那些具有相反特性的人们"。

虽然关于侵略的生物学基础的"先天与后天"（nature versus nurture）之争并未得到解决（McDermott, 2013；Kluger, 2007；Ridley, 2003），但大多数社会科学家现在都强烈反对现实主义的假设，即因为人类本质上是自私的，所以他们也是具有侵略性的，然后就导致他们进行谋杀和杀戮。相反，他们把战争诠释为一种习得的文化惯习。侵略是生命早期由于**社会化**（socialization）而获得的一种倾向。因此，侵略是一种习得的而非由生物学决定的行为，而且"暴力的人性是一种迷思"（Murithi, 2004）。

个体为何会出于对他们的领导人和国家的责任感而甘愿在战争中牺牲他们

的生命是一个历史之谜。显然，这种自我牺牲来自习得的信念，即认为值得为某些坚定的信仰（如忠于祖国）献身。"人们普遍观察到，士兵作战，以及非战斗人员对战争的支持，不是来自侵略性，而是出于服从。"（Caspary，1993）然而，即使在军训中习得的服从习惯是使人们参加其他人授权的侵略的原因，即使有时公众沙文主义的、打击外国敌人的狂热鼓励领导人发动战争，但这些并没有使得人的本性成为战争的原因。

这表明，**国民性**（national character，特定民族与生俱来的集体特征）之外的因素可以更好地解释为什么特定的国家倾向于从事有组织的暴力。相反，武装冲突常常是由领导者们的决策所致，而非整个社会的偏好使然。英国政治家圣托马斯·莫尔（1478—1535）说道："普通老百姓并非自愿从事战争，而是被国王们的愚蠢行为推向战争。"同样，美国外交官拉尔夫·邦奇（Ralph Bunche）也在联合国说道："没有好战的民族，只有好战的领导人。"

这种思想引入了一个重要的分析问题。国家内部的文化和人口的总特征（作为部分特征的总和）能预测这个群体中的个体行为吗？不能。从一般归纳出部分，将会产生人口统计学家和统计学家所称的逻辑上的**区位谬误**（ecological fallacy）。为什么？因为除非同一群体中的所有成员都完全一样，否则集体（如整个国家或文化）特征并不能可靠地预测这个群体中个体的信念和行为。

所有美国人的想法都一样吗？所有穆斯林呢？所有中国人呢？很难说。像这种种族和文化上的刻板印象是有误导性的。我们几乎无法可靠地从团体特征归纳出个体特征。但与之相反的一个判断错误则是逻辑学家所说的**个体谬误**（individualistic fallacy）。我们很难可靠地总结出个体领导人（德国总理默克尔，日本首相安倍晋三，美国总统奥巴马，英国首相卡梅伦或俄罗斯总统普京）的信念或行为，并将它们归因于集体文化中的主流偏好和他们所领导的国家的主流偏好。

显而易见的是，领导人在对外政策方面做出的一些决定会使他们显得不道德。而且领导人做出的很多决定事后来看都是不明智的；他们没能按照理性选择模式进行决策，该模式假定决策者做出选择的方式是，通过冷静的头脑计算成本收益，选择有实现优先目标最佳机会的选项。此外，就连又聪明又有道德感的领导人有时也会倾向于做出不必要的、高风险的发动战争的决定，因为他们受到其身边有影响力的顾问们群体思维的压力，而不是根据他们个人相信的最理性的选择去行动。

这种对领导人选择战争与和平的决定因素的观察，把我们的注意力转移到了鼓励某些国家从事对外侵略的国内因素上。在这些内部因素所创造的背景下，领导人的政策决定或者是受到限制或者是成为可能。

第二个分析层面：国家的内部特征

接下来我们将研究一些关于国家内部特征的理论，这些理论影响着领导人是否会选择使用武力。在分析的国家层面上，这种解释武装冲突的方法隐含着一种假设，那就是不同类型或种类的国家的差异决定了它们是否会发动战争。"战争的前景深受国家属性影响"这一观点挑战了结构现实主义的假设，即战争是不可避免的，全球环境而非内部因素是战争最重要的决定因素。

地缘政治因素和独立时间长短　　在引发冲突的所有问题中，领土争端最有可能升级为战争。事实上，当涉及国家之间的冲突时，"升级为战争的二元争端有 2/3 都是关于领土争端，不到 1/4 是关于政治争端，还有非常小的一部分则涉及体制争端"（Cashman, 2014）。国家的环境和位置（包括关键地理环境，如缺少足够的农田、洁净水源、石油和天然气等珍贵的自然资源），以及它们与他国之间的距离，也会影响到争端和战争发生的可能性（Caselli et al., 2013）。资源的数量和那些特殊资源的市场价格甚至会影响到冲突的激烈程度（van der Ploeg, 2012）。"当有价值的自然资源在某个国家的某个特殊地区被发现时，生活在那里的人们会突然有强烈的经济动机从国家中分离出来，必要时甚至不惜采用暴力方式……冲突在严重依赖自然资源换取出口收入的国家也更有可能发生，部分是因为叛乱团体可以从这种贸易中强取收益来支持他们的行动。"（Collier, 2003）

独立的持续时间也会影响到发生武装冲突和领土争端的可能性。新独立的国家在获得独立，成为由各国构成的国际共同体的主权成员后，通常都会经历一段政治动荡时期。然后它们就可能会寻求解决长期以来存在的内部不满，拿起武器对抗有领土争端的邻国。这样的对外争端经常会扩大成为战争，因为在人类历史上它们常会引起大国干涉，或者是其他国家或非国家的政府间组织去干预对立国家的内部事务。全球南方国家发生**内战**（civil wars）和卷入与邻国战争的高水平与下面这一事实相关，即几乎所有欠发达国家最近都获得了独立，其中许多都是通过暴力革命实现的。

民族主义和文化传统　国家的行为受到该国民族文化和道德传统的很大影响。在被现实主义所拥护的规则所统治的国家体系内，对使用武力的道德限制并未被广泛接受（Hensel，2007）。相反，大多数政府都鼓励人民去颂扬自己的国家，并接受其领导人所宣称的对国家安全来说是必要的任何决定，包括针对敌人的战争。战争文化起源的倡导者认为，大多数社会中大多数人的日常生活都远离政治或"对政治麻木"，这使得他们不愿去反对领导人发动战争的决定。于是现代国家就可组织社会大众去接受战争，并"建立一种肯定死亡的文化"，让人们去接受无谓的屠杀（Caspary，1993）。

作为对国家坚定不移的忠诚的自然延伸，民族主义被广泛视为战争经常发生的起因。350年前，当西班牙的斐迪南和伊莎贝拉等君主统治者，通过煽动民族主义去动员和管理民众进行"国家建设"时，民族主义在欧洲开始成为一股重要力量并进而导致宗教上和政治上的褊狭，对少数民族的镇压，以及最终的战争（Marx，2003）。英格兰作家赫胥黎（Aldous Huxley）把民族主义视为"20世纪的宗教"——这个世纪发生了历史上最具破坏性的国家间的战争。民族主义与战争的联系自那以来便随着时间推移而发展，"当民族主义在政治舞台上获得立足点后，战争的可能性就会翻上数倍"（Wimmer，2012）。如今，民族主义在激起东亚国家之间的敌对状态中也起到了重要作用。

杰克·莱维（Jack Levy）解释说，"绝大多数人都把他们对民族国家最高的忠诚放在中心这一趋势"，是战争的强大的催化剂。当人们"对国家的权力和繁荣有一种强烈的承诺，[而且]这种承诺又由强调国家的道德、物质和政治力量的民族神话，以及个体的无能为力感和随之发生的他们通过国家寻求认同和满足的倾向所强化……民族主义就会促成战争"（Levy，1989a）。这使得很多人去批判民族主义，尽管也有许多人为之辩护，认为它的优点之一是在一国内部创造了统一和团结。无论民族主义会带来什么样的后果，人们都普遍认为它是当今世界上一股强有力的力量。

此外，批评者还从国际关系的女性主义视角出发，认为世界范围内的战争根源，除了文化上的麻木，还植根于现实主义的男性气质，它使人们准备接受战争，并把勇士作为英雄去敬仰（Enloe，2004；Ticker，2002）。女性主义理论认为，得到现实主义价值观支持的性别角色，促成了军国主义和战争的盛行。对女性主义者和其他赞成用文化来解释战争起源的建构主义理论家来说，战争的倾向并不是凭空而来，而是通过社会塑造其民众的信仰和规范而产生的。许多政府通过资助学校和其他教育机构的培养计划，在学生的政治文化中灌输军国主义价值观，使其走向极端，纵容战争。具有讽刺意味的是，在一个具有多样的民族文化的世界里，通过**文化条件作用**（cultural conditioning）传达服从和为国牺牲的义务的思想却是共同的。国家经常传播这样的信念：它们发动战争的权利不应受到质疑，宗教和世俗哲学禁止暴力的道德原则应被忽略。因此，批评者强调，使个体在潜意识中接受战争的强大机构的存在是必要且合法的。

女性主义理论扩展了对武装侵略的解释。它解释了一个事实，即如果在一国文化中，妇女遭受歧视、不平等以及暴力是生活中的常态，则其发生内部暴力的可能性就会增大（Hudson, 2012）。在文化规范纵容虐待妇女和否认女性享有受教育及就业机会的地方，爆发内战的概率就会较高（Pankhurst, 2008；Caprioli, 2005）。

贫困、相对剥夺和人口压力 一个国家的经济发展水平会影响其参与战争和武装革命的可能性。实际上，"欠发达是一个统计学上显著的战争预测指标"（Lemke, 2003），对全球化和外国经济自由化的不满会导致暴力抗议和内战（Bussmann and Schneider, 2007）。

武装冲突通常都是对挫败感的一种愤怒回应，是**相对剥夺感**（relative deprivation，人们感到他们被不公平地剥夺了财富和地位，并认为与处于优势地位的人相比，他们应该得到这些东西）的一个产物。许多国内武装冲突的根本原因就在于，"人们想要发泄他们对自身经济状况的不满，尤其是当他们察觉到他们的所得与可以得到的两者之间并不协调的时候"。暴力爆发得如此频繁，是因为亿万人民面临着歧视，或者与他们国家的其他人相比处于劣势地位，这会以群体之间存在的一种文化排斥形式表现出来。同样真实的是，国家之间也存在相对剥夺的国家意象。这也是为什么武装冲突最有可能在全球南方发生的部分原因。在全球南方，人们对其应得的期待比其实际所得的物质报酬上升得更快，而且在财富和机会分配上的现存差距正在不断拉大。

民众的支持对武装叛乱的成功至关重要，贫困是人们忠于那些承诺可以为其提供安全和更高生活水平的武装团体的重要动力。"冲突地区［的家庭］利用武装团体来保护他们的经济地位……冲突开始时的家庭越穷,其参与和支持武装团体的可能性就越高。"(Justino, 2009)事实上,由于贫困降低了与任一社会运动相关联的"动员成本",所以能够抑制战争的因素也就更少。

贫困与武装冲突之间的关系在"青年膨胀"(youth bulge)国家表现得更为明显。此类国家的大部分人口都是年轻人,他们无法找到稳定工作来供养家庭,获得经济保障。"离开学校的、失业的、满怀怨恨的年轻人是致命冲突的根源。30岁以下成年人口比例高的国家爆发一场新的国内冲突的可能性,比那些人口年龄结构更成熟的国家能高出2.5倍。"(Cincotta and Engleman, 2004)此外,在"青年膨胀"明显的国家,政府也更有可能先发制人采取强制措施去镇压国内的异议和不满(Nordas and Davenport, 2013)。

因此,不久的将来面临着越来越大的威胁即"代际冲突",因为"青年膨胀"增加了发生内部武装冲突和政治暴力的风险。这也被视为是将会继续使中东地区变得不稳定的许多因素之一,因为那里年轻人的失业率继续徘徊在25%附近。这一失业率水平是世界上最高的之一,也是点燃"阿拉伯之春"怒火的主要来源(Schuman, 2012)。

不过,长远来看,政府政策和不断变化的人口趋势也有可能改变这一前景。发生政治暴力的风险可以通过提供教育和与之相伴的就业机会降低到一定范围。此外,"由于生育率下滑,未来几十年内,'青年膨胀'在导致暴力方面的重要性预计将会在世界上大部分地区逐渐消失"(Urdal, 2011)。

在得出"贫困总会导致武装冲突"这一结论之前,我们必须注意:大多数赤贫国家却也最不容易发动战争。最穷的国家难以用侵略性手段来排解自身的挫败感,因为它们缺乏发动侵略的军事资源和经济资源。但这也并不意味着最穷的国家就总是和平的。以史为镜,赤贫国家在经济发展时最有可能获得武器并参与外部战争。特别是,国家可能会在经济持续增长一段时期后发动对外战争,也就是说,在逐渐繁荣的时期,当它们能够承担起战争成本的时候(Cashman and Robinson, 2007)。如果全球南方经济增长最快的国家把它们的资源用于军备而不是投资于可持续发展,这往往就预示着潜在的危险。

军事化 现实主义忠告道:"如果你想要和平,就请做好战争准备。"获取军事力量是会导致和平还是战争,这个问题值得怀疑,但大多数全球南方国家都赞同现实主义的观点,认为武器有助于确保它们自身的安全。它们是全球军火贸易的最大消费者，它们建立了庞大的军队以保卫自己免遭邻国的潜在侵略，并控制它们的公民。

当全球南方国家继续把预算集中于军备之上时，许多人都担心，战争将会变得更加频繁。换句话说，在全球南方，军事化并未带来和平。暴力的诅咒有朝一日会在那里被打破吗？

研究的线索之一就是检验过去几个世纪欧洲军事实力变化与战争变化之间的关系。在欧洲发展的高峰时期，那里是世界上战争最频繁也最血腥的地区。在 16 世纪和 17 世纪约 65% 的时间里，主要欧洲国家高度武装自身并参与战争 (Wright, 1942)。1816—1945 年间所有的国家间战争有 3/5 都发生在欧洲，平均每隔一年就发生一次 (Singer, 1991)。而这也并非巧合，这一切都发生在欧洲处于发展中的国家最有能力武装自身并与其他国家展开竞争之际。可能正因如此，大国（拥有最强武装力量的国家）卷入战争次数最多，也最常发动战争。然而，自 1945 年以来，除了发生在现已独立的前南斯拉夫成员国之间的战争，以及俄罗斯与格鲁吉亚之间的战争外，欧洲还没有发生过国家间的战争。随着欧洲国家在经济和政治发展的阶梯上进入更高的阶段，它们也远离了彼此之间的战争。

相比之下，当今欠发达国家的情形则非常类似于 1945 年以前的欧洲。在不久的将来，如果全球南方模仿欧洲在 1945 年之前的模式，我们很可能会看到一个全球南方暴力的海洋，围绕在一个和平与繁荣的欧洲（和全球北方）周围。

经济体制　国家经济体制的特征会影响战争爆发的频率吗？这个问题已经引起了几个世纪的争议。尤其是自从 1917 年布尔什维克革命之后马克思主义在苏联生根以来，共产主义的理论家们认为，资本主义是帝国主义战争和殖民主义的主要原因。他们喜欢引用列宁 1916 年对一战的解释：这是一场帝国主义的资本家"为了转移劳工大众对国内政治危机的注意力"而发动的战争。

根据共产主义的帝国主义理论，资本主义陷入生产过剩之中。输出这些过剩产品的需要刺激了获取和保护国外市场的战争。因而，自由放任经济学（它以对市场进行最少的政府管制这一自由市场原则为基础）就使追逐经济利益的军国主义和帝国主义合理化了。通过引证富裕资本主义社会为了获得资本收益而对外国进行军事干预的显而易见的频率，马克思主义者相信，而且至今仍然普遍相信，结束国际战争的最好办法就是消灭资本主义。

与马克思主义理论相反，**商业自由主义**（commercial liberalism）则认为，自由市场体系会促进和平而非战争。资本主义的捍卫者们长期以来一直相信，在海外从事自由贸易的自由市场国家更加和平。他们列举了许多理由，但他们的中心前提是：商业企业是**经济和平**（economic peace）的天然游说者，因为它们的利润取决于经济和平（Mousseau, 2013）。战争会干扰贸易，妨碍利润，摧毁财产，带来通货膨胀，消耗稀缺资源，使大政府成为必要，并对商业活动实施会产生反作用的管制和高税收。一个国家内部发生的冲突同样会减少它的国际贸易。顺着这一推理进一步往下延伸，就是认为当政府对国内市场管制减少时，繁荣就会增加，而战争就会减少。

毫不奇怪，关于这些对立理论的证据是复杂的。结论部分取决于对经济如何影响国际行为的认识，因为不同的视角注意到的是联系的不同层面。这种争论在冷战期间一直处于东西方意识形态辩论的核心，当时两种极端不同的经济体制（共产主义和资本主义）的相对优缺点在人们心目中是最重要的。冷战的结束并没有结束这场关于经济与战争之间联系的历史性辩论。这个基本的理论问题越来越引起人们的兴趣，特别是因为"随着军事权力的衰落，经济权力变得越来越重要，不同权力资源的实用性和有效性发生了转变"（Huntington, 1991b）。

政权类型 现实主义理论低估了政府类型对战争与和平的影响的重要性。而自由主义理论就不这样认为。第2章中指出，自由主义理论赋予国家为做出政治决策而建立的政治制度类型以很大的权重，并预言"自由"民主统治的政府的扩散将会促进和平的国家间关系。

康德（Kant, 1795）认为，当公民获得了基本人权（如通过投票选择他们的领导人）以及基本的公民自由（如言论自由和出版自由）时，这些民主国家与专制的或由国王统治的国家相比，将几乎不可能发动战争。这是因为一个对人民负责的政府将会受到舆论的限制而不能发动战争。其他自由主义改革者也认同康德的观点，如托马斯·杰弗逊、詹姆斯·麦迪逊和伍德罗·威尔逊。他们都相信一个"自由的帝国"（麦迪逊以此来描绘一个不断增长的自由民主制共同体）将会摆脱战争的诅咒，而且如果民主制度能够扩散到全世界，那么整个国际关系中过去好战的模式就将被一个新的和平模式所取代。

政府类型对武装冲突倾向的影响，随着许多独裁政体转变为民主统治而呈现出重大的意义。这些向自由主义政府的转变自19世纪以来已经发生了"几波"。第一波发生在1878—1926年间，第二波发生在1943—1962年间。第三波始于1970年代，当时大量非民主国家都开始转变为民主统治。在一场与旧世界史显著不同的全球变革中，"民主制是理想的决策形式"这一曾经的激进观点变得甚是盛行。根据"自由之家"公布的数据，当今世界上几乎2/3国家都是完全的或部分的民主国家。

大量研究表明，民主国家是在谈判桌前而不是战场上去解决它们彼此之间的分歧，而且与非民主国家相比，它们更有可能在战争中获胜。这种模式为民主和平（democratic peace）这个命题提供了基石："民主国家彼此之间不可能卷入任何类型的军事争议，或者是让任何这样的争议升级为战争。它们甚至几乎不会发生小的冲突。民主国家之间威胁向对方使用武力的可能性只有其他类型国家的1/8，而将武力付诸实施的可能性更是只有后者的1/10……民主国家更有可能使用'民主的'手段和平解决冲突。它们更有可能回报其他国家的行为，在解决争议时接受第三方的调停或斡旋，接受第三方具有约束力的仲裁和裁决。"（Russett, 2005）

大量经验证据都支持民主国家不会互相打仗这一命题（Dafoe, Oneal, and Russett, 2013；Rasler and Thompson, 2005）。尽管关于特定的因果机制还存在争论，但很显然，政府的类型，尤其是多党选举，强烈地影响着其对外政策的目标（Ungerer, 2012）。其他人则指出，"我们对他们"的思维导致民主国家在面临来自专制国家的共同威胁时团结在一起（Gartzke and Weisiger, 2013）。民主和平也被归因于民主国家与其他政权类型相比"有更大的能力更可靠地披露信息"（Lektzian and Souva, 2009）。

人们越来越认识到，投票是一个民主国家使用子弹和炸弹去反对另外一个国家的障碍，这种认识在过去三个世纪里促进了民主治理的增长。但并不确定的是，自由民主制是否会成为一种普世性的制度，或者持续增加的民主改革是否会自动产生一个和平的世界秩序。事实上，新兴的民主国家是倾向于战争的（Cederman et al., 2012）。实施选举制的民主国家的领导人要对公众的同意和选民的否决负责，这一事实并不能保证他们就不会使用武力去解决与其他民主国家之间的争议。

这些关于影响国家战争倾向的特征的讨论并未穷尽这个主题。国家内部还存在其他许多潜在原因。然而，无论作为战争根源的国内影响有多么重要，还是有许多人相信全球体系的本质要更加重要。下面我们就来讨论行为体决定是否发动武装冲突的全球环境。

第三个分析层面：全球体系

现实主义强调武装冲突的根源是人类的本性。相反，结构现实主义或新现实主义则认为战争来源于全球分析层面上的变化，也就是说，战争是全球体系的无中心状态特征的一个产物，该特征要求主权国家依靠自助来保障其自身安全："尽管不同的现实主义理论常常得出相互冲突的预测，但它们却有一个共同的假设：世界政治中的主要行为体是主权国家，它们理性地在一个冲突的国际体系中实现它们的安全、权力和财富。这个国际体系缺乏合法的政府权威来管制各种冲突，或者是执行协议。对现实主义者来说，战争的发生，不仅仅是由于有些国家喜欢战争胜于和平，而且也是由于那些相比战争更喜欢和平、对维持自身地位比提高自身地位更感兴趣的国家的行为产生了意想不到的后果所致。即使国家出于防卫目的通过军备、同盟和威慑等努力来为自己提供安全的行为，也常会被其他国家视为威胁，并会导致难以扭转的对抗行动和冲突螺旋。这就是'安全困境'：一个国家为自己提供安全的行动，可能会导致包括它自己在内的所有国家安全的下降。"（Levy, 1998b）

国际无政府状态，或者说缺乏全球治理机构，可能会促使战争爆发。然而，无政府状态并不能全面解释战争与和平的水平随着时间推移而发生的变化，或者为什么特定的战争会爆发。为了理解导致战争的许多结构性决定因素，我们必须思考全球体系是如何变化的及为何变化。这就要求探究诸如军事实力的分布、力量平衡（和不平衡）、同盟和国际组织的数量，以及国际法的规则等全球性因素的影响。人们正在争论的是，全球体系的特征和制度如何一道影响战争频率的变化。我们将在第8章和第9章研究其中许多因素。这里我们主要研究全球层面上的战争与和平的周期。

暴力孕育了暴力吗？ 世界历史的许多诠释者指出，未来战争的种子可以在过去的战争中找到（Walter, 2004）。文艺复兴时期的哲学家伊拉斯谟曾问道："除了战争外，战争还能产生什么？但是，良好的意愿会产生善意，公正则会产生公正。"类似地，在接受2002年诺贝尔和平奖的演讲中，美国前总统卡特悲伤地认为，"暴力只会产生在将来产生暴力的条件"。比如，二战是一战的结果，美国2003年对伊拉克的攻击是1990年海湾战争的延伸，而中东始于2011年一波接一波的暴力抗议和野蛮的国家报复则被许多人认为是多米诺效应，每一次武装冲突都是由以前的武装冲突引起的。

由于过去战争的频率与后来战争的发生有关，所以战争显然是会传染的，而且它在未来的爆发将是不可避免的。如果事情真是这样，全球政治动力中的某种东西（无政府状态的本质、薄弱的法律体系、不平衡的力量分配、主要行为体相对力量不可避免的不稳定变化，或者是一些结构性特质的联合）就将使以国家为主体的全球体系成为一个"战争体系"。

然而，我们并无法可靠地推论出过去的战争引发了后面的战争。一场战争接着一场战争的事实并不意味着就是前面的战争导致后面的战争。因此，许多学者都拒绝接受历史是命运、结果是由以前的事件产生的决定论观点。相反，他们赞同**战争的讨价还价模式**（bargaining model of war）。这种模式把战争看成是权衡了预期成本和收益的理性选择的产物。发动战争的决定（以及结束战争的决定）是敌对双方在解决"关于稀缺物品，如边界的划分、某个政府的组成或者是对国家资源的控制"等问题上的争议和不同意见的过程中进行讨价还价和成本-收益分析的一个组成部分。

战争在人类历史上一再发生并不必然意味着我们就将始终面对战争。战争并不是一种普遍的制度；一些社会从不知战争为何物，而其他一些社会也已经有很长一段时间没有经历战争了。自1945年以来，国家之间爆发的武装侵略大幅下降，尽管独立国家的数量增加了不少。这表明，武装冲突并不必然是不可避免的，而且历史的力量并未掌控人们选择或经历的自由。

权力转移 尽管存在这种趋势，但当主要国家的军事实力发生变化时却经常会发生战争。战争并非不可避免，但只要竞争国家的力量比率（它们之间的实力差异）缩小，战争就有可能爆发。托夫特（Toft, 2007）认为："和平显然是大多数国家共享的一个价值观，但它却并不总是位居其他价值观之上……力量分布的转变对解释暴力的可能性很有帮助。"

这一假设也就是众所周知的**权力转移理论**（power transition theory）。对武装冲突的这一理论解释是结构现实主义的一个核心观点。结构现实主义强调，力量平衡是各国行为的关键决定因素。"根据各种权力转移理论的观点,当一个对现状不满的崛起的大国接近一个地区或体系中的主导国家,与之相匹敌并且愿意使用武力重塑体系的规则和制度时,冲突就最有可能发生。"(Fravel, 2010)本森(Benson, 2007)解释道:"该理论已经证明它是最成功的关于战争的结构理论,[它表明]三个简单的条件——权力转移、相对权力对等、对现状的不同偏好——对大国战争来说是必要的。"

在从欠发达状态向发达状态过渡的过程中,新兴的挑战者能够运用武力获得其他国家的承认(它们新近形成的军事力量允许它们这么去做)。相反,由冒险型领导人统治的既存大国也常常愿意运用武力来阻止它们自身的相对衰落。这样一来,当上升的国家和收缩的国家试图处理它们相对力量的变化时,崛起的挑战者与衰落的强国之间就特别有可能发生战争(参见图7.1)。比如,欧洲七个军事力量相当的大国之间权力和地位的急剧变化导致欧洲分裂,这(以及它们所培植的同盟)常被认为是引发一战的火药筒。

全球军事力量配置的迅速变化常会带来侵略,尤其是当新的力量分布几乎平等时,这会诱使对手对他们的霸权挑战者发动战争。根据权力转移理论,对

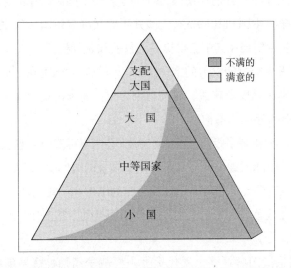

图7.1 全球等级制中的权力转移 各国在世界权力金字塔中所处的位置可以预测它们对全球变化的态度。正如图中所示,一个国家在世界等级秩序中所处的地位越有利,它对国际现状就越满意;相反,国家在等级秩序中越是处于下端,就越是不满并会推动变革。权力转移理论提供了手段去"预测大国战争和地区性战争在何时何地最可能发生。在发生之前提出恰当的警告,可以提供机会去制定政策去管理那些可能引发日后争议的事件"(Kugler, Tammen, and Efird, 2004)。

立国家军事实力几乎平衡的时期创造了"全球战争的必要条件,而双方之间很大的不平等则会保证和平,或在最坏的情况下也只会导致一场不对称的、有限的战争"(Kugler, 2001)。而且,各国相对实力的转移能够潜在地导致弱小一方发动战争,以便要么取代它的对手,要么保护自己免遭被统治。据此推测,一种大致的均衡带来的不确定性会鼓动挑战者针对其更强大的对手发动战争。尽管挑战者在追求胜利方面往往不会成功,但也有一些战争发动者占据优势的显著例外,如越南战争、六日战争、孟加拉战争、赎罪日战争/斋月战争、马岛战争和海湾战争。

今天有大量预测认为,正在进行的权力转移将会见证美国的衰落,以及新兴的非西方大国的兴起,其中最引人注目的就是中国(Kissinger, 2012)。沿着这一思路,人们关心的是,这一转移也许会发生在作为现存全球秩序基础的观念和原则(对民主的承诺、自由市场)中,以及接受美国的军事力量被替代性非自由结构所取代,这一结构提出了一个威权的资本主义选择。然而,伊肯伯里(Ikenberry, 2011)则提出了一个更加微妙的观点,他认为:"这种恐慌的叙述忽略了一个更深层的现实:尽管美国在全球体系中的地位正在变化,但自由的国际秩序依然存在并且还存在得很好。今天关于国际秩序的斗争并不是关于根本原则的斗争。中国和其他新兴大国并不想质疑自由国际秩序的基本规则和原则,它们只是希望能在其中获得更多的权威和领导权。"

尽管正在发生财富和权力的全球扩散,但新兴大国也在从很大程度上是由美国塑造的规则和制度中获益。而且迄今为止,尚未出现切实可行的备选方案来挑战既存国际秩序的当前构造。

周期理论　如果战争反复发生却又并非必然不可避免,那么在权力转移之外是否还有其他国际因素也能用来解释战争爆发的时间变化呢?自15世纪末期以来战争频率没有明显的趋势,以及战争在间歇的和平时期之后周期性的爆发,表明世界历史在战争与和平的长周期之间来回摆动。这是第三种对战争起源的全球性解释。

长周期理论试图解释整个现代史上主要战争周期性爆发的频率的波峰和波谷。它的倡导者认为,过去五个世纪中一直存在世界领导权和全球战争的周期,大约每过一个世纪就会发生一场"全面战争",尽管这一间隔并不规律(Ferguson, 2010;Wallerstein, 2005)。

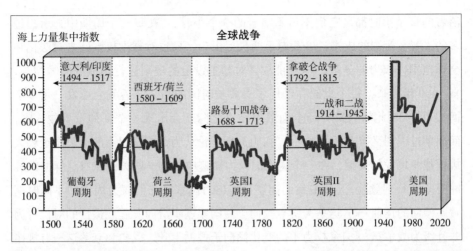

图 7.2 全球领导权和全球战争的长周期，1494—2020 年 过去 500 年出现过五个控制和支配全球体系的大国，但每一个处于顶端地位的前霸权领导者迟早都要滑落下来，新的竞争对手浮出水面，发动一场全球战争，努力成为下一个全球领导者。现在一个比较麻烦的问题是：当美国的领导地位最终受到像中国这样崛起的军事对手的挑战时，战争的这种长周期在将来会被打破吗？

长周期理论的洞见来自它对每过 80～100 年就会有一个大国成为霸权国这一事实的观察。以（国家）占有的不成比例的海洋权力来衡量支配权，我们观察到，一个单一霸主的崛起通常都是发生在特定的霸权战争之后（参见图 7.2）。葡萄牙和荷兰分别兴起于 16 世纪初和 17 世纪初；18 世纪初和 19 世纪初，英国爬升到支配地位；而美国则是在二战结束之际成为世界的领导者，并于 1991 年冷战结束后重新获得全球霸主地位。现在的问题依然是，中国的崛起是否是可持续的，如果是的话，这是否标志着另一个霸权统治周期的转移（Ogden, 2013；Doran, 2012）。

在这些霸权国家统治期间，各霸权国垄断了军事权力和贸易并决定着体系的规则。**霸权稳定论**（hegemonic stability theory）预期，一个稳定的世界秩序要求一个单一的大国提供可持续的全球领导。通过运用其权力优势，霸权国建立起对国际体系中的秩序来说必不可少的条件，并打消了那些与其竞争者挑战全球现状的念头。

然而，此前没有一个霸权国能永久维持其支配地位。"创立最好的政府，"英国政治哲学家亨利·约翰（Henry John）在 1738 年认为，"携带着毁灭的种子：尽管它们暂时有所发展和改善，但它们很快就会明显地趋向于分解。它们活着的每个小时都是它们不得不活着的一个小时。"在每一个周期中，承担过多的义务、帝国的成本，以及对手的最后出现，导致对霸主权威的去合法化和全球范围内权力的分散。随着挑战者对霸主设定的规则进行挑战的能力增强，自 1400 年以来，每个世纪在经历了一段长时间的和平之后就会爆发一场"全面战争"。在此前的每一场全面战争结束之际就会出现一个新的世界领导者，而周期过程则又接着开始循环："权力周期理论认为，国家权力的消长是理解大规模战争爆发的关键。在一个国家的权力轨迹中，有一些关键点对这样的武装冲突来说特别危险，[从中我们能够] 得出对国家在它们权力周期的不同时期冒险倾向的预期……这些关键点倾向于使国家逐步滑向发起威慑性的对抗行为并升级为战争……国家权力中的变化倾向于遵循上升、成熟和衰落这一有规律的模式……这些轨迹反映了主要国家在国际体系中所具有的相对竞争性。当这些国家在其权力轨迹变化的方向或速率方面碰上预料之外的逆流时，它们将会遭受多种心理冲动或者判断的挑战，而这也就增加了爆发一场大规模战争的危险。"（Tessman and Chan, 2004）

这种决定论式的理论有一种直觉式的吸引力。它看上去似乎很有道理，比如，就像商业周期中长期的下降和复兴深刻地影响着此后的行为和条件一样，战争将会对此后几代人都有影响。著名的**厌战心理假设**（war weariness hypothesis）（Pickering, 2002）认为，从事战争的国家将会精疲力竭，耗尽资源，并失去进行另一场战争的动力和热情，但这只是暂时的。意大利历史学家波尔托（Luigi Porto）提出了这个假设的一种版本："和平产生富裕；富裕带来骄傲；骄傲带来愤怒；愤怒导致战争；战争造成贫困；贫困产生博爱；博爱带来和平；和平，正如我所说的，产生富裕，世界事务就是如此这般地循环下去。"由于向这些阶段的移动需要时间，所以战争热情和战争厌倦的交替时期也就受到随着时间推移的学习和遗忘的影响。

7-2　武装冲突的频率和类型

你现在已经思考了一些关于武装冲突来源主要的争论假设和理论。在一个看似不断变化的世界里，冷酷的一面也在不断出现，那就是暴力或"死亡文化"。事实上，在过去的 3400 年里，"人类处于完全和平的时期为 268 年，仅占有文字记载的历史的 8%"（Hedges，2003）。

"战争只有对死去的人来说才是真正结束了"这个信条所基于的事实是，在不断变化的世界里，战争一直是一个丑陋的、几乎不变的因素。过去 600 年来，武装冲突持续不断，造成数百万人死亡，产生大批难民，并且耗费数万亿美元，带给人类无尽的痛苦。在相对短的时期里（自 1950 年以来），这种模式已经转变为数量更少但更致命的武装冲突。这些概述以不同的方式反映了大众媒体告诉我们的事情：暴力和全球不安全是世界政治中固有的。2015 年叙利亚和苏丹等地发生的武装冲突，给我们这个世界投下了一片黑暗的阴影。

过去每当人们想到武装冲突时，他们首先会想到国家间的战争，其次则会想到现有主权国家的内战。这两种类型的战争在 1816 年和二战之间每年经常以类似的速度发生。但自那以后，内战开始越来越多地界定了全球格局。

至少有一方不是政府军队的内战和武装冲突的新模式在 1990 年之后变得尤为普遍。事实上，1989—2014 年间，世界范围内 144 起活跃的武装冲突中只有 9 起（6%）是在国家间发生的战争。厄立特里亚-埃塞俄比亚（1998—2000）和印巴（1997—2003）之间的冲突是关于领土的，而伊拉克与美国及其盟国之间的战争（2003）则是为了夺取政府权力。2013 年所有 33 起武装冲突都是在国家内部进行。9 起主要的国内武装冲突是国际化的，来自那些不是冲突当事方的国家的军队站在政府一边。这些包括美国与基地组织的冲突，以及那些涉及阿富汗、马里、尼日利亚、乌干达、苏丹、也门、中非共和国和刚果民主共和国的冲突。过去八年来，冲突的外部介入也在增加，2013 年有 27% 的冲突都以这一现象为特点。

直到"9·11"事件之前，大多数安全分析家都预期内战仍将是全球暴力最常见的形式。然而，他们必须修订他们的策略和想法来适应变化的现实。今天，军事规划者面临着两个空前的安全挑战。正如基辛格描述的那样，这些挑战是"由直到最近被认为是内部警察部队的事务而非对外政策事务的行为所导致的恐怖，以及科技进步与扩散所导致的恐怖，这使得国家的生存受到完全是在另一个国家领土内发展而来的威胁"。这表明发生进一步武装攻击的风险增加了，这些战斗发生在由非常规的民兵组织和私人或半私人军队（像恐怖主义网络）与国家军队或者是由接受国家任务"外包"的雇佣兵或拿工资的民兵

"影子武士"之间。

现代战争的特征似乎正在发生一个重要转变,即使武装冲突的许多传统特点仍然存在。下面展示的是它的普遍趋势:(1) 全世界参与战争的国家的比例下降了。(2) 现今大多数战争都发生在全球南方,这里的国家数量最多,人口最多,收入最少,政府最不稳定。(3) 征服外国领土这个发动战争的目标不再是一个动机。(4) 大国间的战争正在变得过时;自 1945 年以来,全球经历了一段**长和平**(long peace)——现代史上(自 1500 年以来)最强大的国家之间没有发生战争的最长的时期。

尽管长远来看国家间的武装冲突有可能会消失,但现有国家内部发生武装冲突的频率却在增长。接下来我们将研究国内武装冲突的特点。

战争变化的本质　世界上最强大的军队与反叛分子在阿富汗的不对称战斗,对战争的传统理解——尤其是如何打和何为"胜利"——提出了质疑。2014 年 12 月 28 日,美国正式结束了其在阿富汗的战斗角色,这是迄今为止美国参与的持续时间最长的一次战争。然而,仍有 9 800 名美国军人预计要留守到 2016 年,继续训练阿富汗部队,执行包括空袭和地面巡逻在内的反恐任务。美军驻阿富汗最高指挥官约翰·坎贝尔(John Campbell)将军解释说:"众所周知,战斗、战争和过渡是一件非常复杂的事情。对我来说,这一点并非黑白分明。"图中所示是美军士兵在阿富汗的查谟进行巡逻。

7-3 国内武装冲突

发生大规模国内武装冲突的一个原因是，政府无法在其领土边界内维持有效统治。缺乏权威和无法满足其公民基本需求的政府管理不善是一种全球趋势。这种无能导致世界上出现一连串**脆弱国家**（fragile states，又译"失败国家"）。现今有多达38个国家的政府，因为没有合法国家机构很好管理的政治、社会及经济压力而处于发生国内暴力冲突的高风险下。有时候，这种武装冲突仅限于寻求分离和独立的局部地区；而在其他时候，脆弱国家则是反叛者和军阀广泛而短暂的交战的受害者。脆弱国家的公民要为内部冲突、政治暴力和人道主义灾难付出最沉重的代价，这些通常都是发生在那些不能履行其基本职能的国家。脆弱国家的扩散也是一个不断增长的全球性危险，因为"暴力冲突、难民潮、武器走私和疾病都很少能被控制在国家边界之内"（Patrick，2011）。

国家失败和国内解体的原因有很多，但脆弱国家共有的一些关键特征则使得它们容易分裂、发生内战、出现恐怖主义。总之，对这种全球趋势的研究表明（Acemoglu and Robinson，2012；Piazza，2008；Collier，2007）：(1) 国家失败的一个硬指标是贫困，但国家内部极端的收入不平等和性别不平等则是更好的预警信号。(2) 最容易发生国内叛乱的脆弱国家，是由一个被广泛视为非法和无效率的腐败政府统治的国家。(3) 民主，尤其是拥有强大的议会，通常会降低国家失败的风险；专制则会增加国家失败的风险。(4) 不过，贫穷或年轻的民主国家，会比富裕或既有的民主国家或是贫穷的非民主国家更不稳定；而且，无法改善人民生活水平的贫穷的民主国家尤为脆弱。(5) 由于国内流离失所的人们、难民和粮食短缺而加剧的人口压力，会加剧国家的失败和国内的动荡不安。(6) 无法保护人权（包括宗教自由在内）的政府特别容易失败。(7) 依靠石油和天然气换取收入的所谓"石油国家"是虚弱的，尤其是如果那些国家的统治权威很脆弱并且在政治权力和财富的分配上允许存在巨大差距的话。(8) 有强大的规则保护自由国际贸易的国家会获得稳定，出现高通胀的国家则容易失败。(9) "青年膨胀"会增加国家失败、发生战争的风险，因为大量无业青年很容易被鼓动去参与军事行动。

全球有很多地方都可能爆发危险的内战，这些地方的国家极易因国家失败、管理不善、国内反叛和暴力的政府接管而濒临解体。由于世界上大多数主权国家都有上述特征中的一个或多个，脆弱国家的流行很有可能会成为全球化的 21 世纪中一个日益严重的问题。

国内冲突

国内武装冲突的爆发远比国家之间的武装冲突更频繁。1989—2014 年间，围绕政府或领土的国内武装冲突最为普遍。例如，2013 年全世界 25 个地方的 33 起武装冲突都是国内冲突，涉及政府同时与（在某些情况下）不止一个反对团体作战。内战（武装冲突的强度达到每年至少 1 000 次有死亡的战斗）在 1816 年到 2013 年年初发生了 155 次，2013 年有 7 场活跃的战争。内战的爆发一直没有什么规律，其中有 60% 都是爆发在 1946 年之后，其频率在整个冷战期间稳步上升，而在冷战之后的年份里则开始下降。

内战在全球占据主导地位，因为它们开始和重燃的速度都比它们的结束要快且持续时间更长。对国家来说，存在一种趋势：经历过一次内战的国家往往会经历两次或更多次内战，而且这种模式对以持久的内部对抗（enduring internal rivalry，EIR）为特征的国家来说更加明显。经验证据表明，"1946—2004 年，76% 的内战都是发生在持久的内部对抗的背景下"，而且这样的内战更有可能反复发生，仅能维持更短的相对和平时期。而且一旦爆发，内战的平均持续时间就会有所增加；二战后全世界发生的 130 起内战，平均持续时间为 11 年。那些持续时间长且重新爆发内战的例子有：阿富汗、布隆迪、乍得、哥伦比亚、刚果、印度尼西亚、伊朗、伊拉克、象牙海岸、黎巴嫩、利比亚、缅甸、秘鲁、菲律宾、卢旺达、索马里、斯里兰卡、苏丹、叙利亚、土耳其和乌干达。

内战也有一种扩散的倾向，它会越过最初国家的边界并增加其邻国发生国内暴力冲突的可能性。通常内战都是有联系的，这方面最明显的例证就是 20 世纪中期非洲的非殖民化战争和近年来高加索地区的内战。当内战是一场分裂主义的冲突而不是去争夺政府权力、国家在族群上是极化的，以及国家离发生内战的国家很近时，这种其他国家的"传染病"最有可能蔓延。"这是因为这样的冲突通常都会涉及有跨境亲属关系的地区族群团体，它们更可能受到示范效应的影响。"（Forsberg，2014）

国家能力水平更高的国家能通过法律行动来解决国内的不满，阻止骚乱升级为内战，降低扩散的敏感性。尽管已经得到巩固的民主可能会减少内战的可能性，但对过渡中的民主或举行选举的威权政府来说却不是这样。事实上，这些国家常常更容易升级为内部冲突并受到冲突跨境扩散的影响。在"危险地方"举行的选举常会带来政治暴力，部分是因为这样的社会的特点往往是存在潜在的反对派群体。在一个竞争性的政治环境中（与封闭的政治体系相对），当有行为体试图确保政府为特定群体利益服务时，族群性和群体认同往往会变得更为突出。而且，精英可能会试图动员他们的支持者，通过强调群体差异、煽动敌意、进行歧视和恐吓来赢得选举。尽管当法治得到可信的保证时，选举会促进对政治权力的和平竞争，但若选民感知到有违规行为或者官方结果被拒绝的话，它们就会带来暴力。

国内武装冲突的另一个显著特点是它的严酷性。存在由严酷的内战所产生的溢出的外部性，它会越过最初的国家边界并广泛地影响一个地区，尤其是那些周边国家。"在现实生活中，所有'内部'冲突都有超出国际边界的后果，比如，产生难民潮或阻碍地区经济增长。"（Forsberg, 2014）

然而，关于内战严酷性最具破坏性的指标可能还是死亡人数。在国内暴力中丧生的人数一直都非常高，自二战以来，内战中的伤亡人数一直在以令人担忧的速度增加，其中尤其是既是无辜受害者又是主要参与者的儿童的人数。1991年标志着死亡高峰，有近8万名与战斗有关的人员死亡，这在很大程度上是因为在埃塞俄比亚发生了争夺政府控制权的激烈战争。第二个高峰出现在1999年，在非洲之角又一次有超过万人在敌对中丧生，因为厄立特里亚和埃塞俄比亚就边界争端发生了激烈冲突。世纪之交，致命的冲突在亚洲和中东更加常见。特别是在巴基斯坦、斯里兰卡、阿富汗、也门和伊拉克，更是可以看到死亡人数的增加。2010年年初，也门政府与基地组织之间的战争夺走了许多人的生命，而在伊拉克，政府与伊斯兰国的冲突也于2013年开始升级。历史上死亡人数最多的内战就发生在最近，那句老话"最野蛮的冲突发生在家里"捕捉到了这一丑陋的现实，因为在近年来的内战中，旨在灭绝整个地区人口的种族灭绝和大规模屠杀已是司空见惯（参见下页专栏）。

内部武装冲突另一个值得注意的特征是它们拒绝协商解决。想要在争夺权力的冲突各方之间缔造和平非常困难，因为这些派别受到仇恨的驱使和长期屠

深入探究: 苏丹和战争的人力成本

苏丹提供了一个大规模屠杀平民的可怕例子,当时政府试图通过摧毁少数民族反对派团体来维持权力。自从内战在 1955 年爆发,苏丹就一直处于几乎是连续不断的国内暴力冲突之中。当阿拉伯人领导的喀土穆政府打破对南方人许下的创建联邦制度以确保他们的代表性并在新独立的国家确保地区自治的承诺后,内战的第一阶段爆发了。加上文化和宗教差异,暴力攻击肆虐,最终有超过 50 万人死亡(其中只有 20% 是武装战斗人员)并使得几十万人流离失所。由于来自宗教非政府组织的调解,1972 年达成了《亚的斯亚贝巴协议》,该协议建立了一个单一的南方行政区域,结束了武装敌对行动。

然而,停火证明只是短暂的和平。由于感觉到北方的违约,南方的骚乱不断增加。1983 年,由于种族和宗教的紧张局势,加之竞争石油资源和争夺政治权力的推波助澜,内战再次爆发。阿拉伯人控制的苏丹政府和得到政府支持的金戈威德(Janjaweed)民兵组织在 1989 年中止了民主,并对居住在南部的人们展开了一场分裂与破坏的**国家资助的恐怖主义**(state-sponsored terrorism)运动。

历史性的南北冲突开始朝着解决的方向发展,最终双方于 2005 年签署了一项和平协议。该协议呼吁分享财富和权力,并包含有确保相互安全的安排。然而,对极端边缘化的达尔富尔地区的非阿拉伯平民的袭击却在之后迅速升级。2005 年 7 月,小布什总统将达尔富尔局势的特征描述为"明显的种族灭绝"。到 2010 年 2 月,当苏丹政府与达尔富尔最大的反叛集团"正义与平等运动"签署停火协议时,据联合国估计,约有 30 万人死亡,另有 250 万人逃离家园。

尽管 2011 年南苏丹分离的大多数进程都是和平的,但这一进程却在 2012 年发生断裂,两国为了控制南苏丹的富油地区,沿着边界发生了恶性武装冲突。此外,在苏丹中部的努巴山脉地区则继续发生激烈战斗,因为北苏丹的军队发动了镇压反叛战斗人员的攻击。整个苏丹和南苏丹的大屠杀使得这片死亡之地成为自二战以来最悲惨之地,并使人们质疑这一地区持久和平的前景。

★ 由你决定:

1. 在什么时候战争不再理性?理性行为体模式如何解释武装冲突的持续性?其他理论传统又提供了什么样的洞见?
2. 鉴于苏丹普遍暴力的历史,在什么条件下可以实现持久和平?
3. 为什么会有这么多非战斗人员成为目标?为了保护他们,国际共同体有什么责任?

杀惯性的毒害。在内战中作战的国内敌人，几乎没有一次是通过谈判妥协的方式结束战斗的。

内战的再次发生常常是由于未能兑现承诺和反对派军事实力的不确定性。典型的内战解决方案都会要求叛乱分子放下武器。这改变了力量平衡且有利于政府一方，所以这种转变就可能会诱使政府依靠其优势并利用停火时机。"由于反叛者知道政府有在交易中食言的动机，所以他们也就不可能愿意去签署和维护和平协议。"所以当政府无法可信地使自己担负起和平解决冲突的义务时，承诺问题就会出现（Hartzell and Hoddie, 2007）。

因为这一原因，国家可能会选择将自己绑定到一个国际协议中，或者做出一个"可靠的承诺"，加入像国际刑事法院这样的机构中。进一步的证据表明，叛乱分子主要关注通过第三方担保，采用制度保障来促进国内各群体分享权力，以及关于军事实力和决心的透明信息的共享。"谨慎签署和平协议可以防

战争与儿童 儿童常常是内部冲突的主要受害者，甚至会作为娃娃兵参与其中。他们出于各种原因加入冲突——有些是被绑架后被迫参加；有些是受到金钱许诺的诱惑；还有一些则是因为失去了亲人，想要复仇。在放下武器后，"发展思想基金会"的发起人菲利普·霍达（Philippe Houdard）说："最大的挑战是使他们在情感上……从杀人机器变为普通人。"图中所示是安哥拉武装起来准备打仗的孩子们。

范因呼吁国际监督使交战各方向第三方提交军事信息并为这种信息提供验证而导致的内战再次爆发。"（Mattes and Savun, 2010）有证据表明，通过第三方维和行动也可减少内战扩散到邻国的可能性，因为维和行动能保障边界安全，阻止大规模难民流动，帮助公民返回他们的国家（Beardsley, 2011）。然而，第三方仲裁也会导致长期的暴力，比如说，如果有利益冲突的多个国家参与谈判的话（Aydin and Regan, 2012）。这可以在关于叙利亚内战的国际谈判中看到：在这一谈判中，美国和俄罗斯抱有相互对立的观点。下面我们转向国内冲突的国际动力。

国内冲突的国际维度

脆弱国家的增加及其频繁陷入国内冲突，可能会使人们很容易认为国内武装冲突完全源自那些国家的内部条件。然而，"国家不可能存在于真空中，而是也会受到外部行为体的影响"（Thyne, 2006）。莫德尔斯基（Modelski, 1964）解释道："每一场战争都有它的两面性……内部战争会影响国际体系，反过来，国际体系也会影响内部战争。"

就以发动政变暴力接管政府的后果为例。历史上，成功的政变往往导致独裁政权攫取权力，如智利的皮诺切特和印尼的苏哈托。频率最高的政变尝试发生在1960年代，其次的高峰发生在1970年代和1990年代初期（Powell and Thyne, 2011）。尽管政变仍在发生（2015年5月一次推翻布隆迪总统恩库伦齐扎的未遂政变被挫败，而在此前一年的5月泰国则发生了一次成功的政变，军队建立了执政的军政府），但自从冷战结束以来，政变的频率已经下降了差不多一半，由此产生的政府也都普遍承诺在五年之内举行政治竞选。政治学家海因·格曼斯（Hein Goemans）和尼古拉·马里诺夫（Nikolay Marinov）把这种变化的模式部分归因于一个外部因素："自从争夺势力范围的冷战对抗结束以来，西方大国已经变得更不愿意容忍独裁统治且更有可能因举行选举的情况而提供援助。"

因为大国拥有全球性的利益，所以它们会扮演"幕后"角色，它们不仅会推动政变的发生，还会出兵干涉内战，支持友善的政府和推翻不友善的政府。政府间的关系会影响到国内武装冲突的开始和进行，"因为它们会发出关于如果内战开始外部行为体会援助政府还是反对派的信息"(Thyne, 2006)。邻国可能也会干预另一个国家以阻止战争通过共同的边境进行扩散（Kathman, 2010）。对国内冲突的外部干预已经相当普遍；自从 1989 年以来，在所有国内武装冲突中，超过 1/4 都有外部干预（Themnér and Wallensteen, 2012）。

作为外部干涉的结果，被干涉国家的国内社会往往会发生变革。有时外部行为体（国家和政府间组织）会派部队进入失败国家去遏制并控制引发暴力的国内冲突并试图重建统治权威。对因外国干涉而国际化的国内战争的这一通常趋势来说，一个例外是美国领导的对伊拉克的入侵：到 2004 年年底，"伊拉克处于冲突由国内战争溢出为国家间战争这一传统的逆转之中，提出了一场国际冲突创造了一场内战的前景"，而不是恢复和平的前景（SIPRI, 2005）。

国内冲突的国际化还有另一个维度。许多分析家都相信，国内冲突国际化的原因在于，遭遇内部反对的领导人倾向于挑起一场国际危机，希望通过将其民众的注意力转向外部侵略的威胁来减少他们造反的可能性。这就是著名的战争转移理论。该理论在国内冲突与外部侵略之间建立起直接联系。它认为，领导人在国内遇到冲突时，往往会通过发动一场针对邻国的战争来遏制国内的纷争——希望国际性的危险会转移其民众对国内领导人的不满。说句玩世不恭的说，"当国内动乱威胁到将要失去在政治上对领导权来说重要的团体的政治支持时……我们预期领导人会试图通过加强国际冲突的方式来团结支持他们的力量"(Munster and Staal, 2011)。

事实上，许多政治顾问都讨论过这个战略，就像现实主义理论家马基雅维利在 1513 年做过的那样，当时他建议领导人只要国内的动乱加剧就发动一场对外战争。约翰·杜勒斯在 1939 年呼应了他的观点，他在成为美国国务卿之前建议道："最简单也是最快捷的愈合国内纷争的办法就是向人们展示来自国外的危险。"不过，这一策略在乌干达总统阿明于 1978 年入侵坦桑尼亚时受到怀疑，这一入侵的部分目的是为了回击国内越来越多的异议，并掩盖本国西南部地区一支军队发动的叛变。

领导人是否真会通过发动战争来抵消国内冲突并增强民众对其支持，这依然是一个有争论的话题。我们并不能证明，许多领导人为了保护他们免受来自国内反对派的攻击（甚至是在经济衰退时期的民主国家）或影响立法结果而故意采取转移注意力的行动（Oneal and Tir, 2006）。相反，不受欢迎的领导人可

武装冲突的痛苦遗产　国内武装斗争比国家间的更频繁，虽然许多国内冲突仍在更广泛地对世界政治产生负面影响。图中所示是巴基斯坦迪尔地区的居民在塔利班武装分子与政府之间的战斗中逃离。

能会有很强的动机在对外政策领域采取小心谨慎的政策，并避免在国外使用武力，从而为自己建立一种和平缔造者的声誉。为了避免遭到更进一步的批评，对遭受反对的领导人来说，更好的办法就是有意识地操纵国内问题，而非在国外从事不计后果的战争——特别是那些不受欢迎的战争，因为它们会引发抗议游行，降低舆论对领导人的支持率。

另一方面，最近的学术研究则指出，如果领导人寻求通过强调群体认同和忠诚上的差异来动员支持者，引发敌意的可能性就会增加（Cederman et al., 2012）。同样，如果领导人任期将满，他们也更有可能发动暴力冲突（Zeigler, Pierskalla and Mazumder, 2013）。这可能是由于领导人在其最后任期内没有连任欲望的限制（Williams, 2013）。另一种潜在的解释则涉及一个领导人的"概念的复杂性"（conceptual complexity），即领导人展示出的对微妙的国际关系概念的意识程度。近来一项研究（Foster and Keller, 2013）表明，有很低"概念的复杂性"的领导人要比那些有很高"概念的复杂性"的领导人，更有可能使用转移注意力的战术。尤其是，如果这个领导人倾向于把使用武力视为一种合法的和有效的对外政策工具的话。

总而言之，国内冲突会因其有诱发外部干涉，以及失败政府的领导人有把在海外发动战争作为防止国内叛乱的手段这一倾向这两个原因而国际化。这两种趋势都造成了武装冲突的全球化。这一冲突的全球化在世界政治中以暴力作为特征的另一种类型的武装攻击中是显而易见的，即没有边界并在全世界传播的全球恐怖主义。

7-4 恐怖主义

自从现代国家体系在大约三个半世纪前诞生以来，国家领导人已经准备好发动针对其他国家的战争。在整个这一时期，战争都被视为主权国家常规军队之间大规模有组织的暴力。今天的领导人仍在使他们的国家为这样的冲突做好准备，但他们也逐渐开始面临**不对称战争**（asymmetric warfare）的前景：这是一种介于恐怖分子网络和常规军事力量之间的武装冲突。

恐怖主义团体是跨国非政府行为体中的一种类型，其突出特征是将暴力作为他们施加影响的主要方式。恐怖主义在古代就已广为人知，例如公元前1世纪朱迪亚地区"匕首党"实施的刺杀行动。"专家和新闻常把恐怖主义和游击战术视为一种新的东西，与传统战争方式不同。但事情远非如此。贯穿我们这个物种漫长而血腥的艰难跋涉的大部分时期，战争主要是由组织松散、未受训练的和略微武装的武装志愿者进行的，他们鄙视公开的战斗，赞成隐蔽的袭击和伏击，这是部落武士、现代游击队和恐怖分子都采用的战略。"（Boot, 2013）

今天的恐怖主义由不同的运动团体实施。政治恐怖主义是"个人或次国家团体为了实现特定的政治或社会目标，通过恐吓比直接受害者范围更大的广大人群，有预谋地使用或威胁使用暴力"（Sandler, 2010）。由于恐怖主义罪犯经常会以可怕的方式攻击象征性的目标，一次袭击给人们造成的心理影响可能要远远超过身体伤害。作为表演和恐惧的混合物，恐怖主义并非毫无意义的暴力；它是一种有预谋的政治策略，它以一种正在到来的并且似乎是无处不在的、不可避免的和无法预测的危险威胁着人们。

我们来看一下对日益增长的恐怖主义威胁强度的估计。根据美国国务院反恐协调办公室公布的数据，每年的国际恐怖主义行动从 1968 年的 174 起稳定地增加到 1987 年的顶峰 666 起，在那之后则开始稳定地下降到 2002 年的 200 起。在美国扩大它的界定标准把在伊拉克的平民死者也包括进来以后，全球恐怖主义行动的估计数字急剧上升。许多专家认为，美国士兵在伊拉克的土地上驻扎适得其反，在全世界点燃了新一波致命的恐怖主义活动。甚至是在基地组织头目本·拉登在 2011 年 5 月被美国特种部队击毙后，恐怖主义袭击的威胁依然存在。恐怖主义问题专家理查德·布卢姆（Richard Bloom）警告说："这种安全威胁始终存在，我们的处境仍然非常危险。"

恐怖主义可被用来支持或改变政治现状。政府和民团都会用压制自由的恐怖来维持现存政治秩序。从纳粹德国的盖世太保（秘密国家警察）到许多国家的"杀人小队"，由权势集团实施的恐怖主义犯罪，试图通过清除反对派领导人和恐吓其他人来维护现行政治秩序。

这些恐怖主义罪犯并不是盲目的；他们表明他们制定有长期目标，并会理性地计算不同的行动如何实现他们的目的。事实上，正是他们计划、执行和从这些行动中学习的能力，才使得今天的恐怖分子变得如此危险。此外，暴露在恐怖主义下也会鼓励政治排外主义，危及民主治理原则。

"除了巨大的损失和恐惧，恐怖行动也创造了一个巨大的对民主社会结构的挑战。在许多情况下，在确保安全这一基本需要和维持民主价值观、保护民主文化这一渴望之间存在极大的内部张力。更具体地说，在出现恐怖主义威胁和严重损失时，当与恐怖主义犯罪直接对抗要么是不可能要么就是无法保证公众的安全时，愤怒就会频繁地指向少数民族及其成员。这种愤怒在处理少数民族问题时很容易被转化为对非民主行动的支持。因此，恐怖主义一个很重要的政治心理后果就是对少数民族出现有敌意的情感、态度和行为。"（Canetti-Nisim et al., 2009）

利用恐怖主义改变政治现状的持不同政见者之间有很大差异。一些团体，如受欢迎的安哥拉人民解放运动（MPLA），利用恐怖主义驱逐殖民统治者；其他团体，如埃塔（巴斯克祖国与自由），则将恐怖主义作为族群民族分裂斗争的一部分；还有一些团体，包括博科圣地、伊斯兰国、基督教认同运动、锡克教团体巴巴尔·哈尔萨、属于保卫犹太人联盟的犹太好战分子，则是利用恐怖主义服务于它们认为的宗教律令。最后，像日本赤军和意大利黑色秩序（Italian Black Order，黑暗教团）这样的团体，因为左翼或右翼的意识形态原因而转向恐怖主义。这种持不同政见的恐怖主义可能建立在反殖民主义、分裂主义、宗教或世俗意识形态之上。

为了达到他们的目的，恐怖分子使用各种各样的策略，包括轰炸、袭击、劫机和劫持人质。近2/3记录在案的恐怖主义事件都涉及炸药的使用。劫机和劫持人质要比策划在人群拥挤的百货商店安放炸弹或在火车站枪杀游客涉及更复杂的行动。然而这样的行动确实也发生了，而且可以在1970年9月巴勒斯坦人劫持五架飞机中看到精心的计划和协调，这最终导致一架飞机在开罗爆炸，另外三架飞机则在约旦爆炸。

为了确保成功，这些类型的控制要求精心准备并要有长期看守俘虏的能力。付出如此多的努力，目的之一就是想要争取到一个清晰表达团体不满的机会。例如，1985年劫持环球航空公司874航班背后的黎巴嫩人团体就很擅长利用美国电视网络向美国公众表达自己的不满，而这样一来也就减少了里根政府在寻求危机解决方案时可能会考虑的选项。

除去传统策略，如轰炸、袭击、劫机和劫持人质，还有另外两个威胁会成为恐怖分子常备剧目中的一部分。首先，持不同政见者可能会获得大规模杀伤性武器，对他们的敌人给予致命一击。例如，人们普遍担心，巴基斯坦日益恶化的国内政治局势可能会让核材料落入极端主义组织之手（Clarke, 2013）。美国中情局局长约翰·布伦南（John Brennan）说："核恐怖主义的威胁真实存在，这一威胁很严重并在不断增长，它已经成为对我们国家安全实则是全球安全的最大威胁之一。"

核军备可能是终极的恐怖武器，但放射性武器、化学武器和生物武器也会带来异乎寻常的危险。粗糙的放射性武器可由普通炸药和核废弃物或从医院、工业设施和研究实验室偷来的放射性同位素组成。2015年，澳大利亚的情报报告说，伊斯兰国已"从政府设施中获得足够的放射性物质，表明它已有能力去制造一个大的毁灭性的'脏弹'"，这种炸弹由常规炸药和放射性物质组成。初步的化学武器可以用买得到的除草剂、杀虫剂和其他有毒物质制成。基于病毒药剂的生物武器通常更难生产，尽管这种炭疽孢子曾在2001年秋天通过邮件传播；而活的炭疽样品在2015年夏天从美国犹他州一个军事基地无意中分发到美国的 19 个州、华盛顿特区、澳大利亚、加拿大、英国和韩国则表明，通过粉末形式的细菌药剂进行这种低技术含量的攻击已成为一种可怕的可能。

第二种策略创新是即将来临的网络恐怖主义。激进分子不只是把网络用作招聘工具和与他们志同道合的团体协调行动的一种手段，他们还会黑进敌人的计算机系统去锁定潜在目标。病毒和**信息战**（information warfare）的其他武器（如网络攻击）也会造成严重损失，如果它们能使金融机构陷入瘫痪的话。

生化武器和网络攻击改变了我们关于未来恐怖主义和战争的想法，因为它们构成了一个战略困境：想要追踪到犯罪者异常困难，他们藐视**威慑**（deterrence）并可巧妙避开防御。"威慑的概念取决于特定的报复威胁，它可能会导致一个理性的攻击者三思而后行。所以如果攻击者不会被发现，报复的确定性就不存在，威慑也就不可能起用。"（Hoffman, 2011）此外，尽管我们倾向于去期望对一个即将来临的袭击进行预警并有做好防御的机会，但就像诺贝尔奖得主莱德博格警告的，犯罪者不可能会"给你那种机会"。

著名历史学家和恐怖主义问题专家沃尔特·拉克尔（Walter Laqueur）预见到，**后现代恐怖主义**（postmodern terrorism）将会对技术先进的社会构成一个巨大的威胁。在这些社会中，恐怖分子倾向于不那么意识形态化，而更有可能持有族群的不满，从而增加了把他们与其他罪犯区分开的难度。所谓的后现代恐怖主义很可能会扩展开去，因为全球化的国际环境（国界已失去意义）允许恐怖分子用新的规则和方法去实践他们古老的行业。信息时代促进了恐怖分子之间的跨国网络，使他们可以获得很多的战争新方法。

此外，这种新的全球环境鼓励新型武器和科技跨国界快速传播，也为恐怖分子犯下暴行和为他们应对成功的反恐行动改变战术提供了前所未有的机遇。侦测和威慑受过训练的全球恐怖分子网络的难度进一步增加，因为它们与国际有组织犯罪（IOC）辛迪加的关联，以及与成千上万犯罪团伙的国际化联系网络，提高了他们在毒品交易中的利润，并为他们的恐怖主义活动提供了资金支持。

非国家恐怖主义组织的活动很可能仍将是世界政治中一个令人不安的特征，因为每一个惊人的恐怖活动都产生了强大的冲击效应并通过全球新媒体在世界范围内引起公众的注意。在削弱恐怖分子获得这种全世界关注能力的努力中，美国参议员乔·利伯曼（Joe Lieberman）呼吁谷歌和其他网站删除由恐怖主义组织制作的网络视频内容："伊斯兰恐怖主义组织用 YouTube 传播他们的宣传，招募追随者和提供武器训练……YouTube 还在不经意中允许伊斯兰恐怖主义组织保持着活跃的、普遍的和放大的声音，尽管它们在军事上已被挫败。"

使这些挑战变得复杂化的还有这样一个事实，即国家经常会向那些其行动服务于国家对外政策目标的恐怖分子进行资助，为其提供训练、装备和避难所。在 2001 年 9 月 11 日恐怖分子袭击美国的剧痛中，小布什总统把这种威胁描述为恐怖组织网络和庇护它们的"流氓国家"。他坚称打击这一威胁的努力"直到每个恐怖主义组织在全球的分支都被发现、停止和打败才会宣告结束"。

恐怖主义给全球安全造成巨大威胁。然而，关于全球恐怖主义的特征和原因依然有很多不同意见，而没有一种基本的共识也就不大可能在应对新的全球恐怖主义的最好方式上达成一致。就像一种疾病在确诊前无法得到治疗，新的全球恐怖主义的瘟疫也只有在知道它的根源后才能被根除。那些被恐怖主义的一种意象说服的人们会给出一套特定的反恐政策，而那些对恐怖主义持有不同意象的人们则会支持一套不同的政策。就像建构主义理论提醒我们的那样，我们看见什么取决于我们期望什么、我们如何去看待和我们希望看见什么。

思考一下全然相反的观点：镇压还是安抚才是最有效的反恐政策。那些支持镇压的人们认为，恐怖主义来自极端主义者冰冷无情的理性决定，所以应该通过先发制人的外科手术式打击对其进行压制。持相反观点的人们则认为，恐怖主义根源于缺乏公民自由和人权（Krueger, 2007），或者是因普遍的贫困和糟糕的教育（Kavanagh, 2011）而产生的挫折感，他们建议采用谈判和合作的非军事方法（Cortright and Lopez, 2008）。他们不赞成纵容旨在根除恐怖主义实践者的军事打击，而是赞同旨在减少恐怖主义诉求的安抚政策。

关于如何解决这种新的全球恐怖主义的争论，已经引起人们对打击这种全球威胁的战略的严肃关注（参见下页专栏）。这一争论涉及一系列相关议题：镇压的反恐政策道德吗？它们与民主程序相容吗？它们要求多边的（国际社会）对其合法性的支持吗？还是它们可以单边实施？安抚会比军事强制更有效吗？这些打击恐怖主义的有争议方法的相对成本、风险和收益分别是什么？大部分专家都同意不可能从地球上消除恐怖主义，但"减少恐怖主义事件发生的次数并降低其有效性则应该是可能的"（Mentan, 2004；Bapat, 2011）。

争 论　　打击全球恐怖主义的战争能获胜吗？

"9·11"之后出现了一种新的传统智慧，用美国国防部长拉姆斯菲尔德的话来说就是，"如果［美国］从'9·11'日学到了唯一一个教训的话，那就是：打败恐怖分子的唯一办法就是打击他们。别无选择。你不可能在每一个时间和每一个地方对每一种技术做出防卫。在这方面，所有的优势都在恐怖分子那里。所以你除了找出他们的藏身之处别无他法。"

其他人则认为，为了真正削弱恐怖主义，我们必须解决使恐怖主义变得有吸引力的潜在条件。击败恐怖主义的努力必须包括政府能够满足人们的需要和工作需求，提供战争之外的选择。在评估赢得阿富汗反恐战争的前景时，美军指挥官布雷特·詹金森（Brett Jenkinson）中校解释说："我们需要的是可以招聘那些愤愤不平青年人的工作岗位。你不能寄希望于军事力量。你应该寄希望于发展和善治。"

关于控制新型全球恐怖主义的确切方法依然存有争议。要进行一场世界范围的战争需要持续付出高昂的成本。而且，战略家们常常无法区分恐怖主义运动的不同类型和它们多样化的起源。所以他们也就是在抽象地去建构打击恐怖主义的战略——以一种单一模式——而不是量体裁衣地去建构应对恐怖主义的备选模式。随着冲突不断继续，"手段变成目的，战术变成战略，边界变得模糊，寻求完美的和平取代了现实"（Cronin, 2013）。

在评估为了与最近一波全球恐怖主义作战而提出的方法时，你要面对一系列不相容的结论："退让只会增大恐怖分子进一步实施恐怖主义的胃口"，或者是反方的"退让能够补偿导致恐怖主义的不满"。你对解决方法的探究，必将基于你对恐怖主义的本质和根源所做的假定，而这些假定则将深深地影响你对预期解决方案的有效性或无效性所得出的结论。

要记住，我们制定的有效打击恐怖分子的政策，可能只会潜在地使问题更加恶化。打击恐怖主义是有争议的，因为一个人的解决办法往往是另一个人的问题，答案常常是不明确的，而且运用正义战争理论打击恐怖主义的道德标准也需要得到澄清。

★ 你怎么看？

・非国家行为体进行的武装攻击，如恐怖主义，是如何改变决策者的战争环境的？它又是如何改变决策者的干预环境的？

・你会向政府提出打击恐怖主义的最好方法是什么？记住每种可能解决方案的承诺和危险。

・像联合国这样的政府间组织会如何增强或阻碍国家与恐怖主义作战的能力？

7-5　武装冲突及其未来

你现在已经研究了世界武装冲突主要类型的三个趋势：国家之间的战争，国家内部的战争和全球恐怖主义。如你所见，这些趋势中有一些是有希望的。国家间的战争正在消失，这激励了乐观主义者，他们希望武装冲突从人类的互动中消失。一些安全研究专家预言："不像呼吸、饮食或性行为，战争在某种程度上不属于那些被人类状况或历史力量所要求的东西。所以战争将会枯萎和消失，而且它似乎也正处于这样的进程中。"(Mueller, 2004)

然而，战争威胁依然存在，因为国家之间和国家内部的武装冲突，在无边界的全球化世界中威胁着每一个人，人类全都处于危险之中。2008—2015 年间，世界和平的水平下降了12%，在 86 个国家日益恶化，仅在 76 个国家得到改善。这在很大程度上是因为"中东爆发的重大暴力事件；阿富汗和巴基斯坦安全形势的恶化；利比亚和叙利亚的内战；中美洲毒品战争的升级；索马里、刚果民主共和国和卢旺达和平的恶化；许多欧洲国家与经济衰退相连的暴力游行示威"(Institute for Economics and Peace, 2015)。当然，这种国际化的恐怖主义幽灵也为世界的未来投下了浓浓的阴影。

关于未来将会怎样，没有确定的指导方针。但有个不好的消息就是，你的生活和生计确定会受到持续发生的武装冲突的威胁。这种威胁将会危及未来，并会影响世界政治中的其他所有方面——这就是为什么大部分世界历史都会从所有人和职业的角度写到关于武装冲突的原因和影响。就像英国诗人雪莱为它所写的：

> 战争是政治家的游戏，牧师的快乐，
> 律师的笑话，刺客的交易，
> 对那些皇室谋杀者来说，他们的王座
> 由背叛和沾染鲜血的犯罪而来，
> 战争是他们吃的面包，他们依靠的支撑。

塞内加是公元 1 世纪古罗马政治家和哲学家，他挖苦道："战争是人们要求的结果,而不是原因。"然而,为了减少和尽可能消除世界上武装冲突这个瘟疫,我们有必要首先了解是什么促生了暴力冲突。战争的关联物揭示了和平的关联物。所以在本章中你也有机会去研究武装冲突的许多主要原因,理论家们用这些原因去解释为什么政治暴力会以各种形式爆发。

接下来,我们要思考实现和平、安全和世界秩序的另一种潜在路径。在第8章中我们将会研究现实主义提出的关于解决战争威胁的构想,确切来说就是它处理军备、军事战略、同盟和力量平衡的构想。

> 武力维持不了和平,只有互相理解才可以。
>
> ——爱因斯坦

第 8 章
通过军备和同盟追求权力

> 世界上的对手之间没有冲突，因为它们有武器。它们有武器则是因为它们处于冲突之中，还没有学会用和平的方式去解决它们相互冲突的利益。
>
> ——美国总统尼克松

噢，天哪！导弹、炸弹和子弹！ 纵观历史，各国都曾使用武器让它们的敌人屈服。现实主义者认为谨慎使用武力是在世界政治中维持安全和稳定的一种有力的手段。图中所示是一个有争议的例子：2001 年到 2015 年，美国使用像图中这样的无人机对巴基斯坦、也门和索马里实施了 526 次定点清除行动，造成至少 4 600 人死亡（BIJ，2015）。

假定现在你是新任联合国秘书长。你面临的责任是，完成《联合国宪章》中维持世界和平的使命。再看看地球。你看到许多国家正忙于武装冲突，这些战争正在摧毁无数的生命和财产。此外，你无疑也会对下面这一点感到烦恼：许多国家和跨国恐怖主义组织都拥有通过新式大规模杀伤性武器消灭敌人的能力。让你不寒而栗的现实是，许多国家都生活在对国家安全的不断担忧中，但与此同时，这些武装行为体却又一直都在增强它们武器库中的军事力量。

作为现代武器逐步升级的毁灭性力量的一个结果，你不禁注意到，最狂热地提高它们抵御威胁其自身生存能力的联合国成员，也是那些国家安全感（即心理上不再担心外国的侵略）下降得最快的国家。想想环绕全球的潜在威胁，你可以得出一个结论，真正的安全困境是被创造出来的：国家增加军备可以解释为是出于防御目的，但这则会被其他国家视为一种威胁，进而推动警惕的竞争者进行作为对抗措施的额外的军备建设——结果就是，正在扩充军备的国家的不安全感不断增加，即便其军事力量在不断增加。

当你看到联合国成员国为了权力和地位而斗争，你也会注意到，各国往往会基于趋同的或冲突的利益和价值观来形成伙伴关系。现实主义政策制定者史蒂芬·罗森（Steven Rosen）评论道："正是敌人的存在增加了对盟友的需要，而结成同盟则是为了有利于打仗。"当关系和条件发生改变后，随着跨国行为体（所有的行为体都被它们对手的力量所困扰）再结盟，就会形成新同盟，旧同盟则随之解体。

为了逃避不断增加的不安全这一困境（是它们自己把自己陷入这一困境），你应该忠告联合国成员国追求什么样的路线呢？唉，你的选项会很有限，你的建议也会被忽略。为什么？因为当人们围绕战争与和平这一主题进行辩论时，在国际形势很紧张的时期，政策制定者（和理论家）会转向现实主义理论寻求指导。

> 我们没有永恒的盟友，也没有永久的敌人。我们的利益才是永恒和永久的，追求那些利益是我们的义务。
>
> ——英国前首相帕默斯顿勋爵

8-1 关于战争与和平的现实主义方法

几乎所有国家都继续认为，无政府的全球体系需要它们依靠自助并只能依靠它们自身去寻求安全。它们一直受到现实主义建构的理论影响：追求权力和为了自我利益而控制他国是世界史上一个普遍而永久的动机。基于这一原因，大多数国家都遵循现实主义实现国家和国际安全的道路。这种组织知觉的世界观或范式，主要在三个历史悠久的选项中，为国家描绘了可供选择的和可行的选择：(1) 武装自己，(2) 与其他国家结为同盟或断绝同盟，(3) 通过军事方式和**强制外交**（coercive diplomacy）建构可以掌握自己命运的战略，比如针对它们的敌人发动军事干预行动。

本章你将会看到各国如何努力遵从现实主义开具的处方，通过建立有利的力量平衡来减轻对其国家安全的威胁。17世纪英国哲学家霍布斯认为，自然的人类状况是"所有人反对所有人的战争"，他建议成功的国家都应有"角斗士姿态；把自己的武器指向别人，并且让自己的眼睛盯着别人"。根据这一精神，本章介绍了武器的获得与使用，武器发展的主要趋势，以及同盟在确保国家安全和国家利益上所扮演的角色，以及对手之间防止任何一个跨国行为体针对他国使用武力的力量平衡。

这一讨论从强调现实主义者对权力的高度重视开始，他们认为，纵观历史，权力一直都是驱动世界政治的关键所在。国家安全是负责建构一国对外政策议程的政策制定者真正最优先考虑的。由于武力冲突的威胁持续存在，现实主义建议把战争放在国家关切的最高处，而为了遏制危险，追求权力也就必须是最优先考虑的事项。如下表所示，这一强调是一个更宽泛的对外政策建议的一部分，现实主义者赞同这些建议，并以之勾画出实现国家和国际安全的最安全的路线。

表 8.1 通往安全的现实主义之路：假设和政策建议

现实主义对全球环境的观点
首要的全球条件：无政府状态；或者缺乏权威性的治理机构
体系变化/改革的可能性：低，除了对诸如"9·11"这样特殊的事件做出反应
主要的跨国行为体：国家，特别是大国

行为体的主要目标：优于他国的权力，自我保存，以及人身安全
行为体互动的支配模式：竞争和冲突
普遍的关注：国家安全
盛行的国家优先选项：获得军事实力
流行的国家实践：为实施强制外交而运用武力
政策前提
如果你想得到和平，就要为战争做好准备
在国家利益之外没有一个国家可以信任
对错标准适用于个人而非国家；在世界事务中，为了安全，有时采取非道德行动是必要的
孤立主义不是积极卷入全球事务的备选方案
努力增加军事实力，进行战斗，而不是屈服并接受从属关系
不要让其他任何国家或国家联盟占据支配地位
与同盟谈判，维持一个有利的军事平衡

8-2 世界政治中的权力

自古以来，现实主义理论家就把他们的想法和政策建议建立在"所有的人和国家都在追求权力"这一信念之上。甚至是像圣经这样的文本也反映了这种假定，因为它观察并警告说，人生而有罪，对支配他人的权力的欲求是他们不可改变的强烈欲望之一。然而，关于这个被称为"权力"的抽象词汇（现实主义者假定它是人类的主要目标）并没有一个精确的定义。建构主义者认识到，从最广泛的意义上来看，权力经常被诠释为：某一行为体为了自身利益而对另外的行为体施加影响的政治能力。

大多数领导人都接受现实政治的传统解释，即权力是多种因素的结合，它能使国家促进自身利益，在国际谈判中取胜，形成在全球体系中管理互动的规则。正如美国前国务卿康多莉扎·赖斯（Condoleezza Rice）所说："权力什么也不是，除非你把它变成一种影响力。"然而，在权力作为政治的语义解释（施加影响控制别人）之外，它却是一个模糊的概念，很难去衡量。字典上的解释回避了下面这个问题：什么因素使得一个行为体最能控制或胁迫另一个行为体？

国家权力的基础

在国家权力的所有组成部分中,现实主义者把军事能力看得最重要。现实主义理论认为,军事胁迫能力比回报支持或购买退让更重要。所以现实主义者反对自由主义战略思想家的观点,后者认为在把国家的经济、政治和文化联系在相互依存之网中的全球化条件下,与军事实力相比,经济资源对国家力量和国家安全变得越来越重要。

依照传统思维,评估各国**权力潜能**(power potential,又译"潜在权力""潜在实力")的一种方式就是比较它们的军事开支。在这一维度上,美国是头号世界军事强国,2014年其军事开支为6 100亿美元,占当年世界军费支出的34%。自2010年美国的军事开支达到顶峰以来,扣除物价因素,美国的军事开支减少了19.8%。但其军事开支依然处于历史高位,扣除物价因素,与1980年代末期的先前支出顶峰相一致(SIPRI, 2015)。据美国国会预算办公室预计,2012—2018财年之间,美国的国防支出将会超过5.54万亿美元(Adams and Leatherman, 2011)。

权力潜能同样来自军费支出以外的因素。分析家们认为,所谓的权力要素包括一国经济的相对规模、它的人口和领土规模、地理位置、原材料、技术能力、政治文化和价值观、政府决策的效率、贸易总量、教育水平、国民士气和内部团结这样的实力。例如,如果用领土规模来衡量权力潜能的话,俄罗斯将是全球最强大的国家,它的领土面积是与它最接近的对手的两倍(位列其后的分别是加拿大、中国、美国、巴西、澳大利亚)。同样,如果按联合国对到2025年时国家人口的预测来衡量权力的话,中国、印度、美国、印度尼西亚、巴基斯坦、尼日利亚和巴西将依次是最强大的国家。与其类似,若是根据各国在未来的经济增长和军事力量方面的研发支出占GDP的比重进行排序,以色列、芬兰、韩国、瑞典、日本、丹麦、瑞士、美国、德国、奥地利、冰岛、法国和斯洛文尼亚将依次是未来最为光明的国家(WDI, 2015)。显然,力量是相对的。由于权力的形式是多样的,所以在权力潜能的某些方面领先的国家,在其他方面则并不一定领先。

因此,关于如何最好地权衡增进军事实力和国家权力的各种因素,人们几乎没有达成任何共识。历史上普遍存在着弱一些的跨国行为体在针对军事力量更强大的敌人的武装冲突中占据优势的例子。例如，17世纪时，瑞士对抗哈布斯堡帝国，荷兰对抗西班牙，希腊对抗奥斯曼帝国。在距今较近的历史中，越南成功地抗击了比它更强的法国和之后的美国。相似地，美国的优势军事力量并未能阻止伊朗把美国外交官抓为人质，或者是阻止基地组织恐怖分子网络发动"9·11"袭击。不可触摸的因素，如目标人群抵抗更强大军队的愿望，以及用生命捍卫家园的意志，是弱小一些的国家抵抗一个更为强大的军事力量的关键要素。

虽然如此，通过武器寻求安全的努力，以及现实主义者对军事力量的信仰，仍然广为传播。大多数安全分析家都相信，这是因为军事实力是成功地通过威胁使用有限武力实施强制外交的先决条件。或许也正是这种深信不疑鼓励了小布什总统宣称："一个危险的和不确定的世界，要求美国拥有利剑。"

军事开支的"成本"

军事力量在领导人的国家安全概念中处于核心地位；即使冷战结束减少了全球紧张局势，进而减少了各国对军事准备的需要，但世界军事开支还是在2014年上升到1.78万亿美元，自2011年以来略微增长了2%多，自2000年以来则增长了56%。这个惊人的数字等于全球国内生产总值的2.3%，或者相当于世界上每个人拿出245美元（SIPRI, 2015；WDI, 2015）。全球每分钟的军事开支为3 378 995美元。

历史上，一直以来都是富国在武器采购上花费最多，如今这一模式仍在延续。从2015年开始，全球北方在国防开支上花了12 770亿美元，这与全球南方在国防开支上所花的4 670亿美元形成鲜明对比。因此，高收入发达国家的军费支出占世界总支出的73%。然而，当与其他因素进行比较时，差异就会变得更加明显。全球北方平均军事开支占GDP的2.5%，而全球南方国家则平均占1.9%——相对来说，后者更多地牺牲了促进人类发展和经济增长方面的资金，而这则是穷人最需要的（WDI, 2015）。

此外，这两组军事开支水平正在随着时间流逝而逐渐汇集。1961年全球南方军事开支占全世界总军费开支的约7%，而到2015年年初其所占份额已增加到27%（WDI, 2015）。这种趋势表明，穷国正在复制最富裕国家过去昂贵的军费预算的习惯。

军事开支会带来**机会成本**（opportunity cost，一个目标之所得就是另一个目标之所失），以至于任何特定选择都意味着必须付出一些失去的机会成本。例如，军事开支会阻碍经济增长并带来财政赤字。国防开支的大量成本会削弱国家福利——而这则恰恰是决策者想用军事力量来保卫的。政治学家罗斯克兰斯（Rosecrance，1997）指出："如果国家需要更少的'枪'，它们就可以提供更多的'黄油'。这两个目标有时代表着权衡：实现其中一个可能就无法实现另一个。"

自 1945 年以来，只有少数国家承担了沉重的军事成本。2014 年，美国军事开支占世界总额的 34%，紧随其后是中国 12%，俄罗斯 4.8%，沙特 4.5%，法国 3.5%，英国 3.4%，印度 2.8%，德国和日本各 2.6%，韩国 2.1%（SIPRI，2015）。许多国家通过投资国外出口商品发展研究已经获得竞争优势，同时依靠盟友和全球机构提供的对抗潜在威胁的防御而节约了资源。美国在某种程度上是个例外：美国除了高额军事开支，也一直是研发经费的主要投资国。然而，它的重点一直是军事准备，这占据了"美国联邦研发支出的大部分"（Battelle and R & D Magazine，2008；SIPRI，2015）。

有些人认为，这种军工复合体对美国的国防预算和武器销售协议产生了很大的影响。这种影响的象征之一就是国防承包商能在向五角大楼出售产品时漫天要价。据估计，美国政府向五角大楼的主要供应商采购的军事物资要多付 20% 的钱；通过行贿，一个深油炸锅卖 5 919 美元，一个华夫饼烤模卖 1 781 美元，一个烤面包机卖 1 025 美元（Borenstein，2006）。军火制造商努力增加他们的利润并不让人奇怪，但他们的贪婪也警醒了批评家们，后者担忧制造商们成功地为了巨额军费开支而游说国会和五角大楼并获得政府许可向全世界出售新式武器。

最近，尤其是在面临全球金融危机时，要不要减少军事开支成为一个热议的话题。2012 年，全球军费支出开始反映这一经济现实：自 1998 年以来世界军事开支第一次下降，而这则在很大程度上是因为，随着从阿富汗和伊拉克的战争中脱身和解决联邦预算赤字问题，美国减少了军费支出。2013 年和 2014 年，北美、欧洲大部分国家和拉美整体的军事开支持续下降。不过与此同时，沙特、中国和俄罗斯的军费支出则出现了显著增加（SIPRI，2015）。

政治要求对优先选项和如何支出公共资金做出艰难的抉择。要"大炮还是黄油"——如何把稀缺的财政资源分配给军事准备,或者是用于其对立面满足公民的个人需求,以使他们能够过上一种安全而长寿的生活——在每个国家都是一个困难的选择,都会引起重大争议。前一种类型的选择为了国家安全而增加军备,后一种类型的选择则强调人类安全,重视保护个人福祉。没有一个目标能在不牺牲其他目标的情况下得以实现,不同国家会用不同方式来处理这个问题。

各国之间的区别在于各国愿为国防承担重负的程度——依据各国在军事上的花费占其国内生产总值的份额来划分各国,然后把这一相对负担与它们的国内生产总值并列。**军事开支的相对负担**(即国防开支占国内生产总值的比率)是衡量军事开支所需牺牲的惯用方法。全球趋势表明,用于军事目的的资源份额自2000年以来稳步增加,2015年的军事负担相当于世界GDP的2.3%。

事实上,一些比较富裕的国家(沙特、以色列和文莱)国防负担很重,而其他为其公民提供更高平均收入的国家(日本、奥地利、卢森堡)国防负担则较低。类似地,一些非常贫穷的国家(塞拉利昂、莫桑比克和乍得)的公民国防负担很重,而其他一些贫穷国家(不丹和刚果民主共和国)的公民则不是这样。因此,很难对一个国家的国防负担与其公民的生活水平、人的发展或发展阶段之间的确切关系做出归纳。不过,从中也可看出,军费负担最重的国家大部分也是正处于最高水平的武装冲突中的国家,或者是位于有巨大安全问题的地区,如中东和非洲(参见第7章)。

一个国家应该为国家安全做出多大的牺牲呢?对许多现实主义者来说,这个代价永远都不会过高。然而,其他人则警告说,领导人应该听听艾森豪威尔总统的警告:"武装中的世界不仅仅是在花钱,它也在花费本国孩子们的汗水。"这些怀疑高额军事开支的人相信,高昂的成本很容易降低一个特定国家的人身安全。"重要的是要记住,针对遥远的或者正在减小的风险所花的超值保险中用于国防的每一美元,"美国前国防部长盖茨警告道,"都不会被用来照顾我们的人民、重整部队、打赢战争、提高我们投资不足和潜在弱势领域的能力。"对美国来说,这种影响并不鼓舞人心。鉴于美国选择让军事开支居于优先地位,请思考美国在人类安全各种非军事指标方面的排名(参见表8.2)。

这些排名引起了人们对国家安全真实成本的严重质疑。在防御需要与为普通人提供福祉需要之间进行平衡选择是困难的,因为它们需要在冲突的价值观之间达到必要的平衡。由于这一原因,军事开支的决定在各国都有很大争议。

表 8.2　人类安全：美国在世界上的排名 [《人类发展报告》(2015)]

指　　标	排　名
人均国民总收入	7
失业率（占劳动力的百分比）	94
女性经济活动参与率（年龄在 15 岁及以上）	69
人类发展指数（HDI）(2014 年)	5
性别不平等	47
预期寿命	41
二氧化碳排放量（人均）	10
5 岁以下的死亡率	45
儿童营养不良和体重过轻的普遍性（5 岁以下孩子所占的百分比）	3
医疗支出总额（占国内生产总值的百分比）	2

政府如何分配其国民收入揭示了其优先关注的事项。关于国家预算的研究揭示了一个明确的模式：尽管全球政治权力的来源可能发生了改变，但许多国家仍在继续通过把它们国家财富的很大一部分花在武器上去寻求安全。

> 一个国家如果年复一年地在国防军事上比在改善社会的项目上花更多的钱，那它就正在走向精神毁灭。
>
> ——美国民权活动家马丁·路德·金

8-3　军事实力的变化

美国、其他大国和现在被动员起来的非国家恐怖主义组织的军事化程度不断增强，已经改变了全球军事实力的分布。部分原因是武器生产能力变得比以往任何时候都要更加广泛，甚至是全球南方国家和恐怖主义组织都在从事制造飞机、坦克和小型武器的业务。此外，自伊拉克战争开始以来，一个日益增长的趋势是使用**私人军事服务**（private military services），这通过允许政府使用比实际所需人员更少的部队去采取行动而增强了一国的军事实力。

武器贸易的趋势

冷战期间，许多国家都试图通过购买武器来增加自身安全，这些武器由渴望寻求盟友以及出口利润的供应商所生产。1961年，世界军火贸易达到40亿美元。从那以后，武器进口的交易迅速攀升，并在1987年达到820亿美元的顶峰（U. S. ACDA, 1997）。然而，冷战的结束并没有结束军火贸易。自1991年冷战结束以来，经过"9·11"开创的全球恐怖主义时代之后，国际军火交易的总价值在2014年年底超过6 110亿美元，而且军火交易的数量每年都在增长（SIPRI, 2015）。

近几年，全球军火贸易出现了令人不安的趋势。2010—2014年，153个国家进口了大量武器。总体而言，全球武器出货量的主要接受国依然集中在全球南方国家的武器购买者中。最大的五个武器进口国占武器进口的33%，包括印度、中国、沙特、巴基斯坦和阿拉伯联合酋长国。这种缺乏安全感并急切花钱购买武器的趋势不可能马上终结，军火交易给正在经历国内冲突的国家所造成的短期和长期后果是人们比较关注的一个问题。尼日利亚和喀麦隆从俄罗斯和中国购买直升机，从南非、中国、捷克共和国和乌克兰购买装甲车，与博科圣地作战。同样，在打击ISIS/ISIL的努力中，伊拉克从包括美国、俄罗斯、德国、保加利亚和伊朗等在内的不同供应商那里寻求大量并非太先进的主要武器（SIPRI, 2015）。

除了武器进口国的需求变化，观察武器供应商行为的变化也很重要。冷战期间，超级大国控制了武器出口市场。1975—1989年间，美苏在全球武器出口中所占的份额介于1/2～3/4；冷战结束时，单是美国就独占了世界武器出口市场的40%（U. S. ACDA, 1997）。在这一时期，两个超级大国一起"向第三世界提供了总价值约3 250亿美元的武器和弹药"（Klare, 1994）。在后"9·11"的全球反恐战争中，美国在全世界向同意参与阿富汗和伊拉克战争的"自愿联盟"国家增加了武器供应。有趣的是，2010—2014年间，美国和俄罗斯仍然支配着武器出口市场，分别占据了所有常规武器出口份额的31%和27%。与中国、德国和法国一起，这五个最大的武器供应国占了全球武器出口份额的74%（SIPRI, 2015）。

尽管国家本身常被认为是全球武器供应商，但在一些国家，私人公司才是主要的武器生产者，并在武器市场中竞争获利（参见表 8.3）。以美国为基地的洛克希德·马丁公司在 2013 年的武器销售额大于 94 个国家的国内生产总值。以英国为基地的英国航空航天系统公司（BAE）2013 年的武器销售额为 268 亿美元，超过了当年海军陆战队的基线预算约 30 亿美元。

表 8.3　是安全卖方还是死亡商人？20 家全球最大的武器生产公司

排名		公司（国家）	武器销售（亿美元）	
2013	2012		2013	2012
1	1	洛克希德·马丁（美国）	355	360
2	2	波音（美国）	307	306
3	3	英国航空航天系统公司（英国）	268	268
4	4	雷神（美国）	220	225
5	6	诺斯洛普·格鲁门（美国）	202	194
6	5	通用动力（美国）	187	209
7	7	欧洲宇航防务集团（西欧）	157	154
8	9	联合科技（美国）	119	121
9	8	芬梅卡尼卡（意大利）	106	125
10	11	泰勒斯（法国）	104	89
11	10	L-3 通讯（美国）	103	108
12	14	阿尔马兹-安泰（俄罗斯）	80	58
13	13	亨廷顿·英戈尔斯（美国）	66	64
14	17	罗尔斯·罗伊斯（英国）	56	50
15	18	联合飞机公司（俄罗斯）	55	44
16	15	赛峰（法国）	54	53
17	19	联合造船公司（俄罗斯）	51	42
18	16	霍尼韦尔（美国）	49	51
19	24	法国舰艇建造局（法国）	48	36
20	25	德事隆（美国）	45	36

在后冷战时期被比作现代雇佣军的另一发展是，受雇于全球市场提供私人军事服务的公司大量增长。类似军事行动的外包使得政府能以较低成本维持它们的部队结构。然而，在战争地区依靠私人承包商也可能会损害民主的责任和国家对武力使用的垄断地位，并会提出关于法律地位的问题（参见下页专栏）。

深入探究：私人士兵和战争行为

2007年9月16日，护卫美国在伊拉克的外交官的"黑水"私人安全承包商在巴格达人群拥挤的交叉路口尼苏尔广场开火。愤怒的伊拉克政府指责射击造成17名平民死亡，另有20人受伤（其中有些是妇女和儿童）。尽管"黑水"说护卫是对叛乱者袭击的反应，是无辜的，没有犯罪，但其他人则说，射击时并未受到挑衅，"黑水"的护卫是无差别的开火。该事件在伊拉克加剧了反美情绪［黑水为了拉开商标与那次事件的距离自己改名为"氙服务公司"］，并引起人们质疑私人军事公司在战争地区的角色和责任。

伊拉克并不是私人士兵盛行的唯一地方；2011年，卡扎菲政府从几内亚和尼日利亚招募雇佣兵，提供2 000美元去镇压正在利比亚发生的反对他的政权的抗议。私人军事服务的支持者指出，像"黑水""三叶丛林""戴阳国际"这样的私人承包商与卡扎菲那种来自以前内战士兵非正式网络的雇佣兵并非一种类型。声誉良好的军事承包商往往会表现得专业而高效。为一项单一的任务雇用私人士兵与维持一支常备军相比花费不那么贵，而且一直有观点认为，"正是因为他们的动机是金钱而不是意识形态或者植根于对一个民族、团体、宗族和部落的忠诚，所以他们与政府军相比更不可能虐待平民（Leander, 2005）。而且，"他们一定要遵守他们的总部及其执行任务所在国家的法律，因此理论上他们仅仅是为了非战斗行动而被雇用的，比如护卫责任（尽管在战争地区，这一界限经常是不清晰的）"（Keating, 2011）。

然而批评者指出，当私人军事公司在法律的灰色区域行动时，它们并不会受到充分的监管和评估。在"黑水"这一案例中，不清楚雇员是否遵守了伊拉克和美国的民法和军法。而且，即使发现雇员应受惩罚，也很难确定公司的责任，除非能够证明公司自身有意违反法律。其他人则担忧私人军事服务有使武装冲突持续的财务动机，而且有利可图的政府合同的外包过程并不是充分竞争的，所以一旦得到长期的合同，私人军事公司就会有效地确立其垄断地位（Markusen, 2003）。

★ **由你决定：**

1. 雇用私人军事服务是否鼓励了使用武力解决冲突，以及使我们更容易假装没看到战争中的死亡和破坏？
2. 私人军事服务是否损害了国家对武力使用的垄断地位？你认为对这种服务的依赖是否应该继续？
3. 是否存在能够证明私人承包商特别有效的地区？

武器销售的战略后果

跨国界的武器转让已经产生了一些意外和适得其反的后果。例如，冷战期间，美苏认为它们能够通过向具有重要战略意义的国家提供武器来维持和平。1983—1987年间，美国给59个全球南方国家提供武器，苏联则给42个全球南方国家提供武器。然而，许多武器接受国都与其邻国发生了战争或者是经历了内部的叛乱。1988年，20个最大的武器进口国中，有一半以上的国家都因有频繁使用暴力的政府而闻名。从1945年以来，全球南方发生的战争造成的死亡人数超过了1 000万人。

毫无疑问，如此巨大的武器进口支持了这种毁灭水平。当武器出口国"向穷人兜售死亡"时，它们很少会承认：这种寻找消费者的活动是如何与其宣称的其他对外政策目标相矛盾。例如，美国在寻求促进民主化，但民主不发达国家却从美国那里获得了最多的武器。2010—2014年，美国占全球武器出口份额的31%，它把主要武器输送到94个国家，其中包括很多有人权问题的国家，如阿拉伯联合酋长国、卡塔尔和沙特。

武器供应国无法控制它们提供的军事装备将会被用在哪些方面，令人不安。朋友可能成为敌人，提供武器可能适得其反，产生中情局称之为回爆（blowback）的现象，即有可能发生诸如秘密输送的武器装备后来被用于报复武器供应国的情况。美国艰难地吸取了这一惨痛的教训。1980年代在萨达姆与伊朗打仗期间，美国运到伊拉克的武器后来在海湾战争中被用来对付美国军队。这种情况也发生在美国提供给塔利班部队用来抵抗苏联1979年入侵阿富汗的"毒刺"防空导弹上，这些导弹后来落入反对美国的恐怖分子手中。类似地，1982年，英国发现它八天前刚运给阿根廷的军事装备，被阿根廷用来攻击英国控制下的马尔维纳斯群岛。

这种事态发展产生的长期后果特别令人警醒，以巴基斯坦为例，人们尤为关注该国确保核材料安全的能力。著名核问题专家格雷厄姆·阿利森（Graham Allison）认为："武器库的核安全状况现在比以前好多了。但巴基斯坦的未来仍是一个未知变量，因为不难设想这样一种情况，即国家权威崩裂，你无法确定谁在控制核武器、核试验室和核材料。"

核武器

技术研发急剧地扩大了国家军火库的毁灭性威力。爱因斯坦的思想是核武器发展的基础,他警觉到了核武器所带来的威胁。他承认:"我不知道第三次世界大战会用哪些武器,但第四次世界大战中人们肯定用的是棍棒和石头。"他警告说,由于"原子释放出来的威力已经改变了每一件事,除了我们的思维模式……因此,我们将会走向史无前例的灾难"。

核武器的使用不仅能摧毁整个城市和国家,而且无疑也能毁灭世界上所有的人口。二战中最大的"巨型炸弹"的威力相当于 10 吨当量的 TNT。把广岛夷为平地的原子弹的威力相当于 1.5 万吨 TNT。而不到 20 年后,苏联制造了一颗核弹,其威力相当于 5 700 万吨 TNT。

自 1945 年以来,全球已经制造了超过 13 万枚核弹,除了 2% 的核弹以外,其余都由美国(55%)和苏联(43%)制造。核弹头数量在 1986 年达到顶峰,之后大多数都被拆除,但在 2015 年年初全世界仍有多达 4 300 枚核弹可以使用。美国部署了 2 080 枚核弹,俄罗斯部署了 1 780 枚,法国部署了 290 枚,英国部署了 150 枚。其他国家也有核弹,但并没有将其部署,如中国(260 枚)、印度(90—110 枚)、巴基斯坦(100—120 枚)和以色列(约 80 枚)。朝鲜的核武器库存规模仍不清楚,但可能不到 10 枚(SIPRI, 2015)。

此外还有多达 21 个其他国家(如伊朗和巴西)或非政府恐怖主义组织被普遍认为正在寻求成为核俱乐部成员。武器的**扩散**是国际社会严重关切的问题,因为所谓的**第 N 个国家问题**(即新拥有核武器的国家)被认为变得越来越有可能。无论是**横向核扩散**(拥有核武器的国家数量增加),还是**纵向核扩散**(现存核大国实力的增加),都是可能的。

考虑到印度和巴基斯坦核计划的成功和朝鲜的核试验,以及伊朗和叙利亚自称的获得核武器的目标,核扩散很可能会继续下去,因为各国加入核俱乐部以及获得导弹和轰炸机来运载核武器的动机十分强烈。只要它们这样做,就仍会有如下威胁:阿根廷、巴西、利比亚这些曾经有过核计划的国家,仍有恢复制造核武器的实力。

同样,国际社会也在广泛关注现有核项目的扩大。巴基斯坦正在积极促进其库沙布核设施建设,预计到 2021 年其核武器库将增加 100%。"巴基斯坦政府官员说，他们的核建设是为了回应来自印度的威胁，未来五年印度将会在军事上支出500亿美元"(Bast, 2011)，在同一时间内，核武器的数目将很可能增长67%。2012年4月，巴基斯坦和印度在几天内相继成功地发射了能把核弹运送数千公里的导弹。2013年，巴基斯坦宣布将会在杰什马建造第三座核反应堆，这一行为被广泛视为破坏了巴基斯坦正在进行的反扩散努力。不过，在其他地区，一直都在采取协调行动来遏制核扩散。2015年，伊朗与美国、英国、法国、德国、俄罗斯、中国的谈判结束了持续12年的核僵局，达成的协议限制伊朗制造核弹的能力，并对伊朗的设施进行检查，以换取国际社会不再对伊朗实施制裁。制裁严重阻碍了伊朗的经济发展。

获得核武器的决定背后的理由是明确的，因为一般来说，拥有核武器都会增强拥有国的安全和外交影响。法国前总统戴高乐认为，如果没有独立的核能力，法国将无法"掌控自己的命运"，他的抱怨反映了无核国家有强烈的动机像现有的核俱乐部国家一样发展核武器。类似地，1960年，英国的安奈林·比万（Aneurin Bevan）坚称，如果没有原子弹，英国将会"在没有保护的情况下进入世界的枪炮委员会中"。

由于植根于现实主义的、广泛普遍的信念认为军事实力会带来政治地位，所以许多国家（如伊朗和朝鲜）都认为《核不扩散条约》是虚伪的，因为它允许美俄中英法拥有核武器，同时却不允许其他国家拥有核武器。其潜在信念就是，发展核能力进行威慑、获得政治影响力和声望是可以接受的。1999年，印度国家安全顾问布拉杰什·米什拉（Brajesh Mishra）在为印度的核计划进行辩护时表达了这一观点，宣称"美国和其他国家应给予印度足够的尊敬和尊重，就像对待今天的中国一样"。

尽管对核武器的潜在需求相当直接，但核武器的供应并未显得同样有道理。除了经济动机，为什么有核能力的国家会向无核国家提供敏感的核技术，推动核武器的全球扩散，关于这一点并不是那么明确。例如，回想一下，1960年代初，以色列在从法国得到核援助仅仅两年后就生产出第一枚核武器。同样，巴基斯坦在其核计划于1980年代初得到中国的援助后，也是很快就生产出第一枚核武器。巴基斯坦科学家A. Q. 卡汉在1990年代后期从事核扩散的黑市活动，被认为曾协助利比亚、伊朗和朝鲜发展核武器。

政治学家克勒尼希（Kroenig, 2009）专注于研究核扩散的供应问题，他识别了国家有可能共享敏感的核援助的三个基本条件:"第一,与潜在的核接受国相比越强大的国家,越不可能提供敏感的核援助。第二,各国都更可能向拥有共同敌人的国家提供敏感的核援助。第三,不易受到超级大国所施加压力的国家,更有可能提供敏感的核援助。"

供应国的这些战略特征提供了一些观察核扩散问题的洞见,制造核武材料广泛的可获得性也加剧了这个问题。这在一定程度上是因为核技术被广泛应用于发电中。如今,全世界有30个国家拥有443座运行中的核反应堆。由于另有约66座新核反应堆正在计划或建设中,所以核反应堆的数目肯定还会增加。

除了传播核技术,各国还可以选择再次处理铀和钚(这些是核电站产生的核废料),秘密生产核武器。商业再处理的反应堆生产的钚足够制造多达4万枚核武器。和平时期的核能项目转用于军事目的既可能公开进行,也可能会像印度和巴基斯坦的例子那样秘密进行。**不扩散规制**(nonproliferation regime)确立的保护措施,并不足以侦查和防止秘密的核武器发展项目。

核威胁不太可能会消失。《今日军控》(*Arms Control Today*)主编马修·邦恩(Matthew Bunn)解释道:"我们没有哪怕微乎其微的机会把所有的核武器从地球表面消灭掉。那个妖怪自瓶子里出来后已经变得很长,而且再也没有机会使它回到瓶子中了。"

军事技术革命

增加战争武器杀伤力的另一个趋势是快速的技术改进,这提高了各国远距离精准投送武器的能力。现在,导弹可以在30分钟内从18 000公里远的地方,把武器投送到目标周围30米以内。比如,美国和俄罗斯在它们的弹道导弹上安装了**多弹头分导重返大气层运载工具**(MIRVs,又译"多弹头分导再入式飞行器")。这使得这些国家可以用一枚导弹同时精确地向不同目标发射多个弹头。一枚安装了MIRV的美国MX(和平保卫者)导弹能够运送10枚核弹头——这足以摧毁一座城市,以及80公里半径内的其他任何物体。

其他方面的技术改进也导致武器的速度、精确度、射程和有效性稳步上升。可以从外层空间投射武力或发动战争的激光武器、用核武器装备的战术空对地导弹(TASMs)、空中发射的隐形巡航导弹(ACMs)和反卫星(ASAT)

武器，已经成为军事力量的一个组成部分。

全球地形正在被另一种用来发动战争的武器类型的巨大变化所改变，即高科技的**非致命武器**（nonlethal weapons，NLWs），它的出现是**军事技术革命**的结果。这类武器会发出声音、冲击波和恶臭来驱散人群，或者使人群失去作战能力。例如，长程声波装置（LRAD）会发出150分贝的致聋声音，使300米内的所有人感到短暂的剧烈头痛从而丧失作战能力。另一种武器是空军的"主动拒绝技术"，它能用电磁射线穿透衣服，使水分子蒸发从而灼伤皮肤组织。五角大楼已在考虑制造各种非致命的化学武器，使敌人军纪混乱，士气瓦解，其中包括一种能激发性欲的化学武器，"它会使敌军士兵难以抵制互相之间的性行为"（Hecht，2007），这虽然比较幽默，但却也是真实的。

更严重的是，非致命武器现在已被部署在信息战中以保护军事计算机网络不受暗中的电子攻击。这些武器的其他形式包括，用来击倒或拿下敌军而不需要杀死敌军的能量脉冲，可以改变目标人群行为（比如，通过电磁发热和催眠射线使人们睡觉）的生物反馈、定向电磁波和声波波长，以及能够钻入地下的**聪明炸弹**（smart bombs，又译"激光制导炸弹"），它能以每秒300米的速度穿透地下掩体，在1毫秒内引爆500磅当量的爆炸，摧毁敌人埋藏在地下的化学和生物武器库存。

就在军事技术革命在计算机时代导致"步兵的终结"之际，当今常规武器的精度和威力却在成倍增长。国家（以及现在的恐怖主义组织）越来越依赖各种各样借重技术创新的新式网络战略去威慑和打散敌军。这方面的例子包括这样的未来武器，如可以通过手提箱来运送的电磁脉冲炸弹，它能使整个城市的计算机和通信系统瘫痪；基于电子微字节的计算机病毒，它能破坏一个国家的电话系统；还有逻辑炸弹，它能使目标国家的空中运输和铁路运输系统陷入混乱并改变它们的行进方向。

机器人武器

机器人军事技术的革命也正在进行，新的无人系统（如42磅重的派克波特机器人）在伊拉克和阿富汗被用于探测简易爆炸装置。"美军在2003年进入伊拉克时还没有机器人，而到2004年年底其机器人数量已增至150个，到

2005年年底其数量为2 400个，下一年又增加了一倍多。"（Singer, 2009b）到2013年年初，美国军方已拥有超过12 000个无人地面机器人。美军在地面上总共至少使用着22个不同的机器人系统，它们有着各种原型，从自动机枪到机器人担架到昆虫大小的杀人机器人。能够进行思考、观察并像人一样做出反应的机器人士兵以纳米技术为基础，领导机器人技术公司的原工程师罗伯特·芬克尔斯坦（Robert Finkelstein）预测说："到2035年，在战场上我们将会拥有像战场上的人类士兵一样有能力的机器人。"

随着机器人武器的迅速发展，对空中无人机器（俗称无人机）的获取和使用也在呈上升趋势（参见下页专栏）。尽管只有美国、英国和以色列使用过武装无人机，但其他许多国家也在发展和扩大它们的无人机的能力。印度已表明，其装备的无人机配有精确制导弹药"来对恐怖嫌疑分子进行跨界攻击。巴基斯坦对其竞争对手不甘示弱，也宣布将会发展武装无人机，打击在无法无天的部落地区的塔利班和基地组织"（Kreps and Zenko, 2014）。越来越受关注的是各国可能使用无人机而放弃使用有人机，而这则可能会导致争议升级。

这场军事技术革命正在重塑战争行为，部分是因为军事力量的象征性武器，如隐形轰炸机和核潜艇，在今天的不对称战争中已无多大用处。在这种战争中，执行针对游击队民兵的搜查－摧毁任务的个体士兵需要配备最新的技术装备。而且，机器人部队也没有人类意志薄弱的弱点。五角大楼联合司令部的戈登·约翰逊（Gordon Johnson）注意到机器人部队的吸引力："它们不会害怕。它们不会忘了它们接到的命令。它们不在乎旁边的机器人刚刚是否挨了一枪。它们将会比人类工作得更好吗？是的。"因此，技术进步很可能会使目前使用的武器系统分类和测量威力比率的方法变得过时。

即使这些新式武器预示着一种能让士兵没有作战风险去完成任务的方式，但人们仍然担心其长期影响。南北战争时期的罗伯特·李将军有句名言："幸好我们发现战争如此可怕，否则我们就会喜欢上它。"一些人担忧，时代在变迁，作为解决冲突的一种方式，通过遥控发动战争将会变得轻而易举且有无法抵抗的诱惑力。李将军"不会想到有一个时代，飞行员能够在每天早上去上班的路上，在他的车里或卧室中'参战'，向数千公里外的敌人发射导弹，然后按时回家，陪孩子练足球"（Singer, 2009a）。美国中情局局长约翰·布伦南指出："如果我们想让其他国家负责任地使用这些技术，我们就必须负责任地使用它们。"

争 论　无人机应该被用于战争吗？

战争行为中的一个重大发展是无人飞行器（UAV）的普遍使用，而这则通常都是指无人机。70多个国家都掌握有这种能力，美国拥有的数量则最多，至少有679架（Rogers, 2012）。无人机具备广泛的监视能力，它能在5 334米的高空飞行并且仍能观察到38平方公里范围内的单一影像，它的成像足够清晰，能识别个人手上拿着的手机的类型。尽管部署在世界各地的无人机大都是作为非武装侦察工具使用，但美国却是日益在战场上和战场外把无人机作为致命的机器人使用，这引起了很大争议。到2014年年中为止，美国使用无人机发动攻击的次数分别为：阿富汗1 000次，巴基斯坦400次，利比亚145次，也门100次，伊拉克48次，索马里18次。

这种能力引发了关于应不应该限制使用无人机的重要问题。无人机的支持者在应对普通平民关切的隐私问题时指出，它们作为安全战略的一部分是由受过训练的人员操作的，而不是由喜好偷窥的业余爱好者所控制。此外，考虑到定点攻击战略的效用，无人机可以挽救人命，因为它们消除了飞行员被击落的危险，并且由于其精确度，他们有争议地认为这会使波及无辜的危害最小化。而且，无人机也具有成本效益，因为它们消除了培训和部署战斗机飞行员的需求（Faust and Boyle, 2012）。

抨击者则描绘了一幅完全不同的画面。他们质疑使用无人机的道德和法律基础，指出使用无人机的法律限定因素含糊不清，政府的使用通常都是秘密进行，且在定点清除中针对匿名服兵役年龄男性的打击没有区分法律主体而只涉及有效的军事目标。在国外使用无人机打击目标也可能适得其反，因为这样的攻击会激怒民众，一旦这些人决定拿起武器，就会创造出更多的敌人。此外，人们越来越担心出于非军事的安全目的使用无人机观察国内非战斗人员的程度。美国民权联盟的内奥米·吉伦斯（Naomi Gilens）警告说："由于无人机的使用越来越普遍，所以重要的是要确保政府使用这些间谍机器是透明的并对美国人民负责……我们本不该去猜测我们的政府是否会利用这些天上的眼睛暗中监视我们。"这种情绪可能指向许多实体。在美国，联邦航空管理局发布了一份清单，确定了申请无人机飞行许可的81个美国组织，据估计，到2018年，仅在美国就将有一万架活跃的商业无人机（Davis, Litvan, and Stohr, 2013）。

★ 你怎么看？

- 权衡无人机的利弊，它们是一种有效的战争武器吗？
- 秘密的无人机计划是否给了领导人过多的权力？
- 随着全世界无人机的生产，它们会是未来的武器吗？在什么范围内，平民的权利有被侵犯的危险？

生化武器

生化武器构成一种特殊且日益增长的威胁,特别是当它们被恐怖分子用于大规模杀伤而不是影响舆论时。这些非常规的大规模杀伤性武器有时也被称作"穷人的原子弹",因为它们造价较低且能造成广泛的伤亡。化学武器是有毒的化学物质封闭在如炮弹或炸弹的投送机制中,皮肤接触一点或吸入一点就会立即产生后果。它们通过对肺、皮肤、血液、神经、眼睛或其他器官的毒性影响使人死亡或受伤,它们常被归类为窒息性毒剂、糜烂剂、血液毒剂或神经性毒剂,相对应每一种的例子分别有氯气、芥子气、氰化氢、沙林毒气。生物武器是传染性制剂,会导致疾病或死亡,其释放和效果往往要到武器扩散数天后才会变得明显。这些武器的类别有细菌制剂、病毒药剂或毒剂,包括炭疽热、天花、黄热病、肺鼠疫和肉毒中毒。

生化武器扩散是全世界特别关注的问题。除了引领制造这些武器的美国这个霸权国外,另有12个国家宣称过去生产了化学武器,还有一些国家则被怀疑秘密生产了化学武器,而且许多恐怖分子都声称他们打算获取并使用它们。例如,"9·11"恐怖袭击过后,有人担心,通过美国邮政系统传播的炭疽热是未来恐怖分子网络一系列无休止生物战的第一步。生物技术的进步使得发展危险的细菌、病毒、毒素变得容易且廉价,这增加了生物武器扩散的可能性:不仅是扩散到的国家数量在增长,而且非国家行为体也将会发展或获得这些大规模杀伤性武器并用来攻击平民。

国际法禁止使用生化武器。1925年的《日内瓦公约》禁止在战争中使用生化武器,尽管一些签署国宣称,如果它们的敌人使用这些武器的话,它们将不再遵守这一禁令。全世界189个国家(96%)签署的《化学武器公约》,要求销毁现有的化学武器库存。以色列在1993年签署了该条约,但到2015年6月9日都没有正式批准该条约。只有朝鲜、安哥拉、埃及和南苏丹拒绝签署或同意《化学武器公约》。1972年的《生物和毒素武器公约》扩大了《日内瓦公约》对使用生物武器的限制,并禁止获得、发展、生产和存储生物武器。

尽管全球一致关注生化武器的威胁,但是查证和阻止它们得到发展和使用的能力却很有限。在1980年代伊朗和伊拉克的八年战争中两国互相使用毒气,1989年伊拉克对本国的库尔德人使用化学武器,叙利亚对手无寸铁的平民使用沙林毒气和氯气，这些事例都显示了上述法律障碍的弱点。此外，许多激进团体和极端主义团体经常不受力量虚弱的国家政府的控制，它们把生化武器视为一种廉价而有效的实施恐怖主义的手段。

在回应军事危险时，今天的许多领导人仍然恪守现实主义信条："如果你想得到和平，就先为战争做好准备"。现实主义者强调，安全需要军事实力。然而，由于拥有压倒性的军事实力并不会自动导致对军事力量的谨慎使用，所以现实主义者忠告说，在追求国家安全的过程中，重要的是国家依赖何种方法去使用它们拥有的实力。武器如何才能最有效地被用来增进国家利益并发挥国际影响呢？这个问题强调了军事战略选择的重要性。

军事战略

1945年8月6日美国向日本广岛投下的第一颗原子弹，是区分二战之前和之后国际政治的最重要事件。在这一武器发出的令人炫目的闪光和蘑菇云的阴影下，世界从"势力均衡"体系转变为"恐怖平衡"体系。自那时以来决策者便不得不与两个核心政治问题进行斗争：(1) 他们是否应该使用大规模杀伤性武器，(2) 怎样阻止其他国家使用它们。

对答案的寻求至关重要，因为大规模杀伤性武器带来的直接的和随后的效果使人一想起来就感到可怕。哪怕是一场使用了任何大国核武库中一点点武器的短期战争，都将摧毁我们所知的生命。这将产生"核冬天"（nuclear winter），这一毁灭性后果将会使得地球不再适宜居住。甚至一场更加有限的核冲突都会对大气造成很大影响，太阳的一部分将会被环绕地球的大片浓烟阻挡。据估计，单是（美国）一艘海基弹道导弹潜艇上装载的核武器就足以引发"核冬天"，从而终结人类的存在。

二战以来，不仅核武库和拥有核实力国家的数量增加了，而且很多国家都想到了作为大规模杀伤性武器的生物、化学及放射性武器，因为它们能够造成大规模毁灭和人员伤亡。"流氓国家"和非国家行为体（如恐怖主义组织）也因为具有潜在使用大规模毁灭性武器的可能性而对全球安全构成一种威胁。对技术、国防需求、实力、全球行为体和环境的变化做出回应的军事战略至关重要。为了便于分析，我们考虑三种大的情形：胁迫、威慑和先发制人。

胁迫 拥有军事优势的国家经常认为武器是外交谈判的工具。军事实力并不一定要使用才能发挥效用；一个国家只需简单地展示军事实力和使用武力的意图，就可以向其他国家施加影响。通过展示武力或者可信的武力威胁，各国就能利用胁迫作为一种战略，说服其他国家去做它们原本可能不会去做的事情。

美国是世界上第一个核大国且有多年都未曾受到挑战，当它相对于苏联享有明确的核优势时，它就采用了胁迫战略。美国给予其他国家它可能会实际使用核武器的印象以在博弈中占据优势。这种姿态在艾森豪威尔政府时期表现得尤为明显，时任国务卿杜勒斯奉行**战争边缘政策**（brinkmanship），巧妙地用核毁灭来威胁美国的敌人，从而使处在战争边缘的国家对美国的要求做出让步。战争边缘政策是美国的总体战略学说即著名的**大规模报复战略**的一部分。为了遏制共产主义和苏联的扩张，这一战略要求美国的核武器瞄准苏联最有价值的东西——人口和工业中心。

大规模报复战略增加了克里姆林宫的担心，害怕一次核战争将会使苏联毁灭而美国却能幸存。为此，除了增强自身核实力，苏联领导人还加快了空间项目的研究，并成功地发射了世界上第一颗太空卫星（人造卫星），从而展示了莫斯科在欧亚大陆上投送核武器的能力。这样一来，超级大国之间的战略竞争也就进入了一个新时期，而美国也是首次面临自己的本土有可能遭受核威胁的局面。

威慑 胁迫依赖于一种进攻性的威胁，旨在说服对手不做抵抗就放弃某些东西，而威慑则意在劝阻对手在未来不要采取某种行动。威慑理论的核心假定是，如果敌人发动攻击，防御者就有能力惩罚敌人使其付出难以承受的代价。威慑的关键要素有：(1) 实力。拥有军事资源，向敌人表明进行军事报复的威胁是可能的。(2) 可信性。相信行为体愿意捍卫自己所宣称的立场。(3) 沟通。向潜在的侵略者传递它将实施威胁的明确信息的能力。

威慑战略取决于自己是否拥有能给对手造成无法承受的损失的无可置疑的能力。这意味着，试图威慑敌人的国家必须增强其武器库，具备**第二次打击能力**，这要求必须拥有足够的毁灭性武器，以确保在经受住敌人的第一次打击后依然拥有进行破坏性回击的能力。为了确保敌人意识到存在第二次打击能力，威慑使一种无限制地追求复杂的报复能力的行为得以合理化。正如肯尼迪总统在1961年解释的那样："只有当武器毋庸置疑地充足的时候，我们才能毫无疑义地确定那些武器将永远不会被使用。"

决策者们杜撰出一个词语"**相互确保摧毁**"（mutual assured destruction, MAD），用来描述古巴导弹危机期间险些爆发核战争之后美苏之间出现的战略平衡。不论谁先发动进攻，另一方都能摧毁进攻者。在这种情况下，发动一场核战争就是不理性的，因为令人恐惧的代价超出了任何预想的收益。苏联领导人赫鲁晓夫指出："如果你伸手去摁按钮的话，你就是在自杀。"安全，在英国前首相丘吉尔眼里，是"恐怖的健壮的孩子，是灭绝的孪生兄弟"。

今天，威慑战略反映在美国领导的建造反导防御盾牌的努力中。利用陆基、海基、天基雷达和武器的综合系统，这种防御技术能够侦测、拦截和摧毁因恐吓、愤怒或意外而发射的武器。用里根总统的话来说，弹道导弹防御（BMD）的目标是让核武器"无效且过时"，并把核战略从相互确保摧毁上转移开。美国对反弹道导弹防御系统的追求，包括29艘分布在大西洋和太平洋战区的宙斯盾反导防御舰（美国计划对其进行大规模的增加和改进），部署在欧洲和日本的岸基拦截导弹，以及能够除掉远程弹道导弹的改进过的标准-3拦截 II 型导弹（SM-3 Block II）。

批评家质疑把资源分配给弹道导弹防御这一做法。2006年，国防部作战测试和评估办公室前主任菲利普·科伊尔（Philip Coyle）指出，事实表明，它"并没有显示出在实际条件下保护美国免受敌人攻击的能力"。其他人则担忧弹道导弹防御会削弱威慑战略，而不是对其加以补充，并有可能导致遍布世界的更多的核导弹，而不是更少。

"俄罗斯担心这些威力更大的拦截 II 型导弹防御拦截器可能会使俄罗斯的一些核力量失效，进而打破新《战略武器削减条约》达成的微妙的武装平衡。"（Butt, 2011）新《战略武器削减条约》是2010年批准的军控条约，它将进一步按比例缩减冷战时期的核武库。2011年5月，梅德韦杰夫警告说："如果美国不能使莫斯科相信它的导弹防御系统不是针对俄罗斯的话，俄罗斯就将需要加快发展核打击能力。"（Eshchenko and Tkachenko, 2011）不过，俄罗斯的担忧在一定程度上减少了：2013年3月，美国迫于克里姆林宫的压力取消了一部分导弹防御部署。克里姆林宫则继续把欧洲的导弹防御作为削减核武器的主要障碍（Herszenhorn and Gordon, 2013）。

先发制人 战略计划继续找寻新的方法去应对持续不断的紧急军事威胁。在"9·11"之后的世界中，美国已经在应对全球恐怖主义和好战的敌人方面率先制订了新战略。为了应对那种威胁而出现了"**先发制人的战争**"这一战略，它要求在潜在的敌人发动武装攻击之前就先行对其进行打击。

2002年《美国国家安全战略》认为，"传统的'威慑'概念对恐怖分子这种敌人不再有效，因为他们公开宣布的策略是肆意破坏并且针对无辜者；他们所谓的士兵试图通过死亡成为烈士；他们最强大的保护伞就是没有国家"。先发制人战略要求在潜在的敌人发动武装攻击之前先行发起攻击，要么有盟友和国际制度的支持，要么没有。"我们必须与敌人战斗，"小布什总统敦促道，"而且我们必须在最坏的威胁出现之前面对它们。"

尽管国际法赋予国家合法权利保卫自己不受侵略和迫在眉睫的攻击，但是批评家们指责说，在军事先发制人的语言背后，是一种更加激进的预防性战争政策（参见第9章）。先发制人的军事打击使得用武力平息或减轻敌人逼近的攻击成为必要。**预防性战争**（preventive warfare）使得用武力消灭任何将来可能的攻击成为必要，即使并没有理由认为当前存在发动一场攻击的能力。先发制人的理由基于可信的证据、迫近的威胁，而预防的基础则在于对早期的、可能发生的威胁的怀疑。

根据批评家们的观点，对军事力量的预防性使用开创了一个危险的先例。预测另外的国家将来的行为是困难的，因为其领导层的意图很难洞悉、关于长远目标的信息可能是遮遮掩掩的和秘密的、国家政策方向的信号可能受到背景噪音的干扰。

2009年，奥巴马总统表示要改变此前政府先发制人的和单边的政策。取而代之的是，他呼吁采用一种保持美国军事力量的方式，同时寻求扩大全球共同体的参与。他把核扩散和核恐怖主义称为"一种比所有其他威胁都更加紧迫的威胁"，他力图恢复美国外交并愿为促进美国的利益而与其他国家进行对话。

始终存在的武装侵略威胁提出了一些永恒的问题：在什么条件下，出于什么目的，使用军事力量是正当的？当残忍的国家和无名的看不见的敌人向无辜的非战斗人员发起无差别的自杀式袭击时，谨慎还有正当的理由吗？如何才能使用武力去影响敌人的决策算计？什么样的条件会影响强制外交的成功？

8-4 通过军事干涉的强制外交

国际谈判中的强制外交是指运用威胁或有限的武力去说服对手停止它们正在从事的行动。借鉴胁迫战略的各个方面，威胁使用武力被用来迫使敌人达成妥协，或者更好的结果是转变敌人的政策。其目的是改变目标国对成本和收益的计算，从而使其相信，同意另一个国家的要求将会比拒绝要更好一些。这种结果可能会由以下方式实现：发送最后通牒（对方若不接受，冲突将会立即升级），或者是发布警告并逐渐对目标增加压力。

强制外交依赖于威胁使用武力这种方式，旨在避免传统军事行动造成的流血和损失。威胁和武装侵略的混合使用可以有不同方式，从传统的向边界附近部署海军和/或陆军威胁敌人的**炮舰外交**，到用精确制导巡航导弹攻击敌人的"战斧外交"。这些都是现实主义决策者在追求权力的过程中所设想的军事选项武器库中实施强制外交的工具。

干涉有多种方式，一国可以直接进入另一个国家予以干涉，或者间接地通过宣传对目标人群进行干涉，或者是通过**秘密行动**。全球行为体也可采取单边或多边方式进行干涉。公开的军事干涉是干预另一个国家内部的最明显的方式。因此，它也是最有争议和代价最大的。

自二战以来，干涉时有发生。即使军事干涉在大多数情况下都为国际法所禁止，但为了影响目标国，国家仍会派遣军队进入他国的主权领土。这种强有力的强制外交的发生次数每年都会有所起伏，从中也可看出在回应全球环境的变化以及对干涉作为强制外交一种有效方法其优劣势的看法发生转变时，军事干涉的兴衰。

每一次军事干涉行动都有不同的依据并会产生不同的后果。过去的案例对强制外交中军事干涉的使用提出了尖锐的问题。有记录表明这些行动实现了干涉国的目标吗？比如成功地惩处国家，从而使它们不再侵犯公民人权？它们是否最大限度地平定了饱受战争蹂躏的社会的秩序？或者，总体来说，它们是否使情况变得更糟了呢？

这些问题由于脆弱国家的大量出现而在今天成为世界政治中激烈辩论的议题。各大国并未就当无辜平民成为暴政的受害者时对主权国家进行干涉的必要性达成共识。为什么会这样？主要是因为这样的干涉破坏了主权国家的原则和国际法中根深蒂固的**不干涉规范**。联合国呼吁各国承担起一种"新的干涉义务"，这加剧了已有的关于军事干涉的辩论，哪怕是以道德、正义和人权为名。

今天，决策者们对恰当地使用军事强制这一问题并未达成一致意见。关于强制外交的研究表明，其成功取决于每个事例特定的局势背景。下面是我们想到的有利于有效使用强制外交的条件（Art，2005；George，1992）：（1）**澄清使用者的目标**。实施强制的大国的要求必须被目标国清楚地理解。（2）**有利于使用者的动机不对称**。实施强制的大国必须比处于危险中的目标国具有更强的动机。当军事强制发生在目标国对手头的问题做出坚定承诺之前，或者当目标国政府内部存在不同派别时，军事强制往往是有效的。对一个实施强制的大国来说，很难破坏目标国已经完成的事情。（3）**反对者害怕升级并相信顺从的紧迫性**。实施强制的大国必须在对手的脑海中灌输一种顺从其要求的紧迫感。影响对手认知的两个重要因素是：实施强制的大国过去成功使用武力的声誉；使压力增加到目标国难以承受的程度的能力。当目标国有能力消化实施强制的大国所施加的惩罚时，强制通常就会失败。（4）**对使用者充分的国内和国际支持**。除了获得国内政治支持，实施强制的大国若能获得重要的国家和国际组织的支持，将会得到更大的帮助。（5）**对解决方案条款的精确澄清**。实施强制的大国必须能够阐明结束危机的明确条件，并同时保证：一旦目标国屈服，它将不会要求做出更大的让步。

这些条件可以增加强制外交成功的机会，但却并不保证强制外交就能成功。历史表明，依赖军事干涉实施强制外交的国家领导人，经常都是启动了一个他们后来发现自己无法完全控制的进程，而且很多冒险沿着这条路走下去的国家最后都会后悔这样去做。尽管这样做经常都是试图去解决严峻的人权状况问题，但有证据表明，结果却是恰好相反，军事干涉"通过加强国家的强制力和鼓励更多的镇压行为而促进了国家镇压的兴起"（Peksen，2012）。在不成功干涉的余波中，对强制外交这种军事方式的信任也在不断消失；而寻找其他办法在世界政治中行使权力则得到了加强。

大多数现实主义者和其他很多人都依然相信现实主义的主张：武器的力量要比争论的力量更能成功地解决争端。然而，安全依赖于对武力的控制，其程度一如它依赖于对武力的追求。有争议的是，传统现实主义所强调的为了强制外交而要求威胁或实际使用武器的武力和军事战略，对国家安全和国际安全来说是否是最好最安全的途径。可以确定的是，传统现实主义者依赖军事实力来提升国家安全，这在世界各国将会继续引起共鸣。然而，其他现实主义者则提出了另一条途径——最能服务于国家利益的不是获得或使用武力，而是获得盟友，保持对手间的均势，防止任何跨国行为体对其他行为体使用武力。这些现实主义者相信，这提供了实现安全的最安全的方式。他们的看法对吗？

> 战争不是蛮力的问题，而是赢得和失去朋友的问题。
> ——1618年西班牙驻伦敦大使迭戈·贡多马尔伯爵

8-5 现实主义对世界政治中同盟的解释

世界政治中的同盟要求各方为了它们的合作而达成一致。因此，似乎自由主义理论（强调为了互惠而自我牺牲的可能性）可以帮助我们理解国家为什么及如何联合起来形成同盟。根据自由主义理论，为了使长期的集体利益最大化，即使没有实现国家的当前利益，它们也可能会形成同盟。

然而，现实主义提供了占据主导地位的视角。人们经常通过这一视角去诠释同盟形成和衰退的动力，以及这些动力对全球安全的影响。现实主义把世界政治描绘成竞争对手在无政府状态下只追求自身利益的权力斗争（而非为了道德原则和诸如改善全球所有人的安全和福祉的全球理想）。现实主义者认为**同盟**是临时的、机会主义的合作协议，当双方或多方面临共同的安全威胁时，就可以预言会形成同盟。"同盟（或结盟）是两个或多个国家为了安全合作的正式（或非正式）承诺，旨在增强成员国的势力、安全和／或影响。"（Walt, 2009）

现实主义为同盟决策背后冷酷的算计动机提供了最引人注目的解释；现实主义者认为，同盟首先是国家保护自身免遭由掠夺性的共同敌人和维持均势的机制所构成的威胁的方式。"关于同盟的起源和目的，现实主义者是顽固的简约主义者，他们认为国家是理性的、安全最大化的行为主体，其利己主义行为在很大程度上是由国际体系的结构决定的。"（Byrne, 2013）现实主义假定，军事同盟是在各方察觉到同盟的优势大于劣势时形成的。面临共同威胁时，同盟会为成员国提供降低其被攻击可能性的手段（威慑），在受到攻击时获得更大的力量（防御），同时防止盟国与敌人结盟。

尽管有这些优势，但现实主义者也经常会指出形成同盟的不利方面，并提出反对形成同盟的忠告，正如帕默斯顿勋爵在1848年忠告的，各国"不应该有永恒的盟友，也不要有永恒的敌人"。在无政府状态下，如果遭受攻击，国家必须依靠自助来保证自身安全，并不能真的指望盟国来保卫它。而且，同盟约束一国所履行的承诺，在日后很可能会变得对其自身不利。

现实主义理论家修昔底德曾忠告说，"一国必须根据环境来选择做朋友或敌人"，而这些选择都是在复杂的地缘政治竞技场上做出的，在这其中，今天的敌人可能就是明天的盟友，而且对圈套、背弃或背叛的恐惧始终存在。这就是为什么"明智和有经验的政治家通常都会避开在将来未知的时间面对没有预料到的局势时可能会限制政府行为的义务"的原因（Kennan, 1984a）。由于环境迟早会改变，而且一旦把盟国团结在一起的共同威胁减弱，所有同盟的有效性肯定也会改变，所以现实主义理论建议，各国不要在临时的共同的国家利益上采取僵硬的立场，相反，形成同盟只是为了应对直接的威胁。

当思考加入一个新同盟是否为收益高于成本的理性选择时，各国首脑通常都会承认，同盟很容易给自己带来更多的伤害而非好处。美国第一任总统华盛顿认为，尽管一个国家可以"因为异乎寻常的紧急情况而放心地相信暂时的同盟"，但"预期或预测能从其他国家获得现实好处"则是一种幻觉，他建议美国应该"避免永久的联盟"。基于对同盟的五个基本缺陷的担心，许多现实主义者同样建议各国不要为了防御而形成同盟：（1）同盟会使侵略性的各国将其军事力量联合起来进行战争。（2）同盟会威胁敌人，招致反同盟的创建，这会降低两个同盟的安全。（3）同盟的形成可能会驱使另外的中立国加入对方联盟。（4）一旦各国联合武力，它们必须控制其盟国行为，阻止每个成员对其敌人不计后果的侵略，因为这种侵略可能会削弱同盟中其他成员的安全。（5）今天的盟国在明天变成敌人的可能性始终存在。

尽管同盟的有效性并不确定，但在人类历史上许多国家还是选择了结盟，因为尽管有风险，但在受威胁时感知到的安全利益却使这一决定变得合理。美国与60多个国家都结有正式军事伙伴关系，这些同盟不仅为展现美国实力提供了一个全球平台，而且也分担了提供安全保障的责任。

为了最好地描述同盟是如何影响全球安全的，从国家分析层面（即从单个国家的安全角度来观察同盟的决定）转移到全球分析层面，研究同盟对国家间战争发生频率的影响是有益的。这一分析层面把注意力集中在结盟对维持均势的可能贡献上。

8-6 现实主义与均势

"均势"这一概念历史悠久且富有争议。均势的支持者们认为它是一种均衡过程，通过反向平衡任何寻求军事优势的国家来维护和平，它通过不结盟国家结盟或转向一个或另一个反对的联盟，使全球的权力分布达到均衡。批评者们则否认均势的有效性，认为它孕育了嫉妒、阴谋和对抗。

"均势"的核心思想是，当军事实力的分布使得没有一个国家能够强大到支配其他所有国家时，国家安全就加强了。均势理论预言，如果一个国家获得超过适当限度的权力的话，它就会利用其力量优势攻击弱小国家，从而使那些受到威胁的国家有强烈的动机联合形成一个防御性联盟。根据这一理论，受威胁国家联合起来的军事力量将会威慑（或者，如果需要的话，击败）抱有扩张主义目标的国家。因而，对现实主义者来说，国家之间为使本国权力最大化而发生的自由放任竞争将会产生国际性的均衡，制衡任何国家的霸权野心，确保所有国家的生存。

均势理论也建立在现实主义的假设基础之上：弱小就要挨打，必须使用抵消性的力量来威慑潜在的侵略者。现实主义者假定，追求权力的动力指引着每一个国家的行为。因而，所有国家都是潜在的敌人，每个国家都必须加强其自身军事实力来保护自己。这种推理始终使各国对军事优势的寻求合理化，因为其他国家也在寻求它。理由来自现实主义者的信念，即一个围绕着怀疑、竞争和无政府状态演化的体系将会孕育出谨慎，而不确定性则会限制战争的发动。华盛顿总统曾指出："这是一句建立在人类普世经验之上的格言，即没有一个国家能比受其利益约束更值得信任。"

同盟对均势的作用与国际体系中全球结构的转变有着本质上的联系。军事力量可以以不同的方式围绕一个或多个权力中心进行分配——学者们称这种思想为"极"。历史上,极的范围从权力高度集中于一个单一霸权国手中的单极到权力分布在多个行为体之间的多极发生变化。单极的例子包括罗马帝国这样的地区性帝国,以及二战刚结束后的美国,那时它既没有竞争对手,也没有一个国家能与之相抗衡。多极的例子则如1815年拿破仑战争结束时,当时欧洲列强的军事实力大致相当。

介于这个连续体两端之间的是两极——均势分裂成由两个对立军事大国领导的联盟,每一方都寻求遏制对方的扩张。1949年,当苏联打破了美国对原子武器的垄断时,力量的重新分布就开始出现。军事实力集中在两个相互竞争的"超级大国"手中,它们摧毁其他任何国家的能力使得把它们与其他大国相比变得毫无意义。

两个超级大国都很重视通过建立新的盟国来平衡力量。由于这种极化,出现了把美国和西欧的防御联系起来的北大西洋公约组织(NATO),以及把苏联和它的东欧附庸国联系在一个正式同盟之中的华沙条约组织。对立集团的形成,部分原因是超级大国争夺盟国,部分原因是弱一些的国家寻求一个超级大国或另一个超级大国的保护。

为了平衡力量,现实主义者承认,国家行为体需要认识到迅速变化的同盟的价值。尽管均衡偶尔也会被描述为一种自动的、自我调整的过程,但大多数现实主义者都认为,它是处于竞争中的各国领导人为了维持平衡而精心选择的结果。这就要求各国坚持以下决策规则。

均衡过程中竞争者需要注意的规则

对所有的领导人来说,坚持不懈地监控国家相对实力的变化,调整关于军备和同盟国的政策,校正势力的不均衡,都是必需的。这样的选择必须由理性的利己的行为体做出,因为它们能够认识到各种战略选项之间成本与收益的平衡。许多理论家都曾试图明确一套领导人必须注意的规则,好使均衡过程有效地发挥作用。这些规则包括:(1)**保持警惕**。不断观察国外的发展,以便识别新出现的威胁和机会。由于国际无政府状态使每个国家都要为自身安全负责,也由于各国永远不能确定另外一个国家的意图,所以自我利益也就鼓励各国使自己的相对力量最大化。(2)只要你的国家跟不上对手的军备状况,就寻找盟国。当各国对一些共同的安全问题采取共同的立场时，它们就会互相结盟。当各国正式同意在某个特定的情况下协调它们的行为时，一个同盟就产生了。置身事外的国家是"搭便车者"，作为理性的行为体，它们不敢冒**不结盟**的风险。如果它们拒绝结盟，它们自己的弱点迟早会鼓励一个扩张主义的国家对其发动攻击。(3) **在结成同盟时要保持灵活性**。根据不同时候的战略需要去形成和解散同盟，同盟的结成无须考虑文化或意识形态信仰的相似性（Owen, 2005），过去的经验不应该使国家偏向于接受或拒绝任何潜在的伙伴。英国是这一哲学的最佳例子。它曾在欧洲外交中扮演"平衡者"的角色。从17世纪到20世纪早期，英国把自己的砝码从大陆平衡的一方转到另一方，声称它没有永恒的朋友和永恒的敌人而只有永恒的利益去防止平衡朝任何一方倾斜（Dehio, 1962）。正如丘吉尔描述的，英国的目标是"反对大陆上最强大的、最具侵略性的和最具支配性的国家……[它] 与较弱的大国联合，在它们之间结成联盟，从而打败和挫败大陆上的军事暴君，无论他是谁，无论他领导的国家是哪一个"。(4) **反对任何谋求霸权的国家**。参与均势政治的目的是在一个存在潜在危险的大国的世界中生存下来。如果有任何国家实现了对其他每一个国家的绝对支配权，那它就能不受约束地行动。在这种情况下，其他国家的领土完整和政治自主都将处于危险之中。联合弱小一方的力量来防止较强一方占据优势，各国就能保持它们的独立。奈（Nye, 2007）曾指出："均势是一种帮助弱小者的政策，因为如果你帮助了强者，它可能最终会反过来吃了你。"过去几年，中国和俄罗斯把它们冷战时的对手状态抛之脑后，巩固了双边关系，发展成为抵消美国全球支配的平衡力。2010年3月在与普京的会晤中，习近平表达了他的观点："中国和俄罗斯未来应该促进建立一个多极化的世界和国际关系民主化。"(5) **获胜后要节制**。如果爆发战争，赢的一方不应该消灭失败的一方。它应该朝前看而不是朝后看，它应该尽可能少去伤害那些它已经击败了的国家，因为昨天的敌人可能就是明天需要的盟国。坚定地维护自身利益并对其他国家的利益持公允立场的胜利者会鼓励失败的大国在战后的均势中发挥作用。同样，在谈判桌前获胜的国家也要能通过对另一方的让步进行补偿来保持均势的稳定。

这些现实主义政策处方敦促各国去制衡任何积聚了压倒性权力的国家的野心，因为有抱负的霸主对其他所有国家都是一个潜在的威胁。它们认为，人和国家在本质上都是自私的，但是均衡竞争的利益则会使他们的互动稳定下来。

现实主义者坚持认为，虚弱会招致侵略。所以在不得不面对不平衡的权力时，各国领导人应该动用国内资源或与他国结盟，使力量的国际分布回到均衡。

德国、法国和其他很多国家都反对美国在 2003 年发动一场先发制人的战争以阻止伊拉克获得和使用大规模毁灭性武器（特别是并无证据表明伊拉克拥有这些武器、与"9·11"恐怖袭击有联系，或有发动战争的意图），就揭示了这个平衡的过程。波罗的海各国如爱沙尼亚、拉脱维亚、立陶宛对法国向俄罗斯出售将在 2015 年服役的西北风级两栖攻击舰的决定的警觉则提供了另一个案例。爱沙尼亚塔林国际防卫研究中心的政策分析员卡雷尔·凯斯（Kaarel Kaas）警告说，这样的舰只将会在俄罗斯边境"改变力量平衡"（The Economist, 2010i）。

维持均势的困难

平衡力量有助于维持世界秩序吗，就像大多数现实主义者相信的那样？批评均势理论的人们对"平衡会促进和平"这一主张提出了以下几种反对意见：(1) 学者们认为，该理论关于行为的规则是矛盾的。一方面，国家被鼓励去增加它们的力量。另一方面，它们又被告知要反对任何一国谋求优势地位。然而，有时追随强者（即与占统治地位的国家站在一边）而不是平衡强者却能增加一个较弱国家的实力，它可以分享将来的胜利果实。历史表明，与感到不满的国家相比，最满足于现状的国家更趋向于平衡崛起的国家。(2) 均势理论假设决策者拥有关于其他国家精确、及时的信息。"力量"是一个模糊的概念。有形的因素，如敌人武器库中不同类型武器的性能，是很难进行比较的。无形的因素，如领导的技巧、军队的士气，或者公众对冒险的或侵略性的对外政策的支持度，更加难以衡量。难以判定对手的力量和盟国的可信任度所造成的力量平衡的不确定性，频繁导致国防计划者做最坏情况的打算，而这则可能会触发军备竞赛。笼罩均势政治的强烈的相互担忧则会夸大对敌人力量的估计。现实主义的批评者们警告说，在相互确保怀疑的环境中，如果在进行不计后果的军备竞赛的国家之间发生严重分歧，就会增加战争爆发的可能性。(3) 均势理论假定做决定的人会规避风险：当面对对抗性的权力时，他们会防止战争爆发，因为打一场势均力敌之战的危险实在是太大了。然而，正如预期理论阐明的，国家领导人对风险的估计是不一样的。一些人属于风险接受型。他们不是被相等的力量所阻止，而是宁愿把宝押在赢得战争上，哪怕很难获胜。针对高度容忍风险的对手集结相当的力量，将会产生不同于对那些规避风险的领导人这么做的效果。

(4) **均势理论**过去的表现参差不齐。如果均势理论的假定是正确的，那么其规则得到遵守的历史周期也将是战争爆发频率较少的周期。然而，这些周期一个惊人的特征就是它们爆发战争的记录。自1648年威斯特伐利亚和会创建了由独立的领土国家构成的全球体系以来，大国已经参与了一系列越来越具有毁灭性的全面战争，威胁要吞没或摧毁整个多国体系。克劳德（Claude, 1989）严肃指出，对于这些战争，很难有"均势体系的灾难性失败、完全崩溃以外的任何解释。它们几乎不可能被归为稳定的策略或平衡的过程，而且对于任何号称要维持国际稳定却又不涉及防止这些灾难的主张，人们很难认真看待"。事实上，历史记录已使一些理论家建立了霸权稳定论来作为均势理论的替代。该理论假定，与相互竞争的大国的军事力量势均力敌相比，一个单一的支配性霸主更能保证和平（Mandelbaum, 2006a；Ferguson, 2004）。

均势体系的一个重要问题是它的偶然性特征。大国和谐被大国对立所取代这一可能性，使很多现实主义者都感到不安。当正式的军事联系逐渐消失并被竞争者中非正式的变化的联盟所取代时，如果世界亲眼见证"同盟的终结"，这将导致危险的权力真空（Menon, 2007）。这些与平衡力量相关的难题引导大多数现实主义者得出如下这样的结论：国际冲突和竞争是世界政治的一个永久特征。

8-7 未来会怎样？

或迟或早，美国的优势将会不可避免地消退并将出现新的力量分布。世界政治中这一转变可能带来的结果目前尚不明朗。一些人预测，世界将会回到直接对立的两极模式，由一个新的中俄集团或欧俄协约对抗美国（Brzezinski, 2004）。

其他人则认为，将会出现一个更加复杂的均势竞争的多极模式。在这一模式中，美国、中国、日本、俄罗斯、印度和欧盟将会构成全球权力的六大中心。根据这一对未来的想象，随着力量分布变得更加平等，每个国家将会变得越来

可靠的朋友还是临时玩伴？ 2015年7月9日和10日,"金砖国家"（巴西、俄罗斯、印度、中国和南非）在俄罗斯乌法举行第七次年度峰会。被视为平衡策略的这种合作的产物越来越渴望在塑造全球经济和政治秩序方面发挥更大的影响,并且它朝前迈出了重要一步,成立了"金砖国家"新开发银行。虽然这一组织有经济实力,但其政治影响力尚不确定。前印度驻美大使拉利特·曼辛格说："他们在许多国际问题上都看法不一。他们之间没有共同的巩固关系的原则。"图中所示是俄罗斯总统普京（左二）、印度总理莫迪（左四）、巴西总统罗塞夫（右三）、中国国家主席习近平（右二）和南非总统祖玛（右一）。

越固执、独立和喜欢竞争。一个扩大的、多样的地缘战略关系的全球性棋盘形成了,并导致每个国家都不能确定对其他国家的忠诚。主要的国家会在特定议题上联合起来反对其他国家。但在外交场合的微笑和握手背后,以前的朋友和盟国却开始分离,正式的"特殊化"关系开始消失,而过去的敌人之间则建立了友好关系并开始制定共同的路线方针,反对威胁到它们的其他权力中心。"在这种复杂的国际现实中,固定的同盟和正式的组织,可能都没有变化的利益联合有价值。"（Patrick, 2010）

在灵活而流动的同盟中,大量的对抗和转变正在发生。例如,美国与其最紧密的盟友在如何发动打击恐怖主义的战争问题上摩擦加大。作为对大国之间特定问题敏感性的衡量,无论是欧盟外事事务专员还是德国外交部长,都严厉批评小布什总统把美国的联合伙伴视为从属的"卫星国"。在重启因为伊拉克

结交新朋，不忘旧友 全球峰会给外国领导人提供了一个彼此见面和倾听并加强同盟的机会。图中所示是 2015 年 6 月 7 日在德国库恩七国集团工业国家峰会上的世界各国领导人。领导人们聚到一起商讨大量的全球问题，其中包括阻止恐怖主义威胁、增强全球经济和应对气候变化的方式。

战争而变得紧张的伙伴关系的努力中，奥巴马总统承认，"近年来，我们让我们的同盟四下漂泊"。在纪念北大西洋公约组织成立 60 周年的峰会上，他呼吁所有国家都在与基地组织的战争中发挥作用，并提醒 28 国领导人说，"我们在确保像基地组织这样的组织不能运行上有共同利益"。在 2015 年 1 月奥巴马与英国首相卡梅伦的会晤上，两国领导人继续肯定他们与恐怖主义，特别是与基地组织和 ISIS/ISIL 斗争的共同承诺，奥巴马称英国是美国"最强大的反恐伙伴"之一。

想要自信地预测出 21 世纪将会是什么样的，以及它是混乱的还是稳定的，这是很困难的。现实主义者坚持认为，大国之间为了安全而进行的悲剧性竞争将会继续下去。中国正在迅速朝着成为全球最大经济体的方向崛起和越来越多的人都在担忧这种即将到来的财政上的优势将会转化为中国的硬权力和军事威胁，更是强化了他们的预期。如果未来是属于中国的，那么其他大国组成一个反华联盟来平衡中国的力量就是可能的。现实主义者同样认为，大国之间的竞争将会继续下去，因为美国这个军事巨人不可能平静地接受其地位下降的现实。

无论接下来将会发生什么，辩论的核心都是一个非常重要的问题：国际安全是否可以通过各国采用军事手段追求各自的国家安全从而得到最好的实现，或者相反，通过军备、同盟和均势追求安全将会播下世界毁灭的种子？下一章我们将把注意力从现实主义的均势政治上，转移到研究自由主义理论家们提出的制度改革上，他们认为这样做能够通向一个更加有序的世界。

> 那些嘲笑"均势外交"的人应该承认力量平衡的替代就是力量失衡——历史已经向我们表明，没有什么会比这样的失衡更能大幅增加战争的危险。
>
> ——尼克松总统

第 9 章
通过国际法和集体安全寻求和平

> 今天,真正检验权力的不是发动战争的能力,而是制止它的能力。
> ——美国记者(普利策奖得主)安妮·麦考密克(Anne McCormick)

寻求替代战争的方法 自由主义者和许多建构主义者都对当今世界感到不满并想改变它。进步理念和全球合作为实现一个没有暴力的世界创造了可能性。图中所示是瑞典艺术家卡尔·雷乌特斯韦德(Carl Reuterswärd)的著名雕塑"打了结的枪"(The Knotted Gun)或称"非暴力"(Non-Violence),卢森堡政府于1988年将这一象征着对和平的渴望的作品捐赠给了联合国。

你忽略了低得令人难以置信的机会,买了一张彩票,结果却中了大奖。你现在非常非常有钱!接下来呢?想着在有生之年努力让世界变得更好的誓言,你决定将你的道德准则置于权力之上。为了做出改变,你决定将刚得到的财富投资在"给和平一个机会"这一项目上。恭喜!你正在加入安德鲁·卡内基、比尔·盖茨、沃伦·巴菲特和其他极其富有的慈善家的行列,他们试图让世界变得更好而慷慨地将其自身大部分财产都捐赠了出来。

你应该投资哪些方面的项目呢?选择有很多。例如,你可以设法为难民提供人道主义援助,可以同全球贫困和疾病问题做斗争,也可以加入到试图遏制全球变暖的阵营中,或是资助一个全球性组织帮助世界上所有年轻人受到教育。需求是无止境的。然而,整理过你的思绪后,你得出这样一个结论,对世界更大的威胁来自武装冲突带来的可怕危险。在这一想法的基础上,你把帮助别人找到比用暴力制止冲突更好的方法视为自己的使命。从人类历史开始的那一刻起,对战争武器和权力制衡的依赖就已存在,但却从未取得持续的胜利。所以现在你找到了你的事业——找出和平解决潜在暴力争端的方式。

在寻求更好地理解维护世界安全的非暴力手段的过程中,你从政策制定者和学者身上获取了许多有用信息,因为他们一生都在探索你现在追寻的问题:如何在邪恶的世界里行善。本章介绍了国际自由主义思想直接挑战现实主义思想关于世界政治假定的一些方式,同时也从建构主义与身份认同的视角出发,关注进步的理念和规范在塑造国际行为和集体的世界政治观念中的重要性。如果我们追求自由主义和建构主义之路来实现世界秩序(特别是裁军、通过国际组织实现集体安全、通过协商和国际法来管理冲突),会产生什么后果呢?这些问题将会引导我们的讨论。

> 世界上只有两种力量:武器和精神。从长远来看,武器总是会被精神打败。
> ——拿破仑

9-1 自由主义和建构主义实现国际和平之路

政治学家哈德森（Hudson, 2009）对控制武装冲突的主要方法进行了比较："对主权态度的转变明显地表现在'作为责任的主权''保护的责任''预防的责任'等新兴规范中，以及自由主义和建构主义学派关于国际关系理论的著作中。不同于现实主义者，自由主义者强调相互依存与合作的可能性，而建构主义者则强调观念在解释和理解国际关系时的核心重要性。"

自由主义思想家所描绘的实现和平的各种途径，在他们实现世界秩序的方法中有很大不同，但他们都担心各国发动战争的历史倾向。基于自由主义者的假定，有原则的道德行为最终会带给所有人最高的回报，因为公平对待可以促进和平与合作，自由主义引导我们强调合作和制定规则在塑造世界政治行为中的作用。

对和平的热切呼吁 自由主义者和建构主义者对战争与和平的看法受到全球共享的伦理和道德的重要性的影响。图中所示是哀悼者聚集起来纪念在印度浦那一家咖啡厅爆炸中丧生的 11 名遇难者。许多印度人都谴责巴基斯坦，而此前人们从未听说过的巴基斯坦激进组织"虔诚军"则宣布对这起爆炸事件负责。

为了理解国际规范和规则是如何建立的,建构主义告知我们:流行的观念会产生有意义的影响,而当一种良好的氛围围绕着对国家间关系来说优先的行为逐渐形成时,那些建构的意象就会影响对世界政治适用规则的看法。鉴于现实主义者甚至是自由主义者都强调战争与和平的物质基础,建构主义者把物质的与沟通的资源这两者都考虑在内。由于观念"不是自由浮动,(而是)嵌入一套精心设计的规则、规范、机制和制度中"(Kolodziej, 2005),建构主义观点经常称赞自由主义对通过制度和规范实现和平的强调,以及限制战争武器的发展和传播对全球安全至关重要的观念。基于这一原因且与建构主义理论相一致,许多专家都认为,国际法和集体安全机制反映了最流行的意象建构的变化,这种建构的内容是,国家在任何特定历史时期习惯性地对彼此采取行动的方式,或者是应该如何对彼此采取行动的方式。

当你考虑其他通往和平的道路的优缺点时,请记住这些观点。现在你可以把你的注意力集中在下面这一希望上:减少军备将会导致更少的武装冲突和一个更加安全可靠的世界。

9-2 铸剑为犁

现实主义对通往国家安全的道路的忠告是:"如果你想要得到和平,就要为战争做好准备。"乍一看,这是一种最直观的感受。如果一个国家在军事上强过它的对手,它很可能就不会受到攻击。然而,如果所有国家都坚持这一看法,最有可能发生什么呢?情况很可能是,当它建立起自己的军事力量时,国家将会变得不那么安全,而不是更安全。

这是自由主义思想的演绎。在这样的解释下,安全困境就会凸显出来:当一个国家增强武器装备时,警惕的邻国就不会相信它关于武器只是用于防御的声明,而会处于恐惧中,进而也开始大力武装自己。由此就会导致**军备竞赛**,结果就是没有一个国家能更加安全。武装的各方现在都变得更加脆弱——想要和平,但战争准备却增加了战争发生的可能性。耶稣基督表达了这种自由主义信念,他警告说:"凡拿起刀剑的人,都会被刀剑毁灭。"(《马太福音》26:52)希伯来先知以赛亚也曾说过类似的话,现在"各国应铸剑为犁"(《以赛亚书》

2：4），这句话被铭刻在联合国纽约总部的墙上。

自由主义的公理和建议已经得到了多次响应。例如，约翰·莫里斯（John Morris）爵士在他的回忆录中写道："加入英国军队时我相信，如果想要和平，你就要做好战争的准备。但现在我则认为，如果你做好了完全的战争准备，那么它就会发生。"法国政治哲学家孟德斯鸠表达了同样的自由主义信念，他认为，寻求相对于竞争对手的力量优势，"不可避免地会成为一种传染病，因为只要一个国家增强它所谓的力量，其他国家马上就会效仿，所以除了相互毁灭，什么也得不到"。

当代武器的毁灭性促使许多人认为，削减战争武器可以提高全球和平的可能性。虽然在军备和武装冲突上没有单一的建构主义立场，但是超越了有限的传统"安全"概念，将进步观念和人类创造力的影响考虑在内的观念却是得到广泛关注。建构主义者认为，"暴力的政治行为及其解决方案和未来预防，可以通过关注规范和观念作为这种行为决定因素的作用来加以解释甚至理解"（Conteh-Morgan, 2005；Adler, 2013）。

众多女性主义学者都对大规模毁灭性武器对全球安全的确保作用持批判态度。尤其是"反战女性主义"这一传统，更是反对并试图改变将男性气概规范与军事化的暴力和制造战争相联系的社会进程。"它要求的思考方式是，揭示发展和部署这些武器对拥有它们的社会所产生的复杂影响，描绘目标社会的恐怖和潜在痛苦，理解甘冒如此巨大毁灭风险的意愿的道德含义。"（Cohn and Ruddick, 2008）

有一种乐观主义的观点认为，通过削减武器供应，武装冲突不太可能会发生，最终就会创造出一个更加安全的社会。这方面的改革已经取得了一些进展，即便是自由主义的政策制定者认为，使用有限制的和一定比例的武装部队击退敌人迫在眉睫的军事攻击在道德上是站得住脚的（Mape, 2007）。但在思考控制世界上的武器扩散时应该记住，这在严格意义上来说并不是自由主义或建构主义理论的原则。尽管现实主义者并不乐意将军备控制视为实现和平的一种方法，但大多数通过谈判达成武器限制协议的决策者都是现实主义者，他们认为这些条约是促进国家安全的一种谨慎手段，通过平衡军事力量可以使战争威胁最小化。

作为通向和平之路的裁军与军备控制

对这种实现国际安全的方法必须做一些区别。首先是"裁军"和"军备控制"这两个术语之间的区别。有时这两个术语也可以相互替代，但它们并不是同义词。**裁军**（disarmament）是一种野心勃勃的做法。它的目标是减少或彻底消除武器或者是武器的等级，通常都是通过在两个或更多竞争对手间谈判达成互惠协议以防止在战争中使用武器。

军备控制（arms control）则没有那么大的野心。军备控制旨在通过限制它们的增长或限制它们的使用来限制军备水平。它来自于潜在敌人之间的合作协定，旨在减少相互冲突的利益引发战争的可能性，缩小任何最终可能发生的武装冲突中的暴力范围。

自由主义和现实主义都看到了武器作用的局限性。它们的分歧在于，各自对裁军相对于军备控制的优点的态度。自由主义者更愿跨出信任的一步，认为裁军是实现和平切实可行的方案。由于军备控制是基于对手之间存在真实的利益冲突这一认识，因此它受到现实主义者的偏爱，他们看到了当敌人就平衡他们的武器谈判达成协议并通过那种平衡建立相互信任时其潜在的积极作用。

通过削减武器库存来控制战争很难说是一种新思想。但直到最近，却是几乎没有国家达成裁军协议。准确地说，一些国家在过去的确削减了它们的武器。譬如，公元前600年中国的诸侯国组成了一个裁军联盟，从而为联盟的成员国带来了一个世纪的和平。加拿大和美国依据1817年的《拉什-巴格特协定》在大湖地区裁军。尽管如此，这些类型的成就在历史上可谓凤毛麟角。大多数裁军都是非自愿的，是战争之后胜者强加给败者的削减，如盟国在一战后试图解除战败国德国的武装。

在军备控制与裁军的区别之外，你还应该区分**双边协议**（bilateral agreements）和**多边协议**（multilateral agreements）。由于前者只涉及两个国家，它们往往比后者更容易达成和执行，后者是三个或三个以上国家之间达成的协议。因此，双边军备协议往往比多边军备协议更容易取得成功。

到目前为止，大多数有启迪作用的例子都是超级大国控制核武器的协议。本章在研究多边的军备控制和裁军的曲折历史之前，将会先来简要地回顾一下美苏两国的谈判记录。

双边军备控制与裁军

美苏之间的冷战从未演变成直接的兵戎相见。造成这种现象的一个原因是，在古巴导弹危机之后，莫斯科和华盛顿达成了超过 25 个系列军备控制协议。从 1963 年达成热线协议，在两国政府之间建立直接的无线电和电报通信系统开始，美苏两国领导人达成了一系列谨慎的协议，旨在稳定军事平衡和减少战争风险。这些双边条约中的每一个都缓和了紧张局势并有助于营造一种信任氛围，鼓励努力通过谈判达成进一步的协议。

两个超级大国之间最重要的协议是 1972 年和 1979 年的《限制战略武器谈判》(SALT)；1987 年的《中导条约》(INF)；1991 年、1993 年、1997 年、2010 年的《削减战略武器条约》(START)；2002 年的《削减进攻性战略武器条约》(SORT)。前两个《协议》稳定了两国的核军备竞赛，余下的则减少了双方库存的武器数量。虽然有这些倡议举措，但在 1991 年冷战结束时美国仍然拥有超过 9 500 枚核弹头，俄罗斯则约有 8 000 枚。而也正是在那个时候，裁军开始变得认真起来。自 1986 年达到顶峰以来，两个超级大国核武器库的规模已缩小 90%，而且如果 2011 年 2 月 5 日生效的新的《削减战略武器条约》被执行的话，它们还将进一步大幅缩小。按照这一《协议》，双方将会在七年间削减战略弹头至 1 550 枚——这比 1991 年《削减战略武器条约》确立的限制减少了 74%，比之前《削减进攻性战略武器条约》允许的最多 2 200 枚减少了 30%。

这一成就鼓舞了其他核大国停止建立和扩大它们的核武器库。大多数核大国都已不再增加它们的核武器储备，40 个有技术能力建造核武器库的国家也已放弃核武器。即便如此，由于面对新的威胁时总是会有再次武装的冲动，所以许多国家都担心继续裁军难以实现（Ferguson, 2010; Lodal et al., 2010）。事实上，俄罗斯和美国在限制核武器库方面的进展，就受到美国在欧洲部署导弹防御系统引起的政治争端的威胁。2013 年 4 月，俄罗斯副总理罗戈津称这一防御系统为"过分的""挑衅性"武器，将会激发俄罗斯人发展有效的军事对抗武器的需要。2015 年，裁军工作放缓，很大一部分原因是两个国家因乌克兰冲突而导致的局势紧张，俄国人表示他们不会参加 2016 年在美国举办的核安全峰会。尽管如此，美俄两国在削减核武器储备方面的进展，依然表明了敌对的军事力量采取措施逐步降低军备竞赛危险的可能性。

多边军备控制和裁军

历史上有很多多边军备控制和裁军努力的例子。早在11世纪，第二次拉特兰会议就禁止在战斗中使用弩。1868年的《圣彼得堡宣言》禁止使用爆破弹。1899年和1907年，海牙国际和平会议限制使用某些武器，并禁止使用其他一些武器。美英日法意五国领导人在华盛顿海军会议（1921—1922）上签署条约，同意调整它们所拥有军舰的相对吨位。

自二战以来，各国签署了约30份主要的多边军控协议（参见表9.1）。其中1968年的《核不扩散条约》（NPT）（它禁止向非核武器国家转移核武器及其生产技术）特别重要。这份2 400字的《条约》（有人说它拯救了世界）是历史上最具象征意义的多边军控协议。

表9.1 1945年以来主要的多边军控条约

年份	协议	国家数量（签署或加入，2015）	主要目标
1959	《南极条约》	49	防止把南极用作军事目的，包括核武器试验
1963	《部分禁止核试验条约》	137	在大气层、外太空、水下禁止核武器
1967	《外层空间条约》	127	利用外层空间试验或部署任何武器和进行军事演习都是非法的
1967	《特拉特洛尔科条约》	33	通过禁止出于军事目的试验和拥有核设施来创建拉丁美洲无核区
1968	《核不扩散条约》	190	防止核武器及核武器生产技术向非核武器国家扩散
1971	《海床条约》	117	禁止在12海里的海岸限制以外的海床上部署大规模毁灭性武器与核武器
1972	《生物与毒素武器公约》	177	禁止生产和储存生物毒素；要求销毁生物武器库存
1977	《环境改变公约》	85	禁止使用可能改变地球气候模式、洋流、臭氧层或生态系统的技术
1980	《保护核材料公约》	146	各国有义务保护由舰船或飞机运输的用于和平目的的核材料

（续表）

年份	协议	国家数量（签署或加入，2015）	主要目标
1981	《非人道武器公约》	115	禁止使用诸如杀伤弹、燃烧弹、设诡雷陷阱和地雷等伤害平民的武器
1985	《南太平洋无核区条约》	13	禁止在南太平洋试验、获得或部署核武器
1987	《导弹技术控制规制》	34	限制弹道导弹及其生产设施出口
1990	《欧洲常规力量条约》	30	对欧洲五类武器设限以降低武力水平
1990	《信心与安全建设措施协议》	53	改善交换武器、军力和军事演习详情的措施
1991	《联合国常规武器登记机制》	101	呼吁所有国家提交前几年七类主要武器进出口信息
1992	《开放天空协议》	35	允许非武装侦察机飞越缔约国领空
1993	《化学武器公约》	190	要求销毁所有化学武器库存
1995	《曼谷条约》	10	在东南亚建立无核区
1995	《瓦圣纳出口控制条约》	40	管制敏感的军民两用技术转让到非缔约国
1996	《东南亚无核区条约》	10	防止东南亚的缔约国制造、拥有、贮存或试验核武器
1996	《全面禁止核试验条约》	183	禁止所有核武器试验
1996	《佩林达巴条约》	52	建立非洲无核区
1997	《杀伤人员地雷条约》	161	禁止生产和出口地雷并保证消除它们
1998	《非人道武器公约之协议书四》	100	禁止使用几种会造成永久性失明的激光武器
1999	《美洲国家采购常规武器透明度公约》	21	要求美洲国家组织（OAS）全部34个成员国每年都要报告所有武器的采购和进出口情况
2007	《中亚无核区条约》	5	各方有不获得核武器的义务
2008	《集束弹药公约》	110	禁止使用、生产、存储和转让集束弹药
2014	《武器贸易条约》	130	管制常规武器的国际贸易

数据基于美国国务院，2015；军备控制协会，2015。

现有 190 个签字国的 NPT 在促进核不扩散方面取得了相当大的成功,并将继续努力加强和扩大对核不扩散的坚持。2010 年 4 月美国举办了首届核安全峰会,与会 47 个国家制定了一个为期四年的时间表,确保可用于制造炸弹的裂变材料的安全,并同意"核恐怖主义是对国际安全最具挑战性的威胁之一"。然而在两年后于韩国首尔举办的第二届核安全峰会上,进展却变得缓慢下来。新的基准只要求一些无力的承诺,自 2010 年峰会以来裂变材料的库存也只是略有减少。尽管最新发展趋势表明,与公开支持 NPT 提出的想法相反,许多国家都在采取措施加强核武器库建设(Nuclear Threat Initiative, 2013),但 2015 年 3 月举办的第三届核安全峰会则被视为是成功的,新达成的具体协议将会减少恐怖分子获得核材料的可能性,包括减少个别国家存有的核材料,提高放射性物质的安全性,加强国际沟通与合作等。

NPT 也遭遇过几次明显的挫折。虽然并不是签约国,但印巴两国却在 1998 年先后打破 NPT 的障碍成为核大国,而且它们目前正处于一个越演越烈的军备竞赛中(参见下页专栏)。同样,尽管最初签署了协议,但朝鲜还是违反了 NPT,秘密发展核武器。

伊朗追求核能力进一步激起了人们对核扩散的担忧。2009 年 9 月,伊朗把能打击以色列、欧洲和美国的试射导弹基地设在波斯湾。联合国随后采取了针对伊朗的新制裁措施,包括禁止伊朗投资铀矿开采和涉及能够投送核武器的弹道导弹活动。

关于伊朗军事能力的进一步猜测,是由 2013 年 4 月伊朗宣布试射一枚地对海弹道导弹所引起的。中东许多国家都把防止伊朗成为一个核大国作为自己的既得利益,但是可能没有哪个国家能比以色列更有发言权。除了以色列总理内塔尼亚胡声明,如果国际压力不能成功限制伊朗发展核能力的话,以色列就将准备攻击伊朗,以色列已经开始利用从德国购买的潜艇加强其第二次打击能力。尽管有种种担忧,但伊朗很可能会在不久的将来研制出用于核武器所必需的核材料。此外,2015 年伊朗参加了与美国和其他五个主要核大国的谈判,决定减少伊朗现存核燃料储备和限制生产新燃料的能力,以换取放松阻碍伊朗石油销售和接入国际金融体系的国际制裁。尽管这一核协议并不能永久消除伊朗生产核武器的能力,但这表明伊朗有兴趣并愿意同全球共同体中的其他成员合作并寻求一条通往和平之路。

深入探究 **核武器的未来**

根据现实主义理论的看法，军备竞赛的动力根源在于安全困境。回想一下，在一个无政府的国际体系中，每个国家都必须确保它们自身的安全——这就要求国家努力变得比它们的潜在对手更加强大。但反过来就像螺旋模型（spiral model）的意象描述的那样，出于防御目的加强军事实力又易于导致逐步升级的军备竞赛，进而削弱所有国家的安全。爱德华·格雷（Edward Grey）爵士是一战前英国外交大臣，他很好地描述了这个过程："军备增长的目的是在每个国家产生力量意识和安全感，但事实上它却并未产生这样的效果。相反，它引起了对其他国家力量的意识和一种恐惧感。而恐惧则会产生怀疑、不信任和一切邪恶的想象，直到各国政府认为如果不采取任何预防措施就将是犯罪和对自己国家的背叛，与此同时，各国政府都把所有其他政府的任何一项预防性举措都视为敌对意图的证据。"

思考一下印巴之间正在进行的军备竞争。由于巴基斯坦试图在2021年前将其核武库扩充一倍，它同印度仍处于紧张状态。巴基斯坦官员说，他们的行动并没有侵略意图，而只是他们看到来自印度的威胁后的一个反应；印度也在增加其核武库，并将在未来五年内在军事上花费500亿美元（Bast, 2011）。当2012年这两个国家都试射了核导弹后，双方之间的竞争更是进一步加剧（Abbot, 2012）。尽管局势依旧紧张，但先前预见到巴基斯坦成为一个核国家的紧迫性的巴基斯坦总理谢里夫，在2013年也在试图与印度缓和关系。

自由主义理论认为安全既取决于对武力的追求，也取决于对武力的控制。因此，各国如何才能避免或退出军备竞赛呢？扩大建立信任措施以减少恐惧和怀疑——包括增加透明度和全球信息披露文化——是对抗安全困境的不确定性和建立未来裁军的信任基础的关键。在一个核扩散和军备竞赛将继续对全球安全产生威胁的世界中，用艾森豪威尔总统的话来说就是，"以相互尊重和信任的方式裁军，正在变得越来越紧迫"。

★ **由你决定：**

1. 核武器是国际关系的灾难吗？还是说，它们提供了有价值的威慑效果？
2. 军备竞赛注定要以暴力冲突结束吗？可以采取什么措施来减轻这样的竞争？
3. 裁军会带来一个更加和平的世界吗？

核军备控制和裁军有三个可怕的障碍：国家的不安全状态，把核武器作为重要平衡器的观点，以及当一个核大国为无核国建造民用反应堆时发生的核扩散风险（Ferguson, 2010）。而且一些签订了初始协议的国家也怀疑它们在1968年接受的由"核俱乐部"达成的协议是否公平。它们认为最初的核大国并未能兑现承诺解除武装，并认为NPT是"有核国家拒绝无核国家的一个工具"（Allison, 2010）。

世界上还有4 300多枚核弹头（SIPRI, 2015），一些全球南方国家（如沙特和埃及）已经表明其探索核选项的意图，尽管是用于和平的目的（Coll, 2009）。考虑到这一趋势，更令人警惕的是，"新的核国家，其武器库刚建立且缺乏核化争端中的经验，打起'核牌'来却明显要比更有经验的核国家更频繁，这使得它们更可能在发生纠纷时以军事化进行回应"（Horowitz, 2009）。

进一步遏制核扩散的能力和意愿仍然难以肯定，认识到这一严峻的趋势，奥巴马总统强烈建议世界各国重新开始履行它们应对核扩散的承诺。他强调了这一议题的高风险并警告道："有人认为这些武器的扩散无法被中止……这样的宿命论是致命的敌人。因为如果我们相信核武器的扩散不可避免，那么在某种程度上我们就是在承认使用核武器不可避免。"

军备控制及裁军问题的未知未来

军备控制和裁军中的障碍难以克服。批评者们抱怨说，这些协议管制的常常是过时的军备，或者是协议各方几乎没有动机首先去开发的武器。即使针对现代复杂的武器达成了协议，协议各方设定的上限也经常要高于当前已经部署的武器数量，因此这些协议并未大幅削减各国的武器库存。

第二个缺陷是，对一种类型的武器的限制，会促使各国开发另外的武器系统。就像氢气球，这边瘪了，那边又鼓了起来，对一国武器特定部分的限制会导致另外部分的增强。这方面的一个例子就是1972年的《限制战略武器条约》，它限制了美苏拥有的洲际弹道导弹的数量。导弹的数量是被限制了，但可装在每枚导弹上的核弹头的数量却未受到限制。结果就是，双方都开发了多弹头分导重返大气层运载工具（MIRVs）。简言之，对发射装置数量的冻结，导致弹头投送系统质量的改进。

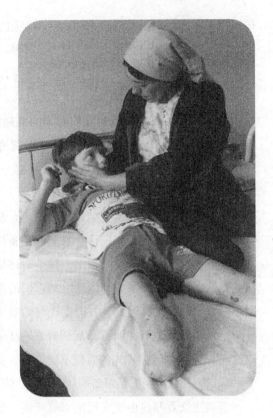

战争的遗产 杀伤人员地雷只要人一接触或者存在就会被引爆。这种无差别的战争武器认识不到停火或者敌意的中止，它们会杀人或导致像炸断四肢、烧伤或致盲这样的伤害。图中所示是一个12岁的受害者布林和他的妈妈在医院里。他在科索沃南部的地里摘草莓时失去了右脚，受到重伤。

另一个问题也削弱了人们对未来有意义的军备控制的信心——全球共同体在禁止一些最危险的武器和反击武器上缓慢而无效率的能力。想一想**杀伤人员地雷**（antipersonnel landmines，APLs）的例子，这种地雷无法区分士兵和平民。据信，超过70个国家的边境上散布着超过1亿到3亿颗地雷（另有1亿颗库存）。这相当于世界上每50人就有一颗地雷，而这些地雷每年都会炸死或致残2.6万多人，其中几乎全是平民。这相当于每20分钟就有一名受害者出现。

1994年，当时还没有一个国家签署禁止这种致命武器的条约，和平活动家乔迪·威廉斯（Jody Williams）组织了国际禁止地雷运动，这导致《禁止使用、贮存、生产和转让杀伤人员地雷公约》，它在1997年12月开放供签字。但是美国、俄罗斯和其他大国却是顽固地拒绝签署该《公约》，直到一个由非政府组织组成的和平团体联合向这些国家施加了足够的压力，才使它们接受了这个重要条约。现在的签字国有161个，但执行这一禁令和消除杀伤人员地雷的任务仍很艰巨,部分原因是人们继续认为地雷是阻止地面侵略的一种威慑。美国仍然没有接受该条约,但它已表明,它将"不再生产或获得杀伤人员地雷,或者是替换过期的老地雷,这产生的实际效果就是,估计将会减少美国库存中的1 000万颗地雷"(Gladstone, 2014)。

赞同军备控制和裁军的人们面临的最后一个问题是国防工业(武器技术)的不断创新。当对一种类型的武器达成限制协议时,新一代的武器已经出现了。现代技术制造了射程越来越大的新式武器——这些武器越来越小,越来越致命,并且更加容易隐藏。

为什么各国经常做出武装自己的决定,尽管这显然会使国家处于永久的不安全之中?表面上来看,进行有意义的军备控制的动机非常多。重要的军备控制将会节约资金、降低紧张程度、减少对环境的危害,并减少潜在的战争的破坏性。然而,大多数国家都不愿限制它们的军备,原因是自助的国际体系要求每个国家自我保护。因此,各国发现它们陷入了一个恶性循环。这一恶性循环有两个基本原则:(1)"当你落后的时候不要谈判。为什么要接受永远当老二的地位呢?"(2)"当你领先的时候不要谈判。为什么要在其他国家跟不上你的某个军事竞争领域接受冻结军备的状况呢?"(Barnet, 1977)

现实主义者和自由主义理论家都赞同,如果各国能够意识到国际合作可以实现自身利益的话,世界就会变得更美好。但他们对合作的前景却持有不同看法。现实主义者坚持认为,保护国家安全最好的方法是发展军事实力,而不是自由主义倡导的减少军备或军事开支。现实主义者认为,这些条约在一个无政府的世界中是危险的,因为自私自利的竞争对手的承诺是不可信的。他们忠告说,不要相信军备控制条约,因为身处全球丛林中的无情领导人会做出欺骗和破坏诺言的行为。因而,与坚持履行不可能执行的军备控制协议的义务相反,现实主义者建议依靠通过军事准备的单边自助来保护自己。

著名的"囚徒困境"背后的逻辑揭示了存在于互不信任的跨国行为体之间的国际合作的障碍(参见图9.1)。说明如下:假设两个疑犯由于武装抢劫被地方检察官关押在不同的牢房里。检察官确定两人有罪,但证据只足以控告他们非法持有枪支。地方检察官告诉两个犯人他们有两个选择:承认抢劫或者保持沉默。如果一方认罪另一方保持沉默,那么认罪者将由于提供证据而免于被起诉,但他的同伙将被判坐牢十年。如果双方都认罪,那么他们将各自被判五年。

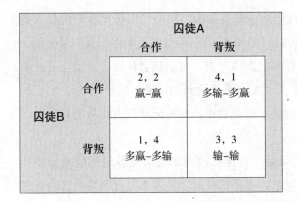

图 9.1 囚徒困境 矩阵描绘的结果将取决于每名囚徒是选择与同伙合作保持沉默,还是背叛同伙向地区检察官坦白。因为两个囚徒想尽可能被少关押,他们的偏好顺序排列,从最偏好的结果到最不想要的结果依次是:(1) 免于起诉;(2) 半年监禁;(3) 五年监禁;(4) 十年监禁。每个框内显示的第一个数字是 A 行为体的结果,第二个数字是 B 行为体的结果。

如果无人认罪,他们将由于非法持有枪支而只坐牢半年。

面对这种情况,两个犯人分别应该怎么做呢?他们都想尽量减少服刑期,但是由于他们被分开审问而无法沟通。并且两人都不能确定是否能信任对方。这一情形(大体上也适用于跨国行为体之间的互动)会产生一些有趣的结果。

尽管对这两名囚徒而言最佳策略是心照不宣地合作并保持沉默,这样两人都只用服刑半年(矩阵中的赢-赢结果 2,2),但两人也都面临如下动机:背叛伙伴,向地方检察官提供控告的证据。首先,有一种进攻性的、通过认罪背叛伙伴的动机,以保证一方(免罪)的结果,这对这个人来说要好过两个人一起坚持不认罪(两人都坐牢半年)。其次,出于自保动机而背叛,其基础是害怕被同伙出卖,因同伙告密而得到最差结果(十年监禁),而同伙则被无罪释放。

根据囚徒困境的逻辑,由于不想当坐牢十年的"傻瓜"而同伙则被无罪释放,两人都认为出于自身利益考虑应背叛并指证对方以争取"赢得更多"。结果他们都得到了次优结果(矩阵中的输-输结果 3,3——五年监禁),而最优结果则是双方合作并保持沉默。这个困境就是,对每个个体行为体来说看似理性的计算,与他们选择别的策略相比,却产生了对两人来说更糟的结果。

很多现实主义理论家都将军备竞赛比作囚徒困境。假设是两个国家而非囚徒拥有大致相等的军事实力,并且也无法确定它们是否能信任对方,它们正面临两个选择:合作减少军备支出,或背叛对方增加军备支出。假定每个国家都偏好于拥有相对其他国家的军事优势并害怕处于劣势,当有一个国家增加军备支出而其他国家减少军备支出时这就可能会发生(图 9.1 中描绘的多赢-多输结果 4，1 和 1，4）。通过共同合作减少军备支出，它们可以将更多资源投入到其他的国家需求上，如教育和医疗（结果 2，2），但是鉴于类似于我们早先例子中受到诱惑的两个囚徒的进攻性和防御性动机，它们都会认为寻求安全并武装自己符合它们个体的自我利益。作为它们联合背叛的结果（结果 3，3），它们的情况变得更糟，使自己陷入昂贵的军备竞赛中，并可能导致占优势的均势变得不稳定。

囚徒困境博弈的这个版本只是一种简化而并未考虑随着时间的重复博弈可能发生的情况，但它向你强调了，在不信任同伴、谋求自身利益的行为体之间达成互利的军备控制协议会面临的一些困难。这种思维模式在美国身上体现得淋漓尽致，美国在世纪之交决定废弃一批旨在控制核武器威胁的国际条约。2001 年美国单方面决定放弃 1972 年的《反弹道导弹条约》，退出限制非法小武器走私的联合国会议，并拒绝执行 1972 年《生物武器公约》的规定。这种漠视军备控制的行为使得其他国家纷纷效仿。

尤其麻烦的是美国抛弃了被许多人视作军备控制基石的 1972 年《反弹道导弹条约》，因为这一公告是现代史上美国首次宣布放弃一份重要的国际协定。这引起了人们对其他国家可能会随之大量抛弃军备控制协定的全球连锁反应的担心。例如，2007 年俄罗斯威胁要退出《中导条约》并暂停《欧洲常规力量条约》。不过，在承认将持续致力于防御性的军事准备时，奥巴马总统重新表现出对控制致命武器传播的兴趣，他说："我们在为防御导弹花费数十亿美元的钱。事实上，我相信我们需要导弹防御……但我同样相信，当我们只在防止核扩散上面花费几百万美元时，我们就正在犯错误。"

核试验的流行揭示了各国认为改进它们的武器要优先于控制它们的武器这一倾向。2015 年年初，九个已知的核国家自 1945 年以来已经进行了共计 2 055 次核爆炸——平均 12 天一次核试验，尽管人们怀疑有很多核试验都没有被报道（SIPRI）。1963 年的《部分禁止核试验条约》虽然禁止在大气中和水下进行核试验，但却并未禁止地下爆炸试验，所以它并未减缓核试验的脚步。所有的核试验有 3/4 以上都发生在《条约》生效后。例如，并未显示出要放弃核试验野心之迹象的朝鲜，在 2013 年 2 月 12 日就进行了一次地下核试验。

过去军备控制及裁军的记录使得自由主义者和建构主义者极为失望，他们原本希望谈判妥协可以减少军备竞赛。看来现实主义者及其不断强调通过军事准备实现和平的主张，战胜了自由主义者"获得武器并非实现世界秩序的良方"的假设。然而，也许终会有一天，威尔逊总统的世界裁军目标将会实现。只要武装冲突的威胁在世界上出没，领导人们就不太可能会认为裁军是谨慎之举。许多自由主义者和建构主义者都认为，其他寻求和平的路径要更有希望。为了集体安全而建立国际组织有着一段更加鼓舞人心的历史，部分原因是许多军事危机都要求通过多边合作和平解决。

9-3 通过国际组织维持集体安全

建立国际组织的首要依据之一就是维护和平。实现国际和平的制度之路形成于自由主义和建构主义思想中，自由主义者专注于相互依存和合作，建构主义者则强调观念和规范的核心地位。这些方法也被称为现实主义者倡导的均势的替代方法。当每个以前的均势在大规模战争中崩溃时，全球共同体通常就会通过国际组织来踏上走向和平的道路。

注意，古典现实主义者强烈反对依靠国际组织。你应该还记得，现实主义高度赞扬国家的主权独立，将其视作核心价值，并指责所有的国际组织都是国家对外政策自主权、自由和单边行动的灵活性的障碍。实际上，现实主义者反对为全球共同体开出的"组织起来"这一处方，即创立高于国家的制度作为实现全球稳定的路径。这一现实主义立场的唯一例外是，当大国选择建立超国家的多边机构来控制国际关系中的军事力量时且仅当建立它们的大国确定该组织将由**它们**为了自己的利益而进行权威性管理时。

对自由主义和建构主义的改革者来说，集体安全被视为现实主义者偏好的均势政治的一个备选方案。从定义上来说，集体安全要求为集体目标做出集体决定，如遏制武装冲突，其指导原则是任何国家的侵略行为都将招致其余国家的一致反应。正如基辛格解释的，"集体安全假设每个国家都会以同样的方式去理解对国际秩序的每一个挑战，并准备好承担同样的风险来维护它"。国际组织被视为和平解决冲突的关键，因为"拥有干涉能力的国际组织会鼓励有争端的成员尝试和平解决冲突的方法"（Shannon, 2009）。

集体安全基于与大仲马笔下达达尼昂和他的火枪手伙伴们信奉的相似信

条:"人人为我,我为人人。"为了让集体安全能在混乱的国际舞台上发挥作用,它的倡导者们通常将火枪手的信条转化为以下治国规则:(1) 所有对和平的威胁,必须是每个国家共同关心的问题。集体安全理论假定,和平是不可分割的。如果任何地方的侵略被忽视,侵略最终就会蔓延到其他国家,一发不可收拾。因此,对任何国家的一次袭击,都要被当作对所有国家的袭击。(2) 全球体系中的每个成员都应加入集体安全组织。与在竞争的同盟中彼此算计相反,各国应该联结成单一"联合的"同盟。它假定,这样一个普世性的集体将会拥有国际合法性和力量来维持和平。(3) 国际组织成员都要保证采取和平方式解决争端。集体安全并不执着于维持现状。它假定当有制度可以和平解决利益冲突时,和平的变化也是可能的。在为分歧提供一个调解机制之外,集体安全组织也包含了得到授权为争端发布有约束力的裁定的司法机构。(4) 倘若和平被破坏,组织应及时强力制裁侵略者以示惩罚。支撑这个理论的最后一个假定是,集体安全组织的成员都愿意并且能够相互帮助受到攻击的任何国家。制裁范围可以从公开谴责到经济抵制再到军事报复。

将这些前提拼在一起,这种通过集体安全组织实现国际和平的方法,旨在通过保证每个国家都能以集体规则保卫自己,进而控制无政府状态下的自助战争。因此可能具有讽刺意味的是,自由主义的改革者也接受使用军备力量,但这并非是为了扩大国家力量,而是为了通过使侵略者面对整个全球共同体联合起来的对立的武装力量,从而威慑潜在的侵略者。力量也能被用来为正确的事情作战。

国际联盟、联合国和集体安全

也许,一战比任何其他事件都更能使现实主义者认为"和平是均势的副产品"这一观点不足为信。许多自由主义者通过引用军备竞赛、秘密条约、竞争的同盟这些造成分裂紧张关系的来源,认为均势是战争的原因,而非阻止战争的工具。威尔逊总统表达了对均势政治的强烈反对;他在"十四点计划"中为了保证战后和平而提出建立"一个国家不分大小、维护政治独立和领土完整的普遍的国家联合体"。这个请求导致国联的建立,为了维护世界秩序,以一个全球管理体系取代均势,这样任何国家的侵略行为都将受到联合反击。

然而，在威尔逊和其他呼吁建立国联的改革者之前很久，集体安全的观念就在不同的和平计划中有所表达。例如，11 世纪至 13 世纪，在普瓦捷（1000年）、利摩日（1031 年）和图卢兹（1210 年）举办的法国教士理事会就讨论了集体安全的基本构想。皮埃尔·杜波依斯（Pierre Dubois, 1306）、波西米亚国王波代布劳德（Podebrad, 1462）、苏利公爵（Duc de Sully, 1560—1641）和圣皮埃尔神父（1713 年）等人的作品里也有相似的建议。与那些致力于平衡力量变化的同盟相比，一个有组织的权力"共同体"在维持和平方面要更加有效的信念，是这些建议的基础。

但使它的拥护者失望的是，国联从未成为一个有效的集体安全体系。美国是一战后最初数月中最坚决捍卫它的大国，但美国国会却并不认可它。而且，国联的成员国在如何定义"侵略"，以及如何分担对可能的侵略进行有组织的反击所带来的成本和风险上也是意见不一。虽然国联未能实现它崇高的目标，但集体安全原则却是被嵌入国联之宗并指导着后来联合国的建立。

和国联一样，联合国也是在可怕的世界战争过后为促进国际和平和安全而建立。用杜鲁门总统的话来说，其目标是"在世界各民族中……为了共同和平和共同繁荣建立一个永久的伙伴关系"。联合国的设计者们痛苦地意识到国联令人失望的集体安全经验。他们希望新的结构会使联合国比之前的国联更有效。

回顾第 6 章，《联合国宪章》建立了一个由 15 个成员国组成的安全理事会、由各成员国代表组成的大会，以及在秘书长领导下的行政组织（或秘书处）。联合国的建立者表示支持集体安全，但他们还是受到联合管理全球议题的大国协调观念的影响。《联合国宪章》同意五个常任理事国中的任何一个国家都可否决并阻止提议的军事行动。

由于安理会只有当五个常任理事国都同意时才能批准军事行动，联合国也就被大国对立（尤其是美苏对立）所破坏。冷战时期，安理会使用了超过 230次否决权，要求停止联合国决议中约 1/3 的行动——"它成为政治瘫痪的表现"（Urquhart, 2010）。由于联合国的结构限制了它作为一个真正的集体安全组织发挥作用的能力，所以在冷战期间它也就无法实现其设立的许多远大理想。

与任何具有适应性的机构一样，联合国也用其他方式来克服对它的法律限制及大国合作不足这一约束它维持世界和平能力的限制。比如，与在朝鲜战争中的"执行和平"（peace enforcement）相对，联合国采取了一种新方法叫**维持**

和平（peacekeeping），旨在"防止在遭受内战的国家发生过度的暴力"（Powers et al., 2015）。1956 年苏伊士运河危机期间，联合国紧急部队（UNEF）得到联大联合和平决议的授权，是日后诸多维和行动中的第一次。联合国维和行动一直都是可信的并成功地遏制了冲突，它所采用的方法是"降低反叛者进行动员的策略优势，阻断武装行为体的运动，改变政府搜索和面对反叛行为体的能力"（Beardsley and Gleditsch, 2015）。

此外，1960 年，秘书长哈马舍尔德试图通过他称之为**预防外交**（preventive diplomacy）的方式，在冲突演变为危机之前就解决它，这种做法与冲突一旦发生就以战争收场的情况相对。类似地，1989 年，秘书长德奎利亚尔对超级大国阻止联合国"扮演《宪章》为其构想的有效的、决定性的作用"感到沮丧，他追求所谓的**缔造和平**（peacemaking）倡议。这些项目的目的是结束战争，以便联合国能够安排维和行动。后来，联合国秘书长安南把联合国的努力集中于**和平建设**（peace building）上，创造条件使战争重新爆发成为不可能，与此同时，继续进行缔造和平的工作（结束正在进行的战斗），并管理联合国的**和平行动**（peace operation），在敌对双方重新开战可能性很高的地方管制冲突。这些努力一直都在强调联合国维和行动，依靠训练有素、装备精良的联合国部队在必要时不事先取得争议各方同意而使用武力。

在四十多年的时间里，联合国一直是超级大国对立的受害者。然而，冷战的结束消除了对联合国维护和平能力的许多限制。比如，1999 年，安理会迅速采取行动，授权进行军事强制，迫使伊拉克从它入侵的科威特撤退。这次成功的集体安全倡议行动，激发了对联合国在维持和平中的领导地位，以及运用联合国维持和平的乐观看法。1990 年以后，联合国发起的维和行动是它成立后的 40 年中维和行动的三倍多。自 1990 年以来，联合国平均每年都要管理六次维和行动。

尽管自由主义者满怀希望认为联合国是促进人权和全球法治的一个手段，但它作为一个组织面临的限制，部分原因可能是它继续强调主权和对权力政治的依赖。从现实主义者的视角来看，联合国的建立是为了使英国和美国的全球支配地位永久化，同时容纳不受欢迎的苏联的出现。为了从根本上提高联合国作为一个真正的全球机构发挥作用的能力，它的成员国可能需要放弃它们的个体特权，授予联合国更大的权威。联合国分析专家厄克特（Urquhart, 2010）同意这种观点,他认为,在全球化时代,对联合国的重要性来说,关键是:"如果各国政府真的将联合国的有效性看成当务之急,这[国家主权]将成为它们首先不得不处理的问题。实际上,一国只想知道哪个全球问题将会带来毋庸置疑的大灾难,那场灾难将会毫无疑问地证明,而且可能为时已晚,我们的现状需要的是一个后威斯特伐利亚的国际体系。"

1945 年时很少有什么全球问题会是一个国家不能独自成功解决的。而如今整个世界都面临着令人生畏的挑战,如国际恐怖主义、全球流行病、环境恶化和资源短缺等要求合作解决的全球问题。"作为一个全球组织,联合国应该特别适合在这些问题上进行领导并提供协调行动,但其成员利用它作为合作应对危险全球问题场所的能力却一直受到限制,令人失望。"(Urquhart, 2010)

不仅是安理会常任理事国的自身利益限制了联合国,它自身的基础设施和财政资源也限制了它。为了使联合国取得成功,世界共同体必须使它权责匹配。自 1948 年以来,为了支持联合国 71 次维和行动的全部支出已达 843.3 亿美元。从 2014 年 7 月到 2015 年 6 月这段时间,支持联合国 12.5 万多名维和人员的预算为 84.7 亿美元。为了正确看待这笔支出,我们可以将其与美国同时期 6 151 亿美元的军费支出相比较。

这表明,自 1999 年以来,联合国维和人员的费用增加了九倍,而这则占全球军费支出的不到 1% 的一半(0.48%)。联合国维和力量的支出通常比全球北方国家、北约或地区组织部署的军队支出要便宜得多。美国国家安全顾问苏珊·莱斯(Susan Rice)认为:"如果美国想要在许多这些国家单边自行部署军队,对美国每花费的 1 美元来说,联合国只需 12 美分就能完成任务。"

联合国绝非完美,但它却是唯一能够有效地组织国际合作的全球性机构,在各国不愿意或没有准备好单独行动的情况下去应对安全危机。然而在联合国蓝盔部队没有得到必要的完成工作所需支持的地方,随着地区性的政府间组织介入那些局势,利用地区安全组织的做法也在增加。

地区安全组织与集体防卫

如果说联合国反映了全球共同体缺乏共有价值观和共同目标的特征,那么地区性组织由于其成员已共享一些利益和文化传统,其前景可能会更好。今天发生的战争的类型并不适合由一个世界性实体来控制，因为这些冲突几乎都是内战。成立联合国的目的仅仅是为了管理国家之间的国际战争；它的成立并不是为了干涉主权领土内部的战争，而且它也没有得到可以干涉的合法授权。

地区性的政府间组织则不然。地区性的政府间组织认为自身安全利益受到本地区的国家内部武装冲突的严重影响，而且在历史上它们已经显示出管理严酷的国内冲突的决心和原则。和平行动的"地区化"是一个全球性趋势。2005年年初，地区性组织和联合国认可的国家联盟执行了不下62次和平行动，涉及162 052名军事和文职人员（SIPRI, 2015）。因此，地区性安全组织有可能在本地区未来的安全事务中发挥越来越大的作用。

北约是最知名的地区性安全组织。其他地区性安全组织包括欧洲安全与合作组织（OSCE）、澳新美条约组织（ANZUS）、东南亚条约组织（SEATO）。在防卫之外获得了更广泛的政治授权的地区性组织有美洲国家组织（OAS）、阿拉伯国家联盟、非洲统一组织（OAU）、北欧理事会、东南亚国家联盟，以及海湾合作理事会。

今天，许多地区性安全组织都面临着一个挑战：在没有一种明确的同盟使命感的情况下维持共识和团结。以北约为例。自从冷战结束以来，模糊的欧洲安全环境的特点是出现了许多族群和宗教冲突，这些并不是北约在建立之初要解决的问题。它最初的宪章只提到了一个目标——在面临苏联攻击时互相保护。它从未把管理内战作为自己的一个目标。

结果，直到1995年北约从联合国那里承担起在波斯尼亚-黑塞哥维那的所有军事行动时，该同盟能否适应新的安全环境仍不确定。自从那次干涉之后，北约已经重新界定了自己。它在1999年干涉并管理了科索沃的内部暴力。2001年北约第一次援引第五条款（要求集体防卫受到攻击的成员国）参加了阿富汗战争，表明它在"9·11"后坚定地支持美国。2011年3月，北约在利比亚接过了最初由美法英三国执行的军事行动的责任。2014年，北约谴责俄罗斯及俄罗斯支持的分离主义者违反国际法吞并克里米亚和在东乌克兰制造不稳定的行为。该同盟宣布它支持乌克兰的主权和领土完整，并同意帮助乌克兰，为乌克兰提供安全。

今天，北约已经扩大了很多，经过1952年、1955年、1982年、1999年、2004年、2009年的六轮扩大，其成员国已从1949年的12个创建国扩展到当前的 28 个成员国。在东欧，还有很多国家会是将来的成员国，另外也有很多国家觉得将俄罗斯纳入北约同样符合北约和欧洲的利益。

此外，北约已转型为既是一个为了实现国家之间和国家内部的安全并遏制全球恐怖主义扩散的军事同盟，也是一个鼓励民主扩散的政治同盟。北约被广泛认为是全球北方的一个代理，但它授权的集体安全行动却具备单边干涉常常缺乏的合法性。"对英国和法国来说尤其如此，它们的殖民历史在中东和北非带来了巨大的包袱——更不用说美国了，美国在该地区有着更近的复杂的历史。"(Joyner, 2011)

虽然如此，与联合国和其他地区性组织情况一样，北约要扮演好集体安全组织的角色也面临着障碍。只有当北约最强的成员国就任何被提议的行动达成一致意见时，它才能够成功地执行维和行动。在利比亚的例子中，联合国安理会决议批准的授权严格集中于保护平民，目的是在策略上通过弃权来获得批准，以免俄罗斯直接反对。

其次，北约任务的范围是受限的，因为它不可能针对任何一个大国或有一个军事同盟的国家。在 21 世纪，它的宿敌俄罗斯同意，北约和俄罗斯需要齐心协力对抗恐怖主义、核扩散、海盗和非法毒品交易。然而，"俄罗斯远未接受北约在那些它认为处于其'享有特权利益范围'的国家中存在"(*The Economist*, 2010a)，这在俄罗斯和北约之间围绕克里米亚的军事升级，以及俄罗斯对乌克兰的军事行动引发的紧张局势中已经表现得很明显。

北约面临的一个主要问题是，其欧洲成员国不愿提供自己的军队。相反，它们仍然依赖美国领导军事行动并提供大部分武器。美国几乎提供了北约所有国家军事开支的 3/4。此外，其他北约成员国有限的支出经常与有限的政治意愿相匹配。在阿富汗，许多欧洲国家都强加限制，是北约国际安全援助部队（ISAF）不情愿的参与者。美国战斗部队令人同情地打趣说，同盟任务的首字母等同于"我看见美国在打仗"。

"在后苏联的世界里，华盛顿对北约事实上在向富裕的欧洲国家支付防御费用的做法越来越不满。"(Shanker and Erlanger, 2011) 正如美国前国防部长罗伯特·盖茨警告的，"严峻的现实是，美国国会和美国政界会越来越失去耐心和越来越不愿为一些国家花费越来越宝贵的资金。这些国家不愿为了自己的国防奉献出必要的人力物力或是进行必要的改革，以成为北约认真和有能力的伙伴"。北约是一个已经显示出其有能力适应不断变化的全球环境的重要机构，但如果在未来的年份里美国的兴趣从欧洲转向亚洲，这一点也将会受到考验（*The Economist*, 2012b）。

集体安全组织代表着通向国际和平的一条主要自由主义之路。自由主义者长期以来也一直主张加强国际法，以便更好地为维持世界秩序服务。下面我们就来思考国际法在世界政治中所处的地位，以及一直较为流行的通过法律方式控制国家内部和国家之间武装冲突的规则。

9-4 国际层面的法律

战争（一个国家自行选择攻击另一个国家，没有迫在眉睫的威胁，因此不是自卫）似乎是一种邪恶而危险的做法，全球共同体都应自动禁止，对吗？同样，国际共同体是否有义务保护无辜的公民免受他们自己国家的虐待和暴行？事实上，没有，或者说，认为应该这样做的观念只是在最近的历史上才打下基础。

国际法的核心原则

国际法大多是由现实主义者构思和编写的，现实主义者一直将强国的特权作为首要考虑并在历史上一直倡导，为了保护一个支配性大国在全球等级制中的地位，使用武力应该是一种可以接受的做法。惠顿（Wheaton, 1846）写道："每个国家都有权利使用军队。"

国际法中没有什么原则能比国家主权更重要。主权意味着在国家之上再无合法的权威，除非国家自愿做出让渡。自1648年的《威斯特伐利亚和约》以来，各国都试图保留在它们的领土范围内以政府选择的任何方式行事的权利。该规范是其他所有法律规则的基础；国际法中的关键概念都证明了主权国家表示它们愿意遵守规则。事实上，正如被归为现实主义传统的理论家们自17世纪以来设想的那样，国际法的规则旨在保护国家维护主权独立和根据它们理解的国家利益采取行动的自由。

1948年的《世界人权宣言》将各国如何对待其个体人民纳入关注，但国家依然是至高无上的。相应地，大量的规则都主要专注于国家的权利和义务，而非人民的权利和义务。比如，**主权平等**（sovereign equality）原则赋予每个国家受到其他国家完全尊重的权利，以及受到系统法律规则同等保护的权利。独立的权利也保证了各国在内部事务和对外关系中的自主性，其逻辑是每个国家的独立保证了所有国家的独立。同样，**中立**（neutrality）原则也允许各国避免卷入其他国家的冲突和联合之中。

不干涉原则构成了不干涉规范的基础，它要求国家避免卷入另一个国家的内部事务，除非收到邀请。这个有时候被滥用的经典规则，赋予政府对在其有限的领土之上、之下或之中的所有事情的实质性管辖权。事实上，国际法对国家控制其内部事务的权利非常宽容，以至于在1952年之前，"国际法中并无先例要求一个国家为在其管辖范围内针对少数民族犯下的罪行承担责任"（Wise，1993）。公民无法得到保护，免受国家对人权的践踏或反人类罪行（crime against humanity）的侵害。

尽管国际法存有缺陷，但这并不意味着它就是无关紧要的或无用的。各国自身都发现国际法是有用的，并付出大量努力去引导国际法的演变过程。这一行为表明，各国都把国际法解释为实际的法律，并在大多数时间都遵守国际法（Joyner，2005）。

思考一下这个类比：在后院玩"捉人游戏"的孩子创造游戏的规则。这些规则可能指定树在范围之外，秋千是安全的基地，一个玩家一被碰到就被"冻结"而不能移动，等等。虽然并没有执行机制或违反规则的实际惩罚，但规则却有助于组织游戏和创造某些期望，并使游戏成为愉快的互动。

沿着同样的思路，各国重视国际法并申明对国际法的承诺的主要原因是，它们需要对"游戏规则"有共同的理解。法律有助于塑造预期，规则则可以减少不确定性，这样一来也就增加了国际事务的可预测性（Morrow，2014）。这些沟通功能为全球体系中的每一个成员服务，允许各国相互信任。

就连那些最强大的国家通常也都会遵守国际法，因为它们认识到，遵守法律获得的收益要大于出于私利而违反规则的成本。那些遵守规则的国际行为体会得到令人满意的回报，那些忽视国际法或机会主义式地打破习惯规范的国家则会受到相应的惩罚。国际声誉很重要并能提升一个国家的"软权力"。经常违反国际法律规则的国家很可能会发现，其他国家不愿与它们合作。违法者必定也担心遭到受害国的报复并担心自身声望受损。出于这种原因，只有最具野心或莽撞的国家才会倾向于公然蔑视已被接受的行为准则。

国际法律制度的局限性

法学理论家威廉·科布登（William Cobden）认为："国际法是不同国家的决策者们交流沟通，对国际体系的本质达成共识的制度性手段。"然而，在自由主义的理论家们看来，把国家置于全球共同体之上是一个严重的错误，因为这削弱了国际法潜在的有效性。许多理论家都认为，国际法律制度在制度上是有缺陷的，原因是它要依靠各国自愿参与。由于正式的法律制度在全球层面上显得软弱无力，所以批评家们指出了它的几个重要局限性。

首先，在世界政治中，没有一个立法机构能够制定真正具有约束力的法律。只有当各国愿意遵守或者各国赞成它们自愿签署的条约中的规则时，规则才能成其为规则。《国际法院规约》第38条大体上被接受为"国际法渊源"的权威定义，它宣布国际法来源于：(1) 惯例；(2) 国际条约和协议；(3) 国家和国际法院的判决；(4) 法律权威和法学家的法律著作；(5) 自罗马帝国以来被视为"自然法"和"权利理性"一部分的法律"一般原则"。

其次，在世界政治中，不存在一个司法机构能够权威性地确定和记录各国接受的规则，解释何时和怎样运用这些规则，并确定违反这些规则的情形。相反，各国自行对履行这些任务负责。国际法院如果没有得到各国同意也就没有权力去履行这些功能，而联合国也并不能够就司法问题代表整个全球共同体发表意见（即使最近联合国对《联合国宪章》中的第7章规定了新的范围，主张拥有对全球法律进行半司法性权威解释的权利）。

最后，在世界政治中没有一个执行机构能够执行这些规则。规则能够得到实现，往往是通过那些因其他国家违反法律而受害的国家的自助行为，或者是在受害国的盟国或其他利益相关国的帮助下实现的。世界上不存在一个集权的执行程序，对规则的遵从是自愿的。因此，整个制度有赖于各国遵守它们同意的规则的意愿，以及每个国家通过报复性措施破坏它们所尊重的规范和行为的能力。

除了主权强加的对法律制度的障碍，以下几个弱点也削弱了人们对国际法的信心：(1) **国际法缺乏普世性**。一个有效的法律制度必须代表其管辖对象共享的规范。根据罗马法的箴言"哪里有社会，哪里就有法律"，共享的共同体价值观是形成一种法律制度的最低前提条件。然而，当今国际秩序在文化和意识形态上都是多元主义的，结果就是各国对共同的价值观缺乏共识。全世界同时运行的、常常不相容的法律传统，削弱了一个普遍的、世界性的文化和法律制度的建立。(2) **在国际法下，合乎法律与合法性并非总是齐头并进**。正如在任何一种法律制度中一样，在世界政治中，成为法律的并不必然就是合乎道德的。尽管合乎法律是决定行为合法性的重要因素，但其他价值观也在发挥作用，比如大众接受国际法是有权威性的这一规范。而且，一个行动合乎法律也并不总是意味着智慧或有用。"比如，1990年代初，联合国安理会禁止向南斯拉夫族群和宗教暴行的受害者提供武器的决定合乎法律，但却不合乎道德，而北约未经授权就使用武力去防止科索沃的暴行，这不合乎法律，但却合乎道德。"(Sofaer, 2010) (3) **国际法是强国压迫弱国的一个工具**。在一个自愿同意的制度中，强国愿意同意的规则是那些服务于它们利益的规则。因此，这些规则也就维护了现存的全球等级制度（Goldsmith and Posner, 2005）。正如马克思主义理论认为的，"国际法的形式包含了国家对法律权利的看法，而流行的观点则将取决于哪个国家刚好更强大"（Carty, 2008）。(4) **国际法更多是对现有实践的辩护**。当一种特定的行为模式成为普遍现象时，它在法律上就会变成是有约束力的；行为的规则变成了行动的规则（Leopard, 2010）。杰出法学家凯尔森（Kelsen, 2009）认为"各国应该按照它们以前习惯的行为方式行动"，这反映了**实证主义法学理论**（positivist legal theory）的观点，即当一种类型的行为频繁发生时，它就成了法律。事实上，实证主义法学理论强调，法律是社会建构的。在缺乏创建国际规则的正式机制时，各国的习惯性实践是法律最重要的渊源。(5) **国际法的模糊性使法律降格为出于宣传目的的一种政策工具**。国际法含糊的、有弹性的字句使得各国很容易把几乎所有行动都界定和解释为是合法的。金（Kim, 1991）认为：这里的问题"是缺乏清晰性和一致性，[这使]国际法很容易[被]曲解和利用……成为灵活的遮羞布或者是宣传工具"。这种双重性使得各国有可能利用国际法去获得它们能够得到的东西，并使它们已经获得的东西正当化。

因此，是各国自身（而非更高的权威）决定了什么是规则、什么时候应用，以及如何执行。这提出了世界法律的自由主义倡导者最为关心的一个问题：当所有国家都高于法律的时候，真的是由它来统治的吗？正是这个问题促使改革者限制国家的主权自由并扩大它们对共同的法律规范的共同追求，以便促进集体全球利益超越个别国家的利益。

国际法的司法框架

可以肯定的是，自由主义和建构主义的改革者还有很长的路要走，去实现他们的梦想，看到国际法得到加强，使它能更有效地管理国际冲突。然而，改革者也从最近的趋势中获益良多，这些趋势使国际法提高了管理国家内部及国家之间的战争和全球恐怖主义战争的能力——他们质疑那些愤世嫉俗者的观点，后者仍然认为国际法与国家使用武力无关并且应该无关。改革者提出了以下观点：(1) 制定国际法的目的不是要防止所有的战争。侵略战争是非法的，但防御性战争就不是。因此，只要发生战争就宣称国际法已经失效是错误的——尽管一场战争被看作是防御性的还是侵略性的，往往取决于参与者是冲突中的哪一方。(2) **国际法不是要废除战争，而是保留它作为对打破规则的制裁**。因此，战争是惩罚侵略者的最后一个工具，从而可以维持全球体系的法律框架。(3) **国际法是对战争的一种制度性替代**。法律程序的作用在于，在冲突爆发为公开的敌对之前就解决它。尽管法律无法防止战争，但法律程序常可解决没有它们的时候可能会升级为战争的争议，从而在有时候可以代替不必要的暴力。

为了让法治在世界政治中获得力量，有必要加强国际裁决机制的力量，以提高其有效性和合法性。**国际法院**（又称世界法院）创立于1945年，是地球上最高的司法机构（唯一拥有普遍的和一般的管辖权的国际法院）。由联合国大会和安理会选出的15名法官组成的这一法院履行两个主要角色：(1) **处理有争议的案件**。根据国际法，它解决各国提交的法律争端。(2) **咨询事项**。它就联合国及其专门机构提出的法律问题提供咨询意见。

国际法院大体上受到高度评价：192个国家都是《国际法院规约》的成员国，而300多个双边或多边条约也使得国际法院在解决申请法律解释过程中产生的争议时拥有管辖权。

国际法院的一个缺点在于，它能裁决的仅仅是各国自己自由提交的争议；

法院不能对各国没有提交的案件进行裁决。国家主权受到保护，而且许多国家对使用国际法院都会犹豫不决，因为国际法院的裁定是最终的——没有机会上诉。这也就是为什么在1946—2015年6月之间各国允许提交给国际法院审理的案件仅有161起，而这其中还有约1/4在法院做出裁决之前便被争议方撤回。

国际法院活动的趋势对世界法律的倡导者来说并不令人鼓舞。自1950年以来，主权国家的数量增加了三倍，但国际法院处理的案件却并未出现相应增长。能揭示这一点的是，今天的国家中超过一半从未在国际法院中出现过。而且，即便国际法庭对案件做出裁决，争议方也只有一半多一点的时候会遵守国际法院的裁决。这表明，虽然各国同意使用法院来解决国际冲突的声音越来越多，但大多数国家仍然不愿自愿使用司法程序去解决它们最重要的国际争端。

不过，它很好地预示了全球共同体已从根本上修改了国际法，以防止恐怖的平民伤亡，遏制越来越多的大规模屠杀；它还认为国家领导人作为战犯应该为**战争罪**（war crimes）负责。国际法禁止领导人允许他们的军队从事违反国际共同体接受的特定原则的行为，如保护无辜的非战斗人员。

在国际法出现这些新近的发展之前，当违反这些原则的行为发生时，各国除了谴责，几乎没有什么可做的，因为领导人在"主权豁免"学说下是免于法律审判的。即便他们的命令无视适当战争行为的法律时，也是如此。尽管他们可能会像罪犯那样行事，但领导人传统上仍然受到尊敬（可能是因为他们是全球共同体不得不与之谈判解决冲突的人）。现在，这一传统已被法律理由所否定，这反映在纽伦堡国际军事法庭（它审判了二战中的德国纳粹战犯）的前提中，"违反国际法的罪行是由人而不是抽象实体犯下的，只有通过惩罚犯下这种罪行的个人，才能执行国际法的条文"。

使武装冲突处于有效的法律控制下的尝试，现在分散在几个国际司法机构的管辖范围内。1993年成立的**国际刑事法庭**，表明全球共同体不再容忍这些暴行。1993年前南斯拉夫国际刑事法庭成立，其后成立的是1994年的卢旺达国际刑事法庭。法庭拘押的最著名人物之一是米洛舍维奇。米洛舍维奇是前南斯拉夫总统，他在1990年代发动了四次战争，杀死了25万多人，撕裂了巴尔干地区——他在2006年3月即将面临审判时，在海牙监狱牢房死于心脏病。前南斯拉夫国际刑事法庭和卢旺达国际刑事法庭都由联合国临时设立，在有限的时间范围内具有特定的管辖权，并强调需要一个常设的全球刑事法院。

2002年,《罗马规约》发起成立的国际刑事法院(ICC),作为独立的法院,是调查和起诉自法院成立以来犯下的可怕的大规模犯罪,如种族灭绝、危害人类罪和战争罪的最后手段。国际刑事法院只是追查国家法院不愿或不能处理的案件并只对个人而不是国家提出指控。截至2015年6月,已有123个国家批准了该条约(139个签署国)并加入了国际刑事法院,但美国、俄罗斯和中国则没有加入。

尽管美国长期以来在发展国际法的标准方面都是领导者并支持对暴行进行起诉,但在2002年美国却推迟签署《罗马规约》并宣称它不打算成为国际刑事法院的成员国,因为它对法院的法令、问责制及管辖权有疑虑。传统基金会(美国智库)反映了对维护美国主权的关心,认为美国加入国际刑事法院"将会违宪,因为它将允许审判在美国土地上犯罪的美国公民,而这原本完全处在美国的司法管辖权下"。美国对国际刑事法院的反对,也是因为相信美国公民会被法院不公平对待,并会因为美国对全世界其他国家的影响和干涉而成为反对美国政府的政治报复的脆弱目标。尽管因为违反纽伦堡个人问责原则而被批评,但美国依旧寻求使美国公民免于法院管辖的保证,并逼迫其他国家达成考虑到这种担忧的双边豁免协议。不过,最近美国对国际刑事法院已经开始变得不再那么有敌意,而且还同意在个案的基础上与法院合作。

迄今为止,国际刑事法院已经调查了乌干达、刚果民主共和国、中非共和国、肯尼亚、马里、利比亚、科特迪瓦和达尔富尔发生的暴行。尽管非洲联盟的一些成员国提出反对,但国际刑事法院仍于2010年2月裁定苏丹总统巴希尔在苏丹达尔富尔地区持续五年的暴力运动中可能犯有种族灭绝罪,据联合国估计,这一暴力运动造成30万人死亡,另有250万人被迫流离失所。最近,2012年3月,迪伊洛成为第一个被国际刑事法院定罪的人。在这个作为国际司法中的里程碑式和足以威慑战争罪行的案件中,这位刚果民兵领导人因征募和使用娃娃兵而被判有罪。

作为涉及危害人类罪、灭绝种族罪和战争罪案件的适当终审法院,国际刑事法院正在逐渐获得合法性,但因案件提交审判所需时间很长,并且缺乏独立执行其决定或实际拘留被告的能力,它也经常受到批评。鉴于其任务的政治复杂性,所以对国际刑事法院至关重要的是,避免人们指控它向政治压力让步或者是表现出偏见。尽管如此,统治者所犯下的得到国家资助的恐怖主义犯罪,已把发动和从事战争的法律限制提升到一个空前的高度，并扩宽了现在被归为战争罪的行动范围。正如英国政治家威廉·海格（William Hague）所说，"阻挠人民愿望的政府，偷窃或腐败的政府，压迫和施加酷刑的政府，或者是否认言论自由和人权的政府，应该铭记它们将会越来越难以逃离自己的人民或者是逃离国际法的管辖范围"。

> 法律是社会和国际关系中维持稳定和秩序极其重要的基础。
> ——前美国参议员威廉·富布赖特

9-5　对武装冲突的法律和外交反应

许多人都对国际法感到困惑，原因是它既禁止使用武力，又证明使用武力是正当的。这种困惑部分来自于"基督教现实主义"中的正义战争传统。在这种传统中，战争的规则在哲学上建立于**道德**（morals，行为原则）和**伦理**（ethics，解释为什么这些原则是正确的）的基础之上。因此，重要的是理解正义战争理论的起源及其在今天的演变方式，并思考法律规则如何约束军事干涉和谈判解决国际争端。

正义战争学说

公元4世纪，圣奥古斯丁质疑了下面这种绝对的观点：那些为了保卫国家而杀死别人的人们，必然违反了"不可杀人"的戒律。他忠告道："是对立方的错误行径迫使明智之人发动正义战争。"他感到，基督徒有义务与邪恶和不道德的行为作战。对圣奥古斯丁来说，"人类之城"与"上帝之城"相比，先天就是罪孽深重。因此，在世俗世界里有时候是允许杀戮的，为的是惩罚那些侵略者的罪孽（与此同时仍然爱着罪人）以实现"正义的和平"。这种现实主义的逻辑在教皇尼古拉一世那里得到延伸，他在公元866年宣称，任何防御性的战争都是正义的。

虽然在经典的古希腊政治思想中就已提到正义战争原则，如亚里士多德提到的"在本质上正义的战争"和西塞罗在关于正义战争的著述中所反映的,但现代的**正义战争学说**(just war doctrine)却是深受早期基督教教义的影响,并进一步得到诸如格劳秀斯这样的人文主义改革者的发展。格劳秀斯要求在"三十年战争"中处于敌对状态的天主教和新教大国遵守人类的行为标准,并试图以单一的受法律管理的全球社会,取代圣奥古斯丁的两个"城市"或伦理领域。对格劳秀斯来说,正义战争是为了对所造成的伤害进行自卫或惩罚的战争,"除了受害者所受到的伤害,再没有从事战争的其他正义理由"。

如果战争是道德的,那它就必须以不伤害无辜的非战斗人员的正义手段进行。从这一区分中演化出正义战争学说的现代版本并形成了两种类型的主张:**战争的正义**(*jus ad bellum*)和**战争中的正义**(*jus in bellum*)。前者制定了领导人可以发动战争的法律标准。后者则明确了在一场正义战争中可以允许使用的策略范围的限制。

正义战争传统的核心是,确信当有必要防止威胁到生命的侵略进一步发展时,杀人可能是"较小的恶"(Ignatieff, 2004b)。基督教神学家圣托马斯·莫尔争论说,刺杀一个要为发动一场战争负责的罪恶的领导人是正当的,如果它可以防止无辜者丧失生命的话。这一假定塑造了当代对国际公法的讨论,并为其他许多原则提供了基础:

- 在可以正当地诉诸武力之前,必须穷尽其他所有道德上正义的解决冲突的办法。
- 只有当战争被用来保卫一个稳定的政治秩序或一项道德上更好的事业,被用来反对真正的威胁,或在一场真正的伤害发生以后恢复正义的时候,战争才可能是正义的。
- 正义战争必须有一个合理的机会能成功地实现这些有限的目标。
- 正义战争必须由一个合法的政府当局宣布。
- 战争的目的必须是纠正错误的行为,而不是蓄意报复。
- 只要战斗继续,结束战争的谈判就必须继续。
- 人口中的特定成员,特别是非战斗人员,必须免受蓄意攻击。
- 只有合法的和道德的手段才可以用来发动正义战争。
- 战争造成的损失可能会与受害者遭受的伤害不成比例。

- 战争的最终目标必须是重建和平与正义。

这些伦理标准继续坚持思考战争的规则以及法律许可使用武力的场合。西奥多·罗斯福总统忠告说："从长远来看，与默许错误和不正义而获得的最繁荣的和平相比，正义战争对一个国家的灵魂而言要好得多。"然而，破坏上述许多原则的大规模杀伤性核武器、化学武器和生物武器的诞生，已经引发了围绕正义战争学说的重要性的激烈辩论（Hensel, 2007），涉及国家和非国家行为体的国内冲突发展的趋势更是进一步加剧了这一辩论（Hudson, 2009）。

先进的技术创新也使得可以接受的战争行为与不可接受的战争行为之间的许多界线变得日渐模糊。比如，反叛的恐怖分子和现在与他们作战的军队越来越依赖于简易爆炸装置（IEDs）。这些装置除了放在户外，还被装在动物残骸、移动手机或人类尸体上，目的是以最小的风险杀死攻击者。今天的简易爆炸装置首先是美国发明的，现在在全球黑市上都能买到，它们廉价且易制成诡雷。当使用它们的侵略者不能被视为罪犯时，国际法该如何控制这种创新性的实施暴力新方法？由于遏制和预防暴力在今天已经成为军队的主要目标，领导人和学者也在努力修订正义战争学说来应对当代武器和战争的新战略现实（Johnson, 2005）。

自一战以来，国际共同体越来越不赞同国家有使用军事力量实现它们对外政策目标的传统合法权利。正义战争理论反映了这样一种持续的要求：对使用武装力量进行法律上的限制以达成对在何种条件下目的可使手段合法化的道德共识，尽管时至今日各国在应该接受的标准方面仍有很大分歧。在美国 2003 年对伊拉克发动先发制人的入侵之后，这种差异在人们的激烈辩论中变得尤为明显。许多人都谴责美国的入侵违反了国际法，称美国是一个"流氓国家"或一个无法无天的国家（Hathaway, 2007; Paust, 2007）。然而，其他人则不同意这种观点（Elshtain, 2003），他们认为美国发动战争的目的是正当的，因为萨达姆故意让美国相信伊拉克拥有大规模毁灭性武器。

美国入侵伊拉克使得使用武力的合法性成为一个热点问题，人们关心的是先发制人和预防性使用武力。小布什政府支持预防性行动，包括针对那些支持或没有反对恐怖主义的国家使用武力，这一点特别有争议，因为这样使用武力一般被认为是违反国际法的。"国际法院和大多数国际法律权威机构当前都把

《联合国宪章》解释为禁止没有得到联合国安理会批准就使用武力，除了针对实际的或迫在眉睫的国家发起的'武装攻击'进行的自卫行动"（Sofaer, 2010）。然而，**军事必要性**（military necessity）学说仍然赞同军事力量的使用只有在作为防御的最后手段时才合法（Raymond, 1999）。

控制武装冲突的自由主义之路赞同这样一种信念，即战争和国际不稳定主要是由根深蒂固的全球制度缺陷所致，这些缺陷减少了国际合作的动机（Barrett, 2007）。因此，自由主义者倡导将主权集中在一起集体管理全球问题的制度方法。随着支持在世界政治中集体解决冲突这一全球规范的不断扩张，建构主义者设想了和平解决否则就可能会导致武装侵略局面的更大可能性。在这里，请你思考一下，"主权"和"全球责任"变化的概念正在以什么方式影响国家对军事干涉危机和外交解决危机的回应。

军事干涉的新规则

在近来由国家发起的针对其人民的恐怖主义浪潮之后，国际法已开始修改其禁止军事干涉的传统。非战斗人员已经成为战争的主要受害者。"一战是一场大规模征召的民主战争，带有极大的暴力性，但它对平民的直接影响依然很有限。1914—1918年间，士兵与平民丧生的比率是 90∶10。在二战中，这一比率是 50∶50。近些年来则是每损失 10 名士兵就有 90 名平民伤亡，这与一战的比率刚好反了过来。"（Pfaff, 1999）

"出于人道主义目的在特定条件下政府有权利乃至义务去干涉他国事务"这一信念赢得了支持者。这种"保护的责任"规范是由前澳大利亚外交部长加雷斯·埃文斯（Gareth Evans）倡导的，他忠告说，我们的目标应该是"使所有国家都有义务在大规模的暴行中保护自己的公民这一想法制度化；如果一个国家没有那么做的话，责任就落到了其他国家身上，由它们来承担责任"（Malcomson, 2008；Doyle, 2011）。当代国际法把"军事干涉"定义为减轻人类痛苦、停止种族灭绝和种族清洗，以及阻止国家镇压基本人权和公民自由的一种权利和义务。

由此导致的结果便是，主张各国在其国界内所做之事是自己的事务的威斯特伐利亚原则的崩溃。国际法已经放松了对全球共同体可以合法使用军事干涉的限制，越来越容许军事干涉。当今社会已经在种族灭绝问题上做出了选择，宣布这种有组织的野蛮行为为非法。过去 50 年中兴起的普遍被认可的行为原则，认为人道主义干涉是保护人权的一种合法权利——现在则被全球共同体认为是不可剥夺的和普世接受的政治权利和公民自由。这种转变允许国家和国际组织惩罚种族灭绝行为，并重新诠释了反对对他国国内事务进行干涉的传统规则，使外部干涉成为可能。这其中甚至包括了军事入侵和占领的权利。

这种翻天覆地的变化表明，当全球问题出现并需要集体的解决方案和合法的救济时，国际法的发展变化也最为迅速。失败国家和由暴君统治的国家内部种族灭绝和残暴行为的扩散，催生了几套新的法律规则，旨在阻止这些危险并允许在这些国家内部进行干涉。同样，越来越频繁地出现的全球危机也在推动各国去重写国际法，以此促进外交谈判，产生非暴力的争端解决办法。

国际危机和谈判解决争端

现代历史中的危机非常频繁。当危机爆发时，追求头脑冷静的理性决定的能力就会降低。武力威胁造成压力，从而减少了原本能够成功地和平结束**危机**（crisis）的可以用来做出决定的时间。

想想 1962 年的古巴导弹危机，它发生在苏联在古巴部署中程核导弹而美国则回应以海上封锁之时。核战争危险迅速上升。肯尼迪总统估计核战争可能摧毁整个世界的概率是一半对一半。通常，产生于强制外交的这种危机，当讨价还价失败、敌人拿起武器时，就会升级为使用武力。

自由主义改革家发现的问题是，这些危机和武装冲突原本能够被有争端解决渠道的外交谈判所解决。对自由主义者来说，在谈判桌上谈论造成不和的问题，总比发出愤怒和焦躁的嘶嘶声、诱惑争端方去拿起武器要好。只有通过讨论和讨价还价才能分清形势，或许还能达成让步和妥协，进而终止战争的威胁。

嵌入在国际法中的**谈判**（negotiation）是两个或更多行为体为了处理一个议题并达成协议而讨价还价的过程。在初级阶段，谈判需要一种沟通交换，随着讨论在讨价还价的各方之间来回流动，作为一种管理冲突的途径，可以促进双方关于他们的意图和目标的沟通，进而产生能够解决那些所涉利益的选项。在让步妥协要求谈判得出一个解决方案中，有一种强烈的趋势是，一定程度的互惠来自于沟通的作用与反作用序列：以同样的方式或程度回敬从对方那里接收到的友善的或敌意的沟通。

请注意，因为这种原因，互换的沟通能够产生更好的合作或更大的冲突。"危机"这个词在汉语中意味着"机会"和"危险"并存，谈判妥协的努力既有可能提供了一个机会去产生一个积极的协议，也有可能产生一个危险的消极结果并进而加深威胁和紧张局势。这就是为什么谈判并不是解决全球冲突和危机的可靠途径。

尽管如此，谈判却使得纠纷的解决有可能通过争端方之间相互做出让步来实现。俄罗斯总统普京提出了一个明智的建议，他说："在今天想要成功，就必须能够达成协议。妥协的能力不是一种外交的礼貌，而是考虑并尊重你的伙伴的合法利益。"对于对手的情况回报以善意和同情的姿态，能够为妥协铺平道路。事实上，一个共同的诱导对方达成协议的讨价还价的方法就是**以牙还牙策略**（tit-for-tat strategy），对任何合作提议立即回报以对等的提议；通过反复让步得到的回报，能够促成相互满意的协议。

英国外交史学家哈罗德·尼克尔森（Harold Nicolson）爵士把外交定义为"独立国家之间通过谈判过程管理关系"。外交旨在和平解决国际争端，这就是为什么自由主义者钟爱它的原因。相反，现实主义者则相信战争威胁比外交努力能更好地保持和平。马克思主义对实现和平的外交方法持有相似的悲观看法，它认为"当平等的权利发生冲突时就要靠武力说话"（Carty, 2008）。中国前外交部长周恩来在呼应克劳塞维茨的看法时也谈到了这种观点，他说："所有外交都是在通过其他手段继续战争。"

外交需要大智慧、信息、想象力、灵活性、足智多谋和诚实去成功地维持和平谈判。下面这一共同责任则加剧了这一挑战，即当外交官被派去为他们的国家谈判时，无论他们如何有技巧或如何真诚，他们都不会成功，除非他们得到其政府权威的完全支持。此外，公众的监视也会削弱谈判的有效性。有时，保密对在做出让步达成妥协而不丢脸方面是必要的；"除非契约是秘密达成，"尼克松总统警告说，"如果公开的话，将会达不成任何东西。"

联合国前秘书长哈马舍尔德同样警告说："最好的谈判结果在国际生活中将会比在我们的私人世界中更难以达到，在公众的完全注视下，对每一个举措进行辩论，考虑到建立威望和将舆论作为谈判本身不可分割的一个要素的诱惑，

谈判者关于谈判的谈判　美国总统老布什和本书作者之一查尔斯·凯格利见面。他们讨论的重要话题是：在不动用军事力量的情况下，争端解决方法的使用和限制。这些方法包括外交谈判、国际法院、集体安全，以及其他决策者（他们对世界的意象是自由主义和建构主义理论提供的）倡导的解决冲突的方法。

误解就会不可避免，立场也就难免僵化。"尽管有这些问题、洞穴和陷阱，自由主义者在试图促进国际和平时依然偏好于谈判。备选方案（强制使用军事力量）在伦理上对寻求避免战争的人们来说是不能接受的。

幸运的是，那些在国际政治中进行博弈的人们有动机去创造使谈判能减少战争威胁的补充性方法。现在所有方法都嵌入到了全球共同体接受的法律中：(1) **调停**（mediation）。行为体之外的第三方，要么是另一个国家，要么是一个政府间组织中的一组国家，直接参与争端方之间的谈判，帮助它们认识到共同利益并基于这些共同利益提出解决方案。(2) **斡旋**（good offices）。当冲突双方有着相对和平的谈判历史时，提供"好的办公室"的第三方会提供一个中立的谈判场所但并不参与实际谈判。(3) **调解**（conciliation）。当两个或更多的冲突方希望通过谈判达成解决争端的方案而又希望保持对最终的妥协的掌控时，第三方常会在谈判过程中协助双方，并试图提出不偏袒任何一方的意见和建议，以帮助达成一个解决方案，同时保持中立并避免提出一个解决方案。(4) **仲裁**

(arbitration)。当争议各方愿意允许第三方制定一个有约束力的决定来解决它们之间的争端时，由一个临时的裁决委员会考虑各方的观点并做出一个决定。(5) 裁决（adjudication）。这可能是最正式的争端解决选项，这一方法大致相当于在法院辩论一个案子并接受一个有约束力的决定或者一名法官的裁定。

调停在终止国际危机方面有着特别强有力的记录（Bercovitch and Gartner, 2008），而且历史事实表明，当民主国家或国际机构发挥谈判服务的功能时它最为有效，部分原因是受到解决冲突的民主社会规范的影响（Shannon, 2009）。妇女更多地参与国际谈判也能提高纠纷解决的可能性（参见下页专栏）。但较为悲观的是，事实证明，当族群是导致武装冲突的危机的一方时，协商解决全球危机并不那么成功。

9-6 制度、规范和国际秩序

自由主义者和建构主义者在战争与和平、武装冲突和国际安全上的观点，从根本上来说受到世界政治中共享的伦理和道德的重要性的影响。自由主义把原则的权力置于权力的原则之上（Kegley, 1992），因为它建立在"和平取决于道德信念推动的行为"这一观念上。这一强调也根植于世界上许多宗教的结构中，其中也包括基督教，耶稣基督宣称，"使人和睦的人有福了，因为他们必称为神的儿子"。

实现和平的自由主义之路从献身于做正确的事情而非做错事开始，而建构主义（它常被认为在道德上是中立的）则是解释道德信仰体系的一种手段。这与现实主义者的理论有很大不同，后者认为"国际政治超越了道德关切"（Suganami, 1983）。

未来世代的人们将会判断裁军协议、多边国际组织和国际法能否导致对众多全球需求的集体回应。现在清楚的一点是，各国正在进行大胆的努力，在有着共有价值观的共同的公民文化中团结起来建构全球机构，共同保护自己免受它们面临的许多共同问题的困扰。它们似乎逐渐接受了曾经激进的自由主义观点，正如前任联合国秘书长安南认为的，"需要一个新的、更广泛的国家利益的定义"，把国家团结起来致力于超越国家利益的共同目标。

争 论　妇女能改善全球谈判和世界和平的前景吗？

女性主义理论强调性别在研究世界政治中的重要性，并探索关键观念（如"权力""利益""安全"）的"男性气概"概念化，会在多大程度上影响跨国行为体从事对外事务的方式。在意识到男性化传统在世界政治中的影响时，一些女性主义学术研究成果设想，在实践中，男性和女性的能力平均来看并没有显著差异。然而，其他研究则认为两性之间的差异是存在的并且是情境性的，在特定的努力中，每个性别都比另一个更有能力。这能应用到国际谈判中吗？妇女能在谈判桌上带来力量，提高解决冲突的前景吗？还是说，男性更适合于进行冲突管理？

自1990年代以来，女性主义学者指出了性别认同塑造国际决策的不同方式（Sjoberg, 2013；Bolzendahl, 2009；Peterson and Runyan, 2009）。通过强调权力在一个理性的行为体非道德地追求狭隘的自身利益中的作用，现实主义者描绘了一个竞争的世界，在这个世界中，男性化的决策方法占据统治地位。权力经常被视为一种影响另一个人去做你想让他做的事情的能力，在这种情况下，权力的积累就是通过更大的力量和权威来实现并以牺牲他人为代价。男人倾向于有种独立的自我图式引导他们将其自身界定为和他人有所不同，并且在决策中"易于集中在最终的收益上，使个人偏好和目标的实现成为主要的谈判目标"（Boyer et al., 2009）。因此，男人通常会在冲突可被控制这一期望的情况下去进行舒适的谈判。

一些人争论说，由于她们的传统社会角色，女人有相互依赖的自我图式和一种养育的倾向，这能给她们带来有价值的视角，而这一视角对冲突谈判和调停来说则是一种资产。妇女如何框定和进行谈判受到"一种他者的关系性观点，一种施动者的嵌入性观点，一种通过赋权进行控制的理解，以及通过对话解决问题"等因素的影响（Kolb, 1996）。由于女性倾向于"与男性相比更多地通过她们的关系来界定自己，她们在谈判中的行动和言辞也就会更倾向于维持和保护这些关系"（Boyer et al., 2009）。

而且，妇女会在解释关系和演变的局势这一背景中去理解事件。她们回避现实主义通过竞争实现权力的观点，而更加偏好通过建立联系和理解的合作互动来实现相互赋权的自由主义观点。女性不仅更可能与他人合作，"增加谈判者之间的信息流动，这对在一体化的交易中找到一个更好的解决方案至关重要……她们还更有可能去使用这些方法"（Babcock and Laschever, 2003）。

如果性别差异能在国际谈判中产生不同的过程和结果，那么许多人都假设越来越多的女性参加决策就可能为冲突管理带来崭新的视角（Anderlini, 2007）。根植于女性会给谈判和调停带来源自其性别社会化经历的特定价值观的假设，以及这些洞见和政策处方因为国际谈判的排他性本质而缺乏的假设（Hudson, 2005），《联合国1325号决议》旨在

"增加妇女在冲突解决和和平进程中决策层面的参与",从而为持久解决冲突产生新的视角和选项。

对社会建构主义者来说,"男人和女人的角色并不是与生俱来的或预先决定的,而是一个会因实践、互动、观念和规范的演化而变化的社会事实"(Boyer et al., 2009)。也许,当有更多女性被纳入传统上由男性支配的国际谈判中时,两者都将从对方的角度受益,外交在预防和解决冲突方面的作用也将会得到加强。

★ 你怎么看?

- 作为一个尝试解决两国之间棘手冲突的调停领导者,在有女性在场的谈判桌前,你会抱持什么样的价值观?
- 女性在谈判中的角色在世界上不同地区之间会发生变化吗?文化会如何影响女性在谈判桌上的赋权与合法性?
- 思考美国两个对外政策人物:国务卿希拉里和总统奥巴马。你会如何对他们的外交倾向进行归类?他们符合这里所描述的性别模式吗?为什么符合或为什么不符合?在冲突解决上他们提供了什么样的经验教训?

如果追求这一目标的话,接受自由主义信念"和平将由道德政策得到最好的维护"将会打破暴力的历史模式吗?全世界都在等待答案。但现在非常明确的是,世界面临的全球问题是巨大的。人类面临的大问题都是超越国界的,没有一个问题只靠一个单一国家的回应就能被有效解决。需要借助多边合作去解决数量惊人的全球问题,这样一来也就要求通过集体解决来进行和平管理。

在第四部分你将有机会看到,随着世界政治全球化不断加速而盛行的经济、人类和环境状况中的趋势。这一研究有助于你理解世界为何会是当前这样,并允许你作为一个关心他人并有责任心的全球公民去思考进行变革的前景,以创造一个更好的世界。

第四部分

人类安全、繁荣与责任

随着货币、商品和人员以惊人的速度穿越国界，全球化正在改变世界政治。第四部分中的章节探讨了全球状况和不断被侵蚀的国界正在改变国际关系和影响全球福祉的方式。每一章都会探索我们在全球化世界中面临的对繁荣和人类安全构成挑战的某个方面，以及我们在多大程度上有能力和责任对它们做出回应并寻求解决方案。

第10章研究金融全球化正在如何改变国际经济格局。第11章思考国际贸易全球化正在如何改变世界。第12章研究全球化的人口统计学维度，以及越来越多的信息获取正在如何塑造文化和身份观念。第13章观察人类的境况，以及全球行为体及其活动如何影响人类的福祉和基本权利。最后，第14章思考对全球环境的威胁，它们对地球和人类的持续生存构成严重挑战。

在一个全球化的世界中相互理解　不断增长的全球化网络增强了相互容忍与合作的前景和必要性。图中所示是 2014 年索契冬奥会时的情景。奥运会最初是为了促进和平和弥合文化鸿沟而创立的,奥运会精神的复兴反映在奥委会主席巴赫在开幕式上的讲话中:"奥林匹克运动总是代表着架设桥梁,团结人们,而不是在人们之间竖起一道墙将他们隔开。"实际上,正如南非前总统曼德拉在 1995 年激动地指出的那样,"体育能改变世界"。

第 10 章
国际金融的全球化

> 据说,反对全球化就像是反对重力法则。
>
> ——前任联合国秘书长安南

寻求全球金融稳定与增长 为了继续应对 2008 年全球金融危机造成的影响,20 国集团(一个由 20 个主要经济体组成的非正式团体,定期会晤讨论财政政策协调问题)领导人于 2014 年 11 月在澳大利亚布里斯班讨论恢复全球金融市场和刺激增长的举措。世界首脑们侧重于通过有效监管、创造就业机会和投资,以及加强信任和透明度等措施来促进经济平衡和可持续增长。

金钱使世界"运转"。"金钱是万恶之源。""闪光的不都是金子。""金钱买不到你的幸福。""只有地狱里不用赚钱。"你肯定曾听过这些古老的谚语。即使这样的格言和陈词滥调有些矛盾，但它们肯定也都包含了真理的某些要素。你的挑战就是，通过确定金钱在你的生活和周围世界里的位置，将事实与虚构分开。这项任务将在很大程度上取决于你的个人价值观和偏好。然而，你的结论质量如何则将取决于你在评估金钱如何影响世界政治的许多方面（包括你自己的经济命运）时所拥有的分析技能。

今天，金钱比以往任何时候都更加真实地在世界各地流动，并且速度越来越快。全球金融的快速流动直接影响着你的生活质量。当你购物时，商品很可能是在海外生产的。当你买一个三明治、一件毛衣、一辆汽车或一升汽油时，成本很可能会受到你所在国家货币估值和兑换国外生产者所在国家货币的汇率的影响。如果你有机会出国旅行，你会立即发现各国货币的全球交换将会如何决定你是否有能力去参加摇滚音乐会或者是额外多买一瓶酒。

本章向你介绍全球金融体系，主要研究管理货币交换的过程，特别是货币的跨境转移如何影响国家繁荣和人类安全的水平。请注意，这一话题通常是更大的国际经济话题（国际贸易，我们将会在第 11 章讨论它）的一部分。国际经济的这两个维度——货币或贸易——不能被单独分开考虑。它们不可分割地联系在一起，只有将这两者连到一起看，你才能理解货币和市场如何使个人和国家财富出现兴衰。你将会看到一种自古以来就存在的现象并研究它会如何影响 21 世纪的生活。

> 金融市场就像人类的镜子，在每个工作日的每个小时都在揭示我们对自己和对我们周围世界资源估价的方式。
>
> ——英国历史学家尼尔·弗格森（Niall Ferguson）

10-1 诠释当代经济变化

当世界发生变化时，它们迫使人们用新的方式去思考和理解世界政治。在所有近来的变化中，没有比在经济世界中发生的变化更加深刻和影响广泛的了。

事实上，对一些分析家来说，地缘经济学（geo-economics，财富的地理分布）将会取代地缘政治（战略性军事和政治权力的分布），成为围绕国际竞争（最终则是全球命运）发展的最重要的轴心。

各国经济相互依存度的加强可被视为一个世纪前开始的**全球化**（globalization）趋势的一部分，而且随着各国经济更加紧密地联系在一起，人们也不得不从新的视角去重新检验关于国家、货币交换机制、贸易和市场的传统观念。中国投资者购买债券，甚至是关于期货购入的声明，都会影响全球货币的相对价值。美国的金融危机引发世界市场动荡。中东地区的革命活动导致世界石油价格快速上涨。这些只是全球化的一些后果，而且全球经济的潜流将会变得越来越重要，因为它们与世界政治有着密不可分的联系。

尽管有人认为全球化不过是资本主义的一种委婉说法，但它其实是一种多维现象，包括相互关联的物质关系的发展、它们发生的速度越来越快，以及公众对这些变化看法的转变。这些多重方面在社会学家通金斯（Tonkiss, 2012）对"经济全球化"的定义中是显而易见的，即"货物、生产、图像、信息和货币跨境流动的一体化程度的提高……其特征不仅在于高水平的贸易，还在于外商直接投资和外包水平提高，以及跨空间金融交易的复杂联系"。

因此，全球化是一系列相互关联现象的简称，你会发现它被用来描述产生全球变化的巨大国际力量的一个过程、政策、困境或产物。此外，大多数分析人士可能都会同意，全球化是导致世界政治可能发生转变的一种永久趋势：一种历史模式的结束和一种新的历史模式的开始。政治记者弗里德曼（Friedman, 2007c）认为，全球化将会对整个全球体系产生深远影响："这个全球化的新时代带来了如此之大的不同，将来回顾历史，这将是本质上的不同……人们将会记住它是那些根本性变化（如民族国家或工业革命的兴起）之一，那些根本性变化中的每一个在其所处的时代都会带来个人角色、政府职能和形式、我们创新的方式，[以及]我们做生意的方式的变化。"

鉴于全球化的广泛性和多面性，本章及本书余下各章将会处理全球化的不同维度及其影响。这种一体化再也没有比在国际金融和资本世界中表现得更明显的了。接下来我们将关注**国际货币体系**（international monetary system）的动态发展，通过这一体系，货币和信贷作为资本，通过投资、贸易、对外援助和贷款自由跨越国界。

> 货币流动的重要性在于它是当前与未来之间的纽带。
>
> ——英国经济学家凯恩斯

10-2　货币是重要的：货币的跨国兑换

全球经济命运所依赖的等式的一部分是自由资本主义的特征，自由资本主义认为自由市场机制（最少的国家干预）是"产生资本主义巨大经济和文化效益的动力"的基础（Muller, 2013）。就国家而言，它试图为这个系统提供一些操作规则，并试图提供一些措施来减轻市场对其公民造成的破坏性影响。在货币兑换领域，许多政府都采取了一些暂行措施，创建相互调整货币的规则，稳定汇率，使其不要大幅波动。

然而，货币在国家之间进行兑换的过程并没有强有力的超国家监管机构。此外，国家控制这些交易或其货币在世界市场上的相对价值的能力往往也很有限。与此同时，这些交易，如前所述，正在以惊人的速度升级。但这到底意味着什么？它的影响又是什么呢？

金融全球化

全球金融由各种各样的交易组成，其中包括贷款、对外援助、汇款和货币贸易，以及跨境投资，如购买股票、债券或衍生品。它还包括跨境进行的金融服务。全球金融的另一个主要方面是外商直接投资（FDI），这"涉及对生产企业的重要控制"（Cohen, 2005），其范围从大量购买外国公司的股票，到在他国建立生产设施。

金融全球化（globalization of finance）是指通过整合全球资本流动，这些市场变得日益跨国化或集中化。这种新出现的金融制度体系的核心特征是它不以任何一个单一国家为中心。因此，全球化意味着一个统一的全球市场。电信专家谈论"距离的消亡"，金融专家则谈论"地理的终结"，因为地理位置已不再是金融的障碍。

金融全球化的证据比比皆是。虽然贸易急剧增长，但自二战以来跨境资本流动的数量则要增加得更多。2014 年全球有 1.2 万亿美元的外商直接投资流动。尽管这仍低于 2008 年全球金融危机之前的水平，但这却是 1997 年外商直接投资水平的三倍，并且几乎是 1980 年外商直接投资水平的十倍（UNCTAD，2015；OECD，2013）。

此外，套汇（arbitrage）市场的增长确实令人震惊：在这个市场中，人们基于货币相对价值的差异和波动，买卖货币获利。自 1973 年以来，这个市场的增长速度比世界贸易价值的增长快了 60 多倍，它每天处理超过 5.3 万亿美元的货币（Bank of International Settlements, 2013）。相比之下，2014 年美国生产的所有商品和服务的总价值（即其国内生产总值）则为 17.4 万亿美元，换种说法就是，套汇市场在四天内流通的货币量就要大于美国经济的年总产值。

如今，更多的投机性金融工具使得这些资本流动的规模和范围呈指数级增长。例如，截至 2014 年，全球所有股票市场的总价值为 69.5 万亿美元，略低于实际的全球 GDP（77 万亿美元）。在同一时期，证券市场（政府和公司通过它积累债务）价值 175 万亿美元，或者也可说是全球 GDP 的两倍多（BIS，2015；IMF，2015；WFE，2015a）。然而，衍生市场（新的金融工具，在本质上是置于诸如股票和证券等资产未来价值之上的"超过一般赌注的赌博"）的价值则更大。由于许多衍生品交易都是私人合同，不会正式公布，所以也就不可能得到这些交易总价值的准确数字（Valladares, 2014）。尽管如此，据保守估计，2014 年买卖的衍生品价值仍在 600 万亿～700 万亿美元之间（BIS，2015；*The Economist*，2013）。换句话说，这些纯投机性金融工具的市场，几乎是世界上生产的商品和服务的实际价值的十倍！一言以蔽之，"全球金融开始蚕食地球星球"（Ferguson, 2008）。

全球资本流动并不是什么全新的事物。在全球化的早期形式中，金融中心网络就在沿着波罗的海和北海蓬勃发展，由吕贝克、汉堡和卑尔根等城市国家支配着金融和贸易。在 19 世纪之交，伦敦取代阿姆斯特丹成为世界著名金融中心；到 20 世纪初，纽约开始与伦敦竞争——而现今的金融中心则已转移到东京、新加坡和迪拜。

此外，国际金融危机也不是什么新鲜事；经济学家金德尔伯格（Kindleberger，2000）指出，全球金融的"狂热、恐慌和崩溃"始于 17 世纪初，到 20 世纪初之前已经发生了 27 次重大金融危机。

不同之处在于全球金融资本流动的速度和广度。例如，许多股票购买由高频交易公司（HFT）处理，高频交易公司依靠计算机程序在短时间内执行许多交易——一些公司计算它们的交易速度的标准是皮秒（万亿分之一秒；Malmgren and Stys, 2011）。计算机驱动的快速交易和股票数量的巨大组合，是产生全球股市快速波动一个非常特殊的原因。事实上，在其中有些方法（包括一些非法的方法）中，交易者只要确保他们的交易速度比其他交易者快就可从中获利（Lewis, 2014）。

例如，2013 年 4 月 23 日下午 1：08 左右发生了一次短暂的暴跌，当时有人攻破了美联社推特账户，报道说美国白宫发生了两次爆炸，奥巴马总统受伤。在两分钟的时间里，美国股市暴跌了 2 000 亿美元。到下午 1：13，由于投资者发现报道是假的，股市又开始回升，当天收盘道琼斯工业平均指数（一个广泛用于评估股票市场行情的指数）上涨（Lauricella et al., 2013）。

在某种程度上，全球资本市场反映了经济和政治权力的更大格局。例如，表 10.1 列出了世界上 20 个最大的股票市场交易所，以市值（在特定交易所交易的所有股票的总价值）表示。虽然这只是全球金融的一部分，但它确实提供了全球金融中心的一些迹象。一个明显的模式是，美国继续处于主导地位，因为它的两个最大的交易所（纽约证券交易所和纳斯达克交易所）的规模相当于排在其后八个交易所之和。与此同时，中国的证券交易所正在快速发展，上海证券交易所在 2015 年年初超过日本交易所集团。另外还有一些新兴经济大国（包括印度、韩国和巴西）崛起的迹象。在这 20 个交易所之外证券交易所的更广泛的模式显示，几乎所有国家都参与了全球金融的这个方面，因为全世界只有九个国家没有证券交易所。因此，虽然权力中心仍然存在，但却有越来越多的国家都在参与证券交易系统。

虽然金融市场的结构在某种程度上可以代表一国经济力量，但全球资本市场的其他方面则显示出国家力量的局限性。例如，交易货币的数量远远超过政府持有的储备货币的实际数量，这限制了政府影响汇率的能力。事实上，无论一个国家的意愿如何，其货币价值都有可能会大幅波动。例如，2014 年俄罗斯卢布的价值下降了 85%（Clinch, 2015），这大大增加了俄罗斯在乌克兰的自信行动的经济成本。亚洲金融危机期间，马来西亚总理马哈蒂尔提出了一个很有

表 10.1　2015 年世界 20 大股票交易所（截至 2015 年 5 月 31 日）

交易所名称	国家（地区）	市场资本总额（万亿美元）
纽约证券交易所	美国	19.687
纳斯达克交易所	美国	7.379
上海证券交易所	中国	5.904
日本交易所集团，东京	日本	5.005
中国香港证券交易所	中国	3.966
欧洲证券交易所	欧盟	3.497
深圳证券交易所	中国	3.368
多伦多证券交易所集团	加拿大	2.115
德意志证券交易所	德国	1.823
瑞士证券交易所	瑞士	1.615
印度孟买证券交易所	印度	1.613
印度国家证券交易所	印度	1.570
韩国证券交易所	韩国	1.362
澳大利亚证券交易所	澳大利亚	1.309
纳斯达克北欧证券交易所	挪威	1.274
西班牙证券交易所	西班牙	0.983
约翰内斯堡证券交易所	南非	0.951
中国台湾证券交易公司	中国台湾	0.919
巴西证券交易所	巴西	0.740
新加坡证券交易所	新加坡	0.714

名的观点，他称国际金融家索罗斯对他的国家是一个"威胁"，并认为"货币交易是不必要的、非生产性的和不道德的"（Friedman，1997）。

　　金融全球化也对国际贸易产生影响，因为货币汇率会直接影响国际贸易货物的价格。国际货币体系是促进国际贸易的最关键的因素，因为如果没有一种稳定和可预测的方法来计算销售和投资的价值，这种交易就不可能存在。

然而，货币问题也可能会加剧贸易冲突。最值得注意的是，货币价值是美中两国争论的关键问题的核心所在，美国官员认为中国低估了其货币。中国相对较低的汇率降低了运往国外的中国货物的相对成本，从而使得它们比在其他国家生产的货物具有竞争优势。在这个问题上，事态发展喜忧参半：虽然美国已经停止对中国实施贸易制裁，而且国际货币基金组织也裁定人民币不再被低估（The Economist, 2015a），但 2015 年 8 月人民币的价值突然下滑，使人们担心中国正在使其货币贬值（Altman, 2015）。因此，争论依然存在，因为美国仍然认为人民币被低估，并认为中国尚未完全放开其货币，即中国不允许人民币在全球市场上自由贸易。

值得注意的是，这种"冲突"仍然在互利的经济关系范围内。自由主义的分支商业自由主义侧重于经济联系所产生的积极溢出（参见第 2 章），认为开放的跨境货币兑换对所有国家都有利。然而，金融全球化并非平等地影响所有国家。虽然全球资本的大部分都流向了全球北方，但所有国家在这个全球化的体系中都很容易受到资本快速转移的影响。

正如 2008 年的金融危机所示，全球北方也并非就没有问题（Laeven and Valencia, 2012）。然而，历史上，全球南方一直最不独立，也最容易受到金融市场变化的影响。在自 1970 年代以来发生的 431 次系统性的银行、货币或债务危机中，有 341 次都是发生在欠发达国家（Laeven and Valencia, 2012）。根据新自由主义的制度主义方法，众多危机表明，为何银行家和经济学家会呼吁建立更可靠的多边机制来进行政策协调，以便更好地管理跨境资本的大规模流动。这也是 20 个最主要经济体在亚洲金融危机之后形成 20 国集团的理由。

在评估资本流动性对全球体系及整个全球经济的影响时，有必要了解国际货币体系和各国货币相对价值的确定过程。考虑到这一点，下面我们就来研究全球货币体系的核心概念、一些围绕货币政策产生的关键问题和困境，以及其近来的历史背景。

货币政策：关键概念和问题

货币和财政政策涉及国家与全球体系之间一系列错综复杂的关系，并涉及相当深奥的术语。为了帮助你更好地理解这些问题，表 10.2 列出了与货币政策

表10.2 理解货币：基本术语和概念

术 语	概 念
国际收支	汇总一个国家与外部世界的金融交易的计算，由总的收入（出口收入、对外投资的利润、接受的外国援助）减去国家的国际总借款（进口、国际债务利息支付、外商直接投资等）
财政赤字	为弥补国际收支赤字所需的年度债务额。最常见的筹资办法就是向国内外投资者出售债券
国家债务	一个国家欠国内外债券持有人的累计债务
贸易平衡	一个国家销售的货物（出口）的价值减去其购买（进口）的货物的价值的差异。如果一国进口量超过出口量，就说它有贸易逆差。例如，2015年4月，美国出口1 900亿美元的货物和服务，进口2 310亿美元，贸易逆差为410亿美元（BEA，2015）
中央银行	一个国家内部的主要货币当局。它负责发行货币，制定货币政策，充当政府的银行，并帮助管理国家的银行业
货币政策	中央银行管理经济的政策工具。政策分为两大类：改变货币供给（流通中的货币）和调整利率（货币的相对价格）。扩张性的货币政策需要出售额外的债券和降低利率。这样的政策会使资金相对充裕，借贷成本更低
财政政策	政府管理经济的政策工具。基本政策选择是税收和支出。"扩张性"财政政策包括降低税收和/或增加支出，而"严厉的"或紧缩性政策则涉及增加税收和/或减少支出
贬值	降低一国货币相对于他国货币的官方汇率。这种做法通常用于增加本国出口，因为贬值降低了一国出口产品的相对价格。但它也会降低该国公民的消费能力
汇率	在全球市场中一国货币兑换为另一国货币的比率。例如，2015年6月28日，1美元兑换0.91欧元或15.56墨西哥比索。汇率经常波动。虽然每日的变化通常相当小，但它们在长期内却可能变化很大。例如，2001年6月28日，1美元价值1.17欧元和9.08墨西哥比索
固定汇率	政府相对于其他国家的货币或另一种价值的衡量（例如一组不同的货币或者贵金属，如黄金）以固定兑换比率设定其货币价值的制度，以使其兑换价值不会在全球货币市场中自由波动
浮动汇率	一国货币的相对价值由市场力量确定的制度。原则上，一国货币的价值可以表明其经济的潜在优势和弱点
固定但可调汇率制度	一种制度，在这种制度下，一个政府将自己的货币与另一个国家的货币联系起来，但仍可以改变固定价格，以反映其经济的潜在优势和弱点的变化。一般的期望是这种变化较为罕见并且只发生在特定情况下
通货膨胀	货币币值的下降，提高了货物和服务的价格。它一般以百分比表示，以年度为基础计算。通货膨胀降低了公民的购买力，因为它降低了他们持有的货币币值。非常高的通货膨胀（恶性通货膨胀）会在社会内部造成严重破坏，因为货币变得基本上毫无价值。例如，2010年津巴布韦的通货膨胀率超过12000%。次年，津巴布韦宣布放弃其货币并接受了美元
资本控制	政府试图限制或阻止全球资本交易。例子从对外汇征税到彻底禁止资本流出一个国家。这些政策通常旨在将经济与全球资本市场相"隔离"

和货币作用相关的一些关键概念。当你浏览这些概念时，请记住，这些并不是一些单独的现象，而是一组相关的因素，全球金融系统通过它们而运作。

从把这些因素之间的关系以及一国货币政策（monetary policy）在决定其福祉方面的重要性放在一起开始，我们思考为何一国汇率（exchange rate）会波动频繁，以及国家在应对这些波动时所面临的挑战。如你所见，各国在推行货币政策时面临着各种各样的权衡，必须在相互竞争的价值观、目标和优先事项之间寻求艰难的平衡。此外，国家最终控制货币结果的能力也较为有限。

货币以多种方式发挥作用并服务于不同的目的。第一，货币必须被广泛接受，以便赚钱的人可以用它来从他人那里购买商品和服务。第二，货币必须有储存价值，以便人们愿意以某种货币的形式保留他们的一些财富。第三，货币必须作为延期付款的标准，以便人们愿意借钱，因为他们知道在未来偿还货币时它仍然有购买力。

一个国家的汇率变动，部分发生在人们对该国货币的潜在经济实力或其政府维持其货币价值的能力的评估发生变化时。例如，一国国际收支赤字可能导致其货币相比其他国家的货币价值下降。这种情况发生在货币供给大于其需求时。同样，当从事国际经济交易的人改变对一种货币未来价值的期望时，他们就可能会重新安排贷款和借款。然后，紧随而来的可能就是汇率的波动。

买卖货币的套利投机者也会影响一国货币在国际上的稳定性。投机者通过预测货币的未来价值来赚钱。例如，如果他们认为日元在三个月内会升值，他们现在就会买进日元，等到三个月后再将其卖出来赚取利润。相反，如果他们认为日元在三个月内会贬值，他们就会在现在卖出一定数额的日元，然后在三个月后用更少的钱买回同等数额的日元。与全球资本流动一样，金融全球化使投资者能够迅速将资金从一种货币转移到另一种货币，以便从各国利率之差和其他货币的贬值中获益。短期资金流动现在是常态；据国际货币基金组织估计，超过80%的期货（它是一个基于未来资产价值的投机市场）和套利交易都是在一周内完成，从而在短时间内提供了巨大的获利机会。

就像政府试图在国内保护其货币的价值一样，它们也经常会设法通过干预货币市场在国际上保护其货币价值。它们这样做的意愿对进口商和出口商很重要，因为他们的成功可能取决于他们进行跨国交易所用货币价值的可预测性。当中央银行买入或卖出货币以改变自己货币的相对价值时，政府就在进行干预。然而，与投机者不同，政府不应试图操纵汇率以获得不公平的优势，因为这可能会损害其作为货币稳定监管者的声誉。无论如何，面临资本大规模的跨国流动，政府最终影响其货币价值的程度越来越值得怀疑（参见图10.1和图10.2）。

在这一体系中，政府面临着平衡全球货币市场需求和管理其经济需求的艰巨任务。国家很难找到正确的应对之策，而且它还面临着三组主要的竞争价值观或权衡：通货膨胀对失业，强势货币对弱势货币估值战略，以及货币稳定对政策自主权（参见表10.3）。

表10.3 财政政策中相互冲突的目标

权衡	政策工具	困境
通货膨胀对失业	货币政策 （利率和货币供给）	刺激性（扩张性）货币政策可能造成通货膨胀 紧缩性（严厉的）货币政策可能造成失业
强势货币对弱势货币	资本控制 汇率机制选择 货币贬值 货币政策	任何选择都会伤害国家内部的某些部分，比如出口行业或者消费者
货币稳定对政策自主权	汇率机制选择	在开放的经济体内不可能同时获得稳定和自主权

各国政府都试图管控其货币以防出现通货膨胀。通货膨胀产生的原因是政府创造的货币量超过了产品和服务所需的货币量。如表10.3中所解释，高通货膨胀率会削弱一种货币有效地作为价值存储或交换媒介的能力。然而，货币的创造——无论是通过增加货币供给还是降低利率——都有助于刺激经济。替代的选择是，紧缩性货币政策在遏制通货膨胀或帮助政府减少债务方面非常有用。不过，这样做会减缓经济发展，进而则会导致失业增加乃至经济衰退。这是与货币政策相关的最常见的权衡之一：通货膨胀对失业。

一个与此相关的困境涉及货币价值，特别是各国是否应该寻求维持"强势"或相对"弱势"的货币。在灵活的汇率制度下，既定货币的汇率理想地反映了其经济的健康（或不健康）状况。如上所述，通常人们都会期望各国不要操纵其货币或他国货币的价值，以确保其可预测性和稳定性。然而，通过诸如资本控制、固定汇率甚或货币贬值等手段来维持弱势货币是有益的。虽然疲软的货币会对国内消费者的消费能力产生负面影响，但它却能使出口产业更具竞

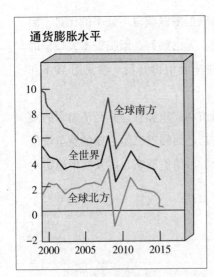

通货膨胀水平

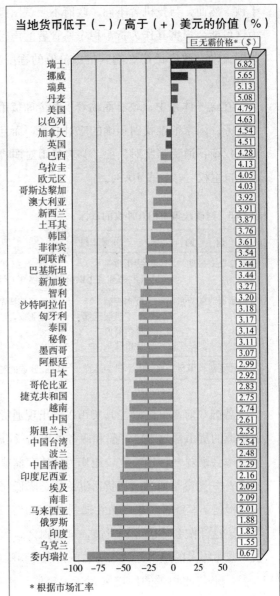

当地货币低于（−）/高于（+）美元的价值（%）

巨无霸价格*（$）

图 10.1 和图 10.2　计算全球经济中商品变化的成本　美国人在国外旅游时必须用货币汇率将他们在国外所购物品的价格转换为美元，有时他们也会对较高的价格感到震惊。经济学家通常都是根据购买力平价（PPP）来计算货币汇率，因为汇率的价值指数可以衡量任何两个国家相同商品或服务的成本。如右图所示，巨无霸指数用购买力平价表示全球麦当劳公司巨无霸汉堡包的比较价格，这种汉堡包在 130 多个国家销售。2015 年 1 月 22 日，最便宜的汉堡包可以在乌克兰以 1.2 美元购买，美国的平均价格为 4.79 美元。在瑞士，同样的汉堡包价格为 7.54 美元。通货膨胀也会影响商品和服务的成本。一般来说，价格水平的提高意味着每一单位货币能买的商品数量更少。如上图所示，尽管全球南方的通货膨胀水平高于全球北方，但其整体通货膨胀水平自 2008 年全球金融危机以来已经下降了。

*根据市场汇率

争力，因为与那些货币更坚挺的国家相比，它们的货物在全球市场上的成本相对较低。这是关于中国货币争议的主要根源，因为批评者认为过低的汇率会在全球市场上造成不公平竞争。另外，相对强势的货币，尽管它们的消费者在国内外都有相对较强的消费能力，但它们却更倾向于保持国际贸易收支的赤字。

这说明了权衡是全球货币政策的核心，也就是说要在货币稳定与政策自主权主之间做出选择。根本问题是，在一个货币自由流动的体系中（即不存在实质性的资本控制），不可能既实现稳定又实现自主权。原则上，每一个选择都有优点。稳定的汇率可以确保一国货币能够履行前面提到的货币的主要功能，缺少波动可以为决策者和潜在的投资者提供关于未来的预期。自主权则使得各国能够灵活地去推行最适合它们特殊经济情况的货币政策，比如用扩张性的政策去刺激经济增长。

灵活的汇率机制可以使国家自主执行它们自己的货币政策。比如，在所有其他条件相同的情况下，市场将会通过降低货币汇率来回应扩张性的货币政策（因为货币会相对更充裕和/或提供更低的利率）。在这个案例中，尽管不再保证稳定，因为货币服从全球货币市场的变化，但却获得了自主权。

固定汇率制度提供了货币稳定性，但它实际上并未给予国家执行货币政策的自由。比如，如果一个实行固定汇率的国家想要降低利率，考虑到货币需求的减少，汇率无法变动。结果该国就会出现国际收支赤字。而为了弥补赤字，该国就需要干预外汇市场，减少货币的过量供给（这是一个"严格的"货币政策，它在本质上会使最初的政策无效）或者一起放弃固定汇率。布雷顿森林体系时代几近结束时的美国和 1990 年代末的阿根廷都曾面临过这样的困境，而希腊自 2010 年以来则一直面临这样的困境。

因此，各国在制定货币政策时不得不平衡相互竞争的利益——帮助经济增长的愿望和维持它们货币的必要性，强势货币对弱势货币估值的相对效用，以及货币稳定和政策自主权的不兼容。而且，所有国家都是在一个它们几乎没有什么控制可言的全球货币体系的背景中面临这些困境。当你思考布雷顿森林体系时代的货币政策和国际金融中的当前议题时，记住这些权衡和对国家权力的限制是有益的。

10-3 布雷顿森林体系及对它的超越

1944年7月，44个反对轴心国的盟国在新罕布什尔州旅游胜地布雷顿森林设计新的规则和机构来管理二战后的国际贸易和货币关系。作为世界上最超群的经济和军事大国，美国在这其中发挥着主导作用。

过去十年经济灾难的原因，以及各国认为需要美国积极领导，决定了会上的提议。美国寻求自由贸易、开放市场和货币稳定（它们成为后来所称"布雷顿森林体系"的核心原则），这些都基于商业自由主义的理论前提，该理论倡导几乎没有贸易及资本流动壁垒的自由市场。

英国在会议中也扮演了一个重要角色。在约翰·凯恩斯的领导下（他关于国家在管理通货膨胀、失业和增长中的作用的理论依然影响着全世界的经济思想），英国代表团赢得了当国家面临经济问题时对政府强有力行动原则的支持。这种思想更符合重商主义而非自由主义的原则。重商主义强调国家的作用，认为国家对经济的干预是获取财富的重要保证。

从经济一体化中成长 新的摩天大楼（经济增长的一个标志）点缀着北京的天际线。北京被认为是全球重要金融中心之一。世贸组织前总干事帕斯卡尔·拉米（Pascal Lamy）评论说："伟大的商业城市的财富远远超出了金钱。由于城市向贸易和商人开放，它们一直都是观念和文化的交流中心，以及商品和服务的交换中心。"

尽管存在这些差异，但布雷顿森林体系建立的规则却反映了显著的一致程度。它们依赖于三个政治基础。第一，权力集中在富裕的西欧和北美国家，从而减少了做出决定所需的国家数量。冷战的爆发更是帮助西方国家巩固了它们依照这些原则形成的团结。第二，在美国和英国相互对立的意识形态之间达成了妥协。特别是，新出现的秩序既尊重商业自由主义者对开放的国际经济的偏好，也尊重重商主义者对国家积极参与国内经济的渴望。这种支撑布雷顿森林秩序的混合意识形态最终被称为**内嵌式自由主义**（embedded liberalism）。第三，布雷顿森林体系因为美国承担了霸权领导（其他国家接受这一点）的重担而有效。

商业自由主义对开放市场的偏好在这段时间内在全球范围蔓延并且至今仍占主导地位。因而依然有用的是，把当代国际经济体系描述为一个**自由的国际经济秩序**（Liberal International Economic Order, LIEO），它是一个基于开放和自由贸易这样的自由市场原则的国际经济体系。会上设立了三个机构以维护自由的国际经济秩序。《关贸总协定》（即后来的世贸组织）鼓励贸易自由化。国际复兴开发银行（后来成为世界银行）和国际货币基金组织的设立则是为了加强金融和货币关系。

布雷顿森林体系的金融和货币方面

1930年代的全球经济崩溃为货币关系提供了重要的教训。特别是，由于主要经济体在1920年代后期的收缩，它们发现自己无法维持固定汇率机制。由此产生的灵活的汇率机制高度不稳定，充斥着对货币和货币贬值的**投机攻击**（speculative attacks）。最终，各国开始切断它们的货币和贸易机制与全球市场的联系，全球经济溃散为"封闭的帝国集团"（Ravenhill, 2008）。

为了避免历史重演，领导人试图建构一套关于货币和货币政策的共同实践以帮助简化国际贸易和金融。参与谈判的各国一致同意，战后货币机制应该建立在**固定汇率**的基础上，各国政府的任务就是维持这个新的货币机制。为了提供一个稳定基金帮助各国抵消短期的国际收支问题，它们建立了后来的国际货币基金组织（IMF）。国际货币基金组织的功能有点像全球信贷联盟——各国向基金出资，然后从它那里提取资本来帮助它们保持国际收支平衡，进而保持汇率稳定。随后它们又以大体相似的方式建立了国际复兴开发银行（世界银行），为长期的发展和重建项目提供资金。

现在，国际货币基金组织和世界银行仍然在全球货币和金融体系中扮演着重要而富有争议的角色。这两个政府间组织有85%的成员国都是相同的。它们是面临金融危机的成员国的"最后贷款者"，如果那些寻求援助的国家同意满足常常是苛刻的贷款条件的话（参见下页专栏）。在二战刚结束后的一段时期，这些机构几乎没有什么权威和资源去应对战争带来的巨大创伤。

这时美国乘虚而入。美国急于成为国际货币体系的操控者，而美元则成为美国实现霸权的关键所在。倚仗强有力的经济后盾，黄金与美元挂钩（每盎司黄金兑换35美元），美国承诺可以随时把黄金兑换成美元（这被称为"美元兑换"），美元成为全球通用的"等价货币"。在汇率市场上，美元被大部分国家的货币当局、私人银行、公司和个人作为储备货币，用于国际贸易和资本交易。

为了保持本国货币价值，其他国家的中央银行也利用美元来提升或降低本国货币价值。因此，建立在美元盯住黄金的固定但可调汇率基础上的布雷顿森林货币体系，最终需要国家的干预措施来加以维护。

为了让美元到达最需要的人之手，"马歇尔计划"向西欧国家提供了数十亿美元，帮助它们从美国购买重建战后经济所需的各种商品。美国还鼓励本国的国际收支逆差，将其作为提供国际清偿能力（international liquidity，又译"国际流通性"）的一种方法。美国这样做的目的是，使得这些国家追求扩张性的货币和财政政策并促进它们参与全球经济。

货币是重要的　货币现在毫不费力就能跨越国界，国际金融全球化正在严重破坏各国政府控制经济状况快速波动的努力。图中呈现了金融政策有时是如何释放出敌对情绪的：作为"占领华尔街运动"的一部分，五一当天的抗议者表达了民众对金融机构腐败和欺诈做法的愤怒和沮丧。左图是大约32 000人在2013年5月1日占领了东京街头，对普通人的经济状况进行抗议。右图是纽约市的警察与抗议者对峙。

争 论 治疗比"疾病"更糟吗？国际货币基金组织、世界银行和结构调整政策

自 2010 年以来希腊国内发生的抗议，可能是针对国际货币基金组织和世界银行有争议的行动最明显的例子。在某些例子中暴力还会变得非常致命，如玻利维亚 2003 年的黑色星期五抗议活动造成 33 人死亡。而在印度尼西亚 1998 年的例子中，这样的抗议和骚乱甚至帮助推翻了政府。

为什么围绕这两个其主要目的是刺激全球南方发展的组织会有这么多的争议？毕竟，这两个组织的使命声明中包括了诸如"全球减贫和改善生活条件"，以及促进"经济增长和创造大量就业机会"这样值得称赞的目标。

紧张的最大根源是结构调整政策（SAPs）——国际货币基金组织和世界银行财政援助的附加条件。结构调整政策的基本目标是帮助各国通过财政和货币政策改革组合的方式偿还外债，以及更多地参与全球经济。SAPs 最初在 1980 年代初被引入以帮助拉美国家从债务危机中恢复过来。从那时起，已有超过 100 个国家进行了某种类型的 SAPs（Blanton, Blanton, and Peksen, 2015）。SAPs 利用的共同政策"剧本"有：财政"紧缩"（削减政府支出）；国家减少在经济中扮演的角色，包括公共部门整体规模的减少以及对国有工业（最普遍的公用事业）的私有化；货币政策的变化，包括提高利率和货币贬值；贸易自由化措施，如废除对外贸易的关税和非关税壁垒。

结构调整政策的整体目标是帮助目标国减少支出，增加资本流动，解决国际收支平衡问题。尽管这个"剧本"符合削减赤字的宏观经济学基本原则，但这些措施所造成的政治和经济结果却是受到很多批评。

经常都是仓促出台的结构调整政策常会带来经济衰退，尤其是在短期内。政府支出的减少往往转化为政府工作的减少（和失业率的上升），以及对教育、医疗、经济福利支持的水平的下降。利率的增加使其公民获得贷款更加昂贵，而货币贬值则降低了个人支出能力。在许多情况下，减少国家补贴可能会导致公民为基本服务支付的价格急剧增加，如水电或者是以前补贴的商品，包括燃料和食品。例如，2001 年，加纳被迫把水价提高 95%，尼加拉瓜则被迫提高 30%（Grusky, 2001）。贸易自由化更可能会进一步加剧这些困难，因为国内低效率的行业有可能无法与它们的外国竞争对手相抗衡。结果就是，这些行业可能会被迫裁员或彻底关闭。

在政治上，接受结构调整政策也存在问题。国际货币基金组织和世界银行在很大程度上都由全球北方国家控制——实际上由国际货币基金组织代表的混合政策常被称为"华盛顿共识"。全球南方国家可能会认为这些机构是"新殖民主义"的另一种表现形式，因为它们更多是为了满足全球投资者和公司的利益而非全球南方公民的需要。事

实上，在许多情况下，各行业的私有化结果都是许多大型国有企业被出售给来自全球北方的跨国公司。例如，当玻利维亚被迫对自来水行业进行私有化时，合同给了贝克特尔控制的一家公司（Forero, 2005），而阿根廷的自来水私有化合同则被安然公司获得（Nichols, 2002）。

对国际货币基金组织的批评主要集中在个别案例上。然而，学者们已经开始系统地研究结构调整政策对接受国的影响。实证结果显示出负面的影响：结构调整政策一直与社会支出减少、收入不平等扩大、低水平的经济增长相关（Vreeland, 2003）。此外，因结构调整政策而可能发生的社会动荡也经常遭到国家镇压（Abouhard and Cingranelli, 2007）。

尽管承认并且正在改进它们不完美的记录，但世界银行和国际货币基金组织也在国际金融体系中捍卫自己的地位。官员们根据成功的例子，比如在波兰，指出国际货币基金组织在帮助国家恢复中发挥了关键作用。此外，国家只有在其金融陷入麻烦时才会申请帮助，因此很难因国家面临的问题而指责这些组织。最后，政治领导人可能会发现将国际货币基金组织和世界银行作为"替罪羊"是有利的，可以用它们来"掩盖"制定必要的但不受欢迎的经济政策。最终，正如国际货币基金组织经济学家肯尼斯·罗格夫（Kenneth Rogoff）认为的，国家如果从全球经济中孤立出来将会变得更糟。"也许贫穷国家不需要国际货币基金组织的具体宏观经济专业知识，但它们却需要非常相似的东西。"（Rogoff, 2003）

★ **你怎么看？**

- 关于货币稳定与政策自主权之间的"权衡"，围绕结构调整政策的争议揭示了什么？
- 如果有的话，能采取什么措施来改善发展中世界对国际货币基金组织的认知？
- 发展的不同理论，特别是现代化理论和依附论，如何看待国际货币基金组织？

除了增加国际流动资本，美国在恢复西欧和日本经济的过程中也承担了比他国更多的重任。美国支持西欧和日本的贸易竞争力，允许它们有一定形式的贸易保护主义（比如，日本对于进口美国产品有一些限制）并接受对美元的歧视（比如，欧洲支付联盟倡导减少与美国的贸易而加强欧洲各国之间的贸易）。美国情愿为其领导地位付出这些代价，因为对欧洲和日本经济增长的补贴扩大了美国的出口市场，壮大了西方资本主义国家，使它们能够对抗共产主义可能的大众诉求。

布雷顿森林体系的终结

虽然布雷顿森林体系最初运作良好，但它也逐渐变得不堪重负。到了 1960 年代，已经明显可以看出，该体系最终将不可持续。随着美元的使用以及流通中的美元数量继续扩大，导致美国的国际收支逆差变得越来越严重。然而，与其他国家不同的是，美国不能调整其货币的价值，因为它与黄金挂钩。虽然人们认为严格坚持固定汇率制度限制了一个国家的政策自主权，但美国却在 1960 年代开始追求扩张性的宏观经济政策来为越南战争提供资金和增加社会支出。这样的支出进一步加剧了其收支赤字。到 1970 年时，美国对外宣称的美元总量为 470 亿美元，是其所持黄金价值的四倍多。流通中的美元总额与所持黄金实际支持的美元总额之间的这种鸿沟就是著名的**美元过剩**（dollar overhang）。简言之，尽管美元在官方还是"和黄金一样好"，但货币现实却是远非如此。

这样一来也就让布雷顿森林体系处于一个脆弱的位置，而美国则几乎没有选项可选。代表美国的紧缩货币政策会降低国际收支赤字。然而考虑到赤字的规模，这样的削减会对美国经济造成重大冲击。而且它还会有衍生的国际影响，因为减少美元供给会损害各国为了流动性而依赖美元的目的。另一个可能的选项是货币贬值，这样可以减少国际收支问题。不过，这个选项也有问题，因为如果其他国家同样对货币进行贬值（为了不给美国在世界市场上有销售产品的优势），它可能就是无效的。虽然其他一些主要经济体愿意干预本国货币以支持美元，但这些国家的行为却是有限度的，众所周知的是，现状无法再持续下去。

> 国际金融体系的结构必须加以改革，以减少对危机的敏感性。最终的关键不是经济或金融，而是政治——发展对强有力政策的支持的艺术。
>
> ——美国前财政部部长罗伯特·鲁宾

浮动汇率与金融危机

1971 年，尼克松总统快刀斩乱麻，在没有与任何盟友协商的情况下就突然宣布，美国不再用美元来兑换黄金。黄金的价格不再固定，而且美元的可兑换性也不再有保证，布雷顿森林货币体系自此便被以**浮动汇率**（floating exchange rates）为基础的货币体系所取代。现在不再是政府干预决定货币价值，而是市场决定货币价值。一个国家一旦陷入经济困境，外贸商、银行家和商人就会做出反应，随之该国货币就会贬值。这可能会使得该国的出口价降低而进口价提高，而这反过来则会拉动其货币价值趋于平衡——而整个过程都无须中央银行来扶持本国货币。

虽然灵活的汇率使得政府可以自主执行它们自己的财政和货币政策，但这些同样的市场力量也使得政府要为自己的政策和行为负责。因而，直接面对市场可以发挥"对政策行为进行惩戒的效果，因为国际资本流动反对不谨慎的宏观经济政策"（IMF, 2005）。结果就是，各国应该被迫密切监控它们的财政和货币政策，以免出现国际收支赤字和通货膨胀。

然而，这些期望并未实现。1970年代末期，货币和银行业的金融危机都开始出现，而且在整个1980年代危机还逐步升级并持续至今。在全球南方，情况在1980年代和1990年代期间特别严峻。拉美大规模的债务危机，以及整个发展中和转型中经济体不可持续的债务水平，更是拉响了全球金融体系的警报。

不过，进入21世纪后，欠发达国家内部的债务情况得到了显著改善。减债计划的例子包括：重债穷国倡议（HIPC），这一倡议始于1996年，目标是减少40个欠发达国家的债务水平，它们的债务负担至少是其国内生产总值的280%；多边债务减免倡议（MDRI），旨在为欠发达国家提供债务减免，促进其债务状况得到改善。出口增加，以及这些国家出售的许多商品的价格更高，同样改善了其经济条件。总的来说，从2000年到2013年，全球南方国家外债占国民总收入的百分比从37.9%下降到23%（World Bank, 2015b）。

但自世纪之交以来，高债务水平却一直流行于许多发达国家，而这则在很大程度上是因为2008年的全球金融危机。在全球北方的七国集团中，外部债务是国民总收入的142%，几乎是全球南方国家的7倍（World Bank, 2015）。例如，希腊常年都在处理其债务问题，围绕该国被迫制定紧缩财政政策以减少其债务一直存有争议。希腊在2009—2011年间将其政府支出减少了32%。这些削减造成政府雇员大规模裁减，社会服务开支减少，税收增加，退休年龄提高。不幸的是，即便如此，希腊仍然有176%的负债率（World Bank, 2015；参见下页专栏）。除了产生争议，这些措施还使希腊经济萎缩，失业率上升（26%左右）。而且，年轻人的失业率接近50%（Jordan, 2015）。

深入探究：希腊金融危机

自 2010 年以来，雅典一直处于抗议和骚乱之中。示威者向警察投掷家具、石块甚至酸奶，警察则报以催泪瓦斯和棍棒驱散人群。这种抗议是对政府通过的紧缩措施的回应。紧缩措施包括大规模削减卫生和教育支出，裁减公务员，国有企业私有化，并对取暖油等项目加税（Donadi, 2011）。希腊经济陷入混乱，官方公布的整体失业率为 27%，而 25 岁以下工人的失业率则接近 62.5%。一名抗议者说道："我来这里是因为我觉得没有希望……我有两个孩子正在上大学。我不知道他们的未来会是什么样子。"事实上，对这样的削减所感到的沮丧是导致齐普拉斯在 2015 年 1 月大选中当选总理的关键因素，其政党激进左翼联盟的竞选纲领严重反对紧缩政策。

希腊政府已经采取了艰难的措施以避免希腊的外债债务违约。希腊的外债预计到 2015 年年初将会上升到约 4 180 亿美元（相当于其全部 GDP 的 173%）（Trading Economics, 2015）。危机最初开始于 2009 年 12 月。当时帕潘德里欧总理把对希腊预算赤字的估计额从 GDP 的 6.7%"修订"到 12.7%，这严重削弱了人们对其政府的信心。然而，这种债务的积累是由几个长期因素推动的，包括大量的政府支出、低效和腐败的税收征管体系、很大程度上没有竞争力的工业基础、容易获得的廉价信贷，以及欧盟金融规则的执法不严（Nelson, Belkin, and Mix, 2010）。为了避免违约（不能偿还债务），据估计，希腊不得不将其预算赤字变为 2015 年 3% 的预算盈余和再下一年 4.5% 的预算盈余。尽管希腊在 2014 年实现了小幅预算盈余，但考虑到经济没有增长，这仍是一个非常困难的转变（Blanchard, 2015）。不过，很多人都认为，国家"太大而不能失败"，而且债务违约还会伤及整个欧盟市场和世界上其他地方的市场。

私人投资银行如高盛在这场危机中所起的作用也引发了争议。最新报告表明，过去十年，它们已经通过复杂的衍生品和单边交易帮助希腊政府从公众视野中隐藏了部分债务，如付钱给希腊政府换取交易长期政府收入的未来权利，比如机场费和彩票收入。事实上，关于希腊加入欧元区的"原罪"就是通过这些方法隐藏债务以满足加入条件（Story, Thomas, and Schwartz, 2010）。然而，这样的措施是合法的，因为并没有法规来管理一国处理其主权债务的方式。IMF 一名分析师指出："只要政府想作弊，它就可以作弊。"（Story et al., 2010）

★ **由你决定：**

1. 希腊政府应该制定什么样的政策？
2. 在预防金融危机或者促进复苏方面，国际机构扮演着什么样的角色？
3. 这些情形揭示了全球金融体系的什么问题？

就连最强大的国家也是脆弱的。美国可以是全球霸主，可以是全球最大的经济体，但在 2015 年年初其债务总额则刚好超过 18 万亿美元，占美国 GDP 的 102%（Federal Reserve Bank of St. Louis, 2015）。相比之下，尽管美国拥有世界上最大的外债总额，但其公共债务占 GDP 的比例则排在世界上第 39 位，位于日本和许多西欧国家之后（CIA, 2015）。

鉴于大量债务，以及货币跨境流动的速度，金融危机的条件已经成熟，无论是由于政府的不良做法（比如，债务过多或削减债务过快），还是由于全球投资和货币市场的"繁荣和萧条"模式。总而言之，自从布雷顿森林货币体系终结以来，已经发生了 147 次金融危机并直接影响了全世界多达 120 个国家。这些危机的总损失也很大。自 1970 年以来，每一次危机产生的损失——也就是后危机的 GDP 增长偏离危机前的增长模式——平均占 GDP 的 23%（Laeven and Valencia, 2012）。我们应该正确看待这些损失，如果没有金融危机，这些国家将会多生产出 1/4 的商品和服务。

为了更好地理解金融危机的动力和深远影响，下一节集中关注历史上最大的金融崩溃之一，即 2008 年全球金融危机的原因和影响。这场危机始于美国并迅速蔓延全球，在 20 多个国家产生了持久的负面影响。由于全球经济在很大程度上仍然处于从危机中恢复的状态，本章其余部分将会评估危机的后果，以及全球金融体系未来将要面对的挑战。

10-4　2008 年全球金融危机

无数多的经济和政治因素导致金融危机；危机的详情，尤其是投资工具自身，复杂得让人难以想象。事实上，美联储委员会前主席格林斯潘曾指出，发生危机的一个主要原因是，世界上"最复杂的投资者"和监管者（实际上创造了这些工具并用它们来工作的人们）无法理解它们（Comisky and Madhogarhia, 2009）。

然而，这场危机的广泛动态却很难说是前所未有的，因为它们类似于金德尔伯格等人在其所写的金融危机史中描述的基本周期（Kindleberge, Aliber, and Solow, 2005）。危机周期的第一个阶段是"取代"，这是指体系中的变化改变了获利机会并为金融收益创造了新的机会。世纪之初有几个发展引起了人们对抵押和证券市场越来越多的关注，其中包括中国和 OPEC 成员国等国家持有大量的现金，美国的房地产繁荣，美国极低的利息，以及银行和投资公司为它们自己创造的新的投资工具。这些因素被不可分割地联系在一起——导致这场危机的初始困境是，如何使用由中国、OPEC 成员国和其他投资者所持有的"巨大资金池"（Glass and Davidson, 2008）。

美国利率过低，这意味着投资美元（传统上被认为是拥有大量资金的投资者最安全的投资举措）无法充分获利（当时美国国债收益率仅为 1%）。同时，低利率还意味着抵押对美国的私房屋主不再那么昂贵，商业可以获得非常便宜的贷款，作为投资采购的杠杆。随着房产价格持续增长，购买新的或更大的房产（资金来自于抵押）变成一个好的投资。觉察到这些机遇，银行便创造工具把"资金池"与房地产市场联系起来，基于这些抵押的价值把证券出售给大投资者。结果是，投资者从抵押上获得了更高比率的回报，房产所有者则从更低的利率中获利，这一经济互动链条上的所有人（从抵押掮客到投资银行）都作为中间人赚了数十亿美元。而且，随着投资得到房产的支持（房产价值稳步增长），这些证券中有许多都得到信用机构的高评级。从而给人的感觉就是，这些投资与金融市场几乎一样安全。

危机的第二个阶段（所谓的"繁荣阶段"，资金纷纷涌入这些新的机会中）就此开始。随着投资者和银行家持续获利，"资金池"变得更大，上万亿美元继续流入。为了进一步服务于这个"池子"，银行开始发明更多的投资工具（本质上就是把抵押贷款和证券捆绑在一起的不同方式），于是基于这些投资表现的巨大衍生市场也就开始出现。

由此也就导致"过量交易"阶段，它包括"纯粹的价格上涨投机，对未来回报的过高预期"，以及过多的杠杆或"齿轮"。在这个阶段，额外的债务是单纯出于投资目的的债务（Kindleberger, 2000）。在这个过程中的某个点上，传统抵押市场业务饱和；基本上每个有意愿且有能力购买和/或再融资一套房屋的人们都那么做了。然而，"资金池"仍在持续扩大，对这些证券的需求仍在继续增加。

为了维持市场正常运转，银行开始向"次贷"购买者出售抵押贷款，在正常情况下他们绝不会有资质获得抵押贷款。借贷规制被放松，以至于未来的借

对危机的回应——"所有的付出都没有回报？" 金融危机是"戏剧性的变革时期"（Chwieroth, 2010），在这个时期当中，政治和经济现状的大部分（包括国家能力）都可能遭到质疑。后危机的政策可能会加剧这种状况，因为这些政策通常都会需要债务削减的措施，比如更低的政府支出和更高的税收。这些措施的权衡是必要的，因为它们会带来经济衰退并可能产生政治上困难的问题组合：失业率上升、高税收和更少的政府服务。图中所示是希腊雅典议会外的抗议者，他们正在行动，对金融危机之后实施的所谓紧缩政策做出回应。

贷者不再必须提供他们确实有能力偿还抵押贷款的证明。现在，与提供收入证明如工资单或银行对账单相比，借贷者只被要求提供他们金融持有和未来收入的估计（这被贬称为"骗子借贷"）。这么做的合理化之处在于，即便有些欠贷未被偿还，也依旧会有足够的资本流动保持大体上的证券服务。即使长期拖欠抵押贷款，银行也会得到不动产，这在当时被认为是一种会不断增值的资产。

就其自身而言，投资银行持续使用复杂得令人难以想象的、基于抵押债券的投机工具。这些工具包括与以抵押为支撑的证券的表现相关的衍生品，以及所谓的综合债券，它在本质上是基于证券本身的衍生品之上的重新打包的衍生品。债务抵押债券（CDOs）市场繁荣起来。该市场的功能是作为抵押担保证券和各种衍生品事实上的保险。考虑到工具的全面及其交叉用途，对许多投资银行来说这是一种"不会输"的局面——它们为处理所有这些投资流动收取费用，即便这些证券发生了崩溃，它们也能通过债务抵押债券市场来收回损失。因此，它们的"赌注"被有效地覆盖了，不管投资的实际结果如何，它们都可以获利。通过过多使用杠杆获得额外投资，投资银行将它们的利润（以及它们的风险）进一步最大化。到 2007 年时，五个最大的投资银行（贝尔斯登、高盛、雷曼兄弟、美林和摩根士丹利）的杠杆率平均为 30∶1，这意味着它们拥有通过贷款购买的资产，价值超过它们公司抵押资产净值总额的 30 倍（Government Accounting Office, 2009）。

然而，在 2007 年和 2008 年，"抽回资本"或"恐慌"阶段开始登场，原因是几个直接相关的因素：房主贷款违约增加，房地产市场价格暴跌，以及银行出现严重的流动性问题，这几个因素在这个过程当中纠缠不清。当房产拥有者无力支付抵押贷款时，银行很快就发现它们自己不再能从抵押持有者那里获得固定的收入，而它们所持资产价格下跌则使那些资产难以被出售。高杠杆投资银行发现自己背负着超过净资产 30 倍的债务。随着抵押市场开始衰落，围绕它所产生的投机市场和工具（其总现金价值超出抵押品本身价值的若干倍）也迅速崩溃。结果就是，银行和投资者确实花光了钱，而美国的信用市场和金融世界的大部分也都崩溃了。

10-5 复苏和改革：全球金融面临的挑战

尽管经济危机对全球金融体系来说并不新鲜，但 2008 年金融危机却有着格外广泛和深远的影响。最直观的一点就是，涉及此次金融危机的绝对金额大得惊人——据估计，单是美国政府就动用了 13 万亿美元来救助其金融部门，包括对银行的直接资金援助，以及出售债券来增加货币供给（French, 2009）。危机导致全球的 FDI 和贸易在 2009 年出现了前所未有的下滑：FDI 流出量下降了约 42%，世界贸易下滑超过 12%。总的来说，全球总产出（用 GDP 来衡量）在 2009 年缩水 2.3%——这是自二战以来最糟糕的世界性下降（WTO, 2010；IMF Survey, 2009）。

此外，全球市场刚从危机中恢复，还相当虚弱和不平衡。例如，即使到了 2013 年，全球的失业率仍未恢复到 2007 年的水平，而且全球北方的失业率依然远远超出危机前的水平（World Bank, 2015c）。FDI 流入量依然只有 5 000 多亿美元，低于 2007 年的峰值（UNCTAD, 2015）。尽管世界贸易水平到 2010 年时已有所恢复，但据 WTO 估计，贸易水平比起危机前的水平依然要低 17%；也就是说，世界贸易因为经济危机而表现不佳（WTO, 2014a）。

不过，经济危机及其后果也使人们更加广泛地关注并质疑全球金融体系的一些基础，包括美国的领导地位和美元的支配地位，商业自由主义观点与政策的相关性，以及全球金融体系的治理。下面我们就来考察这些议题，它们在评估全球金融的未来时占有突出地位。

美国的领导地位和美元的未来

与先前危机不同，先前危机打击的大多是欠发达国家或新兴国家，而 2008 年金融危机则对发达国家的打击最为沉重，并加强了朝向一个更加多极的金融秩序发展的趋势（Eichengreen, 2009）。尽管德国和加拿大依然保持强大，但美国却陷入了持续多年的衰退中。欧洲的几个国家，包括英国、葡萄牙、冰岛、西班牙、意大利和希腊，仍在与缓慢的经济增长和居高不下的失业率作斗争。与此同时，全球南方则受金融危机的直接影响较少，并在危机之后实现了经济快速增长。

这些影响对全球金融体系的结构，特别是对美国的领导地位来说，有着深远意义。2008 年金融危机起于美国，"世界上大部分国家……都将全球衰退归咎于美国的金融过度"（Altman, 2009；Kirshner, 2015）。而且，美国也没能在 2008 年金融危机之后维持其领导地位。特别值得注意的是，在 2010 年的 G20 峰会上，美国未能建立一种政策共识，因为其他成员国并不相信它对更具扩张性的宏观经济政策的呼吁（Drezner, 2014）。对美国领导全球经济秩序能力的质疑持续存在；事实上，有人断言世界经济已"无领导"，而"全球金融危机后复苏的疲软……则是美国的影响力日益减小和在世界舞台上缺乏一个接替者的结果"（Temin and Vines, 2013）。

由于这样的一种领导地位是霸权的一个方面，所以这次危机也就有了地缘政治上的意义。其中最显著的一点在于，它削弱了美国的经济力量而提高了中国在国际上的地位。中国在全球贸易中所占的份额从 2010 年的 10% 增长到 2013 年的 15%，这使它成为世界上最大的贸易市场（World Trade Organization,

2014b)。美国在这场金融危机后的经济衰退也助长了中国成为美国最大的债权国，自 2008 年开始中国对美国债权的持有增长近 50%，截至 2015 年 4 月中国持有超过 1.2 万亿美元的美国国债，约占美国所有外债的 1/5（U. S. Department Treasury, 2015）。

对美国领导地位的不信任，也滋生了对美元作为国际货币这一角色的质疑。美元依旧是全球金融市场上的主导货币。据 IMF 统计，截至 2013 年年底，62% 的外汇储备（国家间持有的货币，用于维持其国际收支平衡）都是美元。这表明许多国家都对美元抱有巨大的信任，因为只有这样它们才会因为美元的存储价值去使用它。8 个国家使用美元作为它们的货币，另有 35 个国家则在某种程度上锚定或"盯住"它们自身货币对美元的价值（IMF, 2014）。

尽管美元在世界市场上的价值已经稳定下来，但世界上一些主要经济体，特别是中国，则认为美元作为全球市场的主要货币最终会被淘汰，至少也是会被取代。人们提议欧元，甚至是 IMF 所使用的 SDR（特别提款权），成为美元的替代者（Boughton, 2014），但这两者目前都不是一个可行的选择。欧盟至今还在为解决其成员国间的矛盾而努力，而有的欧盟成员国甚至质疑欧元的命运。SDR 对单个国家来说太复杂而难以使用，因为它们并不是真正的货币，而是 IMF 用于储备目的的一种货币复合指数。

常被人们提起的另一替代货币是中国的人民币（Cukierman, 2015；Prasad, 2014）。在确立人民币的价值和增加它的全球流通上，中国已经做出了一致的努力。事实上，尽管面临 2015 年 8 月人民币币值的下滑，但 IMF 近期还是宣布人民币不再被低估（Magnier, 2015），而且中国当前正在请求该组织允许人民币成为构成 SDR 的全球货币"篮子"的一部分。尽管这些变化的实际效果很大程度上只是象征性的（Chovanec, 2015），但为了提高人民币作为全球货币的合法性却是花了很长时间（Subacci, 2015）。最终，中国崛起为经济大国也会转化为其货币影响力的提升。就经济基础而言（市场规模和增长、贸易量及其作为主要债权国的地位），人们认为中国将会支配全球经济。按照这些原则，中国已经具备了成为霸主的潜在能力，人民币很可能会成为最常见的**储备货币**（reserve currency）。事实上，一些人认为，这一天最快将会在 2022 年到来（Prasad and Ye, 2012；Subramanian, 2011）。

尽管经济力量平衡中有这些潜在的变化，但美元的优势地位并不会很快就衰败下去。矛盾的是，在很大程度上，金融危机反倒增加了对美元的支持。新兴经济体，包括巴西、印度，尤其是中国，看到它们的外汇储备因为金融危机而被消耗。同时，经济崩溃的一个关键教训在于，过去认为"安全"的投资根本就不安全——记得当时许多抵押担保证券都被给予最高的信用评级。因而，美元被视为一种在规避风险的同时补充储备的方式。结果，新兴经济体自 2008 年以来的美元持有量增加了 25% 以上（Prasad, 2014）。

许多国家都对美国经济的长远未来感到担忧，包括它规模庞大的债务、反应有些迟钝的政治制度（Eichengreen, 2014；McKinnon, 2013）。投资者同样对美国债券极低的利率收入感到不快。然而，有两个主要原因却使美元将可能继续保持其主要储备货币地位。首先，各国持有规模庞大的美国债券，它们必须确保投资是安全的。简单来说，投资者们掉入了"美元陷阱"，无法轻易逃离（Prasad, 2014；Grezner, 2014）。其次，现在还没有可行的替代选择。一般来说，国家所需要的储备货币是既值得要的又可得到的（Chovanec, 2015）。尽管各国对美元的低利率和经济感到忧虑，但美元最终比起欧元来说更值得要，比起人民币来说则更容易获得。在这种情况下，尽管美元可能"不讨人喜爱"（McKinnon, 2013），但在找到更好的替代品之前，它"仍会在长时间内保持其主要储备货币地位"（Prasad, 2014）。

自由主义共识的终结？

危机也对支撑全球金融体系的意识形态（自由市场导向的"华盛顿共识"）提出了质疑。尽管开放的货币兑换和资本的自由流动被视为自由主义经济学的基础，但金融危机却削弱了关于市场有效性的基本信念。全球化通常与积极的产出相关，比如经济的增长和发展（Wolf, 2004），但在金融危机中，却是那些融入世界金融体系程度较低的国家表现较好。在更大的世界经济体中，印度和中国这两个可以说是最不受世界金融秩序影响的主要国家更是表现最佳。有趣的是，一个非常小且其金融体系相当原始"只接受现金的"（Tayler, 2009）国家摩尔多瓦（这个国家在很大程度上没有银行和信用卡，储蓄通常只能藏在床垫下或抽屉里），却在危机后的那一年成为知名金融杂志上世界第五稳定的国家。

紧随危机之后，美国前财政部官员罗杰·阿尔特曼（Roger Altman）评论说:"朝向市场自由化的长期发展已经停止……全球化本身也在倒退。所有人都可以在统一的世界市场中获利这一长久以来的智慧被破坏了。"同样,外交关系委员会高级研究员库兰齐克(Kurlantzick, 2015)认为,危机掀起了一轮持续的"去全球化"周期,"贸易增长缓慢,政府制定关税或其他贸易保护措施,投资萎缩,国家间的文化和个人联系枯萎"。他还进一步指出,这样一个周期"已经在过去几百年间多次发生,而这也正是目前令人担忧的问题所在"。

这种争论是对商业自由主义观点,以及来自常被称为"新自由主义"或"华盛顿共识"这种观点的一套政策建议的反驳。这种观点的基础在于自由市场的有效性和来自国家的干预(无论是监管还是经济干预)最小化。简单来说,经济应该更多地由自愿的市场交易来管理,政府"的主要作用在于保护个人及其财产免受他者侵犯"(Gwartney, Lawson, and Hall, 2014)。

关于新自由主义政策,危机削弱了对市场和国家干预最小化的好处固有的信任。造成危机的因素之一是,对金融机构缺乏充分的监管机构,以及在新投资工具出现时忽视了它们。因此,对许多国家来说,经济危机打破了自由主义假定的自由市场的美德,"消除了美国经济模式合法化的一面,尤其是在那些与完全不受监管的金融智慧相关的方面"(Kirshner, 2015)。

国家对危机的应对,特别是紧缩措施的流行,也质疑了最小国家的效用,在这种情况下,国家不太愿意使用财政和货币工具来直接投资于全球经济。简单说,紧缩就是"砍掉国家预算来促进增长"(Blyth, 2014)。通常的想法是,减少国家开销能够增加私人投资,原因有两个——伴随政府支出减少的较小的预算赤字会激励商业发展,而较少的国家支出则将不再"排挤"私人投资。最终结果就是,商业环境得到改善,预算得到平衡。很大程度上,这种方法有效地否定了"通货膨胀对失业"的权衡,因为紧缩政策被认为是刺激经济增长的一种方法。

危机之后,一部分欧洲国家,包括葡萄牙、冰岛、意大利、希腊、西班牙和英国(在较小程度上)在内,实施了这些政策,它们大幅削减预算,希望可以减少财政赤字,进而刺激经济增长。然而,大多数分析师都认为,这些政策只能适得其反。不仅是因为有时候大幅度削减开支在政治上不受欢迎[希腊财政部长瓦鲁法科斯(Giannis Varoufakis)称之为"财政水刑"],而且它们也并未减少财政赤字。相反,这些减少还会导致税收减少,进而增加政府债务水平（Krugman, 2015；Blyth, 2014；Schui, 2014）。事实上，正如经济学家沃尔夫（Wolf, 2013）所断言的那样，"紧缩政策已经失败。它使得经济刚开始的复苏变为停滞"。

推行紧缩政策带来的问题表明了对可能不同的财务状况应用共同的政策解决方案的危险，以及平衡财政和货币政策工具时内在的困境。更广泛地说，它们同样表明了确定一个国家在其经济中应该有多活跃的困难。由此一些人认为，紧缩代表了一种对建立布雷顿森林秩序的内嵌式自由主义妥协的放弃（Bugaric, 2013）。而且，这些政策也使人们关注一个国家试图在一个大体自由的市场中驾驭公众利益时面临的挑战——这样的行为很可能会增加经济不平等，进而破坏社会凝聚力（Muller, 2013）。各国因而发现，当它们想要平衡一些矛盾的需要时：为了实现更广泛的社会目标，是"释放资本主义的创造力"，还是"直接出手干预，使特定市场发挥最佳作用"（Breznitz and Zysman, 2013），它们却发现自己进退两难。

总的来说，对新自由主义政策的广泛支持的确变得更加有力；而且许多人都认为，随着政策制定者找到多种管理经济的方法，我们当前也同样见证了"新异质性"的出现（Kirshner, 2014）。在这样的背景下，"北京共识"被认为是对"华盛顿共识"一个可行的替代选择（Kurlantzick, 2015）。尽管对"北京共识"的准确界定有所不同（Ferchen, 2013），但它大体上还是体现为一种更加发展的和务实的方法，其中国家在市场上扮演着比过去要重要得多的角色，尤其是它会留心其政策产生的分配性影响。就像中国经济学家姚洋所说的那样："当改革急剧改变社会中财富和权力的分配时，政府必须站出来，并从较少受益人群的角度去应对挑战。"（Yao, 2011）

关于世界政治的替代理论，危机及其后果揭示了批评商业自由主义观点的优势。马克思主义者在很久之前就指出了资本主义固有的不稳定、对投机恐慌的敏感，以及强国家干预金融体系的需要。根据这一思路，危机揭示了资本主义秩序下深刻的结构性缺陷，特别是过度投资这一趋势创造了一个内在不稳定的体系（Kotz, 2013）。在进一步质疑自由主义经济学的有效性时，古巴主席劳尔·卡斯特罗强烈地表示，"作为一项经济政策，它是失败的"，并且"任何客观分析都会对市场及其去管制带来好处的神话……和金融机构的信誉提出严正质疑"。正如一位分析师认为的那样，全球化资本主义"处于一种意识形态的尾旋坠落之中",而危机则会"带来马克思主义的复兴"(Panitch, 2009)。

对女性主义学者来说,他们指出了危机的性别本质,特别是男性应该为危机负主要责任,并指出金融领域处于支配地位的男性文化阻碍了有意义的改革。经济中的银行部门依旧为男性所主导(Griffin, 2013),传统上的"男性"特征(冒险、进取和超竞争性)是投机潮背后的驱动因素,而这则有助于引发金融危机。许多人都批判指出存在一种"充满睾丸激素的交易文化"(Scherer, 2010),"如果华尔街有更多的女性,就可能避免经济低迷"(Kary and Shipman, 2009)。事实上,有人认为这种文化的产物是银行"抓住了"监管者,而这些监管者本该是监管金融活动的。也就是说,监管者被银行所压制和威胁,以至于他们无法让银行对其自身负责。高盛在2013年进行的秘密窃听清楚地揭示了这种模式。它表明监管机构对银行官员非常顺从并故意忽视银行在与其客户之间涉及利益冲突时的非法行为(Bernstein, 2013)。

女性与全球金融 财富500强企业中只有5.2%的公司有女性CEO,而从花旗到高盛,所有的大型银行在高层中都只雇了少数女性。在美国的金融和保险业中,女执行官和董事只占14%(Goudreau, 2013)。左图是玛格丽特·惠特曼(Margaret Whitman),她是惠普的首席执行官,曾被列为财富500强企业中最有权势的女性。右图是克里斯蒂娜·拉加德(Christine Lagarde),她是法国前财政部长,是IMF第一位女总裁。

沿着这一思路，银行在危机之后的行为表明，尽管它们的失败产生了广泛影响，但却几乎没有什么事情有所改变。在银行领导人（全是男性）对女性监管者的回应中，肯定存在性别要素。例如，摩根大通首席执行官杰米·戴蒙（Jamie Dimon）告诉一群商业领导人，"他并不知道"美国参议员伊丽莎白·沃伦（Elizabeth Warren，哈佛大学法学院前破产法教授，在 2008 年负责监管政府对处于麻烦中的银行的拯救）"是否完全理解全球银行体系"（Chipman, 2015）。沃伦指出，在她看来，所有主要银行的领导人中没有女性并非"偶然"。关于她在该领域的专业知识，她指出："从事金融业的人认为，如果你从未在这个俱乐部待过，你就不能理解它，但我认为他们已经落后了。不在俱乐部中，意味着不会盲目相信。"

金融危机历来都会伴随大量改革建议。例如，"东亚危机之后，图书馆的书架上随处可见这样的辩论之书，对新的全球金融结构提出了无数建议"（Pauly, 2005）。这也是 2008 年金融危机后发生的情形。下一小节我们将会评估国家和当前金融机构如何应对危机，并考虑为改革全球金融结构提出的一些主要建议。

> 一个可以自由进出的普通赌场和需要巨额融资的全球赌场之间的巨大差异是，我们每个人都是不由自主地就被卷入后者每天的游戏中。
> ——经济学家和国际关系学者苏珊·斯特兰奇（Susan Strange）

国际金融结构向何处去？

危机揭示了全球金融体系中潜在的许多缺点，特别是危机可以扩散的速度，以及世界金融市场相互联系的真实程度。事实上，人们认为 2008 年金融危机是历史上的一道"分水岭"，因为它是 21 世纪以来第一次真正意义上的"系统"危机（Goldin and Mariathasan, 2014）。不过，最终，主要经济体至少能够避免陷入另一次大萧条。德雷兹内（Drezner, 2014）认为，体系依然有效，因为全球贸易并没有内爆，资本市场依旧能够提供流动性来抵消危机产生的直接影响。尽管危机后的经济复苏步履蹒跚且不平衡，但这一差异主要是由于国内政策选择，而非全球金融制度失败（Drezner, 2012）。

与此同时，对这场危机的反应则有些特殊，而且在很大程度上它代表了一系列个别国家的反应，而非各国协调一致共同复苏。经济学家乔纳森·科什纳（Jonathan Kirshner）指出："IMF 并没有看到危机的到来，它更偏好那些使危机更加可能发生的观点，而且在遏制危机方面也并非主要参与者。"（引自 Farrell，2015）G20 峰会的重要性在增加，这是值得注意的，因为它吸纳了新兴经济体，但该组织最重要的功能是提供了一个共同论坛供大家进行讨论。最后，最重要的"机构"依旧是美联储，它为美国和欧洲市场提供了流动性（Kirshner，2014）。尽管美联储在完成这项任务中成效卓著，但这并不是一种集体回应，而只是"一个大国的机构的临时即兴回应"（Kirshner，引自 Farrell，2015）。因此，尽管危机本身具有革命性，但人们的反应还是相当常规的。根据回应来观察，"危机是一个奇怪的保守事件"（Helleiner，2014），它危及现状但最终却没有改变现状。实际上，允许危机产生的体系因素依旧存在。

鉴于这些潜在问题，人们提出了对国际金融结构进行改革的各种建议。有些人认为，银行体系本身（特别是它们对杠杆的利用）存在根本性缺陷，应该要求更高的全球资本标准。简单来说，银行应该在手中持有更多资金，进而更少使用冒险性的投资工具（LaGarde，2015）。一些人建议，应该有自动机制来解决经常账户失衡，因为货币价格应该与国家的外部债务（或盈余）有一定关系（White，2015）。至于金融机构，对 IMF 的批评并不少，包括它的政策及其内部惯例，比如新兴经济体在其机构中代表性不足。同样也一直有人呼吁对 IMF 和世界银行进行赋权，包括提高它处理不平衡和货币估值问题的能力（Kahn，2015）。

就其自身而言，IMF 也意识到它因为自己的政策和惯例而饱受批评，而且在危机发生之后它也进行了大量的改革尝试。特别是，它放松了条件要求，更多考虑每个接受国的特殊需求，给予个体国家更大的灵活性（IMF，2009）。它坦率地承认没有预见到 2008 年全球金融危机，并努力建立一个更加有效的金融危机"早期预警系统"（Beattie，2011；IMF，2011）。2010 年，IMF 批准对自身投票制度进行改革：随着新兴市场对 IMF 的贡献持续增加而给予它们更多权力并给予中国和印度在组织内更大的影响力（Wroughton，2013）。IMF 也增加了新兴国家在理事会中的代表权，并提议理事会所有成员应选举产生。最终，IMF 投票同意其配额（IMF 所持有的资金数量）翻倍，超过 7 500 亿美元。至少是从表面上来看，这些改革增加了 IMF 应对危机的能力，并回击了那些认为美国和欧盟把持 IMF 的批评（Mallaby, 2011）。

尽管大多数分析家都用乐观心态来看待这些改变（Stiglitz, 2011），但依旧有许多事情要做。就像国际法常常碰到的问题一样，IMF 和其他金融机构最终也会受到其成员国行为意愿的限制。也就是说，许多经济学家（以及 IMF 的领导人）所建议的更大的权力，比如对银行和投资工具的监管，这种情况只有在成员国施加必要的政治意愿以协同方式解决这些问题时才能实现。围绕 IMF 改革所发生的政治变化表明了这样的意愿所面临的问题。尽管 IMF 的董事会在 2010 年批准了改革，但美国国会依然没有批准 IMF 提出的新配额注资的水平要求。因此，由于美国的不妥协，这一改革至今也未能发挥功效，在大约五年之后，IMF 正在尝试找到一条"绕开山姆大叔"的可行路径（*The Economist*, 2015b）。

鉴于现有国际机构所遭遇的挫折，以及经济力量平衡上发生的变化，地区性发展银行开始作为替代品出现。2014 年，"金砖国家"（巴西、俄罗斯、印度、中国和南非）发起了新发展银行（NDB），承诺了 500 亿美元的启动资本，致力于推动"金砖国家"的"可持续发展"项目。低等和中等收入国家也可申请。它们还建立了 1 000 亿美元的应急储备安排（CRA）来帮助成员国，如果其成员国遭遇国际收支问题的话（Desai and Vreeland, 2014）。简言之，它们发挥的功能是世界银行和 IMF 的地区性版本。

同年，亚洲基础设施投资银行（AIIB）建立。这个银行以中国为首，并包括了英国、法国、德国和意大利等 30 个成员国，其目标是为亚洲国家提供基础设施建设方面的贷款，并且和新发展银行一样，它也是 IMF 的一个替代选择。因此，美国试图劝阻其他主要国家加入，它认为亚投行可能会降低环境标准并与 IMF 和世界银行竞争。然而，亚投行成员国的不断扩大则表明美国这一战略没有成功（Econoy, 2015）。

新发展银行和亚投行的成立，受到对现有体系不小的失望的推动，特别是受到对新兴经济体代表性不足这一看法的推动。中国在这两个机构中扮演了重大的领导角色，它日益在向世界表明其自身不断增长的权力和在全球金融秩序中的自信。在政治动机之外，地区性银行也有潜在的优势。首先，考虑到它们靠近需要救助的国家，它们可以发挥"最后贷款人"的功能，"更好地协调经济

向 IMF 投降？ 围绕多边机构如 IMF 所出现的一个争议是，它们的政策被看作全球北方强大的国家试图控制全球南方国家的另一种途径。这幅图片拍摄于 1998 年 1 月，印度尼西亚总统苏哈托签署了接受 430 亿美元援助和改革的一揽子协议，而 IMF 常务董事米歇尔·康德苏（Michel Camdessus）则站在一旁看着他。这张图片对苏哈托和 IMF 都造成了伤害。印度尼西亚人从象征意义和身体语言的角度认为这张照片使总统丢脸、受到羞辱，苏哈托在四个月后被迫下台。对 IMF 来说，这也是一场经济和公众关系灾难，它帮助固化了发展中世界对 IMF 的负面看法（康德苏后来为他双臂交叉的站姿进行了道歉）。

行动"（Desai and Vreeland, 2011）。理想状态下，它们可以和 IMF 或世界银行合作解决问题。据此，地区性实体可能更加适合帮助有困难的国家维持它们的信用评级，因为它们更适合利用非正式压力而非严厉的条件措施，去鼓励它们偿还债务。在发展中世界，这种组织还可以帮助培育地区认同——与 IMF 和世界银行不同，它们并不会被认为是由少数发达国家所主导。在拉美、非洲和中东，各国也在努力发展地区性基金。地区性银行代表一种"对现有全球经济秩序的挑战"（Kahn, 2015），但它们也是 IMF 和世界银行寻求金融稳定和经济增长这一努力的潜在补充。

尽管这样的组织可以证明在帮助国家回应金融困难方面是有用的，但全球金融体系不稳定之下的许多潜在因素在这些组织中也继续存在。尽管这一体系通过了 2008 年金融危机所带来的"压力测试"(Drezner, 2014),但这却很难讲是一次不流血的胜利,因为许多国家依旧在危机的余波中挣扎。因此,"确保全球经济变得更加繁荣和一体化的机会无疑依旧存在……[并且]实现这一目标的挑战现在看来似乎也变得更加棘手"(Wolf, 2014)。

在全球金融变得更加复杂、相互联系变得越来越密切的同时,关于货币和货币政策的辩论将会和以往一样激烈。而进一步加剧这种混乱的则是国际贸易这一相关的和有争议的竞技场。它是经济全球化的孪生维度,接下来我们将在第 11 章对它进行考察。

第11章
全球市场中的国际贸易

> 全球化使我们变成一家搜索世界的公司,我们这样做并不仅仅是为了销售或获取,而是为了寻找智力资本,即找到世界上最优秀的人才和思想。
>
> ——通用电气前首席执行官杰克·韦尔奇

全球化与碳酸饱和 跨国公司是世界经济全球化的主要参与者。世界最知名品牌之一可口可乐的情况就足以说明这一点。图中所示是它在中国销售的一些产品,中国是其最重要的增长市场之一。可口可乐公司计划于2015—2017年间在中国投资超过40亿美元,在中国的43家工厂雇用5万多名中国当地工人,并计划之后每年增建两家工厂直到2025年 (Lin and Engle, 2013;Xinhuanet, 2013)。

正当你辛苦地挣取你的大学学费时，你的父亲打电话给你，告诉你一个坏消息：他的雇主决定将生产转移到印度，以便在没有工会的地方雇用廉价的外国劳工，节省开支。你的父亲现在面临着失业。全球化国际贸易的负面影响被带入你的家庭，你的生活质量将会下降。当你考虑你将来穿着不再是美国制造的李维斯牛仔裤和中国生产的卡尔文·克莱恩衬衫时，大约这种情况就会出现。想要从你周围的国际贸易旋风中找到意义，你就必须拼命钻研国际经济学课程，你希望能够从中获取一些洞察力。而你是幸运的。你的教授今天讲授的课程是"国际贸易对全球和国家环境的影响"。她介绍她的题目时告诉你，跨国贸易是世界政治全球化的最大部分。她引用世界银行前行长保罗·沃尔福威茨（Paul Wolfowitz）的话作为开始："我喜欢全球化；我想说它正在发挥作用，但当有6亿人正在倒退时就很难那么说了。"

你从课上学到，学者们对国际贸易全球化的结果持有相互竞争的观点。要想客观评价这些对立的诠释，请思考那些植根于过去思想中的关于不同贸易政策的著名观点。本章你将关注自由主义与重商主义之间的竞争，这是两套占据支配地位的价值观，它们是各国在追求权力和财富的过程中采用不同贸易战略的基础。然而，最好的出发点则是识别国际贸易全球化中新兴的趋势。

> 我们必须确保全球市场根植于那些广泛共享的、反映了全球社会需要的价值观和实践中，而且全世界人民都应共享全球化的好处。
>
> ——前任联合国秘书长安南

11-1 全球化和贸易

对你来说，国际贸易的证据就像你穿的衣服和喝的咖啡离你一样近。可是，我们又该如何去衡量商业变得更加全球化的真实程度呢？国际贸易增长真的重要吗，或者说它只是我们现在可以获得的所有国内外商品所增加数量的产物呢？幸运的是，有一个相对简单的指数可以帮助我们洞察世界经济**贸易一体化**（trade integration）的程度。通常用来衡量贸易一体化的标准只是世界贸易的增长率快于世界国民生产总值的增长率的程度。随着贸易一体化的增强，全球化进程也在不断加快，因为当各个国家的出口额在其国内生产总值（在一个给定的国家内生产的商品和服务的价值）中所占的比例增长时，它们之间的相互依存性也会增加。

贸易一体化指数显示，过去几十年间，国际贸易一直在不断扩大。比如，自二战以来，世界经济（用 GDP 衡量）增长了 6 倍，全球贸易则增长了 20 倍；2011 年，世界出口总额近 19 万亿美元（WTO, 2015b；Samuelson, 2006；2012）。如今这些趋势仍在持续。尽管受到 2008 年金融危机影响近年来有所下滑，但世界贸易的增长依然超过全球 GDP 的增长。不过，虽说总的趋势是走向更大的一体化，但是各国经济参与全球贸易的程度却并不一样。作为全球南方越来越多地参与世界贸易的结果，全球贸易一体化飞速增长，而这反过来也推动了全球北方的经济增长。全球南方在全球出口中所占的份额从 1980 年的 10% 增长到 2013 年的 44%，这主要是由于亚洲新出口产品份额的增长所推动。

服务贸易（无形产品，如旅游业和银行融资援助）和通信也在增加。这样的商业关系自 1980 年以来扩大了三倍多。然而，信息技术的传播，新商业软件使用的易得，以及欠发达国家相对较低的工资成本，是世界银行预测欠发达国家将会在世界服务贸易中获得更大份额的众多原因中的一些。拥有大量受过教育的讲英语公民的国家，如印度，已在运营着全球北方公司的呼叫中心和消费者服务热线。

贸易是全球化世界经济中最普遍和最明显的方面之一。然而，全球化是一个多层面的现象，包括各种经常相互关联的活动。贸易与全球金融市场之间存在密切联系，因为汇率决定了交易商品的价值，而资本流动则往往对资助这些商业活动来说必不可少。贸易与全球化的另外两个重要方面也是密不可分：生产全球化和劳动全球化。理解全球化的这些成分，以及它们与贸易之间的关系，对理解复杂的世界经济来说很重要。

> 今天的全球相互依存意味着，欠发达国家的经济灾难可能会对发达国家产生反冲作用。
>
> ——印度前总理瓦杰帕伊

贸易、跨国公司和生产全球化

向另一个国家的消费者销售产品，往往要求公司设立海外企业，在那里它们可以生产商品和提供服务。传统上，跨国公司的海外企业是集权化中心（Centralized Hub）的"附属物"。如今，这种模式则要更加分散。通信和交通运输革命使得生产设施位于世界各地变得可行。

考虑戴尔电脑生产的全球化性质，其供应链涉及美国之外的八个国家和地区：墨西哥生产键盘，法国生产声卡，中国生产电源，马来西亚生产软盘驱动器，中国香港生产显卡和微处理器，日本生产内存条和光盘驱动器，中国台湾生产网卡、显示器和冷却风扇，新加坡生产阵列卡和磁盘驱动器。售出的每一台戴尔电脑实际上在九个不同国家和地区产生了贸易。鲍德温等人（Baldwin et al., 2013）指出："全球生产网络和供应链的形成改变了世界经济的重心。"贸易不再被视为双边互动，而被视为更广泛的生产和贸易多国链的一部分。

这种**生产全球化**（globalization of production）正在变革全球经济。根据国家之间的货物流动来计算贸易曾经是有道理的，而且这种做法仍在继续，因为国民账户数据依然以国家为分析单位来进行收集。但是，这种做法越来越无法描绘当前现实。国家并不真正互相贸易，而是公司在做贸易。跨国公司一共占到世界生产总值的约 1/4 和全球出口额的 2/3。实际上，当前全球贸易的相当大一部分都是**公司内贸易**（intra-firm trade），也就是说，贸易发生在跨国公司跨境的分公司之间。比如，美国全部贸易的 40% 多都属于这种性质（Lanz and Miroudot, 2011）。

跨国公司已经成为生产全球化的主要行为体。由于它们的规模和范围，它们常常变成巨大的 NGOs，在金融资源方面与国家竞争。由于它们促进了大规模的跨境商业流动，这些全球大型企业集团也正在逐渐把国民经济整合进世界市场。在这个过程中，投资的跨国流动通过促使"各国采取类似的制度和做法去组织经济生活"而促进了社会同质性的水平。"FDI 是规范、技术和公司惯例的传递者。"（Prakash and Potoski, 2007）简言之，外商直接投资（FDI）影响着全球认同以及全球贸易。

尽管对 FDI 的最终效果存有争议，但许多人都同意生产全球化只会增加。FDI 流入（给定年份进入一个国家的新投资金额）从 1970 年到 2000 年增加了

100倍并在2007年顶峰时超过1.9万亿美元。FDI水平在2009年跌到1.1万亿美元，这是2008年全球金融危机的一个结果，但到2011年时它又恢复到1.65万亿美元（WDI, 2013）。由于全球经济中的持续混乱，FDI水平继续波动，到2014年年底它又跌到了2 300亿美元（UNCTAD, 2015b）。

在这些广泛的趋势中，全球南方全面参与外商直接投资的崛起引人注目。欠发达国家正在逐渐成为来自国外的投资的接受国。1995—2014年间，净流入欠发达国家的FDI增加了几乎7倍，从980亿美元到超过6 810亿美元。全球南方国家也在它们的境外投资。2014年，净流出欠发达国家的FDI创纪录地占到全部FDI流出的39.2%（UNCTAD, 2015）。

最近的金融危机加剧了这种模式。尽管发达国家的FDI流入下降了25%，但进入全球南方的投资却在继续增长；而且它在危机之后的增长超过了发达国家的增长（UNCTAD, 2015）。然而，向海外投资以扩大其全球金融影响力和贸易的公司之间存在巨大差异，FDI流入的目标国之间也存在巨大差异。

在政治上，这种全球生产范围（以及推动跨国公司的力量和流动性）引起了对国家主权，特别是国家监管在其边界内运营的公司的能力的质疑。这在税收领域尤其成问题。考虑到资本的流动性，公司似乎有无限多的方法可以避免纳税（Fox, 2014）。一个尤其有争议的策略是**公司倒置**（corporate inversion），这是一种重组形式，在这其中，跨国公司购买小公司，然后宣布小公司是它们的"母"公司，由此将其总部迁移到其他国家。这种实践著名的例子包括美国一些大公司，如美敦力和汉堡王，它们已经利用该策略将其总部移到了国外，表面来看主要是为了利用新国家较低的税率（Drawbaugh, 2014；Sloan, 2014）。这种做法是合法的但也是有争议的。奥巴马总统曾直言不讳地指出，"公司倒置"在本质上是公司"放弃它们的国籍，只是为了不支付它们应缴纳的税款份额"。财经记者斯隆（Sloan, 2014）则指出，公司这样做是在"利用使美国成为美国的伟大事情"，同时却又避免缴纳为该制度提供资金的税收。他认为，"公司倒置"是"一种不利于美国的积极避税方式"。

劳动力全球化

没有劳动力也就无法生产商品。生产全球化因此也与**劳动力全球化**（globalization of labor）密不可分。劳动力是全球化尤其有争议的一个方面，因为它直接把个人与全球经济联系起来，就像非法移民（参见第12章）、使用童工和外包（参见第6章）等议题所揭示的那样。

劳动力全球化是世界经济和全球人口相关变化的一个结果。随着全球FDI总量日益增加，越来越多的生产资本都流动起来并会根据公司的意愿及其认识到的未来东道国的优势很容易改变地方。商业越来越能从多个国家使用劳动力并在环境发生改变时变换地方。

与此同时，随着个人从一个国家移动到另一个国家，劳动力也具有了流动性。尽管实际上不可能获得精确的移民流动数量，但据联合国（UN, 2014）估计，有2 320万人在他们的国家之外工作。而且，全球劳动力的总规模在过去几十年中增长很大。到2011年时，总的全球劳动力是33.1亿人，自1980年以来增长了4倍多。这一增长大都发生在"金砖国家"和南亚（WDI, 2015）。把这两个数字进行比较就会发现，劳动力的流动性尽管很大，但却远远不如资本的流动性，因为所有劳动力中只有一小部分实际上被配置到了另一个国家。

从表面上看，这对全球劳动力来说不是好兆头。根据需求状况，劳动力供给的增加（需求没有同等增加）会使劳动力"价格"（工资）下降。资本以更低的成本在全球寻找资源的能力（这被称为"全球采购"或者更常见的说法是"外包"）发生在许多行业部门，特别是在不需要太高劳动技能的制造业，其劳动力更容易被替代。

然而，需要高技能的行业领域（从信息技术到法律研究）的外包也很明显。比如，在印度古尔冈，里图·索兰基（Ritu Solanki）律师为一家法律外包公司草拟合同和法律备忘录，每小时挣50美元。与其相比，伦敦一家法律公司则会为同等类型工作索取高达每小时400美元的费用。因为这一点，法律公司和企业法律部门都开始利用外包作为削减成本的一种方式。据印度估计，法律事务的外包从2006年的1.46亿美元上升到2010年的4.4亿美元，2015年预期将会上升到13亿美元（Gogel, 2014；*The Economist*, 2010e）。

从更广泛的视角来看待这个问题，关键问题是全球化削弱劳动力在寻求实现两个主要目标（生活工资和工作权利）时讨价还价能力的程度。尽管供求的简单逻辑（劳动力供给的上升会降低劳动力的"价格"）预示着工资水平很差，但它将劳动力视为相对同质性的和可互换的商品，从而把情况简单化了。这样的观点忽视了商业决策中的一个关键因素：劳动生产率。比如，一家企业转移到劳动力成本便宜 50% 但生产率比现有地方低 75% 的地方，这是没有道理的，因为这样的转移只会导致运营支出的净增加。因而，工资并非决定全球资本在哪里配置的唯一因素。

把这一点与外包联系起来（外包涉及企业利用工资的跨国差异来实现利润最大化），显然，这种实践越来越没有效率。在跨国的生产率差异之外，一些公司开始重新发现在靠近商品最终出售的地方生产商品的优势，因为较高的劳动力成本可以被其他因素抵消，如库存需求减少、更快的售后服务、更低的运输成本，以及更低的供应链中断风险。实际上，一些分析家认为，从美国市场角度来看，在中国的制造成本很快就将与在美国的制造成本持平（Tice, 2013）。

类似趋势在服务行业也是显而易见，特别是在高科技领域。高新技术企业，如 IBM 和惠普，在 1980 年代和 1990 年代是为外包支付费用最多的公司，它们把诸如数据管理、呼叫中心、软件帮助等服务都转移到了国外。然而，除了一些制造业面临的问题之外，服务行业"更关注外包造成的社会和政治后果"（Saginor, 2012），尤其是消费者强烈抵制这种做法。结果是，外包在许多工业部门都在下降，而**就近采购**（near-sourcing）的做法则在增加。尽管这并不代表全球供应链的本质发生了完全逆转，但似乎很多企业都重新发现了地理位置的重要性，因为它们都在积极寻求可以转移到国外的工作或在当地完成的工作的完美混合。

进一步支持这些趋势的是，有证据表明，跨国劳动力成本之间的差异可能正在缩小。随着全球南方人们的技能和教育水平提高，以及生产率的提高，传统上一直有着充足廉价劳动力的国家在过去几年劳动力成本急剧上升。例如，自 2002 年到 2013 年，中国非熟练工人的工资每年增加 12%。在全球范围内，类似趋势也是显而易见并因 2008 年全球金融危机而加速，因为全球北方在危机之后的工资水平停滞不前，与此同时，全球南方，特别是新兴经济体的工资则显著增长。在一定程度上，不断上涨的工资意味着全球南方的中产阶级在不断扩大，这样的趋势提供了对自由主义经济学视角的支持，即全球贸易尽管在短期会有破坏效果，但在长期则可能会带来发展和经济繁荣。

即便如此，关于这个问题的实证研究也表明，全球化对低技能劳动力是个问题，因为他们更容易被跨国互换。尽管一些工人可能面临更低的工资，但全

与全球化的斗争 越南在数十年的共产主义统治之后向全球经济开放,自 1990 年以来经济迅速增长。这部分是因为外国资本的流入,因为对外商直接投资来说,越南是被认为"比中国便宜"的地方(Bloomberg, 2011)。然而,困难依旧,对劳工权利的压制肩遍存在。这对为轻工业提供了大部分劳动力的女性劳动力大军来说尤为如此。图中所示是雇工在河内周围一个村子的一家制鞋厂的流水线上工作。

球化也增加了这些工人的购买力。与自由主义经济理论一致,与没有全球化的情况相比,全球贸易使消费者能以较低的价格拥有更多的商品购买选择。事实上,国际货币基金组织的研究发现,虽然全球化降低了一些国家人们的工资水平,但他们购买力的增加抵消了损失。简言之,虽然全球化"减少了劳动力所得的馅饼份额,但它却使整个馅饼变得更大了"(*The Economist*, 2007)。

劳动力全球化与劳工权利之间也存在类似的关系。在这方面值得关注的是,对资本的竞争和劳动力供给增加,可能会对劳工权利产生不利影响,包括组织工会的权利(集体谈判)和对在道德上有疑问的劳动实践(如使用童工和奴工)的法律保护。坊间关于"血汗工厂"和打着增加利润的名义压制工会权利的证据比比皆是;不同的公司,如优尼科、迪士尼、耐克和苹果,都因与糟糕的劳动实践有关而遭受过尴尬和经济损失。

不过,综合研究则揭示了一个更加复杂的现实。尽管一些新自由主义改革,如与 IMF 和世界银行项目有关的改革，正在损害劳工权利（Blanton, Blanton and Peksen, 2015），但全球化的其他方面却可能对劳工更负责任。比如，跨国公司通常能比国内公司带来更好的技术和劳动政策（Graham, 2000）。就它们能吸引到熟练劳动力的范围而言，它们也会鼓励各国通过教育和医疗改革来提高其劳动力的技能和生产率（Blanton and Blanton, 2012a；Mosley, 2011）。而且，研究还发现，外商投资增加也与童工事件下降相关（Neumayer and de Soysa, 2005）。

尽管大多数研究都发现，生产全球化和劳动力全球化对社会的平衡发展来说有积极影响，但收益在各社会之间或其内部却不是平等扩散的。经济学家罗德里克（Rodrik, 2008）指出："[全球化]已经在那些拥有能够在全球市场取得成功的技能和流动性的人，与那些既没有这些优势又没有认识到不受监管的市场扩张不利于社会稳定的人之间，画出了一条深深的断层线。"

然而，无论全球化与社会福祉之间的整体关系是什么，对全球化的担心都是继续存在。尽管它产生了赢家和输家，但全球化的负面影响（公司外包它们的工作或使用童工）也相当明显并对人们产生了极大的冲击。一个美国人的软件测试工作被外包给印度，他发表了一份声明说："它们不仅外包了我的工作，还外包了我的整个行业，这一事实让我感到无力，失去勇气……坦白说，这种情况制造了对像我这样的人来说大得无法解决的问题。"（Cook and Nyhan, 2004）另外，从全球化中获得的收益如较便宜的产品和技术的逐渐扩散则往往会被忽视，因为它们的利益广泛分散并为所有人共享。因此，尽管全球化对整个社会来说可能是有益的，但全球化的失败者却要比赢家更能吸引人们的关注。正如我们将要看到的，类似情况在围绕贸易政策的许多争论中都是显而易见。

11-2　争论中的贸易战略

国际贸易是全球化的一个影响深远和激烈辩论的方面，这一贸易辩论的不同方面各有自己的一套政策处方。想要理解国家可能追求的贸易战略，重要的是理解经济自由主义和重商主义的各个方面，以及指导它们的国际经济决策的全球贸易秩序的历史背景。

大萧条的阴影

二战后经济秩序的制度基础始于 1944 年的布雷顿森林会议。在接下来的三年中,领导人建立了以可兑换货币和自由贸易为基础的自由经济秩序。在国际货币基金组织和世界银行成为主要金融机构后,实现世界贸易自由化的任务就落在了《关贸总协定》身上。

《关贸总协定》的基本任务是通过减少贸易壁垒,并作为解决贸易争端的一个共同论坛,鼓励国家之间的自由贸易。《关贸总协定》有三个主要原则:**互惠**、**非歧视**和**透明**。**互惠**要求相互降低贸易壁垒,所以降低了关税的国家可以期望它们的贸易伙伴会做出同样的事情。根据**非歧视**原则,所有成员都能同样进入其他成员的市场。在实践中,非歧视有两种形式,即**最惠国待遇**和国民待遇。最惠国待遇原则认为,给予一国的关税优惠必须给予其他所有国家——换句话说就是在成员中不会有"优惠国"存在。国民待遇意味着对国外商品和国内商品一视同仁,以及各国不能制定诸如税收或其他规制的政策给予它们国内产品任何相对国外产品的优势。最后,《关贸总协定》呼吁贸易政策中的**透明**,这意味着贸易规则和障碍需要清晰地明示。

整体上,《关贸总协定》成功地促进了贸易自由化。当该机构成立时,主要贸易壁垒是关税。在 1947 年到 1994 年举行的一系列连续的会谈或"回合"中,平均关税水平从 40% 降到 5% 以下。当乌拉圭回合在 1994 年结束时,《关贸总协定》变成世贸组织(WTO)并通过赋予它解决成员之间争端的权力而进一步强化了该组织。这种争端解决机制使得世贸组织有能力执行其规则,自 1994 年以来它已解决了数百起成员之间的争端。作为一个机构,除了获得更多的权力,它也在不断发展壮大,其成员自 1947 年以来已从 23 个增加到 161 个。

尽管自由化作为一项政策原则已经扩散到全世界(Simmons, Dobbin and Garrett, 2006),但却并非所有国家都支持自由主义信条,认为政府不应该积极管理贸易流动。事实上,商业自由主义(参见第 10 章)在许多国家都受到攻击,其中也包括一些国内自由主义的支持者,这些国家面临着保护国内工业和就业的压力。

接下来,我们将通过回顾支撑贸易政策和贸易在全球政治体系中所起作用的基本哲学信念,进而评估各国在国际贸易中使用的一些特定政策工具。

自由主义与重商主义价值观之间的冲突

在全球化的政治经济中,各国应该如何应对才能最好地实现经济变革?对此做出的选择影响着政府的经济决策。每个国家出于本能的竞争欲望都会把自身利益放在首位,而在与他国进行贸易时,若想获得尽可能多的财富,就必须做出一定妥协,与其他国家合作。国际政治经济中的大部分争议最终都可简化为自由主义与重商主义之间的差异。对比二者在五个关键问题上的不同理论立场,可以说明今天区分这两个流派的争议性议题(参见表11.1)。

表11.1 自由主义与重商主义的关键差异

	自由主义	重商主义
经济关系	和谐的	冲突的
主要行为体	家庭经济、商业公司	国家
经济活动的目标	全球福祉最大化	服务于国家利益
经济对政治的优先顺序	经济决定政治	政治决定经济
对全球变化的解释	一个动态的、不断调整的均衡	国家相对力量分布变化的产物

商业自由主义 商业自由主义遵循的前提是:人类的自然倾向是合作。因此,可以通过互惠互利的交换共同进步,在法律允许下共同繁荣并扩大个人自由。商业自由主义认为,经济活动可以带来全球福祉并能解决资本主义的主要问题(例如,繁荣与萧条的交替、贸易战、贫穷和收入不平等)。全球"最伟大的事业"(Bhagwati, 2004)之一就是,促进国际贸易发展、消除贫困并扩大政治自由。

亚当·斯密奠定了商业自由主义的基础。1776年,他出版了经典之作《国富论》。在这本书中,他主要讨论了在无监管的市场中,在人类为追求私利而具有的"以物易物、物物交换和互换"的自然倾向的引导下,"看不见的手"如何通过创造效率和收益来服务于全球集体利益,或者说是公共利益。根据亚当·斯密的观点,如果个人理性地追求他们自己的私利的话,他们就将使社会的利益最大化。

关于国家间的贸易,斯密提出的关键概念是**绝对优势**(absolute advantage),即相信各国应该生产它们与其他国家相比生产成本最低的商品。正如斯密推理的,"如果外国能以比我们自己制造还要便宜的商品供应我们,那么,我们最好就用我们具有某些优势的行业中生产出来的部分产品来向它们购买"。尽管该观点具有革命性,但它也提出了一个明显的困境:如果一个国家没有任何绝对优势呢?

18世纪政治经济学家李嘉图提出了**比较优势**(comparative advantage)来解决这个问题。他认为,所有各方,包括那些毫无优势者,都能在贸易中获益。如何做到?根据比较优势原理,各国应该专门生产机会成本(国家放弃生产的任何东西的价值)更低的任何产品。换句话说,一个国家应该专注于生产相对便宜的产品,而不是只能以相对较高的成本生产的其他产品。

这是一个深刻的概念,它对自由主义理论和经济学原理都有重要影响。在一个著名事件中,经济学家和诺贝尔奖得主萨缪尔森遭到一位数学家的挑战,要求他说出社会科学中一个"真实而非凡的"命题。在那个问题被提出之后的某个时候,他找到了答案:比较优势。正如他推断的那样,"在数学家面前不需要争论,它在逻辑上是真实的;非凡之处在于它已被数千名重要的聪明的人证明过,但他们自己却从未能理解该原理,或者是在向他们解释这一原理后他们会相信它"(Samuelson, 1969)。就我们的目标而言,比较优势表明,贸易有利于参与其中的所有各方。这一原理是商业自由主义认为自由贸易能使所有国家共同实现经济进步的基础。

为了说明贸易如何能为双方都带来好处,我们来思考一个简单的涉及中国和美国的假设情景,每一方都生产纺织品和汽车,但是每个国家工人的生产率(每小时的产出)不同,如表11.2中第二栏所示。

表11.2 比较优势和贸易获利

国家	每小时劳动生产率		专业化之前		专业化,没有贸易		有贸易的专业化	
	纺织品	汽车	纺织品	汽车	纺织品	汽车	纺织品	汽车
中国	9	3	900	300	990	270	910	300
美国	4	2	400	200	320	240	400	210

显然,中国在这两种产品中都有绝对优势,因为它的工人在生产纺织品和汽车时的生产率都强于美国工人。但这是否就意味着两国不能通过贸易获利

呢？非也。只要两个国家在生产商品时面临的相对成本有差异，它们就依然能从专业化和贸易中获利。

根据比较优势的逻辑，两国都应该生产自身有着相对于他国来说更低机会成本的产品。根据机会成本，看第二栏，中国每生产 1 辆额外汽车的"成本"是 3 个单位的纺织品。或者也可说，少生产 1 辆汽车，中国就能多生产 3 个单位的纺织品。然而，美国每多生产 1 辆汽车的"成本"只是 2 个单位的纺织品，而且美国每少生产 1 辆汽车只能获得 2 个单位的纺织品的好处。因此，美国生产汽车的劣势更小，它生产汽车的机会成本（2 个单位的纺织品）要少于中国同样产出面临的机会成本（3 个单位的纺织品）。换句话说，尽管美国生产两种产品都处于劣势，但它在汽车中的劣势则相对要少。

接下来要做的就是要表明，贸易如何使每个国家进一步专业化生产具有比较优势的产品，从而从中受益。这里我们假定每个行业都有 100 名工人，没有专业化也没有贸易（第三栏）。然后我们进行专业化生产，把 10 名中国工人从汽车生产转移到纺织品生产，把 20 名美国工人从纺织品生产转移到汽车生产（第四栏）。第五栏表明，两个国家都能从贸易中获益。如果我们允许两国贸易往来，那么中国就会有 80 个单位的纺织品卖给或出口给美国，而美国则会有 20 辆汽车出口到中国。通过把中国的资源转换到纺织品、美国的资源转换到汽车并允许双方进行贸易，同样的总分配将会导致纺织品和汽车的产出分别增加 10 个单位。资源的使用现在更加有效了，两国均可从中获益——中国比专业化和贸易以前生产了更多的纺织品、同样数量的汽车。美国则发现它生产了更多的汽车和同样数量的纺织品。两国用同样数量的工人实现了更大的产出，这意味着两国生活水平的提高。

暗含在自由主义中的假定是，市场会根据自己的逻辑而取得成功。这提供了一套相当直接的政策建议。对自由主义者来说，在实现经济繁荣的进程中，政府对国民经济的干预最小化将会使增长和繁荣最大化。最好的政府是不干预商业活动的政府，政治应与经济市场分离。自由市场是经济快速稳健增长的基础，并可促进民主制度繁荣发展（Naim, 2007）。正如本杰明·富兰克林戏称的，"没有国家会因贸易而毁灭"。

然而，这里却至少存在一个问题。尽管自由主义理论承诺"看不见的手"将会使效率最大化，人人因此而受益，但它却并未承诺每个人的受益都是均等的。相反,"每个人都根据自己对整体的贡献而获取利益……由于个体生产率上的差异,自然不是每个人都同等获益。在自由交换下,社会作为整体会更加富裕,但个人则会根据各自的边际生产率及对社会总产品的贡献而获得不同的回报"(Gilpin, 2001)。

这在国家之间和在国家内部都一样是真实的。即使各国依据比较优势行事,它们从国际贸易中获得的收益也不会是平等分配的。全球化给中等收入水平国家带来的收益,要低于它给富裕国家和贫穷国家带来的收益(Garrett, 2004)。商业自由主义理论忽略了这些差异,因为它考虑的是所有国家的绝对收益而非相对利益。与之相反,重商主义理论则更关心国家间的政治竞争,这决定着经济收益如何分配。

重商主义 重商主义在本质上是现实主义思想在经济领域的延伸。与自由主义者关注市场理性、相互收益、政府的最小角色不同,重商主义认为对权力政治的需要是经济的决定因素,并认为政府在确保国家的经济福祉方面发挥着重要作用。

古典重商主义在第一波殖民主义期间出现于15世纪末期。它把金银的积累视为扩张国家权力与财富的途径并倡导帝国主义作为实现这一目标的手段。19世纪初,我们现在所称的重商主义(又称经济民族主义)出现了,这在很大程度上是对自由主义兴起的一种回应。实际上,主要重商主义者的著作之一,即李斯特的《政治经济学的国民体系》,可以看作是对《国富论》的直接批判。尽管经济民族主义者汲取了自由主义的一些核心观念,比如生产率的重要性、专业化的好处,以及市场的效率,但他们却得出了一套不同的政治结论。

重商主义者主要在三个方面不同于自由主义思想:(1)自由主义者认为财富和经济增长本身就是目的,而重商主义者则认为它们是国家权力的工具。这与现实主义者强调国家利益是一致的,它假定"经济活动现在是而且应该从属于国家建设的目标和国家利益"(Gilpin, 2001)。(2)尽管自由主义思想详细说明了专业化的收益,但它暗含的一点是把所有的专业化都处理为等值的。重商主义者质疑这一假定,认为"生产财富的力量要比财富本身更为重要"(List, 1841)。比如,在美国早期,财政部长亚历山大·汉密尔顿建议美国在制造业内实现专业化,而不是在农业中,因为这会更好地服务于美国的国家利益。作为农业的对立面,制造业要求更高水平的技术进步。这样的工业化将会提高美国

"人才的多样性"，其结果就是工业能力将更容易转化为军事力量。（3）重商主义者认为，国家在经济中发挥着积极的和至关重要的作用。既然一些专业化优于其他的专业化，各国就能通过补贴它们来鼓励特定行业的发展并"保护"它们免受外国竞争。正如汉密尔顿（Hamilton，1791）指出的，在国家利益的关键例子中，"公共的财力必须补充私人资源的不足"。

　　这种观点产生了一套完全不同的经济政策。商业自由主义强调合作性经济协议的相互收益，而重商主义者则聚焦于零和竞争并因此而更加关心贸易交换中一方实现的收益将以牺牲另一方为代价。对重商主义者来说，相对收益比双方的绝对收益更加重要。尽管重商主义者承认自由贸易有着出众的效率，但是他们却有一个关于政治收益更加谨慎的观点。他们认为自由贸易对强国来说是一种可以接受的做法，在这样的国家中它常常服务于巩固那个国家的权力。而对正在成长的国家来说，贸易联系有时则会被操纵，在经济上有利于更强大、更发达的国家（Hirschnman，1945）。

　　在许多例子中，践行自由贸易都会削弱国家安全和长期的经济发展。实际上正如重商主义者指出的那样，宣称信奉自由主义理想的强国，其中最有名的就是美国和英国，当它们的工业正在发展时却是实施保护主义的国家。林肯总统就是一名热心的保护主义者，他怀疑国际贸易的好处，认为关税是保护美国工业基础的一个办法。他简洁地指出，他的"政见非常简短，就像老太婆跳的舞一样。我支持国家银行……和高保护关税"。简言之，"在美国的工业正在发展的同时，它没有时间去实行自由放任政策。而在它变强之后，它则开始向世界上其他国家宣扬自由放任政策"（Fallows，1993）。

11-3　贸易与全球政治

　　贸易在全球体系中扮演着核心角色。它不仅是经济全球化的一个重要方面，而且对全球政治体系也有许多影响。事实上，许多全球政治经济学方面的学者都在研究贸易与世界政治之间关系的某些方面。下面我们就来简要地了解一下系统层面和国家分析层面的一些关键概念和问题（参见第1章）。

　　在系统层面，全球贸易最有影响力的理论之一就是霸权稳定论（hegemonic

stability theory）。霸权稳定论也用于全球冲突的理论中（参见第7章），它基于这样一个命题，即自由贸易和国际和平依赖于一个单一的主要大国或霸权国，它愿意并能够利用其经济和军事实力执行国际交往规则。一个霸权国不仅仅是一个强大的国家；相反，它指的是这样一种情形：一个国家拥有占优势的经济和军事力量、世界共享的主导意识形态，并愿意发挥其力量和影响。

霸权稳定论的基本假设是，稳定繁荣的全球经济近似于集体利益或**公共物品**（public good），是非排他的共享的利益。但若所有国家共享一个公共物品，为什么还需要一个霸权国提供呢？这是由于提供公共物品的问题性质所致，或者也可说是**集体行动困境**（collective action dilemma）所致。在这个困境中，由于存在两个基本问题：责任和理性，使得提供公共物品是有问题的。首先，尽管公共物品会产生利益，但提供或维护它肯定会出现成本。如果利益有一个大的潜在的获益者集团的话，就不可能让任何单个的一方负责支付提供这一物品的部分成本。因此，接受者面临着一个两难境地：当它们无须付费就可以享受公共物品时，为什么它们还必须为公共物品付费呢？如果我们假定行为体是理性的，那么它们就将寻求"搭便车"享受公共物品，获得免费的好处，而不付出任何成本。然而，如果每一方都是"理性的"，那么也就没有一方会为维持该物品付费，公共物品最终就会消失。

思考一下公园的成本可以帮助我们说明这个原理。如果没有中央政府对公园进行维护，个体本身就不得不合作以保持公园整洁（剪树枝、修草坪、捡垃圾等）。然而，也有部分人企图只享受公园的环境而不对其做出任何贡献。如果这种只享受公园美景而逃避维护公园责任的人达到一定数量，漂亮的公园很快就会变得肮脏不堪。如果连这种基本的合作形式都难以长时间维持，也就可想而知在国际体系中使合作永久化的困难又会有多大。

同样的逻辑也适用于自由国际经济的集体利益。因为许多国家都在从有序的、开放的、自由的市场经济中享受集体利益，所以也就经常会有一些搭便车者。然而，霸权国也可能会容忍搭便车者，部分原因是霸权国提供的好处，比如稳定的全球货币，鼓励其他国家接受霸权国的命令。而且，霸权国会认为维护该体系是值得的，即使它承担了不成比例的成本份额。因而，霸权国和小一些的国家就都能从这种情形中获益。然而，如果为领导地位付出的代价开始翻倍，霸权国就不会再对搭便车者如此容忍。在这种情况下，由于大部分利益的实现都是以牺牲霸权国的利益为代价，合作将会逐渐被认为是单边的或零和的。这样一来，在以牺牲他国利益为代价的对个体利益的竞争中，开放的全球经济就会崩溃。

因此，该理论在一个条件（霸权的领导）的基础上解释了非常广泛的政治和经济趋势，是相当简约的。尽管理论家们可能会对在整个历史上有过多少个霸权国持有不同意见，但对最近的例子（二战后的美国）却有广泛共识。这一领域的研究考虑了美国从霸权地位衰落下来，以及这对世界经济秩序的影响等议题（Zakaria, 2009; Wallerstein, 2002）。

在国家分析层面，诸多研究都评估了贸易与军事冲突之间的关系，其中多数都支持商业自由主义的论点，即贸易倾向于阻止军事冲突（Copeland, 2014; Mousseau, 2013; Hegre, Oneal, and Russett, 2010）。基本论点是，贸易相互依存增加了暴力的成本——除了非常明显的伴随军事冲突的成本外，贸易联系的存在还意味着，一个国家如果针对其贸易伙伴采取军事行动的话，它也就放弃了贸易利益。在更广泛的范围内，有研究者（Russett ond Oneal, 2001）认为，贸易是民主制和国际组织之外鼓励国家之间持久和平的"康德式三因素"的一个关键部分。

在国家内部，贸易自由化有益于社会，因为它与经济增长、民主化水平、预期寿命、教育、人权和粮食安全正相关，与童工、贫困和环境退化负相关。"尽管对国际贸易有担忧，但事实依然是，那些经济活动与出口相关国家的发展，要比那些出口停滞国家的发展快上一倍半。"（Naim, 2007）这解释了自由主义信念持续流行的原因，即贸易的指数增长极大地促进了经济繁荣，正如过去60年所表明的那样。

尽管有这些好处，国家仍然有很多理由试图通过贸易保护主义来提高自己国内的生活水平。有些国家觉得自由贸易既不自由也不公平，因为它并不是平等地惠及每个国家。尽管总体趋势是自由化程度不断提高，但许多国家仍然不愿向外国竞争开放其国内市场，因为它们并不愿意改革自己的国内市场。根据传统基金会公布的2015年经济自由指数，在185个国家中，只有5个国家或者说不到3%的国家是"自由的"。30个国家（16%）是"比较自由的"，而剩下的国家（81%）则是"中等自由的""最不自由的"或"受压制的"。

尽管各国政府可能都面临着使其经济与外部隔绝的政治压力，但这样的政策也经常会有负面影响。经济封闭的国家往往也是最贫穷和最腐败的国家。事实上，许多经济自由程度较低的国家，如缅甸、乍得和朝鲜，也是世界上最腐败的国家之一。这些模式强调国家内部条件对其国际经济政策的影响，并表明如果没有越来越多的自由政府和自由经济，进一步维系全球自由贸易机制就可能会受到危害。

贸易也可作为国家对外政策的一个工具，在国家间关系中它很容易被当作"胡萝卜"和"大棒"。给予进入市场的优先权、与欠发达国家建立经济联系，常被视为是帮助它们在全球市场竞争进而实现经济增长的方式。这方面的主要例子包括世贸组织的普惠制免除了欠发达国家遵守该组织的一些非歧视原则和互惠原则；《洛美公约》允许 71 个欠发达国家优先进入欧盟市场；《非洲增长与机会法案》同意撒哈拉以南非洲国家免关税进入美国市场。

经济制裁（economic sanction，针对目标国所精心实施的行动以剥夺其从经济关系中获得的好处）是贸易被用作强制外交"大棒"的最常见方式。制裁有很长的历史；威尔逊总统在 1919 年认为："被抵制的国家是一个即将屈服的国家。运用这种经济的、和平的、安静的、致命的方式，没有必要使用武力⋯⋯不用在被抵制的国家之外损失生命就可以对该国造成压力，据我判断，没有一个现代国家能够抵抗这种压力。"

自冷战结束以来，制裁被频繁使用并迅速扩散。实际上，自 1990 年以来使用的制裁数量大致等于 1900—1990 年间使用的制裁数量（Drezner, 2011）。在政治上，制裁是一种非常方便的工具，因为它们相对比较容易实施（相对于军事冲突而言）并在很大程度上被实施制裁的国家视为是"零成本"的。

关于制裁有大量研究，而且大多数学者都对制裁作为一种战略工具的有效性表示怀疑。首先，制裁"在削弱军事潜能方面很少是有效的"（Hufbauer, Schott and Elliott, 1990），它们作为战争的替代品很少获得成功。而且，只有很少的制裁实现了它们所宣称的政策目标；制裁成功的比例介于 5% ～ 33% 之间，具体取决于如何衡量"成功"（Elliott, 1998；Pape, 1997）。

尽管制裁对目标国家的政权影响不大，但却会让这些国家的公民付出巨大代价。例如，美国在 1990 年代对伊拉克的制裁被认为是"大规模杀伤性制裁"（Mueller and Mueller, 1999），因为由此导致的食品和药品短缺与据估计 25 万名伊拉克儿童的死亡有关（Garfield, 1999）。尽管这可能是一个比较极端的例子，但研究表明，经济制裁与目标国公民的社会福祉之间有着一贯的负面关系（Allen and Lektzian, 2013；Peksen, 2011）。

为了尽量减少这样的人道主义关注，政策制定者已经开始使用目标更窄狭的制裁，这被称为"聪明制裁"。这种制裁试图更集中于目标国的特定因素上，如冻结资产，或者仅仅是停止像运送武器这样重要的战略性贸易，而不是所有经济关系。"聪明制裁"有可能减少对平民的伤害，但却几乎没有证据表明它们更有效（Drezner, 2011；Gordon, 2011）。

关于制裁研究的总的结论是相当负面的，但研究也的确指出了制裁作为一种政策工具的潜在用途的一些复杂性。首先，一些人认为，关于制裁的大量文献受到"选择效应"的不利影响。由于只集中在那些有战略动机的制裁上，检验的案例数量有限，由此可能导致的结果就是低估了制裁的实际效果。对广泛的样本进行检验的研究，包括那些关于经济和环境争端的议题的研究，以及集

制裁：驯服俄罗斯熊？ 图中所示是七国集团领导人讨论对俄罗斯的制裁，因为它在2014年干涉了乌克兰。美国和欧盟强加的制裁覆盖了范围广泛的、战略重要的行业，包括石油技术、军售和双重用途技术（既可军用又可民用的商品）的运输。它们冻结了俄罗斯官员数十处资产。尽管制裁伤害了俄罗斯的经济（再加上石油价格下跌），但却很难确定它们对俄罗斯政策的影响。正如美国国务卿约翰·克里指出的，制裁"显然有深刻的影响，但还不足以让普京总统决定不再追求他的特定战略"（Birnbaum, 2015）。

中于制裁的威胁（而不是实施）的研究，均表明它们的有效性可能比之前认为的要大（Bapat et al., 2013；Lopez, 2013）。

只关注最终是成功还是失败，这种看待制裁或任何经济方略工具效力的方式可能过于简单（Rowe, 2010）。政策制定者有各种各样可以使用的工具，这些工具都有成本和收益。宣称的政策目标，特别是像领土让步或政权更迭这样的战略目标，可能会因代价高昂而无法实现。在这样的案例中，制裁可能被用作一个象征，即一个特定国家"正在做一些事情"，即使不可能实现其目标。因此，对一种既定情况而言，"单是说明制裁的缺点还不够，还必须说明其他一些政策选项要比它更好"（Baldwin，1999/2000）。

11-4　自由贸易的命运

全球贸易继续激增，保护主义处于历史最低水平。但为保护主义所做的辩解仍能在许多人那里引起共鸣，并在一定程度上助长了社会对全球经济的不安全感。这种观点在经济低迷时期尤其诱人，因为对外贸易是一个容易指责的目标。即使在许多经济开放的国家，对贸易自由化也存在怀疑的观点。美国立法机构关于跨太平洋伙伴关系（TPP，美国和其他 11 个太平洋沿岸国家之间的自由贸易区）的辩论就揭示了这种分裂。一些人（如参议员伊丽莎白·沃伦）对此持高度怀疑态度，认为 TPP "将会帮助富人变得更富，而使其他人落在后面"。其他人［如众议员保罗·莱恩（Paul Ryan）］则明显是自由主义者，他们称 TPP 是一个机会，可以"把其他国家提高到我们的水平上，为我们的人民创造更多的机会"。然而，大多数人的观点都是自由主义和重商主义的混合物。众议员桑德·列文（Sander Levin）认为："我们希望扩大贸易，但我们也希望它带来的福祉能传给工人并逐步增长。"

与国际金融情况一样，贸易政策问题上也有一些深奥的专业术语。因此，在评估当前世界贸易秩序所面临的问题之前，理解各国用来影响贸易流动的"贸易花招"是有帮助的。

贸易花招

自二战以来，贸易自由化在全球经济增长中发挥着关键作用，而且在对自由贸易潜在好处的看法上，在经济学家中有一种事实上的一致意见。诺贝尔经济学奖得主保罗·克鲁格曼（Paul Krugman）指出："如果说有一个经济学家的信条的话，它肯定包含对'我理解比较优势原理'和'我主张自由贸易'的支持。"

然而，由于伴随自由贸易而来的成本和收益问题，自由贸易在政治上并没有重商主义那么有吸引力。总的来说，自由贸易的社会收益远远大于成本。然而，这些好处（特别是消费者从进口中的获益）遍及整个社会，但却往往并未被注意到。例如，虽然对外贸易可以使你在运动衫上节省 10 美元，但你却很可能没有意识到进口使你省钱的背后原因。因此也就没有什么动机去为进口利益而进行政治组织——如果你发现运动衫的价格上涨了 10 美元，你可能并不会花时间去组织"支持进口"的抗议游行。

然而，自由贸易的"成本"却是非常集中和明显。比如，相当常见的就是听到由于廉价进口的竞争工厂关门和人们失业的说法。因而也就会有更大的政治动机去组织反对自由贸易的力量，并支持这些力量影响政治进程。简言之，"坏经济往往是好政治的基石"（Drezner, 2000）。

考虑到这一困境，贸易争端可能会继续存在，因为国家有政治动机去制定重商主义政策。本节解释了这些政策工具中的一些，而所有这些都属于**保护主义**（protectionism）的范畴，而所谓保护主义，也就是那些旨在"保护"国内产业免受外国竞争的政策。

· **关税**（tariffs，对进口货物所收的税）是最知名的贸易保护主义政策工具。尽管由于世贸组织的协议和干预，平均关税水平已经大大降低，但它们偶尔仍会被采用。例如，2002 年，小布什总统对钢铁进口征收从 8% 到 30% 不等的关税。

· **进口配额**（import quotas）限制可能从国外进口的某种产品的数量。例如，1950 年代末美国宣称有必要保护国家安全，因而对石油实行进口配额。这样一来也就是由政府而不是市场来决定进口的数量和来源。

· **出口配额**（export quotas）通常是由生产者和消费者谈判达成的协议，限制从生产者到消费者之间的产品（如鞋或糖）的流动。沿着这一思路，**有秩序的市场安排**（orderly market arrangement，OMA）就是正式的协议（通过协议，一个国家接受限制可能损害进口国工人利益的产品的出口），常常需要制定具体规则来监督和管理贸易流动。出口国愿意接受这些限制，以换取潜在的进口国的让步。《多种纤维协定》(MFA）就是有秩序的市场安排的一个复杂的例子，它限制了纺织品和衣物的出口量。这个协定最初形成于1960年代初，当时美国把与日本和中国香港地区达成的**自愿出口限制**（voluntary export restrictions，VERs）正式成文，以保护国内生产者免遭廉价进口棉花所带来的冲击。后来，配额制的范围也扩大到了其他进口国和出口国，1970年代又从棉花扩展到其他纤维产品，并进而演变成《多种纤维协定》。该协定在1995年失效。

- 随着配额和关税的减少，一个更广泛的贸易限制类别，即**非关税壁垒**（nontariff barriers，NTBs），被用来以非直接征税的手段来阻碍进口。这涉及各国政府创造性地制定的范围广泛的管制措施，旨在保护国内特定行业免受外国竞争的冲击，包括健康和安全条例、政府采购程序和补贴。与关税和配额不同，非关税壁垒更难被发现和取消。

- 非关税壁垒有两种特定的流行形式被用来抵消出口国政策的影响，它们是**反补贴税**（countervailing duties）和**反倾销税**（antidumping duties）。反补贴税是为了抵消所谓补贴的影响而征收的关税。反倾销税则是为了反击竞争者以低于生产成本的价格销售产品的行为。比如，2015年3月，印尼就美国针对纸类产品征收的反补贴税向世贸组织提起诉讼。美国则认为这是对印尼倾销这些产品的回应。

- 在欠发达国家，由于缺乏来自全球北方效率更高的公司的保护，它们实现国内工业化的目标有可能被阻滞。**幼稚产业**（infant industry）观点常被用来论证重商主义贸易政策的合理性。根据这个观点，关税及其他保护形式是必要的，能够呵护年轻产业发展壮大，直到它们最终发展成熟，降低生产成本，成功地在全球市场上参与竞争。过去在拉美和其他地方流行的进口替代工业化政策就常常依赖于对幼稚产业的保护。

- 在全球北方，创造比较优势现在激发了众所周知的**战略性贸易政策**（strategic trade policy）。该政策被当作确保一国工业保持竞争力的一种重商主义手段。战略性贸易政策把政府补贴集中于特定行业，以使它们在与国外生产者的竞争中获得优势。这一战略的一个显著例子是空中客车公司。这是一家制造宽体客机的欧洲公司。该公司在很大程度上是由法国、德国和英国建立的，在其存在的大部分时间里它得到了大量的补贴。

尽管经济自由主义是以自由贸易为基础，但现实主义理论也可以帮助解释各国追求重商主义政策的冲动。回想一下，现实主义认为，由于缺乏全球治理的国际无政府状态滋生了国家之间相互的不信任，国家间经常是竞争多于合作。而且，各国都在追求自我利益和经济上的领先地位。从这个意义上来说，重商主义战略性贸易是这种现实主义解释国家关注自我利益和相对收益的一个主要例子，因为它"极为关注经济发展，将其作为一个具有战略意义的问题"（Holstein, 2005）。

自由主义和重商主义不稳定的共存

考虑到重商主义的政治优势，各国很难抵抗国内行业和利益集团要求保护的声音。它们确实也那样做了，即使这样一来，根据自由主义理论，它们与贸易伙伴之间的关系将会恶化；而且从长远来看，它们的贸易伙伴也会用很多巧妙创新的反击保护主义的行动进行报复，所以所有国家都会遭受损失。

结果就是，各国同时追求自由主义和重商主义。这样一种矛盾的贸易政策方法表明，各国都决心从相互依存中获利同时使成本最小化。它也显示了国家与市场、人人受益的希望与利益不会均沾的恐惧之间的紧张关系。由于没有一个世界政府，也就鼓励每个国家都更多地去关注怎样在与其他国家的竞争中获得利益（相对收益），而不是共同获得绝对收益。

美国的贸易竞争者早就注意到，美国这个二战后自由贸易的主要倡导者经常没有兑现自己的诺言。美国通过各种各样的方式来利用对外经济工具干涉全球贸易市场并补贴自己的经济。比如，美国几乎一半对外援助都与购买美国的商品和服务相关联（Huffington Post, 2013）。和援助拴在一起的具体方式是复杂的，可能会随着援助类型，以及发放这些援助的行业的政治力量不同而变化。比如，农业援助中就有许多这种情况。根据美国法律，75%的美国粮食援助必须由美国船只运输，船上75%的船员必须是美国公民。粮食援助相当大的一部分仅仅是"货币化的"；也就是说，政府直接从农民那里购买

"看不见的手"拿起铁锹 自由主义的一个关键假定是,国家应该走到一边,让市场这个"看不见的手"尽可能自由地发挥作用。然而经济现实却更多是"动手做"的,因为各国在支持许多行业方面都发挥了积极作用。图中所示是几名波音公司官员和两名美国参议员在华盛顿州埃弗雷特波音公司一家新工厂的"破土动工"仪式上。华盛顿州给予波音公司87亿美元的减税优惠,鼓励公司在那里落地。欧盟已就这些政策向世贸组织起诉,认为它们"扭曲了市场"并使欧洲的竞争者"处于巨大的劣势中"。

粮食再将其出售给其他国家,然后把收入捐给国际慈善机构。简言之,"粮食援助计划已经成为特殊利益集团的一个自助餐"(Pincin and Brenberg, 2013)。这样的过程揭示了重商主义的本质,因为事实上它们把对外援助变成了对国内企业的补贴。

安全目标也被列入美国贸易自由化的努力中。《非洲增长与机会法案》(AGOA)在这方面特别有争议。该《法案》最初的任务是鼓励国内治理和尊重人权(Blanton and Blanton, 2001),尽管战略利益已经反复取代了这一重点。例如,当美国寻求联合国安理会批准在伊拉克的军事行动时,该《法案》就被用来影响安理会中的非洲成员国以得到它们的支持:"事情明摆着:要么你投我的票,要么你就失去你的贸易特权。"(Deen, 2009)

此外,尽管美国整体关税水平低于发展中世界的那些国家,但与其他发达国家一样,美国依然对几个关键部门实施了保护,其中最显著的就是对农业部门的保护。1995—2012年间,美国的农民总共收到约2 560亿美元补贴(EWG, 2013)。考虑到美国的自由主义言论,及其作为领导全球的经济超级大国的声望，这种重商主义策略正在破坏自由贸易规制。这对欠发达国家来说尤其伤脑筋，因为它们常常也有非常强大的农业部门。全球北方理想与行动之间的这一差距也带回了殖民主义和过去富裕国家一方虚伪的痕迹。"也许最大的虚伪就是，"坎贝尔（Campbell，2004）写道，"美国这个比其他几乎所有国家都要强烈地鼓吹自由贸易优点的国家，却在花费数百亿美元来防止它自己的市场被自由化。"

对自由贸易的自由主义者和马克思主义者来说，贸易游戏受到一种惯常有利可图的腐化行为"寻租"（指经济利益集团使政府给其他竞争者设置障碍）的操纵。租金（rents）为全球市场中的参与者设置了障碍，危害了所有各方，特别是穷人（Klein，2007）。据一个预测专家团队估计，到2020年，"全球化的好处也不会是全球的……从全球化中获利的那些国家……与欠发达国家之间的差距将会扩大，尽管预计到2020年世界经济将会比2000年增长80%"（National Intelligence Council，2004）。

11-5 全球经济的未来：胜利还是困难？

尽管自由贸易面临压力，但是"迅速的全球化并没有削弱自由主义者对贸易的信心。也没有严肃的经济学家质疑通过商品和服务的流动来实现国际一体化的理由，尽管存在关于通过贸易如何产生一体化的争论"（Crook，2003）。信心将会获胜吗？为了更好地评估这个关键问题，下面我们就来研究自由贸易秩序的发展及其当前面临的问题。

世贸组织的发展

尽管很难维持自由贸易制度，而且全球贸易体系也存在问题，但它却有一个比全球金融体系更发达的架构。正如第10章中讨论的那样，由布雷顿森林秩序建立的金融制度在1971年失败了，而当前的金融体系则倾向于"狂热、恐慌和趋于崩溃"（Kindleberger，2000）；货币波动受市场支配，能够解决金融和货币合作问题的只有用来讨论的论坛，国际货币基金组织只负责监控金融体系并为陷入严重财政困境的国家提供危机管理。它并没有为全球金融流动制定基础广泛的可执行规则和做法。

相较而言，世贸组织为世界贸易体系提供了一个发展良好的制度架构。《关贸总协定》/世贸组织有着相当动荡不定的和不均衡的历史，在其整个存在过程中它一直因为缺乏进展而饱受批评。1950年代被宣布为"失去的十年"并在乌拉圭回合谈判期间写下了关于它的"尸检报告"（Pakpahan, 2013；Stiles, 2005）。金融危机之后，法律学者斯坦伯格（Steinberg, 2009）宣布，"就作为贸易谈判的一个地点来说，世贸组织已死"。他的断言已被证明是有先见之明的，因为多哈回合当前"实际已死"（*The Economist*, 2015c）。

不过，用改写自小说家马克·吐温的话来说，"机构已死"的谣言一直被"大大夸大了"，世贸组织这个士兵仍在。在布雷顿森林体系那个时代，一连串的会议谈判在削减关税方面做得非常成功。1947年最初的日内瓦回合谈判削减了35%的关税，1950年代、1960年代（肯尼迪回合）、1970年代（东京回合），以及1980年代和1990年代（乌拉圭回合）一系列回合的谈判实际上消除了制成品的关税。当前全部世界贸易中只有不到0.25%还有关税（Ali et al., 2011）。

2002年正式开始的多哈回合有一个雄心勃勃的议程，就是实现贸易自由化，处理剩下的许多非关税壁垒，以及全球议程上其他与贸易相关的项目，包括知识产权、环境议题、服务贸易和与贸易相关的投资措施。成功的另一个标志是其成员不断扩大。世贸组织现有161个成员，另有25个国家获得"观察员"地位，而且它们为了获得世贸组织的成员资格已经采取了一些重大措施。

乌拉圭回合把《关贸总协定》变成了世贸组织，这是一个以规则为基础、拥有强有力争端解决机制的规制。争端解决机制负责仲裁成员之间有关贸易的冲突，并使它们为其重商主义措施负责。自1995年以来，世贸组织已经处理了近500起争端（WTO, 2015c），并且甚至能够让其最强大的成员为它们的贸易做法负责。比如，在迫使美国取消2002年的钢铁关税中，世贸组织起到了举足轻重的作用。根据世贸组织的裁决，如果美国不停止对其钢铁市场的保护，欧盟将可对美国实施价值约40亿美元的贸易制裁（Becker, 2003）。

除了有政策"大棒"使成员保持一致，拥有世贸组织成员资格（使其能进入161个成员的市场）的"胡萝卜"还有助于开放社会，提高国家治理质量。最近加入世贸组织的国家（俄罗斯、老挝、中国和沙特）正在改革它们的贸易规制，包括增加对其贸易政策应负的责任和它们贸易政策的透明度，以使其通过世贸组织的加入过程。根据世贸组织首任总干事萨瑟兰（Suthland, 2008）的观点，在加入世贸组织的背景下，各国变化"显著——主要是变得更好"。在加入世贸组织之后，政治影响继续存在，而且研究发现，世贸组织的成员资格与一些民主进程呈正相关，如政治参与和自由公正的选举（Aaronson and Abouharb, 2011; Aaronson and Zimmerman, 2007）。

然而，世贸组织在很大程度上却是其成功的牺牲品。当《关贸总协定》形成时，它包含 23 个成员，目标只有一个：削减关税。由于关税作为一项政策工具在大多数工业部门都下降了，世贸组织遂将其注意力转向以前各个回合几乎没有触及的行业，并开始处理广泛的阻碍对外贸易的非关税壁垒问题。事实证明，扩展进这些领域中的每一个在政治上都很困难，虽然理由各有不同。

尽管自由贸易有经济优势，但通过重商主义政策保护各行业在政治上却常常是危险的。农业的情况就是这样，长期以来农业一直是"世界经济中最扭曲的部门"（Panagariya, 2005），因为许多国家都在补贴农业生产者并制定各种措施保护他们免受外国竞争。尽管世界范围的农业自由化可以使来自全球北方和全球南方的农业出口翻倍（Grant and Boys, 2011），但各国都不愿为取消农业补贴和其他农业贸易壁垒支付政治成本。在某些情况下，采取使农业自由化的措施还会遭遇抗议浪潮，甚至引发骚乱，如韩国在美国牛肉进口问题上的分歧（Sang-Hun, 2008），以及俄罗斯发生的对可能进口转基因产品的抗议（Russia Times, 2012）就是例证。

美国与巴西之间所谓的"棉花战争"则揭示了自由主义和重商主义强调的竞争压力。美国长期以来一直在补贴其棉花生产，巴西为了寻求进入美国市场向世贸组织提起了许多争端诉讼并获胜。然而，美国却在不断就这些裁决进行上诉并拒绝取消补贴。在持续八年的争端过后，美国终于收到了最后通牒：要么结束棉花补贴，要么面临对它出口到巴西的各种商品的惩罚性关税，范围从美容产品到汽车。面对两个政治上困难的选项：取消棉花补贴或启动与巴西的贸易战，美国找到了一个相当有创新性的解决方案。作为巴西放弃贸易争端的交换，它同意向美巴两国的棉花种植户付费。因此，除了保持他们向美国农民提供的数十亿美元补贴，美国的贸易官员还同意每年向巴西的棉花生产者支付超过 1.5 亿美元（Joffe-Walt, 2013）。

当世贸组织开始关注贸易的非关税壁垒时，它发现自己处理的议题超越了传统的自由贸易与保护主义的二分法。比如，对劳工和环境标准的关注就把贸易与更宽泛的关于核心人权和人类发展的争议联系起来（参见下页专栏）。贸易政策专家德斯特勒认为，一种新的国际贸易政治已经出现了。这些新议题涉及的"不是在经济利益和目标之间达到平衡，而是在经济关注和其他社会价值观之间达到适当的平衡"。这些其他目标和价值观经常在公平贸易的保护伞下结合在一起，它们并不完全支持或反对自由贸易的观点；调查研究表明，就连自由贸易的支持者都认为，公平贸易措施，如劳工和环境权利的保护，是重要的。这些问题更加难以调和并提出了"常设的贸易政策机构难以满足甚或是理解的挑战"（Destler, 2005）。

此外，世贸组织成员的增加也带来了进一步的挑战。传统上，世贸组织的谈判遵循一种"俱乐部模式"（Esty, 2002），在这其中，贸易官员的一个小团体（通常是美国、欧盟和日本）先提出政策，然后其他国家大体上跟着它们走。各回合在很大程度上都是私人事务，公众很少关心或者毫不关心它们。比如，东京回合在1979年结束，专家们普遍认为它预示着贸易自由化的一个压倒性胜利，《华盛顿邮报》的商业版（D版）用了18页来报道——该报很少会为一则新闻准备版面。

然而现今情况已不再是这样。每次会议上无处不在的大规模抗议就是证明。世贸组织的回合现在吸引了大量的公众关注。与此同时，组织的权力结构也已变得更加多极。全球南方在国际贸易体系中非常活跃，占全球贸易货物的43%以上（WTO, 2014d）。因此，欠发达国家，特别是"G5"新兴经济体（中国、印度、巴西、墨西哥和南非），在贸易谈判中已经变得非常自信。

因而世贸组织面临着一个有趣的困境：它在很大程度上成功地实现了降低关税的目标并吸引了几乎每一个国家都加入该组织，但它现在的任务则是，使越来越多的国家在大量非常困难和有争议的议题上达成一致。世贸组织最近一个回合的谈判（多哈回合）仅在七年的前期准备之后便予以启动，并且自2002年以来一直在持续推进。它面临着各种潜在的巨大障碍和一个充其量也就是不确定的未来（Pakpahan, 2013；Bhatia, 2011）。因此，唯一达成的《协定》（2013年12月的《巴厘协议》）范围很狭窄，仅仅覆盖了贸易便利化措施，如通关一体化要求。即便这样，这个协议也是有争议的，因为一些国家担心它们

深入探究 **贸易和环境**

关于贸易和环境的关系有很多争议。批评者指责说，全球化（自由贸易是其一部分）导致环境标准的"逐底竞争"，因为各国被鼓励通过放松环境管制来增强其自身竞争力。然而，许多研究发现，贸易也能导致环境条件改善，因为它促进了先进技术的扩散和环境友好型的实践，这个过程被称为"加利福尼亚效应"（California effect；Prakash and Potoski，2007；Vogel，1995）。

贸易-环境争论的根源是全球治理的巨大差距。建立世贸组织的《马拉喀什协议》要求该组织"保护和维护环境"。而且，最初的《关贸总协定》第20条也授权允许各国执行"对保护人类和动植物生命或健康来说必要的"和"与会枯竭的自然资源的保护相关的"贸易法律。在这个模糊的授权之外，世贸组织并没有一套明确的环境规则来指导它的决定。相反，国家处理原则暗含着商品等同于贸易目的，无论它们是如何制造的。因此，因为产品的制造方式而歧视他国产品也就构成了保护主义。比如，世贸组织裁决美国对金枪鱼的"海豚安全"标签，不公平地歧视了没有使用海豚安全的渔网的墨西哥金枪鱼。世贸组织也做出裁决反对美国的其他环境法律，比如"海龟安全"的捕虾丰收条款和汽油标准条款——尽管支持这些法律本身，但陪审团还是裁决它们被以不公正地针对特定国家的方式来加以执行。鉴于这些弱点，美国试图在随后的贸易谈判中加强环境标准；实际上，这些标准已经在跨太平洋伙伴关系的谈判中凸显出来（New York Times，2014）。

这凸显出了一个重要困境。各国显然有权利维持环境标准和做法，然而在各国选择如何去这么做上却有很大差异。考虑到这些差异，如何才能在合法的环境规制和试图利用这些规制作为"增加贸易壁垒的方便的额外借口"（Anderson，1996）之间画出一条线呢？

★ 由你决定：

1. 这说明了调和自由贸易和环境保护的困难是什么？
2. 全球贸易如何能与保护环境的需要保持一致？
3. 世贸组织是决定这些问题的最佳论坛吗？

为必要的海关程序改进支付费用的能力（*The Economist*, 2013）。这些机构斗争发生在一个特别有挑战性的经济环境中。接下来我们来看看世贸组织，以及作为一个整体的世界贸易体系如何应对这些挑战。

世界贸易和全球金融危机

在评估全球贸易时，重要的是要牢记全球背景，因为最近的议题和斗争都发生在自大萧条以来最大一次金融危机的余波之后。世界贸易在2008年下降了9%（这是自1982年以来年度世界贸易首次下降），在2009年又下降了12.2%。贸易中的这种下降比伴随大萧条的下跌还要更加急剧和突然。全球贸易在2010年强劲反弹，增长了13.8%，然而随后的贸易增长平均每年只有3.4%（WTO, 2014a）。研究2008年全球金融危机对世界贸易的影响，可以为我们提供一个对经济全球化的各个方面，特别是贸易和金融相互作用的理解。它也揭示了自由贸易规范甚至是在经济危机时期的适应力，并为评估全球贸易秩序的未来前景提供了背景。

由于三个主要因素，2008年全球金融危机造成了世界贸易水平的历史性下降。首先，危机导致全球经济整体低迷，使得消费需求出现巨大下降。对外国商品和所有产品的需求市场都变小了。生产全球化，特别是全球供应链的性质，更是进一步放大了这种效应。例如，戴尔电脑在美国的销售每减少一台，九个国家及地区之间的贸易就会相应有所减少。全球供应链意味着贸易减少具有"乘数效应"，贸易收缩的痛苦被一个大的公司和国家群体所分享。

此外，随着信用市场崩溃，贸易金融也停止了；国际贸易常常需要短期到中期的信用贷款，而这则不再容易获得。比如，出口商在它们的商品生产和从销售那里返回收入这段时间可能需要短期贷款。在一些情况下，如果销售商和购买者都不能获得促进交易的信用贷款，贸易也就不会发生。最终结果就是，在各个主要贸易国家"突然、严重而同步地"发生贸易收缩（Baldwin and Evenett, 2009）。

经济衰退往往会鼓励贸易保护主义。大萧条促使美国制定了1932年的《斯姆特-霍利法案》，把美国的关税提高50%并促成了世界贸易的崩溃。有一些短期反应引起了关注。其中特别值得注意的是出现了**隐秘保护主义**（murky protectionism）。这是一种更加狡猾的非关税壁垒，它可能并未直接违反世贸组织的法律，而是代表主张减少贸易的决策者"滥用了合法的自由裁量权"。经济学家西蒙·埃弗奈特（Simon Evenett）指出，这是"一种不是基于关税而是基于谨慎的政府措施的保护主义，它很难用文件证明，其目的是限制贸易"。

正如其名称所暗示的，这种"隐秘的"措施往往很难被人发现，因为它们的目标非常狭窄，而各国也并没有被要求向世贸组织报告这些措施，因为它们可能并不是正式的"贸易"措施。比如，一名政府官员给一家公司打电话"鼓励"它们更多地使用国内产品，或者是出台延缓进口过程而文书工作还在准备之中的新的港口法，这些行为都不容易出现在雷达监控之上。而且，它们对贸易的特殊影响，可能也不会像关税和配额这样影响广泛的法案那样马上就会显现出来。

其中一个非常著名的例子就是美国用300亿美元补贴"救助"其国内汽车产业。许多外国政府（它们的经济也遭受困难，其各产业也要求援助）都迅速批评美国的这一救助措施违反了自由贸易原则。正如法国前总统萨科齐认为的，"当美国为其汽车产业提供300亿美元支持时，你也就不能指责任何国家成为保护主义者"。仿照美国的做法，其他汽车生产国的政府也通过了差不多130亿美元补贴，用于帮扶它们自己的汽车产业。

尽管存在这些困难，但还没有出现更广泛的保护主义，世界贸易在2010年迅速反弹。有几个原因使得全球贸易没有成为保护主义的牺牲品和崩溃。尽管一些保护主义政策得以制定，但它们是范围有限的措施；在这场危机的顶峰时期，各种保护主义措施只影响了2%的世界进口。世贸组织前总干事帕斯卡尔·拉米在2011年指出，"各国政府的行为都很克制"。尽管世贸组织仅仅是帮助贸易避免崩溃的许多因素之一，但该组织的多边秩序也很重要，因为"它（在六十多年的谈判中达成一致）的规则和纪律制度依然坚固"。

尽管贸易战在危机的余波之中被避免了，但全球贸易秩序的未来前景却是复杂的。虽然自2008年危机以来保护主义措施的数量已经减少了，但贸易限制措施却依然比贸易促进政策更普遍。许多限制性政策都属于广义上隐秘的保护主义范畴；自2008年危机以来，有超过200份这样的动议被执行。这些措施在20国集团经济体中尤为常见；2014年，超过80%的保护主义措施都是由这个群体的国家实施的。尽管更多的贸易保护主义的传统形式衰落了，但这些模式却表明,"保护主义的冲动并未减少"(Evenett, 2014),而且其中许多都是以新的形式出现。

与此同时,随着全球贸易反弹,许多紧随金融危机而通过的贸易保护主义政策已被取消。尽管隐秘的贸易措施仍在扩散,但其增长率自2012年以来已在减缓(WTO, 2015d)。此外,由于这些措施的范围相当有限,它们仅覆盖了世界贸易的一小部分,有估计表明,这些政策涉及的进口不到全部进口的3%(Brown, 2014)。最近一项关于世贸组织的研究得出结论,"当与以前的危机相比时,对2008年危机的整体反应比预计的要更为温和。多边贸易体制已经证明它是反对保护主义的一个有效的担保"(WTO, 2015e)。

而且,世界贸易中越来越大的增长部分,特别是在像"金砖国家"这样的新兴经济体中,都处于供应链中。世界商品贸易超过60%以上都是零件贸易,也就是说,它们是代表了一个更大的生产链的最终产品的一部分(Baldwin, Kawai, and Gereffi, 2014)。由于生产过程越来越分散在不同的国家和地区,参与全球贸易也就变成较少是运输最终产品的事务,而更多则是参与全球供应链网络。简言之,世界贸易的一大部分不再是向其他国家出售商品,而是和其他国家一起制造商品。在这种背景下,随着这些链条的发展,自由化(通过地区乃至单边措施)是加入其中的关键所在。

供应链日益增加的重要性对国家政策和世贸组织具有重要意义。跨国公司控制了许多这些链条,因此外商直接投资及其与全球贸易的关系对潜在的东道国来说也是越来越重要。对世贸组织来说,这强调了需要将重点从关税和农业等"20世纪的贸易议题"(Baldwin, 2013)转变到与供应链的形成更直接相关的领域,包括外商直接投资政策和贸易便利化即"国际贸易的具体管理细节"(Lamy, 2013),其中包括对海关和船舶的管理。实际上,世贸组织唯一取得的真正进展(即2013年《巴厘协议》)就是在这一领域实现的。

然而,多边贸易体系的有效性和未来前景也确实堪忧。多哈回合谈判继续停滞不前,看不到尽头。支持者认为有必要继续推进谈判,这有助于世贸组织"现代化",更好地考虑新兴经济体并继续扩展到世界经济的不同领域(Lamy, 2011)。但也有许多人质疑完成另一轮全面谈判是否切实可行。鉴于该组织的规模和其许多成员不断增长的权力,过于广泛和雄心勃勃的回合可能不再可能。对一些人来说,由于期望过高,该轮谈判缺乏进展实际上伤害了世贸组织，该组织最好是结束本回合谈判及其所代表的"孤注一掷"方法（Schwab，2011）。因此，"对国际共同体来说，承认多哈回合谈判注定失败"可能正是时候（Rodrik，2011）。

最终，无法完成另一轮全面谈判可能并不意味着世贸组织的失败，而是意味着需要重新定义"成功"。考虑到维持自由贸易内在的政治问题，全球贸易谈判长期以来都被类比为骑自行车："贸易政策必须朝前移动，否则它就将倾倒。"（Bergsten and Cline, 1982）这种所谓的贸易自行车理论，长期以来一直推动着对全球贸易自由化和世贸组织未来前景的看法。根据这些标准，世贸组织相当接近于"倾倒"。

然而尽管全球经济面临无数困难，贸易却依然在扩展，自由化努力也仍在继续。在这期间，世贸组织的争端解决机制在防止保护主义大量复苏方面发挥了关键作用（Drezner, 2014）。在评估世贸组织时，可以认为"其成功不仅取决于它如何好地促进了贸易谈判，而且也取决于它如何好地防止了贸易战。而它在这方面的记录似乎要好很多"（Ossa, 2015）。回到自行车的比喻上，可以认为即使谈判的"脚踏板"可能停止了，但世贸组织也会是"支架"，可以防止全球贸易这辆自行车倒地。

与此同时，世贸组织的关键作用意味着全球贸易的国际治理是必要的。考虑到世贸组织的规模，可能的情形是，另外的治理结构——地区的、多边的或双边的——可能是推动全球贸易更加切实可行的媒介。下面我们就来考察这些备选的治理结构，尤其是关注最流行的贸易制度——地区贸易协定（RTAs）。

地区和多边贸易协定：世贸组织的补充或替代？

在世贸组织没有取得进展的时候，地区和双边贸易协定（一对国家或一小群国家彼此深化它们的贸易联系）已成为管理贸易一个流行的备选方案。欧盟是地区一体化最早也是最成功的例子，全球南方在1960年代和1970年代也发起了类似倡议，只是结果不太成功。然而，直到1990年代初，**地区贸易协定**（regional trade agreements，RATs）和双边自由贸易协定的迅速扩散才算真正开始。根据世贸组织公布的数据，自1990年以来，生效的贸易协定数量增加了10倍以上。截至2015年1月，世贸组织公布了612个地区贸易协定，其中已生效的有 406 个（WTO, 2015f）。

这样的协定无处不在，只有索马里、蒙古、刚果民主共和国和毛里塔尼亚仍然未加入任何地区贸易协定。也有一些证据表明，成员之间的地区贸易协定增加了。例如，南方共同市场［阿根廷、巴西、巴拉圭和乌拉圭（以及六个准成员）］正式成员之间的贸易从 1990 年的 80 亿美元增加到 2013 年的 682 亿美元（Global Edge, 2015）。另一个大贸易集团，有 10 个成员的东南亚国家联盟（ASEAN），其成员之间的贸易也扩大了，2014 年东盟内部成员之间的贸易总额为 6 090 亿美元（ASEAN, 2015）。在政治上，地区贸易协定更容易执行，因为它们涉及更少的行为体，并经常受到政治上强大的面向出口的工业部门的鼓励。

许多地区贸易协定与世贸组织的原则都是一致的并被视为贸易的催化剂，因为它们鼓励贸易自由化，哪怕是在较小的国家群体中。实际上，政治领导人通常认为，双边主义、地区主义和多边主义之间并没有天生的冲突。比如世界银行前行长罗伯特·佐利克（Robert Zoellick）认为，通过一个"竞争的自由化"过程，双边和地区贸易协议的形成会向国家施加压力，加强多边制度。而且关于这些贸易协议的政治斗争，比如《北美自由贸易协定》和美韩之间的双边贸易协定，在很大程度上都被框定为自由贸易与保护主义之间的斗争，而贸易协定则代表了前者（Destler, 2005）。根据自由主义理论的原则，双边和地区贸易协定在政治上也是有效的；无论它的经济效果是什么，经济一体化都有利于加强成员国之间对外政策的联系并减少相互之间发生冲突的可能性。

各国可能会视地区贸易协定是在它们的地理区域内主张经济权力的一个手段，正如欧亚联盟（俄罗斯和四个前苏联加盟共和国）所表明的那样。这个地区贸易协定在 2015 年 1 月生效，其重要性并不在于其经济规模，而在于其地缘政治含义。除了表明俄罗斯在这一地区权力的复苏，这一地区贸易协定的成员也在通过共建交通运输基础设施，包括公路、铁路和管道，积极寻求与中国有更加紧密的合作（Standish, 2015）。

其他潜在的地区贸易协定，即所谓的超大地区贸易协定（Gonzalez, 2014），它们之所以重要，完全是因为它们的经济规模，它们涉及主要的经济体并涵盖了大范围的全球经济。跨太平洋伙伴关系包括太平洋沿岸 12 个国家，即美国、日本、智利、澳大利亚和新加坡等国，当前它正在取得进展并趋于完成。其重要性在于其规模（这些国家每年的贸易额超过 2 万亿美元）以及其焦点，它避开了传统的贸易议题，主要关注知识产权、劳工和环境标准（*The Economist*, 2015c）。也有一些关于跨大西洋贸易和投资伙伴关系（Transatlantic Trade and Investment Partnership, TTIP）的讨论，该协定将会把美国和欧盟联合起来。在经济上，这个群体将是跨太平洋伙伴关系规模的两倍多，但它离最终完成还比较远。

然而，对地区贸易协定的推动也并不是没有抨击者。支持多边贸易秩序的一些人对这些协定的看法就不太乐观。在政治上，他们认为这样的协定代表了一种"妄想"，在这其中"注意力和游说都被转移到不重要的交易上"（Bhagwati, 2008a）并以多边主义为代价。在法律上，因为各国常常加入多个地区贸易协定，这些不同协定的最终结果也就成了令人困惑的规则，有时还是矛盾的规则的"意大利面碗"，从而为贸易创造了混乱的法律基础（Suominen, 2013）。最后，尽管世贸组织为地区贸易协定制定有特殊法律条款，但它们违反了非歧视和最惠国待遇等核心原则，因为它们给予了世贸组织的一些成员相比其他国家更为有利的地位。经济学家巴格沃蒂（Bhagwati, 2008a）一直认为，这样的协定是"贸易体系的白蚁"，他幽默地指出："我发现，开启（地区主义）的欧盟……仅对六个国家或地区（澳大利亚、新西兰、加拿大、日本、中国台湾地区和美国）适用它的最惠国待遇关税，其他所有国家则享受更优惠的关税。我问当时的欧盟贸易专员帕斯卡尔·拉米：'为什么不叫它最差优惠国（least favored nation）关税？'"

多边协议是世贸组织成员之间创立的关于特定议题的条约，代表了对贸易自由化的一种更加"随意点菜"的方法（Hoekman and Mavroidis, 2015）。世贸组织章程早就考虑到了这些协议，它们最初被称为"行为准则"。当前只有十多个这样的协议，其中包括世贸组织 2013 年的《巴厘协议》，1996 年开始的 29 个国家之间的《信息技术协议》(ITA)，以及 1996 年制定的、现有 43 个成员的《政府采购协议》(GPA)。

一些人认为，对世贸组织来说，这些协议是一种很有前途的方式，它们提供了一个更加灵活的论坛来处理一个单一的争议议题（Bacchus, 2012）。多边谈判对所有世贸组织成员开放，尽管参加是自愿的，但只有那些明确在协议上签字的国家才会受到强制执行的制约。这样它就把在一个既定议题上至少共享一些协议的国家团结了起来。考虑到成员更少，这些协议执行起来或改变起来也会更加灵活和迅速（Koekman and Mavriodis, 2015；Nakatomi, 2013）。

理想情况下，多边协议对世贸组织是有利的，因为既定领域的协议能够传播并提供在整个组织内获得"关键多数"支持的动力（Saner, 2012）。而且和PTAs不同，多边协议是在世贸组织的背景下进行谈判，从而也减少了这些协议与更广泛的世贸组织章程之间出现矛盾的机会。一些经济学家指出，多边主义能够适用于各种各样的贸易问题中，比如服务、与贸易相关的投资措施、电子商务等（Nakatomi, 2013）。

总之，尽管事实证明自由商业秩序是稳固的，但世贸组织在一个更加多极的体系中扩大其权力与合法性上也遇到了持续的困难，而管理世界贸易的替代结构则正在激增。这样的问题为现实主义观点提供了确证，即国际组织的力量是有限的，因为当威胁出现时，各国将会关注于它们的国内利益，无论这些利益是经济上的还是政治上的。与此同时，也能提出支持自由主义的例证——对世贸组织来说，能在如此混乱的时代维持合法性，证明了其在全球经济中潜在的力量和效用。无论两者之间当前的平衡是什么，重商主义和自由主义之间长久的争论仍将继续下去，各国和各组织也将继续想法解决如何平衡贸易利益与非经济问题，如人权和环境。

本章和前一章已表明全球化是一把"双刃剑"——同样的过程和联系既促进了我们的经济增长，也确保了危机会有扩散效应。而且，你已经看到了经济全球化各个方面的相互依存性，比如全球金融、生产、劳动力和贸易之间的联系。然而，全球化并不仅仅是经济方面的，它还涉及个体和文化。为了理解全球化这个更广泛的难题，下一章我们将超越全球化的经济因素，处理我们这个全球社会的文化和人口维度。

第 12 章
全球化的人口和文化维度

> 我们身处全球化的世界之中，也许我们正在走向地球村，但地球村也带来了许多不同的人、不同的思想、不同的背景和不同的志向。
> ——联合国特使和顾问拉赫达尔·卜拉希米（Lakhdar Brahimi）

富人与穷人之间的差别 在世界上 70 多亿人口中，每 7 个人中就有 1 个生活在贫民窟。图中所示是在委内瑞拉的加拉加斯市（其人口超过 320 万），孩子们在其中一个寮屋区跳舞。提供更好的住房、社会服务和教育，对提高人类安全和从城市化中受益来说，是一个主要的挑战。

世界上的每一个人都正在变得更加相似。毕竟，这个世界很小。正如你某个时候可能想象的那样，皮囊之下的每个人在本质上都是相同的。我们生活在同一个星球，几乎每个人对同样的经历都会做出相似的反应：爱、害怕、疏远，或者是一种命运共同体的感觉。每个人同样都在渴望一个更好的世界，正如世界未来学家萨拉斯（Salas, 1985）所表达的那样："最后的约束思想是为即将到来的下一代塑造一个更加令人满意的未来，塑造一个个体可以充分发挥其自身潜能、免于变化莫测的不平等和环境退化威胁的全球社会。"

越来越多的乐观主义者都认为，这个愿望会实现。为什么？一种解释是，全世界越来越多的人口都在追求这些人类目标，因为全球化正在前所未有地把全人类聚在一起，处于相互依存的纽带中。你是不是也像他们一样认为，打破地域和种族的障碍和边界可以把人们聚合在人类大家庭中，在这个大家庭中，不分东西南北，每个个体都是人类的一部分，因而你应该践行道德而非残酷的政治？如果这个目标是你喜欢的话，你是不是应该像其他许多人一样加入全球的非政府组织，促进社会朝着更加谨慎的政策而非盲目的党派偏见前进？

这种新兴的全球意识和行动主义有必要吗？人们越来越把他们自身定义为全球公民这一构想合理吗？在摧毁整个历史上分裂人类的不同国家、民族和种族愿景的快速全球化的压力推动下，这样一个真正的全球社会会在你的有生之年实现吗？本章为评价令人惊讶的发展前景打开了一道门。本章要求你去思考，全球化趋势是否正在变革世界，以及影响这一点的世界政治。

> 一旦你瞥见世界可能的样子、应该的样子和将要变成的样子（无论显现在你面前的景象是什么），你就不再可能继续顺从和满足地生活在当前样子的世界中。
>
> ——一位论派牧师维多利亚·萨福德（Victoria Safford）

12-1 作为一种全球挑战的人口变化

为了阐述你对全球化和世界政治中人类层面的解释，首先看看世界人口的变化是如何成为世界政治全球化的一部分是有意义的。人口统计学（demography）专家克鲁格（Kluger, 2006）指出："你很可能永远都不会遇到在刚过去的一分钟里出生的247个人中的任何一个人……然而，在刚过去的那一分钟之前的一分钟又有247个人出生。在即将到来的一分钟内又会有247个人出生，然后是下一分钟，然后是又一分钟。到明年的这个时候，所有那些分钟将会在巨大的人类舞池中产生数百万个新生儿。那种人口拥挤很难避免。"

随着这个星球上人口的增长，全球化正在将我们聚合在一个拥挤的**地球村**（global village），在这其中跨国挑战成为我们这个无边界世界的特征。无数证据表明，人口无限制增长将会导致冲突和环境退化。人口变化也推动了对伦理学（应该用来区分行为和动机对错的标准）标准的再思考。一些人把做父母的自由看作一项人权。其他人则认为有必要控制家庭规模，因为不受管制的人口将会导致一个拥挤的和不适宜居住的未来世界，没有必要的资源去满足所有人的需求。基于这一原因，政治（即施加影响尝试根据某个人的偏好去解决有争议的问题）与围绕人口政策的辩论紧密相关。为了理解人口全球化为什么会变得如此有争议，回顾一下人口增长的全球趋势是有帮助的，这一趋势已使这一主题变得如此难以解决。

世界人口增长率

世界人口的迅速增长可以用受人尊敬的马尔萨斯牧师在1798年注意到的一个简单的数学原理来描述：如果不受抑制的话，人口将会以几何或指数比例增长（1到2，2到4，4到8），然而，生活资料则只能按算术级数增加（1到2，2到3，3到4）。当人口以几何速度增加时，这种加速增长是非常惊人的。萨根（Sagan, 1989）用一个他称之为"波斯棋盘的秘密"的故事，来说明这个控制增长率的原则：

> 我第一次听到的这个故事是这样的，它发生在古波斯。但它也可能发生在印度，甚至是在中国。总之，它发生在很久以前。大维齐尔是国王最重要的顾问，他发明了一种新游戏。玩法是在一个有64个小方格的木板上移动棋子。最重要的棋子是国王，其次是大维齐尔——在一个大维齐尔发明的游戏里，这是理所当然的。游戏的目标是捉住对方的国王，所以这种游戏在波斯语里叫shahmat——其中shah的意思是国王，mat的意思是死。

将死国王。在俄罗斯，人们现在仍称它为 shakhmaty，从中似乎传达着某种挥之不去的革命激情。甚至英语里也依然回荡着这个名字的余音：最后一着叫"checkmate"（将死）。当然，这种游戏就是象棋。

随着时间的流逝，棋子、棋步和规则都发生了变化。例如，不再有叫大维齐尔的棋子——它已变成王后，拥有更强的力量。

为什么一个国王会为一个叫"将死国王"的游戏的问世而感到高兴，实在是让人难以理解。但故事就是这样讲述的。国王非常高兴，让大维齐尔提出因为这样一个伟大的发明而想要的奖赏。大维齐尔早就想好了，他对国王说：他是个谦逊的人，只想要一点微贱的奖赏。他指着自己发明的棋盘上的 8 行和 8 列格子说，希望能在第一个格子里放一粒麦子，第 2 个格子增加一倍，第 3 个增加两倍，如此下去，直到每一个格子填满麦子。

不，国王对此坚决反对。对如此重要的一项发明而言，这样的奖赏太少了。他表示愿意赏赐珠宝、舞姬、宫殿。但是，大维齐尔得体地低眉顺眼，拒绝了这些赏赐。他只想要一小堆麦子。国王心中暗暗对他这位顾问的无私感到大为惊奇，和蔼地同意了。

然而，当皇家谷仓的总管开始数麦子时，国王突然大吃一惊。麦子的数目一开始时很小：1、2、4、8、16、32、64、128、256、512、1024……但是到第 64 个格子时，麦粒的数目变得极为庞大，令人错愕。事实上，这个数目将近 1 850 亿亿粒。可能这位大维齐尔非常喜欢高纤维食物。

1 850 亿亿粒麦子有多重？如果一粒麦子长 2 毫米，那么所有的麦子加起来可能重达 750 亿吨，这远远超出国王谷仓里所储存的麦子。事实上，这相当于全世界目前小麦产量约 150 年的总和。

人口统计数据可以说明人口增长状况。20 世纪人口的年增长率从 1900 年的不到 1% 达到 1964 年的顶峰 2.2%。在那以后它降至约 1.1%，并预计在现在到 2020 年之间会降至比 1% 略微多一点，到时每年将会有 8 100 万新增人口（约等于埃及或德国的人口）。就人口绝对数量而言，世界人口在 20 世纪剧增。甚至是在过去 20 年中，世界人口已从 2000 年的 61 亿增加到 2011 年的 70 亿，预计到 2020 年时将会达到 76 亿（WDI, 2015）。罗伯特·麦克纳马拉（Robert McNamara）指出："如果假设人类从一对父母开始，那么人口就必须 31 次翻倍才能达到这个巨大的总数。"坦白说，到 21 世纪中叶地球上肯定会有更多人，其数目将会远远超过 2015 年的约 72 亿人。

在跌到**替代水平生育率**（replacement-level fertility）之前，全球人口规模由世界生育率决定，不可能稳定下来。而要想让这种情况发生，就需要总和**生育率**（fertility rate，即全世界一个妇女生小孩的平均数）下降到 2.1。许多国家都已出现这种情况：全球几乎一半人口都居住在平均每个女性分娩 2.1 个婴儿的国家（Teitelbaum and Winter, 2014）。证据表明，全球总和生育率已从 1965 年的 4.8 减少到今天的 2.5。"全球生育和出生率正在下降。"（Eberstadt, 2010）

尽管如此，由于有大量妇女现在正在逐渐进入生育年纪，从而形成"人口惯性"，据预计世界人口仍将继续增长。就像一架降落的客机首先触到跑道时的惯性一样，即使立即紧急刹车，人口增长也不会完全停下来。"尽管家庭规模更小了并且增长的潜在动力也在下降，但是早一代的大家庭意味着现在会有更多的母亲，因而也就会有更多的孩子。"（Parker, 2010）此外，即使"一国人口的绝对规模下降，这种下降最终也是短暂的，并且总的来说数量往往会少到忽略不计"（Teitelbaum and Winter, 2014）。直到生育小孩的一代的规模不再大于将要死亡的一代的规模，人口这架"飞机"才会停下来。

预期寿命的变化也是全球人口增长的原因。"20 世纪全球人口出生时的预期寿命翻了一倍多，从 1900 年的约 30 岁飙升到 2000 年的约 65 岁。"（Eberstadt, 2010）到 2020 年，出生时的预期寿命有望达到 79.5 岁。健康条件改善导致死亡率下降，并且全球人口也在随着寿命更长而增加。

世界人口到 2030 年时将会达到 84 亿，到 2050 年则会达到 96 亿，在这一时点人口数量预计将会稳定下来。与此同时，地区差异也会变得更加突出，这预示着将会出现人口差异。到 2030 年时，欧洲人口有望下降接近 1%。在全球南方，非洲人口预计将会占增长人口的 40% 以上，因此几乎每 5 个人里面就会有 1 个来自这一地区（UN, 2015）。

人口差异："青年膨胀"和老龄化人口

让我们从整体上来思考全球南方与全球北方之间的人口差异。全球南方的生育率平均比全球北方整整高出 1%。由于每个年龄群体通常都比之前的要大，所以进入生育年龄的年轻男女的数量仍在增长。全球南方持续的人口增长也反映了全世界欠发达国家在应对传染性疾病和儿童期疾病方面所取得的进步。在全球北方，尽管预期寿命不断延长，但人口却是稳定的或下降的。

撒哈拉以南非洲和西欧展示了两种不同的人口惯性的力量。非洲人口快速增长，每一个新的年龄群体（一代人）的人数都比上一代多。非洲人口将继续增长，因为与以前相比现在有更多处于生育年龄的妇女。而且，生育率最高的国家都集中在非洲，在非洲每个女性生育5个或更多孩子的国家就有15个。过去半个世纪，撒哈拉以南非洲的人口从2.3亿扩大到9.36亿（World Bank, 2015），预计到2055年时将会翻倍（UNDESA, 2015）。

相比而言，欧洲人口则增长缓慢，因为最近几代人的人数比以前几代人的人数少。在许多欧洲国家，到2030年生育年龄的女性数量预计至少下降10%，这个地区已经处于替代水平生育率之下（UN, 2015）。作为长期低出生率、低死亡率和寿命延长的结果，对欧洲最好的描述就是它是一个老龄化社会，其低出生率和老龄化的人口已经为它敲响了警钟：欧洲的新生婴儿数量将不足以补充人口或者承受支持老龄化社会的财政负担。

除了人口规模和增长率，人口差异在年龄分布上也反映出一些国家正在经历"青年膨胀"而其他国家则在经历人口老龄化。亚洲的年轻人口最多，尽管它可能会在2080年被非洲超过。在非洲，青年数量正在逐步增长，并且预计在接下来15年内会增长42%，从2015年的2.26亿到2030年的超过3.2亿（UN, 2015）。在欧洲和北美，60岁及以上的人口比例由于生育率和死亡率的变化而在更快地增长。

对那些力争教育和雇用年轻人的国家来说，迅速增长的年轻人口对其经济增长和政治稳定构成了挑战。很难制定出能够满足公民需求、产生国家财富的公共政策，因为"当每年都会增加越来越多的人口时，失业率飙升、普遍的贫困和摇摇欲坠的学校这些状况是不可能改变的"（Potts and Campbell, 2009）。此外，当全球南方扩大的年轻人口面临糟糕的经济条件，缺少供养家庭的资源时，许多人正在求助于宗教原教旨主义来发泄他们的不满和绝望并推动了伊斯兰教的复兴。特别是与经济停滞相结合，"青年膨胀"与恐怖主义和犯罪活动有更大的关联。正如外交关系委员会国际事务研究员米歇尔·加文（Michelle Gavin）所说："当你别无选择，走投无路时，加入武装运动的机会成本可能是很低的。"

与此同时，伴随着世界范围内的出生时预期寿命创下 71 岁的纪录（并且这一纪录仍在增长），长寿革命正在进行（WDI, 2015）。这正在导致越来越多的老龄化世界人口，并且正在改变全球共同体的轮廓。到 2025 年，全球南方 65 岁及以上的人口将会达到其总人口的 9%（自 2008 年以来增长了 45%）。在全球北方，这种人口统计趋势表现得更加显著，到 2025 年，65 岁及以上人口可能占到 20%（World Bank, 2011）。

全球老龄化以前所未有的速度发生，某种程度上是因为药物和卫生保健水平的提升。一些医生现在区分真实年龄和生物年龄。甚至是 80 岁的人口也在增长。1950 年已有 1 450 万人看到了他们 80 岁的生日。到 2009 年这一数量已经上升到 1.019 亿，到 2050 年这一数量预计将会达到 3.95 亿（Time, 2010）。

尽管人口"老龄化"是一个造成公共政策困境的全球人口趋势，但这一趋势在全球北方要比在全球南方更加显著。关键在于，由于人口快速老龄化，全球北方将要承担赡养老人的压力，并将面临一系列的经济、预算和社会挑战。尽管这种影响在各个发达国家并不会完全一样，但却都可能包括劳动力供给下降；经济增长和人均收入下降；卫生保健、长期护理、养老金等公共支出需求增加；为了提高整体的生产率，对未来世代的人力资本投资需要增加。

某种程度上，可以通过为家庭创造更好的条件促进人口更新来解决全球北方的这一困境。过去几年，在全球北方（特别是在欧洲），关于政策制定者是否应该采用"支持分娩"政策来刺激提高出生率和反对小家庭规范的辩论越来越多。拥有至少三个孩子的法国家庭可从税收减免和类似火车票价折扣中获益。人口减少了 20 年的俄罗斯开始执行支持性政策，通过给有多个孩子的女性提供财政支持来鼓励结婚和生育。据日本政府估计，日本人口将会从 2014 年的 1.27 亿减少到 2060 年的 8 670 万，超过 65 岁的人口将会占全部人口的 40%（Gray, 2015）。为了提高国家的生育率，政府已经制定了许多政策，包括推广速配活动。

在全球北方，这也取决于改革与年龄相关的公共开支，特别是卫生保健、长期护理和政府支持的退休养老金。正如欧洲委员会（European Commission, 2012）描述的那样："从文化组织和经济角度来看，老龄化人口对我们的社会和经济提出了挑战。决策者担心生活水平会受到怎样的影响，因为每个工人必须

爱在俄罗斯 在回应俄罗斯的人口危机时,决策者正在为已婚夫妇提供生育动机。在鼓励婚姻亲密行为的努力中,由于 9 月 12 日被宣布为俄罗斯的家庭联系日,乌里扬诺夫斯克州的州长称它为"怀孕日"并为 9 个月后在俄罗斯独立日 6 月 12 日生小孩的夫妇提供奖金,俄罗斯的生育率从 1999 年的低点 1.2 增加到 2014 年的 1.6 多一点(Teitlebaum and Winter, 2014)。图中所示是在莫斯科一个公园,一对夫妇坐在和解长凳上。长凳是弧形以促进身体接触并帮助夫妇解决他们之间的分歧。

供养越来越多的老人的消费需求。在一些成员国中,市场担心财政的可持续性和决策者及时和充分地应对这些挑战的能力。这一挑战的严峻性取决于我们的经济和社会如何回应和适应人口状况发生的变化。预计未来决策者在面临巨大但可预见的挑战和不确定性时,需要确保长期的财政可持续性。当欧洲经历几十年间最严重的衰退时,情况更是这样。衰退给工人和企业施加了空前的压力,同时也对公共财政产生了负面影响。"

在发展中世界和发达世界,人口惯性导致的差异正在产生不同的人口状况,并且"21 世纪的国际安全将会更少地依赖有多少人居住在世界上,而更多地依赖全球人口如何构成和分布:哪里的人口在下降,哪里的人口在增长;哪个国家的人口相对较老,哪个国家的人口更加年轻;人口特征将会如何影响跨地区的人口流动"(Goldstone,2010)。贫穷的全球南方是年轻人过剩的家园,那里出生率增长,人口增长;富裕的全球北方则正在老龄化,那里出生率下降,人口减少。在全球南方,工作年龄人口将会承担起未来抚养子女的负担,而在全球北方,却是越来越高的老年人口比例将会构成赡养负担。

很容易看出,全球化的这个方面并不会使全世界上的人们变得更加相似。人口地域分布上的变化增加了全球生活质量的差异,并且这一人口统计上的多样性也是人口增长和人口结构的主要决定因素——生育率、死亡率和移民——不断变化的结果。下面我们就来思考人们的迁移(包括跨国迁移和国内迁移)如何塑造全球人口结构。

12-2 全球移民趋势

人口的跨国迁移已经达到了前所未有的比例:2013 年全世界有 2.47 亿国际移民,并且预计未来国际移民每年的增长率为 1.6%。美国、沙特、德国、俄罗斯和阿拉伯联合酋长国是五大移民国。墨西哥-美国走廊是最常见的移民路线,2013 年有 1 300 万移民经过这里。第二大移民走廊是俄罗斯-乌克兰,之后是孟加拉-印度。与流行的看法相反,全球北方国家之间的移民(占全球移民人口的 37%)要多于从全球南方到全球北方的移民(占全球移民人口的 35%)(World Bank,2015a)。

各国之间的人口迁移引发了一系列道德问题,比如,东道国的族群平衡、公民身份和主权的意义、收入分配、劳动力供给、**仇外心理**(xenophobia)、多元文化主义的影响、对基本人权的保护和防止剥削。此外,来自脆弱国家的大量移民和难民可能会削弱民主统治和影响国家稳定也构成一种潜在威胁。这些主权国家的政府难以控制外国人进入它们的边界,而且也不存在任何有意义的全球治理多边政府间组织来处理全球移民人口(和劳动力)不断增加所带来的后果。漏洞百出的边界造成了关于大规模移民运动的模糊伦理,但有一个后果却是显而易见:移民全球化中既有成功者也有失败者。

对生存和自由的追求

大部分移民都是为了寻找更好的工作。对东道国来说，移民可以为经济增长做贡献；对许多贫穷的全球南方输出国来说，越来越多的汇款，也即移民在国外将收入寄回老家所产生的钱，是其外汇的最大来源之一。2017年移民从全球北方寄回家的汇款据估计至少为4 790亿美元，而发达国家和欠发达国家的全球汇款则将会达到6 360亿美元（World Bank，2015a）。

然而，也有人担忧移民可能会减少本地人的工作机会和给公共服务带来压力。全球经济疲软更是加剧了这些担忧，而且许多国家都已开始采取措施阻止跨国人口流动。美国沿着墨西哥边境设置的围栏仍在继续延伸。2009年，欧洲议会实施了有争议的移民规则，允许将非法移民拘留一年半后驱逐出境。意大利和法国在2011年要求收紧《欧洲申根开放边界条约》，以回应从北非进入意大利的超过25 000名移民，这些移民中有许多人也越界进入了其他欧洲国家。甚至是在全球南方的许多国家，如尼日利亚，也已开始采取措施去应对大量非法移民流动造成的安全威胁。

我们这个"移民时代"的另一种趋势是，一些人选择移民并不是为了寻求经济机会，而是因为害怕遭到迫害。一些人由于自身种族、宗教、国籍和所属社会群体或政治观点的原因，在他们的国家成为被迫害的对象，因而离开祖国，再也不能回去，遂成为难民（refugees）。根据联合国难民署（UNHCR）公布的数据，2015年年初，世界难民人数为1 950万，其中1 440万属于联合国难民署的任务范围，510万巴勒斯坦难民则属于联合国近东巴勒斯坦难民救济和工程处（UNRWA）的责任。另一个"受关注人群"是国内流离失所者（IDPs）。据联合国难民署估计，由于比上一年增长了1 430万，全世界难民总数达到惊人的3 820万——创下年度最高增长纪录。此外，即使不考虑流离失所者，全世界也存在约350万无国籍者和180万庇护寻求者（UNHCR，2014）。这还不包括那些被巨大的非法性交易犯罪团伙诱拐和跨国走私的被迫卖淫的儿童和妇女。联合国难民事务高级专员安东尼奥·古特雷斯（António Guterres）声称："我们正在目睹一场范式的转变，不受控制地滑向一个时代，在这个时代，全球被迫流离失所者的规模及需要做出的回应使得以前看到的一切都相形见绌。"

难民和流离失所者往往是战争和政治暴力的牺牲品。比如，1994年的卢旺

逃亡中绝望的难民　过去十年，每年都有多达 1 500 万难民在寻找庇护所的过程中无家可归，2014 年儿童占到难民人口的 51%（UNHCR, 2014）。左图中的这些索马里妇女和她们的孩子是从她们国家正在发生的暴力活动中逃离出来寻求安全和住所的 110 万难民中的一部分。右图是演员安吉丽娜·朱莉（Angelina Jolie）2013 年 3 月在刚果民主共和国的难民营中与妇女见面。作为联合国难民署的特使，朱莉把全球的注意力都吸引到了反对将强奸作为战争工具上。她解释道："我的希望和梦想是，让大家都知道，如果你虐待妇女，如果你强奸妇女，那么你将要为你的行为负责。这将是战争犯罪，你不会侥幸逃脱惩罚。"

达大屠杀使得超过 170 万难民被迫离开祖国；随着前南斯拉夫的解体，迫害、**种族清洗**和武装冲突令 300 万人丧生，使得欧洲在二战后首次成为有大量难民（超过 600 万）的大陆。最近据联合国难民署估计，叙利亚、阿富汗和索马里的难民加起来超过全部难民的一半。2015 年伊始，就有 90 万叙利亚人和 260 万阿富汗人在其他国家寻求避难（UNHCR, 2014）。

世界上大部分难民和背井离乡者的产生，都是由于失败国家的政府无法维护法律和秩序，所以当种族冲突和宗教冲突爆发时，人们也就不得不背井离乡，甚至逃离祖国。另有上百万难民逃离自己的祖国，则是因为在遇到灾难时他们被剥夺了基本的人权，比如警察的保护、公正的法院审判和社会援助。一推一拉的合力现在正在推动着移民浪潮。人权侵犯、环境退化、失业、人口过多、饥荒、战争、种族冲突和国内暴行，这些因素合起来把数百万人推出了国境。

移民也受到其他国家政治自由这一前景的拉动，特别是民主统治的全球北方国家。然而，今天的难民并未找到安全的避难所；人们越来越觉得关闭大门是一种较好的解决方案，并且仇外心理（排外主义）也正在上涨（参见下页专栏）。不论是发达国家还是欠发达国家，都越来越不愿为寻求更好生活的难民提供帮助。随着全球经济疲软，人们比以往更加反对外国人竞争本国工作和资源。此外，自"9·11"事件以来，世界范围内的安全问题已经升级，难民与恐怖主义可能性之间的联系也使得各国加强了移民控制。

深入探究: 全球移民和寻求安全

当骚乱在2011年春天席卷北非国家时，超过25 000名移民通过兰佩杜萨岛这个小岛逃到意大利。让意大利感到沮丧的是，欧盟其他成员国却不愿分担接收非法移民的负担。意大利要求欧盟运用紧急规则，在欧盟各成员国之间重新分配难民。但这一要求被拒绝了。在应对移民危机的努力中，意大利把一些移民遣返回国。对其他数千名移民，它则颁发了国民居住许可。这不仅使得一些北非人继续留在意大利，也使他们能够前往在欧洲开放边界的申根区中的其他国家。

后一行动激怒了法国，因为数千名移民从意大利来到法国，希望与在法国的亲戚团聚。随着意大利和法国之间紧张关系的升级，当时的两国领导人（法国总统萨科齐和意大利总理贝卢斯科尼）集体呼吁改革开放边界的《申根条约》，允许大多数欧盟国家的合法居民在穿越边界时对他们进行最低限度的边界检查。尽管两人都希望该《条约》继续有效，但他们又都认为当例外情况发生时有必要制定临时控制措施。在致欧盟高级官员的联合信件中，他们认为，"关于地中海移民的局势有可能迅速演变为一场危机，这场危机将会削弱我们同胞对在申根区内自由旅行［原则］的信任"。他们还进一步寻求欧盟成员国对"团结原则"的承诺，以保证在应对大规模移民造成的问题时其他欧盟国家会援助地中海沿岸的南部国家。

出乎意料的是移民对欧盟造成的挑战又增加了，因为有创纪录的人数继续从非洲、中东和东南亚的冲突、迫害和贫困中逃离并寻求避难。2014年有超过14万名难民在意大利登陆；其中许多人都是人口非法交易的受害者，而其他人则在海上死于可怕的环境。面对着对同情和关怀的迫切需求，兰佩杜萨岛副市长达米亚诺·斯费拉佐（Damiano Sferlazzo）沮丧地说："在欧洲我们有经济上的联合，但却没有政治上的联合。欧洲需要把这看作是它们的问题并帮助难民摆脱困境。"(Tayler, 2014)

★ **由你决定**：

1. 全球移民对接收国有利还是有害？
2. 民主制如何能够调和下面这对相互冲突的原则：支持人们有移居外国的基本权利和对主权国家有控制边界的绝对权利的承诺？
3. 你在全球移民问题上的立场与"保护的责任"这一全球原则相容吗？

不仅是全球北方国家限制跨界人口流动，全球南方国家也在逐渐不愿承担接收难民的负担。这是把不安全的原因归咎于受害者（寻求庇护的难民），因为"一般来说，个人和群体不会轻易抛弃他们的家乡，除非他们面临生命和自由的严重威胁。逃离本国是最终的生存策略……难民既是内部混乱的标志，也是对人权和人道主义标准的侵犯"（Loescher, 2005）。

即便如此，阻止移民浪潮的努力也并未改变人们寻求**庇护所**的趋势。2014 年总共有 180 万人向 157 个国家的政府和联合国难民署递交了**庇护**申请（UNHCR, 2014）。这是迄今最高的纪录，寻求庇护的人口数量比前几年增加了 54%，较上一年增长了 16%。2014 年，27.5 万多份的庇护申请使得俄罗斯成为世界第一大接收个人申请的国家，其中 99% 的申请者都是为了逃离乌克兰东部发生的冲突。德国是庇护申请第二大接收国，其次是美国、土耳其、瑞典和南非（UNHCR, 2014）。

存在的道德问题是：未来富裕国家面对贫困者的困境是会冷漠以待还是会充满同情。怎样才能处理好**人类安全**与**国家安全**之间的关系？日常生活中人们的福祉和生存受到威胁，保护他们的需求日益增长。

城市化

在考虑移民模式和诠释人口预测时，研究一国内部人口的地理集中度也很重要。众所周知的**人口密度**（population density）主要是衡量人们生活的距离有多近。一些国家和地区非常拥挤，另一些则不拥挤。比如，摩纳哥是世界上人口最拥挤的主权国家，每平方公里生活着 18 916 个人；相比之下，格陵兰岛的人们则有最大的分散空间，每平方公里生活着不到 1 个人（WDI, 2015）。

今天有一半以上的世界人口都居住在城市，世界城市化正在加速发展。全世界有 38 亿人（约占全球人口的 53%）生活在城市，预计城市人口的增长率为 2.1%（WDI, 2015）。据联合国预测，到 2050 年将会有 63 亿人（占全球人口的 2/3）生活在城市中（UNDESA, 2014）。

提及快速城市化即众所周知的**涡轮增压城市化**（turbo-urbanization），经济学家格莱泽（Glaeser, 2011）风趣地说道："地球不是平的，而是被铺平了。"全球北方已有 80% 的人口居住在大城市并且这一比例还在增加（WDI, 2015），而在全球南方的欠发达国家，城市化也在快速增加。"在欠发达国家，每个月有500万人从乡村涌入城市的某个地方。"（The Economist，2011d）据联合国估计，未来人口增长的90%都会发生在全球南方的棚户区和城市（Muggah, 2015）。这在亚洲和太平洋地区表现得尤为显著，十大全球城市有三个都在这里。

这种城市化趋势正在产生一种与其相关的人口差异：人们日益集中于人口超过1 000万的巨型**特大城市**（megacities）中。随着世界范围内居住在密集城市群的人口比例的增加，在城市居住者和生活在农村及贫穷边缘的人们之间的"二元论"，将会使城市化的核心城市在远见、价值观和生活方式上更加相近。生活在特大城市的人们彼此之间的交流和使用电脑的联系，已经比和本国生活在农村的人们之间的交流和联系更多。"越来越多的人口集中在城镇和城市中的城市化进程显然是一个不可阻挡的转型，并且与日益提高的生活水平联系在一起。没有一个高度发达的社会是以农村为主的。"（Skeldon, 2010）事实上，城市化可以带来许多积极的外部效应："近邻使人们更有创造性，因为睿智的思想会产生睿智的思想；更有生产力，因为规模会带来程度更高的专业化；对地球更友好，因为城镇居民更可能步行、乘公交或坐火车。"（The Economist，2011d；Glaeser, 2011）

全球正在经历城市化浪潮，资本流动、供应链和电信把全球城市联系在一起，并且使得国际关系去国家化。"当今世界更多的是关于城市的而不是关于国家的，而且像首尔这样的地方与新加坡和中国香港的共同点比与韩国小一些的城市还要多。"（Hales and Pena, 2012）然而，城市的力量和影响并非当代所独有。社会学家萨森（Sassen, 2008）指出，在很久以前，民族和帝国并未限制城市，反而是让城市作为他们全球野心的过滤器。在欧洲，正是在大体上自治的文艺复兴城市布鲁日和安特卫普，首先为跨国证券交易发展了创新的法律基础，为国际信贷和全球贸易网提供了基础，并反映了城市实行它们自己的"主权"外交的能力（Khanna, 2010）。

然而，城市化和特大城市的增长也对国家政府形成了挑战。均势政治不足以帮助我们理解全球化如何能使主要城市挑战国家主权并脱离它们的祖国："全球中心城市和特大城市的出现，迫使我们重新思考国家主权或经济实力是否是参与全球外交的新的先决条件。两者的答案为当然是，但当国家主权正在弱化和转变时，城市现在正在与国家一道竞争全球影响力。"（Khanna, 2016）

尽管城市是增长和发展的发动机，但它们也会对人类安全带来风险。每年都有数百万城市棚户区居民涌入特大城市，而且经济不平等和城市疫病也在主要的大都市地区蔓延。生活在贫穷和脏乱的贫民窟的移民，紧挨着的就是城市（如圣保罗和伊斯坦布尔）中令人震惊的高楼和私人门禁社区。在**脆弱城市**(fragile cities)，市政府与居民之间的社会契约已经恶化，城市暴力猖獗。

既然如此，为什么有些城市卷进了危机的漩涡，而其他城市则是欣欣向荣呢？在城市中，与不安全和暴力有关的一个关键因素似乎是涡轮增压城市化，它以极其快速的城市化和不加节制的增长为特征。另一个因素则是"青年膨胀"的存在，大量青年人口，特别是男性，受教育不足且失业。巴基斯坦的卡拉奇是一个突出的脆弱城市，其人口已从1947年的50万扩展到今天的2 100万。尽管它贡献了全国国内生产总值的75%以上，但它却也是世界上暴力程度最高的特大城市之一（Muggah，2015）。

感受人类的脉搏　在2016年年初突破70亿人口后，世界人口继续增长。超过一半人生活在城市，城市化水平继续上升。1975年世界上只有三座城市超过1 000万人。据联合国预计，到2030年时将有41座特大城市，城市地区增长最快的是亚洲和非洲（United Nations，2014）。图中所示是印度一座有1 600万人的城市加尔各答，小贩、行人和汽车竞相前行。

全球城市化的影响也很有可能会加重健康和环境问题，使洁净水、住房和卫生设施的供应变得紧张。如果全球社区的城市化继续按照当前速度进行（这几乎肯定无疑），这种趋势就将导致世界发生另一种变革。类似大范围致命性疾病的爆发这样的威胁可能会导致人口内爆（population implosion）。接下来我们将研究威胁生命的疾病的例子，这些疾病正在没有边界的全球蔓延。

12-3 新瘟疫？疾病的全球影响

尽管许多欠发达国家的婴儿和儿童死亡率仍然很高，让人气馁，但至少它们正在减少。就全球世界而言，自1950年以来，出生时的预期寿命每年都在增加，现已攀升到71岁（WDI, 2015）。不过，如果全球传播的疾病缩短了因为卫生保健、营养、水质和公共卫生的改善而变得可能的寿命的话，这种寿命的增长也可能发生扭转。

在整个人类历史上，细菌、寄生虫、病毒、瘟疫和疾病不受国家边界的限制在不同的生态圈传播，已经使得曾经强大的国家和帝国的发展中止或垮掉（Kolbert, 2005）。在我们的全球化时代，一种疾病，比如说结核病（TB）的耐药菌株，在全世界每10 000人中就会影响126人（WDI, 2015），没有边界限制。它可以通过人们在国际航班上打喷嚏或咳嗽来传播。同样，每年约有1.98亿疟疾病例，2013年它导致超过58.4万人死亡（WHO Malaria Report, 2014）。由于可传播的疾病导致全世界23%的死亡（WDI, 2015），全球健康已经成为人们关心的一个问题，并且也是对人类安全的一个威胁。

由于我们共享地球环境，致命疾病将会大批杀死世界人口这一令人担忧的可能性，在导致获得性免疫缺陷综合征（艾滋病）（AIDS）的人类免疫缺陷病毒的传播（HIV）中体现得尤为明显。自从1970年代艾滋病开始传播以来，据联合国估计，"每天有超过8 000人死于艾滋病。每小时有近600人被感染，每分钟就有一名儿童死于该病毒"。今天，15岁到49岁之间的人口中有近10%的人携带有艾滋病病毒（WDI, 2015），尽管艾滋病在世界上一些地区要比其他地区多。撒哈拉以南非洲居住着世界上10%的人口，但这里有67%的人都携带有艾滋病病毒或患有艾滋病（Iqbal and Zorn, 2010）。

事情令人痛心，而阻止悲剧发生则是"一种道德责任"。幸运的是，有迹象表明这种传染病正在失去势头，因为每年由于艾滋病病毒或艾滋病而死亡的人数正在变得越来越少（Purlain, 2013）。2013年有150万人死于与艾滋病相关的疾病——低于2005年死亡人数的顶峰230万人（UNAIDS, 2015）。但这并不意味着该流行病正在消失：在一些艾滋病影响特别严重的国家，死亡人数预计将会超过出生人数，并会导致这些国家的人口在未来几年内下降。因此，就像世界公共卫生专家加勒特（Garrett, 2007）指出的那样，"应对世界疾病已经成为许多国家对外政策的一个重要特征"。

可悲的是，许多疾病都对人类福祉构成重大威胁并提醒我们关注我们国界的渗透性。作为单个致病因子致死的第二大原因（排在HIV之后），世界卫生组织宣布结核病（TB）是一个重大而紧急的健康问题，并且自1993年以来一直在努力提高对结核病的治疗和控制水平。结核病是一种能通过空气传播的传染病，尽管是可预防和可治疗的，但却夺去了数百万人的生命。据报道，2013年约有900万新增结核病病例并有150万人死亡。这一疾病在亚洲和非洲最为常见，全世界约40%的病例都发生在印度和中国。不过，中止和扭转全球结核病趋势的努力已经取得很大进展。"结核病的死亡率在1990年到2013年间下降了45%，同一时期结核病的患病率也下降了41%。"（WHO, 2014）

疟疾也是对全球健康的一个重大威胁，根据疾病控制和预防中心的报告，每年有3亿到5亿疟疾病例，其中超过100万人死亡（Lyons, 2015）。这是一个悲剧，因为这种主要通过蚊子传播给人类的疾病在很大程度上是可预防和可治疗的。抗击疟疾传播的努力包括分发数以百万计的蚊帐。2015年5月，世界卫生大会针对疟疾采取了一项新的全球战略，也即强调全世界共同预防、治疗和诊断疟疾。成员国制定了一个雄心勃勃的目标：到2030年减少疟疾的发病率并把其死亡率降低90%。

过去十年间致命的流感疫情也引起了全球关注。使得流感不同于其他全球疾病的是它很容易传播，这一点让人恐惧。一些菌株，如禽流感，会通过家禽传播给人类。专家相信这种疾病是通过直接接触鸡和鸡肉的加工过程而传播的，他们担心那是一条新的链条并且更容易在人与人之间传播（Mo, 2013）。最近另一个致命的菌株，像大家知道的甲型H1N1流感，跨越了猪和人之间的物种障碍。它首先是在2009年3月出现在墨西哥，然后迅速传播到美国，到2010

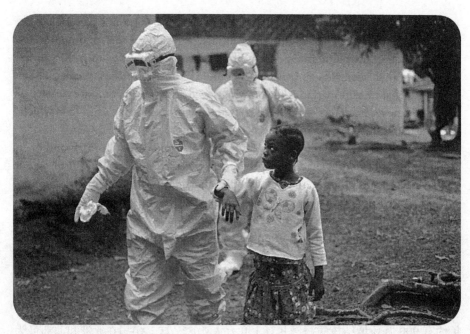

全球化使整个世界生病？ 危险的全球流行性疾病的威胁"排行比一场重大的恐怖主义袭击还要高，即使恐袭涉及大规模毁灭性武器"（*Newsweek*，2005）。图中所示是利比亚一名 9 岁女孩在表现出感染了埃博拉病毒的症状后由医务工作者人员引导离开。该地区的大多数卫生保健设施资金不足，资源有限。美国慈善家比尔·盖茨敦促国际共同体更好地防卫未来的健康流行病并做好准备，就像我们"使我们自己为战争做好准备"那样。

年的顶峰时，它已经至少发生在 214 个国家和海外领地。尽管这种流行病已经停止，但它却凸显出公共官员在试图识别和制定保护人群的措施时所面临的挑战。许多国家都对曾到过有许多人感染该病的国家旅行的人采取了强有力的隔离措施。

2014 年，世界卫生组织宣布，埃博拉疫情在西非的爆发构成一个全球公共卫生突发事件。它是一种病毒性的、高死亡率的疾病，从野生动物传播给人类，再在人与人之间传播。它在 1976 年被发现，该疾病最新的爆发则始于几内亚，而在刚果民主共和国、加蓬、南苏丹、科特迪瓦、乌干达、刚果共和国、几内亚和利比里亚也有死亡病例。到 2015 年 7 月有超过 11 200 人死亡。最初预计的该疾病的死亡人数更多，全世界各国政府都参与到了遏制疾病暴发的努力中。"中国向西非派遣了超过 200 名救援人员和医疗人员并提供了 1.23 亿美元防治这一疾病。欧盟又提供了 13 亿美元。五角大楼在利比里亚修建了十个诊所并培训了 1 500 名利比亚人去治疗这种疾病。"(Francis, 2015)尽管采取了积极措施去控制埃博拉病毒,但许多人仍对此感到悲伤,因为传染病的发生暴露了各国政府和国际组织并未做好准备去防治全球健康危机。世界银行行长金墉呼吁国际共同体进一步采取行动,他说:"我们需要针对未来可能更加致命且更具传染性的流行性疾病做好准备。"

对于像艾滋病、结核、疟疾、霍乱、中东呼吸系统综合征(MERS)、埃博拉病毒、淋巴丝虫病、禽流感、疯牛病、甲型H1N1流感等传染病的传播和控制,已经出现在全世界决策者的议程上。另外,非传染性疾病(如癌症、中风和糖尿病)也在增加,而且据估计到2030年它们将"是世界上每一个地区人们死亡和残疾的主要原因"(Bollyky, 2012)。这些疾病并不会很快就消失不见,它们严酷地提醒人们,跨国威胁始终存在于我们这个无国界的世界里,解决它们需要全球合作和协调。

> 一国之内的个人健康与国家安全之间存在一定关系。对一国生存能力来说,最重要的就是人口的健康。
>
> ——全球健康专家杰里米·尤德(Jeremy Youde)

12-4 全球信息时代

悲观主义者预测,全球化的一个结果将会是国家之间的竞争,因为它们试图保护它们的主权独立,保持本国公民的忠诚,抵制横扫世界的同质化的力量,并确保它们自己国家的安全。相比之下,自由主义理论提出了更加乐观的看法,它预测文化的全球化将会通过创造出忠诚于所有民族共同利益的"全球公民"而超越当代地缘政治的边界并侵蚀国家认同和主权的意义。全球化文化维度中发生的趋势正在改变人们建构身份的方式并鼓励人们采纳**世界主义**(cosmopolitan)的视角。这种全球转变的主要来源是通信越来越快的速度和流动,这是地球村(一个比喻,被许多人用来描述一个国界将会消失、世界将会变成一个共同体的未来)的一个标志。

在全球通信时代,"国内"和"国外"、"近"和"远"的意义都消失了,从而改变了人们对共同体和他们自身身份的意象。移动电话、因特网、博客和其他跨国通信手段的运用是否预示着共识，甚至可能预示着一个一体化的地球村？抑或是，这样一个因共享的信息而生发出理解与和平的构想难以实现？或者是更糟糕，全球化无约束的相互联系会终结私人生活，抹杀现存的身份、个性和独立性？

全球通信的演化

国际通信越来越方便和通信量增加，正在导致"距离的消亡"，并急剧改变人们关于去何处工作和生活的决策，以及他们建构的"我们"和"他们"的意象。世界上没有一个地方，也没有一个领域（包括政治、经济、社会或文化在内），能不受通信技术的渗透性影响。"自 1969 年以来，当第一个比特数据在

指尖上的世界 作为一条主要的信息高速公路，因特网促进了全球化，并允许个人成为"数字公众"的一部分，超越国家边界和身份（Tiessen, 2010）。全球北方超过 78.2% 的市民是因特网用户，全球南方的这一比例则为 29.1%（WDI, 2015），而且因特网的使用仍在继续增加。图中所示是巴布亚新几内亚胡利族部落酋长在展示他的新网站，这揭示了信息技术的传播是如何促进观念和信息的全球流动的。

后来众所周知的因特网上传播时，全球网络已经开始从连接电脑主机向连接个人电脑和现在的移动设备演变。到 2010 年，互联网上电脑的数量已经超过地球上人口的数量。"（Gershenfeld and Vasseur, 2014）个人电脑和移动电话的"无线世界"促进了像全球南方的农村共同体和全球北方科技密集的城市这样多元的、不同地区的人们之间的交流。"超过 50% 的世界人口既能访问手机（50 亿用户）也能访问互联网（20 亿用户）。这些人在网上与国内外的人交流，形成了赋予公民权力的虚拟社区。"（Schmidt and Cohen, 2010）

互联网在世界范围内的广泛传播和使用产生了一个**网络空间**（cyberspace），这是一条全球性的信息高速公路，它允许世界各地的人们通过网上冲浪、收发电子邮件、参加社交网站等方式自由进行交流。因特网用户数量不断增长（每周约 100 万）促生了一场文化革命，使得世界上大部分人都可以在第一时间内获得未经过滤的信息。这产生了一个因信息共享而融为一体的单一世界。全球化的这一表现淡化了国界，打破了壁垒。它为一个更小、逐渐收缩、更平的世界奠定了基础，并推动形成了"一个全球相互关联的令人兴奋的新时代，比从前任何时候都能更快地在全世界传播观念和创新"（Giles, 2010）。

网络博客（blogs）和被称为"博主"的积极的日记作者（他们与全世界读者分享自己的观点）的增长，增加了众所周知的"信息时代"的影响。利用国际媒体和因特网的内容，博主们编织了一个精心的网络，拥有议程设置的力量，所涉议题涵盖的范围从俄罗斯的人权问题，到美国秘密监控因特网，再到土耳其对反政府抗议的暴力回应。"这在一开始只是一种业余爱好，但它现在已经演变为一种新的媒介，它正在改变着新闻工作者和政策制定者眼中的政治社会形势。"（Drezner and Farrell, 2006）

这一趋势正在大步加速发展，iPod、文本信息和推特迅速普及，"已经成功地超越了基本的即时信息和社交网络"（Kutcher, 2009）。在政府限制访问社交媒体的国家，山寨网站涌现，促进了交流。再加上播客的广泛流行，使得人们可以创建自己的网络频道，与全世界的用户共享新上传的多媒体文件，而像脸书这样的社交网站则使人们能够与朋友和同事及时分享信息。

随着我们周围的事物上网作为**物联网**（Internet of Things, IoT）的一部分，数字与物理世界也开始联系起来。技术创新已经使得将小型计算机嵌入日常用品中成为可能，从而使得它们可以通过互联网发送和接受信息并在本质上成为独立的智能："连接到互联网的货架和药瓶可以提醒健忘的患者服药、药剂师换药的时间，提醒医生剂量错了。如果老人摔倒，地板可以打电话求助，帮助老人独立生活……当一个人起床时，咖啡机就会打开，而当一个杯子被放进洗碗机里时，咖啡机就会关掉；红灯可以与道路交流周围交通路线上的汽车信息；通过了解人们在哪里和他们在做什么，一栋建筑可以更有效地运行；甚至整个地球的健康都可以通过加总所有这样的设备的数据进行实时监控。"(Gershenfeld and Vasseur, 2014)

如果说有一个恒量，那就是技术创新中的连续变化。信息技术的快速发展推动了全球化。它将会在几年内使今天的通信方式显得古老，并会在此过程中改变人们的交流方式，以及领先的国家（繁荣的国家）和跟随的国家。

热衷者相信全球通信革命的好处对人类来说是一种幸运。当全世界的人和事物都通过数字通信革命联系在一起时，共享信息就会促进人类的发展和生产力的提高。拥护者们还指出，全球化数字革命带来了许多附带的好处：削弱进行压迫的独裁者的权威，使小企业参与全球竞争，赋予跨国活动家更多的影响力，为不同的声音和文化的多样性提供机会。比如，2011年，通过利用如推特、脸书和在线视频分享网站 YouTube 这样的信息技术，埃及人得以组织抗议示威，向世界用文件证实镇压的景象，让数字人民争取自由的运动成为现实。这些行动最终推翻了埃及总统穆巴拉克的统治。正如知名演员和推特的热衷者艾什顿·库奇（Ashton Kutcher）乐观地指出的，"现在，革命一词用140个字符来拼"。联合国秘书长潘基文表达了类似的观点，他认为，一些独裁者"与对立的军队相比，更害怕推文"。

另一方面，全球化通信革命也有其"阴暗面"。尽管社交媒体可以激发抗议运动，但它们的发展速度也会产生消极后果：通常没有足够的时间去建构一个足够强大的领导核心、稳固的结构和忠诚的成员，不仅是为了夺取权力，而且是为了一旦获胜可以有效地行使权力。"推特革命者擅长推翻政权，但在中东和北非地区他们却输给了伊斯兰教徒，伊斯兰教徒用老式方法发展抗议运动。"(Freeland, 2012)

另外，正如历史学家弗格森（Ferguson, 2011）指出的："社交网络也许会促进民主，但它们也赋予敌人以自由。"批评者抱怨说，电子网络的发展产生了被称为**虚拟性**（virtuality）的全球新环境。在这样一个世界中，人们可以隐藏自己的真实身份，这有可能使国际有组织犯罪团伙和恐怖主义团伙更容易制造威胁人们的活动。"世界上最专制的政权和跨国暴力集团——从基地组织和墨西哥贩毒集团到黑手党和塔利班——有效地利用网络技术招募新成员，恐吓当地居民并威胁民主制度。墨西哥贩毒集团为了说明反对它的后果而传播对与执法部门合作的人进行斩首的图像视频，基地组织和它的分支机构则制作了展示在伊拉克屠杀外国人质的广为传播的视频。"（Schmidt and Cohen, 2010）

一些人也担心"随着监控技术的传播和像 YouTube（它每天能接收 65 000 多个视频上传，正在推动网络表现这一趋势）这样的网站的兴起，隐私将会变得过时"（*Futurist*, 2007）。当研究者和公司通过因特网提供商和手机公司提供的信息技术服务，算出如何使用能够决定用户位置的所有信息时，就可能出现新的隐私问题。"你可以用你的手机找到朋友和酒店，但别人也可以用你的手机找到你和有关你的事情。"（Markoff, 2009）同样，在线社交网络（比如脸书，它有全球会员，这使它变成世界上人口最稠密的"国家"）也鼓励用户分享信息。随后，网络就会挖掘关于会员个人喜好的信息（Fletcher, 2010）。一些人担心大型因特网公司会滥用它们的权力。在 2014 年做出的一项具有里程碑式意义的裁决中，欧洲法院支持"被遗忘的权力"，要求谷歌尊重个人删除关于他们的旧帖子链接的要求（*The Economist*, 2014a）。

政府打着国家安全的名义也发展出广泛的监控系统，谨慎地监控各种活动，其中许多都是公共场合的活动。这方面的一个例子就是一些东方国家的高科技监控项目，它能识别异议并在异议转变为一场群众运动之前允许政府去解决它。它采用了像通用电气、IBM、霍尼韦尔等美国公司提供的人体跟踪技术，旨在创建"一个单一的、全国性的网络，一个全面监控的系统，以跟踪和识别在其范围内的任何人"（Klein, 2008）。

美国对互联网通信的广泛监控（这在 2013 年变成大量国际批评的焦点）则是另一个例子。美国国家安全局（NSA）、联邦调查局（FBI）、中情局（CIA）秘密地从美国电信和技术公司收集了数以百万计的记录。一些人为该计划辩护，认为它是为了打击恐怖主义和重大犯罪对隐私的必要侵犯。但批评人士则指责说，它是权威的过度延伸，并且是对民主制的一个威胁。美国参议院情报委员会的参议员马克·尤德尔（Mark Udall）概述了这些关注，他说："你有一部法律，它一直由一个秘密的法院秘密地加以解释，然后发布秘密的命令生成一个秘密的计划。我认为这不应该是美国应对这个我们面临巨大威胁的世界的方式。"新发现的证据进一步加剧了全球的愤怒：有证据表明，在2009年G20经济会议上，各国代表的电子邮件和电话信息被英国信号情报机构（GCHQ）截获，目的是让他们的国家在会议上占有优势（MacAskill et al., 2013）。

全球通信的政治和商业

全球电信业无疑是观念、信息和图像在全世界迅速传播的主要工具。在世贸组织1997年制定了《世界电信协定》之后，这种影响开始加快。这一《协定》结束了许多国家的政府和私人电信垄断，由此产生的电话成本削减被视为世界经济扩张的一个催化剂。

信息技术的进步和全球媒体范围的扩张已经扩大了这一发展。传统观念认为，媒体有能力推动一个国家的对外政策。然而，与此相反，媒体对国际事务施加的权力类型却可以说是有限的。学术研究表明，媒体更多影响的是人们想什么而非他们如何想。所以媒体的主要功能就在于，为公众讨论公共事务设定议程，而非决定舆论。

正是通过**议程设定**（agenda setting），媒体明显地塑造了国际公共政策。例如，2008年，对津巴布韦总统穆加贝为了再次当选而对民众实施的无情镇压和采取的不正当策略的全球广播，激起了全球连锁反应来帮助这个国家的难民并迫使政府做出改革。同样，专业记者和个人活动家的报道也在2009年帮助激励伊朗人抵制和抗议时任总统内贾德宣布在选举中获胜。类似地，2011年在"阿拉伯之春"期间，社交媒体也通过提供交流和灵感来激发民众提出异议和组织示威活动。

尽管这些例子证明了信息技术对国际政治的影响，但也有人警告说，这种"虚拟外交"也有它的局限性。它不仅会限制全球决策者可用的政策选项，还会提供有偏见的或者是不完备的信息，进而可能造成对全球问题不准确的或有限的理解。此外，尽管我们的时代常被描述为信息时代，但是可获得的信息中有相当引人注目的一大部分其实都是由大型跨国传媒企业卡特尔（cartel）在控制。这些企业的总部大都设在全球北方，其领导人正在进行合并以组合资源并在这个过程中扩展了它们的全球影响力。"[它们] 让我们尽情娱乐，并且可能对事情只是一知半解，它们的影响力总是此消彼长，但可以肯定的是其成员数量却在不断增加，而另外的媒体则在慢慢瓦解或者是全部被兼并。但是，尽管参与者来来往往（也总会有一些例外），整个'利维坦'本身却是变得越来越大，越来越大声，越来越强，永远在每一条街、在无数的家庭中、在每个人的头脑中占据更多的时间和空间。"（Miller, 2006）

与跨国媒体消费主义的"麦当劳世界"相对应的是"吉哈德"，这是一个被"狭隘的仇恨"而非"全球一统市场"推动的世界（Ram, 2008；Barber, 1995）。由于全球化通信和信息既可被用作恐怖主义和革命的工具，也可被用于社会统一与和平，创造一个没有国界的世界（在这个世界里每个人都会知道其他任何人的活动）或许并不必然就会是一个更美好的世界。你应该追问：假如世界变成一个越来越没有隐私的地方，个人与本国文化和历史的联系越来越少，成了无根之人，这个世界将会是更好还是更坏呢？

> 来自全世界的人们将会从同样的技术平台上获取知识和灵感，但是不同的文化将会在它上面繁荣起来。同样的土壤，但是长出的树不同。全球化的下一个阶段将是更加全球化——越来越多的本地内容变成全球内容。
>
> ——国际新闻记者托马斯·弗里德曼

12-5　全球化与全球未来

很大程度上是由技术革命推动的全球化的迅猛发展几乎肯定将会继续进行下去。随着金融、贸易、人口、劳动力、通信和文化的全球聚合，预计关于全球化所谓的利弊之争也将继续升温。

尽管全球化缩小了世界各地人们之间的距离，但是既然有赢家自然也就会有输家。地球村并未为每个人提供同等温暖的家。实际上，对阶梯形的全球化，人们的满意度差别甚大，各国和人们与全球化多重力量的联系程度也不尽相同。博弈的赢家会有意淡化全球一体化的成本，而批评者则会否认全球化的好处。关于全球化问题影响的辩论变得日益激烈但却也是悬而未决，因为双方的立场都十分坚定，根本听不进对方的说辞。

一种全球文化的形成? 一些人认为全球化只不过是全球霸权国家美国的价值观和信仰的传播。图中所示的形象支持了这个观点:越南河内城中心一家酒店门口立着一个庞大的吹气圣诞老人。越南是一个主要信奉佛教的国家,而且它现在依然奉行社会主义原则,强调市场资本主义的贪婪及由此产生的阶级分化。然而,就是在这里,圣诞树的销售也多了起来。

你现在可以考虑全球化的许多维度——国际经济、人口、全球通信、普世价值观的潜在延伸。如果你调查的趋势第一次以团结全人类的全球共识告终的话,这些价值观和理解可能会把地球上的所有人都统一进一个共同的全球文化中。这有可能为一个全球**市民社会**(civil society)的出现铺平道路,甚至最后将会出现统治全人类的超国家机构。

然而,这种世界观和这套预测使许多人内心都感到害怕,他们经历了认知紊乱,面临一种挑战他们关于世界事务的习惯性思维方式的可怕景象。这些人(人数众多)费力地排斥下面这样的观点,即独立的主权国家的传统体系能够或者应该被一个全球共同体所取代,这个共同体拥有可以进行全球治理的强大的超国家管理机构。

所以你可以通过评估可获得的关于全球化成本和收益的证据,并对它们的平衡表进行分类,来总结你关于全球化对世界政治的影响的调查(参见下页专栏)。

争 论　全球化是有益的还是有害的？

对许多国际关系专业的学生来说，全球化向人类展现了它的两面性：一面是积极的，另一面则是消极的。那些把认知焦点放在全球化所带来的利益上的学生认为，全球化有利于消除传统上对人类的分类（即种族、国家和文化），这些分类阻碍了世界的和平、繁荣和公正。而对全球化持消极态度的学生则认为，全球化是一种有害的现象，它引发了诸如全球疾病和威胁本地工作安全等问题，因此它是一种应该加以抵制的力量。

设想你正在就国际劳动组织所做出的评估写一份报告。当时该组织质疑自身，要求提出"新思路来打破这一僵局，在全球化辩论的分歧之间架起沟通的桥梁"。为了框定你的分析，看看你的评价是会支持还是质疑世界委员会的如下结论："全球化能够而且必须改变。[我们承认] 全球化潜在的好处——促进开放社会、开放经济，促进商品、知识和观念更加自由地交流。但委员会也发现，在如今正在运行的全球经济中也存在一些根深蒂固的持续的不平衡问题，它们在伦理上是无法接受的，在政治上是不持久的。最富有的国家和最贫困的国家之间人们的收入差距从来没有这么大过……10亿多人要么失业，就业不充分，要么可怜地工作。显然，全球化的好处，对世界上的许多人来说，都是可望而不可即的。"（Somavia, 2004）

还可以做另外一个练习，对全球化的道德进行伦理评价。这是哲学家辛格（Singer, 2004）所探讨的问题，他以一条功利主义原则为标准：最大限度地为全人类乃至动物创造幸福和提供福祉是一项道德义务。辛格认为，国家主权的削弱会带来巨大的好处，整个世界应该成为伦理分析的单元。他的结论源自一篇联合国的报告（引自 Pinstrup-Andersen, 2007），该报告认为："在这个地球村中，别人的贫困很快就会成为你自己的问题：非法移民、污染、传染性疾病、不安全、狂热主义、恐怖主义。"在全球化之下，利他主义和考虑他人利益会得到回报，而狭隘自私的行为则会招致自私的竞争者适得其反的伤害。

或者也可尝试最后的思想实验：像经济学家那样思考。你对全球化的经济分析会与著名社会科学家巴格沃蒂的结论相一致吗？库珀（Cooper, 2004）归纳了巴格沃蒂阐述的自由理论立场和建议：

> 在着手解决全球化的负面影响之前：改善治理，加速社会议程，控制转型速度……[巴格沃蒂] 谈到了对全球化的许多指控。他承认对全球化的批评有一定道理，但他又运用逻辑和事实反驳了反对全球化的大部分言论。他的结论是：这个世界，特别是世界上那些最贫困的地区，需要更多而非更少的全球化……而对于宣称全球化加剧了贫困的那些言论，巴格沃蒂的回应则是："瞎说。"

★ 你怎么看？

- 总的来说，你认为全球化的收益是否大于成本？
- 当全球化创造出赢家和输家时，你认为应该制定什么政策来更好地保护全球化的"输家"？
- 你认为现实主义者会如何看待关于全球化的辩论？他们对全球化的诠释与自由主义者和建构主义者的诠释之间的分歧有多大？

流行的趋势告诉你了什么？是弗里德曼的"扁平世界"概念吗，即全球化已经阉割了国家，使其就像是一个"电子畜群"，破坏了传统国家边界的有效性？还是德雷兹内（Drezner, 2007）更加准确地认为的是"国家在制定规则"，而且强大的政府仍然能够塑造全球命运，因为"大国会劝诱和强制那些不同意它们的人接受相同的规则手册"？

不论好坏，全球化都是真实的。许多人都提议国际公共政策的全球化，因为他们相信它的结果从根本上来说将会有利于人类。然而，批评人士则认为，全球化的成本要大于它的收益。随着全球化的步伐已经成为世界政治中公认的力量，它也成为一个热烈辩论的主题。全球化已经触及政治减速带，它引发了对全球化的原因、特点和后果激烈的批判性评价并激励人们对各国和人类的相互依存度提高进行新的伦理审查。全球化不确定的智慧和道德可能是今天全球议程上讨论最多的议题，它比贫困、疾病、城市化或身份保护等得到了更多的关注。

全球化时代对人类来说有着广泛而深远的影响。下一章我们将要考虑全世界不断奋斗的70多亿人的生存环境，他们努力供养自己，改善人类境况并保护他们的生命权、自由和幸福。

第 13 章
促进人类发展

否认人民享有的权利就是在挑战他们的人性。

——南非前总统曼德拉

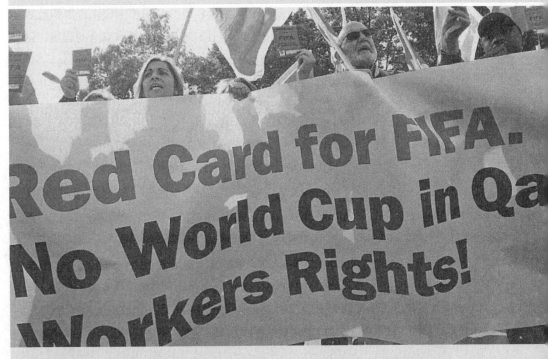

为了人民 政府必须在是优先考虑人类发展还是人民享有的权利上做出选择。由于受到行贿和践踏人权的指控,2022 年卡塔尔世界杯引起了激烈的争议。据大赦国际说,由于争夺工作机会,建造基础设施的移民工人被迫在不人道的条件下工作:一天 12 小时,一周 7 天,冒着 43°或更高的高温。许多人都是住在肮脏的环境里,"雇主拿走他们的身份证和出境签证,并像对待'动物'那样对待他们"(Visser, 2015)。图中所示是很多人鉴于对移民工人如此严重的虐待而举行抗议反对卡塔尔主办这届世界杯。

在网上冲浪的夜里，你可能会无意中发现很多描述一些人日常面对恐惧的新闻文章。从生活在肮脏和贫困的环境里，到遭遇强奸和准军事部队的掠夺，这些很多较不幸的人必须忍受的痛苦和磨难会让你感到震惊和恶心。像大多数人一样，你也希望能为全人类创造一个更加美好的未来。那么，我们可以做些什么来提升道德价值观和改革世界政治呢？

对许多人来说，未来是黯淡的，就像英国政治哲学家霍布斯谈到人类的生存时所描述的，"孤独、贫穷、肮脏、野蛮而短暂"。全球南方那些最贫困国家的大多数人都无法获得免于恐惧和贫穷这一最基本的机会和选择。而且"穷人"的未来也不会得到太多改善，因为他们有着相比全球北方来说较慢的发展速度和较低的人类安全程度。

这么多人面临严重的权利剥夺，个中原因值得思考。所有人都应该拥有天赋的不可剥夺的权利，就像《美国独立宣言》中所说的"生命、自由和追求幸福"。对这些权利的否认，证明我们还没有达到实现人类基本安全的程度。这个问题促使前任联合国人权事务高级专员玛丽·罗宾逊（Mary Robinson）"呼吁全球行为体（公司、政府和国际金融组织）积极参与全球化的公民社会并分担人道主义全球化的责任"。

> 每个人的生命都是宝贵的……它不仅关乎我们的刑事司法制度，我们也希望这一制度是适当的和具有恢复性的；它还关乎我们想要建立的社会类型：一个重视每一个人、不放弃其人民的社会。
>
> ——新加坡议员连宗诚

13-1 把人纳入视野中

在世界政治理论的研究中，直至最近，数十亿无名无姓的普通民众一直都是处于被忽略的地位。过去的理论遗产视平民百姓为微不足道的牺牲者，甚至对其视而不见，因为他们的命运被认为掌握于强大的政治军事力量之下，而且劳苦民众的影响也几乎是微乎其微。法国历史学家布罗代尔（Braudel, 1973）

写道:"当我想到一个平民时,我的脑海中总是会浮现出这样一副情形:他被囚禁在一小块禁地中,对自身命运无能为力,向前向后所能看到的都仅是漫漫无期的徒刑。"

在思考世界事务时,人——普通人——长期以来都被狭义地归为臣民,依照传统,统治者有权为了实现国家利益而操纵其臣民。这一观点如今在全世界都已站不住脚。大家已经达成共识,认识到了人的重要性,即人是有价值的,因此伦理(ethics)和道德(morality)也应该被纳入国际关系的研究范畴。根据伦理学家德沃金(Dworkin, 2001)的定义,"伦理是指判断一个人一生是非好坏的信念标准,而道德则是指一个人应该如何对待他人的行为规范"。这些准则也适用于国家间的关系,而且是世界政治中分析人类安全的核心。

尽管已经达成共识,但仍有许多观察家赞同现实主义的传统假定,即强大的全球力量使人无能为力。现实主义者认为,人参与政治,但没有实权,因为存在一种被称为"制度"的无形的强大力量,使得绝大多数人都只能涉及政治表面而缺乏实质上的影响力。

这种对个人施动(能动性)的重要性和影响力的贬低如今看来越来越荒唐,因为古典主义对世界的认识长久以来都以人和人性的本质为中心。人类学家雷德菲尔德(Redfield, 1962)认为:"人性本身就是[所有分析]方法的一部分。每个人都应该将自己的人性作为理解的一种途径。物理学家不必与他研究的原子产生共鸣,生物学家也不必和他研究的果蝇产生共鸣,但研究人和制度的学生却必须调动其天生的人性感知力去发现人们的所思所感。"这就需要一种给予人以地位和价值的人文主义诠释。而且在全球共同体内,市民社会(civil society)已初具雏形。关于人内在的道德价值和人的地位,以及相应的国家对公民地位的承认和保护,也已经形成了规范性的共识(Calhoun, 2011)。

我们如何才能创造出一个没有贫困和迫害的世界呢?作为一名国际事务的学生,假如你要了解世界政治主要趋势背后的动因,那么思考人类所面临的境况就是很重要的。本章介绍有关人类境况的信息,以便你能评价仍存争论的问题:人类作为行为体在全球舞台上的作用、人类发展的前景和人权伦理。人类会受到重视吗?人类的福祉和权利将会得到保护吗?更广泛地说,什么是看待人类安全并将它与国家安全相协调的最好方式(参见下页专栏)?

争 论　什么是安全？

应该如何定义安全？在这个问题上，政策制定者们显然存在分歧。一些人主要侧重于军事方面，另一些人则侧重于人类福祉方面。分歧之下是对全球议程上什么是最重要的有不同认识。一种传统赋予国家优先权并假定在国家领导人心中保护他们的领土完整必须是最重要的。其他人则对这一观念提出质疑，将个人安全放在首位，认为社会和环境保护必须被视为全球优先事项。

在考虑这个问题时，记住传统的现实主义观点，即国家安全本质上是免于被他国或非国家恐怖分子袭击的恐惧的自由。现实主义者认为武装侵略是最重要的安全威胁，为战争做好准备以防止战争胜过所有其他安全关切。通过军事力量保卫国家是最重要的。因此，"安全"主要根据每个国家抵抗武装威胁的能力来定义。这一定义把保护整个国家的利益置于个人利益之上。

相比之下，"人类安全"作为侧重于保护个人（与国家不同）免受威胁的概念，其重要性已在上升。人类安全中心（HSC, 2006）详细阐述了这一来自自由主义思想的观点，并解释说："安全的国家并不自动意味着安全的人民。"保护公民免受外国攻击可能是个人安全的必要条件，但却不是充分条件。事实上，过去一百年间，更多的人都是被自己的政府杀害，而不是被外国军队杀死。

人类安全的所有支持者都同意，首要目标是保护个人。尽管对个人需要得到保护的具体威胁缺乏共识，但有些人看到了人类安全与国家安全之间的协同作用。根据联合国（UN, 2015b）的观点，"人类安全强调了一套对人类生活来说至关重要的自由的普世性和相互依存性：免于恐惧的自由，免于匮乏的自由和有尊严的生活的自由。所以人类安全承认安全、发展与人权之间的相互联系，并认为这些是人类安全因而也是国家安全的基石"。

★ 你怎么看？

- 现实主义者强调的"国家安全"方法和自由主义者赞成的"人类安全"方法在多大程度上相互矛盾和相互竞争？它们可以互补和相互加强吗？
- 女性主义理论家在这一辩论中会考虑哪些因素？
- 这会如何影响你对安全的认知？
- 作为一名政策制定者，你会强调安全的哪些方面作为你所在国家福祉最可能的保证？为什么？

这些问题都很关键。政治决策者和学者建构起各种范式来分析世界政治中的重要问题，如何将人道主义融入盛行的范式或理论倾向之中？在很大程度上，古典现实主义尊崇国家及其统治者的主权自由，它从对人性持悲观看法的角度来建构其国际现实的意象，并忽视了领导者和由人形成的非政府组织的作用。自由主义者比较看重人，他们推崇德国哲学家康德的道德观点，认为人应该被视为目的而非手段，因此人的权利和人的尊严应该受到保护。建构主义走得更远，它把人性看作主要的分析层面，强调人的观念如何界定身份，进而赋予行为体的物质实力和行为以意义（参见第2章）。

13-2　人类如何生存？今天的人类境况

政治哲学家卢梭在其名著《社会契约论》（1762）中感叹："人生而自由，却无处不在枷锁之中。"时代虽已变迁，但卢梭对人类境况的概括总结在许多方面却是依然适用。我们应该如何度量民众受剥削的程度？又该如何度量他们对这一现实的绝望程度？最贫困的那一部分人能否打破束缚他们的枷锁，去实现他们的人类潜能，实现获得人类安全、自由和尊严的最高理想？

人们生活水平中明显的不平等性和差异，使得我们不能不同情大多数人的生活困境，尤其是那些生活在欠发达的全球南方国家的人们。美国研究生布赖恩·华莱士（Brian Wallace）在做博士论文时曾到南美做过实地调查，他深切地感受到了这一现实。他发现了一个与他在美国南部的成长经验截然不同的现实。他在1978年有感而发：

> 我生命的前24年都在南卡罗莱纳州度过。在去往［南美］哥伦比亚时，我以为波哥大就像美国的任何一个大城市一样，唯一不同的就是那里的市民说西班牙语。但是到了那里以后我才发现，我的预想全然错误。我根本不是在美国，而是在火星！我完全被文化冲击砸晕了。作为一种个人体验，这一冲击偶尔也会显得有趣，但多数时候却都是让人为之悲哀。在笑过亦哭过之后，我开始重新思考我的人生和我身在其中的这个社会。

用美国的标准来衡量，哥伦比亚是一个很穷的国家，其人均国民生产总值仅有550美元且收入分配十分不平等。这些事实是我在去那里之前就已了解的。

但仅从知识上"了解"这些现实与亲身感受这些现实对民众生活的影响，二者之间有很大差异。在装有空调的教室里就世界贫困问题作演讲是一回事，而眼睁睁地看着4岁大小的孩子们沿街乞讨、露宿街头又是另外一回事。

我对"人均国民生产总值低且分配不均"的问题已经研究了许久，而当亲眼见到这一现实时，我心痛不已。这一问题表现在人的身上，就意味着那些蓬头垢面的孩子只能去乞讨面包或是沦为小扒手，因为辘辘饥肠已经混淆了他们头脑中关于财产私有原则的概念。

这意味着，一些孩子因幼时营养不良而导致大脑和身体永远无法发育完全。这意味着，路边的小贩为了养家糊口，一天要叫卖糖果和香烟14个小时。

这意味着，穿戴考究的商人和小资们每天去城北保卫森严的别墅寻找安全时，总是对穷人这样的贫困状况漠然视之。

这意味着，富人宁愿看不到穷人，除了寻找佣人和保安时。这意味着，像我这样来到哥伦比亚的外国人，在这里一个月的花销比该国的人均年收入还要多。

这意味着，各种意识形态的政治家们满腹解决问题的抽象理论，满腹一己私欲，却忘了他们真正解决问题的对象是民众。

从何时起，世界上充斥的仅是政治学家的辩论术和社会科学家的"客观性"，而人本身却已迷失。

尽管各种巨大差异使得世界上的一部分人享受到了前所未有的生活水平，但却也有数量惊人的一部分人还过着贫穷和悲惨的生活，而在这其中只有极少一部分人在近期有逃离的希望。这一现实的一个指标就是金钱。根据世界银行对"极端贫困"的定义（每天收入1.25美元或更少），约有10亿人（占世界人口的17%）生活在极端贫困中，另有22亿人（占世界人口的36%）以每天2美元或更少的钱来维持生活（WDI, 2015）。这是1990年以来一个巨大的进步，当时世界上 43.6% 的人每天的生活费都不超过 1.25 美元。

尽管取得了显著的成就，但收入不平等仍是一个严峻的全球问题，许多困难和争端都来源于此；这个问题可谓是根深蒂固：消费模式显示，贫富之间的差距正在扩大。全球最富有的 20% 的人消耗了 67%～90% 的资源。这一比例反映了世界银行的估计，即低收入和中等收入国家只有 29% 的家庭有一台计算机，而高收入国家的这一比例则为 78%（WDI, 2015）。

世界上许多地方（特别是全球南方低收入国家）人民的极度痛苦表现在许多领域。例如，全球南方的预期寿命平均为 69 岁，全球北方则为 79 岁。在全球南方，平均婴儿死亡率（每千名活产婴儿的死亡人数）为 50，全球北方则为 6。在全球南方，孕妇的健康和福祉也很不稳定，其中产妇死亡率为每 10 万名活产婴儿中有 230 名产妇死亡，相比之下，全球北方的这一死亡率为 17 名（WDI, 2015）。

尽管这一现实很残酷，但我们也看到了一丝希望的曙光。人类生活的一些方面已经得到改善：平均而言，欠发达国家的人民更健康了，受教育程度更高了，贫困程度也降低了——而且更可能生活在一个多党制的民主国家中。自 1990 年以来，欠发达国家的预期寿命增加了 6 岁，从 63 岁增加到 69 岁。同一时期，小学完成率从 78% 上升到 92%。总体来说，自 1980 年代初以来，有近 8 亿人逃脱了最严重的贫困，并且全球南方的大多数国家都实现了到 2015 年将生活极端贫困的人口比例减半的千年发展目标（WDI, 2015）。这些人类发展成果既不应被低估，也不应被夸大。世界银行行长金墉承认全球持续贫困的普遍威胁并指出到 2030 年要实现消除极端贫困的目标，[为了实现这一目标]"将会有比过去更多的事情要做。我们需要政府、私营部门、市民社会和多边发展机构之间的更大合作，包括新的合作伙伴，如亚投行和新开发银行。"

要想将促进人类发展作为全球优先事项，需要一个准确衡量人类福祉的标准。如何才能最好地衡量人类的福祉（福祉的水平和人们摆脱贫困的前景）呢？

> 贫困是最恶劣的暴力形式。
> ——印度民族主义领袖圣雄甘地

对人类发展和人类安全的衡量

人类发展问题首先在1970年代开始受到关注,部分是由于当时盛行的依附论的影响。这一理论在全球南方的一些领导人中很流行,它把长期的贫困归咎于欠发达国家对富裕的全球北方的依附关系所导致的剥削。这一理论也认识到,更多并不一定就意味着更好。基本**人类需求**(human needs)观点的倡导者寻求一种可以衡量人类发展的新方法,先前的方法主要都是关注经济指标,比如每个国家的人均收入。

人类发展指数(Human Development Index,HDI)可以衡量国家为其公民提供福祉的相对能力。根据联合国开发计划署的最新定义,人类发展指数力求用一个简单的综合指数,尽可能多地涵盖人类发展的各个方面,并对各国人类发展成就进行排名。虽然没有一种多指标的指数(一套详细的数据测量法)可以完全反映出人类发展的进度,但是人类发展指数作为一项评估工具已经比较准确了。它测量了人类生活水平的三个维度:长寿健康的生活、受教育程度,以及体面的生活水平。

人类发展指数是一项比人均收入更全面的指标,而且具有把注意力从物质占有转向人类需求的优点。收入仅是衡量人类发展的标准之一,而非人类发展的目标,也非人类生活的总和。因此,通过聚焦于超越每个人的平均收入(把收入作为体面生活水平的指标)的人类福祉的各个方面,人类发展指数提供了一幅(比单纯的收入衡量标准)更为丰富的人类生活图景。通过这一途径我们也找到了一个窗口,可以看到人道主义理想之明灭的情况。

人类发展指数在0到1之间变动。一个国家的人类发展指数反映了该国在通往最大值1的路途中已经走过了多少里程,同时也可以显示与其他国家相比的情况。一个国家已经达到的值与最大值之间的差距显示了该国还有多远的路要走,而每个国家面对的挑战就是要想法缩小这一差距。当我们观察一些国家提高其国内人民生活质量的能力时,我们就会看到一幅根据人类发展指数衡量的显示个人福祉提供状况的示意图(参见图13.1)。这些指标显示了消费并不等同于人类福利,而经济增长也并不意味着就必定会带来人类发展。

为了更好地评估人类福祉,2010年加入了"不平等调整后的人类发展指数"(IHDI),考虑健康、教育和收入分配中的不平等对社会中人类发展的影响。

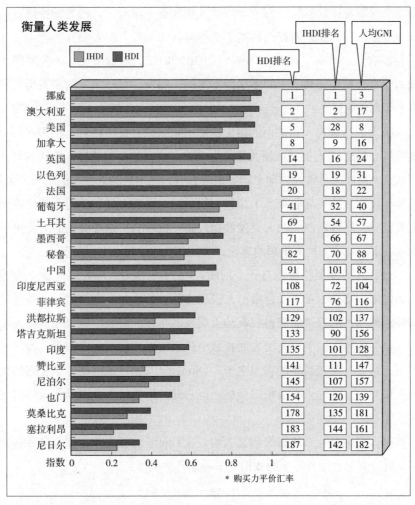

图 13.1 衡量人类发展：何谓生活质量？ 当用人类发展指数来衡量各国人们的人类福祉和人类发展水平时，注意在采用加总的标准如人均国民总收入（GNI）时各国的排名有点不一样。不平等调整后的人类发展指数进一步考虑了一国内部人类条件的不同变化对人类发展的影响。在所有的三个标准中，挪威排名非常高，尼日尔排名则很低，但是其他国家，如塔吉克斯坦和尼泊尔，尽管人均收入下降，但其预期寿命和入学率却提高了（UNDP, 2014）。

在一个完全平等的国家，HDI 得分和 IHDI 得分是相等的；在有显著不平等的国家，IHDI 得分低于 HDI 得分，这意味着富人与穷人生活在非常不同的境况中。

"不平等降低了人类发展的步伐，甚至可能使其停止。"（UNDP, 2014）在拉丁美洲，由于收入不平等，人类发展有高达 36.3% 的地区性下降。而撒哈拉以南非洲预期寿命的差异则与 36.6% 的人类发展下降有关,因为那些国家的预期寿命最短。在南亚,教育的高度不平等对其中一些人的人类发展产生了深远的不利影响——下降了高达 41.6% (UNDP, 2014)。一般来说,人类发展水平较低的国家会遭受更高水平的多层面不平等。相反,全球北方国家人类发展中的不平等现象则最少。

人类发展指数将人和他们的能力,而不仅仅只是经济增长,作为评估一国发展的核心标准:"人类发展指数还可用来质疑国家的政策选择,追问为何具有相同水平人均国民总收入的两个国家最终会有如此不同的人类发展结果。例如,巴哈马和新西兰的人均收入水平相似,但两国的预期寿命和预期受教育年限却有很大差异,导致新西兰的人类发展指数高于巴哈马。这些鲜明的对比可以直接激发关于政府政策优先事项的辩论。" (UNDP, 2011)

不过,人类发展指数也有一个问题,"它不包括对人类发展其他方面的衡量,如休闲、安全、正义、自由、人权和自尊。因此,一个动物园,甚至是运行良好的监狱,都有可能获得较高的人类发展指数。而且,尽管在低收入水平疾病往往导致死亡,但在人类发展指数中却没有单独的发病率指标,而没有发病率则无疑是人类最基本的需求之一" (Streeten, 2001)。因此,尽管它的优势是可以作为世界各地人类福祉的指标,但它却并未评估人类安全和人的权利的许多重要方面。

那么,到底是什么因素影响了人们过上好日子的能力?为什么世界各国的人类发展会有很大差异?下面我们就来考虑几种解释。

全球化、民主化和经济繁荣

全球资本和投资的跨境快速流动正在使世界经济融为一体,这也让一些人猜测,全球化或许能为解决困扰大多数人的长期贫困问题提供一剂良方。"很多人都在畅想着这样的全球化蓝图:越来越多的国际货物、图像、资本和人口的流动被视为强大的均衡器,尤其是经济开放的深化,使这个变化中的世界上一小部分人成为地球村中羽翼丰满的翱翔者,进而成为带动全球化的弄潮儿。在这些动力的驱使下,人们的收入水平和生活方式在全球范围内趋于同一……所以在许多欠发达国家,全球化的繁荣岛屿正在蓬勃发展。" (Heredia, 1999)

然而，全球化的批评者则指责全球化才是罪魁祸首，正是它造成了相对贫困，而非消灭相对贫困。他们把全球化视为人类遭遇的问题之一，而非解决问题的途径。或许资本在全世界的流动更加自由，但它却是以最缓慢的速度流向最需要它的地方和人们。按照他们对全球化浪潮带来的后果的推断，经济全球化的进一步深化将会导致一些国家内部不平等现象加剧，尤其是在全球南方。

另一些批评者则谴责全球化造成的"人类伤害"，认为"完全自由市场带来的不平等和剥削毋庸置疑，全球资本主义带来的不平等是不公正的，因为它违背了平等主义的个人主义原则……"，全球化使人类面临"受到伤害和丧失能力的危险，而这一危险从一开始就有了"（Boli, Elliott and Bieri, 2004）。类似地，教皇弗朗西斯一世认为，"人的权利不仅受到恐怖主义、镇压或暗杀的侵犯，也受到造成巨大不平等的不公平的经济结构的侵犯"。经济学家凯恩斯注意到这些紧张关系，认为"人类的政治问题是三件事情的结合：经济效率、社会正义和个人自由"。有人认为，全球化不仅对最需要帮助的人们没有好处，而且正如经济学家罗姆伯特·威克兰德（Rombert Weakland）所悲叹的，"穷人正在为所有人的繁荣付出代价"。

不过，在人类发展已经扩大的地方也有一个因素凸显出来，那就是国家实施民主统治和保护公民自由的程度。在民主蓬勃发展的地方，人类发展和人的权利往往也会茁壮成长。回想一下那些存在民主和政治自由的国家。2015年年初，共有125个国家［世界上超过一半的国家（64%）］是民主国家，它们为其公民提供了广泛的政治自由（Freedom House, 2015）。

民主繁荣的地方人类发展就繁荣。但在不是由人民意志统治的专制政府中，人类发展就没有，人的权利也常常被否定。伴随着民主化，一国内部持续不断的经济繁荣显然也加快了人类发展的步伐，这就是为什么全球北方的人类发展水平通常最高的原因（这里也是经济繁荣平均程度最高的地方）。尽管仍有争议，但证据支持下面这个结论，即那些尊重人的权利的国家鼓励通过贸易来减少贫困（Ibrahim, 2013；Blanton and Blanton, 2007）。但是也有例外情况揭示了一般规则，即一国政权类型及其对人口中的公民和政治自由的保护，对实现不同水平的人类发展有着至关重要的影响。

一些人质疑"涓滴"假设（如果富人首先变富，最终好处将会渗透出来帮助穷人）而接受下面这一证据，即满足基本人类需求终将促进长期经济增长。其他人则认为，旨在提高人类福祉的再分配政策与关注"涓滴"的增长导向型政策获益的目标不一致，因为后者的实现只能以前者为代价。

许多人现在提议，通过将自由企业资本主义市场的效率与对政府经济规划和监管的同情结合起来这一战略，努力为最大多数人合作生产最大的利益，进而促进人类发展。支持者认为这种混合方法将会使自由市场能够产生快速增长，同时为最需要帮助的人提供安全网，而且这个方案是谋划具有人类道德目的的经济增长的最佳解决方案。

13-3 人的权利和对人的保护

"17世纪下半叶，所有人类，只因他们是人类，就都有权利反对国家和社会的观念，在世界上任何地方都没有得到实质上的政治支持。"（Donnelly, 2013）1648年《威斯特伐利亚和约》标志着"三十年战争"的结束，承认了精选的基督教少数群体有限的宗教权利。19世纪中叶反对奴隶制的国际运动是倡导人的权利的一种形式，一战后，国际劳工组织和国联处理了劳工权利和少数群体的权利。然而，直到二战后随着1945年联合国的创立，人的权利决定性地进入国际话语中，各国才开始公开赞同人的权利的普世性（Donnelly, 2013）。

"每个人都有人权，尊重和保护这些权利的责任，原则上可以跨越政治和社会边界。"（Beitz, 2009）这在1948年的《世界人权宣言》中得到了铿锵有力的表达："承认人类大家庭所有成员的固有尊严及其平等的和不移的权利，乃是世界自由、正义及和平的基础。"这一《宣言》表达了人们应该被赋权，从而不再沦为"屈服于命运的可怜牺牲者，毫无历史能动性"（Saurin, 2000）。

> 自由意味着在每一个地方都是人的权利至上。我们支持那些努力获得这些权利或保持这些权利的人。
>
> ——富兰克林·罗斯福总统

国际承认的人权

旨在保护个人的法律规则和规范的机构是以道德要求为基础的，即每个人都应得到平等的关注和尊重。这些规范中最具权威的是 1948 年《世界人权宣言》，它"确立了广泛的公民和政治权利，包括集会自由、思想言论自由和参与治理政府的权利。《宣言》中还宣称，社会和经济权利不可分离，包括受教育权、工作权，以及参加团体文化生活的权利。此外，导言中也大胆地宣称：'如果不想让人们将来被迫求援，甚至走投无路而起来反抗暴政和压迫，那么现在就应该通过法治来保护人的权利'"（Clapham, 2001）。

这些权利后来被载入法律并扩展到一系列条约中，其中最著名的是《公民和政治权利国际公约》和《经济、社会和文化权利国际公约》。有许多方法来对列入这些条约中的权利进行分类。国际伦理学家贝茨（Beitz, 2001）将它们分为五类：(1) 与人本身相关的权利。"人的生命权、自由权和安全权；隐私权和自由行动权；财产所有权；思想自由、良知自由、宗教自由，包括'在公共场所或私下'进行传教和其他宗教活动的自由；禁止对人的奴役、折磨、残酷的或侮辱性的惩罚。"(2) 与法律相关的权利。"法律面前人人平等，人们平等地享受法律保护，对合法权利的侵犯应该得到有效的法律救济，公正的听证和审判，无罪推定，以及禁止随意逮捕。"(3) 政治权利。"言论自由、集会自由、结社自由；参与治理政府的权利；定期的真正是由全民参加的公平选举。"(4) 经济和社会权利。"让人满意的生活水平；择业自由；失业保障；'公平、可观的报酬'；加入工会的权利；'合理的工时限制'；免费的基础教育；社会保障；'可获得的最大程度的身心健康'。"(5) 团体的权利。"民族自决权和保护少数民族文化的权利。"

尽管包含这些权利的多边条约对批准这些权利的国家具有法律约束力，但许多国家都尚未批准这些条约，或者只是在有重要的中止条约的条款时才予以批准。当各国详细说明这些中止条约的条款时，它们表示同意这些条约中原则性的广泛声明，但又同时表明它们反对某些具体条款并选择不受其约束。例如，美国在 1992 年有保留地批准了《公民和政治权利国际公约》，但却没有批准《经济、社会和文化权利国际公约》。那些同意所有人都拥有特定的不能被拒绝的权利的一般原则的国家，可能依然会在这些权利的范围上有不同意见。因此，一些人强调与法治和政治权利有关的权利，而另一些人则强调经济和社会权利的重要性。

不幸的是，并不是每个人都享有国际法承认的人的权利。对原住民、妇女和儿童这三个群体而言，尊重他们的权利仍然特别成问题。

原住民岌岌可危的生活

正如你在第 6 章介绍非国家行为体时所学到的，原住民是一个族群和文化群体的代表，他们曾经是一个地理区域的土著。在大多数案例中，原住民一度在政治上享有主权，在经济上能够自给自足。但在今天，他们大都没有自己的家园或自治，据估计有 3.7 亿原住民居住在世界上 90 多个国家，每一个原住民群体都有自己独特的语言和文化，并与其祖先的家园有着强烈的、常常是精神上的联系（UNDESA, 2015）。

许多原住民都觉得自己受到了迫害，因为他们的生计、土地和文化受到了威胁。土耳其大规模屠杀亚美尼亚人，希特勒屠杀犹太人（和其他群体），红色高棉屠杀柬埔寨人，卢旺达的胡图族人屠杀图西族人，都是 20 世纪发生的暴行的例子。

在描述纳粹大屠杀的悲剧时，波兰法学家拉斐尔·勒姆金（Raphael Lemkin）根据希腊语 *genos*（种族，人）和拉丁语 *caedere*（杀人）造出了"种族灭绝"（genocide）这一英文单词，并呼吁把它作为对人权最严重的侵犯，是国际社会在道德上有责任予以惩治的最严重犯罪。"当任何国家或运动声称有权决定什么群体有权存在时，它就对所有群体都构成了威胁。"（Smith, 2010）种族灭绝的重点是毁灭群体，而不是个人本身，它有几个维度，包括肉体的（消灭一个群体的成员）、生物的（减少群体生殖能力的措施）和文化的（努力消灭一个群体的语言、文学、艺术和其他制度）。**族群中心主义**（ethnocentrism）常常是种族灭绝政策的基础。"强力的现实政治，"米德拉斯基（Midlarski, 2006）总结说，"经常会为从肉体上灭绝受害的少数族群提供一个植根于族群中心主义的理由，领导人宣称为了支配民族的利益，种族灭绝是一种必要的'利他的惩罚'。"

各个土著人民现在正在全球进行反击，反对他们认为的国家对他们制造的不公正。然而，这些非国家成员往往在数量上不占优势并且在目标上也有分歧。

种族清洗、强奸和战争 族群冲突往往伴随着广泛的性暴力。例如，在1998—1999年的科索沃战争期间，估计有20 000名阿尔巴尼亚族妇女（和一些男子）遭到塞族警察和军事人员的强奸，而且往往还是在他们自己的家人面前（Rames, 2013）。图中所示是5 000多条裙子，它们在2015年6月被挂在科索沃最大城市普里什蒂纳的足球场上以纪念性暴力的受害者。展览由科索沃出生的艺术家Alketa Xhafa-Mripa组织，作为她的"想起你"系列的一部分。这个项目的目的是提高对这些战争罪行的意识。Xhafa-Mripa指出了裙子的象征意义："洗好的衣服就像清白和纯洁的女人——她们没有污渍。"（Cole, 2015）

大多数原住民运动只在重新调整现有国家的政策和资源分配方面寻求更大的声音，并且正在得到非政府组织和政府间组织的支持，迫使各国承认他们的要求并保护他们的权利。

过去十年，大量的原住民运动都成功地谈成了解决方案并实现了**权力下放**（devolution）：赋予地方政治权力，增加地方自治。这方面的例子包括尼加拉瓜的米斯基托人、摩尔多瓦的加告兹人，以及埃塞俄比亚和印度阿萨姆邦大多数地区的分离主义分子。然而，车臣与俄罗斯之间的敌对行动则表明，解决有抱负的民族与既有国家之间的冲突是极其困难的。

《联合国宪章》中阐述的宗旨：促进"对人权和人类基本自由的普遍尊重和遵守"，对许多民族多元（内部分裂）的国家来说都是一个很大的挑战。这些国家按照族群和文化的界限划分为不同部分，使它们显得十分脆弱（具有分裂的危险）。我们可以来看一下一些国家内的少数民族占了多大比例：玻利维亚的原住民人口占了62%，秘鲁为48%（The Hunger Project, 2009）。或者我们也可以看一下一些国家使用的不同语言的数量，其中比较突出的例子有：巴布亚新几内亚有830种语言，印尼有719种，尼日利亚有514种，印度有438种，中国有292种，墨西哥有291种（The Economist, 2012c）。

种族主义和不宽容是狂热主义和暴力的温室。一个人的民族优于其他所有人的信念破坏了人的权利。族群间竞争是一种可以追溯到圣经时代的现象，但它仍是当代的瘟疫。根据"危境中的少数民族"项目（the Minorities at Risk Project, 2014）提供的数据，自1998年以来，全球有超过284个活跃的少数民族政治团体在其本国遭受有组织的歧视性待遇，并在集体行动中被动员起来捍卫和促进他们自己界定的利益。一些分析人士预测，民族不团结或搞分裂的国家内部冲突和国家之间的冲突，将会成为21世纪世界政治运转的主轴。

努力加强国内难民法和给予庇护的标准提出了一些重要的伦理问题。无家可归者、绝望者、弱者和穷人能在哪里找到庇护所（一个人的权利得到保障、可以过上安全生活的地方）？富国将会伸出怜悯之手还是会置之不理？为了解决这些问题而拟订的政策建议可能会涉及有争议的权衡取舍，并会指出在特别的全球难民危机（参见第12章）和一般的对人权的侵犯上做出适当回应的困难。

性别不平等及其影响

近四十年来召开的全球会议都强调了关注妇女所享有的权利的重要作用（参见表13.1）。全球已经达成共识，要促进人权和人类发展，就要提高女性的地位。这些会议的召开标志着，人们越来越认识到，应把跨越政治、社会和经济领域的性别平等和赋权作为一项基本权利。它们以无可争议的证据向全世界宣告，女性的社会地位，尤其是在受教育方面的地位，对人类发展具有重要影响，妇女的待遇问题是关乎每个人的全球性权利的问题。

根据联合国开发计划署的性别不平等指数（Gender Inequality Index, GII），世界各地的妇女在广泛的范围内相对于男性来说仍然处于不利地位（UNDP, 2015）。从0（没有不平等）到1（极端不平等）变化的该综合测量表明，男女之间的不平等在三个维度上持续存在：生殖健康、赋权和劳动力市场。**性别不**

表 13.1　实现妇女权利的重要步骤

年份	会　议	关　键　内　容
1975	世界妇女年大会（墨西哥城）	发起了关于性别平等的全球对话并设立了联合国妇女发展基金（妇发基金）
1979	《消除对妇女一切形式歧视公约》（妇女公约，纽约）	第 12 条要求各国"采取一切适当措施，消除在卫生保健领域针对妇女的歧视，以确保在男女平等的基础上获得卫生保健服务，包括与计划生育有关的卫生保健服务"
1980	第二次世界妇女大会（哥本哈根）	呼吁各国政府颁布更强有力的措施，确保妇女拥有和控制财产，并改善妇女的继承权、子女监护权和承认国籍的权利
1985	第三次世界妇女大会（内罗毕）	认识到各国政府需要将性别关切纳入主流，并建立体制机制，促进基础广泛的性别平等和妇女赋权
1993	联合国世界人权会议（维也纳）	《维也纳宣言》包括九段内容的"妇女的平等地位和人权"，并首次承认"针对妇女的暴行是一种侵犯人权的行为"
1995	联合国第四次妇女大会（北京）	通过解决性别不平等和妇女权利问题，制定了一个范围广泛、雄心勃勃的促进人类发展的议程
2004	北约人口拐卖会议（布鲁塞尔）	寻求制定一项公约，以控制越来越多的跨国人口（特别是妇女和儿童）拐卖和输出问题
2004	联合国性与生殖权利会议（纽约）	发起行动计划，维护妇女的"基本权利，包括性权利和生殖权利"
2005	联合国世界妇女大会（北京）	110 个行动纲领描绘了妇女和女孩赋权的战略
2010	妇女地位委员会（纽约）	审查和评价《北京宣言》和《行动纲领》执行 15 年的情况
2015	妇女地位委员会，北京+20（纽约）	审查和评价《北京宣言》和《行动纲领》执行 20 年的情况
2015	2030 年男女共擎一片天：加强两性平等	联合国发起的一项重大活动，呼吁各国政府对性别平等和妇女赋权做出具体承诺

平等（gender inequality，男女生活水平的差异）侵蚀了人类发展和人权，反映在妇女的死亡率和生育率、政治权力和受教育程度，以及参与劳动力方面的差异之中。妇女在专业领域普遍较少享有获得高等学习和培训的机会，往往会被安排去做一些不太有声望的工作，在参政的道路上面临巨大障碍，而且无论在哪儿她们的薪酬通常都要低于男性。

世界各地的性别不平等现象极为不同，它在三个全球南方地区：南亚、中东和撒哈拉以南非洲地区，尤为普遍。2015 年年初，荷兰的性别不平等有名无实，其 GII 得分为 0.057，而也门和尼日尔的不平等则非常高，其 GII 得分分别为 0.733 和 0.709（UNDP, 2015）。

有一点明确无疑，那就是应该扩大妇女享有的平等人权。"当妇女接受教育并能获得和控制收入时就会出现一些良好的结果：婴儿死亡率下降，儿童健康和营养状况改善，农业生产力提高，人口增长减缓，经济扩张和贫困循环被打破。"（Coleman, 2010b）当妇女和女孩获得收入时，她们会把 90% 的资金再投入家庭的福祉中，购买书籍、蚊帐和药品；相比之下，男性只会把收入的 30%～40% 用于这方面（Gibbs, 2011）。

尽管"自 18 世纪以来，女性主义者、学者和活动家都致力于揭露，有多少政治生活是建立在对女性柔弱和男性强大的假定之上，但现有大量证据证明，政权及其统治下的国家实际上在有意维持一种从上到下的劳动力性别分工，因为这给它们提供了廉价的甚至常常是免费的女性生产劳动力"（Enloe, 2001）。妇女继续负责大部分家庭劳动和护理工作，其在商业、学术、媒体和法律领域的权力地位并未得到充分代表。决定妇女能够拥有的选项和她们所做的选择的社会构造，在很大程度上使得性别分工永久化，需要通过促进女性参与平等的公共政策来打破这种性别不平等（Markovits and Bickford, 2014）。

在政治中也是如此：自 1900 年以来，世界上只有 15% 的国家有一个或多个女性国家元首（Harper's, 2008）。今天，妇女在政府决策职位上依然没有得到广泛代表，即使在民主国家和发达国家也是如此。世界各国议会中的性别差异高度偏向于男性。2015 年年初，全世界议会中女性席位只占所有席位的 22%，而在 1990 年时这一比例只有 13%（WDI, 2015）。

在大多数社会，政治都被视为"在很大程度上是男性的运动（非武装的战斗），而在获得或巩固权力的努力中，女性经常被忽视或被推到一边"。美国前国务卿希拉里这样说道，并继续说道，在本国以及整个世界之中，"在妇女被剥夺权力和非人化的情况下，你更有可能看到的不只是反民主力量，而且是导致安全挑战的极端主义"。显然，"具有更高平等程度的社会更有可能繁荣并维持稳定的民主制度"（Htun and Weldon, 2010）。

在人类发展的最基本水平上仍然存在进一步的性别差异，由此不难得出结论：几乎在所有地方，女性都依然是其权利被侵犯和歧视的牺牲品。与男孩相比，有更多的女孩夭折；与男性相比，女性在获得充足的卫生保健方面受到更大的限制（WDI, 2015）。"在中东和南亚，被认为不够保守的女性常会受到石块袭击。在非洲，利用大规模强奸作为战争工具已经出现在一场又一场的冲突中。"（Coleman, 2010a）妇女继续是非法性交易和性暴力的主要受害者，而且直到 2001 年，"性奴役"才被国际刑事法院确定为一项战争罪——女性主义者指出，性奴役是传统意义上侵犯女性人权的一个例证。

保护妇女权利困难重重，因为这一问题触及深刻而广泛的宗教信仰和文化信仰。例如，在许多伊斯兰教国家，妇女在公共场合必须用面纱遮住脸；在社会活动和宗教活动中，男女通常要完全分开。美国社会学家斯宾塞（Spencer, 1970）认为，"一个民族的状况可以通过妇女在其中受到的对待来判断"。崇尚自由的西方国家都很注重男女两性在社会上、政治上和经济上的平等，对这些国家的许多人来说，他们很难理解上述那些传统风俗。

"性别赋权"基于如下信念：只有完全实现全人类的全部潜力，才会有包括妇女人权在内的真正的人类发展。社会建构主义理论指出了妇女的关键作用，

如何超越性别差距？ 图中所示是妇女赋权如何发生变化的例子。左图是迪尔玛·罗塞夫（Dilma Rousseff），她于 2011 年 1 月 1 日就职成为巴西第一位女总统。右图是美军少将玛吉·伍德沃德（Maggie Woodward），她在 2011 年成为美国历史上第一位指挥军事行动的女性，当时美国参加了对利比亚的袭击。在被问到作为一个角色榜样的想法时，她回答说："我们还不习惯第一个女人的事情，是吧？……我希望对许多小男孩和小女孩来说我都是一个鼓舞人心的人。"（Thompson, 2011）

她们能够塑造观念和价值观，以及自由地做出选择，平等地参与社会、政治和经济生活。"这种参与不仅是参与创造特定的政策选项……也是参与创造和塑造我们的社会环境：物质上的、意识形态上的和话语上的。"（Markovits and Bickford, 2014）

一旦赋权概念作为一面透镜被接受（通过它可以构造出一幅全球议程上核心问题的画面），性别问题就会成为一个中心问题。虽然仍然存在对妇女和女童权利和安全的严重威胁，但也有迹象表明变革正在发生。许多国家正在做出重大努力来促进性别平等："通过积极立法，禁止歧视性做法，保证同工同酬，提供产假和陪产假，以及在工作场所采取保护措施防止性骚扰，已经为妇女提供了更大的经济赋权。各国政府公开反对把对妇女的暴力行为视为私人事务的观念，现在每个地区的法律都认为这种蹂躏的许多表现形式都是非法的。立法禁止在涉及继承权和公民权方面有基于性别的歧视，保障家庭平等的法律，确保妇女和女孩能够获得包括卫生保健和教育在内的服务的政策，也都有助于妇女生活水平的显著提高。"（UNIFEM, 2011）

女性主义理论是从古典现实主义理论中分化出来的，它试图证明，世界政治的传统方法歪曲了事实，这些方法正如建构主义者所说是社会建构的。女性主义理论旨在让全世界对妇女社会地位被忽视的情况变得敏感，它提供了一个新的理论视角，赋予妇女权力，保护她们的基本权利，并挑战崇尚国家和军事权力的现实主义理论（Tickner, 2010; Enloe, 2007）。

性别灭绝、奴役和人口拐卖

由于正常情况下女性要比男性寿命更长，所以在世界上很多地方，即使在贫困地区，例如拉美和非洲大部分地区，都是女性比男性多。"然而，在女孩地位非常不平等的地方，她们却消失了。"（Kristof and WuDunn, 2009）在印度北部和中国，由于文化上对男孩的偏好，对小家庭的现代偏好，以及使夫妇能够确定他们未出生孩子的性别的技术，每出生 100 个女孩就有超过 117 个男孩出生。越来越多的国家，特别是在亚洲，正在经历一代性别灭绝（gendercide）的影响；印度经济学家阿玛蒂亚·森（Amartya Sen）估计，由于堕胎、谋杀和因严重被忽视而死亡等原因，超过 1.07 亿女性"消失了"。过去半个世纪中只因生为女性而被杀害的女孩，比在 20 世纪所有战争中被杀害的男性还要多（Coleman, 2010a；Kristof and WuDunn, 2009）。

妇女和儿童特别容易有的另一种恐惧是人口拐卖（Brysk and Choi-Fitzpatrick, 2013）。许多人都认为奴隶制是一种早已过时的做法，但现实情况却是，人口贸易是巨大的。日益增长的现代奴隶贸易在全球各地纵横交错，"尽管过去 150 年中制定了十多份禁止奴隶制的国际公约，但是今天的奴隶却比人类历史上的任何时候都多"（Skinner, 2010）。

在 1780 年代奴隶贸易高峰期，每年约有 8 万名非洲人被带到新世界。与其相比，在今天，据美国国务院统计，每年有 60 万至 80 万人被跨境贩卖，面临作为性奴或包身工被买卖的命运（Coleman, 2010a）。一些估计数字认为，今天被奴役的总人数在 2 100 万到 3 600 万之间（Free the Slave, 2015）。伊桑·卡普斯坦（Ethan Kapstein）解释道："奴隶制和全球奴隶贸易继续繁荣到今天；事实上，与过去任何时候相比，现在可能有更多的人在违反他们意志的情况下被跨国贩卖。这一人类污点不仅仅是国际商业中的一个污点。它同样还是促成全球化的政治、技术和经济力量的产物。就像大西洋奴隶贸易的残酷事实最终导致对美国历史做出重新审视——直到 1960 年代，美国的史学大体上还是快乐的——日益认识到现代奴隶贸易的存在，必将引起对我们当代经济和政府安排

现代的奴隶制 "必须付出更多努力来减少受害者的脆弱性，提高非法交易者的风险，降低对现代奴隶的产品和服务的需求。"联合国毒品和犯罪问题办公室前执行主任科斯塔说。左图是一个 17 岁的孟加拉性工作者在服务了一个顾客之后的样子。她 15 岁时逃婚离开家并在工厂找了份工作，在那里她被欺骗卖到了妓院。右图是一个处于饥荒中的名叫阿克塔·穆罕默德的阿富汗农民在看着他十岁的儿子谢尔。为了换取一个月的小麦，他把谢尔卖给了一个富裕的农民。"我还能做什么呢？"他问道，"我会想你的，儿子。但是家里实在是没有一点吃的了。"

中的缺陷的认识。当前的制度给罪犯和非法国家提供了太多的激励去市场上买卖人口，而对此则几乎没有什么有效的制裁措施。当代奴隶制通常都会涉及因为暴力和剥削而被迫处于奴役状态的妇女和儿童。"

成年妇女占受害者的比例最大（49%），儿童（33%：21% 的女性和 12% 的男性）构成第二大群体。成年男性占受害者的 18%。联合国发现，人口拐卖的主要形式是性剥削，占妇女拐卖的 79%，占整个奴隶贸易的 53%。人口拐卖的第二种主要形式是强迫劳动。这种形式的人口拐卖正在上升，占男性拐卖受害者的 83%，占整个奴隶贸易的 40%。绝大多数儿童也被强迫劳动，1/4 作为童妓，约 50 万儿童被强迫当兵（Aljazeera, 2011）。联合国（UN, 2009）报告说："儿童灵巧的手指被利用来解开渔网、缝制奢侈品或挑选可可豆。""他们的天真被滥用来乞讨，或作为妓女被性剥削，成为恋童癖或儿童色情的受害者。其他人则被卖作儿童新娘或骆驼骑师。"

尽管很多人类非法交易的受害者都是被跨大洲移动，但是地区内部和国家内部的非法交易则要更加普遍。人口非法交易是一种利润丰厚的犯罪活动。美国国务院监控和打击非法人口交易办公室主任刘易斯·德巴卡（Luis CdeBaca）宣称，这种阴暗的经济"为非法交易者带来了每年 320 亿美元的收入"（Ireland, 2010）。它是全球增长最快的非法交易，并且是继毒品和武器交易之后世界第三大非法交易（Couch, 2015）。"一位制砖奴隶在使用期内产生的利润，在巴西是 8 700 美元，在印度是 2 000 美元。一位性奴在工作期内给奴隶主带来的收益，在泰国是 18 000 美元，在洛杉矶则是 49 000 美元。"（Hardy, 2013）

儿童及其享有的权利

儿童是社会中最具有依赖性和最脆弱的群体，他们享有的权利经常受到侵害。他们面临可怕的疏忽和虐待，这明显地表现在他们遭受十足的饥饿和疾病，因劳动或性剥削而被奴役，并被征召为娃娃兵。大赦国际是一个人权非政府组织，它描述了全世界许多儿童面临的境况："儿童被国家官员折磨和虐待；他们被任意或非法扣留，经常处于令人震惊的环境中；在一些国家，他们经常被处死。无数儿童在武装冲突中被杀或残废，更多的儿童则逃离家园成为难民。因为贫穷或虐待，儿童被迫流浪街头，有时他们还会在社会清洗的名义下被扣留、袭击乃至杀害。很多儿童从事的都是剥削性或有危险的工作，或者是成为儿童非法交易或强制卖淫的受害者。由于儿童是'容易控制的目标'，为了惩罚他们那些不易接近的家庭成员，他们有时还会被威胁、殴打或强奸。"（Amnesty International, 2009）

践踏儿童权利的情况在全球都有发生。然而，"典型情况是，弱国比强国在保护人民权利上的情况更差"，因为它们缺乏有效保护其人民权利的能力（Englehart, 2009；Brozel and Risse, 2013）。它们经常被腐败折磨，低效地监管它们的领土，不能提供基本服务。

为了变革人类的环境，联合国儿童基金会（UNICEF, 2009）认为："在公共卫生服务方面有所改善是必不可少的，包括健康的水和更好的卫生设施。教育，尤其是为女孩和母亲提供教育，将会拯救儿童的生命。增加收入也会有所帮助，但除非付出更大努力，确保最需要服务的人们能够获得服务，否则这种目标很难实现。"儿童的死亡率自1960年以来已经减少了，但是每年仍有近700万儿童活不过5岁。"在这些死亡人数中，大多数的死因都是可以通过良好的照料、足够的营养和简单的医疗相结合来预防的。"（World Bank, 2009）

每年死亡的儿童大都生活在全球南方，在那里，每100个5岁以下的儿童中会有超过5个死亡，相比之下，全球北方每100个孩子中的死亡人数则不到1个（WDI, 2015）。营养不良是全世界近一半儿童死亡的根源，它削弱了儿童的免疫系统，使得他们抵抗疾病和传染病的能力下降，如痢疾、肺炎、腹泻、麻疹和艾滋病。儿童的生活状况已经有所改善，过去20年5岁以下的儿童死亡率比任何时候下降得都快，在很多地区儿童夭折的数量减少了一半。然而，不同地区取得进步的速度和规模是不同的，5岁以下儿童的死亡日益集中于南亚和撒哈拉以南非洲（UNICEF, 2015a）。

在有军事冲突的国家，儿童原本糟糕的权利状况更是会进一步恶化。他们不仅经常成为孤儿，或者和他们的家人分开而没有食物或无人照看，而且很多儿童还成为战争的直接参与者。据联合国（UN, 2013a）估计，有30万名7—18岁的男孩和女孩在50多个国家被违反国际法招募为娃娃兵或作为娃娃兵使用。由于儿童比成年人小，更容易被恐吓，他们常被训练为服从的军人。一些儿童是从家里被劫持来的，一些儿童则是在死亡的威逼下去打仗，其他一些儿童加入其中则是因为绝望或渴望为他们死去的家人报仇。

联合国关于儿童与武装冲突的报告强调了对儿童的有害结果并表达了如下关切:"武装冲突演变的特征和策略正在对儿童造成前所未有的威胁。由于没有明确的前线和可识别的对手,一些武装集团越来越多地使用恐怖策略,而安全部队使用的特定措施则让儿童变得更加脆弱。儿童被作为人体炸弹和人肉盾牌;与此同时,学校则继续被袭击(这尤其会影响女孩的教育)并被用作军事目的。另外,因为所谓的与武装组织有联系,儿童被监禁。无人机的袭击也导致儿童死亡并对儿童心理造成严重影响。"(UN, 2013b)

为了应对武装冲突造成的这些影响,政治领导人对儿童的福祉做出承诺是非常有必要的。2009年8月4日,联合国安理会全体一致通过一项决议,把公布那些卷入武装冲突严重侵犯儿童的组织的秘书长年度报告,扩展到包括那些违反国际法杀戮儿童或使儿童致残,或在战争期间对儿童犯下严重性暴力的组织的名称。"这是促进打击那些针对儿童犯罪而不受惩罚行径所迈出的重要一步,也是对当今冲突的现实的一个承认,在当下的冲突中,儿童被当成靶子,成为受害者,被杀害或被强奸,被强行招入武装组织。"联合国儿童与武装冲突问题前特别代表拉迪卡·库马拉斯瓦米(Radhika Coomaraswamy)这样说道。2015年6月,联合国安理会重申它对保护儿童不受武装冲突的影响的承诺,并通过决议,谴责对儿童的袭击或虐待。

传统上,如何对待儿童一直被视为家庭生活中的一个"隐私"问题,牢牢地植根于文化价值观和传统。尽管如此,作为我们全球社会的无辜者,很多人都相信安全和食物是儿童应该获得的基本人权,国际共同体必须为保护这些权利提供帮助(参见下页专栏)。联合国在1989年11月20日正式通过的《儿童权利公约》(CRC)赞同这样的观点。《儿童权利公约》为世界各地儿童确立的基本权利包括:生存权;充分发展权;不受有害影响、虐待和剥削的权利;充分参与家庭、文化和社会生活的权利。

该《公约》强调人类尊严和和谐发展的权利,得到除美国和索马里外联合国所有成员国的批准,被广泛视为是权利运动的一个重大胜利。就像大赦国际(AI, 2015)热忱宣称的那样:"这是第一次出现这样的《公约》,寻求解决儿童这个特殊群体的权利,并为保护他们的权利设立了最低标准。它也是唯一保障公民和政治权利,以及经济、社会和文化权利的条约。"

深入探究：童年时期的不安全

2015年3月，据联合国儿童基金会估计，在逃离叙利亚暴乱的人中，有200万逃往约旦、黎巴嫩和土耳其寻求庇护的难民都是儿童。而另外560万留在叙利亚的儿童则生活在让人绝望的环境中并遭受虐待（UNICEF, 2015b）。从2011年的公众示威（作为"阿拉伯之春"的一部分）开始，叙利亚的起义升级是因为叙利亚军队以武力回应抗议者要求阿萨德总统下台的呼声。在这场已经演变为一场重要内战的战争中，有报道说，叙利亚政府故意以平民为目标——包括杀死或折磨无辜的儿童和妇女——并受到国际社会的强烈谴责。

叙利亚是一个许多在暴力和流离失所中遭受身心创伤的儿童命运的残酷例证。悲惨的是，这样的故事在全世界其他国家也在频繁上演，在这些国家，儿童遭受饥饿、缺乏教育、患上威胁生命的疾病、身体被虐待、被强迫劳动和成为性奴。然而，全球共同体在多大程度上对全世界的儿童负有保护的责任呢？

倡导全球共同体进行干涉的人认为，"有原则的对外政策可以对抗自由追求国家利益的现实主义"（Brysk, 2009）。相反，对国家和非国家行为体来说，必要的是作为"仁慈的撒马利亚人"，在基督教基本信仰的精神下"爱他的邻人就像爱他自己一样"。

非政府组织"拯救儿童"（Save the Children）的执行董事贾斯汀·福赛斯（Justin Forsyth）呼吁全球共同体采取行动，他敦促道："现在就必须停止这场无差别的杀戮行为。世界不能袖手旁观和允许这种行为发生。在这场冲突中，儿童的遭遇非常糟糕。"对儿童的具体保护措施、提供营养和支持教育项目是必需的。"尽管他们遭受伤害、他们忍受邪恶，而且成年人显然无法结束这场恐怖的冲突，但是受到这场危机影响的儿童依然有勇气和决心去建立更好的生活。"联合国儿童基金会执行主任莱克（Lake, 2015）说。他一边强调很多儿童面临的威胁的严重性（就像那些叙利亚儿童面临的一样）一边追问："看到他们的决心，我们又怎能不下定决心去帮助他们？知道他们没有失去希望，我们又怎能失去希望？"

★ **由你决定**：

1. 严重侵犯儿童的人权和忽视其人类发展会给国家发展和全球安全带来什么后果？
2. 在应对世界各地儿童的这种状况时，其他国家、政府间组织和非政府组织应该扮演怎样的角色？

13-4 对人权的回应

关于全面促进和落实人权应该成为全球共同体的一个责任，至少有三种反对观点。现实主义者反对的理由是，正如大赦国际前执行主任舒尔茨（Shulz, 2001）解释的，他们"认为追求权利是不必要的，有时甚至是一种经常与国家利益不一致的危险的奢侈品"。国家主义者和法律学家拒绝保护其他国家人民享有的权利，因为它代表的是无端干涉他国内政和侵犯国家主权。相对主义者和多元论者则认为这样做是一种道德帝国主义形式（Blanton and Cingranelli, 2010）。

尽管如此，到2005年时，各国已就这个问题达成广泛一致，即"一种国际保护责任（R2P）的抽象概念：如果一个主权国家没有履行其主要责任（防止大规模侵犯人权的行为），不论它是不能还是不愿那样做，那么外面的国家就要承担责任采取行动"（Forsythe, 2012）。就像建构主义者告诉我们的那样，全球价值观的演变会对国际行为产生强有力的影响。"实际上，对人权兴起的任何解释都必须考虑到规范和思想的政治力量，以及那些思想被传送和扩散的日益跨国的方式。"（Sikkink, 2008）

这一现象最普遍的表现是，规制主权国家可能使用的做法的法律不断扩大。通过打破国家对国际事务和公民的垄断权，权利运动已经促进了道德进步。在这个意义上，自由主义获胜，现实主义被否定，因为权利运动已经拒绝了霍布斯在17世纪表达的那种严酷的现实主义构想：由于世界政治是"所有人反对所有人的战争，所以对与错、正义与非正义的观念都没有容身之处"。

而且国际法还从根本上修订了现实主义对国家的传统认识，重新界定了国家与人的关系。就像前任联合国秘书长安南所说，"国家现在被广泛视为是服务其人民的工具，而不是反过来。当我们今天阅读《联合国宪章》时，我们会比以往更清楚，国家的目标是保护个体的人类，而不是保护那些虐待人类的人。"

> 如果你在一种不公正的情形中保持中立，那么你就选择了站在压迫者那一边。
> ——诺贝尔和平奖得主图图大主教

有关人权的法律框架

过去60年,全球共同体已经明显地扩大了它在人权方面的法律保护。作为建构关于所有人类权利的共识和结束侵犯人类权利行为的全球努力的一部分,多边条约不断增加。大量制定的公约越来越承认个体的权利——宣称人们值得获得自由和尊严,而这传统上则是由国际法赋予国家和统治者的。而且从国际法视角来看,各国有义务尊重本国公民及他国公民的权利,国际共同体有权质疑任何不尊重这些权利的国家。1948—2006年间签署的八份国际协议,再加上《世界人权宣言》,为国际人权的法律框架打下了基础。

在这些条约和国际法工具中,《世界人权宣言》《经济、社会和文化权利国际公约》《公民和政治权利国际公约》共同构成"国际人权宪章"。此外还有上百个涉及人权这一议题诸多领域的、被广泛接受的法律工具和政治宣言。它们为脆弱群体(如妇女、儿童、移民工人和残疾人)的权利保护,为少数民族和原住民的集体权利,提供了具体标准。联合国及其成员国一直是全球人权法律体系发展背后的推动力。国际劳工组织(ILO)和地区组织,如非洲联盟等,也建立了人权保护制度。

执法的挑战

一旦多边条约中列举出人权义务的内容,国际注意力就会转移到监测它们的执行和处理违约行为上。但不幸的是,"不断深化的国际规制,却为破坏人权的政府创造了机会,去展示对世界规范的低成本合法承诺:它们批准了人权条约,但却没有能力或不愿去遵守各项条款"(Hafner-Burton et al., 2008)。此外,一些国家认可这一条约仅仅是将其作为一种肤浅的象征性承诺,它们继续在其国内压制人民本应享有的权利。

而且在下面这个问题上人们也尚未达成完全一致:为了确保人权,国际共同体在多大程度上有责任进行干涉。正如干涉和国家主权国际委员会在其报告《保护的责任》中指出的,"如果为了保护人权这一目的而进行干涉被接受的话,包括采取军事行动的可能性,那么国际共同体发展一致的、可信的可执行标准,指导国家和政府的实践就是紧迫的"。尽管扩大提升人类安全的全球规范在促进人权方面做出了很大贡献，但关键的政策问题仍然是，能够和应该采取什么措施来保护这些权利并防止侵犯行为出现。

人道主义干涉（humanitarian intervention）包含国际共同体帮助一国人民的行动，他们因为政治解体、政府故意推行的政策或自然灾害而正在遭受严重的人类苦难。指导人道主义干涉的原则，继续成为人们热烈讨论的话题。问题并不在于是否有必要和道德义务去表达对面临屠杀、饥饿或迫害风险的人群的关注，而在于当任何回应都包含对主权国家内政的干涉时，如何巧妙地做出一个公正的回应。人道主义干涉是有争议的，因为它使得领土主权的法律原则，与一些人认为是保护弱势人群的权利免受严重侵犯的道德责任进行竞争。

尽管全球人权规范的建构在过去60年里取得了很大进展，但是这些法律的实施却是滞后的。在联合国内，人权事务高级专员办（OHCHR）负有责任执行国际人权协议，监督主要的人权项目，在全球领导人权的促进和保护。它也负责监督人权理事会（HRC）。

联合国大会在2006年3月15日创立的HRC是一个相对较新的政府间组织，它旨在评估对侵犯人权的指控和提出最好的行动路线建议。当时，美国、马绍尔群岛和帕劳对决议投了反对票；伊朗、委内瑞拉、白俄罗斯弃权。它们担心HRC没有能力阻止一些人权状况很差的国家成为理事会成员，并认为HRC的使命破坏了不干涉原则。

2008年6月，美国放弃了它的观察员身份并脱离了HRC，许多人权倡导者都对此感到沮丧，认为这大大削弱了这个政府间组织的作用，并向全世界传递了关于人权重要性的消极信息。不过，2009年5月，美国又被选入人权理事会，任期三年。"尽管我们意识到人权理事会是一个有缺陷的机构，还没有发挥它的潜力，"美国前任驻联合国大使苏珊·赖斯说，"但是我们相信在这里工作，我们会使理事会成为促进和保护人权更有效的论坛。"

研究表明，诸如联合国这样的国际组织在惩罚侵犯人权者方面"扮演着重要角色"，而且"看似出于政治动机的国际组织象征性的决议也能带来实实在在的后果"。即便如此，尽管在监测人权和执行规范和协议方面做了很大努力，但是联合国和其他政府间组织的有效性依然受到约束，因为它们只能使用成员国授予它们的权威。

针对这些局限性，非政府组织在促进人权方面承担起重要角色。它们发展了一系列跨国倡议网络和战略，旨在迫使政府修正它们的行为，遵守主流的人权规范和法律。正如"文化生存"的执行主任卢茨（Lutz, 2006）所说："这些组织调查任何发生践踏人权行为的地方，包括长期存在武装冲突的地方。由于它们对准确性名声的追求，它们的发现依赖于新闻媒体、许多政府和大多数政府间机构。尽管这些非政府组织希望它们的报告能够改变它们曝光的践踏人权的政府或者其他实体的行为，但它们的主要目标则是使那些身居要职的决策者对践踏人权者施加压力。它们游说其他政府将人权纳入对外援助的考虑中，并迫使联合国和其他政府间组织向践踏人权者施加压力。"

随着后冷战时代对机构行动主义更大的开放，一些活动家已在积极要求加强执行机制。他们的努力部分解释了联合国特别法庭的成立。特别法庭审查像在前南斯拉夫和卢旺达这样的案子中出现的大规模践踏人权的情况并创建了国际刑事法院。活动家的信誉来自监控社会局势并把公众的"聚光灯"对准那些

没有自由的生活　非裔美国社会学家杜波依斯认为："自由的代价小于压制的代价。"图中所示是阿富汗喀布尔的妇女们在进行抗议，她们要求废除一项许可一系列极端侵犯人权行为的法律，包括婚内强奸。法蒂玛·侯赛尼（Fatima Husseini）说："它意味着女性是一种财产，被男人以他想要的任何方式使用。"

践踏人权的行为，使侵犯人权的人感到羞耻进而改变行为。"当公民们，哪怕是那些自己相对无能为力的人们，与非政府组织和政府间组织合作时，他们都在人权领域引发了一些积极变化。"（Smith-Cannoy, 2012）

尽管有些人仍在怀疑"我们对整个人类都负有超验性的道德义务"这种说法，但其他人则相信，每个人都因其生而为人而享有特定的、内在的、不可剥夺的需要国际保护的权利。在谴责现实主义所持有的"人权与国家利益不一致"这一观点时，大赦国际前执行主任舒尔茨（Schulz, 2001）悲叹道："他们似乎很少得到的信息是，在远比他们将会承认的多得多的案例中，捍卫人权是保护那种利益的前提。"人权支撑着政治和经济自由，"它会反过来倾向于带来国际贸易和繁荣。而以宽容和尊敬的态度对待自己人民的政府也会倾向于以同样的方式去对待邻国"。

促进全世界普通人的权利和尊严是一项艰巨的挑战。然而，正如全球安全分析家瑞夫（Rieff, 1999）认为的，"国家主权胜过国际关系中其他所有原则这一古老假设正在遭到前所未有的攻击"。政治学家艾莉森·布莱斯克（Alison Brysk）指出："即使在一个存在安全困境的世界里，一些社会也会看到它们的长期利益与公共利益之间的联系；在一些时代、一些地方，各国能够克服它们受限的起源，作为主权安全的管理者像'全球公民'一样行动。"因为对人权的关注在国际法下已经获得声誉并受到非政府组织和政府间组织前所未有的密切监控，所以只要人民遇到像种族灭绝或饥荒威胁这样的紧急情况，我们就能期待人权将会受到持续关注。埃莉诺·罗斯福（Eleanor Roosevelt）支持世界主义的理想，她精力充沛的领导是让全球接受1948年《世界人权宣言》的主要原因。当在21世纪初思考人类境况的时候，我们依然能够从她夜间祈祷文的鼓舞中获益："拯救我们自己，让我们看到一个崭新的世界。"

小约翰·洛克菲勒说过："我相信，每一项权利都必然包含着责任；每一个机遇都必然包含着义务；每一种获得都必然包含着职责。"下一章你将有机会了解其他涉及人类权利和责任的重要问题。随着我们这个世界的连锁全球化不断加速，人类对自然环境的选择将会对整个地球产生影响，影响地球维持人类生命和安全的能力。

第 14 章
环境保护的全球责任

> 浪费、破坏我们的自然资源,榨干和耗尽土地,而不是利用土地来增加其用途,将会在我们孩子的时代破坏我们理应给予他们的繁荣。
>
> ——西奥多·罗斯福总统

灾害损失 2015 年 4 月 25 日,尼泊尔发生了 7.8 级大地震。仅仅过了三周,5 月 12 日,该国又发生了 7.3 级地震。8 500 多人死亡,绝望和沮丧严重地伤害了这个国家,因为"面对灾难,尼泊尔政府在照顾其人民方面显得脆弱无力"(Iyengar, 2015)。国际社会成员,包括印度、中国、美国和以色列在内,都提供了救灾援助。修复的总费用估计超过 60 亿美元,这相当于尼泊尔年经济产出的 30% 左右。

"你持有的观点取决于你所处的立场"是一句格言,用来描述人们做决策时的决定因素(参见第3章)。在由全球变暖和环境恶化引发的这一"激烈的"辩论话题上,你站在哪一边?你可能已经对这场公开辩论有了强烈的感情。其他许多人也是这样。不管你站在环境辩论的哪一边,至少都会有一位学者和几位政客与你观点一样。

一些政治家、公司和科学家拒绝接受地球真的处于危险中的观点,他们觉得这不是一个真实的问题是因为技术创新可以扭转全球变暖(他们甚至认为全球变暖都不是"真的",因为地球演化的长期循环模式表明,目前的温度上升时期是暂时的)。这些人认为环境恶化和资源枯竭引起了许多人不必要的警觉。

许多科学家都很悲观并确信全球变暖的威胁是真实的。他们自己也被那些不肯直面当前环境威胁并采取必要改革以遏制全球变化浪潮的乐观主义者所震惊。生态威胁加剧了科学界的担心,使得许多人都主张政府应该立即进行全面改革,以免为时太晚而不能把人类从世界末日中拯救出来。

本章你将有机会通过权衡影响我们共同环境的全球主流趋势的可得证据来让你的思考变得更加敏锐。所以请关注地球生态诸多正在转变的维度,使你关于这些全球议题的看法基于这些可以更好地支持你的观点的信息之上。同时你也要思考,人类对于保护我们的全球环境负有多大程度的责任。

> 地球能满足人类的需要,但却满足不了人类的贪婪。
>
> ——圣雄甘地

14-1 框定生态辩论

环境议题与其他优先事项(如安全、经济繁荣和社会福利)是相互联系的。"安全"意味着免于恐惧、风险和危险的自由。由于对核毁灭和其他形式暴力的恐惧一直笼罩着全世界,所以传统上安全始终等同于国家安全、作为现实主义理论核心的国家权力斗争及其突出强调的武装冲突。

环境安全(environmental security)拓宽了国家安全的概念,它关注全球环境面临的危险的跨国性质,如全球变暖、臭氧损耗、热带森林和海洋生物的消失等。这些问题对人类的威胁与对环境的威胁是一样的。由于环境退化降低了经济福利和生活质量，自由主义倡导国家与政府间组织及非政府组织合作保护全球环境的思想。自由主义的**认知共同体**（epistemic community）重新定义"安全"，超越了现实主义传统上对国际政治以国家为中心和专注军事的描述。

当今许多专家都在呼吁人们和政府就什么是真正的安全建构一个更广泛的定义，这很像2007年4月美国国防部所做的警告，即全球变暖应被视为对美国国家安全的威胁。与自由主义理论相一致，这一转变强调安全应被定义为保护生活质量的能力。在全球贫困的条件下出现了所谓的**稀缺政治**（politics of scarcity），它预期未来的国际冲突很可能是因为资源稀缺（例如获取食物、石油和水受到限制）而产生，而不是因为公然的军事挑战。此外，资源不足或污染将会降低地球上所有人的生活条件，特别是全球南方人民的生活条件，在这些地方，应对环境挑战的能力和政治意愿都较为有限。

在这些全球环境问题上产生了乐观的**丰饶主义者**（cornucopians）与悲观的**新马尔萨斯主义者**（neo-Malthusians）观点的竞争。丰饶主义者坚持认为，如果自由市场和自由贸易盛行，威胁人类的生态失衡将最终得到纠正。对他们来说，价格是关键调节机制，它最终能为最大多数的人们带来最大的好处。另一方面，新马尔萨斯主义者则与经济重商主义者有更多的相同点，他们认为自由市场没能防止过度的资源剥夺，所以治理机构出手进行干预是必要的。后一种观点反对自由市场将总是会使社会福利最大化的信念。

新马尔萨斯主义的悲观主义者对生态恶化的迹象表示警惕，而丰饶主义的乐观主义者则自信地颂扬自由市场和技术创新在拯救地球方面的优点，他们显示出对全球未来有着非常不同的看法。我们如何框定我们对环境挑战的理解，将会影响我们开出的政策处方。它还会影响世界共同体应对生态问题和扩大人类安全可能性的政治意愿和能力的程度。

14-2　全球化与全球公地悲剧

生态学家（研究活着的有机体与地球物理环境相互关系的人）用**全球公地**（global commons）这一术语来突出我们日益增长的相互依赖，因为他们将地球视为在任何单一国家或群体的政治控制之外的共同环境。在一个一切都会影响其他一切的世界上，全球公地的命运也是全人类的命运。地球的**承载能力**（carrying capacity，地球支撑和维持生命的能力）是这一讨论的中心。著名环境分析家布朗（Brown, 2012）对此极为关切："今晚将会有 21.9 万名昨晚还没出现的人出现在晚餐桌上，他们中的许多人都将只有空盘子。明晚将会出现另外 21.9 万人。无休止的人口增长在许多国家都对当地的土地和水资源造成了极度的压力，使得农民很难（如果不是不可能的话）跟上步伐。"

人类面临着范围和危险都是前所未有的巨大挑战：阻止全球气候变化，保护生物多样性，提供清洁水，恢复森林、渔业和其他过度开发的可再生资源。并非任何单一的原因本身就能导致全球环境中令人警觉的趋势。相反，是许多原因的彼此互动造成了损害人类生存所依赖的世界生命系统的危险。不过，在科学研究地球困境和问题起源的生态学家中，下面这种解释非常流行，那就是：环境退化在一定程度上可被视为个人追求私人利益的产物。

公地悲剧（tragedy of the commons）是一个流行的术语，它突出了人类行动对地球上的资源及其精密的生态平衡系统的潜在影响。它最早是由英国政治经济学家威廉·劳埃德（William Lloyd）在 1833 年提出，后由人类生态学家加勒特·哈丁（Garrett Hardin）在其 1968 年发表于《科学》杂志上的一篇著名文章中将它加以普及并扩展到当代全球环境问题中。这种方法强调追求个人私利的人类行为的影响。不过，虽然它强调个体行动和个人动机的重要性，但它也将这些动机归于集体或团体，如公司和整个国家。

通过"公共"类比提出的核心问题是：在不受管制的环境中，共同拥有资源的方法可能是什么？如果个人（以及公司和国家）主要关注促进他们自己的个人福祉，那么对所有人都共同拥有的有限资源，预期将会产生什么后果？

劳埃德，还有后来的哈丁，要求观察家思考在中世纪英国村庄发生的事情：村里的草地通常都被认为是共同的财产，所有村民都可以让他们的牲畜在那里吃草。进入公地的自由是该村珍视的一个价值。只要每个人（以及他们的牲畜）对公地的使用对其他人来说没有减少土地的效用，分享共同的放牧区域这一做法就会运作良好。

然而，假设村民由利润动机驱动且没有法律来限制他们的贪婪，牧民就会有动机尽可能多地增加牲畜。如果这样的话，个别牧民可能会承认：如果每个

保护维持生命的资源 世界上许多水道都面临严重的污染威胁（来自工业废水、未经处理的污水、垃圾和石油泄漏等），它们对人类健康和环境可持续性构成巨大风险。图中所示是两个男人正在印尼首都雅加达边界上污染越来越厉害的芝利翁河上清除漂浮的垃圾。

人都控制他的牛群规模而不增加，那么所有人的集体利益就将得到满足，进而也就可以保留公地。但自我限制（自愿减少自己牲畜的数量，以减轻对村庄公地的压力）是不受欢迎的。这一点千真万确，因为无法保证他人也会去做同样的事。相比之下，增加更多的牲畜到村庄的草地上将会产生更多的个人收益，而其成本则将由每个人来承担。

因此，根据经济学上的理性选择理论，个人对财富的追求鼓励所有人都不分青红皂白地增加他们牲畜的规模并牺牲共同福祉。最终，每个人努力追求个人收益最大化的集体影响就是在村里的草地上放养了比草地所能支撑的数量更多的牛。从长远来看，过度放牧的草地也就被毁了。"毁灭是注定的，所有的人都在向毁灭奔去，"哈丁（Hardin, 1968）总结道，"因为每个人都在追求自己的最大利益。"

公地悲剧已经成为生态分析的标准概念，因为它恰当地阐明了环境退化，以及其他许多全球性问题和困境的根源所在。它特别适用于现今关于全球环境压力的争论，因为英格兰的公共绿地可与地球的"共同财产"例如海洋和大气层相比，从中也是基于先到先得的原则使个人利益最大化。过度使用共同财产的现象也很突出，因为有些人将海洋和大气用作环境污染物的容器，其成本则由所有人承担。

公地悲剧背后的动力是否要对全球生态危机负责呢？许多人都认为是这样的。然而，你可能已经注意到，专家们并不同意哈丁所做解释的道德和伦理含义。请注意，合乎逻辑的结论是，如果我们想要拯救地球，改革是必要的。必要的改革将会需要人们对自由选择加以自我约束和少量管制，以控制不受管理的全球公地悲剧引发的毁灭性后果。

坚持现实主义和自由市场重商主义的理论家坚决捍卫没有管制的经济选择自由，认为这是实现最大多数人最大利益的最佳途径。来自这些传统的理论家

处在灭绝的边缘？ 2015年国际自然保护联盟（IUCN，2015）报告说："在被评估的5 487个哺乳动物物种中，有近1/4物种（22.2%）在全球受到威胁或灭绝。"图中所示是马达加斯加的一片"死亡森林"，其中有超过80%的森林主要由于刀耕火种的农业方式而被破坏，这种农业也耗尽了土壤的肥力并破坏了无数物种的栖息地。

认为，追求私利和个人利润从长远来看有益于所有人，会产生更多的收入和技术创新，比在公司、企业家和投资者的监管规定下产生的更多。他们还认为，对追求个人利益的干预降到最低限度有助于保护地球环境。根据他们的推理，几乎没有限制地追求私人利益是一种美德而非恶习。

几乎所有的宗教道德传统都质疑这种现实主义和重商主义的结论。例如，基督教遵循古希伯来人的伦理，将贪婪定义为七宗罪之一。正如《提摩太前书》（6：10）警告的，"贪财是万恶之根"。自私和盲目地追求个人金融利益，超过对其他价值（如无私的爱和慈悲）的追求，其可预测的结果就是一条通往毁灭和罪恶之路。在这一意义上，宗教传统加入了激进马克思主义理论的一些思想。这些思路认为，关注所有人的福祉可以带来幸福和收益，因为只有共同体的利益受到保护，个体才能实现他们最宝贵的个人利益，进而推动这样的共同价值观，我们才有机会维持一种清洁和可持续的环境。

14-3　全球生态政治的挑战

生态政治学迫使你去权衡竞争对手的观点和评估相互竞争的价值观。你想要收入和繁荣吗？当然——但是以什么作为代价呢？国家和公司都在寻求财富。这是否意味着它们为了追求利润而将有毒废物排入湖泊、河流和海洋并让其他人承受这些行动的负担是正当的呢？

这些和其他伦理问题直接涉及以下争论：什么正在导致地球公地的退化？如果可以的话，应该做些什么来对抗它？又会付出什么样的代价？接下来就是为你描述和评估环境威胁和挑战的性质和程度。我们将会思考全球生态政治议程上三个相互关联的问题：(1) 气候变化和臭氧耗竭，(2) 生物多样性，砍伐森林和水资源短缺，(3) 能源供需。这些问题说明了在保护共同财产和可再生资源方面人们遇到的一些障碍。

大气的生态政治学

在1992年政府谈判人员与非政府代表齐聚里约热内卢召开会议之前，世界经历了一个有记录可查的最热的十年。多年来科学家们一直都在警告说，全球变暖将会导致世界气候模式发生破坏性变化，而抬升的海平面、融化的冰川和狂风暴雨则会引起全球政治经济关系发生广泛的变化。也许是因为他们被整个1980年代长期的热浪所折磨，谈判人员在里约会议上商定了一份《气候变化框架公约》。从那时起，担忧就在随着地球温度和极端天气事件的持续上升而蔓延，而对导致全球变暖的污染物的关注也在增加。

气候变化和全球变暖 虽然在准确获取关于气候变化的知识上仍然存在重大差距，但大多数气候科学家现在都确信，地球温度的逐渐上升（这一点自18世纪晚期以来表现得尤为明显，当时动力机器的发明带来了工业革命）是由于人造气体的增加造成的，这种气体改变了大气的保温效果。气体分子［主要是二氧化碳（CO_2）和氟氯烃（CFCs）］构成了温室屋顶，吸收了从地表传来的热量，而若没有这个屋顶，这些热量就将散失到外层空间。自18世纪以来，二氧化碳的排放量增加了近40%（EPA, 2014）。另外，砍伐森林对全球变暖也有重要影响，因为"树木的损失占每年二氧化碳排放的18%，是温室效应的第二大原因"（Badwal, 2012）。

随着这些气体排入大气，它们也就产生了**温室效应**（greenhouse effect），导致全球气温上升。地表温度自18世纪末以来上升了0.7～1.4华氏度。温度变化预计会对世界各地的动植物生命产生深刻影响。此外，"人们普遍认为，上个世纪全球变暖2华氏度的背后是海平面升高、更强烈的飓风、更高的热浪、更多的干旱和更大的洪水"（Begley, 2011）。

如果不采取积极预防措施，到2100年全球温度上升将会比现在预计的更加急剧。联合国内由来自40个国家的600名科学家组成的著名的政府间气候变化专门委员会（IPCC）预测，由于温室气体的排放，到2100年全球温度将可能上升2～12华氏度，到时会有更长和更强烈的热浪。美国国家航空航天局则预计，在同一时间段内温度可能会升高2.5～10.4华氏度。

还有科学证据表明，"最早在2060年代我们就有可能看到全球平均温度升高4摄氏度——超过7华氏度"（McKibben, 2011）。虽然二氧化碳是主要温室气体，但大气中的甲烷浓度则要增长得更快。甲烷气体排放源自牲畜数量、水稻种植，以及天然气的生产和运输。使许多科学家感到警惕的是，甲烷集中最多的地方并不是大气，而是被锁定在冰层、永久冻土和沿海海洋沉积物中。这也就意味着，随着全球温度上升，将会有更多的甲烷被排入大气。而甲烷则具有强烈的变暖潜力，所以到时又会增加全球的温度。

全球温度持续升高的影响将是巨大的和具有毁灭性的：(1) 海平面将会上升，主要原因是冰川融化和水体变暖而发生的体积膨胀。这将会变得在广大的低于海平面地区产生大洪灾，特别是在亚洲和美国的大西洋海岸。纽约市有可能被淹没。每年有数百万人可能因大洪水而流离失所。(2) 冬天将会变得更暖和，热浪将会变得越来越频繁和严重，融化的冰川将会在高海拔地区引发雪崩。(3) 全世界降雨将会增加，致命的风暴（如2008年毁灭性的亚洲气旋）将会变得更加普遍。随着海洋温度不断上升，飓风会从温暖的海洋中得到能量，从而变得更强和更频繁。(4) 由于在更温暖的气候中水分更容易蒸发，易于干旱的地区将变得更加干燥。(5) 每6个物种将有1个灭绝的风险增加了，因为整个生态系统都从地球上消失了。对那些避免了灭绝的物种来说，气候变化将会导致它们在数量和分布地区上发生一些实质性变化。一个更热的地球会使一些植物生长在更高（或更低）纬度和海拔更高的地方。(6) 洪水和干旱相结合将会导致热带疾病（如疟疾和登革热）在以前因为温度太冷而使昆虫携带者无法存活的温带地区爆发；"一个温暖的富含二氧化碳的世界，对植物、昆虫和微生物来说将会非常好，但却会使我们人类生病"。(7) 世界将面临越来越多的饥饿和水资源短缺，特别是在最贫困国家。非洲将会是受灾最严重的地区，到2020年可能会有高达2.5亿人口遭受水资源短缺。

一些科学家坚持认为，全球温度上升只是世界数千年来经历的周期性变化的一部分。他们引用"过去40万年来从温暖的气候到冰河时代突然而剧烈的温度波动的证据。[这些]全球变暖的怀疑论者说，我们今天看到的气候变化就反映了这些自然变化"（Knickerbocker, 2007），因为全球变暖是一个气候神话，所以需要在"热空气"上泼点冷水。

但是，"大多数气候科学家都认为人类引起的温室气体正在产生作用，并注意到这些温度变化与二氧化碳的水平相关"（Knickerbocker, 2007）。政府间气候变化专门委员会在1995年首次表示，它相信全球气候趋势"不太可能完全归咎于自然原因"（人类至少应该为这一问题负部分责任），其产生的后果可能危害十足和代价昂贵。在谈到他的气候学家同行时，冰川学家朗尼·汤普森（Lonnie Thompson）宣称："实际上我们所有人都相信，全球变暖会对文明构成

全球变暖、气候灾难和大规模受灾 "全球变暖预计将会使气候变得更暖和、更潮湿和更恶劣。预计这种气候变化将会增加与气候相关灾害（如山洪、大浪、气旋和严重暴风雨）发生的严重程度和频率。"（Bergholt and Lujala, 2012）耶路撒冷在2013年1月经历了20年来最严重的暴风雪，短暂地陷入停顿状态（左图）。2015年6月，格鲁吉亚的第比利斯发生的严重洪水造成了大面积的混乱，山体滑坡，道路被冲走，动物园围墙被摧毁（右图）。许多人都认为，像这些极端天气事件的增加是全球气候变化的证据。

明显和现实的威胁。"（McKibben，2011）美国航空航天局戈达德太空研究所所长加文·施密特（Gavin Schmidt）也支持这一说法，"我们预计最高温度纪录将会继续保持并会被打破——并不是说在每一个地方，也不是说在每一年——而是说它会逐渐地上升，这对于继续以更快的速度向大气中增加温室气体的文明来说可不是一个好兆头"（Goldenberg, 2015）。

并非所有国家都在以同样的速度促进全球变暖。高收入的全球北方国家贡献了一半以上的全球碳排放，而这则在很大程度上是因为它们的大型建筑、数百万辆汽车和相对低效的工业。然而，亚洲充满活力的中国和印度也迅速增加了它们的排放量，因为它们的经济增长了，所以对化石燃料能源的需求也在逐渐增加。2008年，中国超过美国成为全球排放温室气体最多的排放国，其排放量占全部排放量的近25%（WDI, 2015）。国际能源机构预测，中国从2000年到2030年的温室气体排放量的增长，将几乎等于整个工业化世界的增长。印度虽然落后于中国，但已占南亚所有温室气体排放量的82%（WDI, 2015）。

我们可以将现有的和新的工业巨头的能源消耗、温室气体的生产与低收入的全球南方国家做一对比。全球南方经济也在快速增长，它们对化石燃料能源的需求正在不断上升。全球南方生产了62.6%的全球能源，使用量占世界能源使用量的55.7%（WDI, 2013）。因此，所有地区的国家，以不同的速度，都对全球大气中碳排放的增长做出了"贡献"。

《美国国家科学院院刊》(*Proceedings of the National Academy of Sciences*) 不是比较富国和穷国,而是认为"是富人,而不是富国,需要改变最多。作者们建议,设定总排放上限,然后转换成对全球每个人的限制……这样,印度和中国过着高碳消费生活的少数人也就无法躲在他们贫困和碳节俭的同胞身后"(*The Economist*, 2009)。虽然该提议太难实施,但它强调了全球南方更低水平的碳排放量是如何掩盖国家内部的差异的。在这些国家,富人对环境退化的贡献率远高于穷人。

■ 融化的冰

感受热 政府间气候变化专门委员会已经得出结论,地球温度不断上升的证据是"明确的",全球变暖有超过 90% 以上的可能是人类活动造成的。图中所示是气候变化的一个可能的结果:格陵兰冰盖表面急剧融化。卫星地图显示,2012 年 7 月 8 日(左图),约 40% 的冰盖表面已经融化,到 7 月 12 日(右图),97% 的冰盖已经变为雪泥。尽管这一事件可能是由于罕见的热浪造成的——有证据表明每隔 150 年类似事件就会发生一次——但是许多人都担心,如果这种广泛的解冻是由于气候变化所致,它将会导致海平面上升。"科学家估计,如果格陵兰的冰盖全部融化,全球海平面将会上升 7 米。"(Than, 2012)

温室气体排放的这些趋势，以及各部门分列的不断变化的世界温室气体排放百分比表明，能源前景将会发生改变，但它所造成的全球变暖和环境损害却是一个不可能短期内就会消失的问题。教皇弗朗西斯（Pope Francis, 2015）警告说："气候变化是一个全球性问题，对环境、社会、经济、政治和商品分配具有重大影响。"他呼吁在气候变化上采取迅速、负责任和道德的行动，他说："它代表了人类在我们这个时代面临的主要挑战之一。"

全球变暖的政治影响，显著地表现在试图瓜分北极的国家之间的紧张状态中，这些国家的目的是从极地冰盖下的资源开发中获得经济收益。气候变化对北极地区的影响很大，因为北极地区的平均气温上升速度是地球上其他地区的两倍。北极海冰的融化速度比 IPCC 预计的还要快，这在"很大程度上是因为二氧化碳的排放量超出了专家组预期的水平"（Begley, 2009）。这一趋势为五个已向资源丰富的中心区提出权利要求的国家（俄罗斯、挪威、加拿大、美国和丹麦）之间围绕生态政治的地缘政治斗争铺平了道路。

这些国家的主要动机就是拥有北极的矿物质财富。根据美国地质调查的结果，在融化的北方，一场"冰冻的冲突"正在发生，因为北极拥有相当于全球未开发石油储量的 1/8，以及可能多达 25% 的天然气储量。正在消失的冰还会提供新的海上航线，至少在一年中的部分时期，这可以显著地减少船只从欧洲到亚洲航行所需的时间。2014 年夏天，有 71 艘货船行驶在东北水道，比 2012 年的 46 艘有所增加。随着全球变暖使北极冰块融化，各国纷纷向部分地区提出权利要求。加拿大计划要求对北极大陆架的一部分享有主权，俄罗斯和丹麦则根据《联合国海洋法公约》（UNCLOS）提出对北极的要求。2014 年夏天，俄罗斯在该地区进行了大范围的军事演习并重新装备了苏联时期的老基地（*The Economist*, 2014）。如果不是全球变暖使得对控制这一地缘战略竞技场的竞争成为可能的话，这些国际摩擦一个也不会突然出现。

臭氧耗竭和保护 气候变化的故事类似于各国应对大气中受保护的**臭氧层**枯竭的努力。不过，在这个案例中已经形成了一项国际制度。由于人类行为直接造成环境破坏的科学证据日益增加，这一制度的力量也在不断得到加强。

臭氧在大气底部是一种污染物，但在大气上部它却为地球提供了至关重要的保护层，使地球免遭太阳紫外线的损害。科学家们已经发现了臭氧层在显著减少，最突出的是在南极上空出现了一个"臭氧空洞"，其面积已经变得比美国大陆的面积还要大。他们把臭氧层的变薄与氟氯烃（一个相关的化合物家族，大家知道的有哈龙、氢氟氯烃、溴化甲烷和其他化学物质）联系起来。臭氧层的耗竭会对人类健康造成各种各样的伤害（特别是皮肤癌），并会威胁到其他种类的海生和陆生生命。

科学家们在1970年代早期开始把哈龙和氟氯烃与臭氧耗竭联系起来。1987年签署的具有划时代意义的《关于消耗臭氧层物质的蒙特利尔议定书》，到2015年7月已有197个缔约方批准了该条约，它已使全球大气中的氟氯烃浓度自1980年代末期以来减少了90%（UNEP, 2014）。由于拥有强有力的科学证据，而且有一个活跃的非政府组织认知共同体积极推广该条约，臭氧规制得以成为可能。不过，尽管过去20年中氟氯烃的浓度减少了，但南极上空的臭氧空洞却仍在继续扩大，预计对地球具有保护作用的臭氧防护层在其开始自我再生之前将会继续损耗下去。

全球北方氟氯烃的生产在1990年代迅速下降，因为这些损害臭氧的产品的最大生产者（和消费者）已经准备将其逐步完全淘汰。然而与此同时，全球南方的生产却在增加，对冰箱、空调和其他使用氟氯烃的产品的需求也在上升，从而抵消了全球北方停止生产而实现的成果。发达国家同意提供援助，帮助欠发达国家采用氟氯烃的替代品，但它们并没有提供所许诺的全部资源。而没有这种支持，全球南方许多国家可能也就无法兑现它们在全球交易中的承诺。

生物多样性、砍伐森林和水资源短缺的生态政治学

成功控制臭氧耗竭也为其他环境威胁可以优先于既得金融利益带来了希望。森林和水资源在保护地球的**生物多样性**，以及保护大气和土地资源方面可谓至关重要。由于这些原因，它们已经成为一个日益重要的生态问题并被提上了全球议程。一些规则已被制定出来指导国际组织的行为，保护生物多样性；但事实证明，关于保护森林和水资源供应的议题则要更加难以解决。

对全球生物多样性的威胁　生物多样性是一个总括性术语，指地球上各种各样的生命。具体来说，它包括了生命系统中三个基本的组织层次：基因多样性、物种多样性和生态系统多样性。直到最近公众的注意力几乎都还完全集中在通过保护生态系统（包括老龄林、高草大草原、湿地、海岸栖息地和珊瑚礁）

来保护物种多样性上。

森林（特别是热带森林）对保存生物多样性来说很重要，因为森林是无数动植物物种的家园，其中许多物种都不为人知。科学家们相信，全球的栖息地包括了800万～1 000万种物种。在这些物种中只有约150万种已被命名，而它们中的大多数都生活在北美、欧洲、俄罗斯和澳大利亚的温带地区。据信，热带森林中生活着地球物种的2/3～3/4，因此对它的破坏会威胁到破坏世界上大部分未发现的生物的多样性和基因遗传性。

许多专家担心地球正在无情地走向主要物种的灭绝。除了全球变暖，砍伐森林、污染和过度捕捞所带来的压力"已经使得世界在过去40年中失去了一半动物"（Vaughan, 2015）。在世界自然保护联盟调查的近30万种植物物种中，超过8 000种面临灭绝危险，主要原因是人们平整土地用于修建住宅、铺设道路和建设工业。灭绝风险还会随着未来全球温度上升而加速，预计这将会危及1/6的物种。北极动物（如北极熊）存在较高的风险，生活在南美洲、澳大利亚和新西兰的物种也是如此（Urban, 2015）。

其他人则怀疑大灭绝的临近，据他们估计，过去几个世纪，地球上的物种只有一小部分实际上消失了。事实上，乐观的丰饶主义者认为，物种灭绝可能并不是一个坏消息，因为随后有可能会进化出对人类更为有利的新物种（McKibben, 2006）。

由于地球的生物遗传性大都集中在热带，面对跨国公司从出售生物制品中获利这一情况，全球南方也在越来越多地关心对其自身利益的保护。全球北方的跨国公司是所谓**圈地运动**（enclosure movement）的主要参与者，它们使来自动植物基因的、作为维持生命的基因基础的产品私有化和商品化。制药公司特别需要获得全球南方的资源。它们积极地在热带森林中寻找可能被用于处方药品的植物、微生物和其他现存的生命体。在全球南方，人们的关注主要集中在下面这个观点上，即许多动植物物种的基因特征应该被认为是全球公地的一部分，因此所有国家均可出于医学利益考虑而对它们进行商业利用。

生物基因工程有可能加剧对全球多样性的侵蚀。生物资源（动植物物种）在世界上的分布并不均衡。人们在"生物多样性堡垒"地区发现了地球上一半以上的物种；它们主要分布在热带未开垦的地方，那里布满了动植物物种，但只覆盖了陆地面积的2%。而在"生物多样性热点"地区，人类活动扰乱并潜在地摧毁了许多国际法定义的集体物品（collective goods），即属于全人类的资源、每个人都能从中获益的物种。据联合国估计，由于全球社会与生物多样性保护的伦理和管理政策进行斗争，每年约有 5 万种动植物物种灭绝。

日益缩小的森林和干旱的尘暴区 1980 年代以来开始出现的一个趋势是大量砍伐森林。据世界资源研究所估计，曾经覆盖地球的森林约有一半都被改成农田、牧地或另作他用，"地球上的原生林仅有 1/5 仍然留在巨大的、相对自然的生态系统，即众所周知的'前哨森林'中"。世界森林的 52.6% 都位于全球南方（WDI, 2015）。"在亚马逊、非洲和东南亚部分地区剩余的热带潮湿森林中，砍伐森林的速度最快。"（WDR, 2008）巴西、印尼和马来西亚等地的热带雨林被毁坏这一问题尤其受到关注，因为世界上大多数基因遗产都是在这些地方发现的。

然而，全球南方坚决反对社会建构起来的观点，即世界上的森林是共同的财产资源，是"人类共同的遗产"。这些欠发达国家担心，在法律上接受这个观点将会使全球北方干涉它们对本国热带森林资源的管理。尼日利亚一位植树主任欧加·埃法（Ogar Effa）认为，"发达国家希望我们保留森林，因为我们呼吸的空气是我们所有人的，是富国和穷国的。但是，我们呼吸着空气而肚子却是瘪的。"他问道："空气能给你蛋白质吗？空气能给你碳水化合物吗？如果另有选择的话，那么很容易说服人们同意停止砍伐森林。"（Harris, 2008）

与此同时，较高的人口增长率、工业化和城市化也增加了对林场和不适合耕种的边缘土地的压力。这已导致砍伐森林和**荒漠化**，使得越来越多的土地变成沙漠，不再适于进行农业生产或是作为野生动植物的栖息地。此外，土壤退化已经使得地表上数十亿英亩土地不再能从事生产性的农业活动。在人口稠密的欠发达国家和机械化工业化农业高度发达的地区，土壤侵蚀和污染都是问题。"全球对食品的需求随着城市化进程和收入的增加，预计在未来 50 年将会增加一倍。"（WDI, 2007）这种威胁肯定还会增加，因为土地退化正在增加，而每年的森林砍伐量则仍约为 4.4 万平方公里（WDI, 2013）。

在全球北方，重新造林已经缓解了一部分危险。然而，在许多缺乏资金的全球南方国家，情况却不一样。在这些国家，森林遭到破坏的原因各不相同。在东南亚，森林被烧毁或砍伐，以大规模种植棕榈，获取用于各种产品的油，包括化妆品和食品加工用油。在非洲，个人开辟小块土地用于耕种（Harris, 2008）。南美洲的森林（最有名的是亚马逊森林）通常则是因为工业规模的大豆种植或放牧牛群而被付之一炬。

最近，砍伐森林正在受到全球对生物燃料需求的刺激。尽管生物燃料（如乙醇）常被兜售为环境友好型的，但批评者指出，乙醇会破坏树木，促进全球变暖，并使食品价格暴涨。此外，砍伐和烧毁热带雨林来为农场和牧场提供空间具有双重破坏性，因为农业使用了全球71%的淡水（WDI, 2015）。从气候变化角度来看，绿色植物可以通过光合作用除去大气中的二氧化碳。因此，当森林被砍伐后，除去温室气体的自然过程也就随之被破坏，而且随着森林的衰退或被烧毁，释放到大气中的二氧化碳含量也会进一步增加。亚马逊雨林是"碳的无与伦比的仓库，当它被释放到大气中时，它就会把地球加热"（Grunwald, 2008）。

亚马逊雨林继续以惊人的速度被破坏。在巴西全国范围内，就是否应该放宽《森林法》这个问题发生了激烈的辩论。《森林法》要求亚马逊地区80%的土地依然是森林。现行法律的支持者们担心这种变化将会导致对亚马逊雨林更大的破坏，而那些寻求减少限制的人则认为，法律阻碍了当前经济发展。"促进亚马逊地区可持续牧场发展"这一非营利组织的创始人约翰·卡特（John Carter）说："你无法保护它，因为毁掉它可以赚得更多的钱。"然而，最近砍伐森林的减少以及持续的经济增长也为人们提供了希望：砍伐森林与经济增长之间的联系可能正在削弱（Butler, 2012）。

迅速发展的水危机 水质和水供给则是另外一个重要议题，它们不仅影响到生物多样性，还影响到全球人口的健康和福祉。预计未来25年内人口增长的大多数（约17亿人）都将生活在缺水地区。许多地区的水需求和用水量都是远远大于自然补给的速度，而这种趋势预计仍将继续下去，因为到2025年对水的需求将会超过供应量的56%（参见下页专栏）。

在干旱和半干旱地区，主要的含水层正在被过度抽水，而且糟糕的灌溉方式正在耗尽有限的地下水储备。有近20亿人的用水受到人类废弃物的严重污染。比如，在印度，亚穆纳河（世界上污染最严重的河流）是德里首都地区人们的主要水源，德里拥有1 630万人口。全世界上的许多人也缺乏基础设施，公共事业方面不平等的发展使精英受益，而贫困者则要为自己的生存奋斗（Sethi, 2015）。"每天44%的世界人民都要依赖必须运回家的水，而这则主要由妇女和女孩完成，她们陷入某种类型的奴隶制中，无法获得良好的教育或工作，部分原因是她们必须投入这么多时间去打水。"（Fishman, 2015）

深入探究：全球缺水

3月22日是联合国在1993年宣布的"世界水日"。这一年度的观察结果吸引了全世界关注水在维持人类生命和福祉方面所起的关键作用。然而,"生活在长期缺水国家的人口比例在进入21世纪时达到8%（5亿人），到2050年时将会上升到45%（40亿人）"（Grimond, 2010）。在巴西圣保罗（一个拥有2 000万人口的城市，作为"细雨之市"而知名），在2015年严重干旱期间，居民在地下室和停车场钻探，试图找到地下水（McKie, 2015）。在美国，加州正在遭受1200年来最严重的干旱，农民放弃了农作物，卖掉牲畜，一些城市定量供水（Specter, 2015）。此外，世界上几乎每5个人中就有1个缺乏安全饮用水。据世界卫生组织估计，数百万人每年因为水质差、下水道不足或卫生条件差而死亡。联合国世界水资源评估计划最近公布的一份报告指出，"如果我们想要避免全球水资源危机，就要采取紧急行动"。

部分问题是人口。随着世界人口增长，对水的需求也在增加。随着城市化的同步增长，对水的需求已经超过了全球南方许多城市本就不足的供水和卫生基础设施的能力。据估计，"全球用水量每20年就会翻一番，据联合国预计，到2040年对水的需求将会超过供给的30%"（Interlandi, 2010）。此外，随着世界各国变得更加富有，它们的人口也倾向于从素食转向肉食，其中包括需要用更多的水来生产的食物。另有"越来越多的证据表明，全球变暖正在加速水循环（即水蒸发，然后又以雨或雪的形式降落下来）的速率……这使得两次强降雨之间的干旱时间将会持续更久"（*The Economist*, 2009a）。随着人口和消费的增加，由于在流域用水者之间缺乏严格的节水措施和合作，水资源的可获得性将会成为一个日益严重的资源问题。

★ **由你决定：**

1. 获取可消费的水是否是一项基本人权？
2. 如果有的话，各国为世界70多亿人口确保淡水资源的可持续性所负担的义务是什么？
3. 公地悲剧对这一挑战提供了什么洞见？

从农田到干旱尘暴区 荒漠化沉重地打击了许多地区,"人为的气候变化也在自然发生的灾害之上造成了更多的干旱"(Begley, 2008)。2014年,联合国粮农组织警告说,中美洲的干旱导致玉米产量减少约9%,导致萨尔瓦多、危地马拉和洪都拉斯40万户家庭需要粮食援助。

　　水日益被视为一个紧迫的全球优先事项。在瑞士达沃斯举行的2015年世界经济论坛上,商业和政治领导人认为,水危机作为世界面临风险的来源具有最大的潜在影响。这是五年来的一个戏剧性变化,当时水在全球关注的名单上排名较低。尽管对环境压力、冲突、抑制经济增长与人类安全之间的相互联系的认识提高了,但对能否解决水问题仍然存在悲观看法,这是因为水问题在某种程度上并不是关于水的问题,而是关于政治、经济、文化和习惯的问题:"由于长期的政策和实践,例如,从巴基斯坦到堪萨斯的农民为其作物用水泵抽取地下水不仅不付费,而且通常也不受限制,甚或都没有跟踪他们使用了多少水。它几乎被视为一种应得权利;让农民为用水而交费或坚持更好的灌溉技术引发了愤怒和抵抗。类似地,悠闲的每日淋浴和郁郁葱葱的草坪则解释了美国人每个人的用水量为何会是欧洲人的两倍。改变对水的价值的态度,与创建水坝、污水净化厂和可持续农业政策的正确组合一样重要。"(Fishman, 2015)

缺水和水质不洁（以及由此可能引发的冲突）对世界上70多亿人口中的许多人来说都是一个严重威胁。水议题是否会继续升级，就像公地悲剧所预期的那样？还是人们会采取行动，成为全球资源更好的管理者？加拿大前首相和国际行动理事会共同主席让·克雷蒂安（Jean Chrétien）警告说："水资源短缺在未来造成的政治影响可能是毁灭性的。我们过去的用水方式在将来根本无法维持人类的生命。"

能源供需的生态政治学

根据自然学家洛伦·艾斯利（Loren Eiseley）的观点，人类的历史可以被认为是我们攀登"热梯"的过程，其中"煤作为生产率的放大器胜过柴火，而石油和天然气又胜过煤"（Owen, 2009）。整个20世纪对石油的需求和消费呈螺旋式上升。大量的廉价石油供给促进了西欧和日本在二战后的恢复，并鼓励消费者使用能源密集型技术产品，如私家车。

接下来是全世界对能源需求和消费的巨大增长。据国际能源署预测，即使考虑到能源利用效率的提升（美国自1970年代以来能源利用效率提升了一倍），到2030年世界也将会使用比现在多50%的石油。虽然全球北方仍然是石油的主要消费国，但进入21世纪后对石油的需求已经变得日益全球化：85%的石油需求激增都是发生在新兴市场，如中国、印度和中东（Yergin, 2009）。

过去20年，石油供应商也发生了变化。随着1990年代石油价格严重紧缩，许多大型石油公司之间进行了并购以提高生产规模。现在有六个"超大型"石油企业：雪佛龙、埃克森美孚、BP、皇家荷兰壳牌、康菲石油和道达尔，它们也被统称为"大石油"，这是指它们实质上的经济力量和政治影响。石油行业的其他主要参与者包括大型国有石油公司，如墨西哥的墨西哥石油、沙特的阿美石油、委内瑞拉石油公司和中石油。石油公司的国有使政府能够保持对能源储备和生产场地的控制，并将生产过程产生的收入保留在国家经济内。石油输出国组织（OPEC）是一个由12个输出石油的欠发达国家组成的政府间组织，它负责协调成员的石油政策，现在它依然很重要。尽管近年来该组织的影响力已有所下降，但在历史上，欧佩克会为其成员制定生产目标，以便为了经济和政治目标在全球市场上控制石油价格。

全球石油工业的特征是繁荣和萧条相交替，就像过去十年中看到的那样。2008 年 7 月 11 日，一桶石油的价格达到 147.27 美元的高点。据信，买得起石油的日子已经过去了。现在可能依然是这种情况，但我们现在看到的是，石油作为一种商品，其价格波动极大。2008 年 12 月，石油价格跌至每桶 32.40 美元；2009 年 7 月 11 日，刚好是在石油价格到达最高点一年以后，石油价格低至每桶 59.87 美元。到 2013 年 6 月中旬，一桶原油的成本再次上升到略低于 99 美元，到 2015 年 7 月又下降到 52 美元。这些剧烈的价格波动可能比低价的终结更具威胁性，因为它给我们的全球经济和政治系统带来了很大的不稳定性，影响了一系列行业和个人消费者，并且使得人们很难规划未来的能源投资。

尽管我们追求稳定，但"由经济、政治、技术、消费者偏好和所有各种各样的偶然因素形成的供需平衡变化将会继续推动价格变化"（Yergin, 2009）。2009—2015 年间，美国的石油产量几乎翻了一番，这在很大程度上是由于美国页岩油公司的增长。由于油井小、不贵且钻探迅速，这些非传统石油生产商大大增加了全球市场上来自液压破碎（fracking）的石油量，同时减少了美国对外国供应商的依赖（*The Economist*, 2015d）。与此同时，伊拉克和加拿大的石油生产和出口每年都在增加，俄罗斯则继续是世界上最重要的石油供应国。此外，近年来欧佩克成员国始终难以就生产配额达成协议。委内瑞拉、伊朗和阿尔及利亚迫使卡特尔减缓生产以推高价格，但阿拉伯联合酋长国和沙特却拒绝这样做。这些因素都导致油价下跌，一桶石油的价格在 2014 年 6 月至 2015 年 7 月间下降了近一半（Krauss, 2015）。

世界面临的另一个挑战是，如何平衡对石油的需求，与钻井给环境、经济和健康带来的风险。这一困境随着 2010 年墨西哥湾的大量石油泄漏而被彻底揭示出来。美国总统委员会"得出结论：技术和管理失败的串联（包括一个有缺陷的黏固工作）都能造成灾难"（Burdeau and Weber, 2011）。关于液压破碎的争议则是另一个例子，批评者哀叹与需要大量水的技术相关的环境成本：在液压破碎的工地，潜在危险的化学品可能会泄漏并污染地下水，以及压裂过程引发地震的可能性（BBC, 2013）。然而，公众已经使用投票箱来表明他们偏好用有风险的钻井方法销售的廉价石油，而不是政府所做的进行行业监管的承诺。政治历史学家萨拉·艾尔金德（Sarah Elkind）说道："政府的失败是政府按照美国人民说他们希望它行动的方式去采取行动。"

我们有能力和意愿改变我们的能源生产和消费吗？为了应对未来短缺的威胁和严重依赖石油的风险，全球北方可能处于一个潜在的历史关头，它将推翻石油在全球政治经济中的关键地位。2008年，中日双方结束了长期的争议，同意在东海共同开发两个天然气田；2009年8月，俄罗斯与土耳其达成一项协议，从黑海经安纳托利亚半岛到地中海修建一条天然气管道。与此同时，也有一系列努力在开发替代性的清洁能源燃料源（如风能和太阳能），以打破我们对化石燃料的依赖。

> 未来的繁荣和稳定，意味着重新思考我们如何开发地球的自然资产。
>
> ——联合国秘书长潘基文

14-4 朝向可持续性和人类安全发展

全世界人民都渴望能够生活在一个干净和绿色的环境中，并寻求避开那些被污染、不健康，以及易受洪水、飓风、龙卷风和台风影响的环境。为何尽管明显与人类的利益和价值观存在着冲突关系，但是人类活动对全球生态的威胁却依然有所增加呢？环境活动家认为，地球处在一个关键时刻，需要更加注意环境保护。

追求可持续发展

环境衰退似乎没有边界，因为它是一个世界性问题，对穷国和富国来说都是一样。世界资源研究所（WRI，2009）警告说："总的来说，相当多的迹象都表明，生态系统继续生产我们所依赖的许多物品的能力正在下降。"这一转变使得保护地球环境成为必要，但当许多人都把自身个人利益置于全人类的利益之前时，也就很难找到解决方案。建议为保护地球生态所做的改变可能是昂贵的，但重要的是要敢于去尝试。

现在流行的**可持续发展**（sustainable development）被认为是替代寻求无限

制增长的一个选择。这一运动正式起源于 1972 年，当时联合国大会在斯德哥尔摩召开了第一届人类环境大会。从那时起，关于范围广泛的环境主题的会议产生了几十份条约，创立了新的国际机构，以促进合作和监管环境发展。

"可持续发展"概念可以直接追溯到世界环境与发展委员会 1987 年的报告《我们共同的未来》。该委员会就是在时任挪威首相出任主席后众所周知的"布伦特兰委员会"。它认为，世界无法支撑一种能够满足世界不断增长的人口的需要和渴望的发展，除非它迅速采取截然不同的方法解决经济扩张、平等、资源管理、能源效率等基本议题。它不接受新马尔萨斯主义者中流行的"增长的极限"观点，而是强调"极限的增长"。该委员会把"可持续社会"定义为一个"既能满足当前需求又不会危及未来世代满足他们基本需求的能力"的社会。

对主流的丰饶主义者的社会范式发起挑战的另一个里程碑是"地球峰会"，它于 1992 年在巴西里约热内卢召开（恰是斯德哥尔摩大会召开 20 周年）。这次会议有 150 多个国家、1 400 个非政府组织和 8 000 名记者参加。在"地球峰会"之前，环境与经济发展被当成两个不相干的问题，并且经常被视为是彼此冲突的，因为经济增长常会危害环境，使环境退化。在里约热内卢，"可持续性"概念唤醒人们注意同时处理环境与发展这两大议题。

自那以来，其他国际会议已经强化了"所有政治（乃至全球政治）都是地方的"这一提议背后的强烈共识，即任何地方发生的事情最终都会影响其他每一个地方的情况，因此，保护地球环境也就成为一个主要的国际安全议题。2015 年 12 月，在巴黎举行的联合国气候大会上，成员们聚集一堂，讨论一项减少全球排放量的协议：在 2050 年前比 2010 年的水平至少减少 60%。联合国气候公约执行秘书克利斯蒂安娜·菲格雷斯（Christiana Figueres）说："未来 10～15 年，无论做什么，尤其是无论在能源系统中投资什么，都会决定我们将拥有至少 50 年的能量矩阵。它将会决定本世纪及之后人类的生活质量。"

许多学者和决策者都相信，对保护全球公地的威胁，同样威胁到我们的基本福祉和安全。可持续发展对在保护全球环境和提供维持人类生命和繁荣所需的资源这两者之间实现负责任的平衡至关重要。然而，如果没有实质性变化，可持续性就不可能实现。那么这是否有可能呢？个人是否愿为共同利益而牺牲个人消费呢？他们现在做出的牺牲将会使他们的后代富足吗？

尽管可持续发展的目标仍然遥遥无期、关于失去机会的挫折感也是越来越多，但政府和非国家行为体对这一概念的接受却也在继续激发出创造性的、对环境敏感的反应。在一个政治世界中，不断增长的人口意味着对能源、粮食和其他资源的需求不断增长，稀缺政治成为核心。这是相互依存的全球化造成的脆弱性。如果不及时加以控制，对环境安全的威胁就将危及人类安全。"尽管政府可以发挥巨大的作用……但是非政府组织、慈善家、私人部门、社会企业家和技术专家也能帮助"克服环境退化的不利影响（Brainard et al., 2009）。下面我们就来思考一些对抗环境退化的关键的全球倡议。

养活大众

过去几十年人类在减少全球饥饿方面已经取得了进展，世界营养不良的人口比例在 1990—2016 年间下降了 21.4%。但据联合国粮农组织统计，全世界仍有 7.95 亿人（每 9 人中就有超过 1 人）营养不良，受到粮食不安全的影响（FAO, 2015）。这里面绝大多数人都生活在全球南方。南亚拥有最多的粮食不安全人口，约有 3 亿人营养不良。撒哈拉以南非洲地区没有足够食物的人口比例最高，区域平均水平为 26.8%，有些地区甚至超过 50%（IPCC, 2014）。

人们对粮食不安全状况的关心正在增加，这些担忧也引发了政治动荡（Hendrix and Haggard, 2015）。从全球来看，粮食价格上涨在发展中世界造成了内乱和一波人道主义危机。从 2007 年到 2009 年年初有近 40 个国家都发生了粮食骚乱，如墨西哥的"玉米饼骚乱"和意大利的"意大利面骚乱"（Landau, 2010）。"足够奇怪的是，几乎没有任何食物骚乱是由于缺乏食物而发生的……而是由于缺乏购买食物的钱而发生的。"（Kaufman, 2009）2011 年，世界粮食价格再次升级，超过了它们三年前已经达到的顶峰，并给世界上许多已经陷入贫困的人造成了困难。粮食价格上涨是造成许多阿拉伯国家发生动乱和反政府抗议的一个主要因素（Zurayk, 2011）。由于对食品短缺的担忧，恐慌性购买随之而来，而政府的反应则是颁布出口禁令和实施紧急价格管制。这种困境，特别是对穷人而言，导致一个观察者警告说，食品骚乱可能会变得司空见惯（Ahmed, 2013）。此外，持续走高的和不稳定的粮食价格不仅会影响饥饿和营养不良状况，还会增加健康问题，如"肥胖可能会在高价格的背景下增加，因为人们会选择廉价而缺乏营养的食物来养活他们的家庭"（World Bank,

2013c)。

三个不好的趋势催化了对未来粮食短缺的担忧：农作物产量增速似乎正在放缓，农业研究支出已经减少（特别是在非洲），全球粮食供应量相对于需求量随着粮食价格开始增加而开始下降（Runge and Runge, 2010）。粮食价格上涨的一些原因是环境。土壤侵蚀和砍伐森林使得耕作变得困难（Daniel, 2011）。极端天气事件，比如中国、俄罗斯和阿根廷的干旱，加拿大、巴基斯坦和美国的洪水，则会毁坏农作物，导致市场被破坏。联合国秘书长潘基文在2010年指出："持续的土地退化——无论是来自气候变化、不可持续的农业还是水资源管理不善——对粮食安全是一个威胁，它会在受影响最严重的共同体中引发饥荒，并会破坏世界上的生产用地。"

全球粮食不安全的其他原因则是结构性变化的结果，这种变化对短期内的变化相当不利（参见下页专栏）。人口增长和全球南方大城市的爆炸性增长已经产生了因财富增加和城市化而导致的饮食变化。然而，我们却不可能实现粮食产量大幅增长，"因为几乎没有非农土地投入生产，没有更多的水，而且在一些地方单靠投放更多肥料并未得到更多收获"（The Economist, 2011b）。

这提出了一个至关重要的问题：我们应该怎样去应对这一危机？粮食不安全正在得到更多的关注并被提上政治议程。尊重人权、坚定的政治承诺、整合发展和人道主义援助，以及包容性经济增长，对成功解决长期的粮食危机来说都是至关重要（FAO, 2015）。许多国际组织都开始明确做出某种类型的回应。2011年，世界银行提供了15亿美元支持4 000万人，帮助他们获得安全的蔬菜、肉类、水果和食用油，并保证每年对农业增加70亿美元支持（Sambidge, 2011）。2012年，世界银行对农业和相关部门提供了93亿美元，超额兑现了自己的承诺，预计到2015年它将会把援助提升至100亿美元（World Bank, 2013d）。法国前总统萨科奇在呼吁全球共同体采取更大的行动时，就不作为的悲惨后果警告说："如果我们什么也不做，我们就会冒着最贫困国家发生粮食骚乱的风险，而这则会对全球经济增长产生非常不利的影响。"

然而，想要维持实施根本性变革的政治意志通常都很困难。比如，发达国家非常不愿减少农业补贴。此外，类似**基因工程**和**转基因**农作物和牲畜等这样一些被推荐的解决方案都是十分有争议的，而且也没有得到不同国家和非政府组织的支持。

争 论　是否存在全球粮食危机？

当今世界人均粮食产量足以满足世界人口的需求，截至 2015 年，72 个全球南方国家完成了将饥饿人口比例减半的"千年发展目标"。这使得饥饿人口自 2005 年以来减少了 1.67 亿人。

尽管取得了这些成就，但联合国粮农组织总干事何塞·达席尔瓦（Jose da Silva）指出，"饥饿仍是世界上 7.95 亿人每天面临的挑战，其中 7.8 亿人都来自发展中地区"。那些生活在贫困中的人们食物最无保障，他们也是受到粮食价格上涨打击最严重的人群。自 2003 年以来，面包价格上涨了约 75%，猪肉价格翻了一番多，就连香蕉的价格都上涨了 40% 多（Dykman, 2008）。根据联合国公布的数据，到 2050 年，全球粮食价格很可能会翻倍。2007—2008 年和 2010—2011 年粮食价格大幅上升期间，整个世界见证了欠发达国家的人们因为担心粮食短缺而普遍发生骚乱（Hendrix and Haggard, 2015）。

是什么因素把我们推进这个贫困的"危险区域"？对粮食不安全一些主要根源的研究，为我们理解这一全球威胁相互关联的本质、在尽力满足人类需求时的内在权衡，以及个别国家和国际组织的政策能够影响国际体系的方式，提供了洞见：

- 环境压力。人口和气候变化促成了这一危机。例如，城镇化程度提高导致农业部门压力增大；这不仅表现在重要的农田经常被迅速增加的城市化区域吞并，而且也表现在过去针对农业部门（如灌溉和农业设施等辅助设备）的政府支持现在则都转移到城市发展上（Teslik, 2008）。气候变化的主要影响之一就是"极端天气"现象增多，这种现象对农业生产有很强的破坏作用。世界银行行长金墉在 2013 年 6 月警告说："科学家告诉我们，如果地球变暖 2℃（这可能在二三十年间就会达到），这将导致普遍的粮食短缺、空前的热浪和更多的强飓风。"中国的旱灾致使其小麦产量几乎减少了 1/3，厄瓜多尔的洪水则是近期香蕉价格上涨的主要原因。也有人担心，"未来 40 年，由于耕地、水和肥料的限制，农民生产的粮食将很难满足每个人的需求"（The Economist, 2011c）。

- 政府政策。各国政府传统上都会通过补贴和关税政策来保护农业市场，由此也就提高了许多农产品的价格。此外，最近的粮食短缺也使得另一种形式的政府干预扩散开来，即对小麦和大米等农产品的出口限制。事实上，联合国世界粮食计划署发现，有 40 个国家都颁布了此类出口禁令（Teslik, 2008）。这些禁令导致这些商品的世界供应量减少，从而提高了价格。此外，政府对生物燃料产品的鼓励也对粮食价格产生了影响。"世界范围内生物燃料产品的增加，预计会导致粮食价格在之后几十年增长约 30%。"（Runge and Runge, 2010）

- 价格。农业的投入成本增加了许多。农业在生产的很多方面以及运输方面都高度依赖汽油，因此能源价格增长对该部门的打击也很大。此外，肥料价格也在急剧上涨。

例如，氮肥的价格自 1999 年以来上涨了 350% 多（*Financial Times*, 2007）。

- **食品消费模式**。在中国、印度、俄国和巴西等新兴市场，随着国家发展，人们的饮食习惯也随之发生了改变。特别是这些国家对肉类和乳制品的消费都增加了许多。中国作为一个传统上的素食国家，其肉类食品消费自 1980 年以来增加了一倍多（现在是美国消费量的两倍），乳制品的消费则翻了三倍（Larsen, 2012; Dymkan, 2008）。巴西的乳制品消费量也在 2005—2007 年间增加了一倍（*Financial Times*, 2007）。这已导致对这些产品的需求增加，以及对生产这些产品所需投入（比如，牛饲料）的增加。

强调超前消费的占主导地位的丰饶主义社会范式正在受到全球的攻击，但要实现全世界的可持续发展仍然面临着许多挑战。

★ **你怎么看?**

- 在上述引发食品危机的原因中：环境压力、政府政策、农产品价格和食品消费模式，你认为哪个对克服危机来说是最重要的？为什么？
- 作为一名决策者，你会怎样来平衡解决国内贫困的需要和为国际粮食危机提供人道主义援助的需要？
- 食品危机提出了一个对我们的生存至关重要的问题：我们的世界能够自我支撑吗？关于我们未来的前景，现实主义、自由主义和建构主义理论分别提供了什么样的洞见？

尽管许多粮食安全的解决方案都集中于提高粮食产量和质量，然而重要的是要注意："最近饥荒的产生并不是因为没有可获得的食物，而是因为糟糕的治理——制度失灵，导致对可用粮食糟糕的分配，甚或是在面对其他地方的饥荒时囤积和储存粮食"（Banerjee and Duflo, 2011）。正如阿玛蒂亚·森所言，"在任何一个独立和民主且有着相对新闻自由的国家都绝不会有大规模饥荒发生"。改革国家的实践和政策，是努力防止和回应粮食不安全并促进可持续发展的一个内在方面。

转向可再生能源

各国如何满足其日益增长的能源需求，直接影响到全球公地的演变和保护。由于出现了一些具有革命性的新技术，新的且较少具有破坏性的能源将会迅速出现，例如太阳能、风能，以及其他像氢一样丰富且可再生的能源。这样一场全球转型的影响将是巨大的，它正在颠覆过去125年来世界能源发展和消费的模式。"大石油"时代真的会结束吗？总的来说，大幅波动的石油价格，以及公众对全球变暖的警觉，正在推动世界（尽管有些踌躇不前）去使用更加清洁和便宜的能源系统。

矿物燃料的供应并不会很快用完，但环境和健康威胁的外部性或后果却使得燃烧矿物燃料格外危险。燃烧石油和煤会导致肺癌和其他许多健康上的危害。而且，它还会导致空气污染、城市烟雾，以及会损害森林、水质和土壤的酸雨。人们有强大的动机去利用技术转向可再生能源。太阳能、潮汐能和风能，以及地热能和生物转化能，都是石油的替代物并最有可能成为技术上和经济上可行的能源。

在已知的技术中，核能经常被宣传为化石燃料依赖的主要替代物。当前，现有的核电站为美国提供了19%的电力（Nuclear Energy Institute，2015），而且美国正在花费数十亿美元来推进其核电站建设，以此来降低其对在美国提供了约27%石油消费的外国供应商的依赖（U. S. Energy Information Administration，2015）。中国也在增加对核能的利用，它新建了27座反应堆，并计划建造约200座来满足其自身能源需求，而且预计到2050年时它所拥有的反应堆的数量将会翻三番（Anderson，2015）。

然而，安全和财政成本考虑限制了核能的激增；这些问题已经导致一些国家减少（或者像德国、瑞典和西班牙，逐步停止使用）它们的核电站。1979年美国的三英里岛核事故和1986年乌克兰的切尔诺贝利核事故，以及1995—1999年间日本52座核电站（提供了日本约1/3的电力）不少于5起重大核事故得到广泛宣传，向世人展现了核电站有可能产生的潜在危险。

2011年3月11日，一场9.0级的地震和海啸严重破坏了日本并对其核电站造成严重破坏。由于福岛第一核电厂的放射性物质泄露，导致方圆19公里的7万余人被强制撤离。自那时起，对核能安全的担忧迅速扩散到全世界。德国宣布将会在2022年前关闭其所有核电站，意大利取消了其扩建核电站的计划，法国也表示会减少其对核能的依赖（Anderson，2015）。对核能风险性的担忧远高于对其安全性的担忧。如何处理和在哪里处理由438座核电站产生的具有高度放射性的核废料，实际上在全球都是一个没有得到解决的问题（European Nuclear Society，2015）。对5.2万吨有毒和放射性的核废料并没有安全的处理方

核能利用失败带来的无情代价　图中所示是乌克兰的普里皮亚特镇，它在切尔诺贝利核事故以后被废弃。俄罗斯并未从中吸取教训，它不顾公众的强烈反对在 2001 年开放边界，从而使其成为放射性核废料的最大国际保管地。俄罗斯希望通过这一举措在接下来的 20 年中挣得数十亿美元。

法，其中一些核废料甚至会在接下来的成千上万年中都依然是危险的。"不要在我家后院"（NIMBY）是全球生态政治议程上导致分裂的一个呼喊；全球北方偏向于将核废料倾倒在自己的领土之外，而全球南方则偏向于不要成为垃圾场——但最后却是经常成为垃圾场。

一个相关的担忧是，当前不拥有核技术秘密的国家可能会发展核武器。大多数产生核能的设施仍在继续生产出武器级的原料。特别是，高浓缩的铀和钚是国家安全关注的内容，因为"支撑它的技术基础设施，既能支持生产武器，又能支持发电，故没有一个明确的方式可以确保发展核能的时候不会增强武器方面的实力"（*Vital Signs 2006—2007*）。这一困境在朝鲜的核开发项目上引起了极大关注。

为了打破对矿物燃料的依赖，我们也做了其他努力开始开发潜在的替代燃料资源。奥巴马总统承认了这些努力的重要性，他宣称："为了真正转变我们的经济，保护我们的安全，将我们的地球从气候变化的破坏中拯救出来，我们终将需要使清洁、可再生的能源成为有利可图的能源类型。"弗里德曼（Friedman，2008）对这一阐述做了回应，认为那些执着使用矿物燃料的国家，与率先使用可再生能源技术的国家相比，会在安全和繁荣上看到自己的衰落。这一强调反映了在过去10年或20年，从聚焦于传统的污染议题到聚焦于清洁能源机遇议题的一个转变。

自2010年以来风力和太阳能发电厂提供电力的成本急剧下降，"所以现在在一些市场中可再生发电要比煤和天然气便宜"（Cardwell，2014）。白色反光屋顶能减少空调20%的成本，因此二氧化碳的排放会少很多，它正在变成一种更加流行的节能和对抗全球变暖的方式（Barringer，2009）。海藻和海藻场作为未来潜在的热潮正在被兜售，因为"海藻油可以加工成为生物柴油或非石油汽油，碳水化合物可以加工为乙醇，蛋白质可以加工为动物饲料或人类营养补充品。整个生物质可以用来产生沼气，燃烧沼气则可以发电"（Gies，2008）。印尼和菲律宾位于"环太平洋火山带"内，它们想利用火山的能量作为地热能的来源。尽管现在对大多数人来说价钱比较昂贵，但本田汽车已经开始生产世界上第一辆以氢气燃料为动力的汽车。"与行驶路程短和充电时间长的电动汽车不同，氢燃料汽车在充满氢气的状态下最多可以跑650公里，而且它充气仅需几分钟。氢气耗尽后除了水蒸气什么都不排放。"（The Economist，2015e）技术、经济、文化和环境方面的变化表明，我们正处在一个由供给稀缺和需求增加联合推动的重大能源变革的初级阶段。

向可再生能源转化代表了一条远离全球环境退化的可能的道路。但许多人都相信这种转变并不会很快发生。他们提出了另外一条可以减少危险的道路：在国家之间缔结国际条约，保护环境，建立遵约机制。

14-5 解决环境问题的全球努力

1992年在斯德哥尔摩召开的"地球峰会"开创了一个先例。其中有一项单独的条约，规定了一项在全世界保护生物多样性的全面协议。它托付各国政府制定国家战略，保存栖息地，保护濒危物种，扩大保护区域并修复受损区域。自那时起，世界各国已在努力进行合作，通过日益协调的行动达成协议，支持各国批准保护可持续的全球公地的条约。

成功孕育成功。继《生物多样性条约》之后，其他应对环境问题的国际努力也达成了全球性协议。这方面的一个重要例子就是2005年《京都议定书》的签订，至少占全球温室气体排放量55%的156个国家保证在2012年前将与全球变暖有关的气体排放量降至1990年的水平以下。只有美国不肯合作。在预期的截止日期2012年到来之前协商《京都议定书》的后续协议时，全球北方承诺在2020年之前向全球南方提供1 000亿美元来解决气候变化带来的问题。然而，这些国家并未就全球气候变化达成一个有长久约束力的协议。截至2015年5月，仅有32个国家批准了《多哈修正案》，同意进入第二个承诺阶段。然而，解决对地球造成挑战的环境问题的需要，依然是全球高度关注的一个议题。2015年12月，来自190多个国家的领导人出席了在巴黎举行的2015年联合国气候变化会议，共同探讨防止全球变暖达到危险水平的方式。

在过去的130年里，国际环境条约的数量呈指数级增长。然而，也有很多怀疑者担忧，这些努力做得太少且太晚，并不足以为未来的世代保护全球公地。很多人都质疑今天现有的条约解决那些它们本该解决的环境问题的能力。一些条约是无力的，并且无法要求做出必需的政策改变来纠正它们所确定的各种问题。尤其让人担忧的是，美国对这些条约的支持极为勉强。在联合国31份主要的全球环境协议中，美国只批准了1/3。环境保护活动家们担心，如果美国霸权拒绝出面领导，那么制定强化环境保护制度的规则的前景也就很渺茫了。

跨国公司在生态政治博弈中也是关键的博弈者，它们拥有决定地球命运的潜能。跨国公司在全球进行管理，它们是自由贸易强大的倡导者和强有力的游说者。对可持续发展来说，它们的力量和追求是支持性的还是有害的呢？在这个迅速全球化的世界中，随着贸易日益把政治、经济、生态、社会和文化紧密地联系在一张更紧的相互依存之网中，该问题也显得尤其重要。

除了贸易的收益和成本这一问题外，环境保护主义者与自由主义经济学家之间还对借助贸易来促进环境标准的智慧有不同的评价。自由主义经济学家将这样的行为看作市场扭曲，而环境保护主义者则视之为弥补市场失灵的有效工具，如市场无力补偿环境开发（例如，化学公司造成的大气污染）。然而，也有一些国家（特别是在全球南方）认为，运用贸易机制来保护环境，是富裕国家阻止它们进入有利可图的全球北方市场，使全球南方国家保持永久劣势地位的

在"毒池"中玩耍 两个孩子在印度博帕尔前联合碳化物厂的影子中玩耍,这里曾发生过历史上最严重的工业事故。两个孩子在其中玩耍的那个"池塘"是个泥浆坑,含有很多这个先前的杀虫剂工厂生产的化学副产品。尽管博帕尔的化学泄露在1984年造成3 000多人死亡,但这个区域到现在依然有400多吨有毒废物未被清理干净。这张图片为人们敲响了警钟:环境危机可能会比解决它们的政治意愿存在得更长久。

另一种方式。

有时必须在各种目标之间进行权衡,原则上,所有目标都是为了增加人类的福祉和安全。然而,另有诠释坚持认为,贸易鼓励各国入不敷出。一些生态学家认为,贸易把商品市场扩大到国家边界之外,从而放大了生产和消费破坏生态的效应。已经耗尽了自身资源基础或者通过严格法律来保护自己环境的国家,可能很容易到海外去寻找需要的产品,其所采取的方式就是把对高消费的环境压力转移到其他人的后院。

公地悲剧暗示了一个黯淡的未来。毁灭是否就是人类必将奔向的最终目标?还是说有可能会出现一种更加乐观的景象?

公司全球金融文化中正在出现一种趋势,它很好地预示着全球企业可能已经认识到:随着全球消费者需求的不断增长,投资和开发"绿色"产品将会提高它们的利润。此外,在绿色产业试图售卖环境友好型产品的背景下,一个新的企业责任"规则"正在产生一个开发旨在保护环境的产品的新时代(参见表14.1)。

表 14.1　2015 年世界十大绿色企业（《新闻周刊》2015 年全球公司绿色排名）

2015 年排名	公司	国家	部门	绿色得分	主要行动
1	百健	美国	卫生保健	89.2	百健已经成功地减少了运营中对水的使用。一个设施有一个 10 万加仑的蓄水池来收集雨水用于浇灌；另外两个设施冷凝水，并在冷却塔中重复利用
2	希尔制药	爱尔兰	卫生保健	85.1	自 2010 年以来，希尔的用纸量减少了 22%，填埋垃圾减少了 20%，同时废物转化率提高了 43%。2014 年，希尔在北美的所有设施都实现了碳平衡
3	艾尔健公司	美国	卫生保健	84.2	艾尔健公司收集并分析了其各项设施的用水数据，实现了 2000—2014 年间设备用水量减少 12%。公司获得了"能源之星年度合作伙伴奖"，以及环境保护署的"持续卓越奖"
4	利洁时集团	英国	日用消费品	84.1	利洁时 2020 年环境风险降低目标包括零填埋垃圾、用水量减少 35%、垃圾减少 10% 和能耗降低 35%。到目前为止，该公司用水量已减少 12%，能耗降低 13%
5	奥多比公司	美国	信息技术	82.6	奥多比公司减少了 50% 的用电量、30% 的天然气用量、79% 的用水量以及 71% 的浇灌用水量。它还实现了在北美的所有设施的碳平衡
6	瑞士电信	瑞士	电信服务	81.6	瑞士电信作为瑞士十大电力购买者之一，目标是减少能源使用和温室气体，以及减少纸张消费，回收旧手机。瑞士电信计划在 2016—2020 年间将能源效率提高 35%
7	联合利华公司	英国	日用消费品	81.3	联合利华公司的目标是减少其 50% 的环境足迹，并与"全球公民"和"活力地球"联合推出"光明未来"活动，动员 10 亿人致力于创建更好的环境和社会
8	博通公司	美国	信息技术	81.3	博通公司已经承诺逐渐提高能源效率，减少对自然资源的使用。博通兑现承诺的一个方式是每年使用 1 700 万加仑再生水用于园林灌溉
9	罗氏制药	瑞士	卫生保健	80.4	罗氏制药在五年间每个雇员减少 10% 的能源消费，并努力在 2020 年之前做到减少 20%。罗氏制药每年都为员工举办环保竞赛来提高员工对如何为可持续性发展做贡献的意识
10	英国电信集团	英国	电信服务	80.4	英国电信在上一财年减少了 4.5% 的能源消耗，送往垃圾填埋地的垃圾量减少了 34%，在英国的用水量减少了 12%。公司正在帮助其用户减少 3 吨的碳排放，目前已经完成了一半的目标

国际政治经济将为生产有利于全球环境可持续性的产品提供经济鼓励这一可能性，使人们燃起了遏制环境危害的希望。因为一些国家、公司和个人正在积极寻找当地解决环境可持续性的方法，所以希望也在增加。

但令人担忧的是，在全球等级制中处于有利地位的一些非常强大的国家，现在却在自私地抵制痛苦而有代价的调整。它们拒绝改革它们现有的环境保护政策。不过，这种对环境退化的回应也有一些例外。许多国家都成功地在短期经济损失和投资可再生能源项目所带来的长期经济增长预期之间平衡了风险。

全世界正处于一个非常重要的节点。人类选择的道路将会影响遥远未来的人类安全。生态问题严重性的证据愈加不容忽视。由于赌注太大，这个难题中的所有部分（人口增长、自然资源、技术，以及对生活方式不断变化的偏好）都必须同时解决。

如果需要真的是创造之母的话，那就还有希望。地球**必**须被拯救，否则所有的其他机会都将结束，全球环境将会面临必然的末日，人类的历史也将终结。因而，风险是如此之大，也许会找到解决办法。随着世界奋力前行，关于解决方案的辩论可能会继续沿着两条轨道进行：一种是认为人类应该把注意力转移到尝试扭转环境恶化的趋势上，另一种则是偏好于把注意力集中在创造新技术以遏制环境破坏上。这两种战略都是急需的。

> 我们的整个星球，它的陆地和海洋、地表和底土，在今天为世界经济提供了竞技场，它的各个部分相互依存，不可分开。
>
> ——俄国共产主义理论家列昂·托洛茨基

第五部分

思考世界政治的未来

  人们通常都会基于他们对主流趋势的理解来推测未来的前景。使预测变得如此之难的是围绕世界政治所产生的严峻的复杂性和不确定性：一些趋势似乎在朝同一个方向移动，而其他趋势则在改变方向；一些趋势相互交叉，而其他趋势则在随着时间流逝而分离；一些趋势成为其他趋势的催化剂，而另有一些不同的全球趋势则在阻碍其他趋势。你在解释它们的意义时面临双重挑战：（1）区分那些短暂的趋势和那些可能会有持久影响的趋势，（2）推断最重要趋势之间的互相关联，而不是被任何处于孤立状态中的单一趋势所迷惑。

  当今世界政治中正在发生的主要趋势的结合将会如何影响你的全球未来？当全球议程上出现新的议题时，此前建构世界秩序的努力是否依然有用？还是以前的方法将会被否定？

  本书这一部分并不提出答案或预测，而是会提出一些重要的、可以引发思考的问题，让你思考21世纪的前景。当你思考这些问题时，也不妨问问你自己：怎样解决它们才能创造出一个更加和平和正义的全球未来？

全球命运：哪一个优先权将会获胜？ 图中所示是北京一个戴着口罩的女性。中国正在防治由颗粒污染引起的严重雾霾。2014 年，在中国监测的 74 个城市中有 71 个都未能满足空气质量标准（Kaiman, 2014）。在回应逐渐恶化的环境状况的过程中，中国政府正在积极寻找新的保护环境和人民健康的方法。然而，在环境保护和经济发展之间依然存在紧张关系，而这两种情况都是世界政治中主流趋势的产物。哪一个世界是未来大多数人们可能生活的世界？

第15章
展望全球趋势与变革

> 我们所有人都将在未来度过我们的余生。所以如果我们实事求是的话,我们就必须关注那些正在塑造未来的趋势和想法上。这些改变对于你、你的家庭、你的事业、你的社区和你的投资将会意味着什么呢?
>
> ——未来主义者蒂姆·马克(Tim Mack)

展望我们的全球命运　这张从卫星上拍摄的夜间世界照片,描绘了在没有边界的地球上一个一体化的但繁荣和发展程度却不同的世界共同体。在趋势和变革的背景下,人类在全球化的世界中面临许多困境。美国前国务卿希拉里认为:"应对变革的挑战总是无比艰巨。重要的是我们已经开始去解决那些挑战……意识到我们每个人都有一个需要我们改变的角色,并要为塑造我们自己的未来负起更多责任。"

许多有时相互冲突的全球趋势都正在展开。一些指向一体化，另一些指向碎片化；这个世界看起来就像是在一边紧密联系起来的同时一边又走向分裂。一个新的全球体系即将出现，但它的特征尚未确定。不确定性和不可预见性是当今这个时代的主要特点。但有一件事情是确定的：挑战旧信仰和传统智慧的剧变正在进行。由于混乱和动荡是当今国际事务的主要特征，所以它们也就要求我们对传统观念提出非常规的问题。它们促使我们去思考政治、军事、经济、人口和环境压力，这些压力越来越多地压在世界各国之上、生活在这些国家中的人们身上，以及人们之间的互动之上。

面对未来，你将会面临一项令人敬畏的研究挑战：预测并解释未来世界事务的可能轮廓，对它们的因果做出令人信服的理论解释。为此你必须思考许多不寻常的和有争议的问题，这些问题现已成为全球议程上世界各国公众辩论的首要问题。那些所谓的各种专家可能会给你提供一些信息。然而，那些自诩的先知们所大胆地宣称的各种相互对立的结论却不可能是权威性的，而且经常还会出现严重分歧。

> 深陷革命性变革中的人们，很少会理解其最终的重要性。
> ——前任联合国秘书长加利

15-1 全球趋势及预测：让自己置身其中

人类在21世纪将会面临许多问题和挑战，正如前任联合国秘书长安南（Annan, 2006）认识到的那样："我们面临着一个充满非凡挑战的世界，一个非同寻常的相互联系的世界。我们都容易受到新的安全威胁和正在变得复杂而不可预测的旧有威胁的伤害。"联合国报告《一个更加安全的世界》(2004)概括了这个世界现在及未来数十年内必须关注的六组威胁：经济和社会威胁（包括贫困、国家债务、传染病和环境恶化等问题）；国家间冲突；国内暴力（包括内战、种族灭绝和其他大规模的暴行）；核武器、放射武器、化学武器和生物武器；恐怖主义；有组织的跨国犯罪。

这份详细目录暗示了世界未来一些年内将会变成的样子。为了构造你自己对未来世界的意象，你需要思考有可能主导未来数十年内国际关系的关键问题。你确定的这些问题，将会决定你所理解的全球未来会以怎样的场景和理论展现出来。

在了解了国际关系是如何形成和保持、如何被否定或取代的这些观点之后，想象你自己在期末时准备参加关于国际关系课程的考试。你的老师告诉你，你的整个成绩将由一个问题决定。你心情紧张地坐下来，打开考试用的蓝皮簿，却吃惊地发现这道题目是："(1) 陈述在这门课的考试中你希望被考到的问题，(2) 回答这个问题；你的成绩将由你对自己所提问题的理解和你的回答来决定。"你会怎样作答？

信不信由你，这种问题并不是虚构的，它已被若干国家用作考试题目用来挑选进入外交部门工作的应聘者。国际关系问题上本就没有对与错。事实上，几乎没有人会同意哪种趋势或哪些问题在国际事务中是最重要的，而且现如今也不存在哪些问题应该得到最高关注的学术共识。

为了激发你的思考，请根据你读过本书后获得的知识，列出一个你认为对世界的未来至关重要的问题清单。你会如何诠释你列出的问题？你会用那些相互竞争的理论（参见第 2 章）中的哪一个来做出你的分析？这一脑力训练将会使你的批判思维变得更加敏锐，同时也会告诉你更多关于你自己和你理性观点的信息，就像它会告诉你关于你描述当前全球状况、预测它的未来进程，并解释世界政治为什么正在变化（或为什么没有变化）的能力的信息一样。

本书并未让你陷入困境，而是对自己也进行了同样的考验。它通过确定全球范围内高度关注的未来问题来结束全书。作为进一步提升自己思维能力的催化剂，请批判看待这些问题。如何回答这些问题，被广泛地认为将会影响 21 世纪余下时间里的世界政治。

15-2　全球困境：关于一个动荡世界的关键问题

本书认为，国际关系受制于循环往复的模式。尽管充满了变化和混乱，但跨国行为体的行为却并不是随机的。它受常规倾向控制，这就使得我们有可能发现"规律"，或者是归纳出普遍的行为-反应模式。摩根索在他的经典之作《国家间政治》中认为，过往的历史记录具有足够的连续性，使得对国际政治的科学研究成为一项有意义的学术活动。关于国家如何互动的一些经验教训在不同的时间和地点都是不变的。"当这些规律和相关因果机制看起来能够解释并更好地预测对我们来说具有重要意义的结果时，它们就会引起广泛关注。"（Lebow, 2010）学术的目的就在于找到这些模式并基于历史教训去影响决策者做出好的政策选择。

在特定条件下可以假定：某些类型的跨国行为者会以类似的方式对同一类型的刺激物做出反应。当然，也存在一些例外情况。有时，相似的行为体在相似的情况下也会做出不同的决策。因此，尽管世界政治中存在许多规则，但社会科学家依然无法总结出一套统一的、决定性的规律去准确预测全球未来。"概括和具体说明是两种截然不同的任务，但在通向发现的道路上，它们既不必然是二分的，也不必然是分离的。"（Yetiv, 2011）

世界政治中发生的意外事件是导致预测未来变得困难的另一个因素。在寻找世界政治模式的过程中，"需要补充研究一些意外事件……这些事件破坏了现有的规律性，以及对它们所依据的行为者的理解"（Lebow, 2010）。历史上充满了古希腊哲学家亚里士多德称之为"偶然的结合"的情况——在这其中，各种因素偶然聚合到一起。比如，可以思考一下一战是如何爆发的。回顾第4章，一战爆发的一个直接原因是，1914年6月28日斐迪南大公在萨拉热窝被刺杀。那天早些时候，多次可能的刺杀行动都没有找到下手机会，显然都以失败告终。当斐迪南的车队在去一家城市医院探望病人的途中拐错了弯时，车队短时间停在一家咖啡馆门口，而刺客之一普林齐普恰巧正在这家咖啡馆就餐。普林齐普惊奇地发现，大公的敞篷汽车离他仅有5米远的距离。普林齐普连开了两枪，射杀了大公和他的夫人。考虑到当时欧洲的政治氛围，即使斐迪南没有遇刺，也会有其他因素促成大战的爆发。但正如政治学家布雷默（Bremer, 2000）追问的那样："谁能说一个不同的导火索，晚一天、一月或一年，也会引发相同的连环事件，从而导致一战的爆发呢？"

无数种可能的未来就在我们眼前。其中有些未来是令人向往的，其他的则令人恐惧。虽然我们无法肯定地预测哪一个会实现，但我们却可以通过预测当前趋势可能会如何发展，以及可以采取什么步骤使未来朝着我们期望的方向发展，来缩小可能性的范围。

以下六个问题可以用来帮助你思考世界政治的未来。每个问题都是基于前面各章中介绍的信息提出的。在思考这些问题的长远影响时，希望你能：

- 想象什么是可能的全球未来，
- 确定哪一种未来最有可能实现，以及
- 哪些政策将会对实现你所偏好的未来帮助最大。

> 就在今天，我们必须创造未来的世界。
> ——埃莉诺·罗斯福

全球化是拯救还是诅咒？

为什么今天的世界和其中的国家看起来都在脱离控制呢？答案之一就是全球化造成的。全球化是一个被社会广泛接受的词汇，它被理解为是一股变革的力量；在一个相互依存的复杂性不断增强的新时代，它正在制造广泛的治理危机。全球化使人们认为，现在地球上的每一个人和每一件事都比以前更加紧密地联系在一起，但就制度基础而言它却是不稳定的，这一基础在很大程度上还没有为未来做好准备。

在这个变革的、相互联系的和无国界的世界中，全球的一体化和普遍的世界主义文化已经减少了过去那种对独立、身份和自主的感觉，并推动许多国家让渡它们的部分主权，以在一个竞争的全球市场中通过合作参与获得利益。"全球化正在不断加深，在地球上不同的地方变得愈加包容和平衡。它还不断给人们带来新的观念、产品和艺术。"（Schuman, 2013）在每一个地方都能听到这类话语：边界和障碍不可能由于民族主义闭关锁国的努力而复活。"要么加入世界，要么与世界无关"，法国前总理巴拉杜这样来描述"民族主义的终结"。

在乐观主义者看来，意识到全人类的共同命运，以及许多主权国家以单边自助的方法应对全球问题的能力越来越弱，将会推动各国放弃国家间竞争的行动。根据这一推理，冲突将会减少，而人类也将会更好地认识到，国界和海洋几乎无法应对来自旅行、通信和贸易等方面全球革命的多重挑战。这些共同的问题只能通过集体多边合作的方式进行管理。全球化正在形成一个强大的网络，限制那些嵌入全球事务网络中的国家的对外政策行为（Rodrik, 2011）。结果就是，由于全球化使得合作对每个人的福祉来说都至关重要，这种持续加强的国家间的联系应该受到欢迎。

对全球化特别重要的是：当每一个人都要依靠其他人时，所有人就必须一起工作。前任联合国秘书长安南曾指出，"反对全球化就跟反对重力法则一样"。全球相互依存使得国家必须摆脱过去那种竞争性的自助方式，因为它们有越来越多的共享利益需要彼此合作，而相互打仗的动机则越来越少。乐观主义者们认为，全球化是统一和进步不可阻挡的引擎，应该为了人类的发展而促进它，因为它最终将会增加每个地方每个人的财富（Norberg, 2006）。

然而，悲观主义者则指出，全球化可能正在放慢脚步（Abdelal and Segal, 2007）。当前全球化仍在继续，但悲观主义者却也依然在为该如何应对我们这个"平坦、燥热、拥挤"的地球感到烦恼（Friedman, 2008）。除此之外，虽然全球

走向全球　在你阅读本书时，你已经思考了全球化的许多方面，以及全球各个国家和民族越来越多的相互联系所带来的积极和消极影响。图中所示是在埃及一些马车停在一家麦当劳前，这反映了文化和经济、传统和现代的一种混合。全球化肯定会带来许多挑战，但它也提供了学习、繁荣和享受一个有着更大多样性和可能性的世界的机会。

化有许多成功之处，但却依旧很难维持必要的政治意愿去支持全球化倡议（尤其是在涉及经济全球化时），而国际组织也只能是不完美地弥补这个缺口。经济学家罗德里克（Rodrik, 2011）认为，"事实上，我们缺少必要的国内及全球性战略去管理对全球化的破坏"。不论需求如何令人信服、收益如何高，增多的联系和一个一体化的全球社会的趋势都很可能会滋生出敌意而非善意。

全球化的另一个问题涉及其收益的分配。全球化的批评者们指出，全球化有利于处于优势地位的国家，而限制了虚弱国家的繁荣，由此随着富裕国家与贫困国家之间的差距不断拉大就会产生新的不平等。不平等的一个类似模式显然也出现在国家内部。"[诺贝尔奖得主埃里克·] 马斯金（Eric Maskin）的理论认为：在贸易和全球生产增长使平均收入增长的同时，各国内部的不平等程度也在增加。"（World Bank, 2014a）

由于全球化的利益不可能得到公平的分配，所以全球化就有可能在赢家和输家之间制造冲突。新现实主义理论家华尔兹（Waltz, 2001）认为，"相互依存既会带来战争，也会带来和平"。交织在一起的经济既会使各国间的关系变得甜蜜也会使关系恶化。在激烈的竞争、稀缺和民族主义重新抬头的情况下，通过对贸易和其他交易活动树立壁垒以免遭全球化对国家自主权的打击，有可能是一种难以抗拒的诱惑。运用军事力量获取政治好处的诱惑也将继续存在。因此，日益紧密的全球化网络既有可能导致危险，也有可能导致机会。

技术创新能解决日益严峻的全球问题吗？

全球化浪潮紧随20世纪末的发现之后，当时微电子和信息处理带来了革命性的改变。但是，技术革命的结果是不确定的。技术创新解决了一些问题，但却也引发了其他问题。"就像是一种不可阻挡的力量，"诺贝尔经济学奖得主瓦西里·列昂季耶夫（Wassily Leontief）认为，"技术既能给我们带来梦想不到的好处，也会给我们造成不可弥补的损害"。它能促进生产力，增加经济产出，但也能取代工人引发社会不安，造成环境破坏。"有些人发现他们的技能与新的科技是互补的。而有些人则发现他们失业了。"（*The Economist*, 2014d）

尽管承认新技术的传播与其在社会中造成的改变之间常会有值得注意的时间滞后，但一些人依然坚持认为，技术创新向人类许诺了一个更加安全和丰富多彩的未来（Fidler and Gostin, 2008）。事实上，这一群体里最乐观的成员们，因为看到如生物技术和数码软件等领域前途无量的发展而相信人类正在进入历史中最有创新性的时代。从他们的观点来看，只要有耐心，终会找到技术解决方案来减缓当今世界面临的最严重的问题。

他们将营养不良和疾病视为可能会继续存在的例子；但随着农业和医学领域的技术进步，许多原本会死去的人如今就能活下来。农业生态的创新在提高粮食产量的同时，也可以恢复农村经济并维持自然资源基础（Worldwatch Institute, 2013a）。其他人则寄希望于未来地质工程中抑制全球变暖的技术潜能，例如"用像大冷却水塔的装置直接洗涤空气"（Victor et al., 2009）。数以万亿计的设备连接到互联网的物联网的演变"有望彻底改变几乎每一个行业"，互联网先驱文顿·瑟夫（Vinton Cerf）这样认为。他解释道："当围绕我们的世界被接通电源并变得有意识时，它将会前所未有地提升效率。"

对能源的未来来说（参见第 14 章），无论是在确定备选的资源，还是在更高效地利用现有资源这两个方面，技术都非常重要。例如，麻省理工学院和哈佛大学的研究员曾经创造出一片人工树叶，它可以通过阳光和水产生能量并有自愈能力（Quick, 2013）。随着先进技术变得越来越便宜和可获得，它们将有可能产生更加广泛的影响。谷歌是一家专业从事互联网相关产品和服务的跨国公司，目前它正在有目的地采取措施，扩大对绿色能源的使用，因为传统能源正在变得越来越昂贵，而绿色能源则在变得越来越划算（Kanellos, 2013）。也许这样的发展将会减少国家间为了稀缺能源而进行竞争的需求，进而减少一个潜在的冲突根源。

与那些把技术创新设想为一种经济增长和缓解社会福利问题的方式的人们相比较，有些人依然担心所提出来的技术解决方案只会加剧现有的问题。尽管乐观主义者认为基因改良后的农作物是减少饥荒的一条路，但悲观主义者则担心由此造成的公共健康方面的后果。他们认为，就连所谓的"绿色革命"也有它的缺点。肥料、杀虫剂和除草剂一开始在各个全球南方国家的农田里增加了农作物的产出，但它们最终也引发了新的问题，如水污染。如果缺乏明智的管理，技术发展就可能会带来不利的影响。

想想这个世界的渔业。最初，大型船只和改进的航海技术使全世界的渔获量都在增加。但随着时间推移，许多渔业资源都被耗尽了。一旦生态系统崩溃，应用再多的技术都无法增加捕获量。就像这个思想流派的一位成员所说,"我们拥有的许多新技术给予了我们新的力量,但却没有给予我们新的智慧"(Gore, 2006)。

同样,批评家也对技术进步使政府能够通过雷达从事广泛的侦察和定点清除活动进行了谴责。从无人机的全球扩散到秘密电子监视项目,全球迫切需要对什么情况能合法使用这样的技术,什么情况是对国家主权、个人权利和正当程序不可接受的侵犯等问题进行更加透明的讨论。公共政策专家克洛宁(Cronin, 2013)在反思因美国大量使用无人机而引发的争议时指出,"用遥控操作人员替换人类飞行员本身并没有什么错……但问题是,华盛顿关于如何使用无人机的指南却是落后于美国安心依赖它的程度,致使短期利益遮盖了长期风险"。

你怎样看?把技术发现视作"进步的引擎"这一习惯方式真的合理吗?或者它只是一种基于一厢情愿的想法过高评价新技术之积极影响的倾向?"学习如何创造新技术是一回事,学习如何使用它则是另一回事。"(Shapin, 2007)所以当你看到新技术(干细胞、纳米技术、人类基因组等)时,不妨用反事实推理并想象一下,如果新技术没有被发明出来,情况又会怎样,或者新技术对地球上的生命将会有怎样的影响,是更好还是更糟。

哪种类型的武装冲突将会成为地缘战略格局的断层线?

当普遍的做法不再符合其原有目的时,这些做法就会趋于消失,如奴隶制、决斗和殖民主义。各国之间的战争也有相同的趋势,它在现代史上几乎已经消失了。更加令人印象深刻的是,1945年以来的时期是自16世纪以来大国和平持续时间最长的时期。这一成就提高了人们的期望,即各国之间发生大规模战争的可能性将会继续减少,国家之间的武装冲突将会变得过时。这种信心的一部分是基于以下假设:没有神志正常的领导人敢于发动对另一个国家的战争,因为任何预期的回报都将远远超出大规模毁灭的成本。

无疑,大多数领导人仍在为传统的针对其他国家的战争做准备并赞同亚里士多德的观点:"一个没有围墙的民族是一个没有选择的民族。"即便如此,针对现在萦绕于全球之上新出现的威胁,传统战争武器的有用性却也是值得怀疑的。各国如何能够有效地去打击那些由不知名的和看不见的、愿意为事业死于自杀式爆炸的非国家的恐怖分子造成的危险？当敌人缺乏明显的脆弱性时，这些袭击还能被威慑吗？当那些敌人既没有固定位置也没有值得攻击的东西时，一个国家又如何能用先发制人的攻击去摧毁他们呢？

今天各国仍在使用的军事力量的旧形式可能正在变得失去作用，没有任何水平的军事力量可以确保国家安全。当国家的主要安全问题不再是另一个国家的攻击，而是内部武装冲突的威胁或者是跨国恐怖主义网络（如基地组织）的攻击时，国家面临的挑战是在当今世界如何与非常规军事威胁作战的问题。

自"三十年战争"结束、现代国家体系诞生以来，战争行为已经经历了几"代"变化。尽管自二战以来"第三代"军事思想依然影响着大多数国家，但今天遭到他国军事攻击的威胁已经减少，尤其是在全球北方。取而代之的是，"第四代"战争已经出现，国家深陷于没有前线、不分士兵和平民的对敌对的非国家行为体的打击中（Hammes，2004）。由于无法在战场上打败常规军队，使用非常规战术的非正规部队关注对手的意愿，利用耐心、独创性和可怕的暴力行为，迫使他们的对手去面对持续长期斗争不断增加的成本。

国家和非国家行为体都转向信息技术和互联网作为非常规的战争武器。在世界各地，"军事组织和情报组织正在用被叫作'逻辑炸弹'和'陷阱门'的东西准备网络战，在和平时期把这些虚拟爆炸物安放在其他国家"（Klark and Knake，2010）。高科技武器的快速攻击和使数千个目标瘫痪的能力，昭示着出现高度不稳定的危机的可能性。"我们可能面临着几乎等同于珍珠港袭击程度的网络袭击，"美国前国防部长莱昂·帕内塔（Leon Panetta）警告说，"它们能攻击我们的电网系统，我们的金融系统、政府和银行系统。它们实际上可以使我们的国家陷入瘫痪。我们不得不对这些情况做好准备。"就像是一个可能出现的前兆，2014年12月，美国政府指责朝鲜因索尼公司关于暗杀金正恩的讽刺电影而对其进行网络攻击。索尼被黑是据说一个国家利用网络空间进行明显胁迫的少数实例之一，尽管它与朝鲜和美韩之间的不对称冲突风格相一致（Haggard and Lindsay，2015）。

不过，也有一些政治和军事领导人继续根据"第三代"战争的标准来思考战争，把战争的这种新面貌贬低为一种分散对决定性大规模战争注意力的令人讨厌的事情（Woodward，2006）。阿富汗战争和伊拉克战争会是未来战争的缩影吗？21世纪初的大部分军事冲突会遵循它们的模式吗？

全球共同体应该进行保护人权的干涉吗？

国家内部的冲突正在全世界肆虐。许多平民都在遭受本国政府广泛的压迫和暴力，而建立这些政府的初衷则是为了维护法律和秩序。令人担忧的是，全球共同体的道德愤慨是否足以使他们协调进行维持和平和缔造和平的干涉行动，以结束在那些国际法中可接受的行为标准被公然漠视的国家中发生的践踏人权行为。在许多失败国家，每年发生的暴行迫使数以百万的难民和流离失所者离开家园。全球共同体面临着对其真正的理想及捍卫这些理想的能力的考验，而这种捍卫则可能成本高昂。对种族灭绝受害者的人道主义关切会转化为具体的回应吗？还是受害者将会葬身于冷漠的海洋之中？

现在，人权法在原则上为每个地方的人们都提供了空前的保护，使他们可以没有恐惧地生活在自由中。传统的国家主权的合法统治及其推论不干涉规范已被修改。国际共同体越来越支持"保护的责任"。前任联合国秘书长安南很好地描述了对国家主权的重新定义，他指出："国家现在被广泛地视为是一种服务于其人民的工具，而不是反过来。"

然而，原则是一回事；防止人类遭受苦难的现实则是另一回事。全球化共同体中的大国和非国家行为体，会以具体行动来支持它们口头上表达的信念，把人类从大屠杀的压迫下解放出来吗？它们能够同意如下人道主义干涉的规则吗：对大规模破坏人权的行为做出军事回应是合法的？前任联合国秘书长安南在十年来发生在诸如波斯尼亚、黑塞哥维那、海地、卢旺达、索马里和塞尔维亚等国家的种族清洗、种族灭绝、大屠杀和践踏人权的残暴行为之后，在联合国大会上质疑道，世界能否"达成共识——不仅是关于大规模和系统性地破坏人权的行为（无论它们发生在哪里）必须得到阻止的原则，而且也是关于由谁来决定什么时候采取必要行动的方式"？关于国际共同体是否应该进行干涉以阻止在叙利亚的人类苦难的争议（该争议在2013年据说使用了化学武器后变得更加激烈）表明，这些问题依然没有得到解决。

面临的挑战是超越传统的主权观念，为干涉建构一种全球共识，用民权活动家马丁·路德·金博士的话来说，这一共识基于这样一种信念："任何地方的不公，都是对每一个地方的正义的威胁。"如果全球共同体真的承认所有人都有超越国界的权利并将这些人权定义为共同体"共同的全球利益"的核心，那它就必须对在根本上还未解决的问题做出回答并采取行动：共同利益是什么？由谁来定义它？又该由谁来保卫它？在谁的权威下？用什么手段干涉？

这个世界是否正在准备一场错误的战争？

为了维护和平，各个国家必须为战争做好准备。这仍是古典现实主义关于国家安全的公式。但是，难道各国就不会更加聪明地做好准备，去克服那些会削弱繁荣、自由和福利的条件吗？

越来越少的领导人抱有这种准备与他国竞争的坚定决心。法国前总统密特朗强烈要求："我们必须一道尽快找到眼前问题尤其是失业和欠发达问题的真正解决方法。这是预期中[未来]的战场。"印度前总理英迪拉·甘地警告说："要么是核战争消灭人类并摧毁地球，从而丢掉未来；要么是各地的男人和女人必须提高要求和平的声音，并要求紧急地把不同文明的观点与当代知识结合起来。只有把人类视为一体并从整体上把握全球问题，我们才能生存于和平与友好之中。"这些解决办法都坚持一个基本前提，正如芬兰时任总统阿赫蒂萨里所表达的："为了应对我们这个时代的重大安全挑战，包括人口增长、大规模毁灭性武器的扩散、犯罪、环境恶化和族群冲突，我们必须坚决采取管理变革和建设全球安全的新方法。"

这些言辞上的立场反映了领导人在国内外所面临的问题和私利。然而，他们是少数派。所有人反对所有人的战争仍在继续。人类安全依然不确定。

很大比例的人口正在面临饥荒、贫困和基本人权的丧失。上百万人正在受到他们政府支持的种族灭绝和恐怖主义的威胁。"对一些人来说，对环境恶化将会威胁国家及国际安全的日益广泛的担心，滋生了暴力冲突、地缘政治操纵和威权反应的幽灵。"(Conca and Debelko, 2015) 人类可能因此而自我毁灭，不是因为缺乏机会，而是因为人类集体没有能力去发现并把握机会。"也许我们将会毁灭我们自己。也许我们内部的共同敌人是如此强大，以致我们无法去认识和克服。"著名天文学家萨根(Sagan, 1988)悲叹道。"但是，"他又接着说道，"我[对人类]抱有希望……是否也有这种可能：我们人类最终恢复理智并开始为了人类和地球的利益而共同努力？"

这是"历史的终结"还是欢乐结局的终结？

对许多观察家来说，世界事务的历史就是暴政与自由互相斗争的历史。自古以来这种竞争就一直呈现出不同的形式：国王与大众的竞争，专制与民主的竞争，意识形态原则与实用主义政治的竞争。这些标签都是有误导性的，有时还会是危险的。然而，它们却构成了外交词汇，并激发了人们对治理和治国方略的理论探讨。在这种意象中，历史是心灵和观念的斗争。它是一场旨在使人类忠诚于某一特定形式的政治、社会和经济组织的意识形态竞争。

随着二战中法西斯主义的失败，以及一代人之后国际共产主义运动的衰落，流行的观点是，我们已经见证了一场历史性的大规模竞争的终结，自由主义获胜，对此福山（Fukuyama，1989）称之为"历史的终结"："20世纪见证了发达国家中意识形态暴力的爆发，自由主义先是与绝对主义的残余竞争，接着是与布尔什维克主义和法西斯主义竞争，最后则是与威胁要导致最终核战争大灾难的修正马克思主义竞争。但是，[20]世纪从人们充满自信地认为西方的自由民主制将最终获胜开始，现在［似乎］绕了一圈又回到了其出发点：……经济和政治自由主义取得了毋庸置疑的胜利。"

共产主义的突然被否定增加了一种期望：从自由民主的资本主义在世界上大部分地方取胜这一意义上来说，历史事实上已经"结束了"。自由主义者相信，践行自由贸易的自由政府能够最好地创造出一个良好的世界秩序。威尔逊总统认为，使世界"为了民主而变得安全"将会使世界本身变得安全。从这种自由主义观点来看，民主资本主义的扩散很好地预示着世界政治的未来。

一个不太确定的可能性是历史还没有"终结"，而且极权主义与民主治理之间的战斗也并未真正结束。"21世纪民主的持续传播不再是不可避免的。"（Mandelbaum，2007）有迹象表明，民主的传播进程正在停滞，许多国家都只是名义上的民主制，因为它们依然实行一党专政，尽管领导人是选举产生的，但他们却并不尊重宪法对他们权力的限制，并且否定公民基本的政治、宗教和经济自由。而且，新的民主国家经常缺乏法治、政党或自由的新闻媒体，其结果就是政局不稳和有好战倾向。这种领导人不对选民负责的持续状况表明，我们可能并非正在见证历史的终结。

全球经济危机也导致对全球资本主义优缺点的重新评估。"如果他继续观察当前的经济衰退的话,马克思肯定乐意指出是资本主义固有的缺陷导致当前的危机。他会看到金融领域的现代发展,如证券化和衍生品,如何使得市场能够传播全球经济一体化的风险。"(Panitch,2009)虽然许多国家正在开始恢复其财政基础,但是关于商业自由主义优点的共识已经破灭。与全球经济联系最紧密的自由市场经济体在经济损失中首当其冲,而对国际市场相对不那么开放的经济体(从印度和中国到摩尔多瓦)则受经济衰退的影响也较少。

> 变化是生命的法则。只盯着过去或眼前的人注定会失去未来。
>
> ——肯尼迪总统

15-3 新的世界秩序还是新的世界失序?

当代世界政治的悖论是,一个不再被大国之间迫在眉睫的全面战争的恐惧所困扰的世界,现在必须面对一系列挑战,其中每一个挑战都是危险的,也是潜在难以应对的。全球化在扩大各国责任的同时也扩大了各国所面临的问题。克林顿政府时期,美国正处在一个繁荣而稳定的历史时期,人们对和平与经济增长的信心很高,但克林顿认为有必要提出警告:"各种根深蒂固和强大的势力正在动摇和重塑我们的世界。我们这个时代迫切需要解决的问题是,我们能否使变革成为我们的朋友,而不是我们的敌人。"

近年来的变化引发了对世界秩序的跨国威胁。除了复兴的民族主义、族群冲突、脆弱国家和分裂主义的反叛,这些威胁还包括传染病、人口和毒品走私、气候变化、性别不平等、能源和粮食短缺、荒漠化和砍伐森林、"青年膨胀"和老龄化人口,以及金融危机和经济崩溃。

这些额外的威胁产生的潜在影响是可怕的,因为新出现的趋势表明,除了内战中的武装侵略和冲突,以及特定地区的国家间战争和世界上几乎任何时间和地方都有的恐怖主义的持续威胁,非军事的危险也将是多方面的。安全这一地缘战略问题与全球问题之间的区别可能消失了:前者涉及战争与和平事务,后者则与各国政府及人民之间经济、社会、人口和环境方面的关系有关。这个星球上充满了如此之多的相互联系的议题和问题,如果正义的和平与繁荣想要

下一个边疆？　　印度和中国正在加入美国、俄罗斯和日本的行列，成为太空探险的重要参与者。对太空知识、领土和权力的追求，将会具有与塑造全世界政治的机会、张力和利益相似的特征吗？图中所示是中国第一位女宇航员刘洋在 2012 年 6 月 16 日的出发仪式上。毛泽东有一句著名的话叫"妇女能顶半边天"。她的成就表明她们现在已经飞翔在空中了（Branigan, 2012）。

占据上风，那么所有这些议题和问题就都需要得到关注，对此，人类将会如何采取行动，制定优先顺序呢？

　　本书一直都在关注全球变化。它指出了当前正在发生的最重要的变化，这些变化有可能会引发世界政治变革。正如我们所看到的，变化既可能会很突然，也可能会很缓慢。变化持续不断，但它始终都是在以自己的节奏进行；而且历史提醒我们，全球变化的演化方向是不确定的。许多趋势都在同时发生，而它们合起来的影响则有可能使世界滑到预料之外的轨道上去。此外，各种趋势还能自我反转，而且每一种趋势都在以自己的速率向前移动。一些趋势在演进的过程中，移动的速度慢得让人难以置信，只有经过若干个世纪之后才会带来重大变革；而其他趋势的变化则很突然，它们的出现会打破长期的停滞状态。

为了理解这些趋势可能结合起来彼此影响的不同方式，一个对建构你的意象有帮助的办法就是，既利用过往的记忆，又借助未来愿景的启发。1775 年美国革命家帕特里克·亨利（Patrick Henry）强调了历史的重要性，他认为"只有一盏引领我的脚步的明灯，那就是经验的明灯。除了过去的历史，我不知道还有什么可以用来判断未来的方法"。七十多年后，在 1848 年，另外一名爱国者，意大利的政治领导人马志尼强调了未来主义者思想的重要性，他认为："伟大的事件是通过预测一个国家的世纪方向来实现的。"我们所有人都需要这两种视角，它建构在如下这种敏锐的意识上：我们对历史和未来的意象，必须避免把我们自己和自己的国家看作我们希望看到的样子，而不考虑其他人可能会以不同的方式来看待我们和我们的国家。

现在看来，正在进行中的各种不同趋势的集体影响，表明世界政治中将会发生重要变革。然而，对变革的反对也是持久的：持久的仪式、现存的规则、定型的制度和根深蒂固的习俗，都在抵抗着世界政治中最近出现的重大变化的拉力。持续与变化的共存并不容易，而也正是这种混合才使得未来变得如此的不确定。

两种力量竞赛的结果将会决定当下世界与未来世界之间的差异。首先是知识与遗忘之间的竞赛。无知横亘在全球走向进步和正义的道路上。科学和技术进步的速度远远超过了解决它们所产生的社会和政治问题的速度。因此，建立应对这些问题的知识可能是最大的挑战。爱因斯坦警告说："原子的分裂改变了除我们的思维模式之外的所有东西，因此我们正在走向空前的大灾难。除非[我们]对其他人的态度以及[我们]对未来的概念发生根本性变化，否则世界将会面临史无前例的灾难。"

"知识是我们的命运。"哲学家雅各布·布朗诺斯基（Jacob Bronowski）宣称。如果世界想要打造出一个充满希望的未来，就必须发展出更为复杂的知识。复杂化要求我们把世界看作一个整体，同时也要观察其单独的各个部分。它不允许根据我们的自我意象去描绘他人，或者是把我们自己的价值观投射到别人身上。我们必须抛弃那种对用一个简单的公式来创造更美好的明天的信仰，并抵制那种单一问题的改革方法。对模糊性的容忍甚至追求是绝对必要的。

世界政治的未来也取决于各个国家协调合作的能力与它们相互争斗的历史趋势之间的竞争结果。只有协调一致的国际合作才能阻止重新陷入军事冲突和残酷的竞争。为了应对未来的全球挑战，为了做出明智的决定去实行所需要的变革以带来一个更加安全和更加公正的世界，愿景不可或缺。

未来是不明朗的，新闻标题也并不就是趋势线。因此，我们可以通过做出明智而符合伦理的选择来克服现在迫近的危险。那么，我们该如何前行呢？

"在像这样的时代中，"未来学家斯奈德（Snyder, 2006）忠告说，"最好的建议来自于经历了时间考验的古代真理。"就像古希腊哲学家赫拉克利特在2500年前认为的那样，"唯有变化才是永恒的"。200年后，中国将军孙子建议道："故善战者，求之于势。"这些思想合起来的意思非常明确，那就是："聪明的领导人会充分利用变化。"

因此，当我们努力建设一个更加和平与公正的世界时，我们不应担忧未来，而是应该欢迎未来的机会。肯尼迪总统感人的话语描述了我们可以很好地假设的情形："尽管我们有时似乎蒙蔽在黑暗和最后的深渊中，但是我们不要让任何一个和平而自由的人失望。因为他不是孤独的……我们应该一起拯救我们的星球，否则我们就将共同毁灭在烈火中。我们能够拯救它，我们必须拯救它，而到那时，我们将获得人类永恒的感谢。"

> 如果我们关于未来的意象不同，我们今天做出的决定就也会不同。[鼓舞人心的愿景]会激励我们去行动。但若没有值得我们为之奋斗的共同意象，社会就将缺乏动力和方向。
>
> ——政策分析家威利斯·哈曼（Willis Harman）

参考文献

Aaronson, Susan, and Jamie Zimmerman. (2007). *Trade Imbalance*. Cambridge University Press.
Abouharb, Rodwan, and David Cingranelli. (2007). *Human Rights and Structural Adjustment*. Cambridge University Press.
Acemoglu, Daron, and James A. Robinson. (2012). *Why Nations Fail*. New York: Random House.
Allison, Graham T. (2010). *Essence of Decision*. Boston: Little, Brown.
Anderlini, Sanam N. (2007). *Women Building Peace*. Boulder, CO: Lynne Rienner.
Angell, Norman. (1910). *The Grand Illusion*. London: Weidenfeld & Nicholson.
Appiah, Kwame Anthony. (2006). *Cosmopolitanism: Ethics in a World of Strangers*. New York: Norton.
Ariely, Dan. (2012). *The (Honest) Truth About Dishonest*. New York: Harper.
—— (2008). *Predictably Irrational: The Hidden Forces That Shape Our Decisions*. New York: Harper.
Axelrod, Robert M. (1984). *The Evolution of Cooperation*. NewYork: Basic Books.

Babcock, Linda, and Sara Laschever. (2003). *Women Don't ask*. Princeton: Princeton University Press.
Baldwin, Richard. (2011). *21st Century Regionalism*. Geneva, Switzerland: World Trade Organization.
Bank for International Settlements (BIS). (2015). *Debt Securities Statistics*. http://www.bis.org/statistics/secstats.htm.
Bapat, Navin A. (1995). *Jihad vs. McWorld*. New York: Random House.
Barnet, Richard J. (1977). *The Giants: Russia and America*. New York: Simon & Schuster.
Baron, Samuel H. and Carl Pletsch (eds.).(1985). *Introspection in Biography*. Analytic Press.
Barratt, Bethany. (2007). *Human Rights and Foreign Aid: For Love or Money?* Routledge.
Beitz, Charles R. (2009). *The Idea of Human Rights*. New York: Oxford University Press.
Bergsten, Fred, and William Cline. (1982). *Trade Policy in the 1980s*. Washington: Institute for International Economics.
Beyer, Peter. (2013). *Religion in the Context of Globalization*. New York: Routledge.
Bhagwati, Jagdish. (2008a). *Termites in the Trading System*. New York: Oxford University Press.
—— (2008b). *In Defense of Globalization*. New York: Oxford University Press.
Bloom, Mia. (2005). *Dying to Kill: The Allure of Suicide Terror*. New York: Columbia University Press.
Blyth, Mark. (2015). *Austerity: The History of a Dangerous Idea*. New York: Oxford University Press.
Brainard, Lael, Abigail Jones, and Nigel Purvis. (eds.) (2009). *Climate Change and Global Poverty*. Brookings Institution Press.
Braudel, Fernand. (1973). *The Mediterranean and the Mediterranean World at the Age of Philip II*. Harper.
Bresnitz, Dan, and John Zysman. (2013). *The Third Globaliztion*. Oxford :Oxford University Press.
Breuning, Marike. (2007). *Foreign Policy Analysis*. New York: Palgrave Macmillan.
Bromley, Daniel, and Glen Anderson. (2013). *Vulnerable People, Vulnerable States*. Routledge.
Brown, Lester R. (2012). *Full Planet, Empty Plates*. New York: W. W. Norton & Company.

Brysk, Alison. (2009). *Global Good Samaritans*. Oxford :Oxford University Press.
Brzezinski, Zbigniew. (2004). *The Choice*. New York: Basic Books/Perseus.
Butt, Yousaf. (2004). *From International to World Society?*. Cambridge, UK: Cambridge University Press.

Calvocoressi, Peter, Guy Wint, and John Pritchard. (1989). *Total War*, 2nd ed. New York: Patheon.
Carr, E. H. (1939). *The Twenty-Years' Crisis, 1919—1939*. London: Macmillan.
Cashman, Grey, and Leonard C. Robinson. (2007). *An Introduction to the Cause of War*. Rowman & Littlefield.
Chase-Dunn, Christopher, and E. N. Anderson (eds.). (2005). *The Historical Evolution of World-System*. Palgrave.
Chatterjee, Deen K. (3d.). (2013). *The Ethics of Preventive War*. Cambridge, UK: Cambridge University Press.
Chauffour, Jean-Pierre, and Mariem Malouch. (2011). *Trade Finance during the Great Trade Collapse*. World Bank.
Chernoff, Fred. (2008). *Theory and Metatheory in International Relation*. London: Palgrave Macmillan.
Choucri, Nazil. (2012). *Cyberpolitics in International Relations*. Cambridge, MA: MIT Press.
Clark, Gregory. (2008). *A Farewell to Alms*. Princeton, NJ: Princeton University Press.
Clarke, Richard A. and Robert Knake. (2010). *Cyber War*. New York: HarperCollins.
Claude, Inis L., Jr. (1967). *The Changing United Nations*. Random House.
Cohen, Bemjamin J. (ed.). (2005). *International Political Economy*. Ashgate.
—— (1973). *The Question of Imperialism*. New York: Basic Books.
Cohen, Saul Bernard. (2003). *Geopolitics of the World System*. Lanham, MD: Rowman & Littlefield.
Coker, Christopher. (2012). *Warrior Geeks*. New York: Columbia University Press.
Collier, Paul. (2007). *The Bottom Billion*. New York: Oxford University Press.
Combs, Cynthia C. (2013). *Terrorism in the Twenty-First Century*, 7th ed. Pearson.
Conca, Ken, and Geoffrey Dabelko. (2015). *Green Planet Blues*. Westview Press.
Copeland, Dale C. (2014). *Economic Interdependence and War*. Princeton University Press.
Cortright, David, and George A. Lopez. (eds.). (2008). *Uniting against Terror*. MIT Press.
Coyle, Eugene D., and Melissa J. Dark. (eds.). (2014). *Understanding the Global Energy Crisis*. Purdue University Press.
Cressy, Laura E., Barrett J. Helmer, and Jennifer E. Steffensen. (eds.). (2014). *Carrers in International Affairs*. Georgetown University Press.

Denemark, Robert A. (ed.). (2010). *The International Studies Encyclopedia*. Boston, MA: Blackwell.
Destler, I. M. (2005). *American Trade Politics*, 4th ed. Washington, DC: Institute of International Economics.
Deutsch, Karl W. (1957). *Political Community and the North Atlantic Area*. Princeton University Press.
Diehl, Paul F., and J. Michael Greig. (2012). *International Mediation*. Cambridge: Polity Press.
Dombrowski, Peter, and Eugene Gholz. (2007). *Buying Military Tramsformation*. Columbia University Press.
Donnelly, Jack. (2013). *Universal Human Rights Theory and Practice*. Cornell University Press.
Draper, Robert. (2008). *Dead Certain*. New York: Free Press.
Drezner, Daniel. (2014). *The System Worked*. New York: Oxford University Press.
—— (2011a). *Theories of International Politics and Zombies*. Princeton University Press.
—— (2007). *All Politics Is Global*. Princeton, NJ: Princeton University Press.
Dur, Andreas. (2010). *Protectionism for Exporters*. Ithaca, NY: Cornell University Press.
Dworkin, Ronald. (2001). *Sovereign Virtue*. Cambridge, MA: Harvard University Press.

Easton, Stewart C. (1964). *The Rise and Fall of Western Colonialism*. New York: Praeger.
Elman, Colin, and Michael Jensen. (eds.). (2014). *Realism Reader*. New York: Routledge.
Elshtain, Jean Bethke. (2003). *Just War against Terror*. New York: Basic Books.
Emloes, Cynthia H. (2004). *The Curious Feminist*. Berkeley: University of California Press.
—— (2000). *Maneuvers: The International Politics of Militarizing Women's Lives*. University of California Press.
European Commission. (2012). *The 2012 Agering Report*. European Commission.
Evans, Gareth. (2008). *The Responsibility to Protect*. Washington, DC: Brookings Institution Press.
Evenett, Simon J. (2014). *The Global Trade Disorder*. London: Centre for Economic Policy.

Feldman, Noah. (2013). *Cool War: The Future of Global Competition*. New York: Random House.
Ferguson, Niall. (2008). *The Ascent of Money*. New York: Penguin Press.
—— (2004). *Colossus: The Price of America's Empire*. New York: Penguin.
—— (2000). *The Cash Nexus*. New York: Basic Books.
Fidler, David P., and Lawrence O. Gostin. (2008). *Biosecurity in the Global Age*. Stanford University Press.
Fieldhouse, D. K. (1973). *Economics and Empire, 1830–1914*. Cornell University Press.
Forsythe, David P. (2012). *Human Rights in International Studies*. Cambridge University Press.
Frank, Andre Gunder. (1969). *Latin America: Underdevelopment or Revolution*. Monthly Review Press.
Frederking, Brian, and Paul F. Diehl. (eds.). (2015). *The Politics of Global Governance*, 5th ed. Lynne Reinner.
Friedman, George. (2011). *The Next Decade*. New York: Doubleday, Random House.
Friedman, Thomas L. (2008). *Hot, Flat, and Crowded*. New York: Farrar, Straus and Giroux.
—— (2007b). *The World Is Flat 3.0*. New York: Farrar, Straus and Giroux.
Fukuyama, Francis. (2011). *The Origins of Political Order*. New York: Farrar, Straus and Giroux.
—— (2008). *Blindside*. Washington, DC: Brookings Institution.
—— (1999ab). *The Great Disruption*. New York: Free Press.

Gelb, Leslie H. (2009). *Power Rules*. New York: HarperCollins.
Gilley, Bruce, and Andrew O'Neil. (eds.). (2014). *Middle Powers and the Rise of China*. Georgetown University Press.
Gladwell, Malcolm. (2001). *Blink*. New York: Little, Brown.
Glaseser, Edward. (2011). *Triumph of the City*. New York: Penguin.
Goldin, Ian, and Mike Mariathasan. (2015). *The Butterfly Defect*. Princeton University Press.
Goldsmith, Jack. (2008). *The Terror Presidency*. New York: Norton.
Goldsmith, Jack I., and Eric A. Posner. (2005). *The Limits of International Law*. Oxford University Press.
Gore, Al. (2006). *An Inconvenient Truth*. Emmaus, PA: Rodale.
Graham, Edward Montgomery. (2000). *Fighting the Wrong Enemy*. Peterson Institute.
Gwartney, James, Robert Lawson, and Joshua Hall. (2014). *Economic Freedom of the World: 2014 Annual Report*. Vancouver, Canada: Fraser Institute.

Habermas, Jürgen. (1984). *The Theory of Communicative Action*, 2 vols. Beacon Press.
Haigh, Stephen Paul. (2013). *Future States: From International to Global Order*. Ashgate.
Hall, Anthony J. (2004). *The America Empire and the Fourth World*. McGill-Queen's University Press.
Halperin, Sandra. (2013). *Re-envisioning Global Development: A Horizontal Perspective*. Taylor and Francis.
Hamilton, Alexander. (1913, 1791). *Report on Manufactures*. Washington, DC: U. S. Government. Books.

google.com.
Hammes, Thomas X. (2004). *The Sling and the Stone: On War in the 21st Century*. Zenith Press.
Hannigan, John. (2012). *Disasters without Borders: The International Politics of Natural Disasters*. Polity.
Hartzell, Caroline, and Matthew Hoddie. (2007). *Crafting Peace*. Pennsylvania State University Press.
Haskin, Jeanne. (2005). *The Tragic Congo: From Decolonization to Dictatorship*. New York: Algora.
Hensel, Howard M. (ed.). (2007). *The Law of Armed Conflict*. Burlington, VT: Ashgate.
Hermann, Margaret G. (2007). *Comparative Foreign Policy Analysis: Theories and Methods*. Pretice Hall.
Herz, John H. (1951). *Political Realism and Political Idealism*. Chicago: University of Chicago Press.
Hironaka, Ann. (2005). *Neverending Wars*. Cambridge, MA: Harvard University Press.
Hirschman, Albert. (1945). *National Power and the Structure of Foreign Trade*. University of California Press.
Hobson, John A. (1965;1902). *Imperialism*. Ann Arnor: University of Michigan Press.
Holsti, Kalevi J. (2004). *Taming the Sovereigns*. Cambridge: Cambridge University Press.
——(1991). *Peace and War*. Cambridge: Cambridge University Press.
Hooper, Charlotte. (2001). *Manly States*. New York: Columbia University Press.
Horkheimer, Max. (1947). *Eclipse of Reason*. New York: Oxford University Press.
Hudson, Kimberly A. (2009). *Justice, Intervention, and Force in International Relations*. New York: Routledge.
Hudson, Valerie M. (2012). *Sex and World Peace*. New York: Columbia University Press.
Hughes, Emmet John. (1972). *The Living Presidency*. New York: Coward, McCann and Geoghegan.
Hume, David. (1817). *Philosophical Essays on Morals, Literature, and Politics*, Vol. 1. Washington, DC: Duffy.
Hungtington, Samuel P. (1996). *The Clash of Civilizations and the Remaking of World Order*. Simon & Schuster.
——(1991a). *The Third Wave*. Norman: University of Oklahoma Press.

Ikenberry, G. John. (2011a). *Liberal Leviathan*. Princeton, NJ: Princeton University Press.
IMF. (2015b). *World Economic Outlook*. Washington, DC: International Monetary Fund Publication Services.
Irwin, Douglas. (2009). *Free Trade under Fire*, 3rd ed. Princeton, NJ: Princeton University Press.

Janis, Irving. (1982). *Groupthinking*, 2nd ed. Boston: Houghton Mifflin.
Jensen, Lloyd. (1982). *Explaining Foreign Policy*. Englewood Cliffs, NJ: Prentice Hall.
Jervis, Robert. (2005). *American Foreign Policy in a New Era*. New York: Routledge.
Johnson, Chalmers. (2004a). *Blowback*. New York: Henry Holt.
Joyner, Christopher C. (2005). *International Law in the 21st Century*. Lanham, MD: Rowman & Littlefield.
Juris, Jeffrey S., and Alex Khasnabish (eds.). (2013). *Insurgent Encounter*. Durham, NC: Duke University Press.

Kahneman, Daniel. (2011). *Thinking, Fast and Slow*. New York: Farrar, Straus, and Giroux.
Kaiser, David. (1990). *Politics and War*. Cambridge, MA: Harvard University Press.
Kant, Immanuel. (1964; 1978). *Anthropologie in Pragmatischer Hinsicht*. Darmstadt, Germany: Werke.
——(1903; 1795). *Perpetual Peace: A Philosophical Essay*. London, UK: Swan Sonnenschein and Co.
Kaplan, Morton A. (1957). *System and Process in International Politics*. New York: Wiley.
Kaufman, Joyce P., and Kristen P. Williams. (2007). *Women, the State, and War*. Lexington Books.
Keegan, John. (1999). *The First World War*. New York: Knopf.

―― (1993). *A History of Warfare*. New York: Knopf.
Kegley, Charles W. (ed.). (2003). *The New Global Terrorism*. Prentice Hall.
Kegley, Charles W. and Gregory Raymond. (2002). *Exorcising the Ghost of Westphalia*. Prentice Hall.
Kegley, Charles W., Jr., with Eugene R. Wittkopf. (1982). *American Foreign Policy*, 2nd ed. St. Martin's.
Kelsen, Hans. (2009). *General Theory of Law and State*. Cambridge, MA: Harvard University Press.
Kennan, George F. (1984). *The Fateful Alliance*. New York: Pantheon.
Kennedy, Paul. (1987). *The Rise and Fall of the Great Powers*. New York: Random House.
Keynes, John. (1936). *The General Theory of Employment, Interest, and Money*. London: Macmillan.
Kindleberger, Charles. (2001). *Manics, Panics, and Crashes*, 5th ed. Hoboken, NJ: John Wiley and Sons.
Krishner, Jonathan. (2014). *American Power after the Financial Crisis*. Ithaca, NY: Cornell University Press.
Kissinger, Henry A. (2012a). *On China*, 2nd ed. New York: Penguin Press.
―― (1979). *White house Years*. Boston: Little, Brown.
Klare, Michael. (1994). *World Security: Challenges for A New Century*, 2nd ed. New York: st. Martin's Press.
Klein, Naomi. (2007). *The Shock Doctrine: The Rise of Disaster Capitalism*. New York: Metropolitan Books/Henry Holt.
Kolodziej, Edward. (2005). *Security and International Relations*. Cambridge: Cambridge University Press.
Kristof, Nicholas D., and Sheryl WuDunn. (2009). *Half the Sky*. New York: Vintage Books.
Krueger, Alan B. (2007). *What Makes a Terrorist*. Princeton, NJ: Princeton University Press.

Larsen, Jeffrey A., and Kerry M. Kartchner (eds.). (2014). *On Limited Nuclear War in the 21st Century*. Stanford University Press.
Lebow, Richard Ned. (2010). *Forbidden Fruit*. Princeton, NJ: Princeton University Press.
―― (1981). *Between Peace and War*. Baltimore: Johns Hopkins University Press.
Leffler, Melvyn, and Odd Arne Westad (ed.). (2009). *The Cambridge History of the Cold War*. Cambridge University Press.
Leopard, Brian D. (2010). *Customary International Law*. New York: Cambridge University press.
Levy, Jack, and William R. Thompson. (2010). *Causes of War*. Malden, MA: Wiley-Blackwell.
Lewis, Michael. (2014). *Flash Boys: A Wall Street Revolt*. New York: W. W. Norton & Company, Inc.
Lobell, Steven E., Norrin M. Ripsman, and Jeffrey W. Taliaferro. (2009). *Neo-Classical Realism, the State, and Foreign Policy*. New York: Cambridge University Press.
Lombardi, M. E. Ragab, and V. Chin (eds.). (2015). *Countering Radicalisation and Violent Extremism among Youth to Prevent Terrorism*. Amsterdam, Netherlands: IOS Press BV.

MacDonald, James. (2015). *When Globalization Fails*. New York: Farrar, Straus and Giroux.
Mackinder, Sir Halford. (1919). *Democratic Ideals and Renlity*. New York: Holt.
Mahan, Alfred Thayer. (1890). *The Influence of Sea Power in History*. Boston: Little, Brown.
Mahbulbani, Kishore. (2009). *The New Asian Hemisphere*. New York: Basic Civitas Books.
Malone, David M., Sebastian von Einsiedel, and Bruno Stagno Ugarte (eds.). (2015). *The UN Security Council in the 21st Century*. Boulder, CO: Lynne Reiner.
Mandelbaum, Michael. (2010). *The Frugal Superpower*. New York: PublicAffairs.
Mankoff, Jeffrey. (2000). *Russian Foreign Policy*. New York: Rowman & Littlefield.
Mann, James. (2004). *Rise of the Vulcans: The History of Bush's War Cabinet*. New York: Viking.
Martin, susan F. (2014). *International Migration*. New York: Cambridge University Press.
Marx, Anthony W. (2003). *Faith in Nation: Exclusionary Origins of Nationalism*. Oxford University Press.

Mazarr, Michael J. (1999). *Global Trends 2005*. London: Palgrave.
Mazower, Mark. (2009). *No Enchanted Palace*. Princeton University Press.
McKinnon, Ronald I. (2013). *The Unloved Dollar Standard*. Oxford University Press.
Mearsheimer, John J. (2001). *The Tragedy of Great Power Politics*. New York: Norton.
Menon, Rajan. (2007). *The End of Alliances*. New York: Oxford University Press.
Mentan, Tatah. (2004). *Dilemmas of Weak States*. Burlington, VT: Ashgate.
Mertus, Julie. (2009a). *Human Rights Matters*. Stanford University Press.
——— (2009b). *The United Nations and Human Rights*, 2nd ed. New York: Routledge.
Milner, Helen V., and Andrew Moravcsik. (2009). *Power, Interdependence, and Nonstate Actors in World Politics*. Princeton, NJ: Princeton University Press.
Mintz, Alex, and Karl DeRouen. (2010). *Understanding Foreign Policy Decision Making*. Cambridge University Press.
Morgenthau, Hans J. (1985; 1948). *Politics among Nations*, 6th ed. New York: Knopf.
Morris, Ian. (2010). *Why the West Rules*. New York: Farrar, Straus and Giroux.
Morrow, James D. (2014). *Order within Anarchy*. New York: Cambridge University Press.
Mosley, Layna. (2011). *Labor Rights and Multinational Production*. Cambridge, UK: Cambridge University Press.
Mueller, John. (2004). *The Remnants of War*. Ithaca, NY: Cornell University Press.

NIC. (2004). *Mapping the Global Future*. Washington, DC: National Intelligence Council.
Nelson, Rebecca, Paul Belkin, and Derek Mix. (2010). *Greece's Debt Crisis*. Congressional Research Service.
Niebuhr, Reinhold. (1947). *Moral Man and Immoral Society*. New York: Scribner's.
9/11 Cpmmission. (2004). *The 9/11 Commission Report*. New York: Norton.
Nussbaum, Martha C. (2013). *Political Emotions: Why Love Matters for Justice*. Belknap Press.
Nye, Joseph S., Jr. (2015). *Is the American Century Over?* Cambridge, UK: Polity.
——— (2007). *Understanding International Conflicts*, 6th ed. New York: Pearson Longman.

Oatley, Thomas. (2012). *International Political Economy*, 5th ed. New York: Norton.
Ogden, Chris. (2013). *Handbook of China's Governance and Domestic Politics*. New York: Routledge.

Pankhurst, Donna. (ed.). (2008). *Gendered Peace*. New York: Routledge.
Paust, Jordan J. (2007). *Beyond the Law*. New York: Cambridge University Press.
Peterson, V. Spike, and Anne Sisson Runyan. (2010). *Global Gender Issues in the New Millennium*, 3rd ed. Westview Press.
Petras, James, and Henry Veltmeyer. (2004). *A System in Crisis*. London: Palgrave.
Pisani-Ferry, Jean. (2014). *The Euro Crisis and Its Aftermath*. New York: Oxford University Press.
Prasad, Eswar. (2014). *The Dollar Trap*. Princeton, NJ: Princeton University Press.
Prashad, Vijay. (2013). *The Poorer Nations: A Possible History of the Global South*. Verso.
Puchala, Donald J.(2003). *Theory and History in International Relations*. New York: Routledge.

Ram, Uri. (2008). *The Globalization of Israel*. New York: Routledge.
Ramcharan, Bertrand. (2010). *Preventive Human Rights Strategies*. New York: Routledge.
——— (2005). *Puzzles of the Democratic Peace*. London: Palgrave Macmillan.
Ravenhill, John. (2008). *Global Political Economy*. New York: Oxford University Press.
Redfield, Robert. (1962). *Human Nature and the Study of Society*, vol. l. Chicago: University of Illinois

Press.
Reiter, Dan. (2009). *How Wars End*. Princeton, NJ: Princeton University Press.
Ridley, Matt. (2003). *Nature vs. Nurture: Genes, Experiences and What Makes Us Human*. HarperCollins.
Rivoli. Pietra. (2014). *The Travels of a T-Shirt in the Global Economy*. New York: Wiley.
Rodrik, Dani. (2008) *One Economics, Many Recipes*. Princeton, NJ: Princeton University Press.
—— (1980). *The Scientific Study of Foreign Policy*. New York: Nichols.
Rostow, W. W. (1960). *The Stages of Economic Growth*. Cambridge: Cambridge University Press.
Rothkopf, David. (2012). *Power, Inc*. New York: Farrar, Straus, and Giroux.
Ruggie, John Gerald. (2013). *Just Business*. New York: W. W Norton.

Sachs, Jeffrey. (2005). *The End of Poverty*. New York: Penguin Press.
Sageman, Marc. (2008). *Leaderless Jihad*. Philadelphia: University of Pennsylvania Press.
Salas, Rafael M. (1985). *Reflections on Population*. New York: Pergamon Press.
Sassen, Saskia. (2008). *Territory, Authority, Rights*. Princeton, NJ: Princeton University Press.
—— (1986). *The Cycles of American History*. Boston: Houghton Mifflin.
Schui, Florian. (2014). *Austerity: The Great Failure*. New Haven, CT: Yale University Press.
Sen, Amartya. (2006). *Identity and Violence: The Illusion of Destiny*. New York: Norton.
Shambaugh, David. (2013). *China Goes Global: The Partial Power*. Oxford, UK: Oxford University Press.
Shannon, Thomas Richard. (1989). *An Introduction to the World-System Perspective*. Boulder, CO: Westview.
Shapiro, Ian. (2008). *Futurecast*. New York: St. Martin's Press.
Shearman, Peter. (2013). *Power Transition and International Order in Asia*. New York: Routledge.
Sheffer, Gabriel. (2003). *Diaspora Politics: at Home Abroad*. Cambridge: Cambridge University Press.
Shultz, Richard H., Roy Godson, and George H. Quester. (1997). *Security Studies for the 21st Century*. London: Brassey's Military Books.
Shulz, William F. (2001). *In Our Own Best Interest*. Boston, MA: Beacon Press.
Simmons, Beth. (2009). *Mobilizing for Human Rights*. New York: Cambridge University Press.
Simon, Herbert A. (1997). *Models of Bounded Rationality*. Cambridge, MA: MIT Press.
Singer, P. W. (2009b). *Wired for War*. New York: Penguin Press.
Singer, Peter. (2004). *One World: The Ethics of Globlization*, 2nd ed. Yale University Press.
Sivard, Ruth Leger. (1991). *World Military and Social Expenditures 1991*. Washington, DC: World Priorities.
Sjoberg, Laura. (2013). *Gendering Global Conflict*. New York: Columbia University Press.
Sklair, Leslie. (1991). *Sociology of the Global System*. Baltimore Johns Hopkins University Press.
Sorensen, Theodore C. (1963). *Decision Making in the White House*. Columbia University Press.
Spencer, Herbert. (1970). *Social Statistics*. New York: Robert Schalkenbach Foundation.:
Spykman, Nicholas. (1944). *The Geography of Peace*. New York: Harcourt Brace.
Steans, Jill. (2006). *Gender amd International Relations*. Cambridge, UK: Polity.
Steinberg, Paul F., and Stacy D. VanDeveer. (2012). *Comparative Environmental Politics*. MIT Press.
Stephenson, Max, and Laura Zanotti. (2012). *Peacebuilding Through Community-Based NGOs*. Kumarian Press.
Subramanian, Arvind. (2011). *Eclipse: Living in the Shadow of China's Economic Dominance*. Washington DC: Peter G. Peterson Institute for International Economics.
Sylvester, Christine. (2002). *Feminist International Relations*. New York: Cambridge University Press.

Taliaferro, Jeffrey, S. E. Lobell, and N. M. Ripsman. (2009). *Neo-Classical Realism, the State, and Foreign*

Policy. Cambridge, UK: Cambridge University Press.
Temin, Peter, and David Vines. (2013). *The Leaderless Economy*. Princeton, NJ: Princeton University Press.
Tetlock, Philip. (2006). *Expert Political Judgment*. Princeton, NJ: Princeton University Press.
Tickner, J. Ann. (2002). *Gendering World Politics*. New York: Columbia University Press.
Tickner, J. Ann, and Laura Sjoberg. (eds.). (2011). *Conversations in Feminist International Relations*. Routledge.
Timmerman, Kenneth. (1991). *The Death Lobby: How the West Armed Iraq*. Boston: Houghton Mifflin.

UNCTAD. (2015a). *Global Investment Trends Monitor*. New York: United Nations.
—— (2015b). *World Investment Report*. New York: United Union.
UNDP. (2015). *Human Development Report 2015*. New York: United Nations.
UNHCR. (2015). *Global Trends: Forced Displacement 2014*. UN High Commissioner for Refugees.

Vasquez, John A. (2009). *War Puzzle Revisited*. Cambridge, UK: Cambridge University Press.
Vital Signs. (2006—2007). New York: Norton.
Vogel, David. (1995). *Trading Up*. Cambridge, MA: Harvard University Press.
Vreeland, James Raymond. (2003). *The IMF and Economic Development*. Cambridge University Press.

Walker, Stephen, Alan Malici, and Mark Schafer. (2011). *Rethinking Foreign Policy Analysis*. Routledge.
Wallensteen, Peter. (2011). *Understanding Conflict Resolution*. London: Sage.
Wallerstein, Immanuel. (2005). *World-System Analysis*. Durham, NC: Duke University Press.
Waltz, Kenneth N. (2001). *Man, the State, and War*. Rev. ed. New York: Columbia University Press.
WDI. (2015). *World Development Indicators 2015*. Washington, DC: World Bank.
WDR. (2015). *World Development Report 2015*. Washington, DC: World Bank.
Weber, Cynthia. (2005). *International Relations Theory*, 2nd ed. New york: Routledge.
Wendt, Alexander. (1999). *Social Theory of International Politics*. Cambridge, UK: Cambridge University Press.
Wheaton, Henry. (1846). *Elements of International Law*. Philadelphia: Lea and Blanchard.
Wilkinson, Paul. (2011). T*errorism versus Democracy*, 3rd ed. New York: Routledge.
Wilson, James Q. (1993). *The Moral Sense*. New York: Free Press.
Wolf, Martin. (2014). *The Shifts and the Shocks*. New York: Penguin.
Wolfers, Arnold. (1962). *Discord and Collaboration*. Baltimore: Johns Hopkins University Press.
Woodward, Bob. (2006). *State of Denial*. New York: Simon & Schuster.
World Bank. (2015b). *International Debt Statistics*. Washington, DC: World Bank.

Yao, Yang. (2011). *Beijing Consensus or Washington Consensus*. Washington, DC: World Bank.

Zakaria, Fareed. (2009)). *The Post-American World*. New York: W. W. Norton.
Zurayk, Rami. (2011). *Food, Farming, and Freedom*. Charlottesville, VA: Just World Books.